改变，从阅读开始

漢唐陽光·HTYG

地缘大战略

中国的地缘政治环境及其战略选择

丁力·著

山西出版集团
山西人民出版社

图书在版编目（CIP）数据

地缘大战略：中国的地缘政治环境及其战略选择/丁力著．—太原：山西人民出版社，2010.2

ISBN 978-7-203-06703-0

Ⅰ．地…　Ⅱ．丁…　Ⅲ．政治地理学—研究—中国　Ⅳ．K928.1

中国版本图书馆 CIP 数据核字（2009）第 234190 号

地缘大战略：中国的地缘政治环境及其战略选择

著　　者：丁　力
责任编辑：秦继华
装帧设计：蒋宏工作室

出 版 者：山西出版集团·山西人民出版社
地　　址：太原市建设南路 21 号
邮　　编：030012
发行营销：0351—4922220　4955996　4956039
　　　　　0351—4922127（传真）　4956038（邮购）
E — mail：sxskcb@163.com　发行部
　　　　　sxskcb@126.com　总编室
网　　址：www.sxskcb.com

经 销 者：山西出版集团·山西人民出版社
承 印 者：北京市通州兴龙印刷厂

开　　本：700 mm×1000 mm　1/16
印　　张：33.75
字　　数：493 千字
印　　数：1—10000 册
版　　次：2010 年 2 月　第 1 版
印　　次：2019 年 2 月　第 2 次印刷

书　　号：ISBN 978-7-203-06703-0
定　　价：48.00 元

目　　录

自　序

引言　百年事业三更梦，万里江山一局棋

第一章　地缘政治学的历史与观念

第二章 不可分立的四权

第三章 中国国家的形成

第四章 中国的天然边界

第五章 欧亚大陆与中国的地缘环境

第六章 日本及冲绳：东边之外

第七章　欧洲和俄国：西与北

第八章　破碎地带：南边

第九章　中国的其他周边国家

第十章　美国与美洲人的美洲

自　序

一、关于本书的写作背景

我的教育背景和工作经历都与本书内容没有直接关系。有很多年，虽然工作非常繁忙，我却保持了乱读书的习惯，不仅是为了学习，也是一种放松方式，一个业余爱好。2003年，我辞去了工作。在一个炎炎夏日[1]，一觉醒来，独坐无聊，在汗流浃背之余，突发奇想，无事生非地决定写一点东西。结果当然是自讨苦吃，但如同上了贼船，欲罢不能，只好断断续续地坚持下来。在那一天突发奇想拿起笔之时，没有计划，没有预谋，而且到现在，也没有什么组织支持。——没有任何官方给予或认证的头衔或职务，比如助教或科长什么的，所以，按照中国目前的状况，我没有资格自称为学者，我也没有兴趣僭取这样一个头衔。尽管在2003—2009年之间打过几次零工，但在写这本书的时候，我都是全力以赴，是一个无业者，或美其名曰自由职业者。生活清贫，没有得到过任何官方直接给予的福利，没有领过失业救济，更没有领过美元[2]、卢布、英镑，或其他任何种类的外国货币。除了在日常消费中间接缴纳

---

〔1〕 在校读中看到“炎炎夏日”四个字时，不知恁地，忽然联想起《水浒传》“智取生辰纲”一章中，白日鼠白胜卖酒时的唱词：“赤日炎炎似火烧……”夏天，梁山好汉们上山打劫不义之财，我却躲在陋室中胡编乱写。行动者和思考者的差别就是如此之大。

〔2〕 据《瞭望》周刊2009年第四期文章《中国智库锋芒待砺》报道，在过去20年中，美国福特基金会在中国投资4亿美元，用于中国学者和智库的研究，当然也不可避免地影响了他们的观点。2008年3月，福特基金会为在华工作9年的首席代表送行，举行了招待会，有400多人出席，“其中绝大部分人都是来自于中国各重要部门，也有科研、教学和政策咨询部门的知名专家学者”。他们都接受过福特基金会的资助。智库接受美元或卢布不是问题，问题是资金来源如此集中，而智库又是如此趋之若骛，研究结果必然会失去公正，影响到国家的决策和利益。同样据这篇报道，国内智库完全按照领导的意愿修改数据——这是另一个问题，福特基金会也许还不致如此，因为揭发他们搞鬼没有风险。同样可悲的是，清华大学的一位教授说，因为中国智库不发达，影响了“人权”、“自由”、“民主”的定义权和使用权。他的意思无非是要官府拿出纳税人的钱，由他们把不是白的甚至是黑的说成是白的。按常规，结论是预定的。这居然还是国家社科基金的一个项目。福特基金会算是智库的好金主。与福特基金会相比，这样的国家基金会实在太等而下之了。照此，中国的学术不会有出路。总而言之，中国的“学术界”确实不太经常与学术有关。

各种税费之外，偶尔打些零工，挣几张中国人民的币，仍须照章纳税。因此，作为一名纳税人，我可以假装对国家的事情有发言权。欺骗自己比欺骗别人容易得多——虽然自己知道真相。

无业状态当然不是因为我懒惰，那只是为了多一小点个人自由而自愿付出的代价。因为有了这点争取来的自由，我能够写出自己的观点，虽然不免忌讳，却完全不用说套话、空话、废话、假话以及一切无用的话。当然，我也有自知之明。一介寒士，“算个屁呀”[1]！探讨“肉食者谋”的地缘战略，肯定有不自量力之嫌。虽然这样提醒自己，但我也知道古人的担忧：

设使食肉者一旦失计于庙堂之上，若臣等之藿食者宁得无肝胆涂地于中原之野与？[2]

现在所说的“为国家肝胆涂地”是一个比喻，类似“鞠躬尽瘁”。这和流民在战乱中真正的肝胆涂地是大不一样的。在以上引文中，言者的意思是，一旦统治者失计，百姓就会流离失所，死无葬身之地。肉食者“失计”是常态，买单者当然是藿食者。况且肉食者要做许多事情，思考许多计谋，比如像深圳市长（以及其他一些市长）那样买官卖官。他们未必有时间为民生“计”。因此，藿食者似乎不得不越俎代庖。幸运的是，国家几十年来已有了些许进步，大概或许好像似乎可能还不至于因为某个“屁民”说了一小点点真话就把他打翻在地，再像千百条蜈蚣一样踏上无数只脚。于是，我斗胆前行了。这本书是我对我的国家

---

〔1〕深圳海事局党组书记林嘉祥语。2008年秋，在深圳的一家饭店，林让一位陌生的11岁女孩领他去厕所，然后卡住女孩的脖子往厕所里拖。女孩挣脱了。当同在饭店吃饭的孩子父母找到林质问时，林扬言：“我就是干了，怎么样？要多少钱，你们开个价吧。我给钱嘛！”“你们知道我是谁吗？我是北京交通部派下来的，级别和你们市长一样大。我掐了小孩的脖子又怎么样？你们这些人算个屁呀！敢跟我斗。看我怎么收拾你们。”其狂妄与无耻令人耳目一新。此后多有自觉地自称为“屁民”的屁民。网络上有评论说，林公仆的“屁”论说破了一个两千年的公开秘密。信哉斯言！事实往往很简单，掩盖事实的谎言却被制作得非常复杂。

〔2〕《说苑·善说》，刘向。“藿”，豆叶。这话是东郭祖朝对晋献公说的。当然，肉食、藿食都是比喻。早年的“肉食者”现在已经不再以食肉为满足了。另外，提前自我揭发一下：我几乎每天都吃肉。

(真是**我的**国家吗？这样说难道不是太贪婪了吗？)所尽的一点匹夫之责——更准确地说，屁夫之责。我时刻卑谦地牢记“位卑未敢忘忧国”的古训——前面两个字和后面两字都不敢稍有遗忘。

本书引用的资料全部来自本人自费购买的图书、自费上的互联网，以及在街头报摊上购买的报刊。所有费用都是本人合法劳动所得，书中的观点都是自己思考和阅读所得。读者可以看出，本书引用书籍的作者大多是中国古人和西方学者，很少有中国现代的学者。我并没有任何回避引用现代国人的念头，这个结果实在是无可奈何，每每念及，不禁感慨万千。不过，既然生长在中国，我的许多观点肯定是在这个背景的潜移默化中接受的，其中有一些或许受中国现代学者的间接影响。另外，我几乎每天都要上国内的中文网站，在观点上和学识上都从网上文章中获益不浅——这些文章的作者肯定大都是现代中国人。不过，网络论坛上的文章大都是转贴，或几经转贴。读者既不能确定发帖者就是原创者，也很难了解网络作者的真实身份——这却是人们敢于发表真知灼见的最大原因。有时，某条新闻或某篇文章后的简短跟帖使我击节赞叹，或者仰天大笑。我欣赏写者的思考、敏锐、幽默或大胆，又遗憾不能知道他们是谁。所以，无法在此列举给我启发者的姓名，只能对那些隐名埋姓的原创者表示感谢和歉意，对转贴者的劳动表示感谢。

自孔子以降，私人著述在中国蔚然成风。但进入20世纪之后，思想禁锢之严厉前所未有，只是到了近些年才有些松动。对于个人，完全凭借一己之力完成一本书仍然有些艰难。从2003年开始，这本书断断续续地写了近6年，其中真正用来写作的时间加起来大约是3年。其余的时间或为琐事、或为餬口而奔波，有时一年多没有写过一个字——这样的时候有过两次。虽然我经常可以心不在焉地同时做两三件事情，但在写这本书的时候，却必须专心才可以写出东西，不能过于为第二天的柴米油盐发愁。一旦因事中断写作，往往需要重新酝酿好几天才能够接上原来的思路。因此，处于良好状态的时候不多，整个写作过程的效率很低。

书中许多引文出自出版时间较近的书籍，引用了时间较近的新闻事件，但这不代表我最初写那一段文字的日期也较近，而很可能是我把新的想法、新的资料加进原有的文字中去了。读书如同堆劈柴，也是“后来居上”。另外，拖延并非完全没有好处。好处之一是可以使用许多新的资料，或者早已有之的、但作者新近才知道的观点和资料。如果知识和见识能够随着年龄的增加而增长，而且减少了一点愚昧，也算在人生岁月无可奈何逝去之时的一个慰藉吧。但无论用多长时间学习，孤陋寡闻都不可避免，有待于大方者指正。

二、致谢和免责

首先感谢我的弟弟。他一直照顾年迈的父母，使我免去许多后顾之忧。我常年漂泊在外，生活无着。如果没有弟弟留在家乡，我真不知道如何能够照应父母。尽管他们一再表示一切都很好，不需要我操心，但我也知道，他们生病的时候从来都瞒着我，就像我瞒着他们一样。

本书的写作过程难免有些艰辛，今天回首甚至觉得有些不堪。不过，幸运的是，虽然有时快一些，有时慢一些，但我从来都不缺少想法，或对想法不能确定。写作一直都比较顺利，从来没有遇到难过的坎。最大的艰辛不在写作本身，而是把想法和论据记下来的时间太久，长时期支付体力和精力的消耗。我本来不是一个有耐性的人，真不知道这么长时间是如何坚持下来的。或许冥冥之中有力量在引导和鼓励我吧。当然，家人和朋友的鼓励、关心和期待，也是我能够完成这本书的一个原因，在此向他们深表谢意。不过，我只与少数几位朋友大略说起过一些粗浅的想法，而且大多是比较早前的事情了。那时候刚开始写这本书，我自己都不知道最后会写成什么样子。朋友对我的关心是出于友谊和信任，不表明他们支持我的观点和立场。可以说，他们中的大多数关心的是我本人（主要是表现不佳的健康和财务状况），而不是我在写的东西。当然，有几位朋友相信我的能力，他们说过我的书一定会很出色。但他们的工作都很忙，没有时间听我多闲谈几句，而我也很少有这样的兴致。我曾经为周围无人切磋而略感遗憾，也曾经为长期独居陋室而稍感孤寂。如果不是因为这两点，本书或许可以写得更好、更快一些。不管怎样，现在终于写完了。我可以长长地松一口气，谋生餬口去也。

感谢杨宁、黄蔚、金鸥、杨锐、王跃华、夏志伟、王子哲、高菁等朋友以及曾经的家人。他（她）们都热情地说过“你如果需要钱，请告诉我”这样的话。名字的顺序以我记忆中他（她）们说这话的时间先后为依据。感谢侯奕萌、潘莉、蒋卫国热心帮助我联系出版事宜。他们还推荐零工给我。有了他们的承诺和实际帮助，我知道在写完最后一个字之前总会有一碗饭吃，因此略微安心了一点。毫无疑问，书中所有内容一概由我本人负完全责任，其他任何人都不承担任何责任（编辑例外，他要承担放过我的错字、漏字、衍字、病句的责任，包括引文）。

我不揣谫陋写了这本书。本来没有奢望能够承担如此重任，现在居然坚持到完工。这本书的内容可能有些庞杂，但与国家发展所需要的条件相比，还是太简单了。据《华严经》，在帝释天宫有一张宝珠结成的网，因陀罗网，网上的每一颗珠子都映现其他所有珠子，也映现珠子中的一切映现。我希望本书的各个部分、章节都是开放系统，不仅彼此映照、呼应，同时也对读者开放。如何理解本书的内容是读者的事情。仁者见仁，智者见智，每个人都可以有自己的解读。如果能够诱发读者诸君已有的仁智之心，有抛砖引玉之功，本书就算成功了。

几年前，在一个边疆小城的郊外，一个人在飞快地奔跑，同时作扬鞭状，并不停地喊：“得儿，驾!”那是一个有些寒意的凌晨，天刚刚亮，还有薄雾，宽阔的马路上空空荡荡，四周也没有人家。只有这一辆“马车”在驱驰。这个人不是我。一辆汽车从他身边超过，我坐在车里。几年来，我竟不能忘记他跳跃的身姿，高高举起又落下的手臂。我有时想，如果能够像他一样驾车或驱马（我不能确定他的交通工具）奔跑，当是人生一大乐趣。他如此潇洒、自在，实在令我向往不已，又自叹不如。这位“赶车人”或许是通常所说的“精神病”。这是一个猜想。然而，我们的精神状态很可能不比他的更好。我努力地向前挪动，把我的书献给大家。读者诸君看到的这本书就是我的马——或蹇驴。我在奔跑（不是裸奔），不惧向大家献丑。我知道，我比那位“赶车人”还差了很多，不能彻底放松——这是常见的心理病症。

恳请读者诸君不吝指教。遥拜致谢。

丁力　2009年5月

引　言

百年事业三更梦[1]，万里江山一局棋

一、诗句的出处及对地缘政治学的启示

标题中的这两句诗出自《醒世碑记》，相传为清顺治帝福临所作。当然，相传而已，并无确证。紧接这句之后是“禹开九州汤放桀，秦吞六国汉登基。古来多少英雄辈，南北山头卧土泥”。像是顺口溜，意思似乎与毛泽东的《沁园春·雪》相近。可比较“惜秦皇汉武，略输文采，唐宗宋祖，稍逊风骚，一代天骄，成吉思汗，只识弯弓射大雕。俱往矣，数风流人物，还看今朝”。两位开国者都是在感慨他们之前的开国之君。但两首诗的基调完全不同。毛泽东的诗更有帝王气势，意气风发，抒发古代帝王豪杰“俱往矣”的豪迈，又表达“还看今朝”的自我期许。福临（1638—1661）是清兵入关时的皇帝，但那时他才 7 岁，即位不到 1 年。大清朝的江山不是他打下的。与残酷的征服者形象形成对比，福临还是一个情种。民间有一个广泛流传的传说：顺治帝为情所伤，看破红尘，把帝位传给儿子玄烨（康熙帝），自己到五台山出家了。这首诗表现了他悟道之后的清醒。在比较了先朝的帝王之后，福临感叹吾亦将“卧土泥”的无奈。“土泥”是生命的归宿。古人一直知道，我

〔1〕又作“百年世事三更梦”。

们从土中来，将回土中去。[1] 这种无奈，以及怀古，是中国历代诗人反复吟咏的主题之一，影响了中国人的历史观。

福临是否放弃帝位出家，今天已不可考。标题中的诗是不是他作的也不太重要。这句诗的关键是它的内容，它对国家治理、地缘政治学可以有很大的启发。

可以说，“百年事业三更梦，万里江山一局棋”分别表达了地缘文化和地缘政治的精髓。“百年事业三更梦”——世事无常，许多世事不是人力所能达到的。最好的办法是多作努力，然后顺其自然，适当调整。如果刻意为之，反而容易坏事。在 20 世纪，德国、日本刻意追求大国地位，连续发动侵略战争，却落了个战败的结果，倒不如没有发动战争。如果没有战争，凭借两国的经济和技术力量，本来就可以获得地区领导权。战后，国家满目疮痍，几代人的强国梦付诸东流，真是如同一场“三更梦”。它们的邻国更是无辜遭殃。日本可以不太顾及邻国的哀痛，但是大梦醒来，恐怕不能不惋惜自己失去的机会。另一方面，在战时的德国和日本，经济和技术是从属的，服务于战争，但在战后却成了它们国际地位的保证，达到了战争没有达到的目标。苏联发誓要“埋葬”西方国家[2]，为此信心满满地挑起冲突，卷入冷战，[3] 最后却被美帝国主义埋葬。苏联帝国解体，俄国数百年的扩张事业毁于一旦，而北约则咄咄进逼，一再东扩。美国也追求大国地位，但它首先做好自己

---

[1] 例如，吴公子季札在他儿子的葬礼上说：“骨肉归复于土，命也。”语出《礼记·檀弓》，是有关内容的较早的一个记载，时间在公元前 515 年。1067 年，欧阳修祭奠他去世 26 年的朋友，作《祭石曼卿文》，对亡友有美好设想：“埋藏于地下者，意其不化为朽壤而为金玉之精。”却“奈何荒烟野蔓，荆棘纵横；风凄露下，走磷飞萤?”欧阳修知道：“此自古圣贤亦皆然兮，独不见夫累累乎旷野与荒城?”曼卿，石延年字，北宋的一位武臣，诗文亦有名。石曼卿也是一位国际问题专家，他主张备战，以抵抗契丹和西夏的侵扰。《圣经》也有归于尘土的说法。上帝用地上的尘土造人，名叫亚当，又用亚当的肋骨造了夏娃。亚当没有遵守上帝的吩咐，吃了夏娃摘给他的分别善恶树上的果子。耶和华上帝要惩罚他：“你必汗流满面才得糊口，直到你归了土，因为你是从土而出的。你本是尘土，仍要归于尘土。”（《圣经·创世纪》三）然后，“耶和华上帝便打发他出伊甸园去，耕种他所自出之土。”据此，犹太人的祖先在那时似乎是农民，或者这是他们从两河流域听来的故事。

[2] 1956 年 11 月，苏联总书记尼基塔·赫鲁晓夫对西方外交官们说：“历史在我们这一边。我们将埋葬你们。”

[3] 冷战的起因除了意识形态的对立外，美苏两国地缘政治的冲突也是主要原因，也许是最主要的原因。无论有无意识形态冲突，两个扩张大国的矛盾都难以调和。

的事情，“潜龙在渊”，在力所能及的范围内逐步地适度扩张。在20世纪水到渠成之后，美国和它的盟国一起，两次打败挑战者，取代英国成为新的世界霸主，而英国也很愿意接受美国做它的继承人。早年的英国和美国类似，以商业和海盗起家，首先追求的是利益。在霸权之前，英美两国没有制定明确的霸权计划，没有全国一致的目标，却逐渐积聚了霸权所需要的力量。因此，它们的霸权也更持久。

二、万里江山一局棋

先从后面这半句谈起。从字面上看，顺治帝说的“万里江山一局棋”与兹比格纽·布热津斯基所说的“大棋局”很相近。顺治帝下的棋很可能是围棋，布热津斯基下的棋是国际象棋。前者的变数要复杂得多。

地缘政治就是国家作为棋手，以地球表面为棋盘，以政策、行动、军队、别国作为有形或无形的棋子，彼此博弈。地缘政治学研究的重点是棋盘——“万里江山”和棋子。每一局棋都在这张棋盘上走。地缘政治的棋盘凹凸不平，边角不齐。各种变数多到不可胜数，因此，国家间的博弈比下棋复杂得多，结局的可能性也更多样化。在棋枰上，棋手就是对手，双方玩的是“零和游戏”，一人之得就是另一人所失。但在地缘政治中，合作正变得日益重要，即使对手，也会有很多合作，结果可能是双（多）赢，也可能是双（多）输，不直接相干的渔翁得利。在地缘政治中，国家既是棋手，也是棋子。虽然互为棋子，但一般而言，强大的国家利用别国的机会更多。此外，还有先手、后手的问题。在东方国家发现了地球这张大棋盘的时候，西方国家已经在上面布满了棋子。好在中国历史悠久，祖先留下的国土辽阔，尚有许多回旋余地。而且，国家间政治没有严格的时间限制，一局输了，可以在下一局扳回来，但也可能从此一蹶不振，彻底出局。德国在20世纪的世界大战中连输两局，至今仍留在棋局中，但形势却局促了很多。中国在20世纪初面临“亡国亡种”的危险，终于挺了过来并再次站起来，而且还有成为全球大国的可能。苏联输掉了冷战，也输掉了帝国，也许再也没有机会重建苏共的大帝国。国家的兴亡是一个较长期的过程，除了很少出现的紧要处，一般不会出现“一着不慎，满盘皆输”的情况，但是，国家的每一个重大决策都在参与塑造这个长期过程。所以，每一个决策都要谨慎。

国家间政治和正式棋赛有一点是相同的，那就是“落子无悔”。放下棋子就无可挽回，悔也没有悔处。每一个国家都会设法充分利用别国（特别是不友好国家、潜在的对手）犯下的错误，为本国增加利益，否则它的决策者就在犯错误。“万里江山一局棋”有关本书主题，以后数章中还要详细论述，此不赘言。在此着重谈谈“百年事业三更梦”。

三、百年事业三更梦〔1〕

国家的兴盛是“百年事业”，不是一蹴而就的大跃进。“事业”是神圣的，也是世俗的。马克斯·韦伯认为，“事业”或“职业”一词“至少含有一个宗教的概念：上帝安排的任务”。〔2〕这个事业是上帝的安排，人们必须服从。人们对来世的追求变成了致力于此世的事业。因此，在马丁·路德的宗教改革之后，新教伦理促进了西方世界的兴起。在中国，儒家一向是入世的，没有这个问题；佛教有过类似的世俗化转折。唐朝时，禅宗大师百丈怀海在江西创立了农禅，提出“一日不做，一日

〔1〕请比较李商隐的《咏史》：“北湖南埭水漫漫，一片降旗百尺竿。三百年间同晓梦，钟山何处有龙盘？”“北湖南埭”指玄武湖和鸡鸣埭（dài，坝的意思），在今南京。从东吴、东晋到南朝的宋、齐、梁、陈，史称“六朝”，皆建都于建业、建邺、建康（今南京）。东吴把都城设在建业的时间是229年，到280年被西晋灭亡，建业为吴都51年。东吴和东晋中间隔了一个西晋，西晋都城在洛阳。从东晋建立（317）到陈灭亡（589）共272年。前后两段时间相加，六朝一共323年，政权更迭频繁，这就是李商隐说的“三百年间同晓梦”。从1648年《威斯特伐利亚条约》奠定现代国际关系的基础到今天，也已有300多年，世界霸主地位屡经倒手。争霸失败者更多，挂起“一片降旗”。这不也是“三百年间同晓梦”吗？如果一个国家做出了错误的战略决策，虎踞龙盘的地理之势也不能提供足够安全。

〔2〕韦伯：《新教伦理与资本主义精神》，58页，三联书店，1987年。德语的beruf有“职业”、“天职”之意，与之对应的英语的calling有“神的感召”、“职业”之意。在德语中，berufen作动词用是“任命”，作形容词用是“负有使命的”，其含义是把在这个世界上的职业当作上帝的安排。韦伯认为，这样的含义只存在于信仰新教的国家中，这是新教事业发达的根本原因。因为有了更高的含义，“职业”与“事业”的意思是一样的。需要说明的是，在不同的语言中，对应的词往往意思有很大的不同，特别是抽象的词。不过，在“事业”这个词上，中德语言在内涵上没有大的出入。

不食”。他身体力行，“日给执劳，必先于众”。[1] 禅宗把“平常心”当作通往宗教觉悟与自由的途径，把日常生活作为宗教修行的手段。在传入中国800年之后，佛教出现了猛烈的世俗化。禅宗的“清规”与“新教伦理”有相通之处，都有入世的一面。

儒家一向注重民生，以口号和意识形态代替粮食不是中国的传统；同样，把不可变更的“历史规律”放在至高无上的位置，也不是中国的传统。这些都是舶来品，倡导者有“全盘西化”之嫌。相反，在中国的哲学中，有一个至高无上的“天”监督着统治者的一切言行，惩罚他们的错误和罪孽，收回给他们的任命。“无常”的观念不是来自佛教，早在先秦时代就已经被广泛接受了。在立国之初，周人已经认识到，“皇天无亲，惟德是辅；民心无常，惟惠之怀”，[2]“惟命不于常”。[3] 在战国时期，学者们从历史中了解到“社稷无常奉，君臣无常位，自古以然”。[4] 到了元朝末年，总结为“天道无常，惟德是辅”。[5] 这种思想是中国历史上政权更替的理论和道德依据，流传至今。中国人自古就不承认，打天下就能理所当然地坐天下，传子孙。

事业不是梦想，梦想不能代替事业。人类的智慧是有限的，不能完全理解天道之运行。伊曼努尔·康德指出了人类理性的两难困境及其限度；卡尔·波普尔揭示了历史决定论的贫困，指出历史没有目标；从弗里德里希·尼采到后现代派诸家试图颠覆西方的传统价值，把人类从理性和科学中解脱出来。这些都说明了某一层面上的无常。量子物理的发现则证明了万事万物的不确定性。虽然无常是常，但无常也非恒久不变，否则无常也就成了有常。所以，佛家说：“今若无有常，云何有无常，亦常亦无常，非常非无常。”[6] 据此，无常其实是常态，无常不成

---

〔1〕《祖堂集》。北方有临济宗，一直传到今天。但总的说来，禅风在南方更炽盛。也许因为禅宗的改造（应该还有自然条件的因素），今天的南方人比北方人更难容忍懒惰和懈怠，也更具有资本主义的冒险精神。

〔2〕《尚书·蔡仲之命》。

〔3〕《尚书·康诰》。

〔4〕《左传·昭公三十二年》。这是史墨对赵简子说的话。

〔5〕《明史·章溢传》。章溢与刘基、叶琛、宋濂号为“四先生”。四人一起初见朱元璋时，朱元璋提问：“今天下纷纷，何时定乎？”章溢说了以上引文，又接着说：“惟不嗜杀人者能一之耳。”他实际上在重复孟子的“不嗜杀人者能一之”（《孟子·梁惠王》）。

〔6〕《中论·观邪见品》，龙树造，鸠摩罗什译。

其为无常。我们不应该执著于常或无常，应该以平常心待之，不要有分别心。

相比与儒家、佛家、物理学的理论，道家的无常思想可能更容易被大众接受，因为它更接近日常生活。道家对待“无常”的态度是豁达的：“察乎盈虚，故得而不喜，失而不忧，知分之无常也。”[1] 道家这样的境界，大概很少会有人表示拒绝吧，但也很少有人能够做得到。

帝国的扩张、帝国的维持，都是一项艰难的工作，因为额外的目标和开支带来沉重负担。从962年到1945年的近千年间，德意志民族建立过三个帝国。神圣罗马帝国是一个封建帝国，权力大多分散在各邦，有些像中国的先秦时期。在封建制度之外，宗教分裂进一步撕裂了德意志；由于地处中欧，邻国出于地缘政治的原因不能接受德意志的统一；普鲁士和奥地利为争夺德意志的领导权而争斗。在1871年，普鲁士在俾斯麦的领导下统一德意志，把奥地利排除在外。希特勒的第三帝国最接近完成统一的目标，但他的统治是灾难性的，时间也很短暂。在两次世界大战中，德国拥有世界上战斗力最强的陆空军，尤其在二战初期，闪电战势如破竹。但纳粹德国最后仍然战败，千年帝国之梦在十余年间破灭。波拿巴·拿破仑在战场上时常改变主意，部下只好紧紧跟随他的主意而不求理解。赫尔穆特·冯·毛奇（老毛奇）说过：在遭遇敌军之前，任何战略都没有意义。老毛奇不仅是西方最伟大的军事战略家之一，也是最伟大的军事指挥官之一。他非常宽容前线指挥官改变他的战略，哪怕导致他的军队在战场上陷入被动。可见，伟大的战略家都知道制定战略与实施战略的区别，也都谙熟“无常”。

“百年事业三更梦”所表达的意思好像是消极的。然而，如果我们从另一个角度去理解，却是非常积极的。历史是由很多偶然因素创造的。我们要永远记住“世事无常”，不要试图把自己的意志强加给历史，不要误以为人类有确定未来历史的能力，那是超人类力量（佛、上帝、真主）的工作，以偶然的方式展现给人类，人类不能把握。爱因斯坦曾经断言：上帝不掷骰子。他错了，上帝的确会掷骰子：自然界存在着偶然性。过去恍惚是一场三更梦，未来仿佛是一场三更梦。我们不能把梦

[1] 《庄子·秋水》。

境当作现实（现实也是一场梦），错认他乡为故乡。历史的不确定因素太多，我们只能努力做好自己，改善现在。由于大多数中国人的贫困和社会不公正，中国的崛起是一个“百年事业”，需要长期的努力。在中国已经真正开始崛起之时，“为了中国崛起”是一个危险的念头。

常与无常本无区别。我们仍需奋斗。在排斥了过去与未来的确定性之外，我们需要一个坚实的“现在”。与佛家的觉悟者不同，我们不能够破得那样彻底，还需要在现实世界留下坚实的落脚点，作为思考和行动的基础。其实，大乘的觉悟者也发愿留在娑婆世界普度众生。对于每一个个体，生前和死后都是无知的黑暗。纳博科夫在他的回忆录中说：“摇篮在深渊之上摇晃，常识告诉我们，我们的存在只不过是两个永恒黑暗之间短暂的光明隙缝。”[1] 时间是一切武器中最强大、最恐怖的武器。除了不可验证的传说之外，虔诚的宗教徒、得道的高僧（未必是佛教出家人），都不能明确知道此生之前、此生之后的事情。此生也许只有一次，此生的幸福是最重要的。每个人对幸福都有不同的理解，这是自由的价值所在。除了个体的生命之外，延续生命，延续文明，是我们对这个世界的责任。文明使人类区别于其他动物。没有生命，就不会有文明。没有了文明，这个世界上的人类就会深陷蒙昧、野蛮、黑暗。

四、帝王之梦与百姓之梦

百年事业三更梦，这个梦是帝王之梦。平民百姓很少像项羽、刘邦那样做帝王梦。他们无权无势，无论他们的梦想多么不切实际，多么荒唐可笑，最坏也不过是个人的“意淫”，能够伤害个人或家庭，却不会危害到国家。最需要警惕的是帝王之梦。

人生在世，不满百年。帝王之梦是权力在握，长生不老。秦始皇焚书坑儒，却信方士，自称“真人”，遣徐福入海求仙人和不死之药。汉武帝“罢黜百家，独尊儒术”。其实他更信方士，敬鬼神，还把女儿嫁给了方士。武帝听了方士讲黄帝登仙的故事后说：“嗟乎！吾诚得如黄

〔1〕 *Speak, Memory: An Autobiography Revisited*, *Vladimir Nabokov*. 这是作者在第一章的第一句话。可比较《楚辞·远游》：“惟天地之无穷兮，哀人生之长勤。往者余弗及兮，来者吾不闻。”纳博科夫更精细、恐怖，而《远游》更雄浑、阔大。

帝，吾视去妻子如脱躧耳。”〔1〕武帝召文学儒者，说他要怎样行仁义。汲黯当场揭发说：“陛下内多欲而外施仁义，奈何欲效唐虞之治乎？”〔2〕武帝气愤退朝。一代枭雄曹操疆场厮杀多年，见惯死亡，也曾伤感地唱道：“对酒当歌，人生几何。譬如朝露，去日苦多。”〔3〕唐太宗是历史上少有的明君，他在初登基时说：“神仙事本虚妄，空有其名。”〔4〕但是到了晚年多病的时候，他开始服用丹药。王玄策消灭中天竺国，把印度的国王和方士带回长安。太宗相信方士已有200余岁的谎话，服了他的药，结果中毒暴亡。成吉思汗在晚年的时候，听说道士丘处机活了将近300岁，邀请他去阿富汗见面，想要他的长生不老之药。〔5〕明初，太祖、成祖不信神道，杀戮过甚。自明太祖朱元璋起，唐宋时已经基本绝迹的活人陪葬再度兴起，〔6〕以延续帝王进入阴间后的享乐。明英宗在临终遗言中吩咐取消殉葬，此时距明朝建立已经有96年了。《明史·英宗后纪》还赞美曰：“罢宫妃殉葬，则盛德之事可法后世者矣。”以上这些梦想的例子限于有为之君，昏庸皇帝的美梦就更多了，不值一提。自古以来，皇帝们对生命的逝去很敏感，不始于顺治帝，亦非终于顺治帝。这种敏感没有妨碍他们施展雄才大略。

这些还只是帝王私生活中的黄粱美梦。当他们企图展现雄才大略时，危害要大得多，能够把整个国家或地区搅得天翻地覆，他们还能在众人的死亡中慷慨浩歌。古人说，一将功成万骨枯。20世纪的政治领袖们已经轻松地把枯骨的数字推升到千万级了。相比之下，将军杀人，小技耳。如果有一点无常的知识，他们也许就不会去争当世界领袖，不会

〔1〕《史记·孝武帝本纪》。躧（xǐ），鞋的一种。

〔2〕《史记·汲郑列传》。这个事例又一次证明，任何学术或主张在成为官方意识形态之后必将走向虚伪。

〔3〕《短歌行》，曹操。

〔4〕《旧唐书·太宗纪》。时间在贞观元年。

〔5〕他们初次见面时，成吉思汗满怀希望地问：“真人远来，有何长生之药以资朕乎？”丘处机老老实实地回答说：“有卫生之道，而无长生之药。”成吉思汗反而赞赏他的诚实。事见李志常：《长春真人西游记》，70页，河北人民出版社，2001年。本书引文的句读略有改动。

〔6〕孔子连用假人陪葬都不能忍受。他骂道：“始作俑者，其无后乎！”（《孟子·梁惠王上》）。朱元璋死后，他的40个妃子中有38人殉节，“这显然是学蒙古人那一套”，《剑桥中国明代史》，200页，中国社会科学出版社，1992年。本引文所出的第三章的作者是小约翰·D·郎洛瓦。

试图推进历史。

帝王们感叹的都是他们自己的生命和快乐，惋惜的只是他们自己逝去的岁月。在帝王的统治之下，即使恭逢“盛世”，那也只是权贵的盛世，与百姓无关。更不用提战争频仍，饿殍遍野，生灵涂炭的时候了。“兴，百姓苦；亡，百姓苦。”[1]此之谓也。虽说“国家兴亡，匹夫有责”，但如果匹夫只有责任，没有权利，只能是奴隶。甘愿这种卑下地位者不过是奴才。奴隶和奴才都不是具有完全人格的人，不可能促成现代国家的兴起。“兴”的标准应该是百姓福祉的提高。不能让百姓受益的国家之“兴”没有任何意义，不过是少数权贵挂在脖子上的奖章。国家的存在理由是保护每一位国民的安全、福祉，保障社会的公平、正义。没有个人就没有群体。个人价值最重要。没有个人价值，国家也就失去了存在理由。百姓不是棋子，更不是弃子。国家不能为了帝王之梦而牺牲当下，牺牲现实，牺牲百姓，最后毁坏国家未来。

人生是一场三更梦，历史则是一场春秋大梦。与帝王们的恋恋不舍相比，文人对时间的消逝、历史的远去更多是一些无奈和感伤。在《红楼梦》第一回，甄士隐解读跛足道人关于人生的词：“乱哄哄，你方唱罢我登场，反认他乡是故乡。”道人称赞他“解得切，解得切”。这是小说作者开宗明义提出要旨。根据甄士隐的领悟，我们都是这个世界的“暂住民”。“暂住证”的有效期不过数十年，也不得不时时接受瘟神、噩运的检查。与《红楼梦》的开篇要旨类似，《三国演义》的开篇是一首咏史诗，为全书的国际纷争定下基调。《临江仙》全诗如下：

滚滚长江东逝水，浪花淘尽英雄。是非成败转头空。青山依旧在，几度夕阳红。

白发渔樵江渚上，惯看秋月春风。一壶浊酒喜相逢。古今多少事，

---

[1] 这句小曲因温家宝引用而闻名一时。《山坡羊·潼关怀古》全曲如下：“峰峦如聚，波涛如怒，山河表里潼关路。望西都，意踌躇，伤心秦汉经行处，宫阙万间都做了土。兴，百姓苦；亡，百姓苦。”作者张养浩（1270—1329）是元人，担任过高官（礼部尚书）。在20世纪之前，高官同情百姓境遇者并不少见。这是张养浩在去陕西赈灾的路上写的。另外，“宫阙万间都做了土”表明作者没有脱离传统的“怀古”内容。

都付笑谈中。[1]

中国古代文人大都喜欢写怀古诗词，怀古时又多时光不再、英雄往矣、万法皆空的感慨，在英雄豪情中不免藏着淡淡哀伤。其中多有名诗、名词。[2] 上引的这首词也属于这一类，它的通俗名声很大。《三国演义》是关于国际关系和国际战争的一部小说。虽然魏、蜀、吴的三角关系是在中国领土的大框架内，但现代国际关系中争斗的要素那时都已经有了。因此，我们也可以把这首词看作中国传统文化对国际关系的基本看法。中国的这一类怀古诗往往都流于伤感，在"笑谈"之中似乎放弃了努力。今天，我们必须尽最大的努力发展社会（不是国家），但如果以为人类可以按照自己的意愿塑造历史，那就大错特错了，必然会吃尽苦头。

风水轮流转。大国崛起又衰落。我们都是这个世界的匆匆过客。与国家相比，个人的价值更珍贵，文明的传承更持久。中华文明生生不息，自强不息，多次被异族入侵打断却又顽强地延续下来了。与以往不同的是，在20世纪中，中华文明先是受到外来优势文明的冲击，然后又受到国内政权的摧残。这种内外夹击的情况以前从来没有出现过，后果最为悲惨。其实，只要我们能够维持中华文明的正常生长，给予她足够的养料，一切足矣。这些养料不需要官方的梦想，不需要刻意制造——这些很可能是有毒的。一个更加自由、更加开放的社会自然会给文明添加营养。在自由之中，中华文明的传人将做出更加伟大的创造。

---

[1] 许多人误以为这首词的作者是罗贯中。其实，它出自杨慎品评历史的弹词《二十一史》。毛宗岗批《三国演义》时，把这首词放在小说正文的前面，后来成为小说的一部分。杨慎（1488—1559）是明大学士杨廷和之子，博学多才，24岁中状元。杨慎是一个典型的儒者，耿直敢言，因忤逆明世宗被充军云南永昌（今保山）。他的《临江仙》表达了中国传统文人对历史的一般看法，《临江仙》被广为传唱已足以证明。

[2] 比如，《金陵怀古》是一个常用的题目。王安石（1021—1086）在晚年不得意时填《桂枝香·金陵怀古》。其下阕是："念往昔、豪华竞逐。叹门外楼头，悲恨相续。千古凭高，对此漫嗟荣辱。六朝旧事随流水，但寒烟、衰草、凝绿。至今商女，时时犹唱，《后庭》遗曲。"王安石曾是一位强势、强硬的宰相，也难免对时间的流逝表露出脆弱的一面。与王安石同时代而年纪较轻的苏轼（1037—1101）填《念奴娇·赤壁怀古》："大江东去，浪淘尽、千古风流人物。……谈笑间樯橹灰飞烟灭……人生如梦，一樽还酹江月。"苏轼和杨慎的词出现了意思相近的"谈笑"和"笑谈"。周公瑾谈笑间，曹操大军"樯橹灰飞烟灭"；白发渔樵笑谈间，"古今多少事"灰飞烟灭。沉重的历史在回顾中变得轻松了。

世界正在经历一场大的变局，一盘新的棋局就要开始。我们恰逢其时。刻意追求世界地位不符合中国的利益，以“平常心”对待中国的发展是最好的办法。将来的中国应当彰显文明、维护和平、促进贸易……强大的军事力量只是这一切的必要保障，不是国家兴盛之目的。国家的强盛不是刻意追求来的。很多时候，越是刻意追求一个目标，越容易适得其反。帝国和强国的产生是偶然的，无常的，是天意和个人决定共同作用的产物，而这些个人决定常常是“由一些政治上根本没有合法性的人做出的”。[1] 国家需要留给那些“没有合法性的人”以机遇。这些人如同机遇一样可遇不可求。因此，个人自由对国家的扩张必不可少。明克勒在考察各帝国历史之后说：“差不多每一个帝国都是在一个‘心不在焉的时刻’产生的。”[2]

以上说了这么多，对标题实在有“过度诠释”之嫌，而且标题所出的诗很可能不是顺治帝所作。地理因素极大地影响着国家的命运，但棋局与梦境经常难以分别。比地理更重要的因素是人。没有人的地缘政治学是完全不可想象的。请记住刘禹锡《金陵怀古》中的一句诗：

兴废由人事，山川空地形。[3]

切记！切记！言归正传，请读者诸君开始阅读本书的正文吧。

---

〔1〕赫尔弗里德·明克勒：《统治世界的逻辑》，8页，中央编译出版社，2008年。

〔2〕《统治世界的逻辑》。“心不在焉的时刻”（in a fit of absence of mind）是英国历史学家John Robert Seely在1883年说的，由明克勒转引自尼尔·弗格森名噪一时的《帝国》。这个表达与北京土话中故作潇洒的“一不留神就……”不同。“心不在焉的时刻”只是成功时刻到来时的“心不在焉”。它要求的做事态度是认真的，只是把精力集中在过程中，不刻意追求某个宏大目标。

〔3〕《金陵怀古》全诗：“潮满冶城渚，日斜征虏亭。蔡洲新草绿，幕府旧烟青。兴废由人事，山川空地形。后庭花一曲，幽怨不堪听。”冶城、蔡洲、幕府都是金陵（南京）的地名。对比“山川空地形”和“钟山何处有龙盘”，可知仅有好的地理条件是不够的。

第一章
地缘政治学的历史与观念

人类与国家的动物性

国家是带有暴力性质的人类共同体。在现代法制国家，国家垄断了对内和对外政策中暴力的行为。而国家的暴力行为缘于人类的性格、人类的动物性。地缘政治学因人类的动物性而存在。所以，在讨论地缘政治之前，有必要了解人类是什么样的动物。许多种文化都把人类当作独特的生灵，仿佛他们与动物无关，至少是不同的物种。其实，作为人类的创造物，文化倾向于强调人类在尘世间的至高无上地位。在一些宗教中，特定的人群被认为是上帝的宠儿，高于其他人类。只有佛教认识到众生平等，不仅是动物，还包括植物在内的所有生命。道生认为，“无情亦有佛性。乃云：青青翠竹，尽是真如；郁郁黄花，无非般若”。[1]这句话流传很广。它除了表明佛法无所不在之外，还包含了众生平等的意思。佛教的众生平等是拔高其他生灵的地位，通过灵魂在生灵之间轮回的思想，而不是贬低人类。孟子说：“人之所以异于禽兽者几希。”[2]又说：“人之有道也，饱食暖衣、逸居而无教，则近于禽兽。”[3]认为人不过多了点文化。因为文化的熏染，许多人自负地认为他们已经超越了动物性，为“万物之灵长”。对这一种傲慢，除了佛家、儒家之外，科学家们也有不同看法。

文昌鱼是一种原始的海洋生物，是脊索类中最古老的动物，大约有5厘米长。文昌鱼有简单的神经系统，但没有脊椎，没有鳍，没有大脑，

---

〔1〕《祖庭事苑》卷五。道生（355—434），东晋僧人，为鸠摩罗什门徒。道生主张众生平等，“一阐提迦皆能成佛”即他提出的命题。Icchantika 即“断善根”。道生的顿悟成佛说对后世禅宗亦有影响。与道生不同，禅宗的大珠慧海把翠竹黄花与法身般若剥离开来。“问：‘禅师何故不许青青翠竹尽是法身、郁郁黄华无非般若？’（慧海）师曰：‘法身无象，应翠竹以成形；般若无知，对黄华而显相。非彼黄华翠竹而有般若法身。’”（《景德传灯录》卷第二十八）慧海为马祖道一（709—788）的门徒，事迹多不详。

〔2〕《孟子·离娄下》。

〔3〕《孟子·滕文公上》。由此可见孟子并不完全主张人性本善。

只有一只原始的眼睛（感光器官在6亿年前出现）。从脊索类中产生了脊椎类。脊椎类动物包括哺乳动物。人类属于哺乳动物。文昌鱼在寒武纪时出现，它的基因在过去5亿年中没有变化。相比之下，人类的历史非常短暂。南方古猿（Australopithecus）大约在550万年前才成为猿类进化树上的独立一支，直立人（homo erectus）在100多万年前出现。智人（homo sapiens），即现在的人类，只有30多万年的历史。人类文明史不到万年。尽管文昌鱼如此原始，科学家们发现“人类基因组中95%的区域与文昌鱼的类似”。[1]

动植物是基因的载体或殖民地。文昌鱼承载的5亿年基因还不算古老。基因有40亿年的历史。通过自我复制，一个基因可以存在上亿年而不发生变化。动物学家理查德·道金斯“把生物的躯体视为基因的殖民地”。[2] 他甚至认为，基因“创造了我们的肉体和灵魂。保存它们或许正是我们存在的**终极理由**”。[3] 在道金斯看来，生物体（包括人类）的存在目的只是为了保存基因。生物体是客体，而非主体。生物体是基因因缘际和的产物，为了保存和传递基因而存在。基因才是主体。基因从一个生物个体转移到下一代生物体，不会彼此混淆，也不会衰老。自私的基因有什么目的？道金斯回答说：“目的就是在基因库中扩大自己的队伍。”[4] 生物有利他行为，但道金斯证明，这些行为其实也是出于基因的自私性。自私性避免把生物置于危险之中。道金斯引用洛伦茨在《论攻击行为》中强调的事实：同类动物间的搏斗往往具有克制和绅士风度的性质，是有规则的竞赛，威胁和虚张声势代替了真正的攻击。[5]

---

〔1〕《参考消息》，2008年6月20日，《科学家破译文昌鱼基因密码》。消息出自埃菲社6月18日电。该研究结果刊登在《自然》杂志上。文昌鱼的拉丁名是Branchiostoma lanceolatum。

〔2〕理查德·道金斯：《自私的基因》，58页，吉林人民出版社，1998年。写《自私的基因》的道金斯不是极其自私的人。正如弗洛伊德的私生活很严肃，他既不淫荡，也不是一位生殖器崇拜狂。这些学者的观点都遭到过激烈的反对。虽然他们不可能完全正确，他们的方法和结论有许多可商榷之处，但那些激烈而彻底反对他们的人却难免有虚伪之嫌，至少缺乏面对现实的勇气。

〔3〕《自私的基因》，22页。黑体为引用者所加。

〔4〕《自私的基因》，112页。

〔5〕《自私的基因》，85页。热带海水鱼缸中的空间狭小，同种的鱼往往不能容忍一起生活。一条鱼会追逐另一条同类，直到双方精疲力竭。同种之间如同水火，但如果某条鱼与别种的鱼体积相差不大，它们就能够和平共处。

相对于文昌鱼，狮、虎、豹算是人类的近亲了。这些食肉动物从不滥杀异类。它们制造死亡是为了获得食物，为了自己的生存，而非娱乐或仇恨。动物学家乔治·夏勒在非洲东部的塞伦盖提大草原上看到："在狮子寻找食物时，没有残忍，也没有同情，这种不动情感的行为拨动了同为猎人的人类的敏锐心弦。我喜欢观察大多数捕猎行为，它们是最基本的生死搏斗。"[1] 夏勒对偷猎者和滥捕者深恶痛绝，自己更不会去猎杀野生动物，但他却喜欢观察动物捕猎。观察捕猎是一种移情，可以满足他掩藏在心底的本能欲望——杀戮。虽然危险时刻存在，但被捕猎的动物并不总是处于戒备状态。因此，夏勒怀疑它们不具有人类的那种"害怕"情感。（食草）动物们在狮子逼近时逃跑，原因是基因和习惯在起作用，它们不知道害怕。害怕或恐惧是一种高级情感，一种只有高级动物才拥有的情感，在进化史的后期获得。因此，只有高级动物才有可能把制造"恐怖"作为一种战争手段，如战略轰炸和恐怖主义。

人类是具有丰富情感的动物。其他动物（甚至植物）也有情感，只是较为简单。许多动物学家认为，人类是有意识地屠杀自己同类的唯一物种。人类的欲望没有止境，欲望加上仇恨等情感，使得人类之间的杀戮远远超过了谋求生存的需要。国家比正常的个人（不是那些基因中具有犯罪倾向的人）更有可能冒险，因为冒险者和受益者不是同一批人。在战场上死去的与做出战争决策的没有直接联系。决策者一般不会暴露在他们政策所带来的危险之中，但如果冒险成功了，他们往往是最大的受益者。动物学家德斯蒙德·莫里斯恢复了人类的本来面目。他把人类恰当地称为"裸猿"（the naked ape），因为在现存的193种猴类和猿类中，只有人类没有浑身覆盖着厚毛。在用词上，"裸猿"比"人类"更能反映这种动物的动物属性，提醒人类不要忽视自己的根。关于动物的攻击行为，莫里斯对人类的评价似乎比较温和。他说：

任何动物攻击同类，都不是为了消灭同类。攻击的目的是要取得支

---

〔1〕 *Golden Shadows*，*Flying Hooves*，p137，George B. Schaller，The University of Chicago Press，1983.

配权，而不是杀戮。在这方面，裸猿在本质上和其他动物并没有什么区别。[1]

其实，争夺支配权不是动物打斗的唯一原因。动物为了争夺领地和交配权而发起攻击（在一些群居的、有独裁者的动物那里，交配权可以归入支配权）。莫里斯说，动物攻击同类的目标有限。他也承认，人类比食肉动物更加残忍。裸猿同类残杀，是因为他们在集体狩猎中发展了组织能力和技术能力。这两种能力减少了对暴力的控制，使战争的烈度超过了个体的打斗，优势者不容易看到弱势者表示屈服的姿态。所以，战争一旦爆发，就难以很快停止。莫里斯指出，裸猿在战争中忘记了争斗的原始目的。这个原始目的大致等同于克劳塞维茨所说的“战争是政治的延续”。常见到在打昏了头的战争中，战争本身成为目的，屠杀同类成为乐趣。在这里，莫里斯似乎忘记了人之所以为人的一面：人类的贪欲超过了其他动物很多，他们不再满足于获得食物和交配机会，而是更大范围的支配。人类战争的残酷和范围远远超过了其他动物的打斗。而且，在过去数百年，人类的战败一方不能像其他动物或者古人那样放弃土地，远走他乡。人类的大量繁殖已经使地球表面人满为患。他们无处可去，只能留在原地继续战斗。冲突无法调和，于是一代一代地延续下去。巴尔干、巴勒斯坦、南高加索等地的冲突已经有百余年甚至数百年的历史，至今看不到平息的前景。

战争是人类获得良好组织能力之后的产物，在此之前只能算是混战。人类的社会性是战争的源头。早在2300多年前的古希腊城邦时代，亚里斯多德就指出：“凡隔离而自外于城邦的人……他如果不是一只野兽，那就是一位神祇。”[2] 商朝灭亡后，伯夷、叔齐忠于商朝，“义不食周黍”。他们躲进首阳山中采薇（野豌豆）而食，最终饿死。人类组建了国家这样庞大的权力组织。国家间战争的爆发一般被归咎于国际社会的无政府状态，但这个理论忽视了国家是一个严密的组织，富有动物性和侵略性。以现有条件，解决无政府状态的出路是出现一个全球霸主

〔1〕 德斯蒙德·莫里斯：《裸猿》，157页，文汇出版社，2003年。

〔2〕 亚里斯多德：《政治学》，9页，商务印书馆，1983年。

(联合国没有足够权力)，而不是全球性的政府。到目前为止，霸主都是赢得战争的大国，在一定范围内垄断暴力的使用。当霸主衰落时，群雄并起，战争重新成为常态。核时代的战争将使人类陷入绝种的险地。在核时代之前，那些寻求权力、寻求支配地位的大国更可能引发大战。在核时代，国家间竞争有所克制，有核国家之间不以大规模战争为冲突的最后解决手段，并阻止其他国家发展核武器。但是，国家间竞争没有因人类彻底毁灭的可能而停止。冷战时期的两大对抗阵营都炫耀能够彻底“毁灭全人类”[1] 的核武器。

国家间的对抗同样是“你”“我”对抗。阶级斗争属于这一类型，但加入了更多想象的和煽动的成分，因此比国家间的战争更容易走进“你死我活”的死胡同。因群体生活产生的“你群”、“我群”的对抗并不是从人类开始。猿类学家瓦尔在猩猩那里发现了种群对抗。这大概是“民族主义”和国际政治的原始形态。就其本质而言，国家间的战争与猴群间的打斗没有区别。瓦尔把莫里斯的看法更向前推进。他说：

> 在猩猩群中，“我们对抗他们”是一种种群基本特性，即使是相互熟悉的猩猩个体们，只要属于不同的集团、生活在不同的区域，它们仍然会成为敌人。而人类社会中，同样的情形时有发生，曾经和平共处的不同种族会突然地互相仇视，例如卢旺达的胡图族人和图西族人，再比如波黑的塞尔维亚人、克罗地亚人和穆斯林。……我猜这种翻转的态度在人类和猿类中都是一样的，是被利益共享或者竞争的意识所操纵的。只有当个体们有一个共同目标时，他们才会把负面的感情压制起来。而一旦这个目标消失了，紧张的情绪会浮出水面。[2]

无缘无故置人于死地不是动物性，而是人类文化的产物。人类对同种产生仇恨是因为受到操纵。只要有群体生活就会有操纵，不限于制造仇恨。操纵术是政治的一部分，国家是操纵的主体。尼采说：“国家乃

---

〔1〕 那时的中国正梦想着“解放全人类”。

〔2〕 弗朗斯·德·瓦尔：《人类的猿性——一位权威的灵长类动物学家对人类的解读》，89页，上海科学技术文献出版社，2007年。

是所有无情的怪物中最为无情者。”[1] 尼采的许多观点在当时惊世骇俗，但他的这句话却是最平常不过。托马斯·霍布斯把国家看做是怪物利维坦，但他仍持尊敬的态度对待国家。在立宪之初，美国联邦党人支持建立强大的联邦政府，同时坚持三权分立，要求确保人民的监督，以控制这个怪物。他们知道：“仅只在书面上划分各部门的法定范围，不足以防止导致政府所有权力残酷地集中在同一些人手中的那种侵犯。”[2] 限制和监督国家权力是西方政治学的主要议题之一，而最有效的方法是民主。但在国际关系中，对大国的行为缺乏有效的制约，大国本能地扩大自己的权力，努力超过别的国家。这个难题至今没有得到解决。中国政府知道答案，提出了“国际民主”的主张。民主是受压迫者的出路。

权力也是国际政治中最强大的驱动力。在权力背后则是性欲。性欲存在的目的是传递基因，是权力之争的原始动力，反过来又受权力的刺激。亨利·基辛格曾经说过，权力是最好的催情药。这确实是经验之谈。权力和性欲都是动物性的，都来自旷野，现在已经深入到人类活动的各个角落。权力普遍存在，其作用不限于国际关系领域，也不是国际关系的特点。只要有人群的地方就会有权力，就会有权力之谋和权力之争。尼采认为，“一切故意产生的现象，可以还原为**扩展权力**的企图。”[3] 权力的因素就是人的因素。利益越大的地方，对权力的争夺就越激烈。经济利益是利益的一个主要方面，所以，经济中的权力和政治中的权力同样重要（在很多双边和多边国际关系中，经济或贸易已经成为最大要素）。自由经济、权贵经济、统制经济都与权力有关，尽管大小有别。在新制度学派看来，经济学中许多问题都可以通过“权力”加以解释和解决。约翰·肯尼斯·加尔布雷斯说：“在现实世界中，无论发生什么，权力都是决定性因素。”基于此，他对两个主流经济学派提出严厉批评：

---

〔1〕尼采：《查拉图斯特拉如是说》，48页，北方文艺出版社，1998年。

〔2〕《联邦党人文集》，256页，商务印书馆，1980年。引文出自“第四十八篇”，写于1788年，作者是詹姆斯·麦迪逊。他后来担任美国第四任总统。

〔3〕尼采：《权力意志——重估一切价值的尝试》，87页，中央编译出版社，2000年。着重号为原书所有。

新古典和新凯恩斯主义经济学最具危害性的一个特征，就是把权力——个人或机构使别人或别的机构屈从于自己目标的力量——与主体分离开来这样的安排。[1]

加尔布雷斯在破折号之间给出的是对权力的一般定义。2008 年开始的全球金融危机再次证实了加尔布雷斯的判断。资本权力、管理权力被权力的拥有者滥用了，对全球经济造成的危害不亚于一场大战。权力欲是原始的欲望，这些国家有自我扩张的本能，无所不在，只要不受监督和制约就会造成危害。国际政治是强权政治，很少有正义可言。国际关系是权力最少受到限制的领域之一，只有集权国家的内政可以超过它。

地理对人类文明进化的影响

动物学家们已经证实，人类的行为可以上溯到猿和猴的时期，或更久远以前。当公猴们为争夺猴王地位而使用计谋和暴力时，国内政治出现了。当猴群之间为争夺食物和地盘而开打时，国际政治显现了雏形，而且已经带有了浓烈的地缘政治色彩。

地理是影响人类进化的一个重要因素。人类最古老、对后代影响最大的文明都起源于北半球。两河流域、尼罗河下游、印度河流域、黄河和长江流域（中华文明的源头不仅仅在黄河流域）都在北纬 30 度到 40 度之间的温带。希腊、波斯等古文明也在这个范围之内。它们彼此之间是相通的。两河流域和埃及通过巴勒斯坦连接，犹太人的祖先就在这片土地上发展了一神教。在两河流域和印度河流域之间有波斯，查拉图斯

〔1〕《加尔布雷斯文集》，117 页，上海财经大学出版社，2006 年。引文所出的文章是“权力与有用的经济学家”。奥地利学派的错误也是忽视了权力对市场的干涉，而市场的利益如此巨大，那些本应留在市场之外的权力（如政治权力）不可能不渗透牟利，或受利益再分配的诱惑和压力而加以干涉。在政治权力不受制约的地方，市场几乎为政治权力全部把持，形成统制经济及权贵经济。

特拉的故乡。因此，从尼罗河到印度河，古老的农业文明在地理上是连续不断的，它们彼此之间有着密切的交流，贸易在远古时期就已经很发达了。而且，在北方的南俄、中亚大草原上，那些流动性很大的游牧民也起到了文化交流使者的作用。他们还时常南下侵略，为古文明带去新的血液和新的技术——最显著的是马匹和战车。在古文明中，中国的地理位置最偏僻，与其他文明的距离最远、联系最少，而且人种也不同。因此中华文明的发展最为独特，但出现的时间也较晚，这是在地理上孤立的代价。不过，即使在史前时期，中国仍能够通过北方草原与西方（不是今天意义上的西方）诸文明保持着联系，但紧密程度不能和印度河以西诸文明相比。

今天，人类最发达的文明仍然集中在北半球。欧洲、北美、东亚这三大人口密集区域的纬度大致接近。当然，它们的南北向范围已经大大超过了10个纬度。其中，欧洲的位置更偏北一些，但因为有大西洋暖流和地中海的影响，欧洲的气候比北美和东亚的更宜人。今天的地缘政治角斗的主战场也在欧亚大陆，以北温带的争夺最为激烈。关于古文明的规律有个小例外。美洲有三大古文明：玛雅、阿兹特克、印加。其中玛雅位于热带，印加地处南半球。但南美古文明出现的时间较晚，发达程度也较低，规模也不大，而且在欧洲人到达时已经衰落了。欧洲人凭借他们的马匹和钢铁（刀矛、枪支）在新大陆横冲直撞，印第安人毫无还手之力。美洲的地理环境不适合早期文明的发展。即使在后来，在现代化进程中，南美虽然起步比东亚早百余年，但日本、韩国已经超过了它们，中国的发展势头也很好。这里大概也有地理的因素。

法国政治学家让·博丹（1530—1596）认为，地理环境决定着人民和国家的特性。孟德斯鸠（1689—1755）认为，气候与土壤等环境因素决定了法律、风俗、宗教、勇敢与懦弱。比如，孟德斯鸠有一个结论："由于中国的气候，人们自然地倾向于奴隶性的服从。"[1] 这些观点可以看做是地缘政治学——以及地缘文化学——的早期源头之一。虽然"地理环境决定论"在近代受到批判，美国最好的一些大学甚至取消了地理系。但是，地理对历史影响仍然存在，不会因此有任何改变。相关研究

---

〔1〕 孟德斯鸠：《论法的精神》上册，283页，商务印书馆，1961年。

仍非常兴旺，且成果不凡。近年《枪炮、病菌与钢铁》（1997 年）和《国富国穷》（1998 年）两本书得到许多学者的赞叹。在《枪炮，病菌与钢铁》一书中，生物学家戴蒙德提出了他的问题：

地理显然对历史产生了某种影响；有待回答的问题是这种影响的程度如何，以及地理是否能够说明历史的广泛模式。[1]

戴蒙德的回答是：地理能够说明历史。“的确存在着适用于历史的广泛模式，而寻找对这些模式的解释不但令人陶醉，也是大有裨益的。”[2]《枪炮、病菌与钢铁》就是他对这些模式的解释。戴蒙德的研究从大约 13000 年前最近一次冰河期结束时开始。人类历史不仅仅是人类自己的事情。到目前为止，地理环境仍在决定着各民族的命运。——当然，宗教徒可以认为这是上帝（或真主等等）的安排。——欧洲人数百年来的优势是欧洲地理带来的。戴蒙德说：欧洲民族与非洲民族的差异“是由于地理学和生物地理学的偶然因素所致”。[3] 只有清楚地认识到地理的影响之后，人类才有可能借助技术改变人类在环境中的被动，和在不利的地理环境中创造更多的知识和财富。

与戴蒙德一样，兰德斯也相信地理的巨大作用。作为经济学家和历史学家，他从经济学的角度分析了自 1500 年以来的世界历史，国家的贫富与地理有关。兰德斯指出：

像生活一样，大自然是不平等的，有自己的偏好；进一步说，大自然的不平等是难以消除的。从产值和人均收入来看，富国位于温带，特别是北半球的温带；穷国则位于热带和亚热带。[4]

类似这样的观点早已存在，在后殖民时代受到批判，那时把南方的

---

[1] 贾雷德·戴蒙德：《枪炮、病菌与钢铁——人类社会的命运》，17 页，上海译文出版社，2006 年。

[2]《枪炮、病菌与钢铁——人类社会的命运》，24 页。

[3]《枪炮、病菌与钢铁——人类社会的命运》，434 页。

[4] 戴维·S·兰德斯：《国富国穷》，第一章标题下的文字，新华出版社，2007 年。

贫穷归咎于白种人的剥削（当然有这个原因，但在长时期内，地理和气候的作用更大）。兰德斯又回到了这个话题，并且为地理对经济和社会发展的影响提供了充分的证据。当然，国家的富饶或贫穷有许多原因，地理因素只是其中之一。政治制度、宗教信仰、商业精神、创新精神都在起着重要作用。兰德斯告诫读者，“地理只是其作用的因素之一”。[1]在现代，由于技术的进步，地理和气候对经济发展的影响已经被缩小了很多。

现代技术已经缩小了地理造成的差异。移民的流动使得地理对性格、风俗的作用有点模糊起来。取暖、制冷设备的发明，使得寒冷和炎热地带的人们能够像在温带一样有效地工作和思考。发达的医学能够控制住大部分热带传染病。现在是资金，而不是技术，在阻碍那些传染病患者得到有效治疗。在全球贸易时代，热带和寒带的人们也可以得到足够的食品，只要他们有钱。在信息时代，地理和距离已经不再能阻碍技术的传播，对技术的使用也较少受到地理和气候的限制。比如，过去生活在热带丛林里的人们不可能骑马，不能享有驯化马匹给人类带来的巨大进步和军事优势，但他们现在可以开汽车，把砍倒的木料运到市场上去，把自己留在光秃秃的土地上。但是，地理环境对人类的影响远远没有消失。消失的热带雨林正在报复人类。

人可以流动，从消失的森林到城市，从一国到另一国，并可能在流动中改变性格（性格更多由基因决定，而基因是环境千万年作用的结果）。国民可以去寻找别样的生活，国家却不能搬迁，其对内对外政策、文化与经济仍然受到地理的诸多限制。与个人相比，国家受到地理环境的制约要大得多，特别是在地理位置、地形和气候等方面。几百年来，民族国家为了土地而战；在和平时期，它们需要根据地理等因素为国家间政治做出安排，为可能到来的战争做好准备。这是以地理为基础研究国际政治、文化和经济的原因，是地缘政治学的存在理由。地缘政治学家布热津斯基总结说：

在国际关系史上，领土控制是大多数政治冲突的焦点。自从民族主

[1]《国富国穷》，5页。

义崛起以来，大多数血腥战争不是起源于同扩大领土有关的民族自我满足感，就是起源于因丧失“神圣”领土而产生的民族被剥夺感。可以毫不过分地说，领土要求一直是驱使民族国家采取侵略行动的主要冲突。〔1〕

在可预见的未来，国家不会消亡。国家间的冲突将以各种形式持续下去，领土冲突是其中之一。即使领土冲突不再突出，而是被伊拉克石油这样更准确的目标所掩盖，各国也会为了在冲突中夺取优势而寻求更佳的战略地位。所以，地缘政治学将继续发展。

古典地缘政治学的兴衰〔2〕

今天，“地缘政治”已经是国际关系最常用的词之一，不仅政界人士经常使用，记者也在频繁使用。但是，与许多常用词一样，“地缘政治”的含义也是模糊的，尤其在媒体中。一般而言，“地缘政治学”是从国家地理位置、地理特征的角度对国际关系进行的研究，而“地缘政治”则是与地理相关的国际行为。在日常用词中，“地缘政治”似乎有取代“国际政治”的趋势。的确，这两个词的含义在很大程度上是重叠的，只是内涵的侧重有所不同，前者强调地理因素，后者突出国际关系。

国家间关系在很大程度上由它们的大小和彼此的位置决定。其实，任何物体之间的关系都与它们的空间位置有关，这条原理在几何学和物

---

〔1〕 兹比格纽·布热津斯基：《大棋局：美国的首要地位及其地缘战略》，49页，上海人民出版社，1998年。

〔2〕 本书不详述地缘政治学的历史。国内至少已经出过两本有关书籍。其一是国玉奇、B.П.丘德诺夫合著的《地缘政治学与世界秩序》，重庆出版社，2007年。其二是杰弗里·帕克的《地缘政治学：过去、现在和未来》，新华出版社，2003年。这本书的中文翻译有大量错误，但仍有一些参考价值。

理学中同样适用。解析几何用空间位置表示数字，却不完全属于代数学或几何学。同理，不应当把地缘政治学看做是国际关系学的一个分支。两者有很大的重叠，但作为一门独立学科，地缘政治学的历史早于国际关系学，其范围经常大于国际关系学的领域。前者更多地涉及国内因素，包括一个国家的地理、人口、经济、历史、文化、政治制度等。

古希腊文明的核心区域濒临地中海，土地贫瘠，贸易发达。所以，古希腊人见多识广，对于地理环境的变化非常敏锐。希罗多德总是详细地描述各民族生活的地理环境。即使在希腊一隅，修昔底德也看到了海权与陆权的对抗。中国文明核心区地处内陆，大片区域的环境较为单一，与外界交流较少。因此中国古人对地理因素不是那么重视。[1] 但中国有“天时、地利、人和”之说。话虽然简单，却是人人皆知，非书斋里的理论可比。更可宝贵的是，这句话把地理因素当作“天、地、人”三才之一，人的努力与天地并列，没有以偏概全，因此更为妥当，不会走向地理决定论的极端。孟子说：“天时不如地利，地利不如人和。”[2] 他夸大了人的作用，而有些轻视天、地了。

近代地理学的起源受地质研究的启发。把地理学发展为一个现代学科的是亚历山大·冯·洪堡[3]（1769—1859）和卡尔·李特尔（1779—1859）。他们都注重地理学中人的因素。洪堡从地理学和宇宙学的研究中看到了“人类平等原则”和“个人及政治自由的原则”[4]。李特尔声称：人是地理学的核心，地理学的中心原理是“自然的一切现象和形态对人类的关系”[5]。洪堡和李特尔都是德国人，同在1859年去世——查尔斯·达尔文在这一年出版了《物种起源》，“物竞天择，适者生存”的观念将深刻影响到地理学的人文方面。在洪堡和李特尔之后的地理学大

---

〔1〕古代兵书是个例外，但其讨论范围限于小区域内的地形。战国时期的纵横家（如张仪、苏秦等人）也留有对国家地理位置的分析。但不过寥寥数语，而且大多记录的可靠性较差，不足为凭。另外，史书的“地理志”也很简略，多记载户口数字，不注重地理对风俗的影响。

〔2〕《孟子·公孙丑下》。

〔3〕亚历山大的哥哥威廉·冯·洪堡（1767—1835）是自由主义思想家、语言学家，还是普鲁士的外交官和大臣，建立了德国的文理中学制度，在1810年创建了柏林大学。学术自由的大学是德国崛起的重要保证，美国向德国学习大学制度，也成为世界大国。

〔4〕罗伯特·迪金森：《近代地理学创建人》，38页，商务印书馆，1980年。

〔5〕《近代地理学创建人》，46页。

家则有弗里德里希·拉策尔（1844－1904）和斐迪南·冯·李希霍芬（1833－1905）。这两位学者也都是德国人，同样有过在美洲旅行的经历。李希霍芬在同治年间（1868－1872）在中国北方考察地质，在后来的中国地质学界有很高的声望。他提出了黄土高原的风成说，还创造了“丝绸之路”这个词。此外，李希霍芬还提醒德国注意山东的煤矿和胶州湾海港。1897 年，德国抢占胶州湾作为军港。

从这四位德国学者的贡献可以看出，现代地理学在其创建早期有着近乎纯正的德国血统。当年德国对外关系中的最大难题是地理困境。德国地理学家们没有回避这个挑战，况且他们有极好的人文知识修养，能够把地理学、人文知识、国家前途等要素综合在一起分析。于是，地缘政治学在德国应运而生。

地缘政治学的实际创始人是弗里德里希·拉策尔（上面的四人之一）。拉策尔的贡献不限于地缘政治学，他被认为是地理学的“第一代大师”〔1〕。在当时，地理学、人种学、博物学（包括植物学、动物学、地质学）等学科是交织在一起的。在 1880 和 1890 年代，拉策尔的主要兴趣在人种与文化，他的中心论题是“文化分布是历史上迁移和模仿的反映”。〔2〕拉策尔首先提出了“世界大国”（Weltmacht，world power）这个概念。他认为，与世界大国对应的是大空间（Grossraum）。这些观点是他在 1901 年提出的“生存空间”（Lebensraum）的前奏。他把生存空间当作是“生物地理学”的内容，认为国家的重要特征是空间和位置。后来，拉策尔把研究的重心放在政治地理学上，写了《政治地理学》(1897)。这本书是地缘政治学的开山之作，第一次明确论述了海权和陆权的对立。拉策尔注重海洋对文明发展的促进，写有《海洋——民族强大的泉源》(1900)。在《国家空间增长的规律》(1901) 中，拉策尔罗列了国家扩张的 7 个规律〔3〕，其中的两个是：国家的空间随着文化的发展而增长；国家的成长通过合并及吞并小国来实现。那时，进化论的观点已经普及，把国家当作需要增长空间的“有机体”是那个时代的

〔1〕《近代地理学创建人》，73 页。
〔2〕《近代地理学创建人》，77 页。
〔3〕参见《地缘政治学与世界秩序》，31 页。

流行观点。在《西方的没落》（1918、1922）中，奥斯瓦尔德·斯宾格勒认定文明是生命体。这些作者正确地回到了原始民族的“万物有灵”思想。但关于维持“生命体”增长的营养，拉策尔带领地缘政治学迈出了有害的一步。不过，如果考虑到那时欧美列强正在为最后瓜分世界而疯狂争斗，拉策尔的观点也就不显得那样咄咄逼人了。

拉策尔为地缘政治学奠定了坚实的理论基础，剩下的工作将由后人完成。其实，拉策尔本人没有提出“地缘政治学”。“地缘政治”或“地缘政治学”一词是瑞典政治学教授鲁道夫·契伦（1846—1922）在1905年创造的。他在《作为生命形态的国家》（1916）中给予了详细阐释。他认为，国家有5个“器官”：空间、人民、经济、社会、管理[1]。在契伦写这本书的时候，第一次世界大战打得正酣，而距拉策尔的早期工作已有30多年。其实，契伦的地缘政治学脱胎于拉策尔的政治地理学。两者的研究范围没有区别，只是使用不同的名称。契伦的贡献远远不止一个名词。他继承了拉策尔的“国家有机体”和“生存空间”理论，支持大国向外扩张。在他看来，国家有机体在发展中争夺生存空间是自然法则所确定了的。为了保持争夺资源的行动自由，一个国家必须能够在战争状态中自给自足，不依赖和平。

地缘政治学起步之初正是社会达尔文主义盛行的时代，也是殖民时代最后的疯狂。从国家有机体到生存空间，地缘政治学不可避免地染上了“弱肉强食”的习性。这是20世纪初的“时代精神”。从梁启超到鲁迅，中国知识分子也深受“物竞天择，适者生存”理论的影响。与德国完全不同的是，中国是惨遭瓜分和蚕食的国家。中国学者关注的是中国的自我拯救，而不是武力扩张。同时，他们还潜藏着对国民“不争”的愤怒。

契伦是身为小国公民却很有成就的地缘政治学家。其余所有地缘政治学家都是大国公民。这是因为地缘政治是大国的游戏，地缘政治学是大国的地理学。契伦亲德国——瑞典的南方邻国，深受拉策尔的影响，从德国的角度看问题。所以，他可以被归入德国地缘政治学派。在《现

---

〔1〕 契伦提出国家的“管理”要素是在管理作为一门学科受到重视之前。他所说的管理是国家管理，与今天理解的企业管理有所不同，但它们的原理却是相近的。

代大国》(1914) 中，契伦认为小国注定要臣服大国，组成更大的国家。他看好德国的作用。在奠定欧洲民族国家体系的《威斯特伐利亚和约》之后 300 多年，在契伦写《现代大国》之后 100 年，欧洲经历了多次大战，至今没有完成统一过程。其实，欧洲的这个过程并不算很长。中国在春秋战国时期用了 501 年（前 722—前 221）才完成权力最后的高度集中。

与其他学科不同，“地缘政治学”之前可以冠以国家名称。在 19 世纪末和 20 世纪初，美国没有“地缘政治学”，但贡献却很大，可以说是“有其实，无其名”。美国海军军官艾尔弗雷德·塞耶·马汉（1840—1914）写了《海权对历史的影响》(1890)，强调控制海洋对国家和战争的重要性。德国皇帝威廉二世（1888—1918 在位）非常推崇这本书，把它发到每一艘军舰上。在威廉二世的专制统治之下，德国推行全球扩张的“世界政策”(Weltpolitik)，四处出击，“争夺阳光下的地盘”。1900 年，在欢送德国军队到中国镇压义和团时，威廉二世提出了著名的“黄祸”论，要求德军严惩中国人。虽然第一次世界大战的爆发有复杂的原因和背景，但自以为是的威廉二世负有不可推卸的重大责任。从 19 世纪末开始，英德两国展开海军军备竞赛。英国当时的政策是保证它的海军军力超过其他任何两个国家之和。德国日益强大的海军被英国看做巨大威胁。在一战中，德国海军的军舰质量、军人技能超过了英国海军，但数量处于劣势。德国海军企图集中兵力消灭英国海军，却在日德兰海战中失利。此后直到战争结束，德国舰队一直被封锁在港口，成为名副其实的“存在舰队”。战后，德国军舰被收缴、销毁。德国始终没有能够成为一个海上霸权。

德国寻求的不仅是海上霸权。在一战之前，德国的海权和陆权两派对立起来，争夺有限的国家预算。两权对立的思想源自拉策尔。与海权派一样，陆权派也有宏大的计划。德国的“东进” (Drang nach Osten——向东突进)[1] 战略不仅指向东欧和俄国，还包括欧洲之外的东方。19 世纪末，德国计划修建巴格达铁路，用铁路把北海和波斯湾连在一起。线路从汉堡、柏林经过君士坦丁堡到巴格达。这条铁路将严重侵

---

〔1〕 可与美国的“西进运动”做一番异同比较。

犯英国的势力范围和殖民地，最终因为英国的反对而流产。在海上和陆地上，德国的政策都对现有大国英国构成威胁。英德冲突越来越不可调和，最终因为奥匈帝国皇储被暗杀这个偶然因素爆发大战。一战前德国的地缘战略完全没有章法，非常混乱。这与统治者威廉二世的性格缺陷有很大关系。

在20世纪上半叶，地缘政治学已经成为显学。把它进一步推广到人人皆知程度（却不是好名声）的是德国地理学家卡尔·豪斯霍费尔将军（1869—1946）。豪斯霍费尔接受了契伦的思想，他相信，“对地理现实的忽视”是德国在一战中战败的主要原因之一。[1] 因此，他决心改变德国对地理认识的不足，促使德国从失败和屈辱中复兴。拉策尔和契伦是一战之后德国地缘政治学的导师。豪斯霍费尔熟悉他们的理论。经过了第一次世界大战之后，豪斯霍费尔仍然持海权与陆权对立的观点，把英国作为德国的最大敌人。他认定德国的命运在东方，那些中东欧国家是一堆有待清理的垃圾，为德国的成长让出地盘。但他不赞同依靠侵略来达到目的，而是希望德国和苏联结成大陆联盟，共同对抗海权国家。纳粹认为斯拉夫人是劣等民族，又敌视犹太人创立的共产主义，因此不能与苏联长期合作。当德国入侵苏联的时候，豪斯霍费尔从地缘政治学的角度发出欢呼。第三帝国用意识形态取代地缘政治分析，树敌过多，最终一败涂地。冷战结束之后，北约东扩，中东欧的小国大多被纳入欧洲，证实了德国地缘政治学“东进”的判断，也似乎达成了豪斯霍费尔的愿望。不过，北约东扩与豪斯霍费尔的设想有一个差别：主导国家不是德国，甚至不是欧洲国家。

1924年，豪斯霍费尔在慕尼黑创办《地缘政治学杂志》，宣扬他的主张。纳粹上台后，这本杂志逐渐充满了纳粹意识形态，豪斯霍费尔对杂志的影响力日益消退。不过，即使不考虑纳粹的影响，豪斯霍费尔的理论也是非常富有侵略性的。这不完全是豪斯霍费尔的错。地缘政治学具有原罪，它的理论包含着内在侵略性。豪斯霍费尔和其他许多地缘政治学家把国家看做是在空间中生长和扩张的生命体，其生长需要营养。这没有错。在历史上，国家和民族强大时总是向外扩张，现在所有大国

〔1〕《地缘政治学：过去、现在和未来》，43页。

（以及许多中小国家）都是这样产生的。但是，地缘政治学具有明晰的逻辑。如果一味强调扩张和对抗，制造了氛围，就会使战争的动机和规模都失去控制。20 世纪前半期德国的教训是，地缘战略目标必须是**有限的、可控的**，同时使用文化、经济等资源加以促进和调整。可惜，在俾斯麦之后的德国权力圈内，没有人懂得这一点。

与大空间相对应，豪斯霍费尔设想全球将出现四个泛区域：南北美洲各国组成的泛美区，由美国主导；从东北亚到澳大利亚的泛亚区，由日本主导；欧洲与非洲统一后形成的泛欧区，由德国主导；苏联和印度等国的泛苏区，由苏联主导。豪斯霍费尔的这个观点很有远见，即使在今天也还有点超前。虽然区域化正在形成之中，但还没有豪斯霍费尔设想的那样大。豪斯霍费尔认为泛欧的命定空间在德国，泛亚的命定空间在日本。在这一点上，他完全错了。一次战败就可以终结一个国家的好运。德国非常幸运，在 20 世纪有过两次成为支配大国的机会，但都因不知节制而失败了。

在极权政治之下，学术是虚弱的。纳粹德国的地缘政治学不是学者的地缘政治学了。纳粹德国的副元首（第二号人物）鲁道夫·赫斯是豪斯霍费尔在慕尼黑大学的学生。赫斯在那里接触到地缘政治学。1923 年的慕尼黑啤酒馆暴动后，阿道夫·希特勒和赫斯一同被捕。豪斯霍费尔经常去监狱探望他的学生。赫斯则把地缘政治学的思想教给了希特勒。希特勒在狱中写下了《我的奋斗》，从中可以看到地缘政治学的理论。纳粹上台后，豪斯霍费尔深陷到政治漩涡中。1941 年 5 月，赫斯驾机逃往英国，可能是为了谋求英德之间的和平。豪斯霍费尔和儿子阿尔布莱希特因为这一事件被捕，旋被释放。阿尔布莱希特也是一位地缘政治学家。受到 1944 年 7 月谋杀希特勒事件的牵连，父子俩再次被捕。父亲随后被释放；儿子则被纳粹“人民法院”宣判死刑，于 1945 年 4 月被杀。美军占领德国后逮捕了豪斯霍费尔。1946 年 3 月，豪斯霍费尔夫妇[1]在家中自杀身亡。德国的地缘政治学随之消亡，至今看不到复苏的可能。

除了德国之外，20 世纪上半叶地缘政治学最发达的国家是英国。乔治·N·寇松勋爵（1859—1925）出生于土地贵族家庭。他在少年时期

---

〔1〕卡尔·豪斯霍费尔的妻子玛莎也加入到德国的地缘政治学事业中。她在 1925 年把詹姆斯·费尔格雷夫的《地理与世界大国》（1915）翻译成德文。

从马背上摔下来，脊柱严重受伤。终生残疾使他经常疼痛得昏迷过去，却没有阻止他长途旅行。在 1887—1894 数年间，他到了俄国、中亚、波斯、暹罗、印度支那、朝鲜、阿富汗、帕米尔，写书记录下他的东方之行。寇松不是单纯的旅行家，他的目的是地缘政治的，总是围绕着英属印度的安全。寇松在大英帝国的鼎盛时期担任印度总督（1899—1905），在第一次世界大战之后担任英国外交大臣（1919—1924）。在印度时，他把西北边境的独立部落地区变成印度的一个省，就是现在美国无人机经常攻击的巴基斯坦西北边境省。1903 年底，寇松派荣赫鹏带领英军入侵西藏，以阻挡俄国势力经由西藏到达印度。英军在占领拉萨后没有发现俄国人的影子。英国势力却在与俄国的大角逐中进入了西藏。“西藏问题”由此产生。1912 年，寇松在担任英国皇家地理学会会长时说：

在地理学的帮助下——没有任何其他方式可以做到这一点——我们才能理解伟大自然力的运作，人口的分布，商业的进步，疆界的拓展，国家的形成，以及人类在各方面所取得的辉煌成就。[1]

寇松是政治家、地缘政治的实践者。英国地缘政治学是由众多像寇松这样勇敢的冒险家、军人奠定的。这是英德两国地缘政治学的不同之处，符合它们各自的哲学传统。英国地缘政治学的代表人物是哈尔福德·麦金德（1861—1947）。麦金德比豪斯霍费尔年长 8 岁。豪斯霍费尔从他那里学到了很多东西，以至把他叫做“可恨的敌人”[2]。麦金德是牛津大学地理系第一任主任，担任过伦敦经济学院院长、英国国会议员。1904 年，麦金德在英国皇家地理学会发表演讲，论文的题目是《历史的地理枢纽》，突出了枢纽地区在历史中的重要作用。这篇文稿成为地缘政治学的经典著作。麦金德把俄国看做是英国的主要敌人，因为俄

---

〔1〕 *Subjects of the Day*, George Curzon, pp156—166, London: George Allen & Urwin, 1915. 转引自《东方学》，274 页，三联书店，2007 年。

〔2〕《地缘政治学》杂志，第二期（1925 年）第 454 页。转引自 E. W. 吉尔伯特：《历史的地理枢纽》中译本引言，17 页。麦金德比豪斯霍费尔年长，从事地缘政治学研究也较早。但豪斯霍费尔与地缘政治学前驱们在理论上一脉相承，而麦金德则像是一个旁支。对于后世，麦金德的影响可能更大。为了叙述的连贯性，在这里把麦金德放在了豪斯霍费尔之后。敬请读者诸君注意。

国占有欧亚大陆的枢纽地带（心脏地带）。1917 年十月革命之后，外交大臣寇松派遣麦金德出使俄国，使命之一是煽动非俄罗斯族的民族主义情绪，以动摇革命的基础。麦金德认为，来自枢纽地区的威胁与哪个国家控制它没有关系。如果日本占领中国，并进而挟中国之力征服俄国，占领心脏地带，就会对西方构成“黄祸”[1]。在对待黄种人的态度上，德国和英国在那时基本一致。

在皇家地理学会的那次演讲 15 年之后，麦金德把他的演讲稿扩写为《民主的理想与现实》(1919)。此时正值巴黎和会，据说麦金德是写给参加和会的各国代表们看的，提醒他们向东看。麦金德对他原来的思想做了一些修改，把“枢纽”（pivot）改称为“心脏地带”（heartland），而把欧亚大陆和非洲称为“世界岛”。书中有一句后来被广为引用的话：

> 谁统治东欧，谁就能主宰心脏地带；谁统治心脏地带，谁就能主宰世界岛；谁统治世界岛，谁就能主宰全世界。[2]

麦金德的“心脏地带”指位于欧亚大陆中部和北部、与外界没有或很少有海运联系的地区。其中包括内流河流域，如注入里海的顿河、伏尔加河，注入咸海的阿姆河、锡尔河，以及塔里木河等消失在沙漠中的河流；注入北冰洋的大河流域，如额毕河、叶尼塞河、勒拿河。这个地区与海洋隔绝，海洋大国不能从海上向这些地区发起进攻。在历史上，征服欧亚大陆各地的游牧民族都从这个地区出发。铁路出现之后，加强了心脏地带的机动性，可以与海洋航运相比。因此，俄国取代蒙古，可以向各方向（除了北方）攻击。“枢纽国家向欧亚大陆边缘地区的扩张，使力量对比转过来对它有利，这将使它能够利用巨大的大陆资源来建立舰队，那时这个世界帝国也就在望了。”[3] 在二战之后，苏联控制了东欧各国，几乎完全占有心脏地带，与美国形成了两强对抗，似乎有希望

〔1〕 哈·麦金德：《历史的地理枢纽》，70—71 页，商务印书馆，1985。这本小书收录了麦金德的两篇演讲稿：“地理学的范围和方法”、“历史的地理枢纽”。由此可见在对“黄祸”的担心中，英国与德国没有区别，尽管它们那时是对手。

〔2〕 Democratic Ideals and Reality，p150，Halford Mackinder，New York：W. W. Norton，1962。

〔3〕 《历史的地理枢纽》，69 页。

建立“世界帝国”。但麦金德的预言没有实现。苏联没有能够统治世界岛，更没有主宰全世界。相反，大陆强权苏联受到美国及其盟国的围堵，僵硬的极权统治不能灵活应对，终于分崩离析。麦金德站在欧亚大陆外缘的一个小岛上瞭望大陆。他的立场决定了他的观点。英国的传统政策是保持欧洲大陆上的均势（力量平衡），不能产生一个对英国构成威胁的大国。麦金德担心，在大陆的心脏地带聚集的巨大力量将对英国构成威胁，而衰落中的英国对此却无能为力。

麦金德把“心脏地带”之外的土地分为两层：内新月地区在欧亚大陆之中，从德国、土耳其、印度到中国，与“心脏地带”在土地上连接在一起；外新月地区在欧亚大陆之外，从英国、撒哈拉以南的非洲、澳大利亚到日本，与“心脏地带”隔着海洋。麦金德看重“心脏地带”，较轻视外围地区。实际上，在所谓的心脏地带，荒凉的西伯利亚不适宜人类生活，更从来没有产生过权力中心。在遭受法国、德国入侵时，俄国（苏联）的权力中心从没有退到乌拉尔山以东。即使把心脏地带看做是一个完整的地区，其重心也是在它的南部，从里海沿岸的南俄草原延伸到中亚、蒙古。在工业革命之前，从大陆的外围地区攻入中亚不乏例证。波斯人、阿拉伯人、汉人都曾经是中亚一大部分的主宰。甚至在工业时代之前，面对外围地区的火炮等技术优势，心脏地带南部已经彻底失去了权力。大概有鉴于此，美国地缘政治学家尼古拉斯·斯皮克曼（1893—1943）更多师从马汉的学说。与麦金德强调“心脏地带”的威胁相反，斯皮克曼更看重欧亚大陆的“边缘地带”（rimland）。如果麦金德算是陆权派，斯皮克曼更接近海权派一些，但不局限于海权派。

斯皮克曼出生在荷兰。他原来是社会学家，出版过《格奥尔格·齐美尔的社会理论》[1]（1925）。他还是耶鲁大学国际关系学院的创建者。与豪斯霍费尔类似，他认为美国的外交政策“忽略了地理因素”，从而损害了国家利益。因此，他转而研究新兴的国际关系学，在1938年和1939年发表了两篇地缘政治学的长文。这时正是第二次世界大战前夕。

---

〔1〕齐美尔（一译西美尔，1858—1918）是德国社会学家、新康德主义哲学家。他的研究对象包括冲突、权力、社会交往、调情、货币等。斯皮克曼是最早把齐美尔介绍到美国的学者之一。尚不清楚齐美尔的社会学如何影响到斯皮克曼的地缘政治学。在方法上，齐美尔是反实证主义的；斯皮克曼是实用主义者，与美国的哲学传统一致，与齐美尔的抽象分析不同。

斯皮克曼反对美国的孤立主义，坚持美国应该维持欧亚大陆上的均势，而不是依靠大洋的保护。他的主要作品是《世界政治中的美国战略》(1942) 以及在他身后出版的《和平地理学》(1944)。斯皮克曼声称"地理是外交政策中最基本的因素，因为它是最持久的"。的确，极权统治可以在短时间内改变人口数量、文化传统等因素。但到目前为止，暴君仍无力改变地理环境。正当美国与德国、日本酣战之时，斯皮克曼建议在战后保持一个强大的德国，以对抗苏联；他还预言中国将在战后崛起，而美国将不得不帮助日本的防务。[1] 他能有如此远见是地缘政治分析的结果。

斯皮克曼接受了麦金德对世界的地缘政治学划分：心脏地带、边缘地带（麦金德的"内新月地区"）、离岸岛屿（offshore islands，麦金德的"外新月地区"）。但对于各区域的作用，斯皮克曼的观点与麦金德的相反，强调边缘地带的重要性，因为这里兼有大陆和海洋之利。那时的美国是一个上升中的"岛国"，所以，斯皮克曼的心态与衰落帝国的麦金德不同。他注重的问题是美国如何控制欧亚大陆，而不是预防来自欧亚大陆的威胁。边缘地带是岛国控制大陆的登陆场，因此更受重视。作为对自己理论的总结，斯皮克曼套用麦金德的表达方式，也说了一句高度概括的话：

> 控制边缘地带者统治欧亚大陆；统治欧亚大陆者控制世界命运。[2]

在冷战中，美国及其盟国控制了边缘地带的最富裕部分，拖垮了苏联集团，但并没有因此而统治欧亚大陆。相反，冷战后美国至高无上的霸主地位没有维持很久。因为失去了苏联这个共同敌人，美国对"老欧洲"的号召力显著下降。美国在全球推行民主，却忘了一个民主的国际社会绝不会容忍任何过于强大、独断专行的国家。民主是强权的敌人，正如强权是民主的敌人一样。美国占领了位于边缘地带的伊拉克，却没有能够在中东站稳脚跟，更谈不上统治欧亚大陆。原因是美国忽略了伊

[1] 实际上，中国的崛起被内乱迟滞了数十年。但斯皮克曼的预言仍然没有错。

[2] *The Geography of Peace*, p43, Nicholas J. Spykman, New York: Harcourt & Brace, 1944.

拉克人的反抗意志。在一国之内，由于炽盛的民族和宗教情感，即使长期生活在暴政之下，人民也不可能接受外国入侵，无论侵略者打着什么旗号。从美国的教训可以看出，斯皮克曼以及他之前的地缘政治学家都过于看重自然地理的因素，却有些忽视“人”这个最重要的因素。[1]“人”是地理各要素中最值得珍视的。无论是地理学还是地缘政治学，缺少了“人”必定会有很大缺陷，从而在指导行动时带来灾难。

斯皮克曼把北大西洋看做是西欧和北美之间的一个大湖。在 1940 年代，大西洋的东西两岸是世界上唯一的发达地区——日本那时还没有完成工业化。今天世界上最繁荣的地区主要在边缘地带和离岸岛屿，其中北大西洋两岸仍然最为发达，非日本可及。斯皮克曼认为，大西洋是古希腊时代地中海的放大版，是西方世界的“中央海洋”。这一地区应该由美国来领导，以武力对付其他地区的反叛。

斯皮克曼影响了美国的遏制政策，被称为“遏制教父”。在冷战期间，以美国为首的西方国家建立北约（北大西洋公约组织），对抗苏联集团的华沙条约组织。美国对苏联实行武力遏制，在朝鲜和越南作战，防止共产主义向外扩散。美国沿着欧亚大陆边缘（内新月地区）建立多个军事同盟，把日本、东南亚、两伊纳入西方阵营，在阿富汗支持反苏游击队。这些行动是为了阻止苏联势力南下到暖水海港。除了在远东（朝鲜、中国、越南一线）的大陆边缘，遏制政策是成功的。也许不能把政策的成功完全说成是地缘政治学者的贡献，但可以说，美国的决策者从斯皮克曼、麦金德等人那里吸取了大量有益的思想，他们对世界形势的判断接近学者们的理论。在经历了冷战后的龃龉之后，与北大西洋对岸的关系仍然是欧美今天最重要的双边关系。

在两次世界大战之间，麦金德、豪斯霍费尔、斯皮克曼（以年龄长幼为序）是最重要的地缘政治学家。他们分别生活在 20 世纪先后最强大的三个国家：英、德、美。也许是巧合，三位学者的年龄顺序和他们国家获得大国地位的先后是一致的。他们都在 1940 年代中期去世，相

---

〔1〕其实，斯皮克曼并没有忽视“人”。说他忽视“人”，只是相对于他对地理因素的强调而言。请对照他罗列的强大国家的 10 条标准：领土、边界、人口、矿产、经济和技术、财政、民族组成、社会一体化、政治稳定、民族精神。

隔仅三年（斯皮克曼去世时才 49 岁）。在此期间，最重视地缘政治学说的德国战败。于是地缘政治学的喧嚣与骚动暂时告一段落，是为古典阶段。

在欧美之外，俄国有不同的地缘政治学传统，自成体系。俄国地缘政治学的特点之一是热衷于探讨文明的地理归属，显示出俄罗斯人不能就他们文明的位置达成相对一致。俄国的地缘政治学分成对立的两派：欧亚主义与大西洋主义。这与德国的海权与陆权两派的分裂近似，表现出一个民族被地理环境撕裂后的精神症状。Г. Н. 特鲁别茨科伊和 Е. Н. 特鲁别茨科伊兄弟两人是俄国的思想家、哲学家。他们强调俄罗斯宗教和文化的特性，注重它们与地理的关系。俄国地缘政治学始终在探讨俄罗斯文明的归属问题，不离东正教。他们的侄子 Н. С. 特鲁别茨科伊（1890—1938）和地理学家 П. Н. 萨维茨基（1892—1985）是欧亚主义运动的创始人。1921 年，萨维茨基出版文集《出走东方》。这是欧亚主义的第一本书。欧亚主义继承了强调俄罗斯文化独特性的斯拉夫主义。它把俄国特性上溯到鞑靼—蒙古统治时期，珍惜俄国的东正教精神、东方色彩。与亲西方的大西洋主义相对立，欧亚主义者更愿意俄国留在欧亚大陆的东方，作为独立的一极承担重任。欧亚主义是 1920 年代初由流亡者在苏联之外发展起来的。苏联统治者不能容忍这些“爱国者”，他们也拒绝与苏联合作。[1]

以上介绍了最重要的几位古典地缘政治学家，另外一些也很出色的学者却没有提及。第二次世界大战之后，地缘政治学的传统中断了 20 多年。等到它再次兴起时，人们的知识结构、对国家和国际关系的看法已经有了很大不同，和平的力量更强大了。战前的理论显得距离现代已经有些遥远。只有专业学者需要认真借鉴这些理论，一般读者大概不太容易产生共鸣，特别是处于不同语境中的中国读者——他们不会习惯从数十年前、百年前的西方角度看世界。另外一个问题是，相关的地缘政治学著作很少有被翻译成中文的。作为阅读本书必要的知识背景，这部分的简略介绍可以满足一般需要。

---

〔1〕 参见《地缘政治学与世界秩序》第四章“地缘政治学体系中的欧亚主义”。

地缘政治学的复兴

a. 世界的趋势

按照杰弗里·帕克的观点，地缘政治学在 1976 年（豪斯霍费尔夫妇自杀之后整 30 年）出现复兴。[1] 在这一年，《希罗多德》[2] 杂志在法国出版。办刊人伊夫·拉考斯特是地理学教授。他同意法国造反学生的口号：地理学是反动的。他还宣称：地理学主要是用来发动战争[3]。毫无疑问，过分强调改善地缘环境必将导致扩张和战争，但这句话还是略微有些夸张。拉考斯特的态度符合法国学术界的造反传统，也符合法国日益衰落的实力。美国的“批判地缘政治学”紧随其后，也脱离了古典地缘政治学的范畴。

二战之后的地缘政治学首先在美国复兴，甚至可以说，地缘政治学的传统在美国没有中断。在 20 世纪上半叶，美国有本国的地理环境决定论者。艾尔斯沃斯·亨廷顿（1876—1947）在亚洲和美洲考察气候与人种，把人类文明的变化与人类对气候的适应联系在一起。但他的研究成果没有影响到国际关系学。美国地处北美，孤悬海外，少有外敌。与当时的列强相比，美国不太关注外部世界，对经营殖民地的热情也不很高。美国在一战中派兵远征欧洲，战后主持巴黎和会，制定和平计划，战后却重新拥抱孤立主义。直到又一次面对世界大战的威胁，美国才猛然警醒。历史学家入江昭说：

---

〔1〕《地缘政治学：过去、现在和未来》，65 页。

〔2〕希罗多德生活在公元前 5 世纪。在《历史》一书中，希罗多德总是详细地介绍各民族生活的地理环境。“历史”在古希腊文中的本意是“探究”，包括对地理的实地考察和研究。

〔3〕这是他在创办《希罗多德》杂志那一年出版的一本书的书名。

实际上，直到 1937 年之后才有人开始谈论美国的地缘政治角色……地缘政治心态的出现是美国思想史和外交史当中的一个重要现象。对实力的认识以及将战争看成是国家政策工具的准备都是对世界事务的“现实主义”式的反应，它们对美国人看待外部事物的方式有着深远的影响。[1]

在 1937 年，欧洲和东亚的局势都非常紧张。纳粹德国正在磨刀霍霍，准备入侵邻国。对于中国，1937 年更是多灾多难的一年：先是卢沟桥事变，然后日本向中国发起全面进攻。如果德国和日本得手，美国就会受到来自大西洋和太平洋两翼的直接威胁，而北美洲没有能力与欧亚大陆抗衡。美国在这样的背景下接受了地缘政治学。其实，地缘政治方面的考虑在美国早期已经有了，19 世纪的门罗宣言已经暗含了地缘政治的考虑。在 1937 年，即使在它的发源地欧洲，地缘政治学也还算是比较新的学科。长期以来，美国学者一直是欧洲教授的学生。豪斯霍费尔和麦金德都有自己的美国推崇者。到了 1930 年代，随着欧洲局势恶化，欧洲（特别是德国）的学者源源不断地流入美国，带去了更多的影响。美国的地缘政治学思想是从欧洲进口的。

埃德蒙德·沃尔什（1885－1956）是美国的地理学教授、牧师。他创建的乔治敦大学外交学院是美国最好的国际关系研究和教育机构之一，至今冠有他的名字。沃尔什把自己看做是地缘政治学家。1945 年秋，他审讯豪斯霍费尔，决定是否把他提交纽伦堡法庭审判。沃尔什的结论是，地缘政治学的罪过在于它同纳粹的联系，而不是它的思想。这是一个比较公允的判断。沃尔什致力于为地缘政治学增加人性的一面。因为纳粹德国的缘故，地缘政治学受到憎恶。在另外一方面，地缘政治学的观点已经广为人知，成为知识结构的一部分，学者和决策者要彻底忘掉它们也不容易。

乔治·凯南（1904－2005）是“遏制之父”（斯皮克曼是“遏制教父”）。凯南是美国的职业外交官，1933 年被派驻到莫斯科，跟踪研究了

---

〔1〕 入江昭：《剑桥美国对外关系史》（下），154－155 页，第十章：地缘政治的出现，新华出版社，2004 年。

斯大林的“大清洗”。1939年被派到德国，在美国参战后被拘留了6个月，释放后参与设计欧洲的战后计划。凯南于1944年返回莫斯科。1946年2月22日，凯南从美国驻莫斯科大使馆向国务院发了一份“长电报”，分析苏联扩张的历史和意识形态根源。在电报中，凯南指出：

在克里姆林宫对世界事务神经质的看法之下，是传统的与本能的俄罗斯不安全感。起初，这种不安全感是和平的农业人口在开阔的平原上试图与邻近的凶猛游牧民相处而产生的。此外，当俄国与经济先进的西方接触时，害怕在这个领域内更胜任、更有力量、更高度组织的社会。但这后一种不安全感影响的是俄国统治者而不是俄国人民；因为俄国统治者无不感觉到，他们的统治在形式方面是相对过时的，在心理基础方面是脆弱的和造作的，不能与西方国家的政治制度比较或接触。[1]

这份电报成为美国的经典冷战文献。凯南给出了苏联扩张的地理原因和国内政治原因。他认为苏联的扩张与西方的对苏政策无关。1937年3月，在一篇署名为X的文章中，凯南说：“在这种情况下，很清楚，美国的任何对苏政策的主要部分都必须是对苏联扩张倾向的长期和耐心的、但坚定和警惕的**遏制**。”[2] 不久，X的身份被泄露出来，于是这篇文章被当作是美国对苏政策的说明。总的说来，凯南在国务院并不得志，詹姆斯·贝尔纳斯、迪恩·艾奇逊两位国务卿都不太赞同他的观点。凯南对苏联持强硬态度，但他不像艾奇逊那么强调实力，对历史和文化的分析更多一些。此外，凯南还抱怨说他的一些想法被误读了。

1947年1月，杜鲁门任命乔治·马歇尔担任国务卿。[3] 这项任命可以看做是在经历一系列摩擦之后，美国对苏政策的转向。那时，苏联在向土耳其和希腊渗透势力，而英国对此无能为力。1947年3月，杜鲁门请求国会拨款支持希腊和土耳其，他提出的论据被称为“杜鲁门主

---

〔1〕 *The Long Telegram*, George Kennan, Moscow, 22 February 1946.

〔2〕 *The Sources of Soviet Conduct*, *X*, *Foreign Affairs*, July 1947.

〔3〕 富兰克林·罗斯福在1945年4月去世，哈里·杜鲁门接任美国总统一职，这时二战尚未结束。马歇尔是二战时期功勋卓著的将军。从1945年底到1947年初的12个月时间中，他在中国调停国共纷争，但内战仍然爆发。马歇尔回美国后即出任国务卿。

义”：“美国的政策必须支持自由人民，他们正在抵抗少数武装分子或外来压力的征服企图。”在总统的外交团队中，“马歇尔、艾奇逊、凯南几乎没有丝毫犹豫就接受了以下观念：美国不得不担起历史上英国的角色，以遏制俄国权势在东地中海的扩张和影响。”[1] 1947年6月，马歇尔公布了“欧洲复兴计划”，即通常所说的“马歇尔计划”。美国根据该计划向欧洲提供经济援助。斯大林拒绝加入复兴计划，导致了东西欧的分裂。约翰·加迪斯相信，斯大林掉进了马歇尔计划给他设下的陷阱：

> 几个假设塑造了马歇尔计划：对在欧洲的西方利益之最严重威胁不是苏联军事干涉的前景，而是饥荒、贫困和绝望可能导致欧洲人投票选举他们的共产主义者执政，而这些人将驯服地服从莫斯科的意愿；美国的经济援助将立刻产生心理上的好处，然后是物质的好处，将扭转这一趋势；苏联自己不会接受援助，也不会允许它的卫星国接受，因此造成它们之间关系紧张；美国能够在即将到来的冷战中抓住地缘政治的和道德的主动权。[2]

可见，马歇尔计划包括“地缘政治”和“道德”两方面的主动权。而加迪斯所说的“道德”其实是“地缘经济”的内容，用以加强美国在欧洲的地缘政治地位。凯南是马歇尔计划的主要制定者之一。马歇尔到莫斯科谈判时，曾和凯南讨论过该计划，并没有顾忌苏联情报系统的监听。但斯大林不能理解在权力和阴谋之外的事情。所以，马歇尔计划是对苏联的一个温柔陷阱，同时也限制了德国此后的发展方向。

凯南对“杜鲁门主义”持保留态度，认为它会被苏联当作挑衅，而且美国没有能力在全球每一个地方都执行它的诺言。美苏关系日益紧张。1948年6月，苏联断绝通往西柏林的所有交通，美国对西柏林实行空运。苏联在11个月后（1949年5月）结束封锁。这时，美苏的长期对抗已经不可避免。在这一轮对抗期间，杜鲁门赢得了1948年的总统

---

〔1〕 孔华润（沃伦·I·科恩）主编《剑桥美国对外关系史》（下），256页。本处引文出自第四卷“苏联强权时期的美国（1945—1991）”，作者是孔华润。

〔2〕 *The Cold War: A New History*, p32, John Lewis Gaddis, Penguin Books, 2005.

大选。他的第二届任期从1949年1月开始，艾奇逊接替病重的马歇尔出任国务卿。1949年4月，北大西洋公约组织成立。东西方两大集团的对抗正式开始。凯南对北约也持保留态度，他认为苏联不会进攻西欧。艾奇逊崇尚实力，对过多的其他想法不耐烦。凯南于是在1950年离开了国务院。此后，除了短时间出任美国驻苏联和南斯拉夫大使之外，他没有再担任其他公职。令凯南安慰的是，他活到了101岁，亲眼看到了遏制政策的成功和冷战的结束，看到了美国登上世界权力的顶峰。

艾奇逊和凯南在许多问题上的看法不同。但他们与斯皮克曼一样，都是大西洋主义者。中国出版的世界地图总是把中国放在世界的中心，把地球另一面的大西洋分成两半，使中国人不太容易看清北美与欧洲在地理上的密切关系。把欧洲或美国放在世界地图的中心，就会意识到北大西洋两岸在地理上和文化上的接近。欧美不能分开，尤其是在面对俄国的时候。在俄国，最有势力的地缘政治学派是欧亚主义，他们强调俄罗斯文化的独特性和大陆性，期望俄国成为欧亚大陆东部的领导者，强烈反对本国的大西洋主义——或亲西方的地缘政治学派。从这一点看，俄国与欧美有着内在的紧张。

二战结束后不久，“地缘政治”一词就几乎销声匿迹了，尽管基于地缘政治理论的分析和运作仍然盛行。在一代人的时间之后，从德国来到美国的移民亨利·基辛格复活这个词，使之进入日常用语的范围。从1969年到1977年，基辛格先后担任国家安全助理和国务卿，几乎把持了美国的主要外交政策，甚至经常把尼克松总统玩弄于股掌之间。他在公众中的风头也超过了总统。基辛格喜欢使用“地缘政治”这词。“但是，基辛格使用这一术语时十分随意，对其含义并无明确或具体的理解。”[1] 可是基辛格并不是一个随意的人，选择这个词自有他的用意。在为基辛格的《大外交》写的书评中，霍华德揭示了其中的奥妙：

> 这本书的适当名字应该是《权力政治》之类，但基辛格极少用笔写下这个词。他喜欢用“地缘政治”，次数频繁又令人迷惑。他对这个词的用法不同于它的欧洲发明者，如鲁道夫·契伦、哈尔福德·麦金德、

---

〔1〕《地缘政治学：过去、现在和未来》，77页。

阿尔布莱希特·豪斯霍费尔，意思是空间环境对政治要务的影响。对于基辛格，“地缘政治”就是权力关系的委婉词。[1]

霍华德认为，“权力政治”的概念非常不适合美国人的口味，而“地缘政治”则听起来像是价值中立的。[2] 基辛格因此选择了使用这个词。基辛格关心的是权力的政治，而不是外交或地缘政治。基辛格是德国犹太人，全家在1938年逃离德国。但他的13位近亲死在纳粹的毒气室或集中营。他还是参加过二战的老兵。这些经历决定了基辛格不会对人性之恶抱有幻想。他的外交思想是欧洲的现实主义，推崇的是欧洲外交家：黎塞留、梅特涅和俾斯麦等人。在两个超级大国分庭抗礼的年代，基辛格更注重调整和维持全球均势，使之朝着有利于美国的方向倾斜。基辛格一向注重“均势”。他所说的“地缘政治”更接近“均势”安排，甚至等同于均势安排。以上引文所说的“权力关系”大概也是这个意思。其实，均势安排是比较隐形的地缘政治争斗，两者没有实质性区别，因为国家间的权力均衡（均势）必须以它们的地理位置为基础。

与基辛格不同，布热津斯基认真对待地缘政治学和“地缘政治”这个词。与基辛格（1923年出生）一样，布热津斯基（1928年出生）也是来自欧洲的移民。1950年代初在哈佛大学时他们就是对头（基辛格是二战老兵，入学较晚）。他们的政治生涯都是从学术界开始的。1976年，基辛格是杰拉德·福特总统的国务卿（任命基辛格为国务卿的理查德·尼克松已经因水门事件辞去总统一职），布热津斯基在帮助吉米·卡特竞选总统，激烈抨击基辛格的外交政策（缓和）和外交风格（秘密）。直到2000年代，他们出现在同一档电视评论节目时还不忘踩对方一脚。

当约翰·F·肯尼迪在1960年竞选总统时，布热津斯基是他的外交政策顾问。此后，他多次参加总统竞选班子。在1977年到1981年间，

---

〔1〕 *The World According to Henry: From Metternich to Me*, Michael Howard, Foreign Affairs, May/June 1994. “阿尔布莱希特”疑为“卡尔”之误。霍华德爵士是剑桥大学的现代史教授、耶鲁大学的军事和海军史教授。他对基辛格的“地缘政治学”评论是准确的。

〔2〕 其实只是听起来像是而已。任何了解一点地缘政治学的人都不会认为它是价值中立的。基辛格选择这个词证明那时的美国人已经忘记了地缘政治角逐的过去。

他是卡特总统的国家安全助理。在2008年巴拉克·奥巴马竞选总统时，他仍是外交政策顾问。在民主党的政府中，他是外交问题权威。在学术方面，布热津斯基是俄国问题专家，在多所名牌大学担任教授。他可以被看做是一位地缘政治学家（地缘战略学家）。但他更注重基于经验的分析，而不是新理论的建构。与经典地缘政治学一样，布热津斯基特别注重欧亚大陆，而把美国看做是一个离岛。离岛的利益在于维持大陆上的均势，使自己免于孤立无援的状态。在《大棋局》（1997）的引言中，布热津斯基指出，在1940年11月，阿道夫·希特勒和约瑟夫·斯大林达成协议，明确要把美国排斥在欧亚大陆之外。类似的事情今后未必不会重演。因此，布热津斯基说："制定一项全面和完整的欧亚大陆地缘战略是本书（《大棋局》）的目的。"[1] 美国的战略目标是留在并控制欧亚大陆。失去了欧亚大陆，美国将不再是重要的地缘政治玩家。

在世纪之交，布热津斯基的《大棋局》可以说是标志着地缘政治学的彻底复活。此外，还出现了《地理的优势地位仍在持续》[2]、《捍卫经典地缘政治学》[3]、《地缘政治学的复兴》[4] 等文章。当今西方与地缘政治相关的主要理论思想在美国，这和当今西方哲学思想基本都源于欧洲正好形成了对比。这是因为在西方国家中，只有美国才有研究地缘政治的资格和兴趣。至于欧洲国家，虽然它们的经济和文化都很发达，却因为总体实力的限制，不能成为地缘政治的大玩家。一个统一的欧洲将有这种实力，但欧洲的统一进程只是刚刚开始。一般而言，操纵地缘政治是大国的专利。小国只能通过有关地缘政治的学说掌握一些在夹缝中生存的技巧。

国际关系是实践的领域。作为均势和地缘政治的操作高手，基辛格和布热津斯基是否提出了新理论并不重要。学者们将继续研究他们的实践。直到今天，他们仍然是热门的公众人物，而许多比他们晚出的国务

---

〔1〕《大棋局：美国的首要地位及其地缘战略》，2—3页。

〔2〕*The Continued Primacy of Geography*，Colin S. Gray，Orbis，Spring 1996.

〔3〕*In Defense of Classical Geopolitics*，Mackubin Thomas Owens，1999. 这篇文章对地缘政治学的历史做了简要而精当的介绍。作者是美国海军战争学院的战略及武力计划教授。文章出处：http：//www. nwc. navy. mil/press/Review/1999/autumn/art3－a99. htm.

〔4〕*The Revival of Geopolitics*，Harvey Sicherman，*The Intercollegiate Review*，Spring 2002. 作者是美国的外交政策研究所（FPRI）总裁，曾是美国三位国务卿的顾问。

卿和国家安全助理已经淡出人们的记忆。从冷战结束到现在已经有20年。在这20年中，各种新的理论和设想（历史终结、文明冲突、全球化、世界新秩序等等）已纷纷退去，最终必将让位于浴火重生的地缘政治学。人类生活离不开地理环境。不仅地缘政治学，长期被轻视的地理学也正在经历着一个被重新发现的过程。[1] 这是一个正确的方向。

2005年4月25日，俄国总统普京在“国情咨文”中说：“苏联解体是20世纪地缘政治上的最大灾难。”一位英国记者评论俄国的地缘政治学时说：“很少有现代意识形态像地缘政治学这样既充满奇想又无所不包，即浪漫又晦涩，在理智上是混乱的，还可能引发第三次世界大战。”[2] 当然，这是记者在导语中故意耸人听闻，有点英国小报的风格。记者讽刺的目标也不是欧美的地缘政治学。冷战之后，俄国丧失了官方意识形态，一些政坛重量级人物用地缘政治学填补国际关系中的这个空缺。于是，欧亚主义在1990年代复苏。在新欧亚主义的信徒中，有左翼共产党的总书记Г. 久加诺夫（写有《胜利地理学》）、右翼自由民主党的党魁弗拉基米尔·日里诺夫斯基（写有《向南的最后出击》）等权势人物。这两个党当时占有国家杜马近一半的席位。俄国前总理耶夫根尼·普里马科夫也被看做是欧亚主义的支持者。1998年12月，普里马科夫在访问印度时提出俄、印、中三个大陆国家建立“战略三角”的建议。

那位英国记者在1999年采访的主要人物是亚历山大·杜金，一度在国外名声最大的俄国地缘政治学家。上段开始处的引语是这次报道的导语。杜金出生于1962年。他的名声主要来自他的强烈反西方立场。在俄国军方的帮助下，杜金于1997年出版《地缘政治学的基础：俄国的地缘政治未来》。他采用了麦金德的陆权与海权对立的观点，并加入东方与西方的对立，把它们当作同一个对立的两个方面。杜金主张建立

---

[1] 《重新发现地理学》，美国国家研究院地学、环境与资源委员会地球科学与资源局重新发现地理学委员会编，学苑出版社，2002年。

[2] *Dreams of the Eurasian Heartland*: *The Reemergence of Geopolitics*, *Charles Clover*, *Foreign Affairs*, March/April, 1999. 原文的副标题太模糊，更准确的说法应该是“地缘政治学在俄国的复兴”（The Reemergence of Geopolitics in Russia）。作者是英国《金融时报》当时的驻基辅首席记者。

由俄国主导的“欧亚大陆联邦”，对抗大西洋主义。他还希望新疆和西藏（最好还有内蒙和满洲）独立，成为这个联邦的组成部分，从而把中国与俄国的东方领土隔开。除添加西藏，杜金的这个想法不是新东西。俄国一直对中国长城以北的领土“胸怀大志”。

新欧亚主义者把伊斯兰国家作为俄国最重要的战略盟国。他们希望通过伊斯兰国家获得暖水出海口，控制全球石油供应，与他们的共同敌人西方（主要是美国）对抗。新欧亚主义者多是领土扩张主义者。他们认为，“俄罗斯的民族使命是建设强大帝国。”[1] 一个民族对其他民族的“使命感”是侵略和扩张的源泉。不仅俄国有，美国、欧洲各国都有这种使命感，只是名称不同。它又称“天定命运”、“白人的责任”。

进入新的世纪之后，俄国的新欧亚主义仍然势头不减。2008 年，俄国外交学院教授伊戈尔·纳帕林预言美国分裂。2009 年 4 月，他又做出新的预言，设想全球金融和经济危机之后的世界地缘政治版图。他认为，俄国将建立新的联盟——欧亚联盟，其成员国是所有前苏联国家，其组织模式是欧盟。因此，纳帕林把俄国主导的欧亚联盟称为欧盟 2 号，预言它即将在 2012 年产生，而普京将成为这个联盟的“君主”。纳帕林说，欧亚联盟将与欧盟和中国构成世界三大力量中心（美国已经分裂）。[2] 欧亚联盟实际上是翻版的苏联帝国。纳帕林的预言也许不足为信。它的价值在于再次凸显了俄国传统的、与大西洋主义抗衡的欧亚主义，以及俄国保留完好的帝国之梦。

地缘政治学以国家为学派之分野，每个国家的地缘政治学都不相同，因为它们观察的角度不同。它们彼此借鉴，其目的却都是为了更好地对付另外的国家。在西方主流媒体中，杜金等人和欧亚主义的价值大概相当于中国的“民族主义者”和民族主义：既值得警惕，又可以用来取笑，像花边新闻一样为乏味的日常报道添加佐料。

b. 中国的道路

从以上的介绍可以看出，地缘政治学发端和发展于大国，特别是有

〔1〕《地缘政治学与世界秩序》，102 页。

〔2〕《消息报》2009 年 4 月 2 日。转引自《参考消息》2009 年 4 月 6 日。

着缜密战略思维传统的大国——中国是这样的大国之一。地缘政治是大国之间的游戏，现在，中国正在逐步加入到这个游戏中来。对于今天的中国，地缘政治学研究必不可少，恰逢其时。但令人遗憾的是，中国的地缘政治学还几乎是一片空白，似乎也没有大战略。美国一再催促中国加大军事问题的透明度，许多邻国也有同样的希望，只是声音没有美国那样大。他们要求知道的不仅是中国军队的装备，更重要的是中国的战略。中国对外界的呼声反应迟缓，官员与外界的交流也不畅通，只是一再声明"为了防御"。美国军方对此不满意。关于中国军队建设的目的，他们需要更多信息。虽然他们有窥探的嫌疑，但也有充足理由：历史已反复证明，在误解中更容易发生战争。或许，日本防卫省防务次官增田好平可以替中国回答这个中国不便回答的问题。2008 年 2 月，增田在接受采访时说：

我怀疑中国是否有真正意义上的国家战略或者国防战略，中国的军力建设好像只是解放军不同兵种在为自己争取更好的装备。当然这只是个人观点，希望事实不是这样。[1]

增田好平把国家战略简化并等同于国防战略。地缘政治学当然不限于军事问题，但也可以从中窥豹之一斑。与发达国家不同，中国的高层想法属于高级机密。即使中国真的制定了国家战略，也不一定会公开——虽然和平的、防御的战略没有不可公开的理由。国家战略这样的大框架比较容易被外界感知。日本军方密切注视和研究中国的一举一动，关于中国的国家战略应该有比较准确的信息和情报。在国内的公开出版物中，没有官方关于国家战略或地缘战略的资料，学者也很少发表有关大战略的研究成果。了解中国决策层的人也许会对增田好平的评论不屑一顾。但中国普通人很难获得关于自己国家的真实信息，增田的观点至少可供中国一般研究者参考。

想了解中国战略的还有其他国家，这很正常。尽管中国官方一再强

---

〔1〕 http：//news. china. com/zhcn/international/1000/20080204/14658994. html。采访者是平可夫。

调中国的和平愿望，但美国军方总是想了解更多。他们想知道中国的战略，中国将如何使用日益增长的实力。这一招让美国占了先手。不过，即使中国真的有战略，美国的要求永远都不会结束，因为中国总会有一些美国想知道却不知道的东西。美国自己的战略是公开的，有时并不讳言野心。同时，美国更把它描绘成和平的维护者和缔造者，在这方面比中国的宣传成功得多。但美国的可信度很低。殖民时代结束之后，大规模入侵别的国家这种事，基本都是美国干的。至于中国在发展什么样的武器并不特别重要。在军事上，进攻与防守之间没有绝对界限。如果可以用民航飞机撞击大楼，用间谍飞机撞落战斗机，还有什么不可以用来进攻？在核武时代，常规武器的些许发展能起到多大作用？所以，进攻与防守的区别在使用者的动机，而不在武器本身。

中国正在“摸着石头过河”。军事问题或许有保密的必要，不能让外人知道，尤其在实力和自信心不足的时候。但在政治、经济和文化等较容易被感知的方面，中国也没有表现出明显的战略倾向。

在另一方面，详尽的国家战略不是特别重要。历史总有许多偶然，不会按照人们的美好设想发展。到目前为止，还没有一个强大的国家是依据一项事先制定的大战略（grand strategy）[1]而发展起来的，今后大概也不会有。即便如此，框架性的国家战略是极其必要的，尤其在国家的转型或动荡时期。一个国家没有发展方向就很容易走上岔路。大战略可以为国家指明发展方向，在公开的讨论中不断修改和调整，并获得民众对发展方向的认知和支持。在研究和讨论国家战略的过程中，许多模糊之处得到明晰，不足之处得到改正。对大战略的公开讨论可以培养民众的公民责任。一个国家有公民责任感的民众越多，责任感越强烈，国家的基础就越雄厚，前景就可能越美好。国家的强盛就是在偶然之中由这些有责任感的公民推动的。满足其他国家了解中国意图的希望倒在其次——但绝非不重要。

---

〔1〕大战略是比较详细、全面的国家发展规划，不限于经济内容，也不仅是一两句口号，尽管这样的口号对指明国家发展方向是非常有用的。“国家战略”和“大战略”在此可互换使用。

均势的三种模式

国与国之间的状态有战争与和平两种，包括冷战与冷和平。战争的种类有很多，和平也有不同的和平。就其原因而言，和平主要有两种。一种是罗马治下的和平（Pax Romana），即一个强大的帝国主导着国际关系，控制着发动战争的权力。罗马治下的和平不同于先秦时期的天子脚下的和平。“礼乐征伐自天子出”是因为诸侯是天子分封的，诸侯的权力来自天子。天下有道时，天子不仅发起征伐，也制定礼乐（类似现代的国际行为准则）。罗马治下的和平也不同于现代国家垄断国内的暴力，因为它不能完全排除其他国家使用暴力，也不能让其他国家接受自己的军事行动都是合法的。有人声称冷战之后的世界是美国治下的和平（Pax Americana）。美国的权力不是来自道德或法律，而是军事和经济。美国的海外干涉不是为了维护正义，或是利他（虽然有时会间接产生这两种结果），其目的是为了维护美国的利益和威望。

国际和平的另一个原因是均势。均势是在一个区域内或全球范围内，没有一个国家或国家联盟拥有对另外国家或国家联盟的明显军事优势，因此不敢轻举妄动发动战争。均势在欧洲的历史上发挥过很大的作用。欧洲有几个大国，它们的人口、面积、发展水平，乃至文化都没有悬殊差距，比较容易通过建立某种组合来互相牵制。几个实力相近的国家是均势得以产生和存在的条件。欧洲的俄国是个例外。俄国的发展水平落后，但是通过人口和面积的优势，在很大程度上弥补了劣势，使它有能力参与欧洲的大国游戏。均势一旦被打破，欧洲就会爆发战争，或者战争的结果证明原来的均势只存在于一般人的想象之中，有眼光的战略家已经看出其中的破绽。欧洲之外没有良好的均势条件，因此均势很少是其他地区传统的国际关系状态。

在均势受到破坏，而某一大国治下的和平尚未到来时，很容易爆发战争。均势通常是在战争各方打到精疲力竭之时得到恢复。在过去数百年中，欧洲没有产生过大国，最强大的国家总是受到牵制。两次世界大战之后，美国成为超级大国，原因是战场不在它的国土上，使美国尽得渔翁之利。美国维持均势的方法也与欧洲不同。

a. 均势思想的发展

均势是“权力均衡”（balance of power）的简称。至少需要三个国家才能形成均势。它们中的几个合作或联合，以期制约、抵消它们认定的来自另外国家的威胁或潜在威胁，在国家间达成某种平衡，保证没有某国拥有控制乃至毁灭其他国家的能力。均势不是稳定的状态，它总是处在不停地变化之中。如果超过一定限度，发生了剧烈变化，均势就会被打破。如果占有优势的国家推行强权政治，其余各国可能为维护均势而卷入战争。马丁·怀特指出，“均势”这个术语是含混的。他总结了“均势”的五种含义，其中两个分别又有两层意思。他实际上给出了七种含义：（1）权力均匀分布的状态；（2）权力应当均匀分布的原则；（3）我方实力略胜于对方的优势状态；（4）现有力量分布状态，或任何可能的力量分布状态；（5）大国维持均势的作用；（6）国际政治中的权力趋向均匀分布（这一条符合热力学第二定律）；（7）国家体系的同义词。[1]

强势国家经常把它的优势等同于均势，其他国家却不会这样看。均势和优势本来是不同的，但从不同的立场去判断力量对比的状态时，它们是可以互换的概念和态势。

怀特说：“权力模式的思想使我们能够从地理的角度对国际政治进行概括。在更抽象的层面上，我们可以用均势的思想解释国际政治。这样，我们不是将国家视作棋盘上的棋子，而是天平两端的砝码。”[2] 其实，均势更像是一杆秤，而不是天平。秤的平衡与天平的不同，不要求两端的重量完全相等。由于杠杆作用，较轻的秤砣可以与更重的物体保

〔1〕马丁·怀特：《权力政治》，117—123页，世界知识出版社，2004年。原书在1946年第一次出版时只有68页，怀特用了他最后的20年来修改和扩展这本书。怀特于1972年逝世之后，赫德利·布尔、卡斯滕·霍尔布莱德予以扩充。中文版译自修订后的版本。

〔2〕《权力政治》，169页。原译把“砝码”译作“重量”。当是误译。引文径改。无论是棋盘、天平或是杆秤，只描述了地缘政治的一个侧面。

持平衡。在地缘政治中，杠杆可以是坚定的意志、出色的外交、虚张声势、讹诈等多种因素，而地理条件的重要性不亚于前面这几条。均势总与地理有关。基辛格就是几乎不加区别地把“地缘政治”当作“均势”使用。尽管如此，要维持均势，各国彼此之间的悬殊仍不能太大。如果在某一地理范围内，无论是全球还是区域，一国或一个国家集团对其余各国拥有压倒性的优势，该范围内就不能产生均势，从而不可避免地形成霸权，无论霸主是否有意拥有霸权，都会被“黄袍加身”。

在欧洲大陆，均势思想在法国国王路易十一（1461－1483 年在位）时期产生。那时，统一的教权和皇权在欧洲大陆衰落，世俗国家崛起，大小林立，你争我斗，正是产生纵横家的时候。法国是欧洲最早出现的民族国家。在 1453 年，法国赢得与英国打了一百多年的战争，把英国势力几乎完全驱逐出法国。百年战争结束之后 8 年，路易十一即位为法国国王。他再接再厉，加强王权，通过战争、和谈、婚姻各个击破，兼并贵族的领地，大致奠定了法国现在的版图。法国逐渐强大起来，开始与神圣罗马帝国争夺大陆的权力，而英国不再是它的敌人。在宗教改革出现之后，法国陷入教派分裂和宗教战争。这时的哈布斯堡家族是一个帝国，它控制的领土从奥地利、意大利、西班牙到荷兰，几乎完全包围了法国。法国成为欧洲的“中国”——它必须突破包围圈。红衣主教黎塞留在担任法国宰相（1624－1642 在职）时，建立海军，成立贸易公司，向海外扩张。黎塞留在三十年战争中支持新教徒，共同反对哈布斯堡王朝，并在 1635 年促成法国参加了战争。当战争在 1648 年结束时，哈布斯堡王朝和神圣罗马帝国被严重削弱，德意志地区遭受严重破坏，法国俨然已是欧洲强权。

黎塞留在 1642 年临终前推荐马扎然继任宰相（1642－1661 在任），继续推行他的内外政策。在黎塞留之后不久，法王路易十三也去世了。在一年的时间中，法国的国王和宰相都换了人。路易十四（1643－1715 年在位）即位时年仅 5 岁，马扎然是他的教父和宰相。路易十四号称“太阳王”。在他的统治下，法国进入鼎盛时期。马扎然在其中居功甚伟，他结束了三十年战争，签订《威斯特伐利亚和约》——这个条约奠定了现代国际关系的基础。黎塞留的重商主义政策也得以继续。马扎然的权势一直维持到他生命结束。他像黎塞留一样死在任上。路易十四的时代这时才开始。

当路易十四在1661年3月取得了对法国政府的全面控制时，欧洲的形势特别有利于一个决心将自己的意志强加于欧洲的国王。……（法国）挑动葡萄牙人去反对西班牙人，挑动马扎尔人、土耳其人和德国的王公们去反对奥地利，并挑动英国人反对荷兰人，而同瑞士各州签订的1663年重要条约则加强了法国自己的地理地位。[1]

在马扎然执政时期，法国陷入投石党内乱，路易十四也要出逃。乱党得到西班牙的支持。在恢复了国内秩序之后，路易十四的第一个打击目标就是西班牙。他联合英国对抗西班牙——这时虽然已经开始衰落，但仍是一个强大的国家。[2] 他在大陆上开疆扩土，法国边界向东部扩展了许多，终于招致反法同盟的对抗。法国的大国地位以中欧（主要是德语区）的分裂和战乱为代价。法国刻意维持中欧分裂。只要德意志各诸侯国不能统一，法国就减少一个强劲对手，在欧洲大陆遭遇挑战的几率就小很多。

强国的均势是“唯恐天下不乱”。路易十四以“朕即国家”闻名于

---

〔1〕 保罗·肯尼迪：《大国的兴衰》，97页，国际文化出版社，2006年。

〔2〕 西班牙的鼎盛时期在腓力二世（1556—1598在位）统治的前期。腓力二世的父亲查理一世（Carlos Ⅰ，不是在1649年革命中被砍头的英王查理一世 Charles Ⅰ）兼有西班牙国王和神圣罗马帝国皇帝，是查理一世先后从他自己的外祖父（1516）和祖父（1519）那里继承而来。腓力二世只继任西班牙国王，却拥有西班牙、尼德兰、西西里、那不勒斯、米兰以及全部美洲和非洲殖民地。腓力二世娶英国玛丽女王。玛丽女王死后，伊丽莎白女王登基。腓力二世向伊丽莎白求婚未果，决定入侵英国。1588年，西班牙的无敌舰队被英国打败。西班牙失去了欧洲强权的地位。

法王路易十四的母亲是西班牙国王菲力三世的女儿、腓力二世的孙女。1660年，路易十四娶腓力四世的女儿、腓力三世的孙女玛丽一特雷莎（1638—1683）。这场婚姻是法国打败西班牙后和谈的结局。1700年，腓力四世的儿子查理二世去世。他因家族近亲繁殖而没有后代，西班牙的哈布斯堡王朝绝嗣。查理二世把王位传给路易十四的一个孙子，是为腓力五世。法国还趁机入侵尼德兰（西班牙领地）。英国不能容忍法国独霸欧洲，与荷兰结成反法同盟，普鲁士等多个国加入同盟。于是爆发了西班牙王位继承战争（1701—1714）。英国于1704年占领直布罗陀至今。战后，法国在欧洲大陆上的霸权不再。以上仅是政治婚姻之一斑。可见欧洲各国王室力图通过复杂的婚姻关系维持均势，血缘关系加深了皇室成员对地缘政治的理解。但亲属关系不能免除权力之争和战争。欧洲各国王室之间的婚姻和中国春秋战国时期诸侯之间的婚姻一样，都是政治联姻。

世。他的四处出击政策引起各国组织反法同盟，使法国的扩张受到限制。在他之后，法国走上了下坡路。路易十四在位 72 年，他死的时候儿孙两代人都已亡故。继承人是他的重孙。像曾祖一样，路易十五（1715—1774 在位）即位时才 5 岁。在他幼年时期，执政的先后是奥尔良公爵和红衣主教弗勒里。新国王上台之后，法国与英国保持了近 20 年的和平。然后，法国又有了大国之梦。由于海军较弱，集权的体制又缺少灵活性，法国在海外扩张中不敌英国。在七年战争（1756—1763）中，法国屡次被英国打败，失去了加拿大的殖民地。法国又反过来支持美国的独立运动，借以打击英国。在对印度的争夺中，法国也不敌英国，于 1763 年完全放弃了印度。英国独占印度，以印度为在亚洲扩张的基地。路易十五也留下一句名言："在我之后，（哪怕）洪水滔天"[1]。

路易十五也很长寿，直接继承人是他的孙子路易十六（1774—1792 在位）。在路易十六统治时期，王权长期截流形成的"洪水"终于破坝。大革命把国王送上了断头台，也给炮兵军官波拿巴·拿破仑带来了施展才能的机会。法国革命为欧洲各民族点燃了独立和自由的希望。以革命为号召，拿破仑在欧洲大陆大肆扩张，打败了一个又一个王国。但法国的道义优势随着拿破仑称帝而失去，领土的扩张则破坏了欧洲的均势。欧洲各国多次结成反法同盟。法国几乎被孤立，但在北美有一个盟友，法国支持美国的独立，牵制英国在欧洲的行动。为了获得和巩固独立，美国也需要法国。为了给英国制造强大的敌人，拿破仑把路易斯安娜 200 多万平方公里的土地出售给美国（1803），使当时美国的面积扩大了一倍，实力大大增加。拿破仑在 1815 年彻底失败。此后的法国再也不能称霸欧洲大陆了，反而一再受到普鲁士或德国的侵略。

b. 均势的欧陆模式与英国模式

打败法国之后，各国政要聚集在维也纳商讨新的欧洲均势。奥地利后来的首相梅特涅是一位均势的高手。他在维也纳会议上主持建立了"欧洲协调"体系。中欧 300 多个日耳曼小国被合并为 30 多个，成立了

[1] 一说为路易十五的情妇蓬巴杜夫人所言。另一个很少被采用的解读是："在我之后，（将出现）滔天洪水。"

松散的邦联。合并后的国家大小适中，既能够抵抗法国入侵，又不至于威胁欧洲安全。这时的奥地利已经不再是强国。在拿破仑战争之后，普鲁士和俄国成为欧洲的重要力量。俄国向中欧逼近，德语国家掌握了欧洲大陆均势的主动权，先是奥地利，后是德国。从1815到1914年的百年间，欧洲大体上保持了和平。百年分成前后两个阶段，分别由梅特涅和俾斯麦两人奠定基础。他们的国家都是德语国家，争夺对德意志民族的领导权，最后是普鲁士打败了奥地利，并把奥地利排除在统一后的德国之外。在对外政策上，两国的思想非常接近。

在维也纳会议时，梅特涅是奥地利帝国的外交大臣（1809—1848）。他后来担任首相（1821—1848）兼任外交大臣。他在大学学习期间就接受了欧洲均势的思想。先是作为一位外交官，在拿破仑战争期间先后担任驻普鲁士和法国公使。在反法同盟中，他是一个主要的组织者，但在战败的时候，他又能成功地笼络拿破仑，保护奥地利的利益。战后，他与英国和法国签订秘密协议，对付俄国和普鲁士可能的威胁。梅特涅对内是一个专制主义者，在1848年革命时辞职。他先逃亡到英国，后来又回到了奥地利。这个时候，奥地利已经衰败，在1866年普奥战争中失败。次年匈牙利自治，奥地利帝国变成奥匈帝国，转向巴尔干地区发展，终于触发第一次世界大战。1918年奥地利战败，一个庞大帝国的版图萎缩成现在的奥地利。

在维也纳会议上建立的欧洲协调制度就是各国在安全问题上合作。维也纳会议之后，建立了四国同盟和三皇同盟。前者由英、普、奥、俄组成，其目的是压制法国再次扩张。后者少了英国，由普、奥、俄组成，号称“神圣同盟”，因为这是三个神圣的君主专制国家，之后其他几个君主制国家也陆续加入。基辛格认为：“神圣同盟是维也纳和会最值得一提的创举。”〔1〕同盟不仅是国际合作，还要维护各国国内的制度。

在法国战败之后，扩张成性的俄国成为欧洲的最大威胁。在19世纪，俄国从北到南向波兰和土耳其方向扩张，占领了大片土地。俄国沙皇亚历山大一世亲自率团参加维也纳和会，各国头面人物对他的评价都不高，认为他疯狂而虚荣。会议期间，俄国已经成为防范的主要目标。

〔1〕享利·基辛格：《大外交》，65页，海南出版社，1997年。

不过，参加和会的英国外相卡斯尔雷与梅特涅持有不同意见。

卡斯尔雷身为远离冲突现场的岛国的外相，只打算对俄国明显的攻击采取行动，而且一定要攻击威胁到均势才会有所反应。梅特涅的国家却在欧洲心脏地带，冒不起这种风险。[1]

法国衰败后，欧洲大陆的部分权力逐渐转移到普鲁士。普鲁士原来是条顿骑士团国家。在第三代国王腓特烈大帝（1740－1786 在位）期间，普鲁士成为欧洲强国。在首相俾斯麦（1862－1890 在位）的策划下，普鲁士各个击破，先后打败丹麦、奥地利和法国，于 1871 年统一了德意志各邦。奥地利被排除在德国之外，法国从此一蹶不振。俾斯麦小心地不去触动其他欧洲大国的神经，强调德国已经心满意足，再没有领土要求。德国统一没有打破欧洲大陆的均势，而俾斯麦设计了复杂的均势，使欧洲大国能够彼此牵制，尤其是孤立法国，不对德国构成威胁。俾斯麦退休之后，德国没有人能够理解他的复杂外交，俾斯麦的"大陆政策"让位于咄咄逼人的"世界政策"，德国要求得到"阳光下的地盘"。俾斯麦竭力维持的均势遭受破坏。英国本来无意与德国为敌，也被德国逼向敌对。如基辛格所说："均势很少是来自刻意的安排，反而常是为了阻止某一国扩张的野心而形成的结果。"[2] 德国在给自己树立敌人。

俾斯麦和梅特涅犯了相同的错误。他们在国内实行强权统治，压制反对派，拒绝政治制度改革。以他们的权势，本来可以使君主制国家更加开明一些。他们在国内没有安排均势，只有加强专制。国内的不稳定限制了他们在国际舞台上辗转腾挪。不过，他们的专制是相对的，不是绝对的，没有弥漫到社会的每一个角落。奥地利和德国的社会没有被窒息。两国的科技和学术都非常发达。德国在科学技术和制造业方面更是当时世界的领先者——这是德国能够挑起世界大战的基础。在俾斯麦去世之后，僵硬的制度终于给德国和欧洲带来了巨大灾难。在国际竞争

〔1〕《大外交》，67 页。
〔2〕《大外交》，47 页。

中，英美的地理位置让它们拥有更灵活的选择，可以等到最后均势被破坏。在另一方面，英美两国始终占有制度优势。它们接受了大批从德国和奥地利逃出来的难民，难民中有许多科学家和学者。他们不全是遭受迫害的犹太人，还有为了良心而出走的德意志人。

在百年战争（1337—1453）中战败之后，英国基本上退出了欧洲大陆，在很长时间里是一个较弱的岛国。为了保证安全，英国成为大陆均势的维护者，防止出现可能对英国构成威胁的大陆强权。英国尤其不能容忍低地国家（荷兰、比利时）遭受侵略，因为那里是登陆英国的出发点。同时，英国没有偏安一隅，困守孤岛。百年战争之后不久就是地理大发现时期，英国迅速走上海外扩张之路，从岛国变成日不落帝国。

英国产生均势思想的时间比法国略晚。在国王亨利八世（1509—1547在位）统治的前半期，英国外交政策一直由首相托马斯·沃尔西（1475—1530生卒）制定和执行。[1] 沃尔西是英国均势思想的创始人。英国先是反抗大陆强权法国。1512年教皇组织反法的“神圣同盟”，英国和神圣罗马帝国皇帝先后加入。后因帝国日益强大，英国与法国讲和。1520年，亨利八世渡海去法国访问，却与法王弗朗西斯一世闹得很不愉快。于是，亨利又转而与帝国结盟。在帝国与法国的战争中，英国支持帝国。1523年，在神圣罗马帝国皇帝的支持下，沃尔西竞选教皇失败。沃尔西告诉亨利八世，英国没有钱打完这场战争。得到国王的允许后，沃尔西与法国讲和。1525年，在英法讲和之后仅六个星期，神圣罗马帝国大获全胜，俘虏了法王弗朗西斯一世，把法国势力赶出了意大利。因为退出了战争，英国没有分享到胜利果实。从此，“亨利再也不能影响欧洲均势的天平了”。[2] 然后，亨利八世看到沃尔西在用很多钱建教堂，因此很不满意。沃尔西在去世前一年失宠，病死在被押往伦敦塔的路上。

在统治的后半期，亨利八世自己操作外交。因为他的离婚事件，英国教会于1534年与罗马教廷分裂，奉国王为宗教领袖，引发了天主教

〔1〕沃尔西与法国的黎塞留、马扎然、弗勒里都是高级僧侣，最后都升任红衣主教。那时，欧洲的国际政治还没有完全脱离宗教色彩。

〔2〕温斯顿·丘吉尔：《英语国家史略》上，482页，新华出版社，1985年。

和新教之争，国家有分裂危险。亨利八世的女儿伊丽莎白女王（1558—1603 在位）在她的姐姐之后即位，时年 25 岁。伊丽莎白要应付法王之弟、西班牙国王腓力二世（她以前的姐夫）等权势人物的求婚，或与他们讨论婚事。为了保证各方平衡，伊丽莎白一直独身。她不想因接受某一个人的求婚而得罪其他人，为英国树敌。此外，她还要在天主教和新教之间维持平衡，以免英国出现欧洲大陆上那样的分裂和屠杀。伊丽莎白即位之后重用杰出的政治家威廉·塞西尔（1520—1598 生卒），一直到他去世。她的另一位得力干将是弗兰西斯·沃尔辛厄姆（1530—1590 生卒）。沃尔辛厄姆是一位老练的外交官，曾担任驻法国大使。最重要的是，他为英国建立了一个高效的间谍网。英国国内反对派的阴谋，欧洲大陆强国的计谋，伊丽莎白都能及时知道，事事处于主动地位。

在伊丽莎白时期，英国开始向海外扩张。女王在 1578 年向一名英国探险家发布特许状，允许他占领“野蛮的异教徒的土地”。这时的英国海军还不是西班牙舰队的对手，伊丽莎白支持英国海盗袭击西班牙商船，掠夺西班牙本土和殖民地港口，造成了很大破坏。另外，尽管英国的财政困难，但仍用金钱支持尼德兰反抗西班牙的叛乱。与伊丽莎白大约同时的西班牙国王是腓力二世（1556—1598 在位），他的统治前期是西班牙的鼎盛时期。西班牙是当时世界第一大强国，也是英国的最大威胁。英国海盗的袭扰迫使西班牙向英国宣战。西班牙人的战术还是地中海时代的，船员跳到敌人的船上作战。英国舰只装备了射程更远的大炮，因此避免近战。1588 年，西班牙的“无敌舰队”在英吉利海峡遭到风暴和英国海军的双重打击，损失了一半。这是女王统治期间的最伟大的成就。

伊丽莎白没有后代。她死后，都铎王朝结束。继之而起的是来自苏格兰的斯图亚特王朝。在伊丽莎白时期，英国议会的权力继续增长，但国王坚持“君权神授”。因为征税等问题，国王查理一世与议会发生冲突。1649 年 1 月，查理一世被砍头。1653 年，奥利弗·克伦威尔建立独裁统治。1660 年，斯图亚特王朝复辟。为了防止再次出现信仰天主教的国王，议会邀请荷兰的威廉和玛丽到英国，推翻斯图亚特王朝。这就是 1688 年的光荣革命。经过这一段动荡时期，议会民主制度在英国确立下来。立宪君主制的英国显示了更大的扩张能力，领土范围迅速增加，从英格兰到大不列颠，再到日不落帝国。但英国不是没有受到过威胁。在路易十四和拿破仑时期，法国两次有征服欧洲大陆的趋势。为了生存下去，欧洲各国多次结成反法同盟，而英国都是积极参与者和组织者。1692 年，英国歼灭了路易十四准备进攻英国的舰队。1805 年，英国海军将领霍拉修·纳尔逊又一次消灭法国舰队，再次保护了英国本土免遭入侵。在拿破仑战争之后，英国成为世界霸主达一个多世纪，在海上无人能敌。

在 19 世纪，除了德国统一战争之外，欧洲大陆基本维持了和平。英国没有干涉德国统一，因为俾斯麦的政策是克制的，没有破坏欧洲大陆的均势。这段时间是英国的“光辉孤立”时期。唯一的例外是英国联合法国共同支持土耳其反抗俄国，抵制俄国向地中海方向扩张。这就是克里米亚战争（1853－1856），又称东方战争。主要战场在黑海北岸。那里是欧洲的边缘。英法联手是因为它们在近东的利益不容染指，因此需要堵住俄国的出海口。克里米亚战争爆发后，奥地利和普鲁士结盟反对俄国。它们向俄国施压，逼迫它从南欧向后退。奥地利的得罪俄国，为第一次世界大战埋下了种子。俄国战败后转而向中亚和远东扩张，中国将深切感受到克里米亚战争的后果。

在 20 世纪的两次世界大战中，英国和美国一样，都是为了维护欧洲大陆的均势而主动卷入战争。每次英国都比美国更早加入欧战，因为英国距离欧洲大陆更近，选择范围更小。在第二次世界大战前，英国陷在严重的经济危机之中，最终仍然放弃了绥靖政策。希特勒曾认真考虑过入侵英国，最后因为纳粹空军没有摧垮英国而作罢。

从以上介绍可以得知，均势观念从形成之初就已经大致有了两种不同模式：一是大陆模式，一是岛国模式。法国是欧洲第一个民族国家，在哈布斯堡家族的包围之中，因此最早产生了均势的思想。自路易十一之后，法国时常怀有帝国野心，屡遭挫折而不甘失败。在拿破仑战争和普法战争中两次被打败之后，法国在欧洲大陆的地位急剧下降，在地缘政治游戏中处于被动。19 世纪有两种均势模式分别以英国和德国两大玩家为代表，虽从欧洲早期历史中发展而来，却与法国无关。基辛格总结说：

> 十九世纪的势力均衡体系有两种模式：帕默斯顿、狄斯累里所主张的英国模式，以及俾斯麦模式。英国模式是坐等势力均衡受到直接威胁后，才挺身介入，而且几乎永远站到弱者这一方。俾斯麦则设法防止挑战发生，它主张尽可能与许多国家建立密切关系，建立交叉重叠的盟国体系，并进而用影响力让竞争者的主张温和下来。[1]

这是一个简要而准确的总结。基辛格只说“俾斯麦模式”，不说“德国模式”，原因是俾斯麦的政策在德国没有继承者。基辛格一向推崇俾斯麦。英国模式与俾斯麦模式的区别是岛国和大陆国家地缘环境差别造成的。大陆国家与其他国家没有地理间隔，因此没有条件坐等均势遭到破坏，必须及早做出安排。在俾斯麦退休之后，德国从均势的维持者变成了破坏者，两次挑起战争，两次战败，失去了德国统一时争取到的大片土地和众多德意志人。这是德国决策者们的最大失误。他们完全忽视了德国不具备打破均势的地缘政治条件。德国处在大国的包围之中，本不应轻举妄动。

岛国的均势也有不同。英国和日本都是狂热的殖民扩张国家。英国的殖民地在远离本土的地方，在美洲、非洲和亚洲，不会对欧洲大陆的均势产生直接影响。日本的殖民企图是早熟的，在它还不够强大时产生。日本不能远行，远方也没有空白的土地。日本只能侵略它的邻国，它的文化母国。日本的侵略战争打破了本地区的均势，美国参战不可避免。否则，美国不仅将失去在东亚大陆和西太平洋的利益，夏威夷和本土的西海岸都将受到威胁。而且美国也是一个扩张中的国家，不可能不战而退。

c. 均势的美国模式：辐辏

美国是欧亚大陆之外的一个“岛国”。“维持均势的政策尤其适合于超然于大陆竞争之外的岛国”。[2] 但美国一点都没有超然于大陆之外。美国是世界上最大的均势制造者，也是最大的均势破坏者——取决于某

〔1〕《大外交》，773页。
〔2〕《权力政治》，116页。

一均势范围是否对美国有利。每一个均势范围都必须由美国发挥杠杆或中枢作用，其他国家则互相对立，或彼此孤立。这样，这个范围就离不开美国。即使在欧洲，美国也不能容忍建立独立的欧洲军队。朝鲜半岛的民族主义情绪高涨，但韩国仍依赖美国驻军，而三八线南北的长期敌对显然有美国的很大功劳。在中东，以色列必须依靠美国的经济和军事援助才能够对抗阿拉伯国家和巴勒斯坦人，而阿拉伯国家为了对抗以色列，也离不开美国的支持。[1]

在另一方面，如果某一范围内没有美国的势力，那么美国就会制造混乱，打破团结，把自己变成这个均势的参与者和维持者，使各方都离不开自己。最明显的是拉美。大国普遍使用“分而治之”的伎俩，大英帝国最为老练。在英国人离开的地方经常会发生血腥冲突：印度与巴基斯坦、印度与中国、以色列与阿拉伯国家、伊拉克与科威特，还有非洲的许多地方。在香港回归中国大陆之前，英国也在香港制造分裂和纷争，以民主的名义使香港与大陆出现对立，以便它上下其手。

大英帝国已经日薄西山。美国出色地继承了盎格鲁—萨克逊民族的这份遗产。台湾海峡是一例。台湾是一个小岛，很难和大陆抗衡。在美国的帮助之下，台湾凭借一道海峡与大陆对峙。虽然两岸没有爆发战争，但都付出了巨大代价。美国向台湾出售武器，从海峡两岸同时获利。美国需要保持台湾在军事技术上对大陆的优势，以弥补台湾在军队数量和纵深上的不足。而为此，美国只需出售较落后、甚至被淘汰的武器，如基德舰和柴油潜艇等。由于在技术上领先很多，美国的均势政策可以长期维持下去。但问题是，台湾能够负担得起吗？大陆将始终占有武器和士兵的数量优势，技术也在提高。台湾的防御压力会越来越大，如不缓和，最后只落得为美国服务。

在台海问题上，美国绝不会轻易放手，哪怕引起一场大战。坐山观

〔1〕根据美国和以色列在 2007 年 8 月 16 日签署的国防援助备忘录，在此后 10 年中，美国将向以色列提供 300 亿美元的军事援助，而在此前的 10 年中，美对以的军援是 240 亿美元，新的军援增加了 25%。这是美国对以色列 40 年军事援助的继续。7 月 30 日，美国国务卿赖斯宣布将向沙特阿拉伯等 6 个海湾国家出售价值至少 200 亿美元的武器。美国还打算在未来 10 年内向埃及提供 130 亿美元的军事援助。这样，美国制造并维持着中东的均势，使对立的双方都依赖美国以和另一方抗衡，同时也孤立和弱化了该地区不服从美国的国家，如伊朗和叙利亚。真是一箭双雕。

虎斗是美国的一贯政策。1941 年 6 月，在德国向苏联发起闪击战之后，美国的一位参议员提议说：

如果我们眼见德国正在赢得战争，我们就应当帮助苏联，而如果苏联正在赢得战争，我们就应当帮助德国，以此让它们尽可能多地彼此杀戮。[1]

四年后，这位参议员以副总统职务接任去世的罗斯福总统，入主白宫并获得连任。他就是哈里·杜鲁门总统（1945—1953 在位）。美苏之间的冷战在他执政期开始。杜鲁门的思想在美国并不独特。乔治·凯南也说过类似的话。凯南的政策更加主动：

我们在世界的敌对或不可靠的势力中间确立一种均势：在任何必要的地方使它们彼此争斗，确保它们在彼此冲突中消耗。[2]

美国和英国一样享有岛国的优势。当欧亚大陆上发生战争时，美国可以静观其变，然后再决定站在哪一边，以及何时加入战局。但是，美国又与英国不一样。在第二次世界大战结束之后，美国与欧亚大陆及周边岛国建立了多个军事同盟。这些条约彼此牵连，与美国传统的孤立主义不同，却接近俾斯麦的外交政策，并更向前迈进了一步，制定了“先发制人”的战略。部分原因是美国在欧亚大陆上有大量的军事存在。它的海空军分布在欧亚大陆之上以及四周（日本列岛、琉球群岛、关岛、夏威夷群岛、迪戈加西亚岛，等等）。现在美国的军事已经占有压倒性的优势，再加上美国的军事盟友也是军事大国，因此，美国在全球都占有绝对的军事优势。美国的国际战略至少有两重目标：其一是遏制任何潜在的挑战者，中国因其庞大的人口和快速发展成为第一选择；其二是防止盟友摆脱美国的号令——失去盟友就会使美国失去在欧亚大陆的立足点。没有了立足点，美国对俄国、中国等大陆国家的遏制也就失去了

---

〔1〕《纽约时报》1941 年 6 月 24 日。转引自《遏制战略：战后美国国家安全政策评析》，2 页，约翰·加迪斯，世界知识出版社，2005 年。

〔2〕出自 1948 年 12 月凯南在国家军事学院的演讲。转引自《遏制战略：战后美国国家安全政策评析》，29 页。

用力的支撑点。在欧亚大陆上制造国家间的猜疑、不满和对立，则能取到一箭双雕的效果：既遏制了潜在的挑战者，又整肃了队伍，迫使盟国更加紧密地团结在以美国为首的同盟周围。所以，在欧亚大陆各国之间制造危机是美国的根本战略。

一个团结的欧盟不符合美国利益，也不符合欧洲大陆外岛英国的利益。美英的对策是制造外部威胁，一是把俄国包装成一个威胁，二是把俄国刺激成一个威胁。在21世纪初，英国和俄国之间的间谍案，美国在东欧建立反导系统，就分别起到了这样的作用。任何一个组织扩张过度，必然会失去内部凝聚力。所以，美国的另一个办法是向欧盟内部“掺沙子”。美国极力支持土耳其、乌克兰加入欧盟。土耳其是一个伊斯兰国家、奥斯曼帝国的孑遗、伊拉克的邻国。土耳其加入西方文化为主体的欧盟，必将改变欧盟的性质和行动能力。乌克兰是一个东正教国家，在斯拉夫民族的各国中与俄国的血缘最近。如果乌克兰加入欧盟，欧盟与俄国的对立将更加直接。

基辛格说：“俾斯麦的操纵均势，却和美国处理国际关系的传统方法可能更如出一辙。”[1] 美国的均势比俾斯麦的更主动，不仅是叠床架屋的联盟体系。美国要制造以它为轮毂的放射状的世界格局，每一根辐条都辏向美国之毂，以使美国利益的车轮滚滚向前。在这种结构中，一两根辐条的损害不会影响整个车轮的有效运转，但会增加美国对其他国家的义务。地区内部的不团结是“辐辏均势”的前提。邻近的国家会在历史中积淀下不信任和仇恨。在欧洲，有英国与大陆国家的矛盾，有大陆国家与俄国的矛盾；在中东，有以色列与伊斯兰国家的矛盾；在东亚，有日本与韩国的矛盾，有日本与中国的矛盾，还有朝鲜的问题；在中亚，前苏联国家对俄国都有一定的警惕。美国和俄国同时都在哈萨克斯坦有驻军，仍在分化和争夺之中。[2] 在南美洲，美国挑逗各国间的矛盾，更企图控制内政。它策划暗杀、政变，乃至入侵。

一般国家都会利用其他国家之间的矛盾来寻求自身利益。但美国却

---

〔1〕《大外交》，146页。

〔2〕在2007年的中俄联合军事演习中，哈萨克斯坦禁止中国军队过境到俄国，可见中国的影响力在这个邻国还很低。

有能力先破坏地区均势，然后再加入到该地区的各个力量中去，使美国成为该地区力量平衡的一个重要砝码。这一点在中东表现得最为明显，不仅以色列要依靠美国的支持，与之对立的埃及、沙特阿拉伯也要依靠美国的支持，任何一方离开美国，就会在地区对抗中处于劣势。伊拉克、伊朗没有加入美国建立的均势范围，就面临着军事打击和入侵。在冷战期间，包括离日本很近的朝鲜战争，美国都压制着日本，没有重新武装日本。现在，世界上只剩下一个超级大国，它却要求日本承担更多的防务责任。其目的不仅是弥补美国力量的不足，更在挑起本地区其他国家的疑虑，进而劝留美国。

怀特说："替代均势的选择不是全球无政府状态就是全球霸权。稍稍思考便可以看出均势比前者更可取。"〔1〕美国已经是全球霸主，但还在忙于制造均势，因为美国是一个遥远的"岛国"，不便于在欧亚大陆及其周边地区直接使用力量。为了留在大陆就必须有落脚点。为了让落脚点国家坚定地站在美国一边，成为美国的盟友，就必须为它们寻找和制造敌人。辐辏均势是支配型的。2002 年 9 月发布的《美国国家安全战略》说："美国在世界上拥有史无前例、无可比拟的力量（strength）和影响……这个国家的伟大力量必须用来促进有利于自由的均势。"所谓的"自由"就是美国。在维持区域均势的同时，美国需要保持绝对的全球优势："我们的军事力量（forces）将强大到足以阻止潜在的对手追求军事建设，希望超过、达到美国的权力（power）。"所以，美国的均势与英国和德国都不一样，其手段是使用优势军力实施控制和打压。

但辐辏均势有一个致命的弱点：轴心国家必定承担过多的义务，特别是军事义务，在地区动荡中难以脱离接触。国家决策的灵活性必然会大大减弱。在国家强大时还可以承担责任，获取好处。当这个国家的实力减弱的时候，这些义务将成为不可承受的负担。有类似结构的苏联就是前车之鉴。我们很快将看到美国不堪重负的例子。

均势是动态的。在一定限度内，全球和地区均势能够自我调节。在挑战均势的过程中，如果挑战国没有能力平息事态，局势的反弹将带来更为不利的后果。1979 年 12 月，苏联入侵阿富汗。从表面上看，在与

〔1〕《权力政治》，125 页。

美国争夺世界霸权的斗争中，苏联似乎得分了：土地进一步向南推进，占领了在19世纪与英国争夺未果的国家。但苏联陷入一场耗费巨大的游击战。这场战争成为苏联解体的前奏。同时，苏联在世界舆论中陷入不义，为更多的穆斯林所仇视。与苏联作战的不仅有阿富汗人，还有其他伊斯兰国家的志愿者。沙特人本·拉登是其中之一。美国向游击队员们（“自由斗士”）提供武器和资金，冷眼旁观苏联在阿富汗苦苦挣扎。但美国没有想到多年以后遭到拉登的攻击，更没有想到拉登的进攻方式如此震撼。于是，在苏联撤离12年后，美国入侵阿富汗，亲自向它的自由斗士作战。美国的结果很可能不比英国和苏联更好。

在另一场寻求“均势”的较量中，美国也得不偿失。1979年的伊朗伊斯兰革命者是反美的。因此，在伊拉克挑起的两伊战争（1980—1988）中，美国支持伊拉克总统萨达姆·侯赛因，长期维持这场消耗战。在两伊战争结束后，萨达姆却成为美国在中东更大的麻烦。美国暂时摆平（均衡）了伊朗，却无法摆平（均衡）伊拉克。在冷战之后，美国才利用萨达姆的误算（一说是美国误导），在第一次海湾战争中打得他丢盔卸甲，又找了个借口发动第二次海湾战争，却与德国、法国以及俄国闹得很不愉快。盟国也不愿意看到美国在这个世界上横行霸道。美军在伊拉克的军事行动很顺利，但占领却很麻烦，还引起了链式反应，加强了朝鲜发展核武器的决心。伊朗乘伊拉克被削弱之机发展势力，也提出了核武器计划。朝鲜和伊朗的核武计划只是海湾战争启动的链式反应的第一链，更多的后果可能很多年之后才会显现出来。

这些事实再次确认了一个事实：世事无常，人算不如天算。一国在地缘政治中采取保守姿态，可能带来更多的主动权和更多的收益。历史反复无常。地缘政治玩家在“机关算尽”之后，有时会收到一个惊喜，有时会遇到一个惊吓，而且时间不确定。更多的时候，后果很沉闷，很无聊。有时候，无为是好的政策选择，以静才能制动。

d. 古代中国不识均势

这里所说的“不识”，并不是说中国古代完全没有这方面的想法，而是没有把均势放在战略高度上时时予以调整。组成均势的要素不完全是军事力量，还包括外交。在战国中后期，六国缺少坚定的“均势”信念，各怀心思，贪图小利，听信说客，最终被秦国各个击破。在完成统一之前，秦国的军事优势持续了100多年，六国有足够的时间调整战略。当时并非没有可以被归结为“均势”的考虑，“合纵”与“连横”双方大体势均力敌。如果六国采取更加合作的外交策略，秦国也不是不可抵挡，但它们终究不能很好的合作，更彼此攻伐不已。以楚国为例，可见各国之间的钩心斗角，矛盾重重。公元前318年，楚、魏、赵、韩、燕合纵攻秦，以楚怀王为纵长。联军却不能过函谷关。公元前306年，楚国灭越国，占据了南方的半壁江山。在张仪提出的土地诱惑下，楚国首先背叛了联盟，却没有得到秦国许诺的土地，反而在讨要时被秦击败。公元前301年，秦国与韩、齐、魏联合攻楚，斩首杀将，取楚之十六城。公元前299年，楚怀王不听劝阻，执意出访秦国，被秦人扣留。秦趁机伐楚，大破楚军。公元前297年，楚怀王从秦国出逃到赵国，但赵国不接受他，终于又被秦人抓了回去，第二年死在秦国。公元前278年，秦将白起拔楚之都郢〔1〕，放逐中的屈原“眷顾楚国，心系怀王”〔2〕，在绝望中投汨罗江而死。张仪等纵横家的言行记录在《战国策》中。《战国策》是后代策士们所辑。而纵横策术如同今天的推销术一样，往往夸大其词，甚至凭空编造。

在战国时期，东方六国不能团结一致，终被秦国各个击破。三国时，蜀与吴能够联合抵抗北方强大的魏。南北朝时，南方的陈朝上了北方北周的当，派兵北上与北周一起，于575年灭掉了北齐，分到了长江和淮河之间的土地。但陈朝很快在北周的进攻下失去了更多。公元10－12世纪是中国历史上又一次“三国”时期，先后登场的有辽、宋、西夏、金、蒙(元)，期间大多数时候同时存在的权力是三个。宋朝犯了东方六国的错误。宋地处南方，是军事力量较弱的一方，却总是与最强大的力量结盟。宋初因为燕云十六州与契丹辽国有过大战。北宋与金结盟灭辽(1125)，然后金趁机南下，攻占北宋都城开封（1127），掠走徽钦二帝，北宋亡；南宋没有记取教训，伙同蒙灭金（1234），最后被蒙元所灭

〔1〕今湖北江陵之纪南城，楚国都城多有称郢者，此为最重要的一个。

〔2〕《史记·屈原贾生列传》，司马迁。

(1279)。1208年，西夏受到成吉思汗进攻，向金求援。金章宗的继位者卫绍王却说："敌人相攻，中国之福，何患焉?"[1] 如果不是蒙元的征服范围太大，分散了兵力，西夏、金、南宋的灭亡时间可能更早。

拿破仑或希特勒没有成为欧洲的秦始皇，不能把欧洲统一于一个帝国，原因是欧洲其他国家没有犯下六国和两宋的错误。它们能够抛弃成见和仇恨，联合起来对付有侵略企图的最强大国家。当今世界国际政治的游戏规则是在欧洲发展起来的。基本原则虽然相同，不同的游戏仍有不同的规则。中国现在玩的这个游戏不是古代东亚的游戏。在记取古代教训之余，还应把主要心思用于研究在西方形成的规则上。

从1840—1945年的105年间，列强纷纷入侵中国。英国首先以毒品和军舰打开中国大门，和法国人一起烧毁北京的皇家园林，又在南部边境吞食中国领土。法国虽然国势不振，也不放松努力，占据了越南、老挝、柬埔寨三国，并北窥中国。俄国从西北和东北割去中国大片领土，在20世纪更向中国输出意识形态。[2] 在19世纪中叶，中、日同属欧洲帝国主义的受害者。但日本能够及时跟进学习，于1855年开港通商，40年后已俨然东亚一强国。日本在1895年先败中国，在1905年再败俄国，并琉球，占台湾，据朝鲜，割东北，海外扩张之势强劲。中国日益呈瓜分豆剖之状。

清末的局势非常无奈，中国的回旋余地很小。李鸿章"以夷制夷"[3] 的政策是一种均势安排，对列强许以"利益均沾"[4] 而使它们彼此竞争。那时的中国非常孱弱，李鸿章实在太被动，外有列强虎视，藩属尽失；内有太后垂帘，权贵掣肘。李鸿章甚至被抨击为"卖国"。他"卖国"或许有之，但不过是哄抬物价，以使列强彼此竞价，或知难

---

[1] 宇文懋昭：《大金国志》卷21。转引自傅海波、崔瑞德编《剑桥中国辽西夏金元史》，215页。请注意，北方民族因南下而自称"中国"。这表明中国仍是一个地理方位名词。当时金的都城还在今天的北京，后因蒙古的压力于1214年南迁至今天的开封——北宋时的都城。

[2] 借用西方的意识形态闹革命早已有之，在19世纪有洪秀全、杨秀清的太平天国。

[3] "以夷制夷"在李鸿章时才形成一种均势安排。更古时代的"以夷制夷"一般不涉及权力平衡，是鼓励夷人双方互相牵制，结构比较简单。

[4] "利益均沾"不是李鸿章提出的。但当时中国无力拒绝任何国家染指，列强实际上早已是利益均沾了。

而退。他期望能避免强盗们一哄而上，强行把中国抢了去。庚子之乱（或八国联军）之后，列强军队彻底进入中国。中国幸免被瓜分和被殖民，实在与中国关系不大。英国为保住在华既得利益，鼓动美国提出“门户开放”，而美国是后来者，需要先到的强国给予它对等机会，于是英美两国一拍即合。后来强盗们因为分赃不均，在欧洲打了起来，无暇东顾。中国暂缓一口气。但日本仍步步紧逼，是第一次世界大战之后中国的最大威胁。在此期间，日本在东亚扩张的最大制约力量是美国。

在国内政治中，不识均势的后果是大一统专制制度的巩固。在权力斗争的态势比较明朗之际，人们或者倒戈，影从强者；或者放弃，隐遁山林，没有坚持国家利益的忠实反对派，而掌握大权的人也不能容忍异见，能接受一点批评已经是明君了。

中国不识均势的主要原因在于中国是一个相对独立的世界，权力趋向集中。这其中有很大的地理原因，中国是一个独立的地理单元。在夏之前，中国已经有了一统天下的观念：尧“协和万邦，黎民於变时雍”。[1] 舜使“天下咸服”。[2] 禹有“皇天眷命，奄有四海，为天下君”。[3] 禹说：“帝光天之下，至于海隅苍生。万邦黎献，共惟帝臣，惟帝时举。”[4]“声教讫于四海。禹锡玄圭，告厥成功。”[5] 从夏开始，权力越来越集中，从诸侯国（万邦）的数量不断减少可以看出来。均势安排中的权力是比较分散的，与大一统的格局不兼容，所以在中国发展不起来。在大一统的局势中，各国缺乏独立意识和长远目光，很容易贪小利而失大体。在大禹时期就已经有了朝贡制度的雏形，夏、商、周三代绵延不断。基于《禹贡》思想，汉朝试图扩大这个制度的范围。这就是朝贡体系，中国是这个体系的核心。朝贡体系发端于西汉与匈奴的关系，在明、清时达到顶峰。朝贡包括朝贡方的“称臣纳贡”和宗主方的“册封赏赐”两部分。[6] 政治内容远大于进贡的物品，因此朝贡方把自

---

〔1〕《尚书·尧典》。“於”，叹美词。“变”，由恶变善。“时”，是也。“雍”，和也。

〔2〕《尚书·舜典》。

〔3〕《尚书·大禹谟》。“奄”，尽也，完全也。

〔4〕《尚书·益稷》。“黎献”，黎民之贤者。“时举”，是举。

〔5〕《尚书·禹贡》。

〔6〕李云泉：《朝贡制度史论》，1页，新华出版社，2004年。

己放在附庸或属国的位置上。朝贡体系是中国对外关系的主要模式。这种“一头大”的制度在清末被西方入侵打破。即使能够维持下去，朝贡体系大概也不能带领东亚走向统一，其中最主要的原因是中国政治制度在清朝时已经日趋僵硬，文化和经济也停滞不前，甚至出现大幅度倒退。当核心力量不能发挥引力作用时，系统必将走向瓦解，而不会更加聚合。

东亚的朝贡体系与欧洲的均势安排形成了鲜明的对比。一旦核心力量不能发挥作用，这个系统就将开始紊乱无序。从 1840 年代到 1970 年代，东亚（包括东南亚和东北亚）经历了连绵不断的战争，有欧洲国家的殖民战争，日本的侵略战争，美国围堵共产主义的战争。除了日本是一个施害者之外，其余东亚国家都是被欺凌者。所有这些战争的重要的诱因是中国的贫弱和分裂。中国的衰弱不仅造成了一个巨大的地区权力真空，而且中国本身就是一块巨大诱人的“肥肉”，引起列强的垂涎与争斗。这段历史证明，没有中国的强盛，就不可能有东亚（以及更广泛地区）的和平与繁荣。中国是东亚的定海针。在地缘政治上，中国是东亚的地理中心。这也是中国总是担心被包围的原因，而且这种担心并非没有理由，苏联和美国都尝试过这样做。

以中国现在的规模和资源，在较小的东亚地区，各国无论如何排列组合，都很难形成对中国的均势，更何况其中还有一些对中国友善的国家。如果不努力制造均势，东亚地区就不会有战争。过去 100 多年发生在东亚的战争都不是本地力量对比失衡造成的。中国的宗主国地位不会被轻易否认。在日本强行实施殖民统治之前，高丽坚称是中国的附庸。日本的崛起是东亚的灾难。现在，没有外来势力，东亚就不会有均势。在一个地区制造对立可以给外来者带来操纵的机会。这是中国现在在东亚面临的一个大问题。

清末列强均势下的中国

中国不识均势，但均势没有放弃中国。1899 年，美国国务卿海约翰提出中国的“门户开放”政策。列强表示没有反对，也没有接受。“门户开放”是一种均势政策。这是列强之间的均势，对于被“开放”者，仍是被宰割和瓜分，不过避免了沦为真正的殖民地。门户开放与欧洲均势同出一辙。然而，中国是“鱼肉”，不是“刀俎”，本不是均势中的力量。当年，英国是最大的全球帝国，在中国的利益最大。英国割占了香港之后，还据有长江流域，又从西南窥边。它不仅要和法国等老牌帝国争，还要和新兴列强（日本、俄国、德国，此外还有美国）抢。英国既要坚守它在中国的既得利益，还想要染指其他国家的在华势力范围，于是想出了“门户开放”的主意。这个倡议实在不便由在华利益多多的英国提出，英国转而怂恿新来到远东殖民的美国出面倡导，门户开放符合后来者的利益。唐德刚认为：

> 门户开放政策虽然失败了，它在列强之中却反映出一个列强“均势”(balance of power）的局面。任何强权在诸强相互牵制之下，为非作歹，都要三思而后行。满清政权就仰仗这点均势，又多活了十年。[1]

门户开放政策失败的原因是慈禧一念之差。戊戌政变之后，慈禧太后重新听政。她听信了列强要她“还政”于光绪帝的谣言。1900 年 6 月 21 日，她居然下令向 11 国同时宣战。义和团被发动起来了，各国驻华使馆受到攻击。然后，清廷又暗中支援被围困的使馆。那时的清朝已经腐朽透顶，摇摇欲坠，一国入侵尚抵挡不住，况 11 个强国——当时的

---

〔1〕 唐德刚：《晚清七十年》，29 页，岳麓书社，2005 年。关于美国“门户开放”政策之由来，参见本书 26—29 页。

所有发达国家，它们的利益从来没有如此一致。这样不对称的战争堪称世界史一大奇观。

清廷的西式外交还不熟练。1895 年的《马关条约》把辽东半岛、台湾割让给了日本。当年，俄、德、法三国迫使日本把辽东半岛归还中国，清廷很是感激。1896 年，李鸿章出访俄、欧、美。他与俄国订立密约，主要内容是两国共同对付日本。接着，他又在德国受到隆重接待，而同期到访的日本特使山县有朋却遭到冷遇。但甲午海战和环球旅行不是清朝第二个“盛世”的开始。1897 年，德国侵占胶州湾。第二年，德国强行租借胶州湾，而俄国紧随着强租旅顺口、大连湾，各自把胶东和辽东两个半岛纳入势力范围。于是清朝又于 1897 年倒向日本。到日本留学的热潮就是在这个时候出现的，最初只有张之洞奏请派遣的两人。后来，日本先后夺走两个半岛。清朝“一边倒”向俄国，吃了大亏。在 1950 年代，中国又一次向俄国“一边倒”，再次吃了大亏。后来这次“倒”多了很大的意识形态成分。在此之前，宗教从来不是中国政治中的决定因素。在 1900 年代，中国留学生还不比一般日本人穷。到了 1990 年代，中国留学生在餐馆打点零工就可以“发大财”。

中国一直在远东地区独大。在 19 世纪末之前，中国人对均势没有了解，也没有兴趣。自秦统一以后，李鸿章大概是中国运用“均势”的第一人。他的策略是“以夷制夷”，把中国的土地和财富当作赃物，在强国之间制造“分赃不均”的矛盾。在那个弱肉强食的时代，[1] 清朝的努力往往是“肉包子打狗，有去无回”。另外，李鸿章长期混迹官场，他的思路受到官场上找“靠山”的限制，还不完全是均势，因而更加被动。而自强之路被限制在工业，没有制度改革。不过，李鸿章很难做到更多了。他手中的牌太少，背后的掣肘太多，而且他也不干净。从 1870 年接替曾国藩与法国交涉天津教案开始，到 1901 年 9 月《辛丑条约》签署之后两个月去世为止，李鸿章惨淡经营外交近 30 年（其中大约有 3 年被排挤在外）。这是中国对外关系史中最复杂、最艰险的 30 年。李鸿章设想的均势很悲凉，很无奈，但挽救中国的还是均势。马丁·怀

---

〔1〕 现在仍是弱肉强食的时代。只不过由于中国国力的提升，中国人对弱肉强食的感受不如以前那么强烈了。

特说：

中国地域辽阔，位置重要，很难被某一个大国吞并而成为其保护国。……但相互妒忌最终使列强的对华政策成为在中国争夺租借地的竞争。若不是第一次世界大战的干扰，很可能就导致了对中国的瓜分。[1]

李鸿章“以夷制夷”的办法继承了中国古代的策略。但在清朝末年，每次谈判“制夷”之前，夷人都已经打进家门来。列强们肆无忌惮，没有道德约束，也不担心中国报复——因为中国根本无此能力。中国外交的选择余地很小。从 1840 年之后 100 多年的痛苦经历中，中国人知道“弱国无外交”，却又指责李鸿章“卖国”。可是，在晚清，又有谁能做得比李鸿章更好呢？中国那时的境遇非常危险。但中国没有被列强瓜分，没有成为殖民地，在各种可能中，已经是一个不太坏的结局。李鸿章确实出卖了一些国家利益，但也保住了更多的利益。不然，损失一定更大。那不是商业谈判，任何一方都可以坚持自己的条件，否则就拉倒。在强盗的刀枪之下，中国无可奈何。从那时起，中国人就应该明白：外交是建立在内政基础之上的。国际政治从内政开始。只有清明的国内政治才能保证坚实的国际政策，不然只能牺牲国家利益（卖国）。

慈禧向列强宣战是一个坏兆头。在 20 世纪以后的岁月里，个人对权力的迷恋多次把中国推入战乱和险境，其危害程度不亚于外国入侵。专制难道不是最极端的个人主义吗？列强之战使清廷暂时免于亡国，掌权者似乎可以略微从长计议了。但他们不能推动政治改革。在风雨飘摇之中，南方的一次兵变就推翻了整个王朝。辛亥革命一举成功，八旗子弟的无知与顽固葬送了他们先辈们用无数鲜血换来的江山。但革命没有停止。不久，国民党的革命者又遭遇另一批革命者。在长期的外战和内战中，他们先是被日本重创，接着又被新革命者打败。中国的 20 世纪是革命的世纪，或者权力之争的世纪。

[1] 《权力政治》，110 页。

边缘、中心与势力范围

在地缘政治中，“中心”又可称作“极”，即“多极世界”中的“极”。在多极世界，大国建立自己的势力范围，自成一个相对独立的体系。这个大国是体系的中心，其他国家是边缘。与权力一样，文明在地理上也有中心与边缘。文明从中心向边缘传播，而边缘的人们依据自己的传统和理解改造传播而来的文明。古代东亚的中国、文艺复兴时期的意大利（佛罗伦萨和罗马）是最明显的文明中心。西方现代文明从意大利文艺复兴开始。[1] 在地理大发现之后，西方世界凭借先进的武器，使自己成为世界文明的中心，而西方世界内部仍有多个中心。其他古老文明因技术落后而显得无足轻重，它们失去了活力。工业革命之后，世界的权力更加向西方集中，而且只是一个国家，英国或者美国。西方以外的世界其他地区都成为边缘，大片沦为殖民地。佛陀、耶稣和穆罕默德的故乡都不能免，查拉图斯特拉、孔子和老子的故乡几乎不免，美洲的文明则遭到毁灭性打击。所有边缘地区都要接受西方文明的“洗礼”。

日本长期以来是东亚的边缘国家，却是第一个崛起的非西方国家，一度成为东亚的权力中心。同时，日本企图变形为西方文明，显示了它在文明方面的自卑——在当时几乎不可避免。直到20世纪后半期，文明才又呈现出多中心的趋势。各地区一直有次级权力中心，但真正的多中心（或多极世界）要等到美国衰落之后才有可能。

欧洲整合的难度在于它在政治上是多中心的。查理曼大帝死（814）后，法兰克王国很快分裂，之后的教权和王权都曾试图统一欧洲。在拿破仑和希特勒之前，最接近这个目标的是哈布斯堡王朝。但欧洲的地理环境远比中国复杂，大小诸侯林立。不仅在内部难以聚集起统一力量，强大的外部（匈奴、蒙古）力量也不容易打入。另外，虽然欧洲语言的

〔1〕 参见彼得·伯克：《欧洲文艺复兴：中心与边缘》，东方出版社，2007年。

差别不比中国东西南北方言的差距大很多，但在文艺复兴之后，各民族越来越多地使用本民族书写文字（高卢文字早至9世纪初就出现），逐渐抛弃了拉丁文。推动者有阿里盖里·但丁和马丁·路德这样的巨擘。根据发音而变化的拼音书写体系造成欧洲各地“书不同文”，加大了各民族的隔阂。因此，在欧洲形成了多个政治和文化中心，而边缘地带随着民族国家的统一和发展而趋于减少。后起之秀日耳曼发现它已经没有地方扩张了。原来的那几只虎不仅拥挤在欧洲的几座小山头上，它们还已经把全球殖民地瓜分殆尽了。德国这条新来的大虫找不到更大的地盘，因此越发焦躁不安。20世纪两次世界大战的爆发不是偶然的。德国人明克勒说：

> 大多数成功的帝国创建过程都不是在那些上演着激烈的世界政治角逐的广阔地域的核心地带，而是在其边缘地带完成的。[1]

扩张当然不可能在中心完成，因为中心周围还是自己国家的领土。内部无序扩张就如同某些细胞大量恶性分裂产生癌症一样，必然导致生命体的死亡——这是中国历代王朝灭亡的固定模式。对国家生长有益的扩张从来都是从边缘向外部的。明克勒这句话对帝国扩张时期的英国、俄国、美国都是对的，却不适用德国。德国向海外扩张起步甚晚。德国（以及统一前的普鲁士）的“边缘”之外是波兰、捷克这些斯拉夫人的国家，即使按照殖民时代的标准，这些国家也不是无主的土地。德国要扩张，只能消灭这些国家。但在欧洲这块拥挤的土地上，德国不可能吃独食。因此，德国在瓜分波兰时需要和奥地利、俄国合作。反过来，俄国向西扩张绕不开波兰。俄国同样也不能吃独食。它必须与德国共分这一杯羹。

庞大的帝国总会有不安定的边境地区，即 turbulent frontier（动荡边疆）。为了保证边界的安全，满足对土地的欲望，帝国会产生扩张的冲动。但随着新一轮扩张的完成，又会出现可能是更加动荡的边界。为了稳定新的边界，扩张难以停止。过度扩张不仅制造更多的外部敌人，

〔1〕《统治世界的逻辑》，35页。

也会在边界内产生许多不安定因素。无论如何扩张，任何一个帝国都不可能获得稳定的边疆。过度扩张会损害帝国的力量，导致帝国的衰落和解体。在近代史上，大英帝国、第三帝国、大日本帝国和苏联帝国都是例证。在历史上，中国对扩张的冲动是比较克制的，也许隋朝算是一个例外，此外没有一个王朝亡于扩张或过度扩张。它们都因内乱而覆没，隋朝也是亡于战争引起的内乱。

杰克·斯奈德总结了解释过度扩张原因的三种理论。其一，现实主义者认为，国家扩张是获得安全的最佳途径，是对世界无政府状态的理性的反应；其二，因认知偏差而产生错误。在复杂和不确定的情况下，决策者简化评估和选择，把对手看做是纸老虎，从而选择了过度扩张的政策；其三是国内因素的驱动，自身狭隘利益的垄断集团、自我欺骗的宣传、目光短浅的统治利益集团都可能把国家带向过度扩张。[1]

扩张受限（如德国）或扩张过度（如俄国）都会导致帝国衰落。扩张受限的国家为了打破限制，必定要在军事上花费大量资源——这也是扩张过度，首先是财政扩张过度。扩张过度的国家为了守住过多、过于分散的利益，为了遏制潜在的竞争对手，必须维持庞大的军事力量——这正是美国今天所做的。美国的边界不仅在墨西哥以北、加拿大以南，也在伊拉克和伊朗之间、阿富汗和巴基斯坦之间、韩国和朝鲜之间。保罗·肯尼迪认为，财富与军事力量之间有着非常重要的相互依存关系。他说：

> 如果一个国家把它的很大一部分资源不是用于创造财富，而是用于军事目的，那么，从长远来看，这很可能会导致该国国力的削弱。同样，如果一个国家在战略上过分扩张（如侵占大片领土和进行代价高昂的战争），它就要冒一种风险：对外扩张得到的潜在好处，很可能被它付出的巨大代价抵消了。[2]

---

〔1〕 杰克·斯奈德：《帝国的迷思：国内政治与对外扩张》，第二章，北京大学出版社，2007年。

〔2〕 《大国的兴衰》，36页。

一国战略的首要目标应该是利益扩张，而不是军事扩张。前者可以带来后者，而后者却会削弱前者。邓小平时代的中国正是执行这个政策，促进了经济起飞，使中国的军费在1990年代后期可以大幅度增长。与领土扩张相比，建立势力范围是更好的一个选择。势力范围有点像专属经济区，其他大国承认某个国家在这个区域内有特殊利益，但该国不能阻拦别国的无害通过。中国是后起国家，还没有自己明确的势力范围，在东亚地区之外的影响力还很有限，所以非排他性的势力范围对中国是有利的。19世纪末和20世纪初，后起的美国正是这个思路。当美国到中国时，富饶的土地已经被瓜分，而且美国是一个前殖民地国家，对于殖民行为有时会有一点不安。于是美国出面要求其他强国在中国"门户开放"，以使它能够"利益均沾"。

在20世纪上半叶，领土扩张失去了限制。霍尔斯蒂说："帝国向被视为'未开化的'地区的扩张是19世纪的常例。而现在（1920年代），帝国主义是以主权国家（都是国际联盟的成员国）的代价来实现它的扩张。"[1] 当大国向主权国家扩张时，战争不可避免。在21世纪，扩张的主要形式将是利益扩张和建立均势范围，或区域一体化。

均势将导致大国之间划分势力范围。俄国在义和团运动之后出兵占领中国东北全境，排除了日本的利益。日本不能容忍。日本大陆扩张的首要目标就是朝鲜和东北。那时，俄国正与英国在中亚以南的地区"大角逐"。于是日本与英国订立反俄同盟，可以看做是海权对抗陆权。在日俄战争（1904—1905）中，日本在陆海两条战线上都取得了胜利。海上胜利得益于英国禁止俄国舰队通过苏伊士运河。在陆地上，日本攻下俄军据守的大连、旅顺、辽阳、奉天（今沈阳）、铁岭等重要城市，俄军退守四平街一线（后来林彪曾两次在四平一线鏖战）。同时日军也伤亡惨重，无力把俄国势力挤出东北（这时的日本还知节制）。两个国家因力衰而形成了均势，在美国的调停下议和。在1905年9月的《朴茨茅斯和约》中，日俄在东北划定了各自的势力范围，这就是后来的"南满"、"北满"。美国总统西奥多·罗斯福因此获得诺贝尔和平奖，同时

---

〔1〕 卡列维·霍尔斯蒂：《和平与战争——1648—1989年的武装冲突与国际秩序》，192页，北京大学出版社，2005年。

也使美国能够有机会向东北渗透。到 1916 年，日俄又陆续签订了四个密约，逐步把它们的势力范围划分扩张至全中国，并承诺在一国与第三国为争夺中国而发生战争时，另一国将提供支持。最后一个密约的有效期至 1921 年 7 月 14 日。

势力范围起源于全球殖民扩张的初期。葡萄牙和西班牙是最早向美洲扩张的国家。1492 年克里斯托弗·哥伦布到达美洲之后，西班牙和葡萄牙对殖民地展开激烈争夺，都不能占有优势。在教皇的调停下，经过多次讨价还价，两国于 1494 年签订条约，划分殖民地界限。以大西洋的亚速尔群岛和佛得角群岛以西 370 里格（约 2055 公里）经线为界，西班牙占以西，葡萄牙占以东。这就是“教皇子午线”，最早的全球势力范围界限。随着向东半球的扩张，两国又于 1529 年立约，以摩鹿加（马鲁古）群岛以东 17°为界。两条界线一直延伸到地球两极。这是全球大国第一次划分势力范围。两个很小的强国瓜分了全世界。中国在清末几乎被瓜分，就是这两个条约立下的先例。那时，两“牙”已经不再锋利。“门户开放”暂缓了瓜分中国的进程。门户开放以势力范围为基础，是势力范围比较温和的版本，加大了各范围之间的往来与渗透。

在冷战期间，美国和苏联拥有各自的势力范围，并尊重对方的势力范围。它们控制着各自在二战中赢得的那一部分世界，以各自的势力范围为基础建立起全球均势。这种均势是对抗性质的。均势范围有全球的，更多的是区域的。可以把区域性的均势称为“均势范围”（sphere of balance of power），就范围而言，类似于“势力范围”（sphere of influence）。不同之处在于前者中的各权力较为平衡，而后者有一个主导权力。均势范围不像势力范围那样有很强的排他性。一个国家可能同时出现在几个均势范围之中。均势范围的概念对于一个正在崛起的大国尤为重要，因为今后很少再有完全属于某一个国家的势力范围，更多的是在某一范围之内大国力量的重叠和分享——这就是均势范围。大国应该学会共处，彼此开放门户。布热津斯基说：

中国地区性的势力范围正在形成中。但是不应该把实力范围与排他性的地区政治主宰（如前苏联在东欧实施的那样）混为一谈。从社会经济意义上说，这种势力范围更具渗透性，而从政治上说则较少垄断性。[1]

较少垄断性的势力范围是由一个国家主导的均势范围。这两种“范围”概念之间的过渡是模糊的。因为排他性较低，布热津斯基可以接受中国建立势力范围。这样的势力范围又称均势范围，是相对独立的地缘政治板块或区域联合体。它不仅对外开放，更对内开放。均势范围正在全球各地出现，这就是正在成为潮流的区域一体化。

地缘政治板块和区域一体化

a. 区域化的必要性和必然性

“板块”一词是从地质学那里借用的。地球的外壳（地壳）不像蛋壳那样完整，是由许多版块组成的，像是缝制的足球外壳。地球表面上的人类过着群居生活，他们分割成许多国家，还没有组成一个全球性的完整社会。现在，国家正在把更多的权力让渡给国际组织。区域同盟就是其中一大类。这些区域组织是地缘政治的板块。与“板块”相对应的是塞缪尔·亨廷顿所说的“断层线”。断层线是地质板块的边缘线，是一个板块与另一个板块摩擦、冲突的地方，可能导致地震。推动板块运动的是半流质的地幔。地幔在地壳之下，比地壳厚得多，而且自成一体。地缘政治板块与斯宾格勒的文明分类有相似之处。地缘政治之下的地幔是文明，包括现代政治文明。没有现代政治文明的国家不能进入发达板块。

今天的“全球化”程度被夸大了。“全球化”主要是美国的一个概念。美国是当今世界唯一的全球大国，鼓吹全球化符合美国的利益。它

---

〔1〕《大棋局》，219 页。

可以把全球作为它的资本和商品出口市场，并获得对全球的控制权。作为廉价劳动力市场、发达国家经济的补充，全球化在一定程度上也符合中国的利益，至少是利大于弊。但这个地位是付出了极大代价的，不是长久之计。中国不能总给富国打工，作为富国的经济和金融殖民地。

今天的全球化程度远不如100年前。比如，国界对人员流动的限制无以复加，富国的签证不容易得到。而且正如批评者所说的，富人、富国从全球化中攫取了最大利益，全球化其实是美国化。作为美国化的全球化只是一层薄膜，一个障眼法，覆盖了正在发生的区域一体化。实际上，在真正的全球化到来之前，必定要经历区域一体化。削弱国家权力的首先将是区域化。美国不愿意看到更多的区域化，因为北美对它的吸引力有限。美国只有加拿大和墨西哥两个陆地邻国和一些小的、相对贫穷的加勒比岛国。由于实行新自由主义的经济政策，墨西哥已经接近是美国的经济殖民地。但在人口方面，却是墨西哥主导着美墨之间的一体化。由于拉美裔人口的增加，可能改变美国的国家、种族和文化特征。为此，塞缪尔·亨廷顿发出了《我们是谁?》[1] 的警告。当墨西哥成为美国投资与生产的乐园的时候，美国也在两国边界修筑铁丝网，架设各种探测装置，增派武装巡逻人员，以防止墨西哥人进入美国。这样的全球化（或美国化）是单方面的：穷国向富国改革开放，让出市场；富国对穷国闭关锁国，保守技术。这个全球化以穷人和穷国为代价，因此不可能走出很远。

对目前的人类而言，地球是一个封闭系统。虽然有宇宙飞船前往月球、火星和太阳系之外，但人类的政治、文化和经济活动仍局限在地球之内。全球化就是在这个封闭的系统内进行的。如果真的实现了全球化，对人类的发展并不是好事。那时，人类发展的“熵”将达到最大，世界各地的人种和文化将不再有差别。人类的“热量”将均匀分布，不再流动。于是人类历史将进入“热寂”——真正的“历史的终结”。

生物学家们发现，在有限空间中，生物密度的增加将导致它们彼此联系的增加，它们发展出新的组织水平来应对由此产生的压力。生物化学家和控制论专家弗里德里克·菲斯特把这种组织结构的变化称为“定

---

[1] 塞缪尔·亨廷顿：《我们是谁？——美国国家特性面临的挑战》，新华出版社，2005年。

律”，因为它遍及整个生物界。他认为，在人类历史的早期，手工业、技术和贸易是孤立的，零星发展的，互相之间没有联系（图一）；然后，在过去几个世纪中，形成了一个单一的世界体系（系统），增长和相互联系是无序的，因而不能持久（图二）；于是一个高等级的结构开始自发出现，它有工业和技术的次级结构，分散的经济单位（图三）。这样的结构是稳定的。但是，自 20 世纪中期以来，因为人口增加等原因，我们又回到了图二所显示的那种无序状态。2008 年开始的金融和经济危机是这种无序状态的一个结果，很快波及全球。

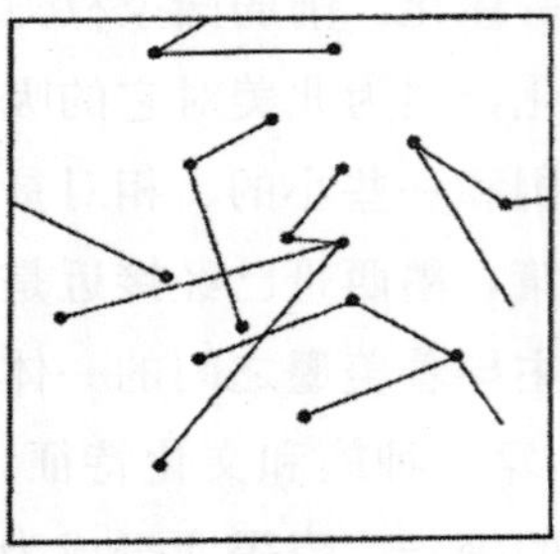

图一

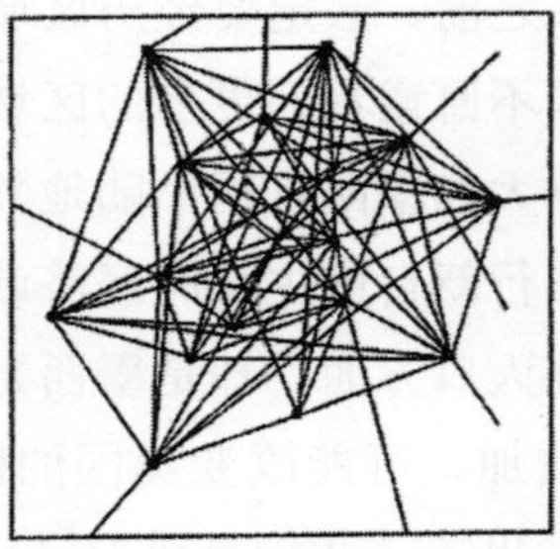

图二

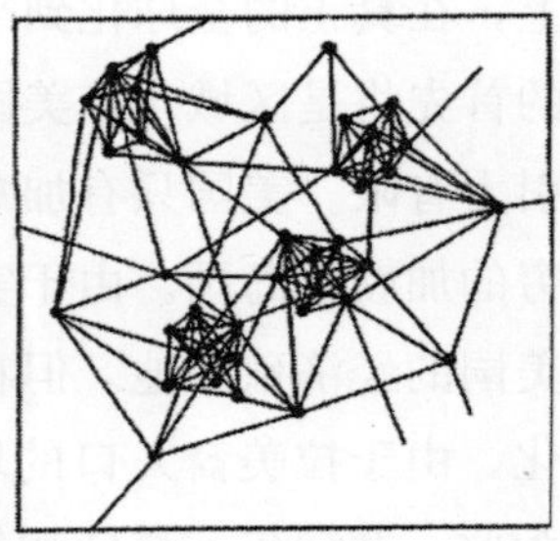

图三

在有关内容的论述中，菲斯特没有提到全球化或区域化。我们可以从他的定律推断，图二代表了全球化，而图三则代表区域化——更稳定、更持久的结构。菲斯特说：

我们的未来不能再继续无心的和混乱的增长，一直到我们窒息。相反，如同所有增长的系统一样，我们必须经历一次变形，发展出带有区域和经济次级结构的、新的、高等级的结构。为了复苏被践踏的控制调节机制，使它们再次运作起来，自足与依赖的健康混合、相互反馈和自我调节是必要的。因为如果没有这些，让一个增长的网络自行其是，它将在某个时候自动解体。现在在经济和社会领域中出现频率日益增加的不稳定性，实际上可能是我们忽视这个定律的第一个负面后果。这个定律显然渗透于整个生物界（我们和我们的人工系统也属于生物界）。[1]

〔1〕 *The Art of Interconnected Thinking: Ideas and tools for a new approach to tackling complexity*, p68 Frederic Vester, MCB Verlag, 2007。

全世界正在发生一个巨大的变化：区域化。西欧正在吸收东欧——那个从前被西欧排斥在外的地区〔1〕——以建立一个欧洲共同体。南美、非洲也都在一体化的过程之中。区域化是通往全球化的必由之路。只有建立在区域化基础之上，全球化才有坚实的支撑。在全球化的喧嚣中，这必要的一步常常被忽视了。与全球化一样，区域化也不是今天才出现。区域化的历史比全球化要悠久得多。当全球化真正到来时，区域化仍将继续存在。没有次级结构的超级结构不会是稳定的。关于区域体系，蒂利说：

> 国家形成**体系**，在一定范围内它们相互作用，而且在一定程度上它们的相互作用影响每一方的命运。由于国家总是产生于对领土和人口的控制的竞争，它们总是成群出现，通常形成体系。〔2〕

卡尔·多伊奇〔3〕对“世界区域”有一个概括：

> 由许多邻近国家组成的，按照不同的空间和时间维度，在广泛领域中都存在显著依存关系的国家群体。〔4〕

关于区域化的存在，多伊奇和蒂利没有明显差异。另一位学者卡赞斯坦对多伊奇这个观点评论说：它“提供了一种能够把握动态变迁的方法，既揭示了本体论者所关注的内部结构特点，同时又避免把世界描绘成一个外形不断变化但内核却固定如一的流动着的集合体”。〔5〕大概是

〔1〕参见《从古代到封建主义的过渡》，3—5页，上海人民出版社，2001年。作者佩里·安德森引用了从兰克、黑格尔到琼斯、布洛克等人的观点，以证明西欧和东欧的历史是分离的，就像欧洲与中国的历史是分离的一样——西欧到中国的距离可是比西欧到东欧的距离遥远得多。

〔2〕查尔斯·蒂利：《强制、资本和欧洲国家》，5页，上海人民出版社，2007年。着重号为原书所加。

〔3〕卡尔·沃尔夫冈·多伊奇（1912—1992），布拉格出生的美国政治学家和国际政治学家。他的主要贡献之一是把控制论和系统分析的方法引入政治学。

〔4〕转引自乔万尼·阿里吉、滨下武志、马克·塞尔登主编《东亚的复兴》，6页，社会科学文献出版社，2006年。原著首次在2003年出版。

〔5〕《东亚的复兴》，6页。

遵循这个思路，卡赞斯坦在2005年出版了《地区的世界：美帝国时代的亚洲和欧洲》[1]。他认为，今天的各区域不是自由的，是“嵌入”美国帝制之中的。在冷战期间国家利益受到威胁之时，美国制造了德国和日本这两个区域力量，以为美国的支持力量。此后，美国不会再允许新的区域力量出现。

美国对日本和德国的控制权是二战的战利品，美国向这两个国家提供安全保护。在2009年之前，日、德是仅次于美国的世界第二和第三大经济体，也就是说，前三位的经济体都处在美国的控制之下。日本和德国的离心将大大削弱美国在全球的影响力，像苏联帝国一样，苏联的解体是从东欧附庸国开始的，然后才是它的几个加盟共和国。美帝国也面临内部的破裂。日本和德国不会永远一心一意地跟在美国后面。

在全球的所有地区都出现了区域联盟，走在最前面的是欧盟。欧盟的产生以经济合作为先导。其他地区正在紧跟欧盟的步伐。2008年5月23日，在坦桑尼亚阿鲁沙举行了非洲联盟（African Union）小型首脑会议。参加会议的首脑来自12个非洲国家，包括埃及、南非、尼日利亚等非洲大国。他们提出要逐步建立联邦制的非洲合众国。非洲联盟成立于2001年，共有8.5亿人口。巧合的是，在提出建立非洲合众国的同一天，南美洲的12个国家在巴西利亚签订了《南美洲国家联盟宪章》，使南美的一体化进程又迈进了一步。南美洲国家联盟（Union of South American Nations）成立于2005年，几乎涵盖了整个南美洲。北美则有北美自由贸易区（NAFTA）。在过去和现在，东南亚国家彼此都有一些恩怨，现在也更加密切地合作，东南亚国家联盟（ASEAN）已经从一个安全组织变成更加全面合作的区域同盟。

印度成为现代国家是次大陆区域化的结果。这个过程是由英国殖民者使用暴力而完成的。在英国人撤走之后，次大陆的区域化出现倒退，印巴分裂，后来巴基斯坦和东巴基斯坦（孟加拉国）分裂。印巴之间有很深的疑心，目前没有统一的迹象。在民众层面上，因历史和宗教的原因，巴基斯坦与阿富汗等其他邻国的关系倒更紧密一些。次大陆的局势

---

〔1〕 *A World of Regions：Asia and Europe in the American Imperium*，Peter J. Katzenstein，Cornell University Press，2005.

说明，在区域一体化过程中，外界压力不可能代替内部凝聚力。

这些联盟都刚刚起步，还是比较松散的地区组织。假以时日，它们必将能够达到区域一体化的目的。因为只有较大的国家或国家联盟才会在全球化中更有实力和竞争力。区域联盟的目的是加强各国之间的安全、经济和金融合作，并在可能的情况下，实现区域一体化，建立联邦制区域国家。区域化的浪潮表明，任何一个大国都不能仅靠自己的力量获得安全和繁荣。在当今世界，即使最强大的国家也仍然不够大，在进入全球市场之后，还要建立排除贸易障碍的区域市场——这是迈向全球自由贸易的必要一步。区域化浪潮正在压过全球化浪潮，但不会取代全球化。它是走向真正全球化的必由之路。由于此轮全球化是美国主导的，区域化的一个含义是，美国在各大区域中的作用衰减。区域内各国在建立更加密切的联系，而不是辐辏向美国。

当东亚的区域化完成的时候，欧亚大陆将出现一个放大版的 19 世纪的欧洲。在“东亚联盟”和欧洲联盟之外，欧亚大陆上还有北方的俄国，南方的伊斯兰世界和印度。届时，美国不再是世界的霸主，但将在大陆之外发挥重要的平衡作用。美国将成为放大版的 19 世纪英国，但有一个区别：美国的相对实力可能比不上当年的大英帝国。

b. 区域化的必要条件：以东亚为例

各国价值和制度的相容是区域化的必要前提，是最低的必要条件。理想的状态是各国价值和制度的相近、相同。除非在区域化开始之前各国已经存在相似的价值和制度，否则就需要有一个共同认可的模式。古代中国的制度曾被一些邻国所模仿，其影响至今仍可以看到。这也是区域化将在全球化之前完成的原因——全球化需要兼容更多的文化、价值和制度，因此需要以区域化为基础。从国家到全球的距离太大，不可能一步走到。在区域范围内，国家间的相似程度较大：历史、文化、宗教、种族等等。比如，中东的大多数国家以阿拉伯人为主要民族，大都信仰伊斯兰教；非洲各国大多是前殖民地，国界的历史短暂，国家意识还不强；南美居民多是西班牙人和葡萄牙人的后裔，并有印第安人的血统，多信仰天主教；西欧居民享有共同的历史、宗教，语言和文字接近，人种混一；东欧虽然与西欧有许多不同，但受西欧的长期熏染并仰慕西方文化，又面对俄国的压力，因此能够与西欧一起发展欧盟。

本书的东亚包括东北亚和东南亚两部分。与世界其他地区相比，东亚各国之间的政治、经济的差异最大。制度横跨从专制到民主的政治光谱；经济从赤贫国到富裕发达国。东亚的文化也更具多样性：佛教、伊斯兰教、基督教这些世界性宗教有众多信徒，道教以及其他一些本土宗教也有许多信仰者，有佛教国家，也有伊斯兰国家，还有保留了一些儒家传统的中国。东亚的国家规模也极其不均等。面积从新加坡的600多平方公里到中国的900多万平方公里；人口从文莱的不足40万到中国的13亿多。国家的独立程度也有差别，有日本、韩国这样的半独立国家（至少在军事上），也有朝鲜这样几乎完全拒绝外来影响的国家。中国的领土和人口在东亚独大，经济将可能在20年内独大。[1] 不过，中国有一些在中短期内难以弥补的严重不足：国民富裕程度低，科学技术水平低，海外投资能力低，文化创新能力低，制度号召力低，而且在军事上被现有超级大国视为潜在对手。除了加工产品的出口之外，中国各方面的出口能力还很有限。离开道义、文化的号召力，制度和技术的支持，没有一个国家可以成为领导国。中国之外的其他国家更不具备领导东亚的能力。由此可见，东亚的地区一体化可能是世界上难度最大的，需要更多的意志、智慧和时间。

在过去100多年中，日本最早萌发领导东亚的念头，期望团结黄种人与白种人抗衡。早在明治末年，日本就出现了关于种族战争的想法。在1918年的巴黎和会中，战胜国日本饱受种族歧视。为了准备种族战争，日本需要先行在东亚扩张。[2] 日本侵略战争的借口一度是驱逐西方殖民者，建立“东亚新秩序”，以日本的霸权取代西方的霸权。直到1940年8月1日，因战事不顺，首相近卫文麿的外相松冈洋右才提出“大东亚共荣圈”的设想。然后，日本又与德国、意大利签订了《三国同盟条约》，更进一步图谋建立“世界新秩序”。法西斯同盟的建立导致

---

〔1〕 在博鳌亚洲论坛上，日本前首相福田康夫援引一些机构的研究结果说，到2030年，中国的经济规模将超过美国，是日本的4—5倍。新华社2009年4月18日电。

〔2〕 入江昭：《20世纪的战争与和平》，55页，世界知识出版社，2005年。

了日本与美国的危机。1941 年 10 月，近卫不敢面对他制造的紧张局势，辞去了首相一职。继任者东条英机正式提出“大东亚共荣圈”的口号，并于该年年底偷袭珍珠港，入侵东南亚。东条首相在 1942 年时说：“整个亚洲，不管是独立国家还是刚占领的领土，都必须归并日本，各自为日本而贡献力量。”[1] 这就是“大东亚共荣圈”的真实含义，是奴役和殖民的思想。西方殖民统治那时已经奄奄一息。日本不知道这是末班车，还拼命想挤上去，把西方人挤下来。日本确实挤上去了，却没有想到列车刚出站就倾覆了。

由于日本使用暴力失败，东亚一体化需要更多的制度兼容，其动力需要来自道德与文化的力量，以及更密切的经济合作。区域化的过程中不应有强迫，需要各国、各民族的平等合作。中国在真正走向世界之前，必须认真经营好东亚，和地区各国一起迎接全球化。任何组织的有效运作都需要领导力。平等合作不排除倡导与领导。对于这样一个重大责任，中国责无旁贷，也无处可贷。

〔1〕 Beasley，Japanese Imperialism，1894—1945，pp237—238。转引自罗伯特·帕斯特编《世纪之旅》，290 页，上海人民出版社，2001 年。引文出自第七章“日本：一味追求强权的机会主义”，本章作者是肯尼斯·B·派尔。

第二章
不可分立的四权

权力和权力政治

在古汉语中，“权”指秤砣。“权者，铢、两、斤、钧、石也，所以称物平施，知轻重也。”[1] “权”也可作动词，称量。“权然后知轻重。”[2]“权衡”就由此而来，“为之权衡以称之”。[3]“衡”本来指车辕上的横木，又指秤杆。权、衡分别指秤砣与秤杆，两个字合用仍是称量轻重的意思。古人借用“权”指称不可见的“权力”时，显然认为**权力是相对的**，需要另外“重物”的平衡。但是，在权力博弈中，权力终于越来越集中。拥有权力的一端独大，而在另一端的绝大多数百姓根本没有分量。中国社会也就日趋一日地没落了。

权力在原始状态中产生，从无生有。在高度集权之下，权力趋于分散。但在强烈的干涉下，权力又会被聚拢。集权制度是权力者的胜利。总是存在着集权与分权的斗争，最后的政治制度是集权还是民主，取决于哪一种势力在斗争中占有优势。人和其他动物都争夺权力。但人与其他动物的最大区别之一是人的欲望没有止境。伯特兰·罗素说：“动物满足于生存和繁殖，人类则还要扩张。……在人类无限的欲望中，居首位的是权力欲和荣誉欲。”[4] 不过，罗素承认，很难把权力与荣誉截然分开。荣誉的一个重要来源是权力。在崇拜官级的文化中，在专制体制中，权力几乎是荣誉的唯一来源。苏联领导人经常给自己授勋，明武宗也喜欢给自己增加新的官衔，而现代中国的最高奖励也是给一个官衔。在权力不受约束的地方，权力就是一切。在得到权力之后，其他欲望就能够得到满足。

按照马克斯·韦伯对权力的定义，权力是“在一个社会关系之中即

〔1〕《汉书·律历志》，班固。

〔2〕《孟子·梁惠王上》。

〔3〕《庄子·胠箧》。

〔4〕罗素：《权力论》，3页，东方出版社，1988年。

使一个行动者遇到抵制也处于能够推行他的意愿的地位的可能性”。罗伯特·达尔的定义是：“A对B拥有权力，以致他（她）能够使B去做他本来不愿意做的事情。”这两个定义大概是最被广泛使用和讨论的了。权力只有在有施加对象时才存在。罗德里克·马丁说：“就最广义而言，权力关系产生于相互依赖，它改变资源的占有关系。自我为实现自己的目标必须要有这种资源，而自我只有靠非利己活动才能获得这种资源。”[1] 这一描述对国际关系同样适用。国家之间的相互依赖以各自利益为基础。相互依赖是不对称的。依赖度较小的一方比其余各方拥有更大的权力。基欧汉和奈说：“在某种关系中，依赖性较小的行为体常常拥有较强的权力资源，该行为体有能力促动变化或以变化相威胁，而一旦该关系发生变化，则相比而言，该行为体付出的代价小于他方。”[2] 最大的“变化”是战争。战争是最赤裸的、也最有效的权力表现方式。

因为依赖的不对称，国际关系的最显著特点是支配，而不是相互依赖。在相互依赖的关系中也以一方的支配为特点。韦伯说：“就其最一般性的意义而言，‘支配’乃是共同体行动中最重要的环节之一。”[3] 他说：“除了无数其他可能有的类型之外，有两种相互对立的支配类型存在，亦即基于利害状况（具体而言：基于独占地位）的支配，与基于权威（命令权力与服从义务）的支配。”[4]“共同体”可以解读为社会，包括国际社会。在国际关系中，这两种类型的支配都源自权力或实力。马丁·怀特认为，世界历史最引人注目的主题是“大国接二连三为争得对国家体系的控制而进行的一系列尝试”。[5] 汉斯·摩根索提出了政治现实主义的六条原则，第一条就是“如同总的社会一样，政治受制于植根

---

〔1〕罗德里克·马丁：《权力社会学》，三联书店，1992年。

〔2〕罗伯特·基欧汉、约瑟夫·奈：《权力与相互依赖》，正文12页，北京大学出版社，2002年。他们指出了国家间相互依赖中的“敏感性”和“脆弱性”区别。例如，两国对某一变化（如石油价格上涨）具有同样的敏感性，但如果后者比前者多了替代选择（如以适中的代价开采国内资源），它们的脆弱性就会大不相同。

〔3〕《韦伯作品集Ⅲ·支配社会学》，1页，广西师范大学出版社，2004年。

〔4〕《韦伯作品集Ⅲ·支配社会学》，4页。除此之外，韦伯还提出“卡理斯玛支配”，即魅力支配，唤起大众的英雄崇拜情绪，大致接近于国际关系学中的软实力影响。在别处，韦伯提出“支配的三个纯粹类型”，包括“卡理斯玛支配”，但另外两个的含义似乎与以上所引有出入。见《韦伯作品集Ⅱ·经济与历史、支配的类型》，303页。

〔5〕《权力政治》，7页。

于人性的客观规律”。如上所述，人性基本上就是人的动物性。摩根索的第二条原则是“穿越国际政治大地时的路标是由权力界定的利益概念”。[1] 肯尼斯·华尔兹认为，“国际政治是权力、斗争和调节的领域。”[2] 约翰·米尔斯海默把华尔兹的理论称为防御性现实主义，而他则多迈了一步，提出了进攻性现实主义。米尔斯海默说：“国际体系为国家牺牲对手以获得权力创造了巨大的诱导因子，当利益超过成本时，它们就会抓住这一机会。一国的终极目标是成为体系中的霸主。”[3] 从这些现实主义理论的观点可以看出，国家和猴群等原始组织类似，其功能是争夺和保护地盘，以及地盘上的食物和水等利益。

在国际政治中，权力与地理空间密不可分。摩根索的名作是《国家间政治：对权力与和平的争夺》（*Politics Among Nations*：*The Struggle for Power and Peace*，1948）。这本书的名字显然在模仿罗伯特·斯特劳兹－于佩[4]的《地缘政治：对空间与权力的争夺》（*Geopolitics*：*The Struggle for Space and Power*，1942）。斯特劳兹－于佩和摩根索都是欧洲移民过去的美国人，他们的母语都是德语。这两本书的初版日期，前者晚于后者 6 年。摩根索把副标题做了一点改动，把“权力”放到了前面，并用“和平”取代了“空间”——这是二战之后出现的一个变化，多了一点理想色彩。正如二战所显示的，和平是一个结果，是国家欲望得到满足或遭到镇压之后的结果。除非国家感到无能为力而不采

---

〔1〕 汉斯·摩根索：《国家间政治》，4－5 页，北京大学出版社，2005 年。英文影印版。

〔2〕 罗伯特·O·基欧汉编《新现实主义及其批判》，100 页。引文出自第四章“政治结构”，作者为肯尼斯·N·华尔兹。北京大学出版社，2002 年。

〔3〕 约翰·米尔斯海默：《大国政治的悲剧》，上海人民出版社，2003 年。请注意，体系就是系统。

〔4〕 Robert Strausz－Hupé（1903－2002）是美国地缘政治学家，出生在奥匈帝国的首都维也纳。1917 年，他在慕尼黑的大街上亲眼目睹了全球共产主义暴力革命的开始，在 1920 年代初，也是在慕尼黑，他见过希特勒的啤酒馆表演（慕尼黑是纳粹运动的发源地）。斯特劳兹－于佩在 1923 年移民美国，那时正是大萧条时期。他先担任美国金融机构的国外投资顾问。因关于纳粹的讲演受到重视，于 1940 年加入宾夕法尼亚大学，为政治学教师，研究纳粹的地缘政治学。1946 年获博士学位，成为一名地缘战略学家。斯特劳兹－于佩是当时新兴的国际关系学的主要人物之一，在 1955 年创办外交政策研究所（Foreign Policy Research Institute，FPRI），两年后出版 *Orbis* 季刊。在 1969－1989 年间，他先后出任美国驻斯里兰卡、比利时、瑞典、北约和土耳其大使。斯特劳兹－于佩是 20 世纪一位出色的地缘政治学家。与凯南不同，他和艾奇逊倒是比较投缘。

取行动，否则和平很少是一个目标。作为一位现实主义者，摩根索一定知道和平来自国家权力的满足。一个国家争到了权力，也就获得了和平；和平是在权力争斗中被破坏的。如果国家因自身软弱而过多追求和平，必定会丧失更多权力，如二战前的法国和英国。因此，作为国家欲望的对象，和平取代空间并不合适。摩根索的副标题更符合理想——和平毕竟极其珍贵。但斯特劳兹－于佩的副标题更符合现实。现在，侵略受到谴责，占领遭受打击，技术进步在一定程度上抵消了地理位置的决定性影响。但空间与空间扩张依然非常重要——只要看一眼美国遍及全世界的军事基地的分布图就知道了。

提出文明冲突论的塞缪尔·亨廷顿也同样重视权力。他说："全球政治也一直总是有关权力和权力争夺，今天的国际关系正在沿着那个关键的维度变化。"[1] 其实，"文明冲突"归根结底还是权力冲突。它与国家冲突的不同之处在于，文明取代国家成为权力冲突中的主体。文明冲突不可能消除国家冲突。它只是权力冲突的表现形式之一，与权力冲突的其他表现形式（如国家冲突、民族冲突等等）交织在一起，并同样深受地理的影响。

在国际关系中，起主导作用的是力量和利益，但对价值也越来越重视。在1950年代初，汉斯·摩根索强调权力在国际关系中的作用，还曾在美国掀起了一场小小的波澜。那时，在美国权力之上还蒙着一块道德遮羞布，一些心地纯洁的人真诚地相信正义的力量。今天的国际关系应该添加更多的内容，不仅要有正义、权利，还必须包括有效的管理，减少冲突、疾病、贫穷等危害人类福祉的灾难。这样的任务不是庞杂的联合国等机构所能胜任的。在竞争的同时，大国还要学会合作管理这个世界，而不是完全执迷于互相竞争，最终走向冲突和战争。只有大国才有力量（权力）管理这个世界。在变化的世界中，原来的大国需要和平让渡部分权力和利益，新兴的大国要学会承担更多的责任和义务。如此，整个世界都会从中获益。

---

〔1〕 *The Lonely Superpower*，Samuel P. Huntington，*Foreign Affairs*，March/April，1999.

四权及其相互关系

按照在空间分布的范围，权力可以被分为四种：陆权、海权、空权、太空权（又称天权）。“陆权”是指在陆地上的权力，“空权”是指在天空中的权力，另外两种以此类推。陆权和海权的对立有着较为久远的历史，是地中海的产物。希腊与波斯的战争、雅典与斯巴达的战争、罗马与迦太基的战争，都可以从海权和陆权对抗的角度予以解释。古代中国在地理上较为封闭，在近代之前，很少遭受来自海洋的严重威胁。除了内战之外，主要是定居农民与北方游牧民之间的战争。除了河流和湖泊之外，战争没有离开过陆地。因此，中国的海权观念产生较晚，至今仍在形成的初期，因而也就没有与海权对应的陆权观念。

在使用“陆权”时，人们往往有两层意思，一指在陆地上（主要是在大陆上）取得军事优势的能力，二指拥有这种能力的国家。前一个实际上是“制陆权”，后一个是“陆权国家”。只有“陆权”这个词有这两层含义。“海权”、“空权”、“太空权”都是指获得军事优势的能力，实际上是“制海权”、“制空权”、“制太空权”（或“制天权”）。它们都不指涉国家，也不可能指涉国家，因为没有哪个国家可以建立在海上、空中和太空中，至少目前还没有。岛国是海中的陆地国家，而非漂浮在海上。一个岛国未必就是一个拥有制海权的国家（海权国家），就像一个大陆国家未必是制陆权国家（陆权国家）一样。有些人讨论一个国家是“陆权”还是“海权”时，往往指在与外军比较时，本国的海军和陆军哪一个相对强一些，而实际上这个国家无论在陆地还是海洋上都没有军事优势，比如清末的中国，既不是海权国家，也非陆权国家。汤加是一个岛国，却不是海权国家。如果一个大陆国家不能在陆地上取得军事优势，它就不可能是一个陆权国家。在战争中，优势的一方未必会取得胜利。必须把军事优势转化为军事胜利，才可能获得“制 X 权”。“制 X 权”不会独自存在。为了打击敌人，各种权力需要相互支持，很难把一种权力与其他权力剥离。在战争中，它们经常一荣俱荣，一损俱损。所以，关于中国是陆权还是海权之类的讨论是建立在错误概念的基础之上，而概念混乱必然导致思维混乱。

现实中的人需要在三维空间内活动。不过，在航空时代之前，基本上可以把陆权和海权看成是两维的，是权力在地球表面的平面运作。美国人早在18世纪独立战争时就发明了潜艇。使用潜艇作战是为了控制水面船只和水面航线，不是为了控制海底世界。因此，水面之下的权力仍被算作海权的一部分。在20世纪初美国人发明了飞机之后十多年，空战出现了。在第一次世界大战时，飞机被用于战争。从此，权力争夺变成了三维立体的，从地球表面进入天空。又过了数十年，人类上升得更高，可以摆脱地球引力进入太空，还掌握了重返大气层的技术。大规模使用空间技术始于美苏竞争。太空开发是冷战的产物，也是冷战的主要内容之一。所以，太空探索的目的从一开始就是为了争夺权力。

地缘政治学离不开探讨“陆权”和“海权”。但中国还没有建立地缘政治学。有时，这个学科被精简到只剩下这两个概念了，不仅显得形销骨立，而且学者们还勇敢地把它们完全对立起来。简陋版的地缘政治学者在本应互补的权力之间无端地制造对抗。这是一个无知而危险的倾向。在时间上，四权的出现有早有晚，但它们决不是完全对立的。仅仅强调制陆权或制海权，尤其是把它们对立起来，表现了提倡者思维的僵化。他们还停留在八国联军或日俄战争时期，完全拒绝了解过去100年的技术进步和理论发展。

人们都具有“鱼生活在水中”这个常识，许多人也知道这个规则有例外。借助特别进化的鳍，有的鱼可以在陆地行走，还能爬树；有的鱼可以在空中滑行100多米，被称为飞鱼。河马的汗腺很少。在炎热的季节，它们在白天必须生活在水中。它们并可以在水底行走5分钟，再浮出水面换气。鲸鱼不是鱼，不能从水中获得氧气，却位于海洋食物链的顶端。很少有人因为鳄鱼被叫做“鱼”而胆敢在陆地上招惹它们。其实，鳄鱼也不是鱼。大多数鸟类能够飞翔。除了一些猛禽之外，鸟很少在空中猎取食物。在陆地上笨拙行走的企鹅却可以在海洋里灵活捕食。涉禽在浅水处寻找小动物，有些飞鸟从空中俯冲到水中捕鱼。所有的鸟都不会永远在空中飞翔，它们需要在陆地休息和繁殖。昆虫是较低等的动物，体积也较小。有些昆虫（如蝉和蚕）会经历从爬虫到飞虫的变形。许多动物过着两栖或三栖生活。它们从不知道人类已经给它们归类，更不了解地缘政治学者的工作。所以，它们从来不会把自己的“权”限制在陆地、海洋（河湖）或天空之一，而是按照自己的意愿和能力生活，享受大自然赐予它们的能力。如果学者们拘泥于陆权、海权之争，不仅罔顾现实，恐怕连许多低等动物都不如，实在有愧于人类的进化。

在战争方面，人类要比其他动物发达得多，更要突破地理环境的限制。各国军队的组成不太一样，不过，一般都会有陆、海、空三军。此外，少数国家还有海外干涉的海军陆战队、外层空间的太空部队、虚拟空间的信息部队。早期军种的结构较为单一，水中的就在水中，陆地的就在陆地。在过去100多年中，军队已经呈现立体发展的模式。陆军有在空中作战的航空兵；空军有在陆地作战的空降兵；海军有航空兵，还有陆战队，他们的任务分别是在空中和陆地作战，也有从空中向陆地攻击、从陆地向空中攻击的能力。在美国，海军陆战队是一个独立的军种，拥有自己的飞机、坦克和军舰，三位一体又自成一体。陆战队为美国的海外战争充当先锋，是一支可以独立作战的军队。如果拥有良好的侦查、通讯和指挥系统，通过外层空间的卫星，各军种还能够在战争中互相支持，协同作战。各军种的装备不同，训练场地不同，进攻方式不同，却有共同的、而且应该是唯一的目的：打击敌人，消灭敌人。军人打击敌人的手段受到国际公约和道德准则的制约。但是，军人必须时时尽力突破地理的阻碍，减少空间因素对它们打击能力的制约。

三权分立与四权合一

对于一个民主国家，它的对内政策和对外政策有着完全不同的目的。对内，国家的责任是保障全体国民的自由与平等，维护社会的公平与正义，促进政治、经济、文化的发展；对外，国家的责任则是维护本国的利益和尊严，在可能的情况下扩张本国的利益（过去还有土地）。

行有余力，再考虑世界的整体利益，如气温上升、核扩散等问题。在无政府而且弱肉强食的世界，各国只能自求多福，不能依靠其他国家来保障自己的安全和利益。国家军队的作用是防范潜在的外国威胁，不是为了镇压本国的公民。一旦和平手段不能解决国际争端，就可能需要动用军队，使用有限手段乃至一切可能的手段打击敌人。这种内外有别的政策会导致国家患上精神分裂症。在最好的情况下，国家也是善恶交织的。但在现阶段，病症不可避免。其治愈有待于国家的消亡，成立拥有最高权力的全球联合政府、立法机构和司法机构，实现全世界的民主与大同。这是一个遥远的前景。目前，人们只有接受这个不能令人满意的、残酷的现实。

各大国争夺权力，不太在意别国的损失——除非得不偿失。在国内政治中，权力也同样重要。更重要的是权力的来源与合法性。20 世纪的历史已经反复证明，一个国家国内的专制不可能增强该国在国际上的权力。在国内政治制度设计中，立法权、司法权、行政权分立，彼此制衡，才能防止权力者对公共权力的滥用。一国之内的专制比国际社会中的专制要坏得多。因为各国有军队，即使不足以和霸权直接对抗，也可以维持独立。况且各国还彼此牵制，即使超级大国也没有能力完全独断专行。但在专制国家中，权力高度集中，没有独立的个人。与国家权力相比，个人极其渺小，在受到压迫时根本无力反抗。专制的国家机器是人压迫人的暴力工具，而不是个人权力的保障体系。在民主国家中，如果权力不能互相制衡，民主就得不到保障，国家必将走向专制。权力失衡必将损害全体国民的权利、国家的未来发展潜力，以及国际上的竞争力。这是孟德斯鸠认为立法、司法、行政三权必须分立的原因。他警告说：

> 如果同一个人或是由重要人物、贵族或平民组成的同一个机关行使这三种权力，即制定法律权、执行公共决议权和裁判私人犯罪或争讼权，则一切便都完了。[1]

---

〔1〕《论法的精神》上，156 页。

孟德斯鸠接着说：三权在握的国家机关可以用它的意志**“去蹂躏全国”、“去毁灭每一个公民”**[1]，从个人到国家都不能幸免于难。独裁者反对分享他们独霸的权力，拒绝归还本来属于人民的自然权利。因此，专制政体一定把自己国家的人民当作最大的敌人或潜在敌人，本能地镇压对他们绝对权力的挑战——真实的或幻想的挑战。独裁者们不仅直接享用绝对权力，还从绝对权力中获取无限利益，并且还要福泽广被子孙（但经常是祸及子孙）。任何力量都是有限度的。专制国家把权力的使用方向对准本国人民，必然要耗费大量的资源。国家财富来自纳税人，然后被用来压制纳税人。（取之于民，用之于民。）国家因压制而产生内乱。其实，一个较稳定的专制政体也处在内乱之中，因为人民总是被独裁者当作潜在敌人，需要“戡乱”。对内镇压的后果必然是减少在国际社会中维护国家利益的努力，甚至是出卖国家利益，以换取其他国家对它的压迫政策的支持或漠视。在中国，这种现象在清朝末期表现得非常清楚。

孟德斯鸠的三权分立思想首先在美国结出累累硕果。詹姆斯·麦迪逊是三权分立的积极倡导者。他因此被誉为美国的“宪法之父”。麦迪逊的言论是孟德斯鸠式的。他写到：

> 立法、行政和司法权置于同一人手中，不论是一个人、少数人或许多人，不论是世袭的、自己任命的或选举的，均可公正地断定是虐政。[2]

在同一天的另一篇文章中，麦迪逊又写到：“不能否认，权力具有一种侵犯性质，应该通过给它规定的限度在实际上加以限制。”[3] 他们限制权力不是为了保护自己的利益。麦迪逊后来当选为美国第四任总统（1809—1817）。美国的建国之父是老练的政治家，都有机会通过总统选

---

〔1〕《论法的精神》上，156 页。

〔2〕《联邦党人文集》第 47 篇，246 页。文章发表于 1788 年 2 月 1 日，署名为“普布利乌斯”——亚历山大·汉密尔顿、约翰·杰伊、詹姆斯·麦迪逊三人共用的笔名。在 1787 年 10 月到 1788 年 8 月之间不到 10 个月的时间内，他们在报纸上连续发表文章，推动费城制宪会议上制定的宪法获得通过。

〔3〕《联邦党人文集》第 48 篇，252 页。

举或当选总统的任命获得很大的权力。在设计宪法和塑造传统时，他们都知道他们的大致前途。但他们仍然毫不犹豫地给国家权力套上笼头。否则，必定是美国人民被套上枷锁，美国的自由与杰出贡献都不会出现。这是美国建国之父的伟大之处。

四权可以表现为实实在在的物质，而三权虽是实实在在的权力，却是不可见、不可触摸的。在自由民主国家中，四权的使用目的与三权相反。四权是对外的政策工具，用于维护国家的整体利益，对付敌人。在国际关系中，四权是不可分割的。它们之间不应该互相制约，还必须彼此加强。本来，在战争中就是要动员一切可能的力量打击敌人。用孟德斯鸠的话来说，就是要使敌人产生“一切便都完了”的可怕预感。在使用过程中，四权不是互相排斥，不是拥有了其中一个就必然失去另一个。在空间上，陆权、海权、空权、太空权，后面的“权”的范围大于前者，有时还能够包围或覆盖前者，加强前者的力量。所有权力都以陆地为基地。

四权不是全部。国家间的对抗不仅包括所有四权，还包括国家的综合实力、人民的意愿和意志等等诸多复杂因素。如果省略掉某几个因素，必定会在计算均势时出现失误，有时会是重大失误，从而可能导致国家的灾难。任何一个国家都必然受人力资源、技术资源、财政资源、物质资源等诸多限制，并面对长期利益（如教育、基础科学研究）与短期利益（如某种武器的开发或购买）之间的平衡。掌握各种权力的长官为他们的部门争取更多的资源。国家的决策者们必须站在更高的位置做出综合判断：适合这个国家的力量组合是什么？这个国家需要什么样的力量组合？什么样的力量组合可以发挥最大功效？在综合考察和判断过程中不能割裂四权，也不能忽略国家的长期利益。毕竟，拥有打击敌人的最大权力，其最终目的不是为了取得胜利，而是为了保证国家的和平发展。

所以，权力的均衡（均势）是一个很复杂的计算难题，有时也是一个非常主观的问题。

霍布斯、汤因比和马汉的比喻

在人类进入天空和太空之前，他们的活动场所在陆地与海洋，即地球的表面。权力始于陆地，然后进入到海洋。即使对于一个岛国，它们也同等重要。英国人托马斯·霍布斯（1588—1679）出生那一年，英国打败西班牙的无敌舰队，成为海洋霸主国家。霍布斯把海洋和陆地比作为国家提供“营养”的“母亲的双乳”。霍布斯把海洋放在陆地之前：

物质的数量，被自然限制在一些商品的范围之内，这些商品上帝往往通过我们大家共同的母亲的双乳——海洋与陆地无偿地赐予人类、或是以劳动为代价售予人类。〔1〕

显然，霍布斯认为海洋和陆地对人类的贡献是对等的。在陆地上，游牧的草原、农耕的平原和荒凉的沙漠有一个共同点，它们都是广阔而平坦，便于瞭望，便于通过。当然，与草原和平原相比，沙漠的自然条件要恶劣得多。但沙漠也有边缘、河流、绿洲，可以使用骆驼队运输。在那里，贸易和交通比在山区方便一些。沙漠和大海有重要的相似之处。在汉语的某些词中，“海”有时候指沙漠。“瀚海”（翰海）就是一例。瀚海起初是一个译音，地望不是很明确，在汉朝时大概是北方的一个湖（呼伦湖、贝尔湖或贝加尔湖），也有可能指今天蒙古国境内的杭爱山。〔2〕唐初设瀚海都护府（安北都护府的前身），辖境在今天蒙古国北部及与之毗邻的俄国地区。“瀚海”的名称保留至今，内、外蒙古边界上的盆地被称为“瀚海盆地”。到了后世，“瀚海”泛指大沙漠，以其

---

〔1〕托马斯·霍布斯：《利维坦》，191页，商务印书馆，1986年。引文出自第二十四章“论国家的营养与生殖”。从中可以听见后世地缘政治学家的“国家生命体”的先声。

〔2〕参见《辞海》“瀚海”与“翰海”词条。

浩瀚似海而名之。所以，“瀚海”实指沙漠，不是大海。如果沙漠看似大海，那么，草原就更像大海。

丝绸之路是从中亚诸多大沙漠和绿洲经过的贸易通道。穿越沙漠（或瀚海）的骆驼如同海上的商船，因此被誉为“沙漠之舟”。在丝绸之路上，商人们牵着骆驼，穿越一片又一片沙漠，一站又一站地（很少有商人走完全程）把中国和罗马连接起来。丝绸之路从亚洲内陆的沙漠通向地中海，而沙漠和大海在这条商路中的作用是相同的。布罗代尔指出，地中海有三面连着辽阔的沙漠：南部的撒哈拉沙漠、东部的叙利亚沙漠、黑海以北的南俄草原（原文如此。他不会混淆沙漠和草原，应该认为它们是一样的）。他说：

> 沙漠商队对地中海的贸易既必不可少，又有所依赖。……地中海的历史磁场，一极在欧洲，另一极就在辽阔的沙漠。这些荒芜的海岸吸引着地中海，地中海也吸引着这些地区。[1]

作为人类早期的迁徙和贸易通道，沙漠（以及草原、平原）与海洋发挥着同样的功能。另一位历史学家汤因比把草原比作“无水的海洋”。他在研究语言的传播路径时发现：

> 草原像“未经耕种的海洋”一样，它虽然不能为定居的人类提供居住条件，但是却比开垦了的土地为旅行和运输提供了更大的方便。海洋和草原的这种相似之处可以从它们作为传播语言的工具的职能来说明。大家都知道航海的人民很容易把他们的语言传播到他们所居住的海洋周围的四岸上去。[2]

汤因比指出，古希腊语、马来语、波利尼西亚语和英语都是通过海洋传播到广大的区域。在漫长的海岸线上、在相近的海岛之上，人们说

---

〔1〕 费尔南·布罗代尔：《菲利普二世时代的地中海和地中海世界》上卷，248 页，商务印书馆，1996 年。

〔2〕 阿诺德·汤因比：《历史研究》上，234 页，上海人民出版社，1997 年。

同一种语言。在草原周围也有类似的语言现象，证明了对于人类，草原和海洋是何等相似。汤因比列举了四种语言作为例证：

由于草原上游牧民族的传播，在今天还有四种这类的语言：柏柏尔语、阿拉伯语、土耳其语和印欧语。[1]

汤因比也有个布罗代尔式的误差：在这四种语言中，前三种更多是通过沙漠传播，而非草原。柏柏尔人、阿拉伯人、突厥人曾是游牧民族。他们生活在北非、阿拉伯半岛、中亚和西亚。这一大片地区连在一起，共同点是干旱，沙漠广布，草原稀少，有一些绿洲。

无独有偶，海权倡导者马汉从相反的方向看地理因素。马汉把海洋比作沙漠，以此来强调海洋的重要性。在谈到布匿战争时，马汉认为罗马人取胜的原因是他们“控制了海洋，而迦太基人从未危及过罗马人对海洋的控制”。[2] 因此，在罗马本土和西班牙之间，罗马人可以经过地中海互相支持。攻入南欧的迦太基军队却没有这样的便利。他们与北非本土的交通线受到罗马海军的严重威胁，他们军队之间的联系也只能通过陆地长途跋涉，疲于奔命，最后被罗马军团各个击破。说到此处，马汉似乎意犹未尽，又打了个比喻：

假如地中海是一片平坦的“沙漠”，在这片沙漠里，罗马人占据了资力雄厚的科西嘉和萨丁岛“山脉”，在塔拉戈纳、利利巴厄姆和墨西拿构筑了坚固的哨所，占据了热那亚附近的意大利海岸并将马赛和其他据点的要塞实施联防；假如罗马还拥有一支能够随意穿越沙漠的武装部队；而另一方面他们的对手在这里处于劣势，为了集中部队又不得不绕大圈，我们马上就可以看清这种军事形势，这支特殊部队的价值和作用就毋庸赘述了。[3]

---

〔1〕《历史研究》上，234页。

〔2〕 A. T. 马汉：《海权对历史的影响》，27页，解放军出版社，2006年。

〔3〕《海权对历史的影响》，27页。

在马汉的这个比喻中，用“草原”替换“沙漠”不会有很大的差别。沙漠的环境比草原的更严酷，需要更加特别的技术和装备才可以顺利通过。马汉用沙漠为比喻更能强调海洋的重要性。从两人的比喻可以看出，虽然海洋和陆地看起来区别很大，它们有一个共同价值——通过性。汤因比是历史学家，马汉是军人。所以，汤因比侧重文化的传播，而马汉关注军队的交通。他们都敏锐地看出，沙漠（草原）和海洋都是交通要道。在克服地理障碍之前，沙漠（草原）和海洋最适合远距离运输和传播，因为它们平坦而广阔。

最后再加一个草原（或沙漠）与海洋的对比。它出自装甲战理论的首创者之一富勒：

> 在平坦的地区，例如俄国南部大部分地区，除江河、森林外，没有影响履带车辆运动的障碍物。因此在这些地区，未来的作战很可能类似海上作战。[1]

富勒的预言很准确。在10多年后的第二次世界大战中，苏联和德国的装甲部队在库尔斯克、奥廖尔一带的大平原上进行了一次决战。草原上的坦克或许像是海洋里的军舰吧。

马汉、特纳以及美国的扩张

中国学者在强调海权的时候，总是要提到马汉，却往往忽视了马汉的同胞、历史学家弗雷德里克·杰克逊·特纳（1861—1932），或根本对他一无所知。与马汉注重海权不同，特纳研究的是美国边疆由东向西的扩张，即大陆扩张。他认为，“西进运动”是塑造美国历史的最重要因素。特纳谈的是美国西部拓荒史，马汉写的是西方海战史。在年龄

〔1〕 J. F. C. 富勒：《装甲战》，41页，解放军出版社，2006年。

上，马汉（1840－1914）比特纳年长21岁。两人基本上属于两代人。特纳的主要作品是《美国历史中边疆的重要性》（1893）[1]，马汉的代表作是《海权对历史的影响》（1890）。它们公开发表的时间仅相差3年。放在历史之中，3年的时间几乎可以忽略不计。可以说，两部作品属于同一个时代，分别反应了美国大陆扩张的结束和海外扩张的开始——结束和开始都已经进行了数十年了，因为历史多是渐进的。无论在现实中还是在逻辑上，特纳和马汉的观点都是前后衔接的，是从陆地扩张走向海洋扩张时期的理论总结。他们最大的区别之一是马汉的视野比特纳更宽阔，不局限于美国历史，而在寻求一般规则。

《美国历史中边疆的重要性》[2] 是特纳在美国地理学会宣读的一篇论文，现在已经成为美国历史学的重要文献。特纳认为，持续不断的开疆拓土造就了美国这个国家和它的政治、经济制度。北美大陆上的领土扩张是美国能够成为美国的决定性因素。特纳指出：

> 直到我们现在，美国历史在很大程度上就是一部对大西部的殖民史。自由土地的存在，广袤无垠的土地，以及美国西部定居区的前进，这些因素解读了美国的发展。在制度的背后，在宪法形式和修正案的背后，是生命力，把生命注入这些机构，塑造它们，以面对变化的局势。现在，美国制度的独特性是这样一个事实：它们被迫适应一个扩张中人民的变化——适应穿越大陆、赢得荒野的变化，以及在这个过程中，在边疆原始的经济和政治条件下开发每一个地区，使之成为复杂城市生活的变化。

在特纳看来，美国是一片荒野，西进运动如入无人之境。这种观点在今天大概有点过时了，不能算是政治正确。当时的美洲是印第安人的土地，欧洲裔拓荒者只是后来者。但历史已经造就，不能更改；人死不能复活，被消灭的部落不可能复生。遭受种族灭绝的北美印第安人就那

〔1〕 其中的“边疆”是指陆地边疆。海洋的边界就是海岸。

〔2〕 该篇文章是本书作者在互联网上搜得的资料，自译，因此以下引文不标明出处。另，麦金德的《历史的地理枢纽》（包括两篇文章）也是演讲稿，是在英国皇家地理学会宣读的。在帝国扩张时期，它们的地理学会发挥了积极作用。

么消失了。现在的美国可能比一两百年前更文明一些，不会那么轻易屠杀。但历史与当下总有一长段距离，不可弥补。西进运动把印第安人的原野变成白人的城市，培养了美国经济和政治制度适应变化的能力。特纳认为，美国的陆地边疆相当于希腊的海疆。他宣称：

对于希腊人，地中海的存在打破了习俗的约束，提供了新的经验，呼唤出新的制度和活动。……现在，在发现美洲四个世纪之后，生活在《宪法》之下百年之际，边疆消失了，随之逝去的是美国历史的第一时期。

第二时期就是海外扩张了。特纳在此指出，地中海与北美的蛮荒西部没有本质区别，都是地理挑战，接受挑战需要开拓进取的精神。西部荒野带给美国人的比地中海给予希腊人的更多。美国从大西洋沿岸扩张到太平洋沿岸，成为一个两洋国家。这时，特纳宣布美国历史的第一时期结束，与特纳相呼应的是马汉。马汉是海军军官，他抱怨美国在海外“既没有殖民地也没有军事基地”，因此美国军舰不能远离本土。马汉写《海权对历史的影响》不是为了学术而学术，至少在立意时他有明确的实用目的。他毫不隐讳地说：

我们进行这种调查的实际目的，就是为了从历史教训中得出适用于本国和行政部门的结论。现在该是提出美国的严重危机究竟到了何等程度，和为了重建它的海上力量需要政府方面采取什么行动的时候了。说美国政府从南北战争直到现在，已将其活动全部有效地致力于所谓构成海权的最主要的环节上并不过分。[1]

马汉和特纳的观点都来自对历史的回顾与总结。他们不是预言家。他们陈述的事实都是已经发生过的，无非对地球表面的某一部分各有侧重。与马汉在中国的显赫名声相比，特纳显然被忽略了。但是，绝大多数人类都居住在坚实的陆地上，从陆地获取的资源比从海洋获得的更

---

〔1〕《海权对历史的影响》，107—198 页。

多。大地母亲默默地哺育了整个人类，反而不受重视，这是不公平的。有些中国人过于强调海洋的优点[1]，似乎只有蓝色才能代表先进文明，同时在抱怨黄土地的贫瘠。这些人犯了一个严重错误。他们误把自己当作生活在珊瑚丛中的热带海水鱼了，以为他们本来可以打扮得华丽富贵，色彩艳丽，浸润在温暖澄净的海水之中，随意吃着漂来的浮游生物或藻类，而不必忍受黄土地上的严寒酷暑、狂风暴雨、旱涝饥荒等等所有不适与苦难。这个想法实在过于轻浮了。无论在海洋还是在陆地，大自然从来不是和善的，也从来不向人类妥协，而人类对环境的破坏总是遭到猛烈的报复。无论在海洋还是在陆地，古今中外的强者都是那些能够忍受艰苦、善于利用地理环境的人，而不是那些逃避现实、试图在他乡寻找安慰的人。

权力的发展与权力学说的演进

在这一节中，权力指陆权、海权之权。它们可以通过武器和武器平台直接体现，不是较为抽象的政治权力，也不过多涉及战略问题。过去，权力学说一般跟在权力发展的后面，以总结的形式出现，如马汉的海权学说。到了 20 世纪，学者也会在现实基础之上略微超前，做出一些预测和展望，如杜黑提出空权理论。今后的战略将会更多受到预测的指导。为更好了解权力之间的关系，有必要简略回顾一下权力的运用以及权力学说的演进。

虽然技术的发展令人眼花缭乱，权力的模式从古到今没有改变。在亚历山大大帝时期，希腊军队使用长达 6 米的矛。长矛手与盾牌手共同组成严密的方阵，在盾牌阵的保护下刺杀敌人。方阵首先不给敌人近身的机会；敌人一旦突破长矛，就会遇到执刀盾牌手的抵抗。亚历山大率领这样的军队，征服了他所知道的世界。游牧民用弓箭射击，攻击距离

---

〔1〕 比如把蓝色文明与黄色文明对立起来，并对蓝色文明心向往之。

超过了长矛。他们轻装的战马有很强的机动性。因此，步兵方阵落后了，重骑兵也落后了。游牧民掌握了战场上的主动权。不过，直到拿破仑时期，欧洲的步兵仍然排着整齐的队伍，敲锣打鼓，冒着敌人的炮火前进——那时枪炮火力还不够猛烈，一部分士兵可以在被杀死之前接近敌人。到了今天，武器已经有了很大的进步，似乎已经与矛盾、弓马完全不同了。其实，武器的发展方向没有改变，仍然是追求更长的矛、更坚的盾，以及更灵活的机动能力，只是达到这些目的的技术更加复杂、更加精致。权力的发展与技术进步息息相关，基本原理却不会因技术的发展而过时。

a. 从欧亚内陆发展出的陆权

欧亚大陆最开阔的地带是中亚草原，从南俄一直延伸到西伯利亚南部和蒙古。这里是古代部落迁徙的大通道。在史前时期和文明的早期，大规模迁徙和征服的出发点在欧亚大陆内陆，从里海北岸、中亚到蒙古草原的东部。创造了世界古代文明的古希腊人、古印度人都是从北方而来。辽西和内蒙东部一带的红山文化显示，中原人也可能来自北方。游牧民具有技术优势。他们的马车、骑马和冶铁技术给予他们决定性的优势。但这些较晚出现的技术不是全部原因。不停的迁徙造就发达的社会组织能力，这种能力在战争中非常有用。有了组织能力，就可以在辽阔的草原上汇聚更多的人，在局部的数量对比上对农耕民占有优势。此外，北方不温和的气候造成了居民的强悍。后来，历史多次重复北方占优的模式。古罗马最终被北方蛮族灭亡。中国也多次落入北方草原或森林民族之手。

在骑兵和骑射出现之前，还有过一次交通和军事的革命。马拉战车出现在公元前 2000 年以后，大规模使用则在其后大约 400 年。马拉战车大大加强了驾驶者的力量，世界历史上出现了大迁徙、大战争和大帝国。迁徙的源头是黑海和里海北岸的大草原，那里的印欧人种向各个方向扩张，并驱动了其他人的迁移。在公元前 1595 前后，赫梯[1]人驾驭

〔1〕 赫梯人（Hittites）的都城 Hattusas 在今天土耳其安卡拉以东 50 公里左右。

着马拉战车，推翻了古巴比伦帝国。赫梯人退走之后，原来从东北方入侵的喀西特人（Kassite）占领了巴比伦。他们统治两河流域达400余年之久，把马拉战车传入该地。公元前17世纪早期，喜克索（Hyksos）人经地中海东岸入侵埃及，把马和马车带到了埃及。喜克索人统治埃及100多年之后，埃及人从他们那里学会车战，把他们赶走了。埃及复兴，建立第十八王朝。第十八、十九、二十三个王朝是埃及的新王国，时间在公元前1540到前1070年左右，大致相当于中国的商朝时期。因为有了战车，古埃及进入鼎盛时期。

大约在公元前1500年前后，在第十八王朝法老图特摩斯三世[1]指挥之下，埃及开始了大规模扩张。向北进入叙利亚；埃及舰队航行得更远，控制了克里特岛和塞浦路斯岛，把爱琴海纳入势力范围。埃及文明大概在此时传播到地中海北部。图特摩斯三世建立了世界上第一个大帝国，远在小亚细亚的赫梯帝国也向法老表示敬意。埃及的强盛维持了一个多世纪，赫梯人在此期间南下到巴勒斯坦。大约在公元前1275年左右，十九王朝法老拉美西斯二世[2]企图收复失地。他指挥埃及军队，在卡迭什[3]与赫梯人打了一场大战。在4万多赫梯大军中，有近三千车兵，即将近“千乘”（每车三人）。开始时，埃及军队因轻敌而被引入赫梯人的伏击圈。拉美西斯二世勇敢率领战车兵反击，攻入赫梯阵营。赫梯军因为抢劫战利品而更加混乱。这场战争没有明显的胜利者，双方最后签订了和平协议。

在公元前1200年前后（或晚至公元前9世纪，印度的历史很不清晰），浅肤色的雅利安人从中亚草原侵入到印度河流域，打败了深色皮肤的原住民。印度河流域原来的古文明消失了，开始了新的文明。雅利安人定居下来之后向恒河流域发展，最终征服了印度次大陆。在雅利安人赞美神的古老诗集《梨俱吠陀》里提到了马和战车。他们的军事优势就来自战车。

---

〔1〕 Tuthmosis Ⅲ，约公元前1504年—约前1450年在位。比较各书，那时的年代约有30年左右的出入。本书的远古年代不一定出自一个系统，彼此可能有不协调的地方，仅供读者了解事件发生的大致时间。

〔2〕 Rameses Ⅱ，约公元前1301—约前1234年在位。他活了90多岁。

〔3〕 Kadesh，在今叙利亚境内，遗址尚存，为著名古战场。

这个时候，地中海也不平静。希腊神话中的太阳神阿波罗也驾驶着一辆马车。大约在公元前1260—前1230年之间，希腊人驾船渡过地中海，围攻东岸的特洛伊。[1] 阿基利斯在战斗中杀死了特洛伊王子赫克托尔，把他的尸体拖在战车后面，围绕着特洛伊城疾驰。围城10年之后，希腊人使用了木马计才攻陷特洛伊。在公元前1200年前后，赫梯帝国和埃及这两个老对手都受到“海上民族”的袭击。赫梯帝国因此瓦解。埃及击退了进攻，却从此一蹶不振，没有再恢复金字塔时期的辉煌历史。古代埃及文明到那时基本完结了。

马拉战车的大迁移时代还是青铜时代。在能够冶铁之前，人类已经知道使用陨铁。大约在公元前1400—前1300年前后，冶铁技术出现在安那托利亚半岛。赫梯人首先进入铁器时代，赫梯帝国也在此时兴起。亚述人学会了冶炼铁，在赫梯之后也建成了庞大的帝国。西非是世界上最早使用铁器的地区之一，比安那托利亚略晚100多年。农耕的班图人因此在非洲扩张。中国使用冶炼铁器的时间较晚，大约在公元前6世纪。此后一直到美越战争的3000年间，钢铁是制造武器的主要原料。国家的实力可以用钢铁产量直接显示。

在一系列的由中亚草原导致的移民和战争之后，两河流域、希腊、印度等地的古老文明消失了。那里进入黑暗时期，文明之光在数百年后才再度出现。但是两河流域和古埃及没有再恢复往日的光芒。在此前后，中国也出现了改朝换代，来自西北的周取代了中原的商。大约在公元前1066年前后，周武王“率戎车三百乘，虎贲三千人，甲士四万五千人，以东讨纣”。[2] 车兵显然是周军的主力。我们知道，至少在殷高宗时，殷人已经有了制作非常精美的战车。周人和殷人战于牧野[3]。商纣王失败自杀，殷朝灭亡。与那些消灭古文明的蛮族不同，周人不是另外的种族。他们只是处在中原文明的边缘地带。周人继承了殷商文明。在灭商之后500多年，中华文明进入哲学思想勃发的“轴心时期”。

车兵的速度比步兵更快，冲锋更猛烈，因此获得了对步兵的优势。

---

〔1〕 特洛伊的故事来自《荷马史诗》。现代考古发现倾向于证明史诗的内容。

〔2〕《史记·周本纪》。

〔3〕 今河南淇县。

战车大概相当于现在的坦克，当时却很少有“坦克杀手”等制衡武器。马拉战车可以携带更多的给养，对后勤补给的依赖较小，还可以运动到更远的距离。在春秋战国时期，国的实力是通过有多少“乘”[1]来衡量的。当时已有“千乘之国”、“万乘之国”，而周武王灭商时只有三百乘。

在希波战争中，希腊人以重装步兵为主，骑兵数量不多。波斯有很多骑兵，却不适合希腊的山地。在公元前480年的温泉关陆战和萨拉米海战中，希腊人取得胜利。此时战争还没有结束，但战局基本上已经定下来了。公元前336年，亚历山大即位为马其顿国王。他于次年征服了希腊，巩固了本土。又次年开始了征战。马其顿军有32000名步兵、4500名骑兵，其中包括重骑兵和轻骑兵。马其顿人经小亚细亚到尼罗河（前332年），阿姆河、锡尔河（前329年），印度河（前326年）。据古希腊人的地理知识，“印度位于有人类居住的世界的最东方”。[2]亚历山大把大片土地纳入他的帝国，都受到希腊文化的影响，开始了希腊化时期。他是西方世界的英雄，立下了不世之功。仔细研究，希腊军队所到之处大部分是波斯帝国的领土。亚历山大“只不过”征服了一个波斯帝国及较小的周边地区。当他打败大流士三世的军队之后，波斯的土地和人民就落入他的掌控了。

这样说绝不是要贬低亚历山大的战功。当年波斯帝国的遭遇可能与中国历史的某些时候有些相似。当北方的骑兵突破到黄河流域时，全国的局势就岌岌可危。宋朝时尚能抵挡一阵，到了明末，清兵南下，势如破竹。清兵与希腊士兵面临的是相同的局面。在动员、调动范围都很有限的年代，一旦强大的敌军决心深入境内作战，大帝国失去一两个关键战役就可能灭亡。[3]而马可以大大增加军队的运动和攻击速度，其作用之大无可估量。公元44年，东汉名将马援曾上表光武帝说：“夫行天莫

---

[1] “乘”（shèng），四匹马拉的一辆车为一乘。秦朝时仍在使用战车。秦始皇陵出土的兵马俑中有车兵和战车。

[2] 希罗多德：《历史》第三卷，183页，上海三联书店，2008年。亚历山大只到了印度河，然后沿河而下，没有进入今天的印度。

[3] 在两次希波战争中，波斯已经暴露了这个弱点。波斯进攻希腊与前秦进攻东晋有很大的相似之处。进攻一方的士兵来源庞杂，指挥失调，最后都遭到惨败。希波战争严重削弱了波斯帝国。

如龙，行地莫如马。马者甲兵之本，国之大用。”[1]

在这次蛮族扩张之后1000多年，到了公元4—5世纪，蛮族又开始了新一轮入侵。他们在前一次是战车兵，这次是骑兵。古代游牧部落在军事技术的发展中经常领先于农耕民族。骑兵入侵再一次导致欧亚大陆文明的衰落。西罗马帝国灭亡。在中国则是五胡乱华，文明中心第一次被迫向南迁移到长江下游。草原游牧民不仅善于骑马，也善于射箭。箭的速度比马更快，可以实施远程打击。一骑比一乘对地形的要求更低，可以在更复杂的地区运动。战马保证了他们的机动性，使他们能够选择作战的最佳时机和最佳地点，而弓箭则使他们能够在一定距离之外射杀敌人——面对面捉对砍杀不是马上民族的长项。

草原帝国的顶点是铁木真（1162—1227）达到的。经过10多年的征战，铁木真统一了蒙古草原各部落。1206年，他在斡难河（今鄂嫩河）的源头（在今蒙古国）召开忽里台大会，建蒙古国，号成吉思汗。蒙古民族在这个时候开始形成。成吉思汗先进攻邻近的西夏、金，严重削弱了这两个王朝的力量。1219年，成吉思汗开始西征，一年后灭亡中亚的花剌子模。他的大将哲别征战到了克里米亚半岛，小儿子托雷占领呼罗珊（今伊朗东部）。1224年，成吉思汗回国，两年后灭掉了西夏。1229年，在成吉思汗去世后第三年，经忽里台大会选举认定，他的第三子窝阔台（1186—1241）即大汗位。1234年，蒙古联合南宋灭金，占领了华北。第二年，窝阔台组织了第二次西征。1238年，莫斯科被攻破，遭屠城。两年后攻占基辅。蒙古兵又进入匈牙利和波兰。蒙哥的弟弟旭烈兀于1258年攻占报达（今伊拉克巴格达），灭黑衣大食。两年后他的军队在叙利亚被埃及打败。在东方，迟至1279年，忽必烈才灭掉南宋。他两次出兵日本都失败了，主要是遭遇飓风。他在缅甸和越南也失败了，又从爪哇败退回来。在1296到1298年间，察合台汗国两次大规模入侵湿热的印度，都以失败而告终。这些战争决定了蒙古帝国的疆界，大多是草原和沙漠地带。对于蒙古人，南方不是适合的战场，海洋更是带来灾难的地方。

在欧洲，英国人是使用弓箭的好手。在百年战争中，英国人的长弓让法国人吃尽苦头。长弓的射程远，箭矢密集如雨，在法国骑士冲过来

---

〔1〕《后汉书·马援传》。

之前就把他们射翻了。在1356年的普瓦捷之战，法国国王和他的一个王子被俘虏。在1415年的阿金库尔之战，英国的骑兵只是等着追击那些企图逃离战场的法国军人。那时，英国人是欧洲的残忍的野蛮民族。

在西班牙人征服中南美洲的过程中，马、铁（长矛和步枪是铁的制成品）发挥了决定性的作用。他们从欧洲传入美洲的病菌则是先锋。病菌的传播速度快过行军速度，在西班牙人到达之前就消灭了大批印第安人。1532年，168名西班牙士兵（62名骑兵、102名步兵）打败了8万印第安人，杀死了其中的7000人，而自己没有人战死。西班牙人有长矛、步枪和战马，有盔甲护身。用棍棒武装起来的印加帝国还不知道有铁和马。它灭亡了，阿兹特克帝国不久也被消灭。西班牙人的军事优势之大其实不算罕见。美国入侵伊拉克是最新的例子。当年西方列强入侵中国时，也是长驱直入，伤亡也很小。

欧洲人在17世纪上半叶开始大规模使用滑膛枪和火炮，而减少了长矛兵。滑膛枪没有改变军队列队厮杀的传统。军人仍然穿着花哨的服装，列队走向枪林弹雨，但队形更松散了。因此，操练产生了，以便训练士兵统一而又迅速的射击。更猛烈的大炮将改变队列作战方式。拿破仑是炮兵军官出身，他增加了炮兵数量，组织了更灵活的军队。大炮的作用与早期的弓弩和较晚的步枪相似。但炮弹比弓弩或步枪射得更远，威力也更大，能够在与敌军接触之前打乱敌人的队形，大量射杀敌人。1854年的克里米亚战争以英法联军的胜利告终。俄国在本土作战，但没有铁路通往南方的克里米亚。在泥泞的南俄草原上，俄军的后勤补给比英法联军更艰难。英法联军使用了汽船，海上运兵更加便捷。联军轻易地在克里米亚登陆。联军的另一个优势是新式的米尼步枪。这种枪是有来复线的滑膛枪，射程提高了三倍，精确度也提高了。米尼步枪就像是亚历山大时期的长矛、百年战争时期英国的长弓一样，能够在敌人的攻击范围之外杀伤敌人。俄军伤亡惨重。

火药在中国被发明。宋朝最晚在12世纪初就已经使用火炮了。在此200年后，欧洲火炮的样式与宋朝的火炮非常相似，有点像到1970年代在中国还很常见的爆米花的铁罐。[1] 又过了100多年，大炮的射程

---

〔1〕 杰弗里·帕克：《剑桥插图战争史》，100—101页，山东画报出版社，2004年。

超过了弓箭。在大炮的轰击下，城堡不再能够坚守，欧洲的封建制度瓦解了。火炮的使用直接导致了游牧部落的衰落。与箭镞相比，炮弹的运动速度更快，杀伤力更大。火炮是威力放大了许多倍的弓箭。制造火炮需要很多技术：采矿、冶炼、铸造。这些技术是定居者的长项。游牧者彻底失去了他们的传统优势，逐渐退回到草原和荒漠中去了。游牧民衰落的证据之一是土尔扈特蒙古人[1]。他们不满沙皇官员的统治，于1770年举族东迁，回到西北的科布多。回迁的人口多达30万。如果按男性人口的一半计算，这个部落可以组成一支7—8万人的骑兵军团。在枪炮时代之前，这是一支强大的攻击力量。那时游牧者的鼎盛时期已经彻底结束了。他们只能逃避迫害。

在满洲人入关之前，明朝已经在辽东战场上使用欧式大炮，一度遏止了满洲人的南下。葡萄牙人在澳门有铸炮厂，他们的炮被称为红夷大炮。明将袁崇焕守卫宁远（今辽宁兴城）时使用了红夷大炮。1626年2月，在攻城时，努尔哈赤受炮伤，7个月后死去。即位的皇太极一度试图讲和，但谈判终于破裂。袁崇焕保证在5年内收复辽境。不过，明朝已经朽木不可雕，大炮未能挽回最后的败局。那时，清人有很好的学习能力，很快就学会了使用葡萄牙大炮，用来轰击明军。在17世纪，蒙古和中亚草原上的游牧民仍试图创建成吉思汗那样的大帝国。满洲人是骑马射箭的民族，又学会了铸造和使用大炮，在对蒙古人的战争中占据了优势。在乾隆时期，清朝消灭了准格尔，彻底消除了北方草原的威胁。清人很快就停滞不前了。1793年，英国使臣马嘎尔尼送给乾隆帝的礼物中有当时最先进的大炮。炮一直留在了圆明园，从来没有人动用或研究过。在60多年后的第二次鸦片战争中，英法联军劫掠圆明园时发现了这些大炮。它们还在原来的包装里。

骑射手是忽然地出现、射击和逃跑的。他的射箭在古代和中世纪是一种不直接的射击。在那个时代里，它的效力和破坏性几乎相等于我们

---

〔1〕在厄鲁特部的压力下，原先居住在准格尔的土尔扈特蒙古人（西蒙古的一支）于1616年离开故地，迁居到里海北岸。他们居住在今天俄国的伏尔加格勒和阿斯特拉罕之间，向东则到乌拉尔河。他们在俄国被称为卡尔梅克人，有一部分留在了俄国。

今天炮队的射击。为什么这种优越性已不存在了？为什么十六世纪后游牧人民不再对定居人民使用权威了？正因为定居人民已经用炮兵来对抗他们。在很短的时期内，定居人民获得了一种人为的优越地位，把几千年的彼此间关系“推翻”了。[1]

德国的统一与强大都大大得益于铁路。一战前，面对东西两线作战的困境，德国制定了先集中兵力打击法国，然后再调转军队进攻俄国的战略。铁路允许德国从西线向东线快速调动军队。德国在第一次世界大战中战败是因为信任铁路而两面树敌，把不情愿的法国拖进战争，又导致了英国参战。铁路是一种道路。火车是交通工具，可以运输部队。但火车不是作战平台，不能用来向敌人发起进攻。一战时的阵地战成为消耗战。突破敌人阵地的需要导致坦克的发明。坦克具有很好的机动力、火力和防护力。装备了坦克和装甲车，军队可以在战场上快速推进，随时向敌人发起攻击。坦克兵、装甲兵对步兵就像马拉战车兵对步兵一样具有优势。实际上，坦克和装甲车就是马拉战车在工业时代的翻版。3000多年来的技术发展没有改变战争的基本模式。

矛、枪、炮的优势原理在海洋上也一样。一般而言，更大的炮具有更大的破坏力，还可以射得更远，在敌人接近之前消灭他们。为了装载更多、更大的火炮，以及更厚的保护装甲，军舰的排水量也越来越大。“大炮巨舰”的趋势一直持续到飞机出现。飞机比军舰更快、更灵活，活动空间更大。飞机的制造成本却比军舰低很多，可以组成大机群，攻击火力足够猛烈到击沉军舰。那些没有及时改变装备思想的海军为此付出了巨大代价。

b. 从地中海衍生出的海权

在马汉发表《海权对历史的影响》时，海权的概念已不新鲜。只是当时人们对海权的认识还比较模糊，是马汉的长篇巨著让人们了解到海权对历史事件的具体影响。受马汉影响最大的国家是德国。德国是后起的大国，海军和陆军都受到地理环境严重制约，因此最热衷于地缘政治

〔1〕 勒尼·格鲁塞：《草原帝国》，6页，青海人民出版社，1991年。

学。马汉没有使用“地缘政治学”一词，却是地地道道的地缘政治学家。

马汉提出的海权，是以海上作战为前提。如果战争不涉及到海洋，就不存在海权的问题。中国的战争大都发生在内陆。战国时，秦国大败赵国，白起坑杀40万降卒，就与海权（或河权）无关，尽管秦国大军东渡黄河攻打赵国时需要船只。长平之战是中国古代战争的主要形态，但在一些重要战役中，长江上的水兵发挥了关键作用。比如，三国时，北方的魏国不习水战，长江成为蜀、吴防卫的天险。魏军被火烧连营，赤壁之战后形成了三国鼎立的局面。在三国时代之后，战争显示了中国拥有海军的必要。隋、唐，以及后来的明朝和清朝，在朝鲜半岛都有两栖作战或近海海战。通往半岛的陆上补给线太长，海路就便捷了许多。蒙古人征服南宋，最后在南海上消灭了宋朝的水军；元军在日本惨败，是因为台风摧毁了船只。郑成功驱逐占据台湾岛的荷兰人，原因是他有一支舰队。清军征服台湾，首先是打败了郑氏的水师。清末，日本侵略朝鲜时，要在黄海击沉清军的运兵船，再打败北洋水师。在1950—1953年的朝鲜战争中，因为美国掌握着制海权和制空权，中国不可能通过黄海派遣军队，鸭绿江大桥成为志愿军补给线上最重要的节点。

在19世纪中期之前，中国很少遇到来自海洋的严重威胁，也没有官府需要保护的海外利益——官方放弃了这样的利益。因此，当时的中国没有必要保有一支强大的海军。

地中海是最适宜早期文明和航海发展的大海。[1] 地中海的气候宜人，两河流域、埃及、克里特、巴勒斯坦这些人类的早期文明就在岸边，甚至在海内。当时已经有了航海民族。相比之下，中国文明就很孤独。希腊文明晚出，在与众文明的交往之中发展起来。希腊在海岸极其崎岖的巴尔干半岛南端，在大半岛的边缘还有许多小半岛和近岸岛屿。半岛多面环海，形成了许多海湾和岬角。希腊的土地多山而贫瘠，但这

---

〔1〕 在欧洲的北方还有一个几乎封闭的大海——波罗的海。波罗的海和地中海一样，多港湾和岛屿。如果那里不是太寒冷而多风暴，不是远离两河流域和埃及的古文明，也有可能孕育地中海那样的文明。不过，波罗的海出产了维京海盗。这些海盗四处侵略，就像更早时期刚离开黑海一带大草原的印欧人一样。但维京人出现的时间有些晚，没有来得及创造文明就消融在其他民族中。从大海的角度看，可以把欧洲大陆看做是位于波罗的海、北海与地中海、黑海之间的半岛，还有北方的斯堪的纳维亚半岛。欧洲的古代文明起源于温暖的南方，最后被北方蛮族征服。

却是其福所倚。在这样的地理条件中，居民只能利用大海。公元前1100年或更早，当古希腊人刚从北方迁移到这里时，他们还不认识大海。他们惊讶地问当地人：那一大片水是什么？回答是Thalassa（海）。希腊人征服了这个地方。

许多中国人对雅典有一些了解，却经常忽视了斯巴达，于是留下了古希腊是海洋文明的印象。这个印象是片面的。[1] 对于古希腊的地缘政治格局，修昔底德有过明确划分："雅典和斯巴达显然是两个最强大的国家，一个在陆地称雄，一个在海上称霸。"[2] 用现在的地缘政治学术语来说，它们一个是陆权国家，一个是海权国家。在希波战争（前490—前449）中，雅典和斯巴达共同抵御波斯，发挥各自的军事优势，多次打败波斯的入侵。萨拉米斯之战（前480年），雅典舰队打败了波斯海军。希波战争以双方签订和约而告终。在抵抗侵略的战争结束后，希腊人自己打了起来，这就是伯罗奔尼撒战争（前431—前404）。雅典和斯巴达是势均力敌的两个帝国，各有一些城邦依附于它们。但雅典在海陆上都战败了。雅典投降，斯巴达取得了胜利。这时，雅典照耀后世的文明才刚刚开始。

希腊人对大海有特殊的感情。公元前401年，波斯帝国的小居鲁士和他的哥哥争夺王位。小居鲁士雇佣了一万名希腊人——民主制度下的人是优秀的战士，后来的瑞士人也是如此。——从小亚细亚登陆，到了两河流域。在今天的巴格达附近，他们打了胜仗，但他们的雇主小居鲁士却在乘胜追击时被杀死了。随后，波斯人诱杀了希腊人的将领。在充满敌意的土地上，希腊军队没有溃散。民主的训练使他们有良好的自我管理能力。[3] 希腊人选举了新的将军——其中之一是色诺芬[4]。然后，

---

〔1〕这个片面的印象显示了一个事实：雅典对后世的影响要比斯巴达的大很多。雅典的影响主要来自它的精神遗产：民主、哲学、文学、雕塑、建筑、航海，这些可以列入软实力的范围。精神遗产比物质遗产更持久，在一定时间之后的力量也更大。所以，雅典照射到后世的光芒比斯巴达更灿烂。

〔2〕修昔底德：《伯罗奔尼撒战争史》，15页，商务印书馆，1978年。

〔3〕可见民主制度与自由散漫、随地吐痰没有关系。专制更容易产生散漫——对压迫的一种消极抵抗。民主意味着更多的责任，对自己和对他人的责任。

〔4〕色诺芬（Xenophon，前431—前350?）是雅典人。他的《长征记》（Anabasis）不仅记录了在波斯帝国内的艰难征途，还有他返回希腊后的生活——对古希腊日常生活的珍贵记载。《长征记》鼓励了亚历山大入侵波斯。色诺芬是苏格拉底（前469—前399）的朋友。他的另一部著作是《回忆苏格拉底》，记录了苏格拉底最后的日子。

他们讨论决定向北走到黑海。到了海边就会有希望，有他们熟悉的希腊语和船。他们在波斯帝国之内行军，路线大致与底格里斯河平行。终于有一天，色诺芬听到先头部队在山口上大喊："Thalassa，Thalassa"。他们到达了黑海的东南角，今天土耳其的特拉布宗附近。色诺芬把整个征程记录了下来。

由于得天独厚的自然条件，希腊人很早就对海上优势有了明确认识。两场旷日持久的战争让他们获得了经验。大约在马汉之前2300年，一位没有留下真实姓名的希腊作者说：

> 位于大陆上的非岛民国家，较大的因为需要而被压制，较小的因为恐惧而被绝对控制，因为世界上没有任何一个国家不依赖进口和出口，如果该国胆敢不听海上霸主的号令，它就会被取消这些权利。其次，一个海上霸主可以从事一些陆上强国无法做的事情。例如，蹂躏一个更强大国家的领土，因为海上强国总能在海岸线的某一地点登陆，而那里要么没有敌人的军队，要么仅有一小支军队。如果敌人预先在那一部分集结了力量，他们还可以上船后离开。这样的任务，与那沿着海岸线进军并赶来救援的有经验的军队比较，要更为容易。复次，对一个海上强国来说，它还可以离开自己的领土，航行到它喜欢的距离。而陆地强国因为行军缓慢，在它的人民和它的领土之间，不过能离开几天的距离。这样的一支军队，要么必须穿过友好的领土，要么必须用胜利打开进军路线。〔1〕

这位作者接着说，如果岛民"还是海洋的统治者，那他们就有能力做出任何他们喜欢的坏事，而不会遭到任何报应"。除了比马汉早2000多年，这样的话和马汉说的没有不同。

希腊人的势力主要在东地中海。西地中海的霸主是腓尼基人的殖民城市迦太基（今北非突尼斯境内）。该城建立于公元前814年，但腓尼基人在此前400年已经到达西地中海，他们是航海的商业民族。罗马不

〔1〕 Pseudo-Xenophon，State of the Athenians，Ⅱ，2ff. 转引自威廉·弗格森《希腊帝国主义》，35页，上海三联书店，2005年。

是一个海上强国，它接受迦太基在西地中海的制海权。迦太基支持罗马驱赶意大利南部的希腊人。随着后起强权罗马的扩张，它们为争夺西西里岛爆发了冲突。这就是两次布匿战争（前264—前241，前218—前201）。“为了补救航海技术的不足，罗马人发明了一种木板铺的坡道（绰号‘乌鸦’）。把船只换装上作战平台。这样它们可以有效地使用罗马式的军团，把陆地的战术用到海上的作战。”[1] 罗马初战得胜。海权的迦太基在陆地上不可战胜，而陆权的罗马控制了地中海。最后迦太基失败。战后，罗马共和国后期和罗马帝国拥有在地中海的霸权，把地中海变成了它的内海。

罗马帝国之后，阿拉伯人在地中海建立起制海权，向北入侵。然后基督教徒开始反击。在1096—1099年第一次基督教十字军东征中，威尼斯和热那亚为十字军提供了一支供应舰队。这两个城市都有自己的海军，支持对伊斯兰教徒的征战。在此后的300多年中，这两个贸易中心更为争夺地中海利益多次发生战争，互有胜负。1298年的那场战争中，威尼斯惨败，马克·波罗被俘，在狱中讲述了他著名的故事，鼓励了后来远离地中海的大洋探险。在1380年的陆战和海战中，威尼斯取得最后的胜利，获得东地中海的霸权。

在地中海时代，大西洋不是完全的平静。北欧海盗[2]富有侵略性。他们的袭击方向由北向南，目标从今天的英国、法国到俄国、北美。他们的活跃年代不到百年，大致在793—1066之间。维京人也像游牧者一样，先是滋扰与掠夺，进而在他们入侵的地方落脚。不同的是，海盗凭借航行在大海上的船，牧民则依靠奔驰在草原上的马。明朝时，倭寇[3]像北欧海盗一样在沿海地区烧杀，但没能在大陆上获得长期的立足点。那时海战的武器和陆战的一样。上面提到的英法百年战争的争夺起点是弗兰德。1340年，英国军队试图在弗兰德登陆，法国的军舰列在港口前阻拦。在海战中，英国人的长弓像在陆战中一样威力强大。在两军对垒

---

〔1〕 H·帕姆塞尔：《世界海战简史》，20页，海洋出版社，1986年。

〔2〕 他们是今天挪威人、丹麦人和瑞典人的祖先，统称为维京（Viking）。

〔3〕 其实大部分倭寇是中国的海盗。他们原来是渔民，因海禁政策而流落为寇。他们加入倭寇，或打着倭寇的旗号。倭寇有些像是今天的中国本土公司，在海外注册之后，就可以在国内享受超国民待遇。

中，英国人先以长弓射击，再扔标枪和石头，法国人死伤无数，估计在1.6 万到 5.5 万之间。这时，海权争夺重点还没有从地中海转移到大西洋。

勒班陀之战（1571 年）是地中海上最后一场大海战。此战发生在海权已经转向大西洋之时。西班牙已经建立了一个全球帝国。战争起因于奥斯曼帝国的扩张。基督教世界（威尼斯、西班牙和教皇）组成联军，与伊斯兰教争夺地中海，而法国则愿意坐观西班牙苦斗。奥斯曼帝国的海军被基督教联军打败，向欧洲的扩张势头被遏止。此后，因为大西洋航运的兴起，威尼斯的繁荣不再，但与土耳其的海战又断断续续地持续了近百年。在勒班陀海战中，欧洲已经有了两个多世纪使用大炮的历史，可是战斗的目标还是靠近敌人，登上敌人的船舰搏杀，如同在陆战中攻入敌人的堡垒。富勒在评说勒班陀海战时说：

> 在地中海的海军战术，是首先为争取位置的调动，接着为正面的突击、迂回和登上敌船，与萨拉米斯等古代的海战并无太多的区别。总而言之，一切的意图和目标，就是在水面上打陆战。[1]

海战就是水面上的陆战。在勒班陀之战，基督徒的胜利是因为他们夺取了敌人的旗舰，杀死了奥斯曼的司令。虽然双方有装备了火炮的双层木帆船，仍在使用奴隶划桨手——大约占全部人员的一半。从萨拉米斯到勒班陀[2]，在长达 2061 年的时间里，海军战术没有大的改变。到 16 世纪后期，葡萄牙和西班牙的势力已经进入大西洋彼岸和太平洋，后分了世界，但地中海的船只还沿着海岸航行，海战也在可以看到陆地的海面上进行。布罗代尔说："海岸的地位既然如此重要，海路因而与普通的河道几乎没有什么不同。"[3]

葡萄牙和西班牙是欧洲大陆上最西的两个国家，濒临大西洋。葡萄牙首先开创了大航海和大西洋时代，西班牙紧紧跟上。两国是最早的世

〔1〕 J. F. C. 富勒：《西洋世界军事史》卷一，493 页，广西师范大学出版社，2004 年。

〔2〕 萨拉米斯在雅典以西，勒班陀在希腊的佩特雷湾北岸。两场海战分别在伯罗奔尼撒半岛的东北和西北。

〔3〕《菲利普二世时代的地中海和地中海世界》上卷，144 页。

界帝国。不过，从地中海转向大西洋的过程并不容易。“中世纪的地理学家认为，葡萄牙离地中海很远，而那却是唯一可以航行的海。因此，葡萄牙在欧洲的海上国家中，处在最糟糕的地位。”[1] 葡萄牙的历史证明，在机遇到来时，国人如果有勇气和远见，地缘政治地位是完全可以改变的。在勒班陀之后 17 年，西班牙无敌舰队在英吉利海峡被英国消灭，海权重心彻底转入大西洋岸。在葡萄牙、西班牙之后，海上霸主先后有荷兰（海上马车夫）和英国，然后过渡到美国。

美国是一个两洋国家，也是“岛国”。在马汉时期，美国已经完成了在北美大陆上的陆地扩张并转向海洋扩张。美国在与印第安人作战时不需要制海权。在独立战争中，法国人在海上帮助美国人，抵抗法国的邻居和夙敌英国人。在美国人中间，通常是孤立主义（或其变种——单边主义）占上风。他们愿意和平地生活在北美，不卷入欧亚大陆的事情。可是，一旦出现扩张的机会，美国人从来没有失去过，他们对时机向来抓得很准。

在第二次世界大战中，大西洋和欧洲是主战场。美国的珍珠港受到袭击，仍把亚洲和太平洋战场放在次要的地位，而英国放弃了印度以东的所有殖民地和利益。英美的选择是正确的，因为欧洲的敌人更强大。美国在太平洋上打败了日本，把整个大洋收入囊中。冷战期间，美国打的两场大的热战都在东亚（东北亚的朝鲜和东南亚的越南），但它的战略重心仍然在西半球。冷战之后，美国的战略目标有些模糊，但在最近 10 年里又清晰了。美国把核潜艇等攻击武器从大西洋向太平洋转移。这不仅意味着太平洋地区的热点更多，也表明全球战略重点在向太平洋转移。太平洋是世界最大的水体，其北部位于东亚和北美西海岸之间。仅此两点就足以说明太平洋战略位置的重要性。大西洋不是不重要了，而是因为美国在那里不会遇到挑战——苏联帝国已经垮台，今日的俄国不足为虑。

海洋的航行者不一定能够建立强大的海权。从古至今，西太平洋的岛民“除极少数例外，都是航海专家和贸易专家。他们拥有优良的大型

[1] 茨威格：《麦哲伦航海纪》，8 页，内蒙古人民出版社，2008 年。

航海独木舟，用来进行远航贸易、探险或征战”。[1] 这些岛民们不仅做贸易，还残忍好战。他们在岛内攻伐不已，还划着独木舟去进攻别的岛屿[2]——简直是哥伦布和麦哲伦的同行。但他们一直处在原始阶段，文化落后，没有建立强大的国家，因此被西方殖民者轻易征服。有些岛民被殖民者大量虐杀，剩下的完全被边缘化，如澳大利亚的毛利人；夏威夷群岛上的土著人建立了国家，却不能幸免于被美国吞并。由此可见，如果没有强大的武装力量，海洋不能提供有效保护。另外，根据汤因比的研究和分类，太平洋上的波利尼西亚属于停滞的文明。在各个岛屿上，后人们不仅失去了古人的雕刻技术（如复活节岛的巨石人像），还失去了发达的航海术。这是不能应对挑战的后果。文明成长的关键是成功地应对挑战。这个发现可以为那些一心推崇海洋文明的人引以为戒。把责任推向地理和环境必将导致放弃人的努力。

海权曾对陆权具有某种优势。海洋的空间更大，可以避开陆地上的天然险阻；海运的运载量更大。在火车、汽车、高速公路出现之后，海上的优势消失了很多，剩下的主要集中在运动空间大、运载量大。不过，一个无法改变的事实是，人类中的绝大多数都居住在陆地上，这是陆权国家最大的天然优势。如果陆权国家有强大的空中力量，海权国家的优势就会被进一步削弱。这一点在第二次世界大战的时候就已经很清楚了。那时，航空母舰（主要武器是航弹和航炮，不是舰炮）在海战中起到决定性的作用。另一方面，用来对付航空母舰的最有效武器还是飞机。航母的目标太大，一旦被击沉，损失太大。航母将来的作用很可能限于用来威慑弱小的国家，而不是与其他强国作战。在国家整体实力不悬殊的前提下，有了强大的空中力量，陆权国家能够与海权国家在海上一争雌雄。

c. 制空权与战略轰炸

意大利在 1870 年才完成统一，成为一个民族国家。统一的时间与

---

〔1〕 布洛尼斯拉夫·马凌诺斯基（一译马林诺夫斯基）：《西太平洋的航海者》，1 页，华夏出版社，2002 年。书中研究的这些航海者在新几内亚岛以东的特罗布里恩群岛。

〔2〕 德里克·弗里曼：《米德与萨摩亚人的青春期》，139 页，光明日报出版社，1990 年。

德国统一很接近，但与德国不同的是，在统一之后很长时间里，意大利既非经济大国，也不是军事强国。其军队缺乏斗志，不堪一击。但这个国家却有很大的雄心。早在1895年，意大利军队入侵阿比西尼亚（埃塞俄比亚），被土著人打得惨败，因此得出“不适宜经营殖民地”的结论。〔1〕第一次世界大战时，意大利碰巧站在了胜利者一方，成为战胜国。在1918年的巴黎和会上，意大利是美、英、法三强之后的第四强〔2〕。四国的领导人把持了和会。在会议期间，意大利对其他问题都没有兴趣，一味对邻国提出许多领土要求，却没有得到另外三强的支持。为此，意大利总理V. E. 奥兰多在三国领导人面前失声痛哭，意大利代表团还一度愤愤地退出和会。制空权理论就是在这样一个贫弱的西方“大国”中产生。

朱里奥·杜黑（1869—1930）是空权理论的首创者。他在炮兵工程学校接受教育。在1912至1915年期间，担任意大利陆军第一个航空营的营长。他曾因批评意大利陆军司令无能被判入狱一年。1918年，英国建立了世界上第一支独立空军。1921年，在意大利陆军部的赞助下，杜黑发表《制空权》。第二年，墨索里尼和他的法西斯党掌握政权，杜黑出任意大利航空部部长，但在一年后辞职。制空权理论不是出自一个军事强国或工业大国。意大利也从来没有建立起一支先进的、强大的空军。现代的陆权及海权理论建立在对历史回顾的基础之上，而杜黑的空权论更多的是对未来的预测。同样，一战后出现的装甲战理论也是预测。在第一次世界大战中，军用飞机和坦克已经投入到战场，但没有对战争起到决定性作用，飞机和坦克的技术还有待发展，空战和装甲战的战术还有待研究。这两大类武器将在下一场大战中改变战争的方向，唯有卓有远见的战略家可以预见。在杜黑之后，以现实为基础的预测取代了回顾，成为制定战略计划的必要准备。

早在1909年，杜黑就开始宣扬制空权。他预言说，在陆军和海军

〔1〕但意大利并没有接受这个教训，于1935年再次入侵埃塞俄比亚，又被打败。

〔2〕一战后，意大利在四强中的地位有些类似二战后中国在五强中的地位。因国力有限，只能勉强维持大国地位。

之外，“天空也将成为重要性不次于陆地和海洋的另一个战场。”[1] 这时距离莱特兄弟成功发明飞机只有 5 年多。在 1903 年 12 月，兄弟俩的第一架飞机只飞行了 12 秒。杜黑说：“掌握制空权表示一种态势，能阻止敌人飞行，同时能保持自己飞行。”[2] 制空权是唯一重要的。“获得制空权就意味着**胜利**。反之，在空中**被击败**就是最终失败。”[3] 在使用飞机之前，战争中的国家分为前线和后方。士兵在前线厮杀，后方仍可以维持和平生活，支援前线。飞机改变了这一切。飞机取消了前方和后方的区别，把整个敌对国家变成战场，轰炸不设防的城市。

在夺得制空权之后，杜黑提出对敌人的后方目标实施战略轰炸。“这种战争的结局必须建立在摧毁一国人民的物质和精神力量上。人民时时处处陷入一种可怕的灾难之中，直至整个社会组织最终崩溃。”[4] 整个国家将成为战场，任何地方在任何时间都有可能遭受空中打击。很快，杜黑的理论得到应用。首先是德国干涉西班牙内战，在 1937 年 4 月把一个小镇格尔尼卡炸为平地。毕加索画了一幅画，以这个小镇为名。他称他的画“格尔尼卡”为德国的杰作。作为战略攻击，日本对陪都重庆的大轰炸第一次实现了杜黑的预言。从 1938 年 2 月 18 开始，轰炸持续了 5 年半，日本飞机共炸死市民近 1.2 万人。然后，1940 年 9 月到次年 5 月的伦敦轰炸、1940 年 11 月的考文垂轰炸、1945 年 2 月的德累斯顿轰炸、二战后期的东京轰炸、广岛和长崎的原子弹轰炸，给这些城市带来了毁灭性打击。在越南战争期间，美国实施“地毯式轰炸”，更是志在杀伤平民。冷战后，武器进步减少了敌国平民的伤亡，但这只是精确制导技术的一个副产品，轰炸者并不在意平民的伤亡。北约对南斯拉夫的轰炸，美国对伊拉克的轰炸，仍然沿用了杜黑的战略，对城市和民用目标实施毁灭性打击，以摧毁民众的信心和敌国的战争能力。这些轰炸造成了巨大的生命和物质损失，效果非常明显，特别是二战初期德国对波兰、荷兰、比利时、法国的空中闪击战。但是，轰炸并不像杜

---

〔1〕 朱里奥·杜黑：《制空权》，30 页，解放军出版社，1986 年。以上引文是杜黑在《制空权》中引用他发表在 1910 年罗马《准备》报上的文章《航空问题》。他那时是一名少校。

〔2〕《制空权》，26 页。

〔3〕《制空权》，24 页。黑体为原文所加。

〔4〕《制空权》，65 页。

黑预言的那样，总是能够决定战争的胜负。并不总是“很快，人民自己出于自我保存的本能，为了终止恐怖和痛苦，将会起而要求结束战争——而这将发生在陆、海军根本还没有来得及动员之前!”〔1〕有时，轰炸激起了更强烈的反抗。

飞机也改变了海战的模式。第一次世界大战时，海上空中力量的主要任务是搜索、侦查。那时的飞机还很简陋，携带的弹药很少，不足以对海上目标发起攻击。到第二次世界大战时，空中力量（陆基或海基）已经能够压制住海上力量，小小的飞机比军舰击沉了更多的舰船，宣告了巨舰大炮时代的结束。航空母舰战斗群成为海军的中坚力量。1941年12月，日本偷袭珍珠港的主要武器平台是航母。1942年5月，两国海军爆发珊瑚海海战。这是美国和日本之间第一次大规模正式海战，但双方的军舰却根本没有交火。发起攻击的是舰载机。当时的美国海军军令部长（Chief of Naval Operations）、海军上将恩斯特·约瑟夫·金称之为海军史的“第一次”。〔2〕日本在美国海空军的攻击下步步退守。它防守本土的撒手锏是神风自杀飞机。美国取得最后胜利的武器是飞机投放的原子弹。

在非洲和欧洲战场上，美国的进展也得益于制空权。大西洋的反潜作战需要飞机，而盟军的飞机出色地完成了这个任务。德国潜艇开始是攻击武器，后来成为被猎杀的目标。在诺曼底登陆中，盟军的空降兵虽然非常不顺利，但还是在战线之后牵制了德军部署。

1948年，苏联以维修道路为理由，封锁了通往西柏林的陆路和水路交通。西方占领的大半座城市似乎成了苏联的囊中之物。西方国家对西柏林的空运持续了1年，突破了苏联集团的阻断。苏联挑起争端，最终却解除围城，在冷战中开局不利。这场冲突中起决定作用的是空中力量。这是利用空权不战而屈人之兵的较早例子。西方的物质从空中进入西柏林，同时，东方的人员经陆地逃往西柏林。在10多年中，数十万人逃亡。苏联和东德大伤脑筋，于是又出一招，于1961年8月修筑了柏林墙，沿途埋设地雷。加上古巴导弹危机，那段时间是冷战的高峰

---

〔1〕《制空权》，62页。

〔2〕《西洋世界军事史》卷三，405页。

期。1989 年，冷战随着柏林墙的倒塌而告终。

在二战之后很多年，拥有制空权能够压制地面部队，大量杀伤地面部队，却不能击溃或消灭地面部队。朝鲜战争和越南战争都是如此。这两个国家地形复杂，森林广布，遮蔽了空中的视线。美国对越南实施地毯式轰炸，惨无人道地轰炸所有目标，仍不能阻止北越的推进。不过，飞机技术和制导技术进步很快，空中的优势得到加强。在科索沃、阿富汗和两场伊拉克战争中，空中力量发挥了决定性的作用。在科索沃，盟军持续轰炸，没有动用地面部队就迫使南联盟撤军。在两次伊拉克战争中，美国的地面部队主要担任最后的清理工作。在可预见的未来，空军的作用仍将继续上升。但赢得民心仍将需要在地面上。

争夺制空权的目的，一是保证己方，二是打击敌方。拥有“制空权”的一方可以从空中调动军队和物质，或直接打击敌人，而不必经过陆地或海洋，大大减少了地理环境的制约。对飞行的主要限制是技术因素。飞机的滞空时间和飞行速度相对有限。因此，一国需要在陆地或海洋上建立基地，接近潜在的目标。即使将来飞越太平洋和大西洋的旅行像乘坐公共汽车一样快捷、便宜，但仍不能清除地理障碍，时差、语言、文化、宗教不会因飞行速度而改变。美国在研制一种能够不间断飞行的环球轰炸机。它可以从美国起飞，在几小时内到达全球任何地方。这种飞机可以威胁欧亚大陆的安全，但不会帮助美国融入欧亚大陆。洲际弹道导弹没有使美国成为欧亚大陆国家，同样，新型轰炸机也不会。

d. 对陆地的再重视

杜黑的理论不是凭空而出的。他在军校接受的是炮兵教育。他实际上把空军比作炮兵，从炮战中汲取灵感。英国军官 J. F. C. 富勒认为，杜黑回到了第一次世界大战的大炮主义，只不过把发射（投掷）炮弹的角度从水平改为垂直。[1] 在飞机加入一战的时候，陆地上也有了新型武器——坦克。因此，在两次世界大战之间，制空权理论没有一枝独秀。在《制空权》出版 11 年后，也出现了基于新的技术的陆战理论。1932

〔1〕《装甲战》，300 页。

年，富勒发表了《装甲战》。富勒的“装甲战”思想起源更早，是他在1917年夏季看到英军溃败时产生的。如这本书的副标题所示，它实际上是一本“野战勤务条令”讲义，侧重于装甲战术运用。富勒认为，可以用装甲部队来对付空中力量，“地面机械化与空中摩托化是密切相关的。”〔1〕

富勒的理论在英国一度被忽视。在二战爆发之前，英国步兵学校只有6位军官借阅过刊登富勒“野战勤务条令”讲义的《步兵杂志》，〔2〕还未必是为了读他的文章。不过，《装甲战》在德国和苏联都受到重视。德国的海因茨·古德里安将军、苏联的铁木辛哥元帅予以极高评价。古德里安是装甲战的另一位理论先驱。他的书籍被翻译成法文，却没有受到法国军官的重视。在第二次世界大战中，德国和苏联国家都集中使用坦克和装甲车辆，把它们作为主要的地面攻击力量。一批名将在战争中脱颖而出。德国有隆美尔，苏联有朱可夫。此外，美国有巴顿，英国有蒙哥马利。他们都是指挥装甲部队的将军。德国在第二次世界大战初期的顺利推进，得益于装甲部队与空军的协同作战。德军飞机实施纵深轰炸、装甲部队快速推进的闪电战（闪击战），捷克、波兰、法国没有来得及组织有效的抵抗就失败了。在战争最激烈的时候，盟军和德军多次出现坦克集群的对攻。在库尔斯克战役，4000辆苏联坦克和2700辆德国坦克，以及大炮，在南俄大草原交战。

因为铁路的普及，大陆上的交通便捷了许多。麦金德因此断言陆权将超过海权。但火车的载货量远远不及远洋货船，而且成本高过海运很多。现在有了高速铁路，却更适合客运，而不适合大宗货物的运输，因为成本太高。空运也同样存在着成本的问题。现有技术仍不能大幅度降低陆地运输的成本，不能提高运输量。就军事行动而言，陆权对海权仍然处于劣势。但这个劣势不是不可弥补。在另一方面，在政治制度的优劣及道德号召力大致相同的前提下，大陆国家占有优势，因为它在地理上和文化上更接近其他大陆国家，更易于争取到人心。总体而言，在新技术条件下，大陆国家仍将具有地缘政治优势。

---

〔1〕《装甲战》，35页。

〔2〕《装甲战》，2页。这是别人所写的前言介绍的情况。

美国有类似声音，但角度不同。米尔斯海默认为，“战争靠庞大的陆军而不是海上的舰队和空中的飞机赢得胜利。最强大的权力是拥有最强大陆军的国家。”[1] 在这一点上，他很可能是错的。掌握制海权和制空权的国家也掌握着战场上的主动权，未必需要陆军对决。在军队严重依赖高技术装备的时代，拥有优势海军和优势空军的国家一定也有发达的陆军。米尔斯海默是美国人。他像另一个岛国人麦金德一样夸大了陆地力量。他的出发点是从岛国控制整个欧亚大陆，而大陆国家则是从大陆出发，保证海洋航行的畅通。因此，米尔斯海默对陆海空军力量的判断标准与大陆国家有很大的差异，容易高估陆军的作用。比如，他的结论中有两条是，“单有封锁不可能迫使敌人投降”，[2] “从海上进攻大国的领土要比从陆上入侵来得困难”[3]。可以看出，米尔斯海默研究的是在向大陆国家攻击时的困难；大陆国家考虑的是如何突破海洋封锁，而不是等到敌人登陆入侵——已经有了主动与被动。差异是由于海岛国家和大陆国家的目标不同造成的。

不过，米尔斯海默有一点是对的。他说：“即便世界上最强大的国家也不可能征服只靠船只才能达到的遥远地区。因此，大国的野心只能主宰它们所处的地区以及在陆地上能达到的毗邻地区。”[4] 美国是一个例外。美国曾经在短时期内征服了遥远地区。然而，它的全球霸权是世界大战和冷战的一个副产品，是在众多盟国的支持下做到的。这样的支持只有在极端条件下才能获得。冷战结束后 10 多年，美帝国已经呈现颓势。美国主导的全球化力量将更为分散，区域化的势头将更强劲。原因就是大国投射影响的能力有限。

e. 高边疆与星球大战

有史以来，人类从来没有离开过武器。在没有武器的地方，他们会制造出适用的武器。这个规则也同样适用于太空。人类进入太空不过数

---

〔1〕《大国政治的悲剧》，121 页。第四章是“地面力量的首要地位”。

〔2〕《大国政治的悲剧》，130 页。

〔3〕《大国政治的悲剧》，160 页。

〔4〕《大国政治的悲剧》，120 页。

十年，近地空间已经布满了各种军事设施。重返大气层的洲际弹道导弹要经过空间。“和平利用太空”只是开发太空的一个方面，而且在开发初期只是一个次要方面。冷战结束之后，“国际空间站”是各国在空间科学合作方面的一个好模式，但此一合作不会妨碍更多的空间项目被用于军事目的。

人类进入太空的交通工具是火箭。火箭始于军事目的，是德国在1930年代和1940年代发展起来的。V—2是最著名的产品，在二战中被用来攻击英国。战后，美国和苏联的太空技术直接得益于德国的火箭研究。在冷战期间，美苏的一个重要竞争领域是太空。取得空间优势是他们发展空间技术的动力。苏联在1957年10月发射了第一颗人造地球卫星。1961年4月12日，苏联率先实施载人太空飞行，“东方”一号飞船距离地球表面302公里。这是人类首次进入太空。苏联的太空技术领先于美国，美国受到巨大压力。苏联人进入太空一个多月后，美国总统J.F. 肯尼迪宣布了载人登月工程。与苏联的航天计划相比，“阿波罗”计划更复杂，也更宏伟。1969年7月，美国首次把两名宇航员送上38万公里外的月球。此后美国宇航员又5次登上月球。登月活动引起的轰动效应在递减，当它不再能显示美国的空间优势时，就在1972年12月结束了。人类进入太空的里程碑事件都是冷战的产物，是超级大国炫耀技术实力和经济实力的结果。两国的宇航员被当作国家英雄（也是人类英雄）。1960年代是人类走出地球，向太阳系扩张的开始。

空间被称为高边疆。对比地球表面的边疆开发历史，这个词本身已经隐含着军事意义。与以前的军事理论一样，在“高边疆”理论上也可以找到一位代表人物。他是美国陆军中将丹尼尔·O·格雷厄姆（1926—1995）。格雷厄姆毕业于西点军校，担任过美国中央情报局副局长（1973—1974）、国防情报局局长（1974—1976）。在1976年和1980年的两次美国总统大选中，他是候选人罗纳德·里根的军事问题顾问。在里根当选总统之后，他们一起讨论过导弹防御计划。在1979年秋天，在里根的要求下，格雷厄姆提出了“高边疆”的概念。1981年9月，格雷厄姆成立私营的“高边疆公司”（High Frontier，Inc.），以推动太空动能武器的发展。他是“战略防御计划”（星球大战计划）的始作俑者之一。

自从苏联紧随美国拥有核武器之后，美国一直执行“相互确保摧毁”的核政策，对遭受的任何核打击实施核报复，从而吓阻苏联使用核武器。这个威慑政策是进攻型的。1983 年 3 月 23 日，里根总统就国家安全问题发表演讲，提出了防御性的政策，其实是维护美国的核进攻优势。他说：“如果苏联加入我们大量减少武器的努力，我们将成功地稳住核平衡。然而，仍然有必要依靠报复的恐惧、相互的威胁。”有没有办法不采取报复呢？里根宣布他找到了一条出路：“我们开始一项计划，用防御的方法来对付令人胆寒的苏联导弹。让我们求助于我们的技术力量吧。正是这些力量生产出我们伟大的工业基础，给予我们今天享受着的生活质量。”里根询问道：“如果自由的人民能够无忧无虑地生活，知道他们的安全不依靠美国即时报复的威胁来威慑苏联进攻，我们能够在战略弹道导弹到达我们自己的土地或我们盟国的土地之前就拦截并摧毁它们，那会怎么样？”

那会怎么样呢？结果是新一轮核军备竞赛。因为苏联不愿意看到自己的核力量成为无用之物，同时却处在美国核打击的威胁之下。其实，当时苏联已经在莫斯科周围部署了反弹道导弹系统，而美国人认为苏联已经领先。迟至 1986 年，保守的传统基金会在一篇文章中宣称：“总而言之，在战略防御作战经验的许多关键领域里，苏联都领先于美国，并保持反弹道导弹和雷达的生产线空闲，以便迅速扩大生产。”[1] 美国总是倾向于高估对手，并从不隐瞒对方的优势和自己的劣势。[2] 这次也不例外。在宣布“星球大战”计划前两个星期，里根在 3 月 8 日发表了关于苏联“邪恶帝国”的演讲。所以，1983 年是冷战后期美苏的对抗小高峰期。米哈伊尔·戈尔巴乔夫上台后，1986 年 10 月与里根举行了雷克雅未克会谈。两国关系有所缓和，但双方没有在战略防御计划上达成妥协。在冷战结束 20 年之后，美国和俄国还在讨论如何开始削减核武器和运载工具的谈判。

最初，美国计划以天基的激光发射器为拦截武器。后来事实证明，

---

〔1〕 *While Opposing Reagan's SDI*, *Moscow Pushes Its Own Star Wars*, *Heritage Foundation Backgrounder* . No. 540, October 21, 1986, Kim R. Holmes. http://www.heritage.org/Research/RussiaandEurasia/bg540.cfm.

〔2〕 所以，任何头脑清醒的竞争对手都不会因为得到美国的较高评价而沾沾自喜。

那时的激光武器还很不成熟，其他相关技术也不成熟。里根之后的美国政府一再缩小战略防御计划的内容，至今还不能形成一个完整的防御网。但在当年，该计划却给苏联造成了很大的压力，甚至被认为导致了苏联解体。苏联解体的原因众多。苏联内部和东欧集团内部不可调和的矛盾与冲突是主要原因，而经济已经临近崩溃。外部原因则有阿富汗战争的消耗，以及中国和美国站到一起等新因素。当然，在东西方对抗中，西方对苏联集团的压力一直存在（反之亦然）。在苏联已经不堪重负之时，星球大战计划是压垮苏联的最后一根稻草。

“高边疆”〔1〕很类似美国当年的“西进运动”。美国向西开拓“边疆”是一场以武力为先导的运动。只有在驱赶和屠杀土著的印第安人之后，才有“边疆”地区可供美国人开发。太空本来无人居住，那里没有人因为“高边疆”运动而受到伤害。人类进入太空的最初目的是为了获得地面上的军事优势，不是向太空殖民，或者开发资源。在可预见的未来，人类不可能在太空过上可以自持的生活，从别的星球运回矿产并获取利润也很困难。除了接纳人类的探险精神之外，太空总是直接为人类在地面的生活和活动服务。这些活动多是军事的。“高边疆”运动比其他边疆运动（包括地理大发现）具有更多的军事成分。

侦查、通讯、指挥、控制——所有这些军事装备都已经搬上了卫星。卫星（以及以月球为基地的平台）不仅收集和传递信息，而且还将搭载武器。除非各国拿出足够的诚意，否则太空的非武器化必将成为空谈。半个多世纪以来，已经有了核武器控制的失败先例。

f. 四权之外的争夺

以上这些理论反映了一个简单事实：军队运动速度在提高、运动空间在扩大，军力投射距离在加大，同时，武器打击距离增加，烈度增加，并能够更好地保护使用者。在四权之中，能够更好达到这个目的的那一个权必定占有优势，因而更受理论家注目。权力优势不是恒久的。现在有了对四权的争夺。在进入太空之后，人类的竞争和战争范围还没

〔1〕 美国空军现在有一本《高边疆》期刊。

有达到最大化。人类的探索是无穷尽的，人类的竞争是无穷尽的，人类对权力的争夺也是无穷尽的。人类探索到哪里，权力争夺就会跟到哪里。战争将出现在人类身体和人类工具所能达到的一切空间和虚拟空间。所有这些争夺都应该是地缘政治学的研究范畴。

在陆地、海洋、天空、太空实体空间之外，争夺已经进入了虚拟空间。现在不仅有了“信息战”理论[1]，一些国家还组建了信息战军队。在军事冲突中，黑客攻击对方的网络系统，瘫痪敌方的通讯、指挥和宣传，就像在热战中炸毁敌人的道路和大桥。据报道，在2008年的俄国和格鲁吉亚的武装冲突中发生过网络攻击。俄国有非常好的数学和软件人才，但两国都不是信息产业发达的国家。所以，这样的攻击只是小试锋芒。将来也许会爆发“制虚拟空间权”的大规模战争。美国、澳大利亚等国家曾多次指责中国的黑客攻击。这种战争与以往的战争不同，看不见实物，看不见硝烟，却能够达到战争的目的，使“敌人”遭受他们不能承受的损失，屈服于“我们的”愿望。信息战会像热战一样造成大量的财富损失，也会造成人员伤亡。1999年喧嚣一时的“千年虫”事件虽然有些夸张，有杀毒公司的商业炒作，但当时对“虫”后果的预言可能会出现在信息战中。

在今天的战争中，电磁战已经是战争手段之一。在设计时注重飞机、军舰等作战平台的隐形性，以加强它们的自我防护和突防能力。同时，侦查技术也在进步，以更早地发现更远处的目标。远离敌人在非打击武器中也同样适用。雷达是侦查工具，也是整个武器系统的一部分。雷达的搜索面积大、实时，取代了飞行员在空中用肉眼搜索。和无线电一样，雷达的出现也可被看做符合武器系统的进步模式。很多年来，不仅战斗机、轰炸机等作战飞机装上了雷达，还出现了专门用雷达搜索目标的预警机，以及间谍飞机。对于地缘政治学，这些具体的军事技术可以归入更大的种类。详细研究是军事学的内容了。

在物理学和技术发展到一定程度之后，将来的人类或许可以进入更多的空间维度。那时，也许会出现“制第八维空间权”之类的理论和实

---

〔1〕 中国的沈伟光是世界上最早提出“信息战”理论的人之一，也许是最早的一人。奇妙的是，他所受教育不多，不懂电脑，更不懂互联网。他有官方身份，却是私人著述。

践，以控制进入其他宇宙的通道。我们这一代人大概不会看到这样的场景了。但假如看到了，合格的地缘政治学家不会为此惊讶。人类有掠夺和杀戮的本能。除非受到政治的制约，战争具有向更大规模发展的倾向。

新式武器层出不穷，人类杀戮的效率越来越高。战争加速了武器的研发。一战时的新武器是飞机、坦克，还有大量使用的毒气。二战时期是核武器。冷战时期是导弹。20 世纪末是信息化、精确制导炸弹。21 世纪初的标志性武器还没有出现。可能是冷血的（无血的）人工智能士兵。这样下去，武器总有一天会失控，落入有毁灭人类决心的狂人手中，或脱离人类而具有独立意志。不过，如果没有了人类，地球的其他生命会幸福很多。

地缘政治不会因为技术的进步而彻底改变。所有技术的目的都要归根为“人”，或为人服务，或为了控制和杀伤人，还是为了己方的目的服务。人类生活在地球表面上，这一事实长期不会改变。[1] 技术没有灵魂。先进武器可以控制人，杀伤人，却不可能争取到人心，也难以长期控制地面上的财富。空中的、海上的胜利者最终还要回到地面上来。

显然，在三权和四权之外，还有需要争夺和控制的权力。军人们更了解这些技术性的权力。除此之外，我们更不应该忽视人权。人权是权利（right），也是权力（power）。权利可以转化为权力，没有权力保障的权利则是一纸空文。人权是中国人的权利，不会因外国人提倡就变成了国外特有的权力。人权在中国并非舶来品。儒家的先圣们早就提出过“仁者爱人”和“仁者无敌”等观念。在距今 2300 多年前，儒家的“仁”是超前的，也是有限的。他们要求权力者向人们施舍他们原有的权利，不知道没有权力就没有权利。早期的儒者是理想主义的权力崇拜者，后世有更多匍匐在权力之下者。当他们试图现实地操纵权力时，就变成了法家。法家擅长的是权术，很少是法律。如果非要与现代比较，他们更接近于狡诈的律师，而不是正直的法官。如果今天的中国能够以秦汉以前的儒家思想为起点，恢复传统的仁爱文化，建立起能够真正、充分保障人权的制度，必将在世界上为中国增添巨大权力。

---

〔1〕 今后人类也许能够终生在太空生活、繁衍。但他们可能在数代之后变异为别的物种。

陆地、海洋与领土的关系

在讨论了陆权、海权、空权和太空权之后，还是要回到地面上。制海权、制空权和制太空权都离不开陆地上的基地，它们的目的是取得陆地上的优势。如果不能帮助在陆地获得优势，各权就失去了意义。在现有技术条件下，绝大多数人总是生活在陆地上，因此，权力也必须落实到地面。古希腊神话说，巨人安泰（Antaeus）的母亲是大地女神盖亚(Gaea)。他只要接触大地就能百战百胜，因为他能够从母亲那里汲取无穷力量。大力士赫拉克勒斯（Hercules）识破了他的秘密，在搏斗中把他举到空中扼死。这个神话大概是空权打败陆权的最早事例。然而，赫拉克勒斯是站在大地上杀死敌人，取得胜利的。

这场搏斗的起因是宙斯（Zeus）要向他的祖母盖亚造反。宙斯是安泰的侄子、赫拉克勒斯的父亲。算起来，赫拉克勒斯比安泰小两辈。他的胜利表明，新权力取代了旧权力。

a. 清末的陆防与海防

传统上，中国是一个陆地国家，这也是农耕社会的特点。在 19 世纪中期之前，对中国的威胁大都来自北方。中国的目光朝向内陆，一向缺乏向海洋扩张的动力。而在陆地上的扩张也不积极。汉、唐两朝都有向西方的扩张，但主要是为了从侧翼钳制匈奴或突厥，目的是以攻为守，不是扩大帝国的疆界。南宋皇室为躲避元兵而逃难于海上。最后陆秀夫背着小皇帝赵昺蹈海而死。海洋没有能够挽救南宋皇帝的性命。自汉、唐的强盛之后，中国大规模的领土扩张出现在元、清两朝——都是北方民族入主中原的朝代。元朝军队进攻外海岛屿（日本、爪哇）都遭到失败，证明游牧民族不擅长跨海作战。不过，台湾在元朝时正式归属中国。明朝时，郑和下西洋是中国航海史上最大的壮举，却仅限于炫耀帝国的强盛。大船队满载着士兵和财宝，却对海外土地和商业利益没有任何兴趣。

自鸦片战争开始，中国在海陆两个方向都遭到强敌入侵，漫长的边境没有一处是平静的。清廷左支右绌，无奈虎狼之国太多。从1840年鸦片战争开始到1945年日本投降，共105年，为害中国最深的国家是日本、俄国、英国、法国四个国家。除了俄国可以从海陆两个方向入侵之外（它确实也这么做了），从其余三国到达中国都要经过海洋。对于中国，英、法、日是海上强权。但这个判断并不完整。它们也从陆地上对中国构成严重威胁。它们不仅在中国海岸登陆，抢占租界，还在中国周边建立了殖民地。对于中国不易到达的内陆地区，英国和法国从它们的南亚、东南亚殖民地上渗透、蚕食。日本占领朝鲜后，也主要从陆地上向中国发起进攻。这些殖民地从前都是中国朝贡体系的成员国。

在20世纪初之前，英国和法国在中国主要追求贸易利益和小块租界，没来得及抢占大片殖民地。进入20世纪，它们在一战中元气大伤，在远东扩张的势头大大减缓。所以，英法两国在中国经营殖民地的时机从来没有成熟过。对中国怀有领土野心、并能够动手瓜分的是俄国和日本。这两位芳邻一个来自陆地，一个来自海洋。与英法相比，它们是次一级的帝国。日本的现代化起步虽然比俄国的晚很多，但发展速度却比俄国快很多。而且，日本的扩张不像俄国那样有多个方向。从开始扩张到第二次世界大战初期，日本在半个多世纪的扩张只有一个方向，那就是中国方向（琉球、朝鲜等目标是中国藩属）。

俄、日把扩张目标对准中国的时间相差不远。1850年，清朝与俄国在伊犁、塔尔巴哈台通商。1856年俄国在克里米亚战争中被英、法、土等国打败，失去了向地中海方向扩张的可能。因此，俄国转向东方，先后吞并了中亚的三个汗国，到了中国的西北边疆。俄国趁着阿古柏入侵新疆，于1871年占据了伊犁。1854年，日本结束了两个世纪的闭关锁国政策，开始明治维新，实力渐强。1872年，日本废除琉球国王，把琉球变成藩属，又在1874年借口琉球人在台湾被杀事件入侵台湾，索取清廷50万两赔款后退去。

在这个关键时候，清朝在快速衰败。太平军（1850—1864）、捻军（1852—1868）等内乱使大半个中国陷入战乱。西北、西南有回族、苗族的大规模反叛。在 1856—1860 年，英法寻衅，联合发动第二次鸦片战争，攻入北京，掠夺并焚毁皇家园林圆明园。普遍吸食鸦片造成国民体质下降，白银外流。大清朝气息奄奄，呈现出典型的末代景象。多亏了几位能干而又忠心的大臣。在曾国藩、左宗棠、李鸿章等人的扶持之下，清廷平定内乱，发展工业。因为"同治中兴"（同治帝 1860—1874 在位），清廷才又勉强维持了 30 多年。

曾国藩（1812—1885）和李鸿章（1823—1901）都是洋务派领袖。曾国藩创办福州船政局（1866）。李出自曾的门下，创办江南机器总局和金陵制造局（1865）。1874 年，同治帝死。慈禧安排她妹妹四岁的儿子即位，得以继续以太后身份掌握大权。1875 年，光绪元年，清廷命左宗棠为钦差大臣督办新疆军务，又命李鸿章、沈葆桢分别督办北洋、南洋的海防。陆防和海防都在争取有限的资金，是当时中国积贫积弱又大敌压境之下的无奈之举。1875 年，清帝许诺每年划拨 400 万两海防经费。到了 1877 年后期，李鸿章收到的还不足 200 万两，主要原因是新疆之役耗费巨大。〔1〕从 1875 年到 1881 年，"七年之中总数逾五千二百三十万两协饷的支援，是支持左宗棠在新疆取得胜利的唯一的决定性因素。"〔2〕此外，在这 7 年中，经清廷批准，"左宗棠共向华商借款 846 万两，向洋商借款 1375 万两，总计借款 2221 万两。"因中介从中赚取暴力，洋商借款的年利为 10%，比当时正常行情高出一倍。7 年共花费 7451 万两（不算利息），平均每年 1064 万两。而在"十九世纪七十年代末，为北京所确认的清帝国的总税收，包括中央和地方在内，计约六千万两"。〔3〕由此推算出，在新疆用兵，每年耗费的资金占清王朝全部收入的 1/6 以上。

李鸿章说："二者兼营，则皆无成而已！"〔4〕李鸿章有充足的理由：

---

〔1〕费正清编《剑桥中国晚清史》下，283 页，中国社会科学出版社，1985 年。引文出自第四章，该章作者是刘广京、理查德·史密斯。

〔2〕《剑桥中国晚清史》下，272 页。

〔3〕《剑桥中国晚清史》下，554 页。国税和地税的收入大部分来自田赋和厘金（营业税），关税次之。在 1875 年，清朝的进出口大致持平。在 1 亿 3672 万两白银的贸易总额中，约有 110 多万两的盈余，关税收入是 1196 万 8109 两。

〔4〕《李文忠公全书·朋僚函稿》卷十五，第十页。转引自沈传经、刘泱泱：《左宗棠传论》，310 页，四川大学出版社，2002 年。

"彼有铁路以调兵，则旬月可以云集；中国行师绝塞，非经岁不能到防。彼有电报以通信，则瞬息可以传命；中国递文边界，非三数月不能往还。"[1] 有了铁路之后，陆地运动速度加快，陆权对比海权的劣势大大减少了。当时中国在新疆既无铁路，又无（有线）电报。最大的挑战来自后勤补给。左宗棠说："东则海防，西则塞防，二者并重。"[2] 同时，左宗棠也知道，如果海疆不定，朝廷也不能够顾及西疆。他又说："只盼海上宴然，英事速结，再做区处。"[3] "英事"指 1875 年的马嘉里事件。这次事件起因于英国吞并缅甸后对中国西南的窥探。

李鸿章对形势的判断没有错。清朝确实无力同时在东西方打两场战争，对手分别是日本和俄国。李鸿章的错误在于对时机的判断。在中亚的大角逐中，俄国与英国互相牵制，它们都在利用阿古柏。在东海，日本对中国还不具有海上优势。那时，海防和塞防都面临巨大的压力，但在两个方向上短期都不会形成战事。所以，清朝没有遇到东西海陆两线作战的问题，甚至连单线作战都算不上。这两个问题都通过谈判得以解决。中国支付赔款，从俄国收回了伊犁，从日本收回了台湾。但是，真正的危机将在数年之后到来。

1884 年，新疆建省。刘锦棠担任新疆省第一任巡抚。西部暂时较为平安。1879 年，日本宣布废除琉球国，建冲绳县，又遣使来中国谈判。1880 年，李鸿章创办的海军正式成军。这时的日本还不那么确定它的实力，提出把琉球群岛南端的先岛群岛（包括宫古列岛、八重山列岛）分还给中国。当初，李鸿章主张暂时放弃西部，是想在东部更强硬地对付日本。他（或执笔的薛福成）设想，如果中日谈判不利，清廷将"撤防俄之劲旅，分军三道，载以轮舶，直趋长崎、横滨、神户三口"，"制其死命，或封琉球，或重议约章，皆惟我所欲为矣。"[4] 设想很宏大，显示出李鸿章对海防有很大的信心。但中国终于失去了琉球。李鸿章更没

---

〔1〕《代李伯相复张观察书》，《庸盦文别集》，卷四，第 131 页，薛福成。转引自苑书义：《李鸿章传》，310 页，人民出版社，2004 年。薛福成（1838—1894）时在李鸿章幕府中任职。

〔2〕《左文襄公全集·奏稿》卷四十六，第三十二页。转引自《左宗棠传论》，310 页。

〔3〕《左文襄公全集·书牍》卷十五，第六十二至六十三页。转引自《左宗棠传论》，328 页。

〔4〕《代李伯相复张观察书》，《庸盦文别集》，卷五，第 177 页，薛福成。转引自《李鸿章传》，311 页。以武力威逼日本的想法或出自薛福成。

有想到的是，仅仅过了 13 年，中日海上力量的对比就完全倒转了。

1884 年 6 月，左宗棠从两江总督任上回到北京，仍在军机大臣上行走。同月，法国攻击驻越南的清军，接着又侵犯基隆，袭击福州。福建水师全军覆没，马尾船厂也遭到轰炸。左宗棠这时已经病重，但仍请旨出征，离京赴闽，于 12 月到达福州。他督办福建防务，筹办台湾省，未几，于 1885 年 9 月 3 日去世。次年，台湾脱离福建，单独建省。

在 1894—1895 年的甲午战争中，李鸿章苦心经营的北洋舰队被日本消灭。根据《马关条约》，建省不到 9 年的台湾被割去。1900 年，八国联军直入北京。事实证明，中国既无海防，也无塞防。战后的烂摊子还要李鸿章去收拾。庚子议和时，他已经是烛光摇曳，光影昏暗了。1901 年 9 月签订《辛丑条约》，俄国又图谋东北。在俄国一击之下，李鸿章终于不支，于 11 月 7 日去世。梁启超很推崇李鸿章。他如此评价左宗棠和李鸿章：

> 左李齐名于时，然左以发扬胜，李以忍耐胜。语其器量，则李殆非左所能及也。湘人之虚骄者，尝欲奉左为守旧党魁以与李抗，其实两人洋务之见不相上下，左固非能守旧，李亦非能维新也。左文襄幸早逝十余年，故得保其时俗之名，而以此后之艰巨谤垢，尽附于李之一身。文襄福命亦云高矣。[1]

在 1875 年海防与塞防之争时，清廷如果能励精图治，还有振兴的机会。但要振兴，非有大变革不可，而大变革远非臣下之权所能及。权力掌握在一人手中。到了 19 世纪的最后 20 年，局势迅速糜烂到不可收拾。李鸿章只是一个臣子。他的地位再高，也不过是太后的奴才，权力仍然很有限。面对太后和满清权贵的无知和掣肘，官僚阶层的腐败和颟顸，以及官场上的倾轧，他无可奈何。李鸿章为清廷没落承担了最后的骂名。但是，谴责者们忘了，国家的灾难不是他制造的，他只是奉命收拾残局的人。当李鸿章在 1901 年去世的时候，清朝已经奄奄一息，不可救药了。国运衰竭，而后才会有海防塞防之争。

〔1〕 梁启超：《李鸿章传》，100 页，海南出版社，1993 年。

中国是一个有18000多公里海岸线的大陆国家，因此是一个海陆二元的国家。中国既不是完全的大陆国家，也不是完全的海洋国家，而是兼而有之——既兼有优势，也兼有劣势。中国在海洋和陆地上都有极大的利益，不可采取海权和陆权分离的理论。海陆都不可放弃，也没有出现必须放弃其一的最后关头。在清朝覆没前30多年，清廷（慈禧太后）还有能力兼顾两者。对于中国，海权和陆权是相辅相成的，“水陆并进”才是正路。海权的发展离不开陆权的支持，反之亦然，不可顾此失彼。另外，美国在海洋和陆地对所有国家都仍占有很大的军事优势，中国没有必要在现阶段突出某一方向，展现出挑战的姿态。况且空权和太空权早已使海陆二分、对立的观点过时了。

中国发展方向的大问题不是给中国贴上一张“陆权”或“海权”的标签就可以解答的。它将由中国的国内国际大战略决定。中国需要明确的战略目标，这不应该是“国家机密”。

b. 陆地扩张与海洋扩张

一个国家的成长必定伴随着扩张，这是全球化的根本动力。国家的扩张大致有两种类型：土地扩张和市场扩张。在二战结束之前，日本和俄国属于前一个类型。中国首当其冲。这两个国家的扩张来源于对安全的焦虑，对土地的渴望，对征服的期待，以及对欧美的模仿。每当占领了新的土地之后，又会出现新的边界、新的安全问题，因此又需要新的扩张。如果不知收敛，就会导致扩张链条崩溃。领土扩张是这样，市场扩张也是这样。

领土扩张大致可分为两大类型：陆地扩张和海洋扩张。俄国和英国是扩张大国。俄国是陆地领土扩张，新占领的土地与原来的国土相连。英国是海外领土扩张，新的土地远离本岛。在1890年代之前，美国的扩张是陆地型，之后为海洋型。如今，殖民时代已经结束，民族意识高涨，宗教情绪对立。而且，地球不再像以前那样有大片人烟稀少的地区，几乎每一个适宜居住的角落都是人头攒动，许多不适合人类居住的地方也都住着人。这个时候的领土扩张虽然并非不可能，但其成本远远高于收益，成果却很难守住。同时，军事行动的耗费与代价越来越大。

但是，大国仍然要扩张，这是它们的生性所决定的。

俄国的扩张继承了草原帝国的基因，在16世纪国家形成初期已经开始。在1689年，俄国与清政府签订《尼布楚条约》，稳固了它在远东占领的土地。在尼布楚之前，俄国已经占有亚洲最东部的堪察加半岛。那时，东西方的差距刚开始加大，俄罗斯暂时无法对中国下手，而且它那时的主要目标放在海洋上。同在1689年，彼得一世把他执政的姐姐幽禁起来，独自掌握大权，开始了大刀阔斧的改革，带领俄国走向海洋。俄国的第一步是争夺出海口，为此，这个大陆国家要创建一支强大的海军。在《尼布楚条约》之后，中俄之间长期相安无事。鸦片战争之后，俄国卷土重来。这时的清帝国已无还手之力了，于是割地赔款。俄国从中国侵占的领土都是在陆地上与俄国相连的，甚至在它只想制造一个缓冲区时，也能够使外蒙古独立于中国。俄国没有能够从海上割取中国领土，旅顺港最终还是归还给中国了。

俄国历史是由领土扩张塑造的。没有扩张就没有俄国，而不能够扩张的俄国就会失去国家的目标，变得无所适从。俄国学界对扩张的评价非常高。米罗诺夫罗列了许多好处：

> 俄国史学泰斗（C. M. 索洛维约夫、B. O. 克柳切夫斯基、Π. H. 米柳克夫等）认为，领土扩张是俄国历史的关键问题。这是对的。扩张为俄国带来了重要而积极的后果：自然资源的增加；人口中心和经济活动从北向南，向更适宜的地理环境转移；在边境地区俄国人的安全系数提高和由此带来的在老居住区和新居住区之间劳动资源的更合理分配；在被合并的西部地区具有更发达文化和经济的等级—团体组织，对俄国社会制度的有效影响。……没有领土扩张，俄罗斯就像16世纪前一样，仍然是一个非常落后的欧洲一隅之国，在文学、艺术、科学和技术领域都不可能取得真正的成绩，人民也不可能有很高的生活水平。[1]

俄国扩张的最初动力是为了保证安全。欧洲东部的大平原一望无

〔1〕 鲍里斯·尼古拉耶维奇·米罗诺夫：《俄国社会史》上卷，43页，山东大学出版社，2006年。

际，无险可守，而且还很寒冷。拿破仑和希特勒是欧洲数百年来历史上最出名的两位军事强人。他们都曾入侵俄国并遭遇惨败，他们的敌人不仅有俄国士兵，还有严寒和广阔的土地。拿破仑和希特勒也曾试图入侵英国，都因为不能安全渡海而放弃。拿破仑法国的海军被英国击败，希特勒德国的空军被英国雷达照射，不能取得制空权，海军也就不能渡海。与俄国广阔的平原不同，英国可以固守一条狭窄的海峡而自保。

到目前为止，陆权国家走向海洋的努力从来没有成功——如果成功的标志是掌握“制海权”，而不是获得更多的出海口。俄国夺得芬兰湾出海口，修建圣彼得堡，在远东夺得海参崴（符拉迪沃斯托克），还短暂拥有过旅顺（阿瑟港），但俄国从来没有成为海上强国。冷战后，俄国失去了芬兰湾边上的塔林、里加，现在有可能失去黑海上的塞瓦斯托波尔。

陆地扩张与海洋扩张的结果不同。在经历了苏联解体的巨大挫折之后，俄国仍是今天世界上面积最大的国家。俄国遭受到美国和北约的打压，但仍是一支独立的国际力量，仍有成为世界强国的潜力，不会像英国那样依附于美国或其他大国。俄国扩张所得的土地都与原来的国土相连，殖民扩张比较容易站稳脚跟，尤其是在人烟稀少和文化落后的地方。当年，俄国甚至前进到北美的俄勒冈一带与美国争夺土地，最终退了回来，还把阿拉斯加卖给了美国，因为北美与俄国本土隔着白令海峡，不便管辖。在1991年苏联解体之前，俄国的领土一直在增加。苏联的失败，更多是制度的失败，对抗的失败，而较少是扩张的失败。在冷战失败之后，俄国必然会失去东欧卫星国。但如果苏联不是那样压制本国人民、压迫其他民族，冷战失败未必会使苏联失去领土，至少不会失去那么多。

英国的扩张是海洋型的，追求的是利益。对于英国，土地更是市场、更是利益的安全保证。在殖民时代，英国在全球各大洲都建立了大片的殖民地，但对欧洲没有领土要求（直布罗陀是个例外）。英国的海外殖民地有两种类型，其一是原住民被英国人及其后裔大量消灭，如北美、澳大利亚、新西兰以及加拿大的一部分，新的土地为英国移民占有，伦敦能够对殖民地发号施令。其二是原住民的人口稠密，如印度、缅甸，英国殖民者和原住民在阶级上完全隔离，形成了统治者和被统治者的关系。无论哪一种，英国最后都没有保住，这些殖民地最后都独立了。前者是自己人的独立，后者是被压迫民族的独立。

英国和俄国的扩张方式的不同，原因除了海洋和陆地的区别之外，也与两国国内制度的不同有一定关系。1688 年英国在分权，基本上完成了议会制度的建立。在同一时期，彼得大帝的俄国、路易十四的法国都在集权。英国和欧洲大陆的政治制度走上了相反的道路，产生的一个结果是，一个是市场扩张为先导的土地扩张，一个是直接的土地扩张。

从占有土地的结果来看，大英帝国的扩张比俄国更失败，但英国传播文明的成就却是俄国无法望其项背的。其实，英国的实力比它现在显现的要雄厚一些。英国在高等教育、经济规模、科学技术、工业生产等许多方面都在俄国之上，气候条件和地理位置也更好，政治更为稳定。在欧洲大陆开始一体化之后，限制英国发挥应有作用的是它的岛国性质和岛民心态。

海权国家便于扩张，却难以守成。陆权国家的扩展缓慢，但成果往往是稳固的。这是因为新增领土是和本土相连的，在各个方面都容易被吸收，尤其是在两者之间存在巨大的经济、文化和人口落差时。从 1776 年建国后不久开始，美国只经过大约 100 年的扩张，就形成了一个和今天中国领土面积相当的国家——中国有 4000 年的国家历史，并且在大多数时候在本地区占有军事优势。但是，美国失去了古巴、菲律宾海外殖民地，尽管古巴和它隔海相望。美国占有夏威夷群岛是一个例外，因为它太弱小，又对美国太重要了。

与美国失去海外殖民地的情况类似，在殖民地独立之后，大英帝国昔日的光荣已不复存在。英国回到它出发的那个小岛上，只留下了英联邦这个空壳。英国的殖民地丧失殆尽，此后，约翰牛只能在英伦三岛上遥望日出日落，还有百慕大群岛这样的准国土。他们在别处看到的都不是英国的太阳。英国甚至不能保有几个岛。独立后的爱尔兰占去了一个岛的大半部分，英国还不得不为那小半部分搏斗。苏格兰的独立运动也颇有声势。在岛上的凯尔特人后裔中，只有威尔士因为太弱小而比较安静。不列颠也许能完整拥有一个岛。这是海、陆两种扩张的不同结局。在海外不能扩张的时候，那就只能收缩。英国如此，日本如此，美国将来也很可能大致如此。今后，美国将从全球各地退回到美洲，将退出阿富汗、伊拉克，从位于日本、韩国、德国等国的数百个军事基地中的大部分撤出。美国将失去它在海外占有的大多数土地，但不会失去在美洲大陆侵占的印第安人的和墨西哥的土地。这是美国兼具大陆和岛国两方面的特征所决定的。

扩张、占领与打击

在20世纪之前，殖民扩张指向未开化地区。不过，欧亚大陆上的“未开化的”地区不过是一些没有枪炮的、贫弱的国家。这些地区的人们有自己的国家和文明，并不是森林中的野蛮人。在许多地方，如印度和朝鲜，在遭受殖民之前300年，本土文明还没有落后于那些入侵者。早期的美洲也不是“未开化的”。那里曾有过灿烂的文明、广阔的帝国。在1532年被西班牙人灭亡之前，除了在武器和航海技术上，印加帝国在许多方面并不比当时的西班牙人差很多。“未开化”多在表面上，更多是一个神话、侵略者的借口。

到目前为止，新崛起的大国总是要通过军事手段扩张，概无例外。美国、德国、日本是最新的三个例证。美国是成功的扩张者。德国、日本则遭遇失败，而且主要是被美国打败。在1930年代，德国和日本的扩张非常顺利。如果它们能够适可而止，在英国和美国宣战之前停止侵略，它们也许能够在较长时期内保持住扩张成果。毕竟，那时的西方在国际关系中信奉强权政治，侵略和扩张是常态。德国有世界上最精良的陆军，日本有西太平洋上强大的海军。德国的领土要求有历史和民族分布的支持，[1] 日本的侵略东亚对西方的影响有限。在1929开始的经济

---

〔1〕在许多个世纪中，德意志人与中欧、东欧的其他民族混居。二战初，德国以此为借口，侵占了捷克、波兰等国。德国战败后，捷克、波兰驱逐德国居民，既是报复，也是为了在它们国家之内保持简单的民族结构，减少以后可能出现的领土纠纷。德国人至今仍然耿耿于怀。大量驱逐居民必然导致人道主义灾难，今后将很难实施。而保留别国的人口，则可能后患无穷。

危机时期，英美可以容忍德日的扩张，同时也无可奈何。它们在被逼入墙角的时候才不得不反击。德国和日本的最大失误都是不知收敛。在希特勒的干预下，“在其历史上，德国武装部队首次在一个有意无限寻求敌人的体系框架内履行职能。”[1] 日本与德国的情况很类似。两国最后都因为领土扩张过度而失败。

土地是宝贵。人和资源都在土地之上或之下，不过，如同战争已经从地毯式轰炸转向精确打击一样，对土地的广泛占领正在演变为对资源的具体控制。没有资源的土地不值得占领。当然，资源不仅是矿产，还包括土地的战略位置。如果不能有效地征服或同化当地人，那么，从长远来看，通过占领获得资源的行为很可能得不偿失。而征服或同化一个民族是一个艰巨的任务，要耗费很长时间、很多资源（包括人的生命），最后却可能以失败而告终。与战争相比，商业是获得资源的更好的办法。美国占领伊拉克对于美国是一个错误的决定。民主国家经常比专制国家更富有侵略性，因为它们的内耗比较少。

与现在一般人对专制帝国和民主共和的认识有所不同，在罗马的历史上，共和国时期是扩张的，富有侵略性的，而在帝国时期的对外政策则是相对温和的。罗马的扩张在共和国时期就基本结束了。

与中国类似，罗马共和国和帝国的疆界也受到自然地理的限制。吉本说，在罗马帝国第一个皇帝奥古斯都（前27—后14在位）[2] 统治初期，帝国军队在南方和北方都遇到挫折。

他的将军曾试图征服埃塞俄比亚和阿拉伯费利克斯。他们在那片热带地区向南行进了约一千英里，但炎热的气候很快击退了这批侵略者，保护了那些居住在荒野地区中从不好战的土著人。欧洲北部诸国价值甚

---

[1] 保罗·肯尼迪编《战争与和平的大战略》，116页，引文所在章节的作者是丹尼斯·E·肖瓦尔特，世界知识出版社，2005年。

[2] 在屋大维之前，罗马的共和制度已经遭到彻底破坏。公元前49年，恺撒率军渡过卢比孔河进入罗马，打败对手庞培，赢得内战，任狄克推多（独裁者）。5年之后，恺撒被共和派杀死。屋大维是恺撒妹妹的孙子，被恺撒收为养子，成为恺撒的继承人。屋大维和安东尼一起，共同打败谋杀恺撒的共和派，又于公元前30年打败安东尼和埃及女王克里奥帕特拉。公元前27年，他宣布还政于民，获得罗马元老院给予的“奥古斯都”（神圣）称号。屋大维自称是罗马共和国的恢复者，实际上是罗马帝国的创立者。

微，几乎不值得花人力、财力去占领。日耳曼的大片森林和沼泽地带住满了一个死也不愿丧失自由的强悍的野蛮民族。[1]

限制罗马帝国疆域的，与限制中华疆域的情况大致相同，基本是地理和气候的原因。中国的北方也有“强悍的野蛮民族”。在去世之前向元老院宣读的遗嘱中，奥古斯都为罗马帝国设定了边界，希望他的继任者留在以下范围之内：西至大西洋边；北至莱茵河和多瑙河；东至幼发拉底河；南边则直到阿拉伯和非洲的沙漠地带。这样一个版图把地中海包围在罗马帝国之中，罗马就在深入地中海的亚平宁半岛中段。无独有偶，奥古斯都的遗嘱和朱元璋的《皇明祖训》都告诫后人不要向外扩张。在奥古斯都之后，罗马帝国遵守他的边界，倒不是因为奥古斯都的威望，而是帝国的皇帝们和将军们没有了开拓疆土的动力。唯一的例外是占领了不列颠省，但遇到了土著的激烈抵抗。罗马修筑了城墙，防备喀里多尼亚人的反击。今天，喀里多尼亚人的后裔苏格兰人仍在争取独立。

大国之间战争的代价越来越高。第二次世界大战中，美国的攻岛战伤亡惨重。进攻塞班岛的7万美军伤亡1.5万，其中死亡3000多。在硫磺岛，美军伤亡2.5万，其中死亡6800多。在冲绳岛，美军仅死亡数字就高达1.3万。如果不入侵日本本岛，就无法压迫日本无条件投降，而美国坚持日本必须无条件投降。为此，美国向广岛和长崎空投了原子弹。可以设想，如果美国早一些时间拥有原子弹，就不会有诺曼底登陆和艰难的第二战场，它会毫不犹豫地投向德国。反过来，如果希特勒拥有核武器，他也会用来挽救第三帝国的覆没。二次大战中，一些遭受空袭的城市，如英国的伦敦、设菲尔德，德国的柏林、德累斯顿，苏联的莫斯科和彼得堡，平民伤亡惨重程度不亚于广岛和长崎。现在，一些大国使用常规空军和导弹也能给敌国带来难以承受的损失，从而达到政治目的。

拥有“制空权”的国家可以不经过领土或者领海对敌人实施打击。以前边打击边占领的过程因为代价太大而将较少采用。打击是少量人员

---

〔1〕 爱德华·吉本：《罗马帝国衰亡史》上，19—20页，商务印书馆，2002年。

参加的战争，目的是政治性的。从这一点来讲，高科技战争与恐怖行为有相似之处。只不过恐怖组织打击目标时的区别能力较差，或根本不想区别，或根本就以平民为最终打击目标。他们经常不是根据目标的军事价值，而是根据其打击的难易程度进行选择的。而平民是最容易的目标。这是恐怖分子相对于大国来说打击能力弱的结果。由于技术上的落后，恐怖分子只能采取原始的打击手段。无论是人体炸弹还是绑架暗杀（或明杀），恐怖分子都把自己的人身安全置于和打击目标同样（甚至更）危险的境地。自杀爆炸者把自己的身体变成了武器投放工具。

强烈的民族主义情绪使得占领别国领土的代价大大上升。大规模屠杀平民的行为已经过时。得到土地却得不到民心，占领的土地必将得而复失。因此，占领别国领土的回报率大大下降，甚至为负数。由是，大规模入侵别国的诱惑力随之下降了，[1] 更多将成为某一政策的附属选择，如为了控制油田。战争的规模和时间将受到严格控制。否则，其他地缘政治玩家将趁机浑水摸鱼，从中渔利。占领别国土地必定要旷日持久驻军。孙子说：

> 久暴师则国用不足。夫钝兵挫锐、屈力殚货，则诸侯乘其弊而起，虽有智者，不能善其后矣。……夫兵久而国利者，未之有也。[2]

孙子反对长期用兵。其害处之一是耗费物质，造成国家经济凋敝，货物匮乏；之二是其他国家趁机抄其后路。最后的局势将不可收拾。所以，孙子说："兵贵胜，不贵久。"[3]

在高技术条件下的战争，今后将很少有军人面对面厮杀。较发达的国家将依靠打击达到政治目的，而不必实施占领。不过，除非拥有绝对优势并全力以赴，否则仅仅使用军事打击手段很难使对手屈服，却容易把事情弄糟，更难以收拾。如果因为军事打击轻而易举，从而心生贪婪，进一步实施土地占领，那么，胜利者将付出高昂的代价。如果占领

---

〔1〕 除非双方实力悬殊，且潜在的回报巨大，如美国入侵伊拉克。但美国目前是得不偿失。

〔2〕《孙子兵法·作战》。

〔3〕《孙子兵法·作战》。

一个现代社会，即使没有遇到武装反抗，占领者也将在动荡中付出沉重的政治和经济代价。如果占领一个前现代社会，占领者将陷入游击战和恐怖袭击的泥潭而不得抽身。在战争中取得胜利，却没有占领敌国的领土，就会缺少谈判筹码。所以，战争通常不是最好的政策选择。在伊拉克战争之后，今后的战争形式可能更多地限于空战和海战。敌国互相打击战略目标，切断运输线，压迫敌方让步。科索沃是一个成功的案例。

当打击而不是占领成为更好的政策选择后，陆地军事力量的作用被削弱，空中打击力量的重要性更加凸显。据报道，美国航空航天局在2004年3月28日已经成功试飞了六倍音速的无人机X－43A，时速达到了7700公里，可在两小时内到达地球上任何地方。使用这种技术制造的轰炸机不再需要海外基地。当这种轰炸机进入实用阶段后，全球地缘政治格局将进一步改变。美国会很轻易地抛弃它不喜欢的盟友，也可能更倾向于使用武力，因为军事打击变得很方便，没有己方人员伤亡的担心。同时，因为不再需要盟友的军事支持，打击的政治成本降低了。

土地面积仍将是国家实力的重要组成部分。有了更多的土地，就可以有更多的人口，更大的市场，而人口对环境的压力会比较小。如果有良好的教育，就能培养出更多的高质量的人口。有了众多的高质量人口，国家就会繁荣强大。这种情况正是我们在美国看到的。与欧洲相比，美国的人口更年轻，生育率更高，每年还接受许多移民。美国能够大量接受移民，原因之一是它有广阔的土地，还有世界上最好的大学，而且数量很多。在安全问题上，新加坡和以色列都严重依赖美国。这种依赖限制了它们的战略选择。在可预见的未来，美国不会需要依赖新加坡或以色列来保证它的本土安全。这就是大与小的差别。

比土地更重要的是土地所蕴藏的资源，国家对土地的要求是隐性的。各国的资源贫富不均，各国对资源的需求也不同。一般而言，土地的面积越大，所蕴藏的资源就越多。今后，各种稀缺的资源——尤其是能源和水，可能还有粮食——是争夺的主要目标。土地的重要性没有下降，只是其重要性的表现方式改变了。武力不再是获得土地的有效途径，因为不能妥善处理被占领土上人的问题。地缘政治中的许多问题不是技术进步所能解决的。地缘政治（或地缘文化）中的根本问题是与人有关的问题，土地还在其次。

今天，土地（以及海面、海底）争夺最激烈的地方是南极和北极，尤其是靠近两极的国家。在地球上的其余地方，人口都已经饱和，不再有领土扩张的余地。如果强行扩张，必定纳入大量心怀异志的居民，使得占领国（无论它是民主还是专制政体）难以正常运作，最后是占领者和被占领者两败俱伤。在以前的战争中，打击和占领往往是战争的前后两个步骤。战胜者总是要对战败者领土实施一段时期的占领，甚至永久地割取领土。而战败者也顺从地接受这种占领，不会形成大规模的抵抗，如美国至今仍在一定程度上维持着对德国和日本的军事占领，并受到欢迎。然而，除了因领土纠纷直接导致的战争之外，今后的"军事打击"和"占领"将是两个完全不同的概念，不再有因果关系。

内部发展的压力将一个国家引向扩张。地缘政治学从理论上解释扩张，是有关扩张的学科。理论的好坏区别在于它倡导扩张的方式，以及维护扩张的方式。马丁·怀特断定"大国生性要扩张"。[1] 他认为，"大国的扩张是由两个原因造成的：内部压力以及周边国家的衰弱。"[2] 其实，这两个原因是一个事实的两个方面。没有内部压力就没有扩张动力；而外部的压力大于内部，就能够把压力压制在内部。这与物理学的渗透压是同一个道理。任何一个大国都必然会产生强大的内部压力，它在发展过程中需要更多的资源、市场，有时乃至土地。压力无可避免。既然是一个大国，那么相对于外部世界，它必然有强大的力量，否则就不会成为大国了。对于一个新崛起的大国，聚集的能量必须得到释放，不然就会爆炸。问题是：如何通过克制的、有利于大多数人的方式释放压力？

这个问题在 20 世纪没有得到解决。在内部压力和外部衰弱的条件之下，德国和日本都走向了战争。这两个法西斯国家遭到惨败。另两个大国在战争中崛起了，它们是美国和苏联。这两个国家彼此冷战了 40 年。21 世纪应该汲取的教训是，新兴大国最好能够多途径、缓慢地释放其内部压力，给外界一个适应和接受的过程。在另一方面，现有大国应该容忍崛起中的大国，将其纳入到已有的国际秩序中，同时为了新的利益诉求而调整已有的秩序。现在，新一轮的全球大国正在崛起之中。

---

〔1〕《权力政治》，96 页。
〔2〕《权力政治》，99 页。

核战阴影下的权力争夺

核是较新的能源，也是较新的武器、较新的权力。核武器默默地改变了权力之争的方式。

核武器的使用与地理环境没有直接关系。洲际弹道导弹、战略轰炸机、战略核潜艇可以突破地理障碍，把核弹投送到地球的任何地方。在另一方面，核武器的出现也没有改变地缘政治学的基本理论。因为核威慑、核保护的作用在于使用核武器的可能性，不在真正使用核武器。一旦动用了核武器，核威慑就会大大减少，广岛、长崎以来设立的使用核武器的门槛就会降低，世界将陷入巨大灾难。核武器通常被称为保护伞。国家间的竞争在这把保护伞之下展开，核伞为大国间的竞争烈度设定了一个上限。危机不会升级到核战争的程度，甚至威胁动用核武器也不常见。所以，人们一般不会感到这把伞的存在。

在大国之间的较量中，1962 年的古巴导弹危机是一个范例。美国从空中侦查发现了苏联在古巴部署导弹，然后以海上封锁为手段，以战争相威胁，迫使苏联撤回导弹，做到了“不战而屈人之兵”。在这个时候，美国正在欧洲安装对准苏联的中程导弹，苏联的反制措施没有得逞。在核大战的前景之下，常规战争规模受到限制，战争双方比较克制，尤其是较弱的一方。现在，兵力的调动和部署，战争以及战争升级的前景，都可以压迫对方明智地做出让步。各国的军队动员速度加快，快速反应部队在几个小时内就可以投入战斗。一些较小国家面临更多的挑战。它们在发展核武器，以为自己撑起一把保护伞。

准确地说，“核保护伞”应该是“核阴影”。现在每一个国家都被笼罩在核阴影之下。大国间的地缘政治竞争在核阴影下进行。1960 年代担任过美国国防部长的麦克纳马拉回忆说，冷战时期人类只是凭着好运气才躲过了核战争。[1] 冷战结束了，但核战争的威胁并没有减少。更多的人和更多的国家掌握了核武器制造技术。持有者的平均责任心降低，偶然因素在增加，人类的幸运不会永远持续下去。因此，与冷战时期相比，核战争的威胁反而增加了。

核武库的象征意义经常大于实际意义。在很大程度上，核门槛也是大国门槛，至少那些试图发展核武器的国家这样认为。新兴大国发展核武器，企图证明它们的新地位，如印度。印度的对手巴基斯坦不甘示弱，同时成为核大国。相对衰落的大国维持可观的核武库，以保证它们昔日的地位不致滑落太快，英国、法国、俄国都是这样。俄国更喜爱炫耀核武器。核武器被各个国家当作奢侈品，如同虚荣的人一样，竞逐奢华，却不计后果。

在核时代的初期，美国一直执行"大规模报复"计划。按照该计划，美国将对苏联发起的常规与核战争实施大规模核报复，核能力达到"相互确保摧毁"(MAD)。这是一种恐怖均势。在 1950 年代中期，基辛格认为，在苏联核武库已经足够大的时候，互相摧毁的计划僵硬而且危险，不仅不能阻止苏联的全球扩张，还没有给外交留下余地。在 1955 年 4 月的《外交》杂志上，基辛格提出打"小型战争"，以此取代大规模的核报复。次年，基辛格整理出版了《核武器和外交政策》[2]。这本厚重的专业书籍居然在美国畅销书榜上停留了 14 个星期，使当年 32 岁的基辛格一举成名。书中明确提出了"有限核战争"的理论。该理论把核武器从战略武器变成了战术武器，增加了使用核武器的几率，却减少了核武器产生的毁灭。小型核武器的爆炸当量可以在 100 吨 TNT 以下。在小型战争中使用核武器的想法是保罗・尼采提出的。基辛格起初持反对意见，因为他不知道应该如何控制核武器的使用范围，最终却转而支持尼采的渐进式威慑。不过，有限核战争的理论至今仍不完善。许多年以后，基辛格还在为如何限制核战争的规模而犯愁。[3]

---

〔1〕 麦克纳马拉在电视纪录片 Fog of War 中说的话。

〔2〕 这是对外关系委员会"核武器与外交政策"研究小组的成果。小组讨论由基辛格主持，最后由基辛格整理、署名出版。小组成员包括保罗・尼采、大卫・洛克菲勒、罗伯特・鲍伊等人。与当时的基辛格相比，这些人的年纪大、地位高。

〔3〕 沃尔特・艾萨克森：《基辛格：大国博弈的背后》，63 页，国际文化出版公司，2008 年。

“有限核战争”扩大了核威慑的范围，把小规模战争也包括在里面，增加了一国政策选择的余地。小规模核战争同样会遭到对方的核报复，有可能使冲突升级为全面核战争。美国早已部署了小型核武器，但基辛格和其他人还没有找到控制战争规模的办法。不过，如果有核国家的政策不是冷战时期的“相互确保摧毁”，并在冲突中保持足够冷静，即使它们互相扔几颗小型核弹，战争也不会和以往的常规战争有本质区别。在不导致冲突升级的前提下，小型核战争的后果主要是环境的和道义的，不会造成太大的危害。也正因如此，它不是必要的，可以有替代品。冷战期间的两极对抗没有太多妨碍地缘政治的运作。[1] 现在在外交和军事领域内也可以不重视核武器的存在。这是一个危险的尝试，却和“有限核战争”理论一样，为地缘政治运作留下了几乎与核时代之前同样大的空间。

核武器对人类的最大威胁不仅在战争中，还有意外发射和意外爆炸。意外随时都有可能发生。在 2009 年初发生了两起碰撞事件，无论碰撞物体还是碰撞地点都很有警示意味。其一是美国与俄国卫星在太空中碰撞，两国是长期怀有敌意的竞争对手；其二是英国和法国的核潜艇在洋底碰撞。英法两国是近两百年的亲密盟国，它们的核潜艇与核武器主要不是用来对付对方的。这两次事件再一次证明，小概率的偶然事件确实会发生，而且与国家间关系的好坏无关。两次事件发出了警告：下一次“碰撞”也许将是灾难性的。

大规模核爆炸的尘埃会散落在全世界。不过，核爆炸的灾难将相对集中在一个地区。东亚是全球核安全环境最差的地区。中国几乎被核国家或核门槛所包围：北有俄国；西有巴基斯坦；南有印度；东有日本、朝鲜，以及无处不在的美国。其中大部分国家的局势都很不稳定。即使各国政府不使用核武器，也很可能因为政局混乱而导致核扩散，使核武器落入恐怖分子手中。中国都有可能成为受害者。所以，中国在防止全球核扩散中有巨大的利益。

---

〔1〕 除了基辛格、布热津斯基等人的具体运作之外，英美学者有对冷战时期地缘政治的研究成果。如科林·S·格雷（1943 年出生）的两本书 *The Geopolitics of the Nuclear Era: Heartland, Rimlands, and the Technological Revolution*（1977），*The Geopolitics of Super Power*（1988）。格雷把美苏冷战解读为海权国家与陆权国家的竞争。

与冷战时期相比，现在的媒体对核武器的谈论少了许多。虽然国家间少了对抗，但核军备竞争没有停止，核战争危险没有消退。2006 年，美国两位学者的结论在诱发新的竞争。他们咨询了许多国际关系学家和美国军官，建立了一个模型。通过计算，他们发现，美国已经对俄国和中国获得了完全的核优势，能够彻底摧毁这两个国家的核武库，两国将失去核报复能力。如果俄、中两国的决策者也和这两位作者一样，确认美国已经取得了绝对的核优势，他们一定会努力恢复某种平衡。这种努力将威胁到美国。有评论说：

（美国鹰派）认定，俄国和中国必将拼命减少他们的弱势，建造更多的导弹、潜艇、轰炸机；在每一件武器上装上更多的弹头；更加提高他们的核力量在和平时期的警戒级别；并采取一触即发的报复政策。（美国）鹰派的论点是，如果俄国和中国采取这些步骤，偶发的、未经授权的、甚至故意核战争的危险——尤其是在危急时刻——可能攀升到数十年来未见的水平。[1]

这是必然的结果，唯一可能的结果。没有一个国家愿意受到核威胁，无论是俄国、中国，还是朝鲜、伊朗，或者美国的朋友印度、盟国法国。美国（或任何国家）的绝对核优势不仅不会带来和平，还必将把整个世界拖入更大的危险之中。美国已经在倡导消除核武器。但是，即使美国等大国建立了全球无核机制，自己完全放弃并销毁核武器，也一定有一些国家偷偷保留核武器。恐怖组织获得和使用核武器的危险也不会减少。另外，核均势也不会减少国家间的斗争。核时代有一个奇特的现象：俄国（苏联）是唯一能够完全毁灭美国的国家，但美国仍然在步步紧逼，围堵俄国。在冷战中是这样，冷战之后也没有改变。美国的核武器和常规武器占有明显优势，这是围堵政策的前提。俄国当然不会主动退让。它不停地发出威胁，也在不停地后退，像一头被推土机逼到角落里的北极熊，无力反击。俄国没有使用核武器，因为没有理由，也不

---

〔1〕 *The Rise of U.S. Nuclear Primacy*, Keir A. Lieber and Daryl G. Press, *Foreign Affairs*, May/April, 2006.

会带来任何好处。美国的全球霸权是在另一个国家可以毁灭它的威胁之下取得的。这在世界争霸赛中是第一次。

核武器是魔鬼，一旦被放出瓶子就不可能再把它关回去。2009 年，美国总统奥巴马提出了全面取消核武器的设想，并开始了行动。消除核武器是人类的福音，但计划很难实施。现在，许多国家虽然不拥有核武器，却早已拥有制造能力。它们被称为核门槛国家。比如，日本有可以制造出 5000 件核武器的原料储备。作为核电站大国，日本的技术储备更不在话下。核武器技术已经非常成熟，制造核武器的时间、地点都很容易安排。各国不可能对其他有核国家实施全面、有效的核查，因此它们不会放弃自己的核武器。况且还有许多跃跃欲试的国家。朝鲜和伊朗是其中最积极的，朝鲜已经进行过核试验。更有谋求核武器的恐怖组织。恐怖组织与国家不同，它们寻求核武器的目的是使用，不是威慑。此外，与美国相比，各国的常规武器处于劣势，不能吓阻或抵抗美国的潜在入侵。因此，美国的敌对国家需要核武器，以备不测。可以预料，如果世界没有了核武器，美国以及其他大国必将更加频繁地使用常规武器。所以，美国提倡消除核武器对一些国家没有可信度。人类将继续掌握并发展使用强大的毁灭力量（不仅是核武器），直到彻底毁灭的那一天到来。

第三章
中国国家的形成

地缘政治始于国内

这个小标题主要是对中国而言，对许多其他国家也有效。美国有所不同。美国人在谈论地缘政治的时候，其重点甚至可以不放在美洲，而直奔欧亚大陆。这是他们的地理优势所在。中国人不得不把重点放在本地区，甚至还要从国内的地理和历史谈起。因为中国周边的地缘政治环境复杂，国境之内地区与邻国有千丝万缕的联系，而国外有些地方还不很太平。

在日常用语中，"地缘政治"中的"政治"一般指国际政治。实际上它也应该包括国内政治，因为国内和国际政治往往互相交织，不可能完全分开。即使一个很小的国家也不能把地缘政治的起点放在国界之外。比如新加坡，它的民族结构是它与马来西亚、中国、印度三国双边关系中的主要因素；它的安全政策倒向美国——本地区的一个外来者，在利用外力制约本地区国家的同时，它还要在西方出面充当本地区的代言人（新加坡前总理李光耀喜欢扮演的角色），以壮自家门面。新加坡是一个小国家，它的事情比较简单，唯一重要的是它位于马来半岛南端、马六甲海峡北侧的地理位置。对于多民族的、人口众多、领土辽阔的国家，国内外政治交织的情形则复杂得多。比如，印度国内的穆斯林问题经常涉及巴基斯坦，而印巴关系又影响着印度国内的宗教矛盾，印巴边境冲突与印度国内宗教冲突有着同一个根源，彼此互动。另外，巴基斯坦与阿富汗的边境地区在地理上自成一体，阿富汗境内的恐怖分子打击印度目标，实际上是为了削弱巴基斯坦政府，以减少它对美国的支持，从而减轻他们在阿富汗国内的压力。这样的因果链条似乎有点长，在国际政治中却很常见。所以，决策者们在任何时候都不能把眼光局限在某一点。

国界线是人为的产物，而且处在不断的变化之中。国界不可能切断自然地理的延续，也难以改变边界两侧的同种民族和他们的宗教、文化。所以，边界不应该是研究和处理国际与国内政治问题的界限。中国有漫长的边境线，邻国众多且分属不同的文明，采用不同的政治制度，有不同的军事盟国。因此，绝不能采用简单的方法对待。这是中国地缘政治的困难所在，也是优势所在。越是复杂混乱的局势，就越需要整合。中国可以担负起区域整合责任。但首先要把国内的问题解决好，建立势力范围要稳扎稳打，不要一时贪多求远。

中国和俄国是世界上陆地邻国数量最多的国家，都是 14 个。但中国的陆地边界线比俄国的短。中国的陆地邻国大都是穷国，包括世界上最穷的国家和战乱最多的国家。除了俄国之外，这些国家的人均收入都低于中国的水平，他们的人民比中国人更穷。不过，俄国经济对能源出口的依赖很大，它的远东地区更是缺乏活力。海上邻国日本有很大的经济实力，却有两个不利因素。其一，它不是一个大陆国家；其二，它在政治上不独立。中国的劣势是人均收入仍然很低，边疆地区更贫困一些，只是因为人口众多，使得中国的经济总量比较大。虽然中国在技术水平和海外投资等方面的能力都比较弱，但中国在东亚有很大的地缘优势，不可替代，非其他国家可比。中国可以向邻国提供廉价商品、边境贸易、区域合作、出口市场，在需要时，还可以提供经济、金融以及军事方面的安全保障。中国能够向邻国提供一揽子合作计划，这些内容超出了一般的贸易关系。没有中国的合作，东亚不可能获得良好的区域环境。

既然地缘政治始于国内，那么，简要回顾一下中国的早期历史，澄清为弘扬道德而制造的神话，了解国家由来的脉络，对于大战略的研究者和制定者或许不无小补。

有关大禹的神话

中国历史上第一个统一的王朝是夏朝。大禹统一了中国，传王位于启，树立了父子直系相传、以天下为家的先例。[1] 夏朝的真正开创者是禹，启只是坐享其成。因此，探讨中国国家的形成，有必要从禹开始。在20世纪上半叶疑古派和信古派之争中，禹是聚讼的焦点。现在看来，禹之存在还是大致可信的。大禹之前的事情，比如尧、舜的崇高道德，有关史料更加匮乏，后世添加的理想色彩更浓，很难据以为凭。以大禹为起点讨论中国历史是比较恰当的。

a. 真实的大禹

据历史记载，治水成功之后，大禹的地位得以稳固，儿子启继承了他的帝位，建立了夏。由此看来，中国的第一个王朝确实始于治水。但是，大禹治水的故事有很大的可疑之处。第一是时间跨度。据《史记·夏本纪》记载，帝尧的时候，“鸿水滔天，浩浩怀山襄陵，下民其忧”。大禹的父亲鲧治水“九年而水不息，功用不成”。为此，舜杀死了鲧，接着任命禹负责治水的工作。禹“居外十三年”，最后获得成功。鲧、禹父子治水的时间相加一共是22年。没有任何证据能够证明中国曾连续发生过这么长时间的洪水，按照今天的常识也不太可能。那个时期中原一带没有冰川，不会有冰川消退而产生的大洪水。第二是地理范围。

[1] 禹“以天下授益。三年之丧毕，益让帝禹之子启”。（《史记·夏本纪》）益只是一个过渡人物。“益干启位，启杀之”。（《竹书纪年》，《晋书·束皙传》引）因“有扈氏不服”，启的即位还引发战争，战于甘之野。有评论说：“有扈氏为义而亡，知义而不知宜也。”（《淮南子·齐俗》）过渡的手段今日也不少见。李光耀离职前任命吴作栋继任新加坡总理，是为他儿子李显龙即位安排的过渡。弗拉基米尔·普京在他的两届总统任期满后，选择德米特里·梅德韦杰夫担任俄国总统，而自任总理。一般认为这是普京为他在下一届总统选举中卷土重来而安排的过渡。

现代考古发现，夏朝的核心部分只限于现在河南省西北的偃师一带。但据《史记·夏本纪》记载，在治水过程中，大禹曾经“道九山”、“道九川”，其中有些山川的地望已不可考，或有争议，不过，其中的弱、河、江、淮、渭、洛之水是可以确定的，这些名字一直沿用到今天。范围跨度从甘肃、内蒙古的西部到河北东部，向南则到了淮河和长江。大禹的足迹踏遍了数条大河流域，超过了一场大洪水可能波及的范围，也超过了夏人的日常活动范围。大禹没有理由不请自来，跑到其他部落联盟的土地上帮助治水。如果真发生了这么大面积、这么长时间的洪水，恐怕今天的人们也要望洋兴叹，束手无策，更不用说 4000 多年前的古人了。[1]

在大禹时期，中原一带已有少量的小型铜器，主要是红铜器，还没有大量使用更坚硬的青铜。那时的中原还基本上处在新石器时代向铜器时代的过渡阶段。在浩大的治水工程中，劳动力可用的工具只有石块和木棍，实在是太简陋了。而且那时粮食产量低，还要打仗，不像今天这样有很多剩余劳动力。人们对付洪水的最简单办法是迁徙到高处。那时的人口已经开始增加，但人烟还是比较稀少，人们有足够的土地可以自由迁徙，没有必要与洪水直接搏斗。考古发现，石器时代的村落大都就是建在河边台地上，台地的高度足以避开一般洪水。[2] 另外，那时的人们没有什么家产。古人可以易地再建简陋的泥屋，非常方便，至少比治水容易得多。只有在固定资产无法抛弃，或人口众多、无处迁移的时候，治水才有必要。否则，人们完全可以一走了之，等到洪水退去后再回来。即使到了 1970 年代，在黄河、淮河泛滥的时候，农村居民仍选择逃荒要饭，成群地离开家乡——他们对洪水束手无策。（早期）金字塔时期的埃及比大禹时期的中国更先进，古埃及人每年从汛期的尼罗河

---

〔1〕 关于大洪水的具体后果，可参看近年来有关环境变化的灾难片。至于 1998 年的大洪水，原因是人类长期破坏环境的后果，而且有太多的“鲧”们在堵塞水道，洪水本身并不特别大。

〔2〕 宋人程颐说：“古之时，居民少，人各就高而居，中国虽有水，亦未为害也。及尧之时，人渐多，渐就平广而居，水泛滥，乃始为害。”（《河南程氏遗书卷第六》）前一句极是，后一句似不确。在商朝时，王都还可以任意搬迁，至盘庚时才定在今天的河南安阳，可见直到盘庚时（公元前 1300 年前后），大规模迁移仍是常态，人口的增加还没有对土地形成很大的压力。后世人口更稠密时，洪水之害似乎仍不及传说中的禹之时那样大，可见大水的故事有很大夸张。

洪水中得到肥沃的土地，他们并不治水。由此可见，大禹治水的故事即使实有其事[1]，也一定在长期的口头传说过程中增添了许多附会和杜撰的内容。真正的治水工程不会很大，范围也很有限。至于为治水而动员了很多劳动力，为国家的出现奠定了基础，这一说法也就相应地很可疑了。国家与治水的因果关系被颠倒了，是国家出现之后产生的强大组织能力为治水提供了可能，而不是相反。[2]

如果把“治水”换成“征战”，大禹的行程就容易理解了，也可能更符合那个时代的实际情况。大禹的功绩不在治水。他征服了中原及周围的部落和部落联盟，为儿子启建立夏朝打下了基础。这样大规模、大范围的征战，当然不是在一代人的时间内能够做到的，可能从黄帝、尧、舜的时候就已经开始了。禹是统一的最后完成者，就像后来的秦王嬴政一样。根据《史记·五帝本纪》，黄帝是尧的曾高祖（其世系为：黄帝→玄嚣→蟜极→帝喾高辛→帝尧放勋）。在尧掌权之前，王权在黄帝另一个儿子昌意家族中（黄帝→昌意→帝颛顼高阳）。舜和禹也都是黄帝的后代。所以，司马迁总结说：“自黄帝至舜、禹，皆同姓而异其国号，以章明德。”[3] 在夏正式建立之前，选择“接班人”的范围可能较广，黄帝后裔家族的小子都在“梯队”之中，都有接班的可能。后来这个传统被美化为一种由上而下选择继承人的制度。到了大禹的时候，选择范围继续缩小，最高权力只传给当权者的儿子。不过，即使在大家族之内，也有激烈的争权。

权力斗争不仅在家族之内，在部落联盟之间也同样激烈。在《尚书·大禹谟》中，帝舜夸耀大禹“不伐”之德。“帝曰……汝惟不伐，天下莫与汝争功。予懋乃德，嘉乃丕绩。天下之历数在汝躬。”但是，

---

〔1〕“治水”可能是大禹所做善事的总称。在国家形成之前的农业社会中，一个人为了当选为共同体的领导人，需要花费很大的精力和财力来争取民心，而他们自己却需要节俭和勤奋。参见马文·哈里斯：《文化的起源》，63—71页，华夏出版社，1988年。

〔2〕一些古老文化中，传说（说唱）就是历史。从特洛伊战争到《荷马史诗》的形成，中间经历了数百年的时间，这段历史的主人早已消失，他们的后裔也被印欧人取代。《史诗》还夹杂了印欧人入侵时带来的传说和神话，已经不是原来迈锡尼人的故事了。但是，100多年前，施里曼（Heinrich Schliemann，1822—1890）根据《荷马史诗》找到了特洛伊的遗址（但挖错了层）。无论显得多么离奇，传说总是有历史的痕迹。有许多民族就是沿着横断山脉的河谷从青海、甘肃一带经四川向南迁移的，如羌族、纳西族，等等。他们的迁移，或许与中原王朝崛起带来的压力有关，并可帮助解答四川三星堆文化的来源。

〔3〕《史记·五帝本纪》。

实际情况并不是这样。禹有过征讨，而且就是舜派去的。这场战争被记录在同一篇文献中。当时，有苗不听指挥，舜命令禹前去征讨。

禹乃会群后，誓于师曰："济济有众，咸听朕命。蠢兹有苗，昏迷不恭，侮慢自贤，反道败德。君子在野，小人在位。民弃不保，天降之咎。肆予以尔众士，奉词伐罪。尔尚一乃心力，其克有勋。"[1]

苗与中原的权力之争持续了数千年，与道德无关。儒家制定了一个模式，君主"失国"总是因为"失德"，而新统治者被赋予道德优势，似乎政权的变化与力量对比无关。一个政权被推翻，固然有道德上的原因。但道德的作用总是间接的、缓慢的，更直接的原因是力量对比。新政权在道德上未必更优越，而且经常迅速腐败。舜派大禹征伐有苗，时间在他指定大禹为"接班人"之后。出师之前，大禹已经在"正月朔旦，受命于神宗，率百官若帝之初"。[2] 即，在尧（神宗）庙内，大禹总率百官，就如同当年帝（舜）受命时一样。可见，在大禹出发征讨有苗之前，已经举行了权力移交仪式，与当年舜从尧那里接受权力时一样的仪式。从征讨有苗这件事来看，禹是一个军事首领，他在一次次战争中获得越来越大的权力。

大禹征战到过会稽（今浙江绍兴），并死在那里。在位"十年，帝禹东巡狩，至于会稽而崩"。[3] 太湖流域有高度发达的良渚文化，在距今大约4200—4000年之间消失，时间正是大禹时期。良渚文化可能亡于大禹（或其前任）发动的战争，因被夏兼并而传入中原。在中国的新石器时代文化遗存中，已经发现了近百座古城。良渚或许也有古城。[4] 城墙是防御设施，广泛存在的城墙标志着频繁的战争。战争向中原地区

---

〔1〕《尚书·大禹谟》。有苗又称"三苗"，在今湖南一带。

〔2〕《尚书·大禹谟》。

〔3〕《史记·夏本纪》。

〔4〕关于近来学者、媒体大肆炒作的"良渚古城"，本书作者接受罗以民、林华东的观点：所谓"良渚古城"很可能只是宋朝以后修筑的水坝，其中一部分还晚至清朝。见《观察与思考》杂志2008年第一期《证伪"良渚古城"》（罗以民）、2007年三四期合刊《良渚发现的并非古城》（林华东）。他们不否认良渚可能有城墙，但认为城墙可能埋在今天地表2米以下。

传播了良渚文化，夏文明明显地继承了良渚文化的一些特征。[1] 战争把中原文化和长江下游文化结合在一起，成为中华文明的诸多源头中的最主要源头。

大禹娶涂山氏之女，生子启。启是夏朝的建立者，也是中原文化与淮夷文化的继承人。涂山在安徽蚌埠与怀远之间的淮河南岸。2006 年，在蚌埠涂山脚下的禹会村出土了“禹墟”[2]，总面积大约有 50 万平方米（750 亩），其中有一个 2000 多平方米的建筑基址，时间距今约 4000 年，出土文物属龙山文化。在禹墟还出土了举行过大型祭祀活动的夯台遗迹，约 1500 平方米。[3] 遗址符合“禹合诸侯于涂山，执玉帛者万国”[4] 的记载。虽然无法证实夯台与大禹有关，但在时间与地点上，传说都与考古发现相吻合，可以强化大禹时期（未必是大禹）的历史为真。禹墟是一个中间点，把中原连向会稽。另据传说，大禹治水成功之后，曾召集群神到会稽开会。防风氏迟到了，禹把他杀掉。这个故事，儒家也是承认的。据史料记载：

> 吴伐越，堕会稽，得骨节专车。吴使使问仲尼：“骨何者最大？”仲尼曰：“禹致群神于会稽山，防风氏后至，禹杀而戮之，其节专车，此为大矣。”吴客曰：“谁为神？”仲尼曰：“山川之神足以纲纪天下，其守为神，社稷为公侯，皆属于王者。”客曰：“防风何守？”仲尼曰：“汪罔氏之君，守封、禺之山，为厘姓。在虞、夏、商为汪罔，于周为长翟，今谓之大人。”[5]

也许吴人发现的是某种大型动物的化石，但孔子把它与大禹的活动联系在一起。大禹因防风氏迟到而杀戮，他显然是一个严厉的（若不是

---

〔1〕 陈剩勇、吕琪昌等人从考古发现出发，认为良渚文化是夏文明（多被称为“夏文化”，似不确）的源头，从太湖流域经安徽向北传入中原。见陈剩勇：《中国第一王朝的崛起》，湖南出版社，2003 年；吕琪昌：《青铜爵、斝的秘密》，浙江大学出版社，2007 年。

〔2〕 “禹墟”之名非今人杜撰。《汉书·地理志》注引应劭：“禹所娶涂山侯国也，有禹虚。”“虚”即“墟”。

〔3〕 新华社 2007 年 6 月 23 日新闻。

〔4〕 《左传·哀公七年》。

〔5〕 《史记·孔子世家》。

残酷的）统治者，与儒家的理想有很大的差距。

翦伯赞认为，尧、舜是“军事首长”和“主祭”〔1〕。军事和祭祀是部落联盟首领的主要职责。这两项职责也符合中国古代青铜器的两大用途：武器和祭器（所以大禹只能用木棍和石块治水——如果他真的治过水——并且拥有一些青铜）。禹的职责也当以军事和祭祀为重。也许禹在早期有过小范围的治水活动，赢得了一些声誉。他凭借武力从舜那里夺取了政权。首领的位置从选举、禅让到家庭内部传承一定经历了一个暴力阶段，不是凭借想象中的高尚道德可以做到的。

获得天下之后，“禹乃行相地宜所有以贡，及山川之便利”。〔2〕把天下划分为九州，九州向天子进贡，这不是治水者能取得的成就，而是一个战争胜利者的权力。然后，大禹“令天子之国以外”的“五服”也要进贡。所有这些都是战争胜利者才拥有的权力。道德从来没有过这么大的力量，所以孔子才感慨“吾未见好德如好色者也”。〔3〕大禹的经历显示，在上古时期，军事力量已经从黄河流域扩张到长江流域。从今天的甘肃到浙江之间的广大土地都在一个王朝的统治之下，尽管这个王朝还是松散的、邦联性质的。后世把大禹征战的地理范围变为治水的地理范围，混淆了战争与治水。在“治水”之后，禹变得骄纵起来。舜警告他说：

> 无若丹朱傲，惟慢游是好，傲虐是作，罔昼夜頟頟，罔水行舟，朋淫于家，用殄厥世。予创若时！〔4〕

如果舜的话没有夸张，禹简直就是一个恶棍。这时禹的地位已经稳固，有了“朋淫于家”的坚定党人——他的政治基础。舜对他指定的“接班人”已经无可奈何。尧的儿子丹朱，舜的儿子商均，都曾被父亲指定为接班人。他们分别被更有能力、更有人脉的舜、禹夺走了权力。

---

〔1〕翦伯赞主编《中国史纲要》上，11页，人民出版社，1983年。

〔2〕《史记·夏本纪》。

〔3〕《论语·子罕》。

〔4〕《尚书·益稷》。“丹朱”，尧的儿子，有恶名，曾是舜的有力竞争者。丹朱的势力是禹传位于启的前奏。“頟頟”（é），不休息。“殄”，绝也。“创”，惩罚。

从尧（或更早）以来，把权力传给儿子的努力就开始了。如果不是这样，禹传启就没有社会基础。禹是顺应潮流者，也是第一个成功者。他的成功持续了400多年，直到商汤推翻了夏朝。

禹不能忍受舜的谴责，也不能忍受舜侵犯他的威严。他把舜远远地放逐到了南方。为了替禹开脱恶行，一些“为尊者讳”的人故意模糊了以上对话的双方，似乎舜不是在批评禹，而是在复述尧的话。但在秦汉之前，舜的谈话对象还是明确的。舜在指责谁，以下内容可为旁证。

尧有不慈之名，舜有不孝之行，禹有淫湎之意，汤武有放杀之事，五伯有举乱之谋。世皆誉之，人皆讳之。惑也。[1]

综上所述，大禹不是一位水利总工程师。他是一名功勋卓著的军事领导人，也是一位有野心的政客。在获得最高权力之后，他变得很放纵。独揽大权，传之于子，禹是中国历史第一人。

b. 古人评远古神话

儒家是崇古的，美化上古寄托他们“仁”的理想，是儒家的一个理论基础。尧、舜、禹是他们理想的典范。至少从孔子修改鲁国的《春秋》开始，儒家就有了篡改历史的前科，有“微言大义”、“春秋笔法”的传统。孟子不相信不符合儒家道德理想的历史。他说：“尽信《书》，则不如无《书》。吾于《武成》，取二三策而已矣。仁人无敌于天下，以至仁伐至不仁，而何其血之流杵也?”[2] 后世儒者在修史的时候常常丑化不符合他们价值标准的人，比如王莽。考虑到这些事实，他们美化大禹的可能性还是很大的。儒家修改历史的另一证据是，在秦始皇焚书或秦末战乱之后，《史记》部分内容所依据的《尚书》已经失传。在汉初的时候出现了伏生的今文《尚书》，后人考证其中多有儒者的篡改。例如，陈梦家把今文《尚书》的第一篇《尧典》与秦时的制度相对照，发

---

〔1〕《吕氏春秋·忠廉》。

〔2〕《孟子·尽心下》。《书》指《尚书》。《武成》是《尚书》中的一篇，关于周武王伐商纣王的历史。篇名是武功之成的意思。文中有牧野之战“血流漂杵”之语，所以孟子不信。

现有许多相似的地方，而这些制度始于秦之时，于是"推论伏生《尧典》为秦代齐、鲁儒者所更定，立于官学。此说若不误，则伏生所传今文廿九篇皆当如此"。[1] 伏生是济南人，司马迁把他列为儒家。至于古文《尚书》，其所出年代更晚，清人阎若璩已有定论，现已确定是东晋时的伪造。至于造伪者是谁，学界尚存争议。

在大禹之后1000多年，社会已经有了很大的进步，人们还是不理解他采用了什么样的治水技术。诗人屈原（前340—前278）在《天问》中提问："洪泉极深，何以寘之？地方九则，何以坟之？应龙何画？河海何历？鲧何所营？禹何所成？"[2] 其实，屈原的困惑并不是出自诗人的敏感。绝大多数人都不能理解。今天的人们仍不能解答屈原的问题。

大儒荀子（前313—前238）也很不相信远古禅让这一类道德神话。荀子是一个儒者，却不是一个理想主义者。他反对有关周公的传统观点。当有客人提出孔子的话："周公其盛乎！身贵而愈恭，家富而愈俭，胜敌而愈戒。"荀子当即反驳说：这既不是周公的品行，也不是孔子说过的话。荀子不认可客人所推崇的周公之恭、俭、戒三大美德。他评论道：

> 武王崩，成王幼，周公屏成王而及武王。履天下之籍，负扆而立，诸侯趋走堂下。当是时也，夫又谁为恭矣哉！兼制天下，立七十一国，姬姓独居五十三人焉。周之子孙，苟不狂惑者，莫不为天下之显诸侯，孰谓周公俭哉？……[3]

周公在堂上背着屏风站立，诸侯在堂下快步走（以示恭敬），他如何是"恭"？周王朝虽然不是独夫之天下，却为姬姓所把持，脑子稍微正常一点的子孙都被封为诸侯，周公如何能够称为"俭"？《左传》记

---

〔1〕陈梦家：《尚书通论》，144页，中华书局，1985年。

〔2〕"寘"同填，传禹以息壤填洪水，土不耗减。"则"，表则也；"坟"，使之高起。传禹分九州九山，增高九山以为九州表则。"应龙"，有翼曰应龙，又虬龙千年谓之应龙。传禹治水，应龙以尾画地，导决水之所出。治水成功后，禹放归应龙于东海。此条注解参照清人蒋骥的《山带阁注楚辞》，75—76页，上海古籍出版社，1984年。息壤、应龙这些神话当是人们无法用常识解释大禹功绩时，在困惑中或敬仰中创造出来的。

〔3〕《荀子·儒效》。扆，户牖之间（的屏风）。

载："昔武王克商，光有天下，其兄弟之国十有五人，姬姓之国四十人，皆举亲也。"[1]"周之有懿德也，犹曰'莫如兄弟'，故封建之。"[2]可以与荀子的话相对照。荀子又陈述说，武王出兵伐纣时，殷人临阵倒戈，彼此相向，所以周人声称自己没有在战争中杀人，"盖杀人者非周人，因殷人也"。[3]把斩首行为算在了殷人头上。这种做法，和改变禹之战功为治水之功的方法如出一辙。至于周公的第三大美德"戒"，荀子说：

> 四海之内，莫不变心易虑以化顺之。故外阖不闭，跨天下而无蕲。当是时也，夫又谁为戒矣哉！[4]

周武王一统天下之后，周公不再需要用"戒"，似乎天下太平。其实周公和他反叛的兄弟管叔、蔡叔打仗，把他们杀了。后世的专制统治者经常把本朝臣民当作最大的敌人，严加防范。这种事情，周朝已经有了端倪。荀子不太接受周公的神话，但还没有否定儒家构建的、以历史为依托的整个道德说教体系。这个道德体系远在孔子之前已经形成，孔子是其集大成者和"礼崩乐坏"时代的传播者。体系的始作俑者恐怕是周公。周公是早期的儒者，更是一位政治活动的实践者。所以他与后世的大多数儒者不同，他对现实世界怀有理想，但绝不是一位理想主义者。到了战国后期，在权力政治的驱使下，一些儒者又一次转向现实政治。这些人是法家的先驱。

儒法两家政治哲学的根本区别在对待现实的态度上。韩非子（前280—前233）是现实主义政治理论家和实践者。他是荀子的学生，在思想上却属于法家。由此可见，儒家一旦面对现实，成为现实主义者，就很可能转变为法家，荀子已经有了明显的过渡迹象。关于大禹的传说，

---

〔1〕《左传·昭公二十八年》。两者相加为55人，与荀子的53人出入不大。

〔2〕《左传·僖公二十四年》。

〔3〕《荀子·儒效》。荀子回答了孟子"尽信书则不如无书"的道德困惑，把牧野之战杀人的责任推给了殷人，把高尚道德留给了周人。

〔4〕《荀子·儒效》。阖，门扇也。蕲，求也；或与圻同，圻，垠也。见《荀子集解》上，137页，中华书局，1988年。

韩非子看得很清楚，他说：

古之所谓圣君明王者，非长幼弱也，及以秩序也，以其构党羽、聚巷族，逼上弑君而求其利也。彼曰：知其然也？因曰：舜逼尧，禹逼舜，汤放桀，武王伐纣，此四王者，人臣弑其君者也，而天下誉之。察四王之情，贪得人之意也；度其行，暴乱之兵也。然四王自广措也，而天下称大焉。自显名也，而天下称明焉。则威足以临天下，利足以盖世，天下从之。[1]

韩非子把舜、禹、商汤、周武称为“人臣弑其君者”。这个角度完全是权力政治的，完全撕破了儒家为他们蒙上的道德遮羞布，特别是舜、禹接受禅让的神话。法家不是唯一看清这段历史的。依据《竹书纪年》等较少“美化”的古籍，唐朝史学家刘知几[2]也质疑过尧、舜、禹禅让的故事。他认为，舜死于偏远的苍梧[3]之野，原因是大禹把他放逐到了那里。晚年的舜实在没有理由长途跋涉到那么偏远的地方。娥皇、女英二位妃子没有跟随年迈的舜，后来却投水而死，显然有人把他们强行分开了。后代政权更替时的放逐也没有禹的凶狠，刘知几感慨道：

历观自古人君废逐，若夏桀放于南巢，赵嘉迁于房陵，周王流彘，楚帝徙郴，语其艰棘，未有如斯之甚者也。[4]

刘知几的判断应当很接近事实。

---

〔1〕《韩非子·说疑》。

〔2〕刘知几（661—721），唐高宗时进士，武则天时担任史官，与同人一起撰写了《唐书》、《武后实录》、《睿宗实录》等多部历史著作。因不满官方对修史的干涉，刘知几于708年辞去官职，退而私撰《史通》。

〔3〕西汉设有苍梧郡，治所在今广西梧州。梧州今辖有苍梧县。夏初的势力没有到达这么远。刘知几认为，大禹时的苍梧在今湖南汨罗一带。那里正是禹攻打有苗的地方。对于禹时的中原，汨罗已经非常偏远了，且多瘴疠。

〔4〕《史通·疑古》。南巢，今安徽巢湖西南。房陵，今湖北西北山区的房县，秦始皇灭赵后，迁赵王于此，又迁嫪毐党、吕不韦党共万余家于此。彘，在今山西霍州东北，周王即周幽王。郴，今湖南郴州。

c. 后世的禅让

禅让并不止于禹把王位传给儿子启。后世仍有一些禅让的故事，却没有得到美化。曹操是汉末的权臣，“挟天子以令诸侯”，有皇帝之实而无皇帝之名。220 年，曹操去世。同一年，曹丕接受汉献帝的“禅让”。汉献帝在“禅让”诏书中引用尧、舜的往事：“昔者帝尧禅位于虞舜，舜亦以命禹，天命不于常，惟归有德。”[1] 把曹丕作为道德的楷模。而曹丕则表示“五内惊震”[2]。汉献帝一再禅让，曹丕一再辞让（让禅），而群臣则“冒死以请”、“敢死以请”，请曹丕受禅。一时热闹非凡。曹丕的让禅令，包括给劝进群臣的，《魏文帝集》收录了 17 篇，多次引用尧、舜禅让被拒的故事。如果不是曹丕很快当上了皇帝，这些文字确实大义凛然，让人钦佩不已。在拒绝禅让的同时，曹丕为即位做了很多准备，然后举行了隆重的仪式。在大功告成，登上权力顶峰之后，曹丕（魏文帝）有些得意。

帝升坛礼毕，顾谓群臣曰：“舜、禹之事，吾知之矣。”[3]

因为他的亲身经历，曹丕站在告天的坛上，突然看破了一个长期流传的政治神话和政治谎言。他自己就在重复着这个神话和谎言。柳宗元为曹丕受禅辩护说：

丕之父攘祸以立强，积三十余年。天下之主，曹氏而已，无汉之思也。丕嗣而禅，天下得之以为晚，何以异夫舜禹之事耶。然则汉非能自忘也，其事自忘也。曹氏非能自繄也，其事自繄也。[4]

柳宗元的说法基本上脱离了道德说教，而把权力转移放到比较现实

[1] 《三国志·魏书·文帝纪》。
[2] 《曹丕集校注》，130 页，“上书让禅”，中州古籍出版社，1992 年。
[3] 《魏氏春秋》。转引自《三国志·魏书·文帝纪》。
[4] 《柳河东集》卷二十“铭杂题”之“舜禹之事”。《柳河东集》上，358 页，上海人民出版社，1974 年。

的基础之上。但“自繫”之事仍然与“仁”有关，不能全凭武力夺取权力。与其说柳宗元把曹丕拔高到舜禹，倒不如说是把舜禹降到如曹丕一般，因为曹丕以及他的父亲曹操在历史上名声不好，不以高尚道德而著称。

曹魏的结局与东汉的很类似。曹丕在位仅 6 年，于 226 年去世。249 年，都督中外诸军的司马懿发动政变，杀大将军曹爽，独揽魏国大权。司马懿是当年劝曹丕“受禅”的首要人物之一。但司马懿没有来得及称帝，他在 251 年死去。他的两个儿子司马师、司马昭先后把持朝政。父子三人一直在屠杀曹氏宗室，对外则征讨南方的蜀、吴，进攻北方的高句丽，分裂南匈奴，战绩不凡，魏国隐现统一全国之势。司马师享受最高权力的时间很短，很快就到了他的弟弟司马昭的手中。司马昭的篡权之心不是秘密，这就是所谓的“司马昭之心，路人皆知”。但司马昭也没有来得及称帝。265 年，司马昭死，他的儿子司马炎不再等待，当年就迫使魏帝下诏禅位，建立晋朝。在曹丕夺权 45 年之后，历史又一次重演。这次曹氏颠倒为受害者。

在隋末战乱中，唐王李渊起兵之时就已有夺权之心。617 年初，李渊被隋炀帝提拔为太原留守。他对儿子李世民说：“唐固吾国，太原即其地焉。今我来斯，是为天与。与而不取，祸将斯及。”[1] 当年，唐军攻破隋的首都大兴（长安）。“高祖入京师，至朝堂，望阙而拜。”[2] 按照原来计划，李渊以隋炀帝幼小的孙子杨侑为帝（隋恭帝），以在南方视察的隋炀帝为太上皇。仅半年之后，618 年，“隋帝逊于位，以刑部尚书萧造、司农少卿裴之隐奉皇帝玺绂于唐王，三让乃受。”[3] 这个过程很简单，没有举行禅让仪式，但也差不多表示了这个意思。李渊建立唐朝，为唐高祖。626 年玄武门之变，李世民杀死了他的兄弟建成和元吉。建成是太子，直接死在李世民的刀下。三天之后，失去了两个儿子的唐高祖李渊宣布世民为皇太子。两个月后，李世民即皇帝位，为唐太宗。

---

〔1〕《大唐创业起居注》，温大雅。转引自崔瑞德编《剑桥中国隋唐史》，154 页，中国社会科学出版社，1990 年。引文所出的第三章作者是霍华德·韦克斯勒。起兵时，李世民才 17 岁。他的作用被史家夸大了，而李渊的作用则被贬低。

〔2〕《新唐书·高祖本纪》。

〔3〕《新唐书·高祖本纪》。

李渊“内禅”，为太上皇。这个过程也没有禅让仪式。

宋朝的权力也来自禅让。宋的开国皇帝赵匡胤是五代后周时的将军，他在周世宗时是殿前都点检（禁军统领）。在7岁的周恭帝即位之后，赵改任归德军节度使、检校太尉。960年春，边境报告北汉勾结契丹联合入侵，赵匡胤受命率师抵御。这次的军情为谎报，军队刚出汴京（今河南开封）就发生了“陈桥兵变”[1]。赵匡胤也许没有参与预谋，但他事先必定有所风闻。他被“黄袍加身”，面对“众皆罗拜，呼万岁”，也就顺水推舟地接受了众将领的拥戴。回到汴京时，殿前都指挥使石守信开城门迎接。赵匡胤命令士兵归营，自己回到公署等待。

有顷，诸将拥宰相范质等至，太祖见之，呜咽流涕曰：“违负天地，今至于此！”质等未及对，列校罗彦瑰按剑厉声谓质等曰：“我辈无主，今日须得天子。”质等相顾，计无从出，乃降阶列拜。召文武百僚，至晡，班定。翰林承旨陶穀出周恭帝禅位制书于袖中，宣徽使引太祖就庭，北面受拜已，乃掖太祖升崇元殿，服衮冕，即皇帝位。[2]

虽然是兵变夺权，也需要周恭帝的“禅位制书”。范质留任宰相，他和其他文臣都在政变中保住了地位和富贵。在赵普的一再提醒下，宋太祖不相信石守信等掌握军权的将领。在夺权后不久，太祖在一次宴会上，向石守信等人提出：“人孰不欲富贵，一旦有以黄袍加汝之身，虽欲不为，其可得乎？”在他们的惶恐中又劝说道：“人生驹过隙尔，不如多积金、市田宅以遗子孙，歌儿舞女以终天年。君臣之间无所猜嫌，不亦善乎？”石守信为官本来就“专务聚敛，集财巨万”，[3] 于是第二天就称病交出了权力。这就是“杯酒释兵权”，目的是为了避免另一次黄袍加身的“禅让”。但后来还是发生了“斧声烛影”的故事，赵匡胤可疑

[1] 陈桥驿在今河南开封东北的陈桥镇。

[2] 《宋史·太祖本纪》，脱脱等。禅位给赵匡胤的是后周皇帝。后周的开国皇帝郭威（904—954）是被士兵用撕裂的黄旗加身的。950年，有报辽兵入侵，郭威从东京（今河南开封）率兵北上迎击，至澶州（今河南濮阳）而有兵变。澶州兵变与陈桥兵变仅相隔10年。赵匡胤的夺权经历几乎完全是郭威的翻版。

[3] 《宋史·石守信传》。

地死了，他的弟弟赵光义做上了皇帝。“斧声烛影”的传说也许不是真的，但皇位终于到了赵光义（宋太宗）手中，而不是赵匡胤的儿子手中。不过，宋朝后来倒是有过比较真实的禅让，帝位在赵匡胤和赵光义两兄弟的后代之间转让。

1911年辛亥革命后，清帝退位。皇室每年可以从民国政府那里得到400万两的优待费，可以留在故宫。这个过程是由袁世凯经过谈判而来的和平过渡。所以，溥仪的退位也可算是禅让。皇帝把权力交还给全体中国人，即位者以“人民”的名义行使权力，似乎不会再有新皇帝。但是，如果没有制度的保障，人民永远不会真正得到权力。1914年12月29日的《修正大总统选举法》由袁世凯授意指定。根据这项法律，大总统任期10年，可连任，可指定接班人。即大总统可以是终身的，还可以传子，几乎与皇帝没有区别。但袁大总统还不满足，他在1915年12月称帝。除了个人贪心驱使之外，就是受了众人“劝进”假象的欺骗。拥戴新皇帝的队伍不仅浩浩荡荡，权臣都在其中，亦不乏名士才子，似乎全体国民要把刚刚得到的权力禅让给袁大总统。权力的神话完成了一个轮回，仿佛又回到了大禹之前的原始民主。

以上不是中国禅让史的全部，没有谈及一些对历史影响较小的禅让。这几个事实足以揭示禅让大都受到武力逼迫之事实。否则，没有人愿意主动交出权力，甚至分享权力都不可能。在专制时代，权力就等于富贵，保住权力就保住了富贵。在权力欲和贪欲双重驱使之下，即使有共和制的宪法，主权在民也不过是一纸空文。

d. 小结

我们基本可以判断，大禹是使用武力统一中国的第一人，并把他的权力传给了儿子启，建立了权力世袭的夏朝。这个过程不是突兀的，得益于前几代统治者的集权努力。商、周沿袭了大致与夏相同的政治制度。秦王嬴政时为之一变，从封建联邦制度变成了中央专制制度。

人类历史充满了暴力和战争。可以说，历史是由暴力和战争写就的。国家的形成更是充满了暴力。这在世界古代史和人类学上已经有了充足的证据。中国也不例外，也没有证据证明中国是个例外。相反，有大量的证据证明，从早期开始，中国的历史就是暴力的。在大禹时期，中国还处在文明的黎明时期，周初才逐渐形成的道德观念，比如“仁”，那时还不见踪迹，商朝时也没有，否则中国的历史就会大不相同，会更加悠久灿烂。远古时期出现的儒家提倡的美德，都是后来的儒家及其先驱者们附加的，造成了中国的“泛道德化”的倾向。高高在上的道德标准使人可望不可即，因此产生了道德虚伪。更为有害的是，权力为自己披上了道德外衣，无论多么腐化都装作是道德的。它总用残酷的暴力阻止别人撕下这件虚伪的外衣。

儒家首先是权力的崇拜者、依附者，然后，其中的一小部分理想主义者才是内部制约者。儒家和法家对权力的基本态度是一致的。这是子夏导向李克（或李悝）和吴起、荀子导向韩非子和李斯的最主要原因。后世更是儒法不分。每个朝代的前几位皇帝（或王）经常被史书美化，被理想化。为了美化新朝代的新帝王，就有必要丑化旧朝代的末代帝王。王朝有强大的惯性，不会一下灭亡。灭亡的种子在几代统治者之前就已经种下，不是亡国之君一个人努力的结果。虽然亡国之君无力——也无能——改变现实，却必须承担前辈们种下的恶果。所以，孔子的学生子贡说：“纣之不善，不如是之甚也。是以君子恶居下流，天下之恶皆归焉。”[1]

中国的专制不始于治水

许多民族都有古代大洪水的传说，从中东的《圣经》（大水的故事由苏美尔人传给闪人）到美洲的印加人，从汉族到彝族。大多数民族是等待洪水的退去。以远古人力战胜特大洪水的传说，大概只存在于汉族。卡尔·魏夫特等人认为，中国的专制制度始于浩大的水利工程。

从秦到清，中国之所以成为一个专制国家，并非是修建庞大水利工

〔1〕《论语·子张》。

程需要的结果。固然，在大禹治水之后，禹的儿子启建立了中国的第一个王朝——夏，治水和王朝建立之间有明显的时间先后关系。但是，治水可以为治水者赢得声誉，在选举中占到优势，却远不足以使大禹建立专制国家。启并无治水功绩，只不过利用了他父亲的声望。因此，治水只是王朝建立的一个起始原因。从夏开始直到秦的统一，中国并不是大一统的专制制度，而是权力分散的封建制度，是在天子之下一个较为松散的联邦——当然要比现在的英联邦紧密一些。从启建立夏到秦统一中国，有延续将近2000年的封建时代。在这期间，虽然中原的植被还没有遭到严重破坏，但水患一直是一个问题。黄河改道的最早记录是在公元前602年，此前应该也有过。在此期间，看不出中国政治制度变化和水患的关系。水患并非中国所独有，不是世界上所有需要抗洪的地方都产生了专制制度；水灾的危害面积也是有限的，战国七雄所面临的洪涝问题也大小不一。一国之水灾，可能是另一国之水利，反之亦然。以下是几个战国的例子。

魏惠王（前371—前319在位）后期，白圭为魏相。白圭筑堤治水，自以为功劳超过了大禹，于是向孟子夸耀。孟子批评他说："禹以四海为壑。今吾子以邻国为壑。……吾子过矣。"[1] 可见当时治水的路数已经与大禹不同，不再设法把洪水排到海里，而是就近排放。中原国家沿黄河筑堤，让泛滥的河水流到别的国家。白圭不顾及邻国的利益，齐国、赵国也是这样做的，它们都在自己的国土上筑堤防水，于是三个国家都得到了灌溉之利。当时国家分立，战争频繁，"以邻为壑"的治水方法并不比战争更凶残。一国宰相不需要对另一国人民的福祉负责。

魏国的历史就是从放水灌城开始的。春秋末期，晋国的卿已经取代了公室，有智氏、赵氏、韩氏和魏氏，其中智氏最强大。公元前454年，智伯率领韩、魏，围困赵襄子于晋阳（今山西太原晋源镇），三年不下，于是决晋水灌城。智伯说："吾始不知水之可以亡人之国也，乃

[1] 《孟子·告子下》。这是成语"以邻为壑"的出处。今天，水仍然是国家间政治的利器，但更多的是以相反的形式，不是向邻国排泄洪水，而是对日益紧缺的水资源的争夺。有人预言，水资源争夺可能引发大的战争，尤其是在严重缺水的中东等地。无论是排泄洪水，还是阻断水流，上游的国家都处在优势地位。

今知之。”接着他又乘兴发挥道，可以用汾水灌魏都，用绛水灌韩都。[1]于是韩、魏反水，智伯被杀。晋国形成了韩、赵、魏三卿鼎立的局面。公元前332年，齐、魏联合攻打赵国。赵决黄河水，齐、魏之兵被河水逼退。魏国最终灭亡也是由于水淹。公元前225年，秦将王贲攻魏，引黄河水灌魏都大梁（今河南开封）[2]。三个月后，城坏，魏亡。战国时，黄河河道比今天的位置更北，距离开封更远。王贲引黄河水的渠道是魏国自己修的运河——大沟。大沟是鸿沟最北段，也是最早的一段，公元前340年开始修建。鸿沟[3]经大梁向南，在今天的河南沈丘连接颍水。颍水是淮河的一个支流。这样，鸿沟就把黄河和淮河的交通连起来了。

王贲不是唯一会灌水的秦将。在他灌水大梁之前，公元前279年，秦将白起攻楚，包围了楚国的别都鄢（今湖北宜城东南）。白起修了一条长渠，引水灌入城中，城内楚国军民数十万人被淹死。这条长渠至今仍可见。白起当然不是在南方修渠的第一人。在南方的长江流域，邗沟的开凿比鸿沟还早。公元前486年，吴国在邗（今江苏扬州西北）筑城，开凿运河，接通长江和淮河。这是大运河最早的一段。为了在中原争霸，四年后，吴国更把运河向北延伸，通向宋、鲁两国。这时吴国离灭亡已经不远了。在中原争霸中，这条运河没有发挥大作用。

小国之间也以水为武器。西周与东周[4]是黄河南岸的两个邻国。西周在河的上游。“东周欲为稻，西周不下水，东周患之。”苏子向东周君请求，让他前去游说西周放水。稻子需要大量的水，而麦子则怕涝。于是，苏子见到西周君后说：

君之谋过矣！今不下水，所以富东周也。今其民皆种麦，无他种

---

〔1〕《史记·魏世家》。《战国策·赵策一》等古籍则说，是赵的谋臣从城中潜伏而出，以“齿亡唇寒”说动了韩、魏之君。

〔2〕在王贲水淹大梁之前，河水泛滥就是大梁的隐患。在此前41年，信陵君已经在担心秦国这样做。现在的开封之下叠压着数座古城，都是为黄河泥沙所埋。在1642年，李自成决黄河，向开封城灌水，淹死无数百姓，但李自成一无所获。

〔3〕鸿沟由北而南。公元前203年，刘邦和项羽约定以鸿沟为界，中分天下。刘邦的汉在西，项羽的楚在东。第二年，刘邦背约，项羽兵败，自刎于垓下。

〔4〕公元前367年，赵、韩两国攻周，把周一分为二，周王居洛阳（东周的城），不是历史上前后相继的西周、东周。

矣。君若欲害之，不若一为下水，以病其所种。下水，东周必复种稻；种稻而复夺之。若是，则东周之民可令一仰西周而受命于君矣。西周君曰："善。"遂下水。[1]

苏子劝西周君说，现在东周种麦，你应放水；东周改回去种稻，你就停水。这样你就可以使东周屈服。西周君接受了苏子的劝告。因为这条计谋，两国都给了苏子报酬。虽然《战国策》的内容多不可信，但是这篇文章反映出，至少在西汉时（《战国策》由西汉人刘向集录），人们已经认识到可以把水资源作为国际政治的工具。上游的国家掌握着水资源调度的主动权。

在统一中国之前，秦国完成了两大水利工程。秦昭王（前306—前251在位）时，蜀郡守李冰父子在岷江上修建了都江堰，控制流往成都平原的水量。秦王政（前246—前210在位）时，秦国又修建了郑国渠。渠在渭水之北，由西而东与渭水平行，连接泾水和北洛水。都江堰和郑国渠分别使成都平原和关中平原得到灌溉之利，使之免除了水害，成为沃野粮仓。这是秦国得以富庶、强大的原因之一，秦国腹地的郑国渠贡献尤大。有意思的是，郑国（人名）提出修建郑国渠的初衷，却是为了消耗秦国的人力、财力，以保护他的祖国韩国免遭秦国的侵略。秦国知道了他的目的，却仍大度地用他的名字命名这条渠。郑国渠一直使用到唐朝，才被其他工程所取代。在此后2000多年中，都江堰得到很好的维护，至今仍在保护、灌溉成都平原。

由上可知，在秦统一之前，无论是为利还是为害，中国对水的利用已经很娴熟了。各大国都有自己的水利工程，即使按现代的标准，其中一些也相当浩大，是跨流域的，但各国仍凭借一国之力就可以完成。它们不但不需要国际合作，甚至还把水作为国际政治或战争的工具来损害敌国。公元前651年秋的葵丘（今河南兰考）之会是齐桓公主持的一次国际会议。会议宣布了周天子的禁令："毋雍泉"[2]（不得壅堵水源）。

---

〔1〕《战国策·东周策一》，"东周欲为稻"。

〔2〕《春秋穀梁传·僖公九年》。

又据孟子说，葵丘之会的第五条规定是“无曲防”[1]（不得到处筑水坝）。这两条记录应该是同一条禁令，分别属于两个方面：一注重旱时，一注重涝时。可见，在葵丘之会以前，中原各国已经在国际政治中利用水了。[2]

退一步说，假设需要一个强大的中央集权国家来治理水灾，那么，大一统的形成就一定是一个理性选择：为了在一位皇帝的领导之下统一治理水灾，各国之君自愿让渡自己的一部分权力，选举产生一位皇帝。这有点契约论的意思。但事实并不是这样。所有人都知道，统一是秦国使用武力的结果。其余国家激烈抵抗，直到被彻底消灭。与中原国家相比，秦国地势更高，不需要以武力统一来解决自己的水患。况且，秦国是当时水利工程做得最好的国家。

水患在原始居民中产生了一个共同需求，并只有通过他们的共同努力才能达到。这使他们团结起来。但是，战国时大国的规模已经足以兴建大型水利工程。另外，水患是中原内部的自然灾害（这里采用“自然灾害”这个词的原本意义），为了应付水患不足以为巨大的社会变动提供动力。中国的大一统来自强大的外部压力，彻底了改变她的社会结构，就像钻石的形成需要高温和高压改变碳的分子结构一样。这种改变消灭了社会中的大部分利益阶层，形成了较单一的结构，只留下高高在上的皇帝和他治下的臣民。对中原施加极大压迫力的是来自北方的游牧者。他们比泛滥的黄河及其支流对中原的危害更大。统一中国的力量就是在应对游牧者的挑战中发展起来的。这不是理性选择的结果，“势也”。强大的武力一旦形成，往往会自动寻找其用武之地，除非有同样强大的内部制约。在压制了北方游牧者之后，秦军转向中原。

秦之统一，其过程和大禹的统一过程有相似之处。只是秦国相对于各国的实力远大于夏的相对实力，因此秦的统一更为彻底。大禹能够征

---

[1] 《孟子·告子下》。杨伯峻释“曲”为“无不”、“遍”，释“防”为“堤”。此从杨说。见杨伯峻：《孟子译注》下，290页，中华书局，1960年。

[2] 在葵丘之会41年后，即公元前610年，埃及第二十六王朝法老奈科二世（Necho Ⅱ）即位。奈科企图开凿一条运河，连接红海和地中海，但因神谕的警告而停止。英法在1859年开凿苏伊士运河，历时10年完成。奈科派遣了一支腓尼基人的船队环行非洲。船队从红海出发，三年后通过直布罗陀海峡回到埃及，证明世界是被海洋包围的。奈科还积极北进，打败犹大国，但在幼发拉底河被巴比伦国王尼布甲尼撒二世打败。

服却不能消灭诸国。当秦之时，国家的数量已经从禹时的3000减少到7个，各国的贵族阶级在春秋战国时期被削弱。秦国依靠武力消灭各国，不需要与各国统治阶层妥协。所以，大禹建立的是封建联邦制国家，而嬴政建立的是大一统国家。在中国全部4000多年文明史中，政治制度只有两个模式，分别由大禹和嬴政奠定基础。前一制度持续了约1800年，战国末期到秦统一是过渡阶段；后一制度是前一制度的加强版，已经延续了2000多年。表面上，过渡阶段更多是前一制度的余音，而较少是后一制度的前奏，因为它孕育的变化直到最后才会明显地展现出来（如婴儿的生长和出生）。过渡阶段属于前一个制度。

戎狄与华夏

中国的专制制度不始于治水。中国的专制制度始于战争，尤其是对北方和西方游牧部落的战争。而中国的地理条件又能够使专制制度长期维持下去，并对全国各地形成有效的控制。

司马迁说："禹兴于西羌。"[1] 其他一些学者也认为，夏人属于西戎。[2] 在公元前2000年左右，欧亚大陆中部的游牧民族向外扩散。禹领导的部落联盟可能受到北方和西北方的压力，遂向南和东扩张。禹和夏人很可能来自西方。这里所说的"西方"不是指今天的欧洲，而是指中原核心区以西，在今天的甘肃、陕西、宁夏、青海一带。在大禹时

---

〔1〕《史记·六国年表》。皇甫谧注说，孟子说禹"西夷人也"，不知出处何在。王符称禹为"戎禹"（《潜夫论·五德论》）。

〔2〕王国维认为五帝、夏、商皆出自东方（见王国维：《观堂集林》上，452页，《殷周制度论》，中华书局，1959年）。夏鼐认为，新石器时代东部的龙山文化取代了西方的仰韶文化，"夏和殷的文化即是承袭了这种文化而衍变而来的"。（夏鼐：《中国文明的起源》，103页，文物出版社，1985年）。傅斯年著《夷夏东西说》，考证夏在西方，即河南西部、山西南部和陕西的渭水下游，西夏与东夷对抗。据郭沫若，殷时的土方即夏民族。胡厚宣、胡振宇总结说："说土方为夏民族，其地望在殷之西北，都是非常正确的。"（《殷商史》，42页，上海人民出版社，2003年）在没有新的确凿证据之前，姑且从司马迁等人之说，即"禹兴于西羌"。

代，西方与中原的距离更近一些，最近之处在今天的河南西部和陕西西南部。一些考古学家相信，二里头遗址（在今河南偃师西南 9 公里处）是夏的都城，时间在夏到早商。虽然还缺乏确凿的证据，但依据龙山文化遗址的分布，说夏人活动的中心在今天河南西部和山西南部一带，不会有太大误差。

戎是古代中原人对西部游牧部落的统称，所以又称西戎。“东夷、南蛮、西戎、北狄”都是从“四夷”发展而来，分别是对“中国”之外四个方向其他民族的统称。四夷与“中国”合称“五方之民”。公元前 524 年秋，孔子听了郯子的一番话后说：“吾闻之，‘天子失官，学在四夷。’犹信。”[1] 孔子的话表明，四夷保存有天子的官学。所以，他们应该与中原属于同一个文化体系，只是较为落后。到了西汉初年，对“四夷”及其方位有了更明确的对应，有了与四个方位对应的夷、蛮、戎、狄，同时对他们的风俗有了粗略的描述。《礼记》说：

> 中国戎夷五方之民，皆有性也，不可推移。东方曰夷，被发文身，有不火食者矣；南方曰蛮，雕题交趾，有不火食者矣；西方曰戎，被发衣皮，有不粒食者矣；北方曰狄，衣羽毛穴居，有不粒食者矣。[2]

关于戎与狄，大致可以说，北狄属于阿尔泰语系，西戎属于汉藏语系，但他们的界限是模糊的。马长寿认为“此说大体上可以成立”，[3] 据此，西戎与中原人有着相同的起源。他们后来也是时分时合，没有截然分开。根据语言来判断，吐蕃（也属西戎）与中原的分离距今大约 5000 年左右。“羌”的词源与“羊”有关，而“氐”的同根词是“羝”(公羊)，可见羌、氐都是牧羊人。古老的“姜”[4] 姓原本与“羌”是同

[1] 《左传·昭公十七年》，左丘明。“官”，官学。郯（tán）在今山东南部的郯城县。郯在孔子时是一个小国，属东夷，后被越国所灭。

[2] 《礼记·王制》。《礼记》成书于西汉初期。“雕题”，在额头上刻青；“交趾”，两脚大拇趾相对，似内八字。

[3] 马长寿：《氐与羌》，9 页，上海人民出版社，1984 年。

[4] 周人的母系祖先叫姜嫄。姜嫄当出自姜氏之戎。姜氏之戎为四岳的后裔。公元前 789 年，在千亩（今山西介休），周宣王被姜氏之戎打败。另，楚国的芈（mí）姓也从“羊”，他们也可能来自西北方向。秦国的宣太后是楚人，芈姓。秦、楚的祖先或许是近邻。

一个字。“西戎主要指羌人与氐人。”[1] 氐与羌是两个不同的民族。陈寅恪认为：“从语言、生产、习俗来看，氐族与西南夷南诏之先六诏，实同出一源。”[2] 六诏是今天说彝语支的西南各民族先祖所建。十六国时的前秦（351—394）是氐族人苻坚所建。氐族后来向南迁移，其中白马氐（汉时西南最大的一支氐[3]）分布在四川北部平武县和甘肃南部文县，在1951年被划归藏族，称“白马藏族”。除此之外，氐族的大部分已经融入中原民族。氐语、藏语、汉语同属汉藏语系，语言接近，彼此的融合就会容易一些。羌族的大部分也已经汉化或藏化，在今天的四川西北部仍有少量羌族。他们是从西北迁移过去的。

西戎是中原给予的名称。西戎各族未必互相认同。而且，他们迁徙无常，中原未必知道他们的确切行踪。[4] 所以戎只是一个泛称。如果一统天下的夏、周、秦都出自西戎，就很难说西戎与中原有很大的差异。戎与中原民族杂居。由于中原对“我族”、“他族”的划分标准是文明而不是血统，所以一些接受了中原文化的戎逐渐被同化（尤其在春秋战国时期，他们定居、农耕的国家被大国兼并之后），而一些被边缘化了的华夏人则被视为戎。在早期的武力对抗中，中原占上风，把戎逼迫到边缘地区。但是到了公元前4世纪前后，游牧的戎人掌握了高超的骑马射箭技术，开始取得军事优势，逐渐对中原构成更大的威胁，形成极大的压迫。

从字源上看，“戎”字从“戈”，因此有关战争。除了作为族名之外，其含义还有兵器的总称（如“戎器”）、军旅（如“从戎”）、战争（如“兵戎相见”）。“戎马”的本意是指军马，又借指军事，今天仍在使用成语“戎马倥偬”。可见，“戎”字涉及与战争有关的各方面。“戎”

[1] 陈寅恪：《魏晋南北朝史讲演录》，68页，贵州人民出版社，2007年。

[2] 陈寅恪：《魏晋南北朝史讲演录》，80页。

[3] 《史记·西南夷列传》称：“白马最大，皆氐类也。”

[4] 例如，学者们至今仍在为“突厥”、“蒙古”之异同而辩论，不用说年代更早的戎、狄、胡、夷等了。况且这几个词本来就是泛指，以地理方位为依据，可能包括不同种族的部落和部落联盟。本书按照历史学家的观点解释和使用“戎”，但有时会采用广义的“戎”，其所指是北方游牧或狩猎民族，可能属于阿尔泰语系下三个语族中的一个。从军事的角度看，对手是哪个民族并不重要，更何况“民族”是一个很晚近的外来概念，重要的是它的战略和战术，它的入侵方向，以及它的不同的文化背景。在这些方面，所有的戎都是相似的。

指战争，也指民族，无论其中哪个含义先出，都表明自古以来，戎和战争不可分割。孔子也谈过对戎作战。他说过："善人教民七年，亦可以即戎矣。"〔1〕"即"的意思是"去"，"即戎"就是与戎作战。人民被教导7年才可以"即戎"。在孔子看来，无论教育内容是什么（儒家思想或军事技能），"即戎"都是一件很艰难的任务。在孔子之后2400多年，七年义务教育对大多数中国人仍是一件奢侈品。按照孔子的标准，对戎作战永远也不可能准备充足。

在已知的历史中，在周朝建立之前，周人经历了两次短途迁徙，先是由南向北，然后由北而南。两次迁徙都与戎狄有直接关系。姜嫄是炎帝之后、有邰氏之女、帝喾之妃、后稷之母。姜姓表明她是羌人。姜嫄的儿子后稷是周的始祖，大约生活在尧之时。中原地区大约在公元前7000年进入农业社会。周人是后起者，在后稷时才务农。后稷擅长种庄稼（"稷"即谷物），周人的史诗《生民》说："诞后稷之穑，有相之道。……即有邰家室。"〔2〕这个时候，周人定居在邰（有邰）一带，盖房子，以农业为生。周族在后稷时期正式形成，或与农业有关。

公刘是后稷的后代〔3〕，生活在夏朝末年和商朝初年。为了躲避夏末时的战乱（戎狄的兴起），他率领周人从有邰向北迁往豳（今陕西旬邑）。这是一次武装移民，在准备好干粮之后，"弓矢斯张，干戈戚扬，爰方起行。"〔4〕那时，"豳居允荒"，〔5〕可以容纳移民。从公刘到古公亶父，周族人一直住在豳，人口渐密。古公亶父时，周人挖穴而居，还没有房子。穴居是西戎的习惯。有邰时期的《生民》和豳时期的《緜》都提到了"家室"（地面上房屋）。一个是有，一个是无。有家室和无家室

〔1〕《论语·子路》。

〔2〕《诗经·大雅·生民》。"诞"，发语词。"有邰"，在今陕西武功县，后稷的封国。这一段诗的大意是后稷庄稼种得好，周人定居在有邰。

〔3〕传说公刘是后稷的"曾孙"：不窋（kū）是后稷的儿子，而公刘是不窋的孙子。但从后稷到公刘几乎跨越整个夏代，远远超过四代人的时间。清人方玉润引古籍解释周人迁豳的原因："不窋失官而犇（通'奔'）于戎狄之间，公刘为不窋孙，自不安于戎狄地，故迁豳。"见《诗经原始》下，517页，方玉润，中华书局，1986年。可见周人自邰迁豳是为了躲避戎狄，自豳迁岐也是为了躲避戎狄。

〔4〕《诗经·大雅·公刘》。"斯"，语助词。"干"，战斧。"戚"，盾牌。远古神话中刑天所舞即"干戚"。"扬"，钺，大斧。

〔5〕《诗经·大雅·公刘》。"允"，确实。"荒"，大。

是中原与西戎的差异之一。在豳时，周人显然采用了西戎的习俗。在豳的最后时期，周人的首领是周文王的祖父古公亶父。

因受到薰育（西胡）的攻击，古公亶父带领周族人又从豳出发，迁移到了岐下。岐下在今天的陕西岐山和扶风，离周人的故地有邰很近。到了岐下之后，周人不再穴居，恢复到原来在有邰时筑房的传统。官员们被召来，“俾立室家。其绳则直，缩版以载。”〔1〕人们拉直绳子，夹起直板，乒乒乓乓、噼噼啪啪地干起来。周人不仅建房屋，还筑城墙和宫殿。在20世纪后期，在岐山的周原出土了周人的遗址，有1469平方米的宫殿，还有大量的甲骨文、陶器和青铜器。这些文物证实了《诗经》的叙述。周人向南迁移，他们的文明取得了非常明显的进步。

古公亶父到岐下定居后不久，他的儿子季历（王季、太王）向东方进攻。许倬云总结说：“从不窋到季历，周人始终与北方的戎狄有不断的争斗。”〔2〕季历攻击的不仅有戎狄，还有中原和南方的国家。周族咄咄逼人的态势对殷王朝构成巨大威胁，季历终于被殷王文丁（约前1122—前1101在位）所杀。季历的儿子周文王也曾被殷王帝辛（即纣，约前1075—前1046在位）囚禁于羑里。文王时，戎狄被打跑了：“混夷駾矣。”〔3〕周人不仅在西方占据了很大的地盘，还控制了九州中的六州——“三分天下有其二”。但周文王还继续“服事殷”〔4〕。迁到岐下之后，仅仅用了两代人的时间，周族进入文明阶段，而且强大起来。文王的儿子武王终于灭殷。在牧野之战，周族一方的阵营中有“庸、蜀、羌、髳、微、卢、彭、濮”〔5〕等军事盟友，有西北的羌，还有远在西南的蜀、髳，以及东方的微、彭。“三分天下有其二”不是虚言。

商文明源自东方，而周来自西方，都城也在西方。周推翻商之后，保持东西方平衡是有关稳定的大事。出于地缘政治的考虑，周公营造了东都洛邑。对此举的目的，王国维说得很清楚：

〔1〕《诗经·大雅·緜》。

〔2〕许倬云：《西周史》，67页，三联书店，1995年。

〔3〕《诗经·大雅·緜》。“混夷”即昆夷，西戎的一支。“駾”（tuì），惊慌逃跑。

〔4〕《论语·泰伯》。孔子因此大加赞叹：“周之德，其可谓至德也已矣。”魏武帝曹操没有称帝，继续服事汉，但他的名声比周文王差多了。两人的帝号分别是他们的儿子追封的。

〔5〕《尚书·牧誓》。周原出土的卜辞中有伐蜀的记载，可为佐证。

自五帝以来，政治文物所自出之都邑，皆在东方，惟周独崛起西土。武王克纣之后，立武庚、置三监而去，未能抚有东土也。逮武庚之乱，始以兵力平定东方，克商践奄，灭国五十。乃建康叔于卫，伯禽于鲁，太公望于齐，召公之子于燕，其余蔡、郕、郜、雍、曹、滕、凡、蒋、邢、茅诸国，棋置于殷之畿内及其侯甸。而齐、鲁、卫三国，以王室懿亲，并有勳伐，居蒲姑、商奄故地，为诸侯长。又作洛邑为东都，以临东诸侯。而天子仍居丰镐者凡十一世。〔1〕

西周的都城在宗周（即镐京，今西安西）。在周之前，夏、商时期的政治文化中心都在宗周以东的中原地区。周以西部偏僻之国入主中原，建国之后的局势很不稳定。武王死后，周成王元年，周武王的兄弟管叔、蔡叔（也是周公的兄弟）与商纣的儿子武庚一起叛乱。周公平定了叛乱之后，在成王四年，把姬姓子弟分封到各地做诸侯。又过了一年，即成王五年（约公元前 1059 年），周公营造成周（洛邑），作为周的东都。成周与东方的齐、鲁、卫等姬姓诸侯国相呼应，把东方引向宗周，加强对东方的控制。这很像围棋的“连”的方法。

西周时，关中、中原及其周围地区的戎狄已经定居。他们有城市和国家，并与中原各国交往。公元前 771 年，申侯引西夷、缯、犬戎之兵攻周幽王。幽王举烽火，因为他以前“烽火戏诸侯”的恶行，诸侯不至。幽王被杀，西周灭亡。战国初期，在大国的攻伐中，戎狄在中原附近的国家被攻灭。〔2〕秦、汉帝国强盛时，能够很好地控制边境地区，并向外发展。到了东汉末年，中原战乱，人口锐减，外围的戎狄大量迁入内地。关中的戎狄，并州的匈奴，数量都很庞大。他们保持了弓马娴

〔1〕王国维：《观堂集林》上，452 页，《殷周制度论》。蒲（bó）姑，又作亳姑、薄姑。商之与国，在今山东博兴东北。周初参与武庚叛乱。奄，盘庚迁殷之前的商都，故名商奄，今山东曲阜，也是古国，参与了武庚叛乱。齐、鲁两个嫡系封国在东部，与西部的宗周一起对“中国”构成东西夹击之势。而卫则在殷墟以南附近，都邑在朝歌（商纣的别都，今河南淇县），直接控制着殷的七族遗民，是当时的大国。卫的始封之君康叔是周武王的弟弟，也是周公的弟弟。鲁之伯禽是周公的长子。齐之太公望就是吕望（姜太公）。另外，商人起源于东方沿海地区。东夷及蒲姑、奄参与武庚叛乱，就是因为他们与商人的渊源。东方起来反抗西方的统治，因此周加强对东方的控制就很有必要了。

〔2〕详见杨宽：《战国史》，289 页，上海人民出版社，2003 年。这些戎狄国家有代、大荔、卢氏、陆浑等。作为地名它们一直保留至今。

熟、骁勇好斗的传统，一旦有变，对政权的威胁比中原反叛者更大。西晋末年，饥荒连连。江统作《徙戎论》（299 年），建议把这些异族“申谕发遣，还其本域”[1]，以免不利。晋惠帝不能听。不出 10 年，“五胡乱华”开始了。多年的动荡之后，西晋于 317 年灭亡。隋朝在 581 年建立，于 589 年灭南方的陈朝。中国在经历了 200 多年的分裂和战乱后又统一。在此期间，许多次的统一努力都以失败而告终，并给国家带来灾难。

与夏、周、秦相似，隋唐帝国也是起源于戎狄。在五胡十六国的割据中，鲜卑人获得了很大的权力。鲜卑人来自东北的大兴安岭东麓，汉末时才在历史中凸显出来。在十六国初期，鲜卑仍是部落组织，其中较大的有慕容、拓跋（元）、宇文、独孤等。首先崛起的是慕容氏，前燕和后燕两个国家都是慕容氏所建。之后，拓跋氏统一北方，建立起北魏（386—534），都城在洛阳。六镇之乱后，北魏分裂为东西两部分。东魏仍是元（拓跋）氏当皇帝，但权力掌握在武将高欢手中。孝武帝逃走后，高欢迁都于邺。后来，他的儿子高洋接受东魏的禅让（又是禅让），是为北齐。西魏是逃走的北魏孝武帝所立。因为朝廷和霸府的关系恶化，他逃离高欢，到西方投靠宇文泰。后来，宇文泰的儿子宇文觉接受元氏的禅让（还是禅让），为北周，都城仍设在长安。从北魏分裂（534 年）到隋朝建立（581 年）的短短数十年，北方有四个朝代，前后相承，两两并立。隋朝从北周而来，开国者杨坚是将领，又是周宣帝的岳父，在宣帝死后任摄政。隋朝统一遵守中国历史的一般规律——权力由西向东延伸。谷川道雄说：

> 北魏瓦解以后，东西两魏及继其后的北齐、北周相互争夺霸权，最后取得胜利的是西魏、北周的关陇系国家，而这就为隋唐帝国奠定了基础。……要之，重新统一中国的霸业完成于西魏、北周、隋、唐这一系列关陇系国家群，而非只隋朝一个国家。[2]

---

[1] 《晋书·江统传》。

[2] 谷川道雄：《隋唐帝国形成史论》，342 页，上海古籍出版社，2004 年。因为这个原因，这本书的名字虽然有“隋唐帝国”，其实内容都是有关北朝的民族和国家。

关陇系国家的地理位置与周、秦接近。杨隋、李唐两大家族都是西北的关陇贵族。杨、李两家通过母系的独孤氏相连。从李氏的母系可知，唐太宗李世民有四分之三的胡人血统，他的儿子高宗李治更高达八分之七。[1] 陈寅恪引用朱熹的语录："唐源流出于夷狄"，[2] 他考证，"夷狄"源流不仅指人所周知的母系血统，也包括他们的夷狄习俗。骁勇善战的传统正是杨、李得以统一中国的原因。关陇贵族起源于宇文泰的政策。当初，北魏孝文帝的汉化改革引起了六镇之乱，因为北方六镇的官兵仍然保持了鲜卑的传统，与首都洛阳产生了不可调和的矛盾。西魏的宇文泰打着鲜卑传统的旗号，发展自己的势力。他的政策在关中及以西地区（关陇[3]）形成了一个贵族群体，即关陇贵族。这些贵族掌握着自己的部属，掌握着兵权（府兵）。地方上军政一体，如同鲜卑的部落时代。杨隋、李唐就是在这个环境中产生的好斗善战的贵族。

与中原和江南相比，西北的关陇在人口、物产和人文上都处于明显劣势。但最终是西北又一次统一了中国。究其原因，仍然与西北戎狄风俗有很大关系。西北的许多汉人也都因胡化而善战了。胡人或汉人都会说一种以上语言。在隋朝之前，北齐和北周在文化上有很大的汉化，在地理上也已经不是北方。在它们的北方又有突厥兴起。它们要花费很大的财力讨好突厥人，而突厥则在准备南侵。所以，隋唐帝国在统一之后仍然要对付北方（从西北到东北）的巨大威胁，并且不止突厥一族。这是新的一轮威胁。陈寅恪说："汉人与胡人之分别，在北朝时代文化较血统尤为重要，凡汉化之人即目为汉人，胡化之人即目为胡人，其血统如何，在所不论。"又说："此点为治吾国中古史最要关键"。[4] 实际上，在元朝之前，在判断"种族"（用其原意）时，文化（或文明）都一直

〔1〕 高祖李渊之母为独孤氏；太宗李世民之母为窦氏（纥豆陵氏）；高宗李治之母为长孙氏。这三个姓都是胡姓。不过，在那个混居时代，胡人也会娶汉人为妻。因此，唐初皇帝的汉人血统可能会多一些。

〔2〕 陈寅恪：《隋唐制度渊源略论稿·唐代政治史述论稿》，183 页，三联书店，2001 年。朱熹的话出自《朱子语类》116 历代类 3。朱熹的这个评价与史家对夏、周、秦的判断完全一样。

〔3〕 贞观元年，分天下为十道，其中有关内道、陇右道。

〔4〕《隋唐制度渊源略论稿·唐代政治史述论稿》，200、201 页。

远比血统更为重要，而且并不局限于中古时期。

在唐朝建立之后，来自关陇的将相大臣与皇族仍属于同一个阶级。来自这个权力圈之外的武则天要夺权，就需要扫清障碍，打击这些贵族。而贵族已经腐败，无力反击。但是，权力不会总是留在独裁者手中。在众人觊觎中，权力一定会旁落，而且近水楼台先得月，宦官总是接班的第一梯队。陈寅恪说："假使皇室与外廷将相大臣同属于一阶级，则其间固无阉寺阶级治国政之余地也。"〔1〕而军权渐落寒族之手，他们都是胡人或胡化的汉人。武则天的时候还算是"盛世"，那时藩将的武艺已经远胜汉人武将了，汉人的注意力已经转移到科举考试上。进士科始于隋炀帝大业（605—617）年间。唐太宗在贞观元年（627 年）"盛开选举"〔2〕，从此开创中国的考试狂潮。看到新科进士们鱼贯而出时，唐太宗得意地说："天下英雄入吾彀中矣。"〔3〕进士取代贵族打破了阶级的界限，使下层人士有机会上升到统治阶层。这是一大进步。然而，考场上的英雄比不上疆场上的英雄，入彀的英雄也很难再是英雄。唐太宗万万没有想到的是，导致大唐最后灭亡的竟然是一名应进士落第的"英雄"。此人因为"入彀"不成，最终决定造反，而他的破坏力比藩镇还大。他就是黄巢〔4〕——中国历史上最嗜杀者之一。

那些通过考试的人大多也在同时失去了创造力。或者，只有缺乏创造力和独立思维能力的人才能成为优秀考生。考试严重禁锢了学生的思维。这一点在唐宋时还不是特别严重。到了明、清两朝，科举完全成为奴化心灵的手段〔5〕。考试盛行，一旦有变，国家必定匮乏人才。唐朝的科举造成文武分流，汉藩从事不同职业，汉人缺少领军打仗之将领。陈寅恪说：

抑更可注意者，关陇集团本融合胡汉文武为一体，故文武不殊途，

〔1〕《隋唐制度渊源略论稿·唐代政治史述论稿》，235 页。

〔2〕《旧唐书·戴胄传》。

〔3〕《唐摭言·述进士》。"彀"（gòu），张满弓弩。"彀中"，弓箭的射程，引申为圈套、牢笼。

〔4〕黄巢有《不第后赋菊》："待到秋来九月八，我花开后百花杀。冲天香阵透长安，满城尽带黄金甲。"

〔5〕可参看《儒林外史》。

而将相可兼任；今既别产生一科举文词进用之士大夫阶级，则宰相不能不由翰林学士中选出，边镇大帅之职舍藩将莫能胜任，而将相文武藩汉进用之途，遂分歧不可复合。[1]

陈寅恪指出，这些变化都发生在玄宗朝（712—756）[2]。唐玄宗的政策是唐朝的一大转折点。藩将都是胡人或胡化的武人。唐玄宗时有安史之乱（755年始）。安禄山、史思明都是胡人，与他们作战的也多是藩将：哥舒翰、高仙芝、李光弼。回纥、于阗、大食都派兵支援唐军，而回纥、吐蕃又趁机攻唐。乱后，唐朝陷入藩镇割据的状态，一直到最后覆没。唐朝之后的五代十国（907—960）仍然是割据分裂。宋太祖基本上结束了唐朝中期以来的地方武装独立。为了国内稳定，他走向另一极端，刻意压制武人而抬高文人。武人地位一落千丈。他还采用强干而弱枝的办法，把主力设定为护卫首都的禁军。这是非常被动的守势，致使边防乏力。宋朝（960—1279）是人文盛而武力弱，终于遭受入侵而灭亡。从夏朝到中华民国，虽然中国屡遭外敌入侵，局势甚至有危若累卵者，两宋却是中国历史上唯一因入侵而灭亡的朝代。其余王朝全部都能够抵御强敌，最后亡于因腐败、暴政产生的内乱，或给外敌趁虚而入之机会。

在唐之后，宋[3]、元、明[4]、清四朝的统一者和（或）统治者都来自北方。它们的统治者或者习染夷狄之俗，或者就是夷狄。这四个朝代的历史比较晚近，人们更为熟悉，为节省篇幅，在此不再详细叙述。

由以上内容可知，“中国”和夷狄本是中国文化的两个来源，却一直是互相冲突的两个来源。在分裂、战乱时，戎狄（或戎狄化的汉人）必将战胜“中国”（以及后来的江南、岭南等南方）而统治天下。在统

[1] 《隋唐制度渊源略论稿·唐代政治史述论稿》，235页。

[2] 713年，玄宗在即位的第二年，命宦官高力士为右监门将军、知内侍省事。这一年是唐朝宦官权势炽盛的起点。

[3] 北宋从中原起家，但一直被北方王朝压迫在中部和南部。所以中原一带在北宋是北方前线，而南宋则彻底失去了中原。

[4] 较为稳定的明朝从明成祖朱棣篡位开始。

一、和平时期，中国文化完全压倒夷狄之俗。各王朝只有程度不同，重文轻武的政策则是一致的。在东晋南迁渡江之后，中国文化的重心逐渐南迁至江南一带，受地理的影响而更加柔和文弱。中国文化的柔弱是其发达的代价，也是统治者有意为之，因为专制者的敌人永远在国内。除了宋朝之外，中国历朝历代都是亡于内乱。

西戎本来就与华夏族有共同的起源，北狄的血缘与中原也不远。在大禹的时代，汉藏语系内各语言的分化还不显著。禹能够从一个边缘地区出发建立一个封建王朝，其基础就是各地有相似的语言与文化。周、秦都是由戎而夏，他们的优势是好战而且善战。中国划分群类的标准是文化而不是血统。荀子说："居楚而楚，居越而越，居夏而夏，是非天性也，积靡使然也。"〔1〕春秋时，楚与越还处在文明的边缘地区，因为从事与中原相似的农业（稻作、非旱作）而能够更多地接受中原文明。定居后的戎狄将接受华夏文明，周、秦以后的历史仍一再重复这样的故事。荀子认为，环境决定习性。习性和文化又受到地理环境的塑造。欧文・拉铁摩尔致力于研究中国的北部和西北的游牧地区，这使他能够从与中原相反的方向看问题。他说：

> 现代中国及西方学者都一致支持中国传统的说法，认为戎狄侵入中国，是少数民族企图由北方及西北方草原侵入中国的前锋。我认为这是错误的。这些民族，与东南及南方的少数民族一样，是残留于中国文化发展所及地区的后卫。他们在人种学上也许与汉族差别不大。也许他们就是古代住在整个华北的——包括西部黄土高原、东部大平原，也许还有蒙古及东三省南部的——汉族本源的民族中比较落后的一支。〔2〕

---

〔1〕《荀子・儒效》。"靡"，顺也。"积靡"，顺其积习。

〔2〕拉铁摩尔：《中国亚洲的内陆边疆》，223 页，江苏人民出版社，2005 年。拉铁摩尔还说："'戎狄入侵'的累积结果其实是中国的土地扩张。……一个自命为文明的民族，虽然事实上是在侵略一个落后的民族，但仍说自己不过是'巩固自身的地位'。另外，尽管落后民族实际上是在自卫，但其战争的方式却是突袭，于是常常被看做是攻击者，而成为优越民族的藉口。"（该书第 225 页）在一定程度上，拉铁摩尔的观点是对的。今天的世界还是这样。但他忽视了一个事实：农耕的"优越民族"与工商的"优越民族"在扩张的态度和行为上有很大不同。农耕民族的扩张意愿和能力都比较有限，而且手段可能不是那么暴力的。所以，继承了好战的游牧传统的夏、周、秦在扩张中占有优势。

拉铁摩尔是对的。戎狄（至少是戎）与中原人原属同一个民族（借用一个现代词汇），是不同的地理环境、生活习惯和发展水平把他们分离开来。农耕与游牧的工作造成了中原与戎狄的分化，分化之后很长时间他们仍然是混居的。戎狄不是来自别处，而是与中原人分化而产生的。在工业革命之前，定居农耕者和他们的城市居民的文明进化速度比游牧民更快一些。另外有一点需要指出，定居的农耕人口一般不会倾向于战争。纵观《诗经》，凡有关征战之诗（数量不少），无论是前方的征夫还是后方的怨妇，多充满伤悲。这一点与游牧者以剽掠和战争为荣耀完全不同。有一段边防军人在退役回家路上作的诗至今仍广为人知，兹引以为证：

昔我往矣，杨柳依依；今我来思，雨雪霏霏。行道迟迟，载饥载渴。我心伤悲，莫知我哀！〔1〕

秦国的强大始于伐戎

秦之巨变与秦国的历史和地理有关。秦和先秦的三代，除了商朝起源于东方之外，其他都兴起于西方。他们的兴起，又都与戎有关。秦人与周人的历史有相似之处。他们都崛起于西方，并且就在岐山一带。他们都在与西戎作战中强大起来，同时又与西戎没有显著差异。王国维说秦人："其未逾陇以前，殆与诸戎无异。"〔2〕在王国维看来，秦人接受中原文化是从东周初年的秦文公开始的，以前完全是戎的习俗。秦很可能就是西戎的一支。文公之后，秦国就在今天陕西岐山和甘肃天水之间的

〔1〕《诗经·小雅·采薇》。"思"，语尾助词。"雨雪"，下雪。"迟迟"，缓慢。"载"，又。
〔2〕《观堂集林》上，531页。

渭河河谷稳定下来。[1] 秦是在与戎的战争中崛起的，就如同当年周的崛起一样。

秦第一次把中国统一到专制王朝之下。秦之统一是在秦王嬴政时完成的。这是从秦穆公称霸西戎起400余年强国努力的结果。嬴政的先祖并没有统一中国的目标。与周一样，秦的崛起和扩张也得益于它的地理位置。对此，贾谊早就说得非常明白："秦地被山带河以为固，四塞之国也。自缪公以来，至于秦王，二十余君，常为诸侯雄。岂世世贤哉？其势居然也。"[2] 秦缪公即位时（公元前660年）正值管仲助齐桓公称霸，东方战乱，而秦在西方得以成长。

不过，对于秦的地理优势，司马迁似乎不如贾谊那么确定。他说："秦始小国僻远，诸夏宾之，比于戎翟，至献公之后常雄诸侯。论秦之德义不如鲁卫之暴戾者，量秦之兵不如三晋之强也，然卒并天下，非必险固便形执利也，盖若天所助焉。"[3] 其实，在很大程度上，"天所助"秦的还是地利，还是地缘政治的优势。善于利用这个优势的，是秦从内地召去的人才。

秦的早期历史与戎有密切的关系。据《史记·秦本纪》记载，秦的

---

〔1〕当秦在岐立住脚跟之时，罗马城也建立了。根据传说，罗慕洛（Romulus）和勒莫（Remus）孪生兄弟于公元前753年创建罗马城。如果从秦襄公立国的公元前770年算起，则秦的开始略早于罗马10多年（罗马的前几位国王都是传说）。秦在公元前221年建立起大一统帝国。罗马在公元前202年的第二次布匿战争中打败迦太基（在同一年刘邦在垓下打败项羽，即皇帝位），在地中海及其沿岸建立起大帝国（从国内制度看，公元前27年屋大维大权独揽，共和国灭亡，罗马才成为帝国。但罗马的扩张基本上是在共和时期完成的）。秦的统一和罗马在第一次布匿战争（前264—前241）中获胜有相似之处：这两场战争都为帝国的发展扫除了障碍。与第二次布匿战争相平行的是秦末陈胜、吴广开始的内乱（前209—前202）——它们在同一年结束。罗马差点被汉尼拔消灭，秦帝国则被彻底推翻。秦之后还有汉，秦汉往往被当作一脉相承的帝国。东汉在220年灭亡，中国历史进入三国时期。罗马皇帝戴克里先（284—305在位）把帝国分为四个部分。265年，西晋统一。324年，皇帝君士坦丁重新统一罗马帝国。317年，西晋在胡人叛乱中灭亡，中国北方进入"五胡乱华"时期。略晚一些时候，在4世纪中期，西罗马遭受北方蛮族入侵，在苟延残喘中坚持到476年才正式灭亡。589年，隋文帝杨坚再次统一中国，开创了隋唐帝国时期。西罗马帝国消亡之后，没有后继者，神圣罗马帝国与它没有关系。东罗马（拜占庭）帝国一直延续到1453年才被奥斯曼帝国灭亡，几乎比西罗马长了1000年。

〔2〕《过秦论》下，贾谊。

〔3〕《史记·六国年表》，司马迁。

祖先是颛顼的苗裔[1]。在舜的时期，秦的先祖大费（又名伯翳、伯益）辅助大禹治水有功，后来，大费又“佐舜调驯鸟兽，鸟兽多驯服”，“舜赐姓嬴氏”。大费的子孙“或在中国，或在夷狄”。“中国”和“夷狄”显然取决于地理和习俗，而与血统无关。他们有许多善御马者。商代末期，大费（伯益）的后裔中潏[2]“在西戎，保西垂”[3]。中潏的儿子名叫蜚廉，与商纣王同时代。蜚廉的两个儿子恶来和季胜分为两支。恶来（武王伐纣时被杀）以下五世有非子，季胜以下三世有造父。[4] 非子是秦的祖先，造父是赵的祖先，谱系清楚、事迹彰著。因此，“赵氏之先，与秦共祖”。[5]

非子是一个牧马者。周孝王（约前885—约前870在位）时，非子居住在犬丘（今甘肃天水、礼县之间，又称西犬丘），有擅长养马的好名声。孝王招他为周王室牧马，位置在陕西西部的千（汧）河、渭河之间，“马大蕃息”。孝王对非子说：“昔伯翳为舜主畜，畜多息，故有土，赐姓嬴。今其后世亦为朕息马，朕其分土为附庸。”因此，孝王“邑之秦，使复续嬴氏祀，号曰秦嬴”。[6] 秦邑的旧址在今甘肃省张家川回族自治县东南。这是“秦国”和“秦朝”之“秦”的来源。非子的部落应该是养马的游牧民。自周初起，秦的先祖一直为周保护西部边陲，和戎的关系密切。在起用非子养马的时候，孝王仍把非子的同父异母哥哥留在了秦人的故地犬丘，“以和西戎”，为周镇守西疆。周厉王时，留在犬丘的这一支秦人被西戎攻杀。

公元前822年，非子的曾孙秦仲为周王室诛伐西戎，战败，被西戎杀死。周宣王（前827—前781在位）召集秦仲的五个儿子，给了他们七千兵，让他们前去复仇。他们打败了西戎。秦仲的长子秦庄公（前821—前778在位）回到犬丘故地。他被封为西垂大夫，仍为周的西部

---

〔1〕又据《史记·夏本纪》，禹的祖父是颛顼。

〔2〕潏（jué），水名。今陕西长安县有潏河。

〔3〕“垂”，通“陲”，边陲。

〔4〕周穆王（约前976—前922在位）西狩昆仑山（今甘肃酒泉南），见西王母。造父为穆王驾车，可以一日千里。造父别居赵城（今山西洪洞县北有赵城）。他这一族以赵为氏，后来建立了赵国。

〔5〕《史记·赵世家》，司马迁。

〔6〕《史记·秦本纪》。本节以上引语无说明者皆出自《秦本纪》。“息”，繁殖。

屏障，阻挡西戎的侵寇。秦庄公在世时没有爵位，他的爵号是儿子秦襄公立国后追封的。在此期间，秦人的活动范围大致在犬丘和秦一带，即今天的甘肃东部。

公元前770年，西戎犬戎和申侯联合起来伐周，“烽火戏诸侯”的周幽王被杀。庄公的儿子秦襄公（前777—前766在位）“将兵救周，战甚力，有功”。为躲避犬戎，周平王把国都从镐京东迁到雒邑，秦襄公和其他几位公侯一起发兵护送。因为这两个功绩，秦襄公从周平王那里得到了诸侯的地位。平王还“赐之岐以西之地”，要求秦襄公把侵占岐的西戎赶出去。“襄公于是始国”[1]，成为开国之君。但是，秦襄公没有完成周平王的任务。他死在伐戎的途中。公元前750年，襄公的儿子文公（前766—前716在位）继续兴兵伐戎，戎终于败走。秦的领土向东扩张到岐，进入到今天的陕西境内。秦的立国是以打败戎为基础的。秦人从戎那里夺取了周人的故土岐，成为以后扩张的基础。可以说，周与秦都是以岐为起点扩张的。

从文公到穆公的50多年中，秦有7位统治者：宁公、出子[2]、武公、德公、宣公、成公、穆公。其中，出子、武公、德公都是宁公的儿子；宣公、成公和穆公都是德公的儿子。七人共四代，有兄弟相传的。他们即位时年幼，又多不长寿，因此都没有大的建树，事迹不彰。所以，秦国的国家立稳之后50多年没有突出的表现。在此期间，秦与戎之间仍时有冲突。

秦国的崛起从缪（穆）公开始。秦穆公（前660—前621在位）时期，齐、晋很强大，秦国向东方发展的余地不大。秦穆公即位第一年，就亲率军队讨伐茅津[3]，取得胜利。秦穆公在执政的初期，得到百里奚、蹇叔的辅佐，把主要精力用在和晋国争霸上。当时，秦晋两国公室互通婚姻，“秦晋之好”就指这一时期。但是，公室或王室通婚不能消

---

〔1〕《史记·秦本纪》。

〔2〕出子是公子，不是太子。他5岁被立，6年后被杀。

〔3〕古渡口，即今山西平陆茅津渡，在黄河北岸，对岸是河南三门峡。茅津是地名，因茅戎在那里而得名，在这里以地名指茅戎。茅津地处中原。在中原仍有一些戎的部落，可见那个时候华夏和戎翟仍然是杂处的。在骑马作战出现之前，游牧者对中原并不占有军事优势。因为杂处，除了秦之外，当时中原许多国家都在和戎、狄、夷作战。但是，秦所面对的西戎犬戎可能是其中最强盛的一族。

除他们之间的战争，欧洲历史也证明如此。秦穆公时，晋国比秦国更强大。两国间爆发过多次大的战争。秦穆公十五年（前 645 年），秦国遭遇饥荒，晋国趁机兴兵攻秦。秦初战不利，穆公还受了伤。但后来战争局势逆转，秦军俘虏了晋惠公夷吾。因为周与晋是同姓（姬），周天子为晋惠公向秦国求情。秦穆公的夫人是晋惠公的姐姐，当然也为他说情。于是秦穆公释放了他的小舅子。作为交换，秦国得到晋国黄河以西的土地。这样，秦的领土一时向东推进到黄河岸边。秦、晋以南流的黄河为界，如今天的秦、晋两省。但不久以后秦国又失去了这个地方。

秦穆公在位时，正是齐桓公、晋文公称霸的时候。宋襄公迂腐不成功的争霸行为，也在这一时期。楚庄王称霸，只在秦穆公死后 15 年。公元前 606 年，楚庄王（前 613—前 591 在位）攻打陆浑〔1〕之戎，到了雒阳，问九鼎之轻重。在春秋争霸赛中，虽然力量有所不逮，秦国也不完全是一个旁观者，对于邻国晋国的政治表现得尤为活跃。晋文公是五霸之中继齐桓公后第二个称霸的，他与戎的关系也很密切。〔2〕秦穆公一直帮助晋文公征战。虽然晋文公活了 69 岁，但有 19 年出奔在外，61 岁才回国，在位仅 8 年。晋文公死后的第二年（公元前 627 年），因为郑国〔3〕有人表示愿充内应，秦穆公派兵长途奔袭郑国，领兵的有百里奚和蹇叔的儿子。这两位老臣反对出兵，并认为秦兵一定会在崤〔4〕阨覆灭。秦穆公不听劝阻。秦兵到了滑〔5〕这个地方时，郑国的商人弦高正赶着

---

〔1〕今河南嵩县有陆浑水库，在伊河上。姜戎、陆浑戎本在今甘肃一带，后来被秦、晋迁徙到今河南西部一带。

〔2〕晋国之乱及晋文公即位与戎有间接关系。公元前 672 年，文公的父亲晋献公攻骊戎（居住在骊山一带的戎，后被晋灭掉。骊山在今陕西临潼），获骊戎之女骊妃。骊妃生奚齐，欲立为太子。为了这个目的，公元前 655 年，晋献公杀太子申生。公子夷吾、重耳都逃出了晋国。4 年后，献公死，奚齐和骊姬被晋国大臣里克杀掉，夷吾回国即位，为晋惠公。惠公后来战败，被秦穆公俘虏，把太子子圉送到秦国为人质。秦把宗女嫁给子圉为妻。但是，在晋惠公病重的时候，子圉担心秦国不放他回国，就偷偷地逃了回去。子圉为晋怀公。秦国为此很不高兴。于是，秦穆公把重耳从楚国接来，又把子圉留在秦国的妻子转嫁给他之后，送他回到晋国。重耳就是晋文公（前 636－前 628 在位）。即位之后，晋文公派人杀了他的侄子晋怀公子圉。

〔3〕郑的国都在今河南新郑。

〔4〕崤（xiáo）山，今河南西部山区，从洛阳以东到陕西潼关一线，即贾谊所说的"崤、函之固"。

〔5〕滑，姬姓古国，在今河南偃师南的缑（kōu）氏，不在今天河南北部的滑县。

12头牛，要到周去贩卖。他见到秦兵，便假充郑君的使者，用他的牛犒军。三位秦军将领认为郑国已经有所准备，奇袭不成，就顺道灭了滑回国。滑在晋的边境。这时晋文公还没有入葬，当时还是太子的晋襄公认为秦国乘人之危，非常生气，于是发兵击秦，在郩大败秦军。秦军没有一个人逃脱，三位将领都被俘。两年之后，秦发兵攻晋，以图报仇，但仍被击败。又过了两年（公元前624年），秦再次伐晋。秦军渡过黄河后把船烧掉，以示背水一战，终于打败了晋军。晋人守在城中不敢出。穆公再次从茅津渡过黄河，去郩，埋葬了曝露荒野多年的秦兵遗骸。他在郩痛哭三天，向军队检讨自己的错误。

大概因为与晋国争斗的挫折，秦看到了秦晋之间的实力差距，转而向西发展。穆公三十七年（公元前623年），“秦用由余谋伐戎王，益国十二，开地千里，遂霸西戎。”[1] 这段记述非常简短，没有详情。秦穆公在一年之内取得如此成就，很可能是经过长期准备之后，在一次战争中彻底打败了西戎。[2] 这次胜利似乎很彻底。在穆公之后，秦国再没有和西戎发生过大的战争。到秦孝公时，秦国能以西戎为可靠后方，致力于中原战争。

---

〔1〕《史记·秦本纪》，司马迁。

〔2〕在春秋时期，除了秦国之外，其他一些国家，如齐国、晋国、秦国，甚至小国虢国（北虢，在今河南陕县一带，前655年为晋所灭），都曾和戎交战，打败过戎。孔子对管仲的国内政策评价不高，但他说过：“管仲相桓公，霸诸侯，一匡天下，民到于今受其赐。微管仲，吾其被发左衽矣。”（《论语·宪问》）被发左衽是戎狄的习俗，与中原不同。孔子这句话的意思是：假如没有管仲，我们都被戎狄征服了。管仲为齐国制定的外交政策是“尊王攘夷”。齐国在中原的东部，离东夷近，所以以“夷”称化外之民。但实际上齐国“攘”的是戎，不是夷。例如，公元前664年，齐桓公攻山戎以救燕；公元前650年，齐桓公攻北戎；公元前648年，齐桓公使隰朋击戎于晋，使管仲击戎于周。因为这次“尊王攘戎”之战，周襄王以上卿之礼待管仲，管仲辞谢，最后受下卿之礼。孔子说的可能就是这场战争。三年之后，管仲去世了。从“戎”字前面所加的地名或方位来看，戎在当时还没有统一。

曹操“挟天子以令诸侯”，其原始出处可能就是管仲的“尊王攘夷”，不同之处是曹操的做法更粗糙些。在近现代的国际政治中，“尊王攘夷”仍大行其道。只是这个“王”不必是一个人，却须是大家所共同尊重（或至少不便公开反对）的价值，如“自由贸易”、“民主”、“联合国决议”，乃至“防止大规模杀伤性武器扩散”，等等，可以有很多种，但是尊“王”（民主等）为了攘“夷”的目的却没有改变。如果“尊王攘夷”不成，武力强大的国家就会直接“挟天子以令诸侯”，打着某一“王”的旗号直接发动战争了。中国从1840年鸦片战争进入现代历史后，看到一幕接一幕，到21世纪初美国入侵伊拉克，“尊王攘夷”运动一直没有停止过。

在征服西戎的战争中，为秦穆公出谋划策的是由余。由余是戎人。在他出使秦国时，穆公发现了他的才华，设法使他留在了秦国。《史记·秦本纪》记载了穆公和由余之间的一番对话：

（穆公）问曰："中国以诗书礼乐法度为政，然尚时乱，今戎夷无此，何以为治，不亦难乎？"由余笑曰："此乃中国所以乱也。夫自上圣黄帝作为礼乐法度，身以先之，仅以小治。及其后世，日以骄淫。阻法度之威，以责督于下，下疲极则以仁义怨望以上，上下交争怨而相篡弑，至于灭宗，皆以此类也。夫戎夷不然。上含淳德以遇其下，下怀忠信以事其上，一国之政犹一身之政，不知其所以治，此真圣人之治也。"

由余的回答有些类似老子的思想〔1〕，也揭穿了中原文明的一大弱点。在国际政治中，仁义礼乐，过犹不及。强调礼乐，一个孤立的国家可以维持一段时间，但在国际之中，国家很难有竞争力。宋襄公争霸不成的主要原因是宋国的礼仪太过发达，而襄公又太过迂腐。〔2〕需要指出的是，在秦穆公和由余的时候，孔子还没有出生。孔子是一个集大成者，儒家思想并不始于孔子。远在孔子之前，儒家的许多观念就已经比较完备了，否则也不会有孔子的成熟思想。

由余的批评对秦国可能是多余的，因为秦国一直都更接近西戎，而不是"中国"。"中国"各国也把秦国看做是西戎。秦国与"中国"文明保持距离，有地理和传统的因素，亦有自觉的因素。因为这段距离，秦国比其他国家更能够推行激进的改革。秦国不仅崇尚武力，而且为了武

---

〔1〕例如，老子说过："大道废，有仁义；智慧出，有大伪。"（《道德经·第十八》）"失道而后德，失德而后仁，失仁而后义，失义而后礼。夫礼者，忠信之薄，而乱之首。"（《道德经·第三十八》）礼是仁义忠信等价值丧失之后的伪善，是德之贼。

〔2〕西周初年，周武王封商纣王的庶兄微子启于宋，统治殷商遗民，以承商祀。因此，宋国保存的殷文明最多，是殷礼的典范。宋的都城在商丘（今河南商丘），在曲阜以南偏西约150公里。孔子的先祖是宋国宗室，为避仇逃到鲁国。孔子已是在鲁国的第四代，但他还是认同殷，说过："而丘也，殷人也。"齐桓公死后，宋襄公（前650－前637在位）想继之称霸，公元前639年会诸侯于盂（今河南睢县），却被楚劫持，年底被释。第二年宋与楚再战于泓（今河南柘县），襄公坚持"不鼓不成列"，君子"不重伤，不禽二毛"，结果宋师大败。襄公的大腿受伤，于次年死去。盂与泓两地都距商丘不远，宋襄公并未远离家门。

力的最大化，不惜一切代价，没有顾忌。秦国因此而统一，也因此而速亡。统一和速亡都是同一个原因，就是贾谊所说的“仁心不施，而攻守之势异也”。[1] 在进攻的时候，秦给它的人民以斩首的奖励，以此作为它残暴的补偿，那些强悍的人有了出路，也就不造反了；在守成的时候，秦就只剩下残暴，国家内部的压力无处释放，于是陈胜、吴广们只能揭竿而起。

那时，中原以北乃至中原内部都散布着一些游牧部落，还有些已经建立了国家，其中最强大的在西北方。秦穆公时期秦国转向西北，对中国的历史发展有极大的影响。因为秦穆公称霸西戎，压制住了西戎，中原得以先行统一。最后完成统一的是西戎化的秦国。秦国是中原与西戎之间的“中国”——这是秦的一个优势。中原统一的时间略早，中原由此获得了抵挡游牧者大规模南下的能力。秦始皇统治后期，游牧者已经骑马作战，开始占有对农耕者的军事优势。随着中原和北方草原先后统一，南北冲突的规模也大大增加了。这些都是后话。

从穆公去世到孝公即位的260年间，秦国都没有大事件记录在历史中，对中原也没有大的行动。除了“国家内忧，未遑外事”之外，秦国把精力放在经营周边地区上。公元前461年，秦灭大荔[2]戎。这是比较靠近中原的戎国。从当时中原国家的评价来看，秦的文化可能更加夷狄化了。公元前362年，秦孝公（前362—前338在位）即位。孝公是穆公之后第一位有大作为的国君。“秦孝公立，威服戎羌，使太子驷率戎狄九十二国朝周显王。”[3] 孝公的功绩首先还是“威服戎羌”，并且向周王炫耀他在戎羌的威望。在穆公之后，秦国可能一直保持了对诸戎的控制。这时，中原的兼并局势已经非常严峻了：

孝公元年，河山以东强国六，与齐威、楚宣、魏惠、燕悼、韩哀、赵成侯并。淮泗之间小国十余。魏、楚与秦接界。魏筑长城，自郑滨洛以北，有上郡。楚自汉中，南有巴、黔中。周室微，诸侯力政，争

---

〔1〕《过秦论》上，贾谊。

〔2〕今陕西大荔东。

〔3〕《后汉书·西羌传》，范晔。

相并。[1]

孝公时，中国的小诸侯国已经基本上被吞并殆尽，大诸侯国之间的兼并战争已经开始，七雄并立的局面更加突出。即使不是秦国，统一也会由另外某个国家完成。当然，如果不是秦国，统一后中国的形势可能会大不相同。当时秦国仍是一个较弱小的国家，秦孝公面临巨大挑战。

秦孝公做了两件大事，第一件是招纳贤才，依靠商鞅推行激进改革；第二件是迁都，向东方靠拢。秦立国之时的国都在秦，秦作为秦国的都城大约有 200 年。公元前 677 年，秦德公迁都于雍（今陕西凤翔）。公元前 350 年，秦孝公又把国都从雍迁到咸阳。秦的政治中心一步一步向中原靠近，同时也避开了那些反对改革的传统势力。司马迁说，孝公时，“秦僻在雍州，不与中国诸侯之会盟，夷翟遇之。孝公于是布惠，振孤寡，招战士，明功赏。”[2] 孝公在即位的第二年（孝公元年）就下诏求贤才，时间早于他迁都咸阳。

商鞅变法是秦国强大的基础。商鞅本来在魏相公叔痤手下担任一个小职务。公叔痤向魏惠王推荐他，但没有受重用。因此，秦孝公一下求贤令，商鞅就去了秦国，时间是公元前 361 年[3]。商鞅为秦国带去了法家思想。虽然法家思想产生于中原，但商鞅的激进程度大概只有秦国可以接受，因为秦国不受中原传统价值的约束，可以做到一切以效率为先。在商鞅改革之前或同时，其他一些国家也开始了改革，如魏国的李悝，楚国的吴起，韩国的申不害，齐国的邹忌。他们大都属于实用主义的法家，注重增加国家的经济和军事实力，而不是儒家流于表面的、形而上的礼乐。但是，他们的改革大都是兴利除弊，不触及根本制度，远远不如秦国的彻底、激进。例如，商鞅设立二十等爵，通过战功获得爵位，而不是世袭；每斩一首，升爵一级。因此军士们受到很大的激励，在战场上个个奋勇向前，拼了命去砍别人的头回来领赏。商鞅的激进改

〔1〕《史记·秦本纪》，司马迁。

〔2〕《史记·秦本纪》。《史记·齐太公世家》也说过：“秦穆公僻远，不与中国会盟。”可见在穆公到孝公的 300 多年中，秦国遵守了同一个不结盟准则，尽管它对中原事务并非袖手旁观，与邻国晋和三晋发生过多次战争。

〔3〕秦在这一年攻戎，斩獂王。可见秦对戎的征服没有停止。

革措施为他在秦国树立了许多敌人。公元前 338 年孝公死后，商鞅被车裂。

秦惠文王（前 338—前 311 在位）就是车裂商鞅的秦君。惠文王任用为相的是公孙衍（犀首），后来是张仪。他们都是魏人。公元前 332 年，为了破坏合纵，公孙衍说服齐、魏发兵攻赵。赵国决黄河之水以灌之，齐魏兵退。公元前 316 年，秦灭蜀，得到了富庶的西南为后方。惠文王死后，他的儿子武王立。武王好勇力，在位第四年，和力士比赛举鼎，伤了髌骨而死。武王无子，他的异母弟弟昭襄王（前 307—前 251 在位）立。昭襄王即位时年幼，秦国的大权长期掌握在母亲宣太后和权臣魏冉手中。公元前 270 年，秦攻灭义渠。义渠是西戎之一，已定居，有城郭，在今甘肃东部和陕西西部。秦灭义渠后，置陇西、北地、上郡，修长城以防备胡的入侵。“是时大荔、义渠最强，筑城数十，皆自称王。”[1] 两个强大的戎国分别在秦的东部和西部，至此都被灭掉了。昭襄王时，中原诸国仍把秦国视为不开化的国家。公元前 266 年，齐、楚相约攻魏，这时魏国已经成为秦国的东藩。经过一番犹豫后，秦发兵救魏。因此，得救的魏安鳌王想亲近秦国，讨伐韩国。他的弟弟信陵君无忌劝阻说：

> 秦与戎翟同俗，有虎狼之心，贪戾好利无信，不识礼义德行。[2]

信陵君对秦国的判断是比较接近事实的。他对秦国的谴责和由余对中原的批评形成对照，两人都强调中原与夷狄的文化、风俗差异，但角度完全不同。信陵君认为秦国“不识礼义德行”，由余则评说中原的礼义德行是虚伪的。两人说这些话的时间相差大约三个半世纪，这说明在这漫长的时间里，秦与中原之间的文化差异可能没有缩小。信陵君是主张合纵抗秦的，因此他对秦国的恶评可能有些夸大，但他的话也揭示了

---

〔1〕《后汉书・西羌传》，范晔。

〔2〕《史记・魏世家》。对比江统的《徙戎论》（299 年）：“禹平九土，而西戎即叙。其性气贪婪，凶悍不仁，四夷之中，戎狄为甚。弱则畏服，强则侵叛。”可见在数百年之中，中原对戎狄的评价没有改变。戎狄受到轻视的原因，一是“贪婪”，二是“凶悍”，三是“无信”和“不仁”。他们不符合中原的道德标准，而这些道德最后是由儒家规定的。

后来秦国得以统一中国的某些原因：一切为了战功，不在乎其他。这也正是秦灭亡的原因。秦二世和赵高的暴虐无知，只是加速了秦朝覆灭的过程。

公元前 251 年，秦昭襄王卒，共在位 51 年。他的儿子和孙子享国的时间都很短。他的儿子为孝文王，在位第二年就去世了。孝文王的儿子为庄襄王，在位三年。公元前 247 年，庄襄王卒，太子嬴政立。嬴政就是后来的秦始皇，在公元前 221 年统一了中国，建立中国历史上第一个一统天下的专制政权。但与北方和西北方的战争没有结束。西戎的一些部落融入了吐蕃。吐蕃在唐朝时强大起来，从西部反复入侵。不过，除此之外，西戎的威胁已经不大了。

公元前 220 年，秦朝开始在全国修建驰道——当时的高速公路。其中有一条从都城咸阳直通北方。公元前 215 年，秦始皇发兵 30 万，派大将蒙恬北攻匈奴。第二年，蒙恬击败匈奴，取得黄河河套地区，设置了 44 个县，并修建长城，以防范匈奴再次南下。公元前 212 年，始皇派长子扶苏为蒙恬的监军，显示他对北方防线极为重视。公元前 210 年，始皇死在南巡路上。李斯、赵高立胡亥为二世皇帝，伪造诏书，赐扶苏、蒙恬死。两位掌握大军的人就这么死去了。一年之后，匈奴的冒顿单于建立草原帝国。这是第一个匈奴帝国。这恐怕不是简单的巧合，其中一定有战马的力量。战马加快了军队运动的速度，扩大了战争的范围。幸运的是，中国已经统一，匈奴南下不再那么容易。经过秦末之乱后，新建立的汉朝不能击退匈奴的入侵，因此采取了和亲政策。经过数十年的休养生息，汉朝积蓄了足够的力量。在汉武帝时期，中原彻底击败了匈奴，并在征战中把力量延伸到西域。汉朝的扩张模式是被动出击，目的不是征服。以后的汉人朝代继承了这一模式——如果有所扩张的话。

赵武灵王的战略

赵国是从晋国分裂而成的三个国家之一，占有晋国的东部地区，在今天的河北和山西。都城在邯郸（今河北邯郸）。赵国比中原国家多一些地理优势，但比秦国要差很多，因为它有几个强大的邻国，夹在秦国、燕国、齐国、魏国之间，缺少战略后方，而且在北方还有一个北狄，即匈奴。

在秦武王举鼎受伤去世的那一年（前 307 年），赵武灵王（前 325—前 299 在位）[1] 开始在赵国强行推广胡服骑射，也就是改穿胡人适合马背生活的短服，练习骑马射箭。赵国北方与游牧者接触较多，与他们的战争也多。为了防备他们，赵武灵王时，赵国开始在北方修筑长城，大致线路是从包头以北，经呼和浩特以北，到张家口以北。赵长城后来成为秦长城的一部分，其遗迹至今仍有可考者。[2] 由此可见，在与游牧者（胡人）的战争中，赵国处于守势。修筑长城和之后的胡服骑射改革表明，北方游牧者的骑射优势已经在这个时候显露出来，他们的不足在于组织能力还不敌中原，不能组建大规模的军队。因此，中原在对抗中还略占上风。把骑兵战术优势转化为强大的军事力量，还有待草原各部落的联合和统一。到那时，游牧者将成为农耕者难以战胜的对手。赵武灵王时，游牧者还需要 100 多年的时间来完成这个任务。

马的驯化、马车、骑马的技术都是在南俄和中亚大草原上首先发展起来的。人类在驯化马匹之后，首先是用它们来驮运，拉车，然后战车出现了。一般认为，在殷商后期，马和马车传入中原。在殷墟出土的马

---

〔1〕 赵武灵王没有死在工作岗位上。他于公元前 299 年把王位传给儿子。他死于公元前 295 年。

〔2〕 景爱：《中国长城史》，120—123 页，上海人民出版社，2006 年。在此之前，赵国在其国土的南部修建长城。

车可乘三人，除了御者之外，车上的另外两人分别持弓和矛。[1] 车兵和步兵是主要兵种。一个国家权力的大小往往以它有多少“乘”来衡量。大约在公元前7世纪，中亚大草原上出现了骑马术和骑兵。这是一个极大的突破。赵武灵王时的赵国是第一个使用大量骑兵作战的农耕国家。因为有了骑兵，赵国能够向北扩张到上谷、云中这些本来是北狄的地盘。不过，那时马拉的战车仍然比骑兵重要得多，虽然战车更受地形的限制。

骑兵技术不是一下子成熟起来的，游牧者的骑兵优势是在技术比较完备之后。从人类学会骑马，到战争中使用个别马匹，到骑兵成为一个重要兵种，期间经过了数百年的时间，是辔头、缰绳、马鞍、马镫等诸多装备进步的结果。早期的骑兵可能只是骑在马上的步兵，马匹是他们的交通工具，还不是作战平台。他们还不能骑射，作战时下马，主要是起传令、侦查、包抄、偷袭、遮断等作用。在它出现之后的很长时间内，骑兵一直是辅助兵种，其作用不如车兵和步兵。在秦始皇陵出土的兵马俑中，士兵持缰站在马前，大概就是属于这一类骑兵。咸阳还出土了两个骑马俑，已经有了缰绳、络头和（低桥）马鞍，但没有马镫。骑兵技术的最终完善是高桥马鞍和马镫的发明和使用。没有这两样设备，就不会有高效的马上搏斗和骑射，也不便于长途奔袭。从骑马俑占整个兵马俑的比例看，即使在世代养马、俗同夷狄的秦国，到秦始皇时，骑兵仍不是主力兵种。这时对骑兵的使用，大约相当于第二次世界大战初期法国对装甲部队的用法，还不是德国的用法。技术上的原因大概就是缺少马镫。格鲁塞说：

> 马镫问题是一个很重要的问题。马镫的发明使北方的游牧人能够长时期地对定居人民的骑士保持一种绝对的优越性。……匈奴人的马镫在公元前第三世纪时已证实其存在，但在中国汉朝时的浮雕上还很少出现。[2]

---

〔1〕盘庚迁殷是在公元前1324年前后，殷商的强盛是在迁殷之后。

〔2〕勒尼·格鲁塞：《草原帝国》，25页，青海人民出版社，1991年。格鲁塞的这本书首次出版于1939年。从那以后，还没有在中原找到汉朝使用马镫的直接证据，尽管有人根据文献推测中原早就使用马镫了。欧洲人在6世纪时从阿瓦尔人那里学会使用马镫。

汉武帝在讨伐草原部落的战争中大量使用骑兵，并取得了最后胜利。汉军在交战中应该了解到马镫。如果没有马镫，汉朝的胜利就更为难得，更为可观。因为缺少马镫，在赵武灵王时，骑兵还不是一个成熟的兵种，但已经接近成熟。战国时期，中原文化的国家有更好的组织能力，经济更发达，位于中原附近的戎狄国家被陆续灭掉。在战国后期，游牧者开始获得骑兵技术的突破，双方的力量对比朝着有利于他们的方向倾斜。游牧者横行天下的时代即将到来。

公元前299年，赵武灵王废了太子，把王位传给小儿子。他自己甘当一名将领，领兵攻入胡地，目的是“欲从云中、九原直南袭秦”[1]。赵国的主要敌人是秦国，不是胡人。赵武灵王还假扮成使者到秦国，亲见秦昭王。“主父所以入秦者，欲自略地形，因观秦王之为人也。”[2] 然而，被废掉的太子造反，赵武灵王被包围在宫中饿死，袭秦的计划因此而告终。如果赵国能从北方（也就是秦国的后方）发起袭击，将打破秦国的“郩函之固”。不过，赵国没有足够的骑兵，而使用步兵长途奔袭恐怕仍难以对秦国构成威胁。即使赵武灵王的生命足够长，赵国也不太可能战胜秦国，因为赵军在渡过黄河之后，还要经过河套沙地和黄土高原，路途遥远，荒凉崎岖，人烟稀少，在后来许多世纪中，北方的游牧骑兵也难以突破这一带的防守。那里的地形对抵抗者有利，而且秦国在河套内已经修了长城。即使不谈这些因素，赵国的军队也很可能因为远离后方，补给困难而失败。

赵武灵王“出师未捷身先死”。不管他的军事成就如何，赵武灵王（主父）非常有远见地开始了内地农耕者的骑兵时代。

---

〔1〕《史记·赵世家》。云中，治所在今内蒙古托克托东北，黄河河套北岸。九原，治所在今内蒙古包头西。当时都为赵国领土。赵武灵王时，赵国的势力已经到达秦国的正北，也就是后来秦始皇派蒙恬打击匈奴的地方。

〔2〕《史记·赵世家》。“主父”是赵武灵王退位后的称谓。

范雎的地缘政治观

秦昭襄王（或称秦昭王）即位时年幼，由母亲宣太后和穰侯魏冉掌握国家大权。公元前270年，范雎入秦，秦国以范雎为客卿，四年后又以他为丞相。和张仪一样，范雎也是魏人。他是魏大夫须贾的家臣，地位和商鞅在魏国的时候差不多。范雎随同须贾出使齐国。齐襄王知道范雎善辩，就送给他礼物表示敬意。范雎没有破坏外事纪律，“辞谢不敢受”。然而，须贾知道后大为恼怒，以为范雎向齐国泄露了国家机密，回国后向魏相魏齐报告。范雎受到严惩，被打断肋骨，折断牙齿。他装死才得以逃脱，后来被秦国的使者带到秦国。秦国虽然很落后，但上上下下注重吸纳各国的优秀人物，这是秦国得以统一中国的一个重要因素。

范雎入秦时，秦国正在进攻齐国，取刚（今山东宁阳）、寿（今山东东平）之地。这两个地方在陶（今山东定陶）[1]的东北。陶是当时最繁华的商业大都市，远离秦国本土，是秦国的一块飞地。秦国进攻齐国的本意在扩大陶的范围。范雎不赞同跨越第二国的领土去进攻第三国，

〔1〕陶本来是宋国的城市，在秦之东，中间隔着韩、魏两国。秦国专权的相国穰侯魏冉觊觎陶已久。公元前286年，齐灭宋，也就得到了陶。两年后，五国之师伐齐，燕将乐毅率领燕师攻齐国，秦军乘机拿下陶。后来，陶成为穰侯的封邑，是秦国的一块飞地。秦攻齐之刚、寿，就是穰侯为了扩大他在陶的地盘。穰侯是秦宣太后的异父弟弟，秦昭襄王的舅舅，起初的封地在穰（今河南邓州），故称穰侯。公元前265年，宣太后卒，范雎已经为秦的丞相，昭襄王把穰侯赶到陶。穰侯出关的时候，“关阅其宝器，宝器珍怪多于王室”。（《史记·范雎蔡泽列传》）穰侯死于陶，他的墓碑在南北朝时尚存。公元前254年，魏攻取了秦国孤悬境外的陶郡。范蠡帮助越王勾践破吴之后，远离政治，经商成为巨富。他居住在陶，因号陶朱公。陶能成为商业大都会，原因是地处当时东西和南北的交通要道上。陶是一个内陆大都市。

因为即使打了胜仗也得不到土地。他举了齐湣王攻打楚国的例子[1]。他说，虽然齐国大胜楚国，但因为齐国距离楚国较远，齐国没有从战争中得到好处，反而使韩、魏两个盟国从中渔利。范雎把盟国比作“贼”和“盗”，因为在下一次战争中他们可能就是敌人。范雎认为，战争第一重要的目的是消灭敌人，其次是占领土地。土地可以生产粮食，养活更多的人加入战争，还可增加国家的防御纵深。帮助别的国家占领土地就是削弱自己。为了避免犯下齐湣王“借贼兵、赍盗粮”的错误，范雎教给秦昭襄王远交近攻之策：

> 王不如远交而近攻，得寸则王之寸也，得尺亦王之尺也。今释此而远攻，不亦缪乎！且昔者中山之国地方五百里，赵独吞之，功成名立而利附焉，天下莫之能害也。[2]

范雎的“远交”是为了“近攻”。他主张和远方的国家保持良好关系，进攻邻近的国家。战胜邻国之后可以获取土地，无论得多得少都是自己的。范雎以赵国为例。赵国能够独吞中山国，因为它们是邻居，赵国很强大，别的国家不好染指。没有图谋土地的目的，远交近攻就失去了意义。今天可以对“土地”有更广泛的解释，包含各种资源（如石油，但未必是油田）。发动战争一定要有明确目的，获得的利益要远远

---

〔1〕范雎说的这场战争或许是公元前301年的齐、韩、魏三国的攻楚之战。这一年齐湣王（前301—前284在位）才即位（《史记·田敬仲完世家》把湣王和他的父亲宣王在位的时间混在一起，因此使湣王即位时间大大提前，前人已多有指正）。齐国的孟尝君那时主张合纵。因为秦昭王的母亲和王后都是楚人，楚怀王与秦昭王结盟，孟尝君第二次联合韩、魏攻楚，大败楚军于垂沙（今河南唐河西南），楚将唐蔑（唐昧）被杀。韩、魏得到楚宛（今河南南阳）、叶（在今河南叶县西南）以北的土地，因为齐与这一带不接壤，齐国没有收获。关于这场战争，历史记载颇有出入，详细分析、辩误，参见杨宽：《战国史》，367—369页。楚国与秦国的联姻和联盟都不可靠。在孟尝君攻楚的同一年，秦乘机接连伐楚。公元前299年，秦昭王又约楚怀王结盟。怀王不听屈原等人的劝告，至武关（今陕西商南武关）被扣。另，齐湣王显然不是一个明君。公元前284年，燕国上将军乐毅率五国之师伐齐，连下七十余城，齐都临淄也不保。湣王被杀，齐国从此一蹶不振。

〔2〕《史记·范雎蔡泽列传》。按，中山在今河北定州一带，地处燕、赵、齐三国之间，与赵国接壤最多。战国时，中山国国势一度强盛，公元前296年为赵主父（赵武灵王主动退位后的自称）联合齐、燕所灭。这次，齐、燕是“借贼兵、赍盗粮”的，帮助赵国独吞了一个邻近国家。

大于付出，并能够长久维持。一般而言，越是需要别国合作的非分之举，最后分赃所得的利益也就被摊得越薄，行动就可能越不划算。

范雎向秦王举了两个形成鲜明对比的例证：赵国战后独吞中山，而齐滑王攻楚所获甚微。然后，他把矛头对准韩国和魏国。这两个国家既是秦国的邻国，又是"中国"的中枢，地处秦国通往东方的要道之上，因此应该是秦国扩张的首要目标。范雎为秦昭襄王指出了称霸（还不是统一）路线图：与韩、魏建立密切关系，如果不行，就出兵进攻它们，总之是要它们站到秦国这边来。这就是"得中原者得天下"的道理。麦金德一定非常赞成这句话，这也许是他的"心脏地带"理论的最早版本了。除了秦国之外，当时的强国还有楚、赵两国。按范雎的计划，秦国的目标应该是首先威慑其中较弱的一个，使之依附秦国，然后再图谋另外一个。如果楚、赵这样的大国都被慑服，像齐国这样较小的边缘国家一定会害怕而服从秦国。等到边缘国家都归附了秦国，再去收拾韩、魏这两个中枢国家。

秦国是一个边缘国家，为了获得通往别处的要道，占据天下中枢，首先要占领韩、魏两国，或使两国归顺。依照范雎的"远交近攻"战略，也需要首先攻占韩、魏。秦始皇的统一战争走的大致就是这条路线。秦国首先灭掉韩（前 230）和魏（前 225），然后才是南方的楚（前 223）、北方的燕（前 222）和赵（前 222），最后是东方的齐（前 221）。如果按秦攻破都城的时间，赵（前 228）、燕（前 226）亡国在魏之前。9 年之间，秦始皇摧枯拉朽灭掉六国。如果从嬴政亲政那年（前 238）算起，也不过 18 年。秦国征服韩、魏没有分两步（先使之亲秦，再虏之），比范雎设想的更加干脆利索，证明秦国的力量已经比范雎时更加强大了。

根据李斯的《谏逐客书》，范雎的功绩是"废穰侯，逐华阳，强公室，杜私门"。他的贡献主要在内政上。他的对外政策只是"蚕食诸侯"，没有大的业绩，反而有过失败。他的对外政策注重显示与穰侯的不同，其目的是为了"废穰侯"。以那时的实力对比，秦国还不可能夺得天下。作为一个"辩士"，范雎的思想不是连贯的，为了个人的利益可以随时更改，又多夸大其词。这也是战国纵横家的共同特点。最后，范雎推荐的人背叛了秦国，他被迫离职。

远交近攻有它的使用范围，是有强大进攻能力的大国的策略。对于小国，其首要任务是和邻近的大国维持良好关系，至少不要太坏，才能维护安全。在战国时期，燕国是北方偏远的小国，在赵国的北面。燕国的南部边界受赵国的屏蔽，因此没有遭遇兵燹。苏秦游说燕文侯，指出秦国和赵国曾有五次战争，秦两胜，赵三胜。苏秦要求燕国疏远秦国而亲近赵国。他说：

> 秦之攻燕也，逾云中、九原，过代、上谷，弥地数千里，虽得燕城，秦计固不能守也。秦之不能害燕亦明矣。今赵之攻燕也，发号出令，不至十日而数十万军军于东垣矣。渡嘑沱，涉易水，不至四五日而距国都矣。故曰，秦之攻燕也，战于千里之外；赵之攻燕也，战于百里之内。夫不忧百里之患而重千里之外，计无过于此者。是故愿大王与赵纵亲，天下为一，则燕国必无患矣。〔1〕

在这里，苏秦所用的原理和范睢的一样，可见在战国时已经初步形成了比较一致的国际关系理论。在燕、赵、秦三国中，燕是最弱的一个。小国不能“近攻”，要和邻近的大国维持良好关系，因为邻国的入侵路线短，很快就可以兵临城下。所以，苏秦向燕国建议的政策与范睢向秦国提出的战略正好相反。他提出，燕国应与强大的邻国赵国发展友谊，以免去燕国的后患。

战国时的军队以步兵为主，车兵不能脱离步兵孤军先行。因此各国军队的行进速度在理论上相差不大。今天的军力长短是根据军队的机动性计算的，而各军的机动能力相差巨大。同样的距离，军队的机动性强，距离就短，反之则长。这是后来北方游牧骑兵可以在中原长驱直入的原因。美国地处北美洲，远离世界人口最密集的欧亚大陆，似乎难以成为世界领袖。但美国军队有良好的机动性、有遍布世界的军事基地，以及远程打击武器和武器平台。因此，美国成为距离所有国家最近的国

〔1〕《史记·苏秦列传》。苏秦所说的秦国攻燕的可能路线在北方，正好与赵武灵王计划攻秦的路线相同。秦国要到达燕国，路途更加遥远，除了云中、九原之外，还要经过代（在今河北蔚县一带，其时属赵）、上谷（在今河北张家口到北京昌平一带，其时属燕）。燕国的国都蓟在今北京城西南。东垣，在今河北石家庄东，嘑沱（滹沱）河南岸，当是赵国北侵燕国时集结军队的地方。

家，可以对许多国家实施"近攻"而不必"远交"。至于小国，无论它在世界的哪个位置，美国的打击随时都有可能到来，所以有必要和美国维持良好关系。北非的利比亚就是一例。利比亚的卡扎菲原来是反美的，在美国占领伊拉克之后向美国示好。

不过，即使拥有先进的武器，仍有一个难以解决的问题：虽然远国攻占了其他国家，却因为距离太远而不能长期占有，更难以同化当地居民。占领的时间越长，麻烦就会越多、越大。相比之下，近国有很大优势。所以，"远交近攻"的远近差异和不同战略，在今天仍有极大参考价值。大国需要做的是扩大"攻"的含义，使之不限于军事进攻，不限于双方一得一失。

春秋五霸之国都是边缘国家

春秋五霸是齐桓公、晋文公、楚庄王、吴王阖闾、越王勾践。〔1〕他们有一个共同的地理特点：他们的国家都不在中原核心区，却又都与中原毗邻。地理是他们取得霸主地位的主要原因。

越国在今浙江东部，国都在会稽（今浙江绍兴），与中原距离较远，似乎是一个例外。其实不然。楚、吴、越是春秋时期长江流域的三个主要国家，不在当时的主流文化区。公元前 584 年，晋国遣使到吴国，教给吴国乘车战阵之法，让吴国背叛楚国。这一年是吴国和中原诸国之间的官方最早交往。越国比吴国的位置更偏。起初，越国的作战目标主要是吴国和楚国，势力限于长江下游，与中原无涉。吴王阖闾（前 515—前 496 在位）称霸，占领过楚国国都郢（今湖北江陵）。后来，吴王阖闾攻打越国时战败，受伤而死。其子夫差为父报仇，把越国打得大败。

〔1〕 本书采用荀子的五霸说。关于五霸还有另一种说法。《孟子·告子下》赵岐注："五霸者，大国秉直道以率诸侯，齐桓、晋文、秦穆、宋襄、楚庄是也。"但是，秦穆公所霸的是西戎，并非中原，而且"秦穆公僻远，不与中国会盟"。（《史记·齐太公世家》）宋国不是大国，宋襄公确实企图称霸，却没有成功。因此本书不采用赵岐说。

越国只能屈辱求和。越王勾践（前497—前465在位）“卧薪尝胆”，最后挥军包围吴国国都（今江苏苏州）。围城三年之后，于公元前473年灭掉吴国。在破吴前一年，越国才第一次与中原国家有正式的来往，向鲁国派遣了使节。越王勾践获得了吴国的领土，与中原有了直接的地理联系，于是向周进贡。周元王封勾践为伯（霸）。越国把吴国原来侵占的土地归还给楚、宋和鲁等国，同时成为这些国家的邻国。宋和鲁都在中原的核心区。由此可见，越国称霸时，它已经是与中原接壤的边缘国家，就像五霸中的其他四国一样。荀子说：

> 用国者，义立而王，信立而霸，权谋立而亡。……兵劲城固，敌国畏之；国一綦明，与国信之，虽在僻陋之国，威动天下，五伯是也。非本政教也，非致隆高也，非綦文理也，非服人心也。乡方略，审劳佚，谨蓄积，修战备，齺然上下相信，而天下莫之敢当。故齐桓、晋文、楚庄、吴阖闾、越勾践，是皆僻陋之国也，威动天下，强殆中国，无它故焉，略信也。是所谓信立而霸也。[1]

荀子敏锐地看到，五霸都是“僻陋之国”，即偏僻粗陋之国。“僻陋”有地理位置偏僻和文化落后两层含义。成就五霸事业的基础不仅是“信立”，至少同样重要的是，它们都是“僻陋之国”。因为“僻”，不会四面受到包围，有稳固的后方，也有扩张的余地；因为“陋”，不会受到中原文明过多的拘束，可以推行大胆的改革，所以在制度和技术上反而是先进的，能够有效进行军事和社会动员。荀子的“五霸”不包括秦国，但与五霸之国相比，秦国更为僻陋。秦国和中原之间隔着郩山和函谷关，与晋之间有黄河，尽管很多时候晋国的领土延伸到黄河以西。

五霸崛起，除了地理优势之外还有文化的原因。荀子强调“信”。上引信陵君说秦国“贪戾好利无信”，可知秦国在国际中是没有信用的。但秦国的霸业比五霸更大，最后一统天下。可见“信”的使用也是有限度的。对于“文明”，荀子和由余持大致相同的批评观点。由余的批评，

〔1〕《荀子·王霸》。五伯即五霸。“齺（zōu）然”，牙齿上下咬合，引申为上下相应。“殆”，使危险。“略信”，取信。

不仅远早于“五四运动”，甚至远在孔子出生之前。孔子生前并不得志，因为他的思想不符合当时的各国激烈竞争的状况。孔子不是一个独创的思想家，他是一位继承者、一位教育家。孔子的理想最符合一个稳定的、统一的社会，经过改造后也符合专制制度。

荀子评论的是春秋五霸。到了战国时期，这种边缘国家强盛的形势也没有大的变化。除了秦国之外，最强盛的还有楚、赵、齐、燕，它们都是边缘国家。弱小的是鲁、卫、宋、魏、韩、东周、西周，它们都是地处中原核心区的国家。晋国原来是一个大国，是秦国的劲敌。晋国不仅阻挡秦国的东进，还对秦国构成很大的威胁。晋国一分为三之后，给秦国留下了极大的活动空间，秦可以在东方一试身手。如果晋没有分裂，秦成为大国的道路就会艰难很多。三家分晋之后，它们的领土彼此交错，就像苏联解体后中亚国家在费尔干纳盆地的土地一样。为了讨伐对方，韩、赵两国都曾向魏借道。地处中原核心区的魏国四面受敌，终于衰落下去。

魏惠王的无奈

自周定王十六年（公元前591年）以后，晋国的权力旁落，落入魏、赵、韩三家大夫手中。周威烈王二十三年（公元前403年），周王承认了晋国已经分裂近200年的现实，命晋国大夫魏斯、赵籍、韩虔为诸侯。司马光把这一年作为《资治通鉴》的起始年代。他认为，周威烈王承认篡权的大夫，把他们提拔为诸侯，这就坏了“君臣之礼”。“臣光曰”：

君臣之礼既坏矣，则天下以智力相雄长，遂使圣贤之后为诸侯者，社稷无不泯绝，生民之类糜灭几尽，岂不哀哉！[1]

[1] 《资治通鉴·周威烈王二十三年》。

根据司马光的观点，公元前 403 年是中国历史上的一个大转折点，也是诸侯混战的战国[1]时期的开始。战国初期，诸侯中最强大的是从晋分出来的魏国。范雎认为，韩、魏是“中国之处而天下之枢也”，击中了两国的要害。中原确实是四战之地，易攻难守。这里姑且不论较小的韩国。地理位置是魏国衰落的重要原因，与此同时西方的秦国逐渐强大起来。

三家分晋时的魏斯就是魏文侯（前 445—前 397 在位）。魏文侯任用李悝为相。李悝为魏国制定“富国强兵”之法。他编订的《法经》后来由商鞅带到秦国，成为秦律的依托。文侯又以吴起守西河[2]，以西门豹治邺，以乐羊子伐中山，一时人才济济，国势强盛。孔子的弟子子夏在西河，“为魏文侯师”[3]。其实，李克（一说即李悝）、吴起都是子夏的学生。魏文侯是魏惠王的祖父，魏武侯（前 397—前 371 在位）的父亲。武侯仍旧与邻国攻伐不已，但没有大的胜负。武侯时的大事有两件，一是吴起受陷害逃亡到楚国（前 382 年），二是三晋瓜分了残余的晋国（前 376 年）。

魏惠王（前 371—前 319 在位）期间，魏国的地位明显下降。魏惠王不是不知进取的国君。他自己也说过：“察邻国之政，无如寡人之用心者。”[4] 他统治魏国的时间甚长（52 年），正当战国时期激烈而频繁的兼并战争。惠王经常与各国国君会见，带领着他们朝见周王。一些较小国家的国君一起到魏都大梁拜见他。公元前 319 年，孟子见梁惠王

---

〔1〕 孔子修订的鲁国编年史《春秋》止于公元前 481 年，春秋时代也止于公元前 481 年。战国时代始于公元前 403 年。两者之间有 78 年的空当。关于这春秋战国时期的交汇点，史家有不同的观点。

〔2〕 西河即北南流向的黄河地区。西河以西就是秦国了。

〔3〕《史记·仲尼弟子列传》，司马迁。子夏的名言有：“死生有命，富贵在天”（《论语·颜渊》），“四海之内，皆兄弟也”（《论语·颜渊》），“学而优则仕，仕而优则学”（《论语·子张》），“小人之过也必文”（《论语·子张》），“大德不逾闲，小德出人可也”（《论语·子张》）。“文”，粉饰。“闲”，范围、道德规范。孔子另一位学生子游评价说：“子夏之门人小子，当洒扫应对进退，则可矣，抑末也。本之则无，如之何?”从子夏的几位出色的学生看，这个评价很不中肯。子夏和他的学生们已经出现了从儒家向法家过渡的趋势，这也许就是子游说的“抑末也。本之则无”。这个过渡在荀子和他的学生韩非子、李斯时完成。

〔4〕《孟子·梁惠王上》。

（即魏惠王），劝他实行仁政。这是魏惠王生命的最后一年，他向孟子陈述了魏国的困境：

晋国，天下莫强焉，叟之所以知也。及寡人之身，东败于齐，长子死焉；西丧地于秦七百里；南辱于楚。寡人耻之。[1]

魏国是晋国一分为三而成的，魏惠王仍称他的国家为晋。魏国在东、西、南三个方向上都被打败。惠王没有提到北方，其实北方的赵国也是魏的强敌。魏惠王在与孟子相见的当年死去。他的儿子襄王即位，孟子"望之不似人君"[2]，失望地离开了魏国，旅行到齐国，向齐宣王宣扬仁政去了。

魏国都城大梁是当时的文化中心，人才济济，但魏国不能很好地使用这些人才，他们都外流了。更早的时候，在魏惠王即位之前11年，魏国失去了名将吴起。吴起在为魏国治理西河，魏武王听信谗言，召回吴起。吴起离开西河时，"泣数行而下"。他对随从说："西河之为秦取不久矣。魏从此削矣。"[3] 西河果然不久就被秦国攻占。魏失去西河，就失去了黄河屏障。吴起离开魏国，去了楚国。他的改革促进了楚国的富强，楚国从此成为魏国的一大威胁。后来，魏惠王奖励了吴起留在魏国的后人，表达对人才迟来的尊重。

魏国原来的都城在安邑（今山西夏县西北）。那里受到赵和秦的威胁，在公元前369年曾经被赵国包围。公元前362年，秦国在少梁（今陕西韩城）击败魏军，俘获了魏将公叔痤（商鞅这时在他门下）。少梁为安邑的门户。为远离强敌，魏惠王在战败的当年迁都大梁（今河南开封，北宋时称汴梁），因此他又被称为梁惠王。新都在旧都以东300多公里，地处中原的中心区域。在魏国迁都的这一年，秦孝公即位，秦强魏弱之势已成。公元前359年，魏惠王沿着魏国的西部边界修长城，对秦国采取守势。公元前350年，秦国把都城从雍迁到咸阳，也就是从西

〔1〕《孟子·梁惠王上》。
〔2〕《孟子·梁惠王上》。
〔3〕《吕氏春秋·当务》。

向东迁移。但秦国的态势是向中原地区进逼，与魏国的迁都避让形成了鲜明对比。

公元前356年，鲁、宋、卫、韩四国国君一起朝魏。魏惠王为他们举办了盛大国宴。席间，鲁恭侯举了四个典故，说明有以美酒、美味、美色、美景亡其国者。“有一于此，足以亡其国。今主君兼此四者，可无戒与!”[1] 梁惠王叫好，可就是不改。公元前355年是惠王重大外交活动比较多的一年。他先与秦孝公会面，然后又与齐威王田猎。魏惠王向齐威王炫耀珠宝。齐威王回答说，“寡人之所以为宝者与王异。”[2] 齐国的宝是管理国家的优秀人才，他们比珠宝更耀眼。魏惠王听了很惭愧，也很不高兴。不能善用人才正是魏国衰败的根本原因。

第二年，齐国军队攻击魏国的东部边界，打败了魏军。公元前353年，魏国攻占赵国的国都邯郸。赵国向齐国求援。齐国没有直接援助赵国，而是采用了“围魏救赵”的战术，派兵包围魏都大梁。然后，齐军在桂陵（在今河南长垣）设伏，打败了魏国回援的军队。第二年，商鞅（当时还称卫鞅）率领秦兵攻克了魏国故都安邑。不过，接连惨败似乎对魏国国际地位的影响不大，至少在小国中还很有威望。公元前351年，泗上[3]十二诸侯朝魏。公元前344年，魏惠王称王，是战国时第一个称王的诸侯。这说明魏惠王当时对自己的国际地位还是很有信心的，或者他以称王给自己打气。

公元前344年，魏惠王大会诸侯及秦公子于逢泽[4]，率领他们朝见周天子。这一段时间大概是惠王的鼎盛之时。但好景不长，三年之后（一说一年之后），在马陵（在今河南范县）之战[5]中，齐军大败魏师，

---

〔1〕《战国策·魏策二》，“梁王魏婴觞诸侯于范台”。

〔2〕《史记·田敬仲完世家》，司马迁。

〔3〕泗水发源于山东中部，今曲阜以东有泗水县。古泗水流经今天的曲阜、兖州、沛县、徐州、邳县、泗阳，入淮河，是淮河下游的第一大支流。汉高祖刘邦曾在他的老家（今沛县）担任泗水亭长。金朝时（1194年），黄河改道，泗水下游为黄河所夺，后淤废，徐州以下的河道即今天的废黄河。在战国的兼并战中，泗上小诸侯国保留了很长时间。

〔4〕逢（páng）泽故址在今河南开封东南，当时是一个湖。

〔5〕关于桂陵之战和马陵之战的历史记载有些混淆。杨宽认为，庞涓在桂陵之战被俘，后被释放，在马陵之战被杀。两次齐魏之战中，魏军的将领都是庞涓，齐军的将领都是田忌，齐军的军师都是孙膑。见杨宽：《战国史》，345页，注①。

杀魏将庞涓。在这场战争中，齐军的军师是孙膑。孙膑和庞涓是同学[1]。庞涓担任魏国的将军之后，知道自己的才能不如孙膑，就请他到魏国来，使他受了膑刑（切除膝盖骨），以限制这位刑余之人的前途。不过，齐国没有歧视残疾人。孙膑逃到齐国，终于借齐国之师成就了一番事业——以魏国的惨败为代价。

至此，魏国流失的人才有商鞅、吴起、孙膑、张仪、范雎，后来没有留住孟子、庄子、公孙衍。这些人不仅是一时之选，在整部中国历史中也都是极为罕见的杰出人物。这样的损失任何国家都承担不起，大大加重了魏国的地缘政治劣势。

公元前 334 年，魏惠王以惠施为相。庄周是惠施的朋友，到大梁与惠施论学。这次会见可算是中国学术史上的一大盛事，《庄子》也有记载。惠施主张与齐国、楚国联合，但魏国的地缘政治环境没有改善。在这一段时间，魏国多次战败。公元前 331 年，秦公子卬击败魏军，斩首八万，第二年又渡过黄河围攻魏国的焦、曲沃。魏国把吴起守卫过的河西地区割让给秦国，两年后又把上郡（今陕西榆林一带，魏文侯置）交给秦国。在魏惠王晚年，魏国丧权失地，被压迫在中原的狭小区域内，已经摇摇欲坠了。张仪在分析魏国的地缘政治环境时说：

魏地方不至千里，卒不过三十万。地四平，诸侯四通辐辏，无名山大川之限。从郑至梁二百余里，车驰人走，不待力而至。梁南与楚境，西与韩境，北与赵境，东与齐境，卒戍四方，守亭鄣者不下十万。梁之地势，固战场也。梁南与楚而不与齐，则齐攻其东；东与齐而不与赵，则赵攻其北；不合于韩，则韩攻其西；不亲于楚，则楚攻其南：此所谓四分五裂之道也。[2]

张仪的分析与魏惠王对孟子的诉说遥相呼应。魏国要用三分之一的兵力守卫边界，分散在各地，没有余力作战，真是“四分五裂之道也”。

---

〔1〕 后来的李斯和韩非子也是同学。李斯嫉妒韩非子的才能，把他骗到秦国杀掉。比起庞涓施予同学的刑罚，真是让人感叹“人心不古”。

〔2〕《史记·张仪列传》，与《战国策·魏策》同。

与魏国一样，后世的北宋也建都于大梁（宋时称汴梁，今开封），虽然在北边有一条黄河，却基本上无险可守。北宋虽弱，在东、西、南三个方向上都没有魏国的担忧，不需要“卒戍四方”。魏国的形势比宋朝还局促得很多。

除了魏国以外，这个世界上还有一些地方因为地处区域的中心而备受蹂躏，这就是所谓的“地理决定命运”。在欧亚大陆的中部和西部也有各自的中原——中央平原。中欧（包括很大一部分东欧）和中亚的境遇与魏国所处的中原很类似。

乌拉尔山以西的欧洲和中国的面积大致相同，也自成一个相对独立的地理单元（但中国的地理环境更为封闭）。欧洲的地理中心因为大国力量消长和由此而来的边境线变更而有所摆动，但总是在中东欧一带，即德国、波兰、捷克、斯洛伐克、匈牙利、罗马尼亚和前南斯拉夫的几个国家。除了德国和匈牙利之外，这些国家的多数居民都属于斯拉夫族的分支。与中原相比，中东欧的情况要复杂得多，因为它的民族组成复杂，地形破碎，还不是欧洲的文化中心。

中东欧成为欧洲的中原是比较晚近的事情。欧洲的早期文明主要限于地中海北岸，茂密的森林阻挡了罗马帝国北上进入中欧。日尔曼人、斯拉夫人、马扎尔人等先后在此建国。从黎塞留时期开始，一直到德国统一，法国在欧洲大陆上的一贯目标就是保持和利用中欧的分裂。德国统一是在打败了法国之后。德国人曾经热衷于地缘政治，因为他们知道不利的地理环境会带来巨大灾难。二战后，德国再次分裂，东西两部分互相对立。东欧是苏联集团的成员，更是苏联与西方对立的前沿。冷战之后，德国获得统一，而东欧各国加入了北约。其实东欧只不过原地向后转，成为西方观察俄国的前沿。它们换了阵线，它们的地缘政治地位没有改变。

中原是中国的中心，中东欧是欧洲的中心。中国和欧洲分列欧亚大陆东西两端。欧亚大陆有自己的中心。以费尔干纳盆地（一个富饶的绿洲）为中心的中亚地区就是整个欧亚大陆的中心。中亚是文化中心，又是东西方交流的必经之路，这是由它的地理位置决定的，在史前时期已经是这样了。文明的传播学派认为，中国古文明的许多因素很可能从两河、黑海经中亚而来。后来，从中国到印度的取经之路、到罗马的丝绸之路，都要经过中亚。麦高文写到：

> 中央亚细亚之地，在人类文化史上，久居重要的地位，它一方面是许多风俗习惯和艺术发源的中心，一方面又是上古世界一切主要文化中心间的媒介。[1]

中亚还是地缘政治争斗的中心。在19世纪及其前后，俄国人南下谋求暖水港口，英国人北上寻求稳定的边疆，两股势力在中亚的阿富汗交汇了。在冷战时期则分别是苏联和美国。现在，俄国已经退出，而美国和它的盟友们（如英国）正在阿富汗忙得不亦乐乎。这些国家好像忘记了还很近的历史。好在历史总是在被遗忘的时候重演一次，提醒人们不要忽视它的存在。

另一个“中”与中原、中欧、中亚有所不同，这就是地中海。除了岛屿（如克里特岛，埃及到希腊航线上的“中途岛”），地中海上不可能有居民，它是一个通道。地中海周围孕育了人类最早期的文明：两河流域、埃及，以及犹太、希腊、罗马。该地区还有许多消亡的古老帝国，没有直接的文明继承者。除了中国和印度，以及时间上较晚、又几乎被消灭的美洲印第安文明外，古老的文明大都集中在东地中海和地中海以东。这些古老的文明实际上位于地中海的边缘。地中海是便利的贸易通道，在远古时期，跨海作战非常艰难。《荷马史诗》中的希腊人远征小亚细亚的特洛伊，围攻10年后才利用木马计攻下这座城邦。所以，地中海更多地传送财富和文明，而较少是战争和暴力。这是地中海的一个好处。

---

〔1〕 W. M. 麦高文：《中亚古国史》，7页，中华书局，2004年。

武力是国家形成的基础

国家是暴力机器。暴力使用的方向，有些国家对内，有些国家对外。暴力和战争导致国家的形成。很少有国家是和平建立的。近现代的美国、以色列、印度等国是通过暴力立国，弹丸之地东帝汶的独立需要长期的暴力，而巴勒斯坦人还在努力之中。现存的民族都在战争中幸存下来的。许多战败的民族和前民族（尚未来得及形成现代民族的共同体）在历史中消失了。

一个国家的特性往往由它的邻国——特别是敌对的邻国——所规定。对戎狄作战是中国之所以成为中国的一大动力。在西方入侵之前，戎狄是塑造中国历史的最强大力量。北方部落或民族不仅在北方建立过王朝，如北魏、西夏、辽、金，还建立过大一统王朝：元与清。且不说元朝，清朝强盛时期的国土面积几乎比明朝时扩大了一倍。那时清朝的领土还包括后来被沙皇俄国割去的满族老家。清朝的征服得益于骑兵和枪炮，而北方好战的民风同样重要。

从春秋争霸、楚王问鼎，到秦始皇一统天下，似乎在夏、商、周之后会增加一个结构较为松散的封建王朝。但这次与三代有所不同。秦时的人口增加，荒野减少，驰道使军队能够以很快的速度运动，而骑兵的出现更加缩小了地理范围。皇权的控制能力因此强大了许多。这是郡县制取代封建制的技术原因。在文化方面，秦融合了戎狄的好战和杀戮，法家的集权和弄权，秦始皇最后完成了这个过程。秦没有进行周初那样的道德体系建设。秦朝既依赖武力，又集中权力，从而开创了中国2000多年的帝国专制制度。这个制度专一榨取本国人民。

蒂利认为，国家维持统治和战争的资金来源有两种基本模式，其一是强制榨取，其二是资本运作，此外还有一些中间模式。他说：

在**强制密集**的模式里，统治者从他们自己的人口和他们征服的人口中榨取战争资源，在此过程中建立起庞大的榨取机构。[1]

中国显然属于强制模式。资本在中国历史上几乎闻所未闻。官府的收入来自税赋，可以随意强行增加，没有资本模式中的讨价还价，更没有偿还债务这种事情，完全是赤裸裸的剥削。为了榨取更多的利益，官府和官吏使用权力的动力增加了。庞大的榨取机构更加强了统治者的权力，导致权力无孔不入，官员越来越多，机构臃肿。集权制度在榨取中日复一日地强化，形成一个恶性循环，直到王朝被暴力推翻，新一轮的榨取开始。

能够以武力统一国家的必定是一个暴力集团、集权集团，这个事实不涉及道德，与道德没有太大关系。如果秦朝能够像周初那样完成文明化的过程，中国历史将有很大的不同。中国将在统一之下保留多元化，包括权力的多元化。这样的中国一定更加繁荣。20 世纪末，在展望欧洲前景时，基辛格说：

> 中国是拥有共同的文字、共同的文化以及共同的历史、而含纳不同语言的一个大国。欧洲若非十七世纪爆发宗教战争，或许就会演变成中国这样子；如果欧盟能够实现其支持者的愿望，它也有可能成为中国这样子。[2]

按照基辛格的说法（实际上这是一个常识），中国的统一领先欧洲 2000 余年。尽管在秦之后中国也出现过长期的分裂，但中国的统一之势没有改变。分裂时，中国人总在想着统一。如今，欧洲也走上了中国式的统一道路，也许可以避免再出现以往那样频繁的战争。欧盟发源于西欧，现在它在西欧自身尚需整合之时已经在东扩了。其原因是它的政治体制是包容性的，可以容纳更多不同的文明；它的经济是扩张性的，可以提携更低的发展水平，而不会被拖累。

有得必有失。中国在统一方面领先欧洲，但在制度建设方面远远落

---

〔1〕 查尔斯·蒂利：《强制、资本和欧洲国家》，34 页，上海人民出版社，2007 年。原书以楷体表示强调部分。

〔2〕 基辛格：《大外交》，749 页。

后于欧洲，原因是大一统的局势使得统治者不再承受国内、国际的压力。武力是国家形成的基础，但中国在秦朝时就已经超越了国家阶段，早已不是欧洲意义上的国家。现在，区域一体化不可避免，但这个过程却不可使用武力。中国应该借鉴欧盟的经验，和平地扩展她的范围，从而为东亚地区带来持久的和平与繁荣。

[illegible]

第四章
中国的天然边界

何谓“国家”？何谓“中国”？

作战之前先要治军。一国的国际政治的起点在本国。所以，孙子说：“知彼知己，百战不殆；不知彼而知己，一胜一负；不知彼，不知己，每战必殆。”[1] 在处理国际关系时，我们首先应该了解自己的国家，先取得50%的胜率。很多时候，了解自己比了解他人更难，也容易出现偏差。而权力和政治理想为了掩饰自己的本来面目，制造了很多神话和谎言。孔子说：“名不正，则言不顺；言不顺，则事不成。”[2] 那么，了解自己应该先从“名”开始。“名”经常会掩盖“实”。揭示了“名”的真实含义，“实”可能就会自动显示出来。“中国”之名看似简单，却是一个大问题。我们需要弄清楚：“中国”最初的含义是什么？“中国”这个词是如何演化的？“国家”与“中国”有怎么样的关系？

起初，“中国”之“国”与今天我们所说的“北国”、“南国”之“国”是一个意思。日本有一个地区叫“中国”，与作为国家的“中国”无关，只表明这个地区在日本本州岛上的位置。在宗教中有“佛国”、“天国”之说，其中的“国”当然也不是指“国家”。“国”相当于“西天乐土”中的“土”字，表示一片土地。把“中国”翻译为 Middle Kingdom（中央王国）是错误的，因为“中国”不涉及政体。在汉语中，“国家”的现代含义出现很晚，并且笼统而模糊，包含了英语中 country、nation、state 三个词的内容，即土地、人民、政体三个方面。在翻译成汉语时，这三个词一般都被译为“国家”。其实它们的内涵大不相同。“国家”的意思不明，不知指土地、政体、人民中的哪一个，或者哪两个，或者全部，可能在对话中造成纠纷。比如，大陆与台湾是同一个人民、同一片土地，却分属不同的政体。但是，这个政体又不同

---

[1]《孙子兵法·谋攻》。

[2]《论语·子路》。

于“一国两制”中的政治制度，它与人民和领土不可分割。现在，一个常见的错误是把人民和土地放在政治权力之下，最好的情况也是以为政治权力可以涵盖人民和土地。这种观念是以部分囊括全体，混淆了三种含义之间的差别。所以，汉语的“国家”概念还有待进化，而进化须跟随在政治文明的进化之后。

在欧洲历史上，城邦（city－state）、民族国家（nation－state）占了国家形态的最大比重，欧洲本土上的帝国则比较少见，如神圣罗马帝国。其余帝国是在海外殖民扩张之后形成的，土地大多不在欧洲。中国有所不同。中国是一个在共同文明之中形成的国家，可以说是一个文明国家（civilization－state）。传统上，这样的国家不注重民族的区别，而更倾向寻求同一文明（中华文明）之中的统一。中国是一个相对独立和封闭的地理单元。中国人注重的是内部的兼并和统一，不是对外扩张。对于中国，内部兼并有很大余地，而对外扩张则很难。中国出现危机时是“内爆”，冲击波很少超出国界。但因为能量不能外泄，对内部的杀伤力非常大。欧洲人则走出了他们的世界，开始了地理大发现时代。

总之，中国不是“中央王国”，也从来不是一个王国（kingdom）。虽然夏、商、周三代的最高统治者的称号是“王”，他们其实高于国王。他们之下的诸侯才是真正的国王。直到19世纪中期，“中国”的意思还大致相当于“中土”或“中原”。它是一个表示地理方位的词，同时带有强烈的文化中心的意味。厘清这一点对中国地缘政治学非常重要。

a. 国与家

在早期汉字中，“國”写作“或”。“或”有三个组成部分：口（wéi，城）、一（疆界）、戈（武力保卫）。[1]“或”证明中国的国家早期形式是武装城邦，与大水无关。在国之上还有王朝，即天下。“域”字的本意也是邦国，比“或”多加了一个“土”。后来，在“或”的外面套上一个“口”，即又一层边界线，这就是一直用到1950年代的“國”字。“國”字的出现表明城邦的疆界已经扩大，由国向外扩展到野，为

[1]《说文》，许慎。

此需要建立更大的防御圈。

“邦”与“国”的所指是一样的。“民惟邦本，本固邦宁。”〔1〕“凡诸侯之邦交，岁相问也，殷相聘也，世相朝也。”〔2〕以上的“邦”都是“国”的意思。因此，邦与国经常并称，曰邦国。孔子说：“危邦不居，乱邦不入。……邦有道，贫且贱焉，耻也；邦无道，富且贵焉，耻也。”〔3〕这里的“邦”就是国。能够选择是开放社会的好处，不然只能困守在户口所在地。在一国只有一大邑的时候，邑又可指国。同理，“国”又指都城，一国之中最大的邑。《礼记》：“子贡观于蜡。孔子曰：‘赐也乐乎？’对曰：‘一国之人皆若狂，赐未知其乐也。’”〔4〕“一国之人”是全城的人。北宋时，范仲淹说：“登斯楼也，则有去国怀乡，忧谗畏讥，满目萧然，感极而悲者矣。”〔5〕“去国”就是离开国都，当时是开封。

现代汉语中“国家”是一个复合词，由“国”和“家”两个字组成。在古代，“国”与“家”属于不同的政治等级：诸侯的封地谓国，大夫的采地谓家。孔子说：“丘也闻有国有家者，不患寡而患不均，不患贫而患不安。”〔6〕“有国有家者”指代诸侯和大夫。天子、诸侯、大夫是从上到下的三个封建等级，与之对应的是天下、国、家三个从大到小的地域。国与家是不同的等级，但其并称出现得很早。公元前710年，晋国大夫师服说：

> 吾闻国家之立也，本大而末小，是以能固。故天子建国，诸侯立家，卿置侧室，大夫有贰宗，士有隶子弟，庶人、工、商各有分亲，皆有等衰。〔7〕

---

〔1〕《尚书·五子之歌》。这句话又是人本主义的。

〔2〕《周礼·秋官司寇·大行人》。大行人是周王的礼宾官。“世”，父死子立曰世。

〔3〕《论语·泰伯》。

〔4〕《礼记·杂记下》。“蜡”（zhà），蜡祭，岁末的祭祀。农历十二月为腊月。“若狂”，饮酒醉甚。孔子不同意子贡的观点。孔子对子贡说：“非尔所知也。张而不弛，文武弗能也。弛而不张，文武弗为也。一张一弛，文武之道也。”“文武”指周文王和周武王。这句话反映了圣人被掩饰的一面。

〔5〕《岳阳楼记》，范仲淹（989—1052）。文章做于宋仁宗庆历四年（1044）。

〔6〕《论语·季氏》。

〔7〕《左传·桓公二年》。“等衰（cuī）”，等级。

"天子建国"即天子把一部分土地分封给诸侯。天子建的是诸侯之国，不是自己的国，诸侯立的是卿大夫之家，不是自己的家。以土地占有为依据，一般是天下、国、家三个等级。

孟子曰："人有恒言，皆曰'天下国家'。天下之本在国，国之本在家，家之本在身。"〔1〕

在孟子看来，天下、国、家之间的界限分明，而三者的根本或本源都在个人（身）。如果要追寻中国的个人主义，孟子的这句话可以算作一个起点，比《大学》的"修齐治平"明确得多。这三个等级和《禹贡》的五服共同构成了古代中国的社会秩序。孟子说：

王曰："何以利吾国？"大夫曰："何以利吾家？"士庶曰："何以利吾身？"上下交征利而国危矣。万乘之国，弑其君者必千乘之家；千乘之国，弑其君者必百乘之家。〔2〕

其实，在孟子的时候，国与家早已混淆。春秋后期，一些大夫实际上控制着诸侯国，国成了他们的家。"三家分晋"的就是晋国的三个大夫，他们分别自立为诸侯，而且得到了周王的承认。三家变成了三国。从那以后，诸侯与大夫、国与家的界限逐渐模糊了。在秦统一之后，国与家都消失了，只有一个大一统的帝国。因此，直到近 100 多年"国家"才又成为常用词。在此期间，常用的是"中国"，天下的地理、政治和文化中心。

b. "中国"的由来

至少在周初就已经有了"中国"的概念。1965 年，在宝鸡贾村出土了一件青铜器"何尊"。铭文有"则廷告于天，曰余其宅兹中或"。"或"

---

〔1〕《孟子·离娄上》。
〔2〕《孟子·梁惠王上》。"征"，取也。

即“國”，还没有加上外层防御圈（或＋囗＝國）。[1] “中或”即“中國”。何尊是目前有关“中国”的最早实物记载。它的制作时间在周成王五年（约公元前1038年）。铭文中的“宅兹中或”证实了《尚书大传》关于周公营建洛邑的记载。[2] 洛邑在中或，位于西周当时的都城镐[3]的东方。中或指殷的统治核心地区中原。铭文显示，那时“中国”已经有了宗教和政治含义。据有中国表示获得统治天下的天命，权力得到正统性。因此，营建洛邑要“廷告于天”。许倬云说：

> 天命只能降于居住“中国”的王者，这个观念，是中国数千年政治史上争正统的理由。……甚至“中国”一词，在中国文化中有极重要的意义。而其渊源，也当在何尊所代表的周初受命思想。[4]

受命即接受天命。“得中原者得天下”并不仅仅是地缘政治的，也表示获得天意支持以及正统地位。在成王五年之后，“中国”出现的次数很频繁。诗曰：“民亦劳止，汔可小康。惠此中国，以绥四方。”“惠此中国，以为民逑。”“惠此京师，以绥四国。”“惠此中国，俾民忧泄。”“惠此中国，国无有残。”[5] 这5个句子出自同一首诗。全诗共有5段，每一段中，“京师”或“中国”在同一个位置出现，都是指“王畿”，与“四方”、“四国”对应。四方或四国就是四方诸侯。又有一首诗写到：

---

〔1〕古埃及的象形文字把法老的名字放在四角为弧形的“口”（cartouch，近似椭圆）中，与“国”字有类似的组合。“法老”本意是大屋，或宫殿。

〔2〕周公摄政共七年：“周公摄政，一年救乱，二年克殷，三年践奄，四年建侯卫，五年营成周，六年制礼作乐，七年致政成王。”“奄”，在今天的曲阜以东，盘庚迁殷之前的商朝都邑。成王即位时，参与武庚的叛乱，被周公所灭（践奄）。周公长子伯禽被封于奄，即鲁国的开始。“成周”即洛邑，周的东都。

〔3〕镐在今陕西西安西南。文王建丰（今陕西西安北），文王从岐迁都到丰。武王修建镐，为辟雍（离宫）。《诗经·大雅·文王有声》：“考卜维王，宅是镐京。”可与“廷告于天，曰余其宅兹中或”比较，两者很类似。镐和洛邑两京的营造时间在同一代人。“考”，完成。“卜”，用（龟甲）卜居。“维”，是。“王”，周武王。

〔4〕《西周史》，98页。

〔5〕《诗经·大雅·民劳》。“亦”、“止”语助词。“汔”（qì），乞求。“逑”（qiú），聚合。“忧泄”，泄除忧怨。“残”，残害。

"女炰烋于中国，敛怨以为德。""内奰于中国，覃及鬼方。"[1] 这里把"中国"与"鬼方"并列。这两首诗都作于周厉王（约前877—前841在位）时期。不久，《诗经》又有一首诗："四方既平，王国庶定。""矢其文德，恰此四国。"[2]"王国"即中国，仍与四方、四国对应。

这时的"中国"的范围是有限的，专指京畿一带，东周时以洛阳为中心。春秋时，晋国不在"中国"。《春秋·僖公二十八年》："卫元咺自晋复归于卫。"《穀梁传》："自晋，晋有奉焉尔。复者，复中国也。"《左传·桓公二年》："今晋，甸侯也。"《国语·周语上》："夫先王之制，邦内甸服。"《礼记·王制》："千里之内曰甸。"可见当时的"中国"范围还不足千里。

孟子说，舜是东夷之人，文王是西夷之人，相距千里。他们"得志行乎中国，若合符节。先圣后圣，其揆一也"。[3] 在孟子的时候，舜和周文王还都不是中国人。他们得志后把统治中心设在中国。在唐朝时，中国仍是一个地理名词，但范围有所扩大。张九龄对唐玄宗说："臣岭海孤残，不如仙客生于中华。"[4] 九龄是韶州（今广东韶关）人。牛仙客是泾州（今甘肃泾川）人，离关中平原不远。九龄当然不是自外于大唐的天下，而是说他自幼没有受到中原文化熏陶。不过，他大概在想着《孟子》中舜和文王的典故。

c. 天下与海内

在新石器时代晚期，中国现代版图上的各个地方都出现了文明的曙光。太湖东岸的良渚文化，辽宁、内蒙之间的红山文化，以及东部的龙山文化，似乎都比位于中原的仰韶文化先进一些。但它们仍有共同之处。这些共同点又使中华文明区别于世界其他文明，如对玉的推崇、对

---

〔1〕《诗经·大雅·荡》。"炰烋"，音、意皆同咆哮。"怨"，可恶之人。"奰"（bì），怒。"覃"（tán），延展。

〔2〕《诗经·大雅·江汉》。该诗叙述周宣王（前827—前781在位）命令召虎征讨淮夷的事。宣王为厉王之子。

〔3〕《孟子·离娄下》。"揆"，法度。

〔4〕《资治通鉴》开元二十四年。《资治通鉴》的唐朝部分大量使用"中国"，是地理名词。"中华"则是强调中国的文化中心地位。

龙的崇拜。这说明，在更早的时候，这些新石器文化有共同的源头。或许因为共同的文化源头，以及地理的相通，中国在文明早期就有了天下一家的思想。尧说：

克明俊德，以亲九族。九族既睦，平章百姓。百姓昭明，协和万邦。黎民於变时雍。[1]

在大禹统一中国之后，夏所在的地区就成为统治中心。中心没有忽视边缘。《禹贡》说：

禹敷土，随山刊木，奠高山大川。……五百里甸服：百里赋纳总，二百里纳铚，三百里纳秸，服四百里粟，五百里米。五百里侯服：百里采，二百里男邦，三百里诸侯。五百里绥服：三百里揆文教，二百里奋武卫。五百里要服：三百里夷，二百里蔡。五百里荒服：三百里蛮，二百里流。东渐于海，西被于流沙，朔南暨，身教讫于四海。禹锡玄圭，告厥成功。

这段话应该有当时政治地理的现实，虽然添加了理想成分。它描述了大禹统一后的世界模式。即使“五服”是后人的想象，至少也在西周初期成形了。周穆王[2]“将征犬戎”（又是对“戎”作战），祭公谋父对他说：“夫先王之制，邦内甸服，邦外侯服，侯卫宾服，夷蛮要服，戎翟荒服。”祭公谋父所说的“先王之制”就是始于大禹的五服。他还指出，夷蛮有向周王室进贡的义务：“甸服者祭，侯服者祀，宾服者享，要服者贡，荒服者王。”[3] 虽然周穆王比大禹晚了1000多年，西周处理“国际关系”的方式还是和大禹时的一样。

自我中心并非为中国古人独有。希罗多德记载：波斯人“认为他们

[1] 《尚书·尧典》。“俊”，大也。“九族”，从高祖到玄孙。“平”，均也。“章”，明也。“昭明”，自明其德。“时”，是也。本书所引《尚书》的有关注解参考了宋人蔡沈的《书经集传》。

[2] 穆王即穆天子姬满，约前976—约前922在位。

[3] 《史记·周本纪》。

自己在各个方面比所有其他人都要优越得多，认为其他的人的居住地离他们越近，优越的程度就越高；因此居住地离他们最远的，也就一定是人类中最低等的了”。[1] 波斯人的想法与大禹的五服没有本质差别。文明如同以石击水形成的波纹，从中心渐渐地散开，会因为距离的增大而减弱，但不会在某一点戛然而止。另一个文明的波纹也会荡漾过来。水面的圆圈交汇在一起。古代中国近处没有同等发达的文明。对于发展程度较低的文化（还没有发展到文明阶段），中国采取了居高临下心态的怀柔政策，一是为了维持和平，二是为了传播文明，三是为了满足虚荣。在历史的早期，“怀柔”就是一项重要的政策。舜对十二牧[2]说：

食哉惟时，柔远能迩，惇德允元，而难任人，蛮夷率服。[3]

这个记录也许不可靠，但应该反映了一个非常古老的传统。怀柔是发达文明对于较低文化实施的笼络政策，不是国家间政治。在一个原始的农业社会，舜把“柔远能迩”和“食哉惟时”放在同等重要的地位，可见他重视“怀柔”的程度。怀柔是有关战争与和平的大事。在天下未定的时代，怀柔是维持和平的一个较好的办法。因为对于一个较为静态的农业社会，怀柔的成本比战争的代价低。为了和平，古代中国人总是怀有天下一统的理想，即使能力欠缺的统治者也会有这个宏大的目标。孟子回忆说，梁襄王向他咨询：

“天下恶乎定?”吾对曰：“定于一。”“孰能一之?”对曰：“不嗜杀人者能一之。”[4]

---

〔1〕希罗多德：《历史》第一卷，53页，上海三联书店，2008年。

〔2〕十二州之牧（地方行政长官）。十二州是：冀、兖、青、徐、荆、扬、豫、梁、雍、幽、并、营。早期的十二牧很可能是12个最大部落的首领。他们的权力是对中央权力的有效制约。

〔3〕《尚书·舜典》。“柔”，宽而抚之。“能”，扰而习之。“柔远能迩”有点“远交近攻”的意思。“允”，信也。“元”，仁厚也。“允元”，信任仁厚之人。“难”，拒绝，“任”，奸佞。“率服”，相率而服从。

〔4〕《孟子·梁惠王上》。“恶乎”，怎样。梁襄王是梁惠王的儿子，即孟子“望之不似人君”的那位。对话当在公元前319年，梁襄王即位的那一年。梁襄王的这个问题显示了他好大喜功，因为他的魏国已经衰落，没有定天下的实力。襄王更应该关心魏国的安全。

孟子的天下或许不包括蛮夷的土地。在春秋战国时期，残酷的现实政治与儒家理想是不兼容的。在激烈的对抗中，实行儒家思想只能削弱国家的竞争力。到了汉武帝时，天下定于一，泛道德化有助于统治，儒家思想才得以大行其道。如果能够保持世界和平，或者为了保持世界和平，儒家思想可以为今后的国际关系学提供很大的帮助。当今的世界是一个放大了的古代中国的天下。这个天下必将定于一。定天下需要以武力为后盾，但绝不能嗜杀，不能集权，必定以自由、民主为先导——正如孟子所说："仁者无敌。"〔1〕

在孟子的时候，天下的观念将遇到挑战。齐国的阴阳家邹衍（前305—前240）的想法虽然被认为是闳大不经，却对后世的政治哲学有很大的影响。他提出了"五德终始"和"大九州"的观念。邹衍认为，每九州组成一个大九州，为海所包围；共有九个大九州，为更大的海所包围。这样，共有九九八十一州。邹衍论证说，"赤县神州"（中国）只是八十一州之一。由此增添了"海内"的观念。余英时认为这是一个非常重要的变化。他说：

> 由于邹衍的理论传播日广，中国对于它的位置的自我意识经历了一次根本的改变。视中国等于"天下"的旧观念让位于较为实际的观念，即认为中国位于"海内"。……"海内"是在地理学意义上使用的，表示中国领土的界限，而"天下"则是较纯粹的政治概念，与现代的帝国是同义语。〔2〕

其实，《庄子》已经有"海内"的概念："计中国之在海内，不似乎稊米之在太仓乎。"〔3〕这里的中国比邹衍的神州在海内所占比例要小得多。庄子（前369—前286）比孟子小3岁，比邹衍大60多岁。《秋水》篇可能出自他的弟子或再传弟子之手，从而有邹衍的影响。不过，海内

〔1〕《孟子·梁惠王上》。
〔2〕崔瑞德、鲁惟一编《剑桥中国秦汉史》，407页。引文出自第六章：汉朝的对外关系。
〔3〕《庄子·秋水》。"稊"（tí），类似小米。

的思想或许源自稷下，未必是邹衍独创。齐国临海，齐人会有四面皆海的想法。有了新的地理观念之后，中国人身处“海内”一隅，但仍怀有“以天下为己任”的胸怀，并保有“海内存知己，天涯若比邻”[1]的情感。虽然人们认识到中国的有限，却只把统一王朝当作正统王朝，相信天命只授予统一王朝。偏安的王朝是欠缺的，是两个王朝之间的过渡阶段。天下和海内是与王朝相关的地理概念，都必须完整，而国家则可大可小。迟至1899年，梁启超还要解释为什么中国人不知有国，也不知爱国。他说：

我支那人，非无爱国之性质也。其不知爱国者，由不自知其为国也。中国自古一统，环列皆小蛮夷，无有文物，无有政体，不成其为国，吾民亦不以平等之国视之。故吾国数千年来，常处于独立之势，吾民之称禹域也，谓之为天下，而不谓之为国。既无国矣，何爱之可云?[2]

梁启超意犹未尽，不到一年，他又满怀激情地说：

且我中国畴昔者，岂尝为国家哉?不过有朝廷耳。我黄帝子孙，聚族而居，立于此地球之上者既数千年，而问其国之为何名，则无有也。……朝也者，一家之私产也；国也者，人民之公产也。……一朝廷之老且死，犹一人之老而死也，于吾所谓中国者何与焉?然则吾中国者，前此尚未出现于世界，而今乃始萌芽云尔。天地大矣，前途辽矣，美哉，我少年中国乎![3]

梁启超准确地指出了王朝与国家的区别。但是，他有点乐观了。

---

[1]《送杜少府之任蜀州》，王勃。

[2]《爱国论》，《饮冰室合集·文集第三册》。那时的“支那”一词尚无贬义。

[3]《少年中国说》，《饮冰室合集·文集》第二册，第五卷。

中国的四至

中国的边界是由自然地理确定的，自秦汉以来变化不大。在强盛时版图扩大一些；在衰弱时版图缩小一些。中国现在的疆界是清朝奠定的，与汉、唐强盛时的范围大致相同。但是，清朝在乾隆年间的面积超过了汉、唐，却在后期失去了大片的领土，主要被俄国夺走。中国领土最广阔的时期是元朝和清朝，这两个朝代都是北方少数民族建立的。蒙古人和满人入主中原后，实际上把它们的故土和中原王朝的土地合并在一起了。元朝和清朝前期还基本解决了北方边境的安全问题，原因很简单：它们就是那些入侵者。当然，在清朝后期，北方边界又变得不安宁了。不同以往的是，那时的侵略者不再是游牧民族，而是使用西方现代武器的俄罗斯帝国。从此改写了中国 3000 多年的北方边境史。虽然外敌的种族变了，入侵的模式变了，但中国北方领土和安全受到威胁的情形却没有改变。

唐与清两朝版图最大时候的不同之处是，清朝多了两部分：（1）唐朝时的突厥故地（今天的外蒙古）；（2）唐朝时的吐蕃帝国（今天的西藏、青海，以及四川西部等地）。如果去掉这两大块土地，唐与清的领土在地图上看起来就很相似。需要指出的是，突厥和吐蕃是唐朝的两大劲敌。在清朝时，蒙古和西藏因为衰落而被满族征服，[1] 人民和土地被纳入中央政府的管理之下，不过仍保留相当大的自治权。因为偏远和高寒，西藏的自治程度比蒙古更大一些。即使如此，清廷仍需要在新疆和西藏与西蒙古的骑兵作战。此外，唐与清的土地还有一个区别，在地图上看不出来的区别。唐朝时还有很多羁縻州，而雍正帝的改土归流则把

〔1〕 学者们至今不能确定唐及之前生活在蒙古高原上的人们哪些是蒙古人，哪些是突厥人，因为那个时候他们没有显著差异。蒙古民族是在成吉思汗之后才形成的。欧亚内陆大草原本来就是一个民族迁徙的通道。

自治的土地纳入中央的直接管理之下。

明朝的开国皇帝朱元璋起自社会底层。他在元末战乱中起家，在战争中消灭了众多英雄，推翻了元朝统治。朱元璋是权力变态狂。明初的专制前无古人，后来者也不多。在夺得天下之后，朱元璋大肆屠杀功臣，对全国实行严密而残酷的控制，特务四出。但是，这样一位暴君却是一名国际和平爱好者。朱元璋在《皇明祖训》中告诫他的子孙皇帝们：

> 四方诸夷皆限山隔海，僻在一隅，得其地不足以供给，得其民不足以使令。若其不自揣量，来扰我边，则彼为不祥。彼既不为中国患，而我兴兵轻犯，亦不祥也。吾恐后世子孙倚中国富强，贪一时战功，无故兴兵，杀伤人命，切记不可。但胡戎与中国边境密迩，累世战争，必选将练兵，时谨备之。

然后，朱元璋开列了不征之国的名单，几乎包括了当时所了解的所有国家。他还特别提出断绝与日本的关系。朱元璋在登基后不久（洪武四年，1371 年）就对省、府、台臣们宣谕这些话，当时他还提到古训："地广非久安之计，民劳乃易乱之源"。[1] 这确实是真知灼见。土地扩张必然统治异心的民族，而且会加重民众的劳苦，最后导致帝国崩溃。朱元璋在国内实施酷烈的统治，同时谋求与邻国和平共处，要求"不为中国患者，不可辄自兴兵"。[2] 唯一的例外是胡戎，即北方的蒙古。但朱元璋的战略是采取守势，"时谨备之"。那时，元朝刚被推翻，明朝还要再花 10 多年的时间才能清除蒙古在内地的势力。

诸夷确实"限山隔海"，但地理限制并非不可突破。除朱棣之外，明朝后世皇帝恪守祖训，从而形成了明朝封闭消极的对外政策。牟复礼似乎不无惋惜地说：

---

〔1〕 孙正容：《朱元璋系年要录》，216 页，浙江人民出版社，1983 年。

〔2〕《朱元璋系年要录》。罗马帝国的第一位皇帝奥古斯都（前 27—后 14 在位）也在他的遗嘱中告诫他的继承人谨守大自然为罗马划定的疆界。见《罗马帝国衰亡史》上册，20 页。

明政府拥有远大得多的机会卷入世界其他地方的事务，不论是对日本和朝鲜，不论是对南洋诸国，也不论是对欧洲列强，都是如此，但是，这些机会都错过了。……一方面是明政府在北方深沟高垒和被动地固守，一方面它又未能在其他方面进行扩张。[1]

在中国历代皇帝中，朱元璋式的和平国际政策基本上是主流。事实证明，在4000年的文明史中，虽然中国经常对周围地区占有军事优势，但领土扩张却非常有限。中国的扩张不仅受到地理条件的限制，还受到儒家思想的制约。领土扩张最剧烈时期是在元朝和清朝。这两个王朝是外来政权。他们在入主中原之前不受儒家传统的约束。实际上，在占领全国之后，蒙元没有接受儒家思想，清朝的接受程度很有限，而佛教也没有引导他们维持和平。他们较好战，扩张领土时的限制主要是补给线，以及地理和气候条件。[2]

a. 北方的威胁：传统的方向

每年冬天，西伯利亚和外蒙古的寒流总会南下中国。因为没有高山的阻挡，寒流在几天之内即可扫荡全国大部。从东北到华南、西南，全国东半部气温骤降，海南岛都会有明显降温。从华北北部的北京到长江入海口的上海，直线距离大约1100公里。寒流之下，南北气温相差不过两三摄氏度。因为南方潮湿，人体感觉更冷。到了盛夏，除了高海拔地区，全国大多数地方都是酷暑难耐，即使东北的气温也不凉爽。中国的大陆性气候是夏季炎热的原因。陆地在阳光照射下升温快，热量不易散发，原因更多在本地。冬季的严寒却来自遥远的北方，一次寒流可以由北向南扫过整个东半部国土，越过南岭直达海南岛。从西北方向进入中国的寒流往往受阻于青藏高原，西半部降温剧烈，但降温的范围却往往有限。如果把入侵的军队比作寒流，可以在历史上看到非常类似的现象：一次强大的北方入侵即可抵达淮河或长江（河流不能抵挡寒流，却能阻碍军队）岸边。如果有更强大、更持久的入侵，那么从东北到华南

〔1〕 牟复礼、崔瑞德编《剑桥中国明代史》，8—9页。
〔2〕 某些地理特点往往与气候有关。比如，沙漠是因为降水少、蒸发多而形成的。

就会相继陷落，整个国家改朝换代。

中国的正北方是凶悍的游牧部落的发源地。他们的洲际征服潮流是由东向西，匈奴、蒙古都曾向西[1]。他们本地的侵略方向则是由北而南。大草原的南方是中国。因为面向大草原，中国的第一要务是国防，所以，“国之大事，在祀与戎”。[2] 青铜是当时最珍贵的合金，青铜器的使用显示出祀与戎的重要。许倬云说：“商代青铜器用于作为工具及农具的比例，远小于作为礼器及武器的数目。”[3] 张光直也说：“中国青铜时代的最大的特征，在于青铜的使用是与祭祀与战争分离不开的。换言之，青铜便是政治的权力。”[4]

从本书第三章可知，中国历史是在与西戎北狄的战争中写就的。战争刺激了中国，使它在腐败的时候能够振兴。在可以追溯的历史中，中原与北方的战争从未停止过。宋国人有一首诗，赞美他们的祖先汤王：“昔有成汤，自彼氐羌，莫敢不来享，莫敢不来王，曰商是常。”[5] 氐羌不敢不来朝拜商汤，因为商汤有强大的武装，打败了他们。这首诗是春秋时殷人追述历史，却是可信的。如果商汤没有战胜氐羌，就很难取代夏朝，更难使商朝生存下来。迄今最早的汉文字证明了频繁的战争。殷墟出土的甲骨文有许多战争的内容，还出土了许多兵器。《易经》也保存了对北方战争的记载。如《既济》九三：“高宗伐鬼方，三年克之。”[6]《未济》九四：“震用伐鬼方，三年有赏于大国。”高宗就是殷王武丁（约前1254—约前1194在位）。他和妃子妇好对东西南北四个方向征讨，其中有西方的马羌——显然是一个养马的游牧部落。高宗时，殷

---

[1] 马其顿的亚力山大的征服路线是少见的反方向。他从西方向东方进军。不过，他没有经过北方草原，而是较南方的高原。后来，伊斯兰教徒也从阿拉伯半岛一直打到中亚，把他们的信仰传到了东方。亚力山大的进军与中国无涉。在751年（唐玄宗天宝十年），唐朝军队于怛罗斯（今哈萨克斯坦江布尔城）被东来的大食（阿拉伯）军队打败。这一年，唐朝流年不利，三战三败，先败于南诏，再败于大食，三败于契丹。四年之后安史之乱爆发，通往西域之路被吐蕃阻断，唐朝再也没有收复西域。西域逐渐被伊斯兰化。

[2]《左传·成公十三年》。

[3] 许倬云：《西周史》（增订本），27页，三联书店，1995年。

[4] 张光直：《中国青铜时代》，22页，三联书店，1999年。

[5]《诗经·商颂·殷武》。“常”，服从。宋是殷的后裔。

[6] 殷高宗武丁，在位时间在公元前1300年前后。根据甲骨文，武丁多次发动战争，召集的军队最多时有13000人。《史记·殷本纪》载：“武丁修政行德，天下咸驩，殷道复兴。”“驩”之音、义皆同“欢”。

人已经大量使用马拉战车。

周人崛起于西戎。周穆王（约前976—前922）征讨过犬戎（殷时的昆夷）。周懿王时（约前899—前891），中原与獫狁有频繁的战争："靡室靡家，玁狁之故。不遑起居，玁狁之故。"〔1〕周宣王（前827—前781）时，"天子命我，城彼朔方"，"薄伐西戎"，最后"玁狁于夷"。〔2〕北方游牧部落有很多名字。王国维认为，这些名字都是中原人对他们的称呼，不是他们的自称。鬼方、昆夷、獫狁都是同一族，他们是匈奴的祖先。〔3〕许倬云说：

> 王国维著名的考证，以为鬼方与獫狁之属同为北方的游牧民族，则商人与鬼方的冲突，当是牧人与农人之间的头阵。商代南方无劲敌，北方则常有边患。周代也有同此现象。〔4〕

其实，何止商周有北方的边患。纵观中国历史，威胁几乎总是来自北方。商朝的国都屡次迁移，至盘庚（约前1350—前1300）时才定于殷。此后，一直到商纣王被周武王消灭，殷灭亡（约前1066年），近300年殷人没再搬迁。〔5〕商朝前期为什么屡次迁都？论者们给出了很多解释，如寻找铜矿，等等。战争被大多数人忽视了。战争是改变历史的最强大力量。相比之下，其他力量（如文化、环境）的作用都是隐性的、缓慢的。因腐败而灭亡的政权可以很容易归咎于别的原因，如敌对势力的破坏。但战败而亡则显而易见，不容否认。武丁时，商朝强盛，多次打败鬼方。都城得以长期留在殷，北方前线稳定下来。

周崛起于西戎。西周亡于西戎与内地诸侯的联合进攻。秦（前221—前206）统一之后的一项重大工程是连接六国中的北方长城，以抵御游牧民族的侵扰。虽然秦不是灭于北方入侵，却与北方威胁有很大的关

〔1〕《诗经·小雅·采薇》。

〔2〕《诗经·小雅·出车》。"薄"，语首助词。"夷"，平定。

〔3〕《观堂集林》上，583页以下之《鬼方昆夷獫狁考》。

〔4〕《西周史》（增订本），24—25页。

〔5〕夏鼐认为：殷墟的"绝对年代，一般采用公元前约1300—1027年的说法，但是也有提早数十年到一百来年的可能"。夏鼐：《中国文明的起源》，83页，文物出版社，1985年。

系。始皇派长子扶苏去北方守长城，因此在他死的时候，跟随他的少子胡亥与赵高、李斯合谋，取代扶苏，篡取皇位。扶苏被胡亥以始皇之名赐死，同死者还有大将蒙恬。秦亡于胡亥和赵高之手。秦之后，中原王朝与游牧政权之间的分界线在南北大幅度摆动。在中原王朝强盛时，边界一直向北推到今天的长城以北，在中原王朝弱小的时候，中原的大部分都被丢失。虽然中国历史一直奉中原王朝（包括入主中原的北方王朝）为正统，但实际上，除了统治范围一直到了极北的元朝，不论在哪一个朝代，来自北方（包括西北和东北）的威胁没有完全消失过。因此可以说，中国的古代史应该被视为一部南北融合史。之所以不说是扩张史，并非要文饰，而是因为扩张的主体是变化的，常常不是中原王朝。这个融合过程反反复复，还远远没有结束。

在秦已亡、汉未立的动荡期，匈奴帝国建立了。公元前 209 年，冒顿（mò dú）杀其父头曼。统治中心在龙城〔1〕的匈奴开始向各个方向扩张。冒顿单于夺回了秦朝大将蒙恬占领的河套地区；驱逐了河西走廊的月氏人，进入西域。汉高祖于公元前 200 年在平城白登山（今山西大同东北）被匈奴大军包围，几乎被俘。此后汉朝采取了和亲政策，每年向匈奴提供大量物质。冒顿死后，他的儿子老上单于（前 174—前 160 在位）即位。在老上之后，匈奴的单于不是特别能干，但双方的实力对比没有扭转，汉朝还在忍耐。公元前 135 年，匈奴又提出修改和亲条约。在宫廷辩论中，御史大夫韩安国支持和亲。他说：

> 千里而战，即兵不获利。今匈奴负戎马足，怀鸟兽心，迁徙鸟集，难得而制。得其地不足为广，有其众不足为强。自上古弗属。汉数千里争利，则人马罢，虏以全制其弊，势必危矣。臣故以为不如和亲。〔2〕

韩安国清楚地说明了不宜战的原因。大臣们大多支持韩安国。韩安国不是怯懦之人，他也曾带过兵。文武职业的分别出现在唐朝。在另一个记录中，韩安国在讨论中还夸耀了匈奴的骑兵：“且匈奴者，轻疾悍

---

〔1〕 匈奴祭天、大会的地方，在今蒙古国北部鄂尔浑河西侧的和硕柴达木湖附近。
〔2〕《汉书・韩安国传》。

亟之兵也，来若风雨，解若收电。”[1] 在北方，一支游牧部落可以很快地移动，联合或征服其他部落，力量如滚雪球般地发展，然后滚滚南下。

汉朝经过数十年的休养生息之后，国力大增。在这次辩论后，汉武帝（前 141－前 87 在位）还是决定维持和亲政策。到了第二年，武帝不能再容忍匈奴，决定反击。汉军的伏击被单于识破，匈奴大军及时退走。公元前 127 年，卫青又夺回了河套地区，汉朝在那里设立了朔方郡和五原郡。公元前 119 年，卫青与霍去病各率 5 万余骑，以及辎重步兵数十万，从今山西北部出击。单于的兵力大致相仿，以逸待劳。卫青先接敌，两军对峙时，“会日且入，而大风起，沙砾击面，两军不能相见。汉益纵左右翼绕单于。”[2] 单于见战不利，突出包围逃走。汉军遣轻骑夜追两百多里不得。

公元前 57 年，匈奴分裂为东西两部。一百多年后的 48 年，东部分裂为南北匈奴。南匈奴投降了汉朝。经过西汉末年的退却之后，东汉明帝永平十六年（73 年），大将窦固、耿忠出击北匈奴，收复部分西域失地。和帝永元元年（89 年），窦宪、耿秉再次大破北匈奴，追至燕然山（今蒙古国杭爱山），刻石纪念。此后匈奴又遭东汉的几次沉重打击，一蹶不振，只能制造边患。北匈奴的地盘渐渐被来自东北的鲜卑、乌桓占据。南匈奴迁至内地居住下来，埋下了后来“五胡乱华”的种子，西晋因此灭亡。东晋（317－420）的时候南北分界线在淮河，这时候的北方是五胡十六国时期。北方的 5 个游牧民族在中原混战，汉人被大批屠杀。冉闵报复性地大杀羯人，自己最后也被杀。鲜卑族的北魏（386－534）结束了数十年的混乱，统一了北方。东晋和南朝（420－589）的宋、齐、梁的北方边界在黄河与淮河之间，陈时则被压缩到了长江一线。隋（581－618）、唐（618－907）时中国才再次统一。唐朝初年，战乱之后国力薄弱，不得不向强大的东突厥俯首称臣。

626 年，太宗即位不久，东突厥的大军就抵达了渭河边。太宗只能与颉利可汗（620－630 在位）讲和，赠送了大量财宝，突厥才退兵。唐

---

〔1〕《新序·善谋》，刘向。
〔2〕《汉书·卫青霍去病传》。

太宗一直怀有反击之志。趁着东突厥遭遇内乱和雪灾，629年，太宗派李世勣、李靖发起进攻，抓获了颉利可汗。在640年代，太宗利用西突厥的内部分裂，不仅使西突厥不能对唐朝构成威胁，还在西域树立了权威。

在东北方向，隋炀帝曾经三次进攻高句丽，都以失败告终。隋朝也因随之产生的内乱而灭亡。失败的原因之一是补给线太长，道路泥泞，军队的供应困难；而且远征军不能在严冬留在荒野，必须撤回。唐太宗两次进攻高句丽，虽然有所进展，但都没有取得大胜，反而遭受重大伤亡。649年，太宗在计划第三次对高句丽的战争时去世。这时，高句丽的统治者泉盖苏文则开始扩张，侵契丹，联合百济攻打新罗。新罗向唐朝求援。660年，苏定方率军登陆百济，与新罗一起灭了百济。两年后，苏定方又指挥唐军从北方入侵，但南方的唐军受到牵制，不能及时配合，苏定方被迫撤退。唐朝的水师在海战中击退了日本支援百济叛乱的船队。666年，泉盖苏文去世，他的两个儿子争权。在老将李世勣指挥下，联军于668年攻陷高句丽的都城平壤，高句丽灭亡。唐朝在平壤设立了都护府。

太宗和高宗时期的成功没有消除北方的威胁。在武后时期，北突厥和契丹经常骚扰边境。在700年前后，北突厥的默啜可汗控制了从东北到西北的整个北方。在玄宗时，唐朝在东北方和西北方构筑防御工事。节度使的权力增加了。这是后来藩镇之乱的原因。

五代十国（907—960）时期，中国再次分裂。两宋（960—1279）时，北方形成了强大的王朝。西夏、辽、金、元对宋朝形成压迫，使之从来没有完全统一。宋太祖统一时的路线是先易后难，从南方开始。南方“易”的任务顺利完成了。可是直到宋朝结束，统一北方“难”的雄心都没有实现，反而一直受到北方的压迫，向南方退缩，到了淮河甚至长江一线。两宋都亡于北方入侵。北宋两位皇帝被金人俘虏而亡，南宋被蒙元消灭。

明初时首都设在南京，1421年明成祖朱棣迁都北京。历史上都城设在南方的，都是中国王朝的领土不完整时期，所凭借的是黄河或长江天险。只要王朝领土完整，都城必定设在北方，以加强对北方的防御。或者是元、清两朝来自北方的统治者，不愿远离他们的故土。但是，中国的经济中心在南方，都城设在北方，就要大量从南方向北方运输粮食。为此，隋朝时就开凿了运河，漕运所费靡多，也在所不惜。朱棣重复了隋朝的大工程。

在清军入关之前，东蒙古就已经投降，时间在1635年。清朝中期之前北方的最大挑战是西蒙古，即准噶尔。噶尔丹（1676—1697在位）是准噶尔汗国的一个王子，在拉萨出家为僧。1676年，他回到准噶尔夺取了汗位，然后东征西讨，建立了准噶尔帝国。帝国的疆界包括新疆和外蒙古。在噶尔丹的压力下，喀尔喀蒙古（北蒙古、外蒙古）的汗王向南逃到山西西北部，向清朝称臣，寻求保护。1690年，康熙帝亲自领兵征讨。两军在张家口以北的地方相遇，清军发射欧洲传教士铸造的大炮，噶尔丹退走。1696年，康熙帝第二次亲征。在清军大炮的轰击下，准噶尔军在库伦（今蒙古国乌兰巴托）以南的地方溃败。第二年，康熙准备亲征到塔尔巴哈台（今新疆塔城），那里是准噶尔的本土。噶尔丹在这时死去。他的侄子策旺阿拉布坦（1697—1727在位）继续领导准噶尔帝国与清对抗。1754年，西蒙古的几个首领向乾隆帝投降。直到这个时候，游牧民族在中国历史中的巨大影响才告结束。在征服准噶尔之后，清政府采用汉唐的做法，在新疆实行军屯，还把各族人移居到天山北部，开垦土地。在1808年，乌鲁木齐各县的民户农田数量上升到1775年的10倍。〔1〕

宋以后的三个王朝中，有两个（元、清）的建立者来自北方。北方民族建立正统王朝，这种情况在以前从来没有出现过。之前的北魏只占据了半壁江山。这表明至少在军事训练上和尚武精神上，中原已经衰败了。朱元璋赶走了蒙古人，永乐皇帝把首都从南京迁到北京，但是明朝一直受到瓦剌蒙古人的威胁。秦修长城1500年以后，明大规模重修长城。汉唐都没有长城。当年，有大臣劝唐太宗修长城防突厥，但太宗决定采取攻势，并很快消除了突厥的威胁。1449年，明英宗在宣府（今河北宣化）的土木堡被蒙古人抓走，50万大军被击溃（土木堡离白登山并不远，围困土木堡的瓦剌蒙古骑兵经过大同回到草原）。明朝最终亡于来自东北的满洲人。对于清朝，主要的威胁仍来自北方，虽然他们把

〔1〕《剑桥中国晚清史》上，70—73页。

内、外蒙古都正式纳入中国版图。除了以前的游牧民族外，又增添了从西伯利亚来的俄罗斯人、从朝鲜半岛登陆而来的日本人。他们的第一个侵略目标就是满洲人的故乡。

俄国人早就在觊觎中国的东北。俄国东西伯利亚总督穆拉维约夫派人考察黑龙江流域。大约在1849年，他以一个地缘政治学家的口吻说："谁掌握了黑龙江口，谁将占有西伯利亚，至少可以远至贝加尔湖"；同时，他还警告说，如果英国人夺取了黑龙江河口和库页岛，俄国就将失去整个东西伯利亚。[1] 当时英国、法国和美国在远东都有舰队，并曾在黑龙江河口之外徘徊。在克里米亚战争时期，英法舰队还曾试图在河口以北登陆，攻击俄国。到了1858和1860年，俄国借第二次鸦片战争之机，玩弄外交手段，威逼清廷，夺走了东北100多万平方公里（包括库页岛）的中国领土，进而图谋更南的土地。

中原向北方扩张的障碍是寒冷、草原和沙漠。拉铁摩尔说："拒绝汉人的主要环境是草原，草原社会是抵抗中国社会的最坚决的组织。"[2] 西方历史上也有类似的事例。欧洲强国曾两次全面入侵俄国，拿破仑和希特勒的军队在欧洲横扫千军，却都在俄国被严寒和大草原打败，一溃而不可收拾。详细论来，这两位欧洲枭雄的失败还有别的原因，比如，俄军（苏军）的英勇抵抗，等等。严寒和广阔是俄国最强大的天然盟友，战争的转机都是在寒冬来临之后出现。在苏芬战争（1939年11月—1940年3月）之初，入侵的苏联军队被弱小的芬兰打败，除了斯大林的大清洗严重削弱了苏军之外，另一个主要原因是芬兰人同样了解严寒与冰雪，并在战争中充分利用。这场苏芬之战也被称为"冬战"。[3]

从秦到清朝中期，对中国的威胁来自北方。中国的统治者也来自北方。这一局势只有几个程度有限的例外。(1) 明朝朱元璋崛起于江淮之间，在南京（应天府）建都，北上推翻了蒙古人的元朝。后来威胁明朝的是西蒙古。明成祖时把首都迁到北京，重修长城防备蒙古骑兵。明代

〔1〕 纳罗契尼茨基：《殖民政策》，第117页。转引自《剑桥中国晚清史》上，366页。

〔2〕《中国的亚洲内陆边疆》，179页。

〔3〕 可以对比苏芬战争和诺门罕战役，诺门罕战役（苏联方面称哈勒欣）是在同一年略早一些时候发生的。1939年5月，日本和苏联军队在中蒙边界冲突。在苏联坦克和航空兵的协同打击下，日本的关东军大败。日本从此改变主意，转而南侵。

在南京正式建都的时间只有53年。(2)清朝晚期的太平天国在广西起兵，从广西打到南京，但继续北伐就很乏力，最后被围困在南京消灭。虽然对清廷造成极大的威胁，太平天国没有能够取得全国政权，历时也不长，只能算是扩大版的地方叛乱。(3)国民党从广东出发北伐，夺取了全国政权。不过，虽然号称中央政府，国民党并没有在全国范围内建立起有效的统治。许多地方军阀不听中央号令，自行其是。另外，当时中国国土上有强大的外国军事力量存在，特别是日本。国民党北伐成功有苏联的支持以及另一些列强的默许。(4)共产党最主要的一支军事力量崛起于江西一带，其军事领导人大多是南方人。但红军长征到达陕北之后，共产党成为北方的割据势力。抗战结束后，在苏联的帮助下，共产党在东北建立起根据地，然后从东北向南席卷全国，渡过长江，占领南京，把国民党打到了台湾。共产党统一全国的地理路线和清朝的非常接近。

b. 南方的险阻：群山和瘟疫

北方的军事压力一直主导着中原王朝的对外关系和军事结构。苗、越等族群的众多南方部落是次要的挑战。南方多山地丘陵，水网密布，多是彼此相对封闭的农业区。这从南方方言数量之多、差异之大就可以看出来。在出现饥荒的时候，受灾面积也没有北方大，饥民的数量和流动性都比北方小（在近代，迫于人口压力，南方沿海的居民多向东南亚移民，他们漂洋过海，向海外转移压力）。在北方，流民一直是一个问题，一些王朝就是被流民削弱、推翻的。因此，多山的南方不可能像大草原那样产生地域辽阔的帝国。

早在春秋时期，孔子就已经注意到南北人士的性格差异。他说："宽柔以教，不报无道，南方之强也，君子居之。衽金革，死而不厌，北方之强也，而强者居之。"[1] 清朝时，赵翼注意到南北用兵结果的差异。他说："有明中叶，战功固不足言，然南北更有迥异者。大率用兵于南则易于荡扫，用兵于北则仅足支御。"赵翼把原因归于南北不同的

〔1〕《中庸》。

风土："可知北强南弱，风土使然，固非南剿者皆良将，北拒者尽庸将也。"[1] 在"风土"的因素中，"土"是关键，因为"土地"决定"民风"。[2]"土"就是地理因素，也包括气候。从他们的评价可以看出，从孔子到赵翼两千余年，中国南北风土的差异没有根本变化。

会稽的位置在北纬 30 度附近。在春秋五霸中，越国的国都在最南方。在以后的中国历史中，北纬 30 度以南从来没有形成过强大的政权，不能像勾践时的越国那样抗衡中原国家。正统王朝迫于游牧部族压力而南迁的，最南的首都是杭州[3]，也在会稽以北。只有在战乱时期，才会在南方形成一些割据政权，如秦末汉初赵佗建立的南越（都城在番禺，后被越南当作本国历史上的第一个正统王朝），五代十国时期南方的吴越、闽、楚、南汉等国。北方的五代最后一统为宋朝。宋朝统一了南方，又受更北方的压迫。

在 2000 多年前，人们就已经清楚地了解南北地理条件对战争的影响。在汉武帝（前 141 年－前 87 年在位）统治初期，闽越侵南越[4]。南越是汉的藩臣，不敢擅自兴兵抵抗，因此向皇帝投诉。为了保护藩属，汉武帝决定发兵攻打闽粤。淮南王刘安上书反对。他说：

臣闻越非有城郭邑里也，处谿谷之间，篁竹之中，习于水斗，便于用舟。地深昧而多水险。中国之人，不知其执阻，而入其地，虽百不当

[1] 赵翼：《廿二史劄记》下，卷三十四之《明中叶南北用兵强弱不同》，622 页，辽宁教育出版社，2000 年。

[2] 在 18 世纪的欧洲启蒙时代，人们尤其相信这一点。例如，孟德斯鸠（1689－1755）在《论法的精神》中，用了很大的篇幅专门论述法律与气候、土壤的关系。他认为，"炎热国家的人民，就象老头子一样怯懦；寒冷国家的人民，则象青年人一样勇敢。"（《论法的精神》上，228 页）可比较前引赵翼的观点。赵翼（1727－1814）的年代与孟德斯鸠的年代相差不远。伏尔泰（1649－1778）还专门写了《风俗论》。

[3] 不包括皇帝向南逃亡时停留之地，也不包括在王朝末年称帝的皇室成员所在之地，否则中国的国都将一直向南，进入大海（南宋末）或缅甸（明末）。这里也没有列入日本侵华时的陪都重庆。

[4] 分别又作闽粤和南粤，在今福建和广东一带。闽粤王为越王勾践的后代，在进攻南粤之前 3 年，闽粤还围攻东瓯（今浙江温州一带），汉发兵救东瓯，未至，闽粤退兵。南粤的第一个王是赵佗，都城在番禺。佗为真定（今河北正定）人，在秦末动荡时，接受秦南海尉任嚣的临终委托，绝新道（秦时新开拓的通往北方的大道）自保。汉文帝时，佗去帝号，成为汉的藩臣。赵佗也是越南正史中的正统国王。

其一。得其地，不可郡县也，攻之，不可暴取也。以地图察其山川要塞，相去不过寸数，而间独数百千里。阻险林丛，弗能尽著。视之若易，行之甚难。……今发兵行数千里，资衣粮，入越地，舆轿而隃领，柂舟而入水，行数百千里，夹以深林丛竹，水道上下击石，林中多蝮蛇猛兽，夏月暑时，欧泄霍乱之病相随属也，曾未施兵接刃，死伤者必众矣。……且越人棉力薄材，不能陆战，又无车骑弓弩之用。然而不可入者，以保地险，而中国之人，不能其水土也。……南方暑湿，近夏瘅热，暴露水居，蝮蛇蠚生，疾疠多作。兵未血刃，而病死者什二三。〔1〕

这里的“中国之人”实际上是中原地区的北方人。北方人畏惧南方炎热的气候和多山多水的地理。刘安后来因谋反罪被杀。不过，刘安的这次谏言得到了汉武帝的欣赏。与闽越的战争也没有打起来，因为闽越王的弟弟“杀王以降，汉兵罢”〔2〕。刘安的谏书不仅是文人与武人在战争问题上的对立，还有很多地缘政治的真知灼见，以及对南方地理的深刻了解。在此后近2000年的时间中，中原王朝在南方的军事行动都遇到相同的问题。

东汉的名将马援（前14—后49）在北方和南方都长期征战，最后折戟长沙西。光武帝刘秀建武十一年（35年），马援为陇西太守，平定了诸羌造成的边患。40年，交趾女子徵侧、徵贰姐妹称王起事，应者众多，攻没六十余城。41年，马援拜为伏波将军，远征交趾。他斩杀两姐妹，平定了在今天越南河内以南的叛乱。44年秋，马援“振旅还京师，军吏经瘴疫死者十四五”，即近一半死于瘴疠。〔3〕然后他又到今天山西北部出击乌桓，乌桓主动退走。49年，汉军征讨武陵、五溪蛮夷（在今湖南沅水的沅陵、辰溪一带），却全军覆没。62岁的马援主动请缨出战。在今天湘西的进军途中，“贼乘高守隘，水疾，船不得上。会暑甚，士卒多疫死，援亦中病，遂困。”〔4〕这次马援亦无幸免。他死在军中。马

〔1〕全文见《汉书·严助传》，班固。“瘅”（dān），热症、热病。“蠚”（hè），虫类蛰咬。

〔2〕《汉书》。

〔3〕《后汉书·马援传》。

〔4〕《后汉书·马援传》。

援曾有壮言：“男儿要当死于边野，以马革裹尸还葬耳。”[1] 他原来的设想是死在北方。

在中国南方，扩张的主要障碍之一是瘴疠，其程度甚至在崇山峻岭与大河急流之上。路总是能够找到，或开辟出来，但疾病却难以防治，无法避免大量减员。在古代，中原人称江南为“瘴疠地”。瘴疠是中国古代对南方传染病的泛称，主要是疟疾（由虐蚊叮咬而感染），可能还包括鼠疫、伤寒等疾病。古人对它们没有区分能力，也不知道如何医治。他们认为，瘴疠是由山间的瘴气（潮湿空气）引起的。其实，西方人也同样认为疟疾的病因是不良空气。Malaria（疟疾）一词来源于意大利语 mala aria——“坏空气”。

瘴疠的多发区随着中原人及中原文化的南迁而逐渐南移。东晋士族南下，开发江南。南京成为“六朝古都”，江南成了富庶之地、人文渊薮。“瘴疠地”的界限随之向南推移。唐朝时，流放南方是一个严重惩罚。705 年，杜审言被流放到峰州，沈佺期为他写下了“洛浦风光何所似，崇山瘴疠不堪闻。”[2] 李白也曾被流放。757 年，李白在今天的江西被捕，次年被流放夜郎（今贵州桐梓）。在前往夜郎的途中遇赦。杜甫（杜审言的孙子）不知道李白已经遇赦，写了一首诗怀念他，其中有“江南瘴疠地，逐客无消息”。[3]

在 730 年代末，以大理为中心的南诏兴起。南诏臣服于唐朝，却又向唐朝的领土扩张。因为地方官的贪渎和勒索，南诏王阁罗凤攻占了云南府（今云南祥云之云南驿），杀太守。第二年，即 751 年，剑南节度使鲜于仲通率兵攻南诏，被南诏打得大败。唐兵死者 6 万人，其中许多人死于流行病。南诏因此向吐蕃称臣，寻求保护。杨国忠庇护兵败的鲜于仲通，并征兵再战。“人闻云南多瘴疠，未战士卒死者什八九，莫肯应募”。于是，杨国忠派人四处抓壮丁，戴上连枷送到军队。“于是行者愁怨，父母妻子送之，所在哭声振野。”[4] 同样在 751 年（玄宗天宝十

[1] 《后汉书·马援传》。

[2] 《遥同杜员外审言过岭》。峰州在今越南河内附近的永富省一带，时属岭南道。当时的道不是常制。

[3] 《梦李白》二首之一，作于 759 年。

[4] 《资治通鉴·玄宗天宝十载》。

年），唐朝在北方也连连失利。高仙芝在今哈萨克斯坦南部被阿拉伯军队打败，安禄山在今河北被契丹打败。这是唐朝战事不利的一年。

北宋时，苏轼因反对王安石变法，多次被贬。他的贬谪地越来越向南方，先后有黄州（今湖北黄州）、惠州（今广东惠州）、儋耳（今海南儋县）。在贬谪途中，爱妾朝云跟随苏轼到了“瘴疠之方”的惠州。在1096年，朝云“遭时之疫，遘病而亡”（《朝云疏》）。在这一年秋天，苏轼作《西江月·梅花》纪念朝云：“玉骨哪愁瘴雾，冰肌自有仙风。”1101年，在离开海南谪地一年后，苏轼自己也因瘴毒发作，在常州去世，终年66岁。

越南北半部曾是中国的一部分。在五代十国的分裂时期，越南在968年独立，然后开始扩张。北宋治平（1064—1067）初，朝廷得到交趾企图入侵的报告，宋英宗“问交趾于何年割据”，辅臣介绍了交趾（今越南北部）的割据经过。接着，宰相韩琦说明了越南割据的缘由：“交趾山路险远，多潦雾瘴毒之气，虽得其地，恐不能守也。”[1] 韩琦以前是坚决主张对西夏用兵的。他在边防问题上不是温和派，却因越南有瘴疠而不赞同收复。宋朝已经准备放弃这个地方割据政权了，但越南却发起了攻击。1075年（宋神宗熙宁八年），越南李朝以十多万军队攻陷钦州（今广西宁山）、廉州（今广西合浦）、邕州（今广西南宁）。越南军队在邕州屠城，杀了58000余人，再加上在钦、廉两州死亡的，有10多万人死于入侵。次年，宋朝发起反击，攻占谅山，直指李朝京城升龙（今河内）。但是，“兵夫三十万人，冒暑涉瘴地，死者过半。”[2] 在李朝表示降服之后，宋朝撤兵。由此可见，越南能够保持独立，在很大程度上是瘴疠的功劳。明初还将重演这段瘴疠史。

北宋大将狄青出身于行伍，在北方屡立战功。宋仁宗皇祐（1049—1055）年间，南方蛮侬志高反，攻陷邕州（今广西南宁），围广州。围剿官军师久无功，多有败死。狄青上表请行。他出奇兵，一昼夜通过昆仑关。反叛者失去天险，在对阵中仍很奋勇。狄青指挥骑兵从左右翼出击，叛军终于失败。官军收复邕州。“初，青之至邕也，会瘴雾昏塞，

〔1〕《宋史·列传·外国四》。

〔2〕《续资治通鉴·卷七十一》。

或谓贼毒水上流，士饮者多死，青殊忧之。一夕，有泉涌砦下，汲之甘，众遂以济。”〔1〕

朱元璋要求后代皇帝在南北两个方向都采取守势，不要有侵略意图，但防守的重点是北方。朱元璋的儿子朱棣发起了对安南的进攻，自五代十国以来，再一次把越南纳入中国领土。永乐五年（1407），明朝在安南设交趾布政使司，辖48个府州、168个县、313万户。在明朝占领期间，安南的反叛不断，明军屡遭挫折甚至惨败。宣德二年（1427），明宣宗最终放弃安南。此时距离朱棣之死仅3年，中间隔了一个在位不足一年的明仁宗。

朱棣的对越战争属于迫不得已的行动。明朝作为宗主国被动地卷入了越南的内部权力斗争，在支持正统方的时候遭到篡位方的袭击。因此，他不算是完全违背父训。但是，明朝接下来吞并越南，被证明是一个代价昂贵的错误。在占领安南的同时，朱棣还有许多耗费巨大的目标：1406年，郑和第一次下西洋；1411年，开始重新修复大运河；营造北京，把京师从南京迁到北京；重新修建长城。在这期间，明朝的战略重点仍是北方，南方和海洋是次要的。从1410年到1424年，朱棣亲自统帅了对蒙古的5次征讨，其中两次没有遇到敌人，另外三次也没有给予敌人以致命打击。他在第五次出征的归途中去世。

缅族人瓮籍牙（1752－1760在位）创建瓮籍牙王朝（贡榜王朝），至1757年已经基本完成了缅甸的统一。18世纪中期是瓮籍牙王朝的全盛期。缅甸向西远征曼尼普尔（今印度东部的一个邦），向东攻入暹罗（今泰国）。中国边境地区受到侵略，守边官兵被攻杀。乾隆帝四次对缅甸用兵，都以失败告终。皇帝本来无意扩大战事，但边将争功冒进，最后导致战争升级。清兵最后的目标是攻取缅甸都城阿瓦（今曼德勒近郊）。当地的地势险要，山路只可一人通行，往往前营已到，后营还未出发，军力无法施展，而缅人英勇善战。因战败，前后三任云贵总督，一自杀，一被勒令自杀，一在战场自杀。乾隆三十四年（1769）7月，第四次对缅战争开始了。傅恒督师入缅。傅恒是满族富察氏，乾隆帝孝贤皇后的弟弟，也是乾隆帝非常宠幸的大臣。他还是福康安的父亲。但

〔1〕《宋史·狄青、郭逵传》。

傅恒也没有改变战局。到了 11 月，入缅的清朝弁兵病死很多，多名高级将领病死，傅恒也染上了瘴疠，而缅甸的前方堡垒又久攻不下。于是乾隆帝知难而退，允许和谈、撤兵。傅恒返回内地后，因瘴疠发作于 1770 年身亡。四次征缅失败是清朝在南方的一大挫折。

1834 年夏，在鸦片战争之前，英国第一位驻华贸易总监律劳卑[1]到达广州，当年就因疟疾死于澳门。在鸦片战争中，英国军队于 1840 年 7 月第一次攻占浙江定海（今舟山）。在定海之战中，中英双方共有 2000 多人丧生，英国只战死了 19 人。但是英军"把兵营安扎在一个充满瘴气的稻田里"[2]，共有大约 500 英国军人死于痢疾或疟疾。到 9 月中旬，1/3 的英军士兵因生病而无法战斗。[3] 1841 年，因为中英两国政府都没有批准《穿鼻条约》，2200 名英军占领了广州。他们的代价是一伤（在炮台）一死（在三元里）。但英军"遭遇到了更加强大的敌人：疾病。……痢疾、疟疾、腹泻时大批士兵死去"。[4]

到了 20 世纪，瘴疠仍然严重困扰着在中国南方山区作战的人们，并差一点改写中国现代史。1929 年初，红军战事不利，毛泽东和朱德率领红四军，离开了井冈山，向东转移到瑞金一带。在那里，毛泽东对军队的领导权受到挑战，结果是毛泽东离开了红四军。这年夏天，毛泽东得了疟疾，病得很重，"有好几次是在生与死之间徘徊"。[5] 共产党派了两名交通员，从上海专门为他送去了特效药奎宁。其中一位在半路上被砍掉脑袋，另一位把药送到了。为毛泽东治疗的是福建长汀福音医院院长傅连暲。傅这时已经加入红军，是红军中的名医。第二年 3 月，因为听信了这场疾病引发的传闻，莫斯科共产国际以为毛泽东已经病故，为他发了一份讣告，说他死于肺结核。这时，毛泽东已经大病初愈，并重新回到红四军主持工作。

即使在今天的非洲，疟疾仍是主要的致死原因之一。据世界卫生组

---

[1] 从律劳卑（William John Lord Napier）名字的汉译可看出那时对西方人的蔑视。

[2] 特拉维斯・黑尼斯三世、弗兰克・萨奈罗：《鸦片战争》，107 页，三联书店，2005 年。

[3] 这时英国有 4000 陆军在中国。只留了一小部分兵力封锁广州。1941 年 10 月，英国第二次占领定海。到战争结束时，英国向中国派出了大约有一万名步兵（包括印度兵）。

[4] 《鸦片战争》，147 页。

[5] R・特里尔：《毛泽东传》，124 页，河北人民出版社，1989 年。

织（WHO）与联合国儿童基金组织（UNICEF）在2003年公布的数字，全世界每年仍有100多万人死于疟疾，其中90%在撒哈拉以南非洲。中国的卫生和医疗条件明显好于非洲，大概是进入20世纪以后的事情了，但仍不能完全避免疟疾出现，而在此之前，对疟疾同样束手无策。全球现在每年仍有5亿人感染疟疾。除非洲之外，中南美和东南亚、南亚也受疟疾的侵袭。在中国边界以南、东南亚的几乎全部和印度全境，现在仍是疟疾的高发区域。

热带疾病造成南北方的地理隔离。不仅在中国如此，瘴疠也影响到了欧洲的历史。在文艺复兴时期，欧洲的北方蛮族是德意志和法兰西。他们向南入侵意大利的时候遇到了瘴疠。从阿尔卑斯山上流下的水在罗马附近形成了大片的湿地和沼泽，滋生多种疾病。

> 夏秋两季流行于罗马城内及其附近的热病，便是从奥托大帝到路易四世时代日耳曼诸帝之努力受挫的主要原因之一。……我们通常叫作“罗马”热病或疟疾是一种周期性的发热，据认为是由蚊子传播的血液毛病所致；而对这种间发性的热病，古代中世纪的药都无济于事。如果那时知道奎宁，那些时代的历史就会极为不同，许多人的宝贵生命——比如但丁的——就会延长。[1]

当时，罗马和意大利名义上属于神圣罗马帝国，帝国的皇帝要去罗马接受教皇加冕。如果没有阿尔卑斯山和疟疾的阻挡，帝国皇帝可能就征服了意大利北部，对各城邦施加严密控制。如此，意大利文艺复兴就不会出现，欧洲历史和世界历史将完全不同。我们今天的生活将黯淡许多。同样对意大利感兴趣的还有法国国王。路易十一发现了意大利，时间在西班牙人发现新大陆之前不久。富庶而文明的意大利魅力无限，吸引着北方的野蛮人。从路易十一开始，连续四代法国国王入侵意大利，都遭到失败。这次阻挡法国人野心的是欧洲复杂的地形和由此产生的众

---

〔1〕詹姆斯·布赖斯：《神圣罗马帝国》，438页，商务印书馆，2000年。引文为原书第138页的注。但丁（1265—1321）死于疟疾。奎宁大概在1632—1639年之间从美洲传入欧洲。

多力量中心。法国的冒险在16世纪中期结束。

拿破仑时期的西方医学已经比较发达，也有了金鸡纳。但欧洲许多人对鼠疫和疟疾的区分还是不很了了。来自北方干旱地区的人们进入潮湿地带之后，对瘴疠的免疫力尤其低下。1799年3月，在领兵征服巴勒斯坦的时候，拿破仑在雅法遇到了这个问题。他说：

> 通过沙漠的行军是非常使人厌倦的，而从异常干燥的气候转入潮湿多雨的气候，对士兵健康也是有影响的。设在圣地僧团僧院里的病院已不够用。……有些病人入院后一昼夜就死去了。……有些人把鼠疫症看做某种被称为淋巴腺肿块的恶性疟疾，……全军都处于恐慌之中。……发布了严格的命令：士兵们在洗劫城市时所掠夺来的一切东西，毫无例外地予以烧毁。在医院里，当恶性疟疾流行时，每次都采取了类似的预防措施。[1]

那时的法国医生仍不能区分鼠疫和恶性疟疾。雅法是地中海东岸的一个港口，其“潮湿多雨”只是相对于沙漠地区而言。其实，雅法的年均降雨量只有508毫米，比北京的600多毫米还少，远远没有中国南方湿润。广东省的平均年降水量在1500毫米以上，岭南更在2000毫米以上。因此，与中国军队在南方遇到的艰险相比，法国军队在巴勒斯坦染上的疾病不算严重。况且，法国军队有优势：那时的西方医学已经比较发达了；通过地中海的补给非常便捷，大大减少了士兵的体力消耗；在干旱的巴勒斯坦，流行病的地理范围很有限，“只要部队出发远征，疾病就消踪匿迹了”。[2] 雅法的降水主要集中在11月到次年5月的冬季，而中国（不仅在南方）的降水则多在夏季。高温加高湿最容易滋生疾病。在经过巴勒斯坦向埃及的远征中，法国军队一共损失2750人，其

---

〔1〕《拿破仑文选》下，198—199页，商务印书馆，1982年。在雅法之战中有一件轶事。拿破仑躲过了一劫。一颗子弹在他头顶之上数厘米的地方飞过，在打落了他的帽子之后，打死了站在他身后的一位上校。拿破仑的身高不足1.58米，而那位上校比他高出整整20厘米。这是拿破仑第二次碰到这种事了。见该书第196页。可见历史是由许多偶然事件组成的。

〔2〕《拿破仑文选》下，200页。

中近一半（1300 人）死于疾病。[1] 拿破仑认为“疾病是最危险的敌人”，“宁可打一场流血很多的战斗，也不要把部队安置在不卫生的地方”。[2] 在多雨的南方，没有人能够躲开湿气。

c. 东边的限制：海洋和岛链

由于环环相扣的岛链，中国东部的大海在相当大程度上成为中国和邻国之间的内陆海。

在历史上，中国外海多台风，而且外海各岛屿上的文明程度较低。因此，海上航行有很大的风险，却没有很大的收益，这是阻碍中国走向海洋的主要原因。中国大多数王朝都不鼓励贸易，民间的海外贸易最为可疑，受到更大的抑制。因为气候莫测以及心理因素，中国古代皇帝宁愿沿着海岸线挖掘大运河，也要避开海洋。中国在海洋上的“边界”是由自然条件限定的。现在，这些障碍或边界都不存在了，但地缘政治的障碍却非常大。

中国有 1.8 万多公里海岸线，似乎有很好的条件成为一个海洋大国，其实条件并不优越。中国东部、南部之外的海洋是世界上岛屿、海峡最密集的地方。这些岛屿分属多个国家，有些自成岛国。一些岛国距离大陆很近，中国与它们有岛屿和领海纠纷。美国的驻军更增加了局势的复杂性。因此，这些岛屿和海峡对中国构成了极为复杂的地缘政治挑战。中国不是一个濒临太平洋的国家，因为西太平洋和欧亚大陆东海岸之间有一个过渡，这就是第一岛链。诸多的岛屿如蜿蜒的山脉，彼此相连，形成一根链条，锁住了中国的海疆。中国走向海洋，首先遇到岛链形成的地缘政治“边界”，它们可以被用来封锁中国，阻止中国的大洋通路，把中国遏制在大陆上。要走向大洋，岛链是中国必须突破的屏障。

东亚近海海域以及太平洋上的岛屿大致都是南北走向，对大陆海岸形成包围的岛链。一般认为，中国的外海有三条岛链，其中距离中国最

---

〔1〕《拿破仑文选》下，263 页。

〔2〕以上两句引语分别出自《拿破仑书信集》第 11 卷第 9105 号和第 22 卷第 18041 号。转引自 J. F. C. 富勒《战争指导》，43 页，解放军出版社，2006 年。

近的、最严密的是第一岛链。关于第一岛链包括哪些群岛，并无一致的说法，但总是距离中国最近的那几个群岛。本书认为，第一岛链从萨哈林岛开始，经日本群岛、琉球群岛、台湾岛、菲律宾群岛、加里曼丹岛[1]到苏门答腊岛。苏门答腊岛与欧亚大陆的马来半岛之间有狭窄的马六甲海峡，海峡中有个小岛值得一提，即新加坡。在这些大的群岛和岛屿之间，还有许多较小的岛，而日本、菲律宾、印尼都是岛国。中国船只走向大洋，必须经过几条狭窄的海峡，很容易受到封锁和攻击。在那里，海盗都可以制造相当大的麻烦和损失，更不必说装备优良的岛国海军了。

在第一岛链的北端，萨哈林岛、日本群岛与大陆海岸（其中一部分是伸出的朝鲜半岛）合围成日本海。日本海的各海峡窄而浅，近似于一个内陆海。中国在日本海没有直接的出海口，图们江入海前的最后一小段（约15公里）是俄国与朝鲜的界河。封闭的日本海是中国外海的一个缩小版。日本北海道岛与俄国萨哈林岛之间的宗谷海峡（拉彼卢兹海峡）最窄处43公里，最浅处50米；北海道和本州岛之间的津轻海峡最窄处18.5公里，最浅处130米；日本九州岛和朝鲜半岛之间的朝鲜海峡之中有对马岛，其中日本一侧的对马海峡最窄处41.6公里，最浅处50米。在朝鲜海峡的南北两端，日本和韩国（韩国是第一岛链的一部分）都有实力可观的海空军，而且都有美国的驻军。以海参崴[2]为基地的俄国太平洋舰队受到极大限制，只有日本海的第四个出口鞑靼海峡才是安全的。因此，俄国需要更多地使用堪察加半岛南端的基地，不过，那里靠近北极圈，气候条件恶劣，远离腹地，补给成本高。中国面临着与俄国类似的海上困境，或许略好一些。

第一岛链的中间点是台湾岛。台湾岛与海南岛同是距离中国海岸最近的两个大岛。其北是琉球群岛，冲绳是美国的一个大军事基地；其南经过两个较小的群岛（巴坦和巴布延）之后是菲律宾群岛，美国的前殖民地，现在的军事合作伙伴。菲律宾群岛的巴拉望岛、苏禄群岛，几乎

〔1〕 又称婆罗洲（Borneo），即中国古史中的渤泥，73.6万平方公里，是世界上第三大岛，分属印尼、马来西亚和文莱三个国家。

〔2〕 海参崴在海洋和陆地两个方向上都缺少纵深，不适合做俄国的军港。

没有疏漏，连接到加里曼丹岛，该岛的南部属于印度尼西亚。除了马六甲海峡之外，南海还有几条海峡通向印度洋和太平洋，如巴士海峡、巽他海峡。不过，它们同样受到岛屿的控制，而且，在正常情况下商业价值较小。台湾岛是中国最有希望首先打破第一岛链的环节，一个与大陆统一的台湾岛将成为东亚沿海各国的贸易中心。

一般认为，第一岛链止于马六甲海峡。在自然地理上也许是这样。在地缘政治上，第一岛链延伸到马六甲海峡以西。安达曼群岛、尼科巴群岛这两个群岛与缅甸的南部海岸、马来半岛、苏门答腊岛合围，在它们中间形成了安达曼海。西去的船只出马六甲海峡，进入安达曼海之后，仍须穿越海峡才能进入印度洋。印度蹲在马六甲海峡的西端虎视眈眈。安达曼群岛、尼科巴群岛属于印度。这是英国殖民时期的遗产。印度正在加强它在群岛上的军事基地。在非常时期，印度的海空军可以封锁狭窄的马六甲海峡，或在海峡以西拦截船只。所以，中国必须把安达曼海以西的两个印度群岛看做是第一岛链的组成。

其余两条岛链没有像第一岛链那样形成严密的链条。第二岛链比较完整，从堪察加半岛以南开始，经千岛群岛、小栗原群岛，沿着日本群岛的东侧到硫磺列岛、马里亚纳群岛（在以上这些群岛东部，并列延伸的是世界上最深的几条海沟，海底地形非常复杂），然后经过加罗林群岛，到达千岛之国印度尼西亚东部各岛，以及印尼与巴布亚新几内亚共有的几内亚岛，然后再向南到达澳大利亚。澳大利亚自成一个大陆，也可以看做是世界上最大的岛，位于印度尼西亚以南。澳大利亚以印尼为安全屏障，在印尼有强势存在，如在东帝汶等地调停、维和。关岛是美国的军事基地，也是第二岛链的地理枢纽。美国正在把关岛建设成一个攻击出发点和战略补给中心，可以部署攻击核潜艇、航空母舰、两栖登陆艇、战略轰炸机，打击范围覆盖东亚。第二岛链曾经是美国西进和日本东进的冲突线。1941 年底，日本军队先发制人，偷袭珍珠港，然后把美国军队赶出了菲律宾群岛。美国很快发起反攻，两军在太平洋上逐岛争夺，战况惨烈。美国最终取得胜利，把军队部署到了大陆和第一、第二岛链上。日本彻底战败，失去了新攫取的西太平洋控制权，它的本土上也被驻扎了大批美国军队，在政治上成为美国的附庸。

在第一和第二岛链以东，太平洋中部和南太平洋，还有几条南北向

中国的海上岛链（示意图）

中国面向的海洋是世界上岛屿、海峡最密集的地方。诸多的岛屿彼此相连，形成一根链条，锁住了中国的海疆。第一岛链从萨哈林岛开始，经日本群岛、琉球群岛、中国台湾岛、菲律宾群岛、加里曼丹岛到苏门答腊岛；第二岛链从堪察加半岛以南开始，经千岛群岛、日本群岛的东侧、印度尼西亚东部各岛、几内亚岛，到达澳大利亚。

的群岛，但它们不能彼此相连构成完整岛链。从阿拉斯加、阿留申群岛，经夏威夷群岛、南太平洋的诸多群岛，到新西兰，被模糊地称为第三岛链。实际上在南太平洋上有不止一条群岛链。夏威夷群岛是第三岛链的地理枢纽，也是整个太平洋的地理中心。与此类似，印度洋的地理中心迭戈加西亚岛也是美国的军事基地。美国通过夏威夷群岛掌控着太平洋。这一条岛链对中国的影响不大。中国能够在太平洋，尤其是西太平洋，建立预警系统就应该满足了。

为了打破第一岛链的束缚，仅仅与台湾统一是不够的，中国还需要在岛链国家中寻求坚定的盟友，与岛链之外的大陆滨海国家保持盟友，以减少岛链在限制中国方面的重要性。但是，除非中国成为世界唯一的超级大国（在可预见的未来，这种可能性根本不存在），否则即使在第一岛链附近，中国也不可能做到确保海上航运的安全。至于在更远的地方，比如索马里发生的海盗事件（在 2008 年下半年尤为猖狂），中国派遣了军舰护航，其象征意义大于实际意义。欧洲、印度发挥了它在印度洋上的作用，印度军舰击沉了一艘海盗船。维持一个全球合作的态势对中国是有利的。中国的利益在全球范围内已经都有分布。

但是，以和平为导向的政策也同样需要向海洋扩张。向西太平洋推进可以加大中国的防御纵深。当一个超级大国可以在台湾海峡部署航母舰队，直接威胁最繁华的沿海城市时，中国的安全没有保障。只有中国能够加大防御纵深，增加预警时间，才能减少对国家安全的威胁。随着军队的机动性和远程打击能力的提高，中国不需要迫近敌人才能实施打击，但是，在抵近敌人时候打击的烈度最大，威慑力也最强；防线越远，预警时间也就越长。如上所说，因为航运安全难有保障，中国需要提高打击报复能力，对中国利益任何较小规模的侵犯都将导致冲突升级，使得任何阻断中国航运的企图都严重得不偿失。

岛链上的各国生活着许多华人。自明清以来，中国往往把东部的国界限制在海岸线上，自我设限。人口的压力迫使东南沿海的一部分人向东南亚（南洋）移民，但官方不仅不能提供保护，反而歧视这些移民。欧洲人来到南洋之后，把华人作为劳力。总体来说，他们对华人是排斥的，因为华人在商业方面是强有力的竞争者。直到 20 世纪后期，南洋华侨饱受排斥，屡经屠杀。即使如此，在菲律宾、马来西亚、印度尼西亚的岛上，仍形成了相当规模的华人社区。在抗日战争中，许多南洋华侨回国抗战，并付出了生命。

由此可见，中国在海洋上的局势与在陆地上是一样的，都是处于被“包围”的状态。如何“突围”是一个严峻的问题。德国、俄国都有类似的困境，他们的突围都不成功，最后导致整个国家的失败，至今不能恢复元气。二战爆发前的日本受困于资源短缺，也想突围，也失败了。当然，日本当时的困境是它的侵略造成的。这几个后起工业国家的教训是，仅仅依靠武力的“突围”是不可取的，因为越是努力突围，招致的反抗和对抗就越大。区域一体化可以化解对抗。一体化需要的时间长，却更稳妥，成绩更巩固。为此目的，中国国内需要更多的改革，才能更具魅力。对于中国，岛链不是地理的约束，而是地缘政治的限制。地缘政治是可以改变的。在中国的倡导之下，如果各国能够把岛链（主要是面积大、人口多的第一岛链）纳入一个共同市场，以此为起点建立一个和平之弧、繁荣之弧、文化传播之弧，那么，环节紧凑的第一岛链对中国将是一笔极其宝贵的财富，如同地中海之于古希腊一样。中国对这些岛链国家同样重要。第一岛链所面对的欧亚大陆大部分的海岸是中国的——也是其中最有活力的海岸，内陆纵深最大的海岸。

对中国的海上威胁时断时续。最早的一次是在唐朝，日本入侵朝鲜半岛。明朝时则有丰臣秀吉入侵朝鲜，倭寇骚扰海疆。在清朝初期，对清廷的海上威胁来自郑成功。从 1840 年开始，海上威胁大于北方的威胁。今天，对中国最大的危险仍来自海上。根源之一是中国长期把自己限定在陆地，没有向海外扩张。从明朝以后很长时期内，中国官府禁止向海外移民，歧视、迫害移民及其亲属。其中原因似乎有点令人困惑。其实，孟德斯鸠解释得很清楚：“专制主义把臣民当做奴隶看待，出国的人则被看做是逃走的奴隶。”〔1〕一个相对自由民主的制度可以保证社会的活力和流动性，而活力是扩张的最强大的动力。

中国没有成为一个海洋文明的国家，固然有儒家文化轻视商业的影响，但也许更多是由亚洲东海岸的地理和气候决定的。岛国则不同。英国是航海的国家。英国的殖民扩张不受本国海岸线的制约，在全球都有殖民地。大英帝国因此号称“日不落帝国”。日本在开国之初就走上了

〔1〕《论法的精神》上，212 页。

扩张道路，1859年攻虾夷（在今北海道），1875年勒令琉球王停止向中国朝贡，然后就走向大陆。

在中国和俄国为西部伊犁的谈判陷入僵局的时候，俄国派了23艘军舰来中国东部沿海炫耀武力。1880年，戈登[1]向李鸿章提出警告说，只要政府设在北京，中国就不能和任何头等强国开战，因为大沽炮台很容易失陷，使北京门户洞开。[2] 因此，戈登认为，中国只能寻求和平。1900年，八国联军果然攻陷大沽口，清廷下诏宣战。八国联军之战是这些所有殖民国家在东亚扩张的一个标志事件。它们在经历了各自的海外扩张之后，终于在中国，为了一个共同的事业走到一起来了。这些殖民强盗们从来没有这样一致过。

当初，北京在北方陆地上有险可守，还有长城，而面向大海则无险可守。在过去100多年中，首都北京两次陷入外国军队之手（1860年英法联军、1900年八国联军，都从大沽炮台入手）。首都南京面向大海也无险可守。1937年日本侵略军占领南京。这不包括日本在卢沟桥事变后占领北平。这些军队都是从海外登陆而来。早在1950年代，中国已经能够扼守北京的海上门户。现在，从海上登陆入侵中国的威胁几乎消失了。但是，海上武器平台造成的空中威胁仍然存在，它们在距离中国较近的海域发射导弹，或起飞飞机。面对来自海上的威胁，中国的地理位置和地形很不利。美国人也看出了这一点。他们说：

> 中国的边界易攻难守。漫长的海岸线容易受到海上的攻击。……与美国的潜在战场不同，中国最有可能的潜在战场在国内，而不是海外。[3]

---

〔1〕 查尔斯·乔治·戈登（1833—1885）是英国军官，1860年第二次鸦片战争时来中国，战后随英军到上海防范太平天国，1863年起指挥“常胜军”，并与李鸿章熟识。因战功，清帝任命戈登为提督，赏黄马褂；英国提升他为陆军中校。戈登回英国，又去了印度。清廷请戈登来协助防御俄国人。正文中的话是他在天津对李鸿章说的。但这次他在中国的时间很短。戈登后来在苏丹喀土穆战死。

〔2〕 徐中约：《1880年戈登在中国》，载《太平洋历史评论》，卷23第2期（1964年5月）第147—166页。转引自《剑桥中国晚清史》下，114页，中国社会科学出版社，1985年。

〔3〕 *The Great Wall and the Empty Fortress—China's Search for Security*，p10，Andrew J. Nathan，Robert S. Ross，W. W. Norton & Company，1997.

为了防守，中国必须把防线向外推，以减少遭受进攻的可能性。目前的安全局势不容乐观，中国仍处在包围之中。美国和欧盟在压缩俄国的势力范围。现代中国没有自己明确的势力范围，所以不如俄国那么明显地感受到美国的挤压（欧洲在地缘政治上和中国的冲突很小）——尽管美国在中国的周边增强力量，把目标明确指向中国。在鸦片战争之前，中国是被蛮夷包围。在鸦片战争以后，中国在大国的侵略和瓜分企图中生存，对被包围不是那么敏感。现在的包围者不仅军事力量优于中国，在地缘文化上面也占有优势。

在海洋上，美洲的东西两岸之外的岛屿很少，也很遥远。太平洋上的岛屿大多由美国控制，如夏威夷群岛、关岛。美国的门外是一望无际的旷野，没有居民，没有人来和它争夺，它可以信马由缰地驰骋。中国则不同，只有东部一条海岸，海洋上岛屿密集，在这些岛上有好几个国家：日本、菲律宾、马来西亚、印度尼西亚，等等。中国打开门就看到黑黢黢的森林，森林里住满了人，还与中国有土地纠纷，中国必须勒紧缰绳。这是中国不利的海洋形势，必须正视，切不可盲目扩充海军，如第一次世界大战前的德国那样。

如果美国不能为盟国提供有效的保护，甚至它的亚洲驻军可能受到威胁的时候，美国将退出该地区。它在撤退之前会把日本从笼子中放出来，并可能挑起日本与中国的军事竞争。美国将做一位离岸平衡手，使中国与日本都离不开美国。这个做法是盎格鲁－撒克逊传统，也是保持均势的传统手段。日本和冲绳是第一岛链中的关键环节，也是最核心的部分。日本不会永远依附于美国。中日两国未来的关系取决于两国决策者的战略智慧。

d. 西边的障碍：沙漠和草原

辽阔的大草原把北方和西北方连为一体。对于农耕民族，草原和沙漠不是一个容易谋生的地方，也不是一个可以轻易穿越的地方。夏朝在建立初期的势力范围已经“东渐于海，西被于流沙”，[1] 从禹的征战范

〔1〕《尚书·禹贡》。

围看，这句话没有明显的夸大。此后中国的国土基本没有超过这个范围。草原和沙漠对中原农民构成了有效障碍。那时的“流沙”很可能在今天的甘肃境内，还不到新疆那么远。但很显然，流沙在当时人们的心目中是一个明确的地理分界线。居住在西方的游牧民都被称作戎。因为战争、气候、游牧习惯等因素，古代西部人的迁移比较频繁。所以，有很多部落可以被称为戎。司马迁说：

> 或曰：“东方物所始生，西方物之成孰。”夫作事者必于东南，收功实者常于西北。故禹兴于西羌，汤起于亳，周之王也以丰镐伐殷，秦之帝用雍州兴，汉之兴自蜀汉。[1]

司马迁判断的根据从大禹开始，到他的汉朝结束。今天看来，这个事实一直到20世纪仍然有效。共产党的力量在陕北积蓄，从东北向南发展，最后占有全国。西方一直是中原权力的有力争夺者。在周朝、秦朝、汉朝三个相连的王朝，统治中心是渭河流域的关中。关中已经是偏西的地区，剩余的西方范围不是很大。西方与北方相似，都是游牧部落的天下。直到秦朝，西部的主要威胁来自今天的甘肃一带。到了汉朝，西方就更扩展到西域了。那时吐蕃还没有兴起。到了唐朝，因为吐蕃的入寇，西方又向西南扩展。可以说，中国对西方地理的了解是为了应对安全挑战。西汉向西域的扩张从河西走廊开始。

公元前170年代，月氏被匈奴从河西走廊赶走，迁到今天塔吉克斯坦一带。公元前138年，张骞出使西域，试图说服月氏与汉一起夹击匈奴。他的使团先被匈奴扣留了10年，然后又遭到月氏的拒绝。月氏人的生活很好，他们不想报仇了。在回国的路上，张骞又被匈奴抓住。被拘留了一年多后，他趁匈奴内乱逃回。这段出使时间长达12年。从张骞的经历，可知汉朝与西域的道路都被匈奴控制。张骞又上书武帝，建议联合乌孙（在今伊犁河流域）夹击匈奴。前115年，张骞从乌孙回国，于第二年去世。丝绸之路从此出现。汉朝与西域各国建立了联系，开始向西域发展势力，与匈奴争夺同盟国和土地。

---

〔1〕《史记·六国年表》。“孰”，熟。

河西走廊是西域与内地的交通要道。其北是沙漠，其南是高山。据载："骠骑将军霍去病将万骑，出陇西，过焉支山千有余里。"[1] 今甘肃省山丹县有焉支山。相传，山下的霍城遗址是霍去病屯兵之处。武帝元狩二年（公元前121年），霍去病过焉支山1000多里，一年两次大破匈奴。匈奴浑邪王投降，匈奴势力退出河西。他们哀歌道："失我祁连山，使我六畜不繁息；失我焉支山，使我妇女无颜色。"焉支山所产之物即胭脂。西汉在河西走廊设立酒泉郡，后来又设张掖、敦煌和武威三郡，为"河西四郡"。余英时说：

> 由于河西的归并，汉朝成功地将匈奴和以南的羌人隔开，还能直接进入西域。正如此后的历史充分显示的那样，河西成为汉朝在西域军事活动的最重要的基地。[2]

控制了河西走廊之后，张骞被匈奴扣留的麻烦就不会再有。河西走廊连接中原和西域。西域有连绵的沙漠和不大的绿洲。由于自然条件的限制，那里很难聚集起大规模的军事力量。但西域是北方大草原的侧翼，从那里可以牵制北方游牧民的南下，又可以联系中亚国家。有了西域，就把关中平原的防线向西推出了数千里，增加了首都的防御纵深。

从张骞开始，汉朝在西域的发展就带有很浓的个人英雄主义色彩。西域小国在汉朝和匈奴之间摇摆不定。龟兹和楼兰都曾杀大汉的使者。傅介子在出使大宛的路途上，在龟兹攻杀匈奴的使者。回国后，他对大将军霍光说："楼兰龟兹，数反复而不诛，无所惩艾。"[3] 霍光要他去楼兰。公元前77年，傅介子设计诱杀楼兰国王，把楼兰在汉朝留学的王子立为王。楼兰改名为鄯善。龟兹道远，还没有受到惩罚。常惠曾经随苏武出使匈奴。当他受命出使乌孙时，因龟兹曾经杀大汉的校尉，他要求顺道攻击龟兹。汉宣帝不许，但霍光私下允许他"便宜从事"。公元前71年，常惠组织西域多国部队向龟兹进发。龟兹王说是先王受贵人

---

〔1〕《汉书·卫青霍去病列传》。

〔2〕崔瑞德、鲁惟一编《剑桥中国秦汉史》，422页。引文所出的第6章"汉朝的对外关系"，作者是余英时。

〔3〕《汉书·傅、常、郑、甘、陈、段传》，班固。

所误，本人无罪。于是常惠斩杀那位贵人而归。6 年后，龟兹王来朝。

公元前 60 年，汉朝基本上平定了西域，设立西域都护府。在丁零、乌孙和大汉的打击下，公元前 57 年，匈奴分裂为东西两部。东匈奴的呼韩邪单于投降汉朝。西匈奴的郅支单于向西逃亡到康居[1]，在康居东部的楚河流域驻扎下来。郅支先与康居国王建立密切关系。接着他四处出击，势强之后杀康居国王嫁给他的女儿。西域副校尉陈汤担心郅支单于"必为西域患"。他与西域都护[2]甘延寿谋，提议发屯田吏士击之。延寿支持陈汤，但要求上报中央。陈汤反对说："国家与公卿议大策，非凡所见，事必不从。"[3] 汉元帝建昭三年（公元前 36 年），他趁延寿久病之机"矫制"发诸国兵，延寿被迫同意。他们长途奔袭至匈奴城下，杀郅支单于，把他的首级送到长安。甘延寿、陈汤两人上疏曰："臣闻天下之大义，当混为一。昔有唐虞，今有强汉。……明犯强汉者，虽远必诛。"[4]

在王莽时期，西域陷入混乱。班超出使鄯善时，攻杀匈奴使者，迫使鄯善归附汉朝。他继续征服西域其他绿洲国家。74 年，东汉重新设立西域都护府，以陈睦为都护。第二年，焉耆、龟兹攻杀陈睦。汉朝在西域的屯兵都撤了回去。只有班超坚守疏勒（今新疆喀什一带），并且能够反攻，最终又一次平定西域。94 年，班超率领西域诸国兵大破焉耆，杀其王，为陈睦报仇。班超在西域经营了 31 年，告老返回都城洛阳后不久，即于 102 年去世。他的儿子班勇出生在西域。当北匈奴又一次在西域制造战乱时，朝廷接受班勇的意见，并任命他为西域长史。班勇击退匈奴，打败叛乱的国王，最终平定了西域。

在唐朝，西域的重要性一如在汉朝。唐朝在北方也面对着一个强大的敌人，这次是突厥。匈奴和突厥是两个接近的种族。同时，唐朝还受到吐蕃的威胁。强大的吐蕃不仅前出到今天青海和甘肃一带，还占领了

---

〔1〕康居（康国）是当时的一个大国，即粟特（Sogd），在今哈萨克斯坦南部到费尔干纳盆地一带，首都在今天乌兹别克斯坦的撒马尔罕。

〔2〕西汉在公元前 60 年设西域都护府，治所在乌垒城（今新疆轮台县东）。东汉时治所移至龟兹（今新疆库车）。

〔3〕《汉书·陈汤传》。

〔4〕《汉书·陈汤传》。

西域的南部。唐朝征服西域的过程与汉朝有些类似，都有一些个人主义的英雄。他们的进取不仅是为了保护王朝的安全，也受个人勇气的驱使。

清朝起源于东北。蒙古人是满族最早的同盟，他们一起打进关来，占领了全中国。作为一个民族，满人的故乡在东北。但是，作为一个王朝，清朝的根据地在整个北方。他们不可能像明朝那样把防线设在长城。为了保护北方的侧翼，才有了向西北的发展。虽然满人不是游牧者，但他们的思维方式很接近游牧民。因此，清朝的扩张也是顺理成章的。康熙时完全收复西域。南疆本来在准噶尔的控制之下，乾隆二十三年（1759 年），兆惠平定大小和卓木的叛乱。清朝统一了天山南北路，设伊犁将军总管两地。如果准噶尔不向东侵略北蒙古，清朝大概也无意向西。这是从汉朝起对西域征服的完满结束。格鲁塞说：

> 乾隆的吞并伊犁与喀什噶尔标志着从班超时起十八个世纪以来中国政治在亚洲所追求的计划的正式实现，定居人对游牧人，农田对草原的反攻。[1]

一个世纪之后，伊犁和喀什又面临俄国和英国的争夺。这是新一轮挑战。中国又赢了。

中国地势的三级阶梯

中国的地缘政治从中国国内开始，这与其他国家的地缘政治很不相同。其原因主要是由中国的土地面积决定的。中国面积之大，已经足以使她自成一个单独的地缘政治单位。在面积上，中国与乌拉尔山以西的欧洲（1016 万平方公里）大致相同。在地形上，中国更为复杂，包括了

[1]《草原帝国》，588 页。

世界最高的高原和第二大的沙漠；而欧洲的大部分都是大平原，除了阿尔卑斯山脉之外，山地起伏都不很大。如果不算欧洲边缘的厄尔布鲁士山（5642 米），一般所认为的欧洲最高峰——阿尔卑斯山脉的勃朗峰——只有 4807 米，还不及藏北羌塘高原的平均海拔高度（约 5000 米），更不能和西藏的那些大山相比。但是，勃朗峰超过了中国地形第二阶梯的山峰高度，更远远超过中国地形的第三级阶梯——从黑龙江漠河到广西南宁以东地区——的任何山峰。中国东部的最高峰并不在大陆上，而是台湾岛上的玉山（3997 米）。台湾的地形变化比大陆东部还要复杂。即使海南岛上的五指山，其主峰（1867 米）也比大陆东部的许多大山更高，超过它的只有很少几座山峰，如南岭的最高峰猫儿山（2142 米）。猫儿山在南岭五岭的最西，已经几乎算是第二阶梯了。

山脉的高度并不一定形成严重的交通障碍。山区的交通便利与否取决于山脉的走向、长度以及山谷的陡峭程度。青藏高原有许多大山。在北部，这些大山的相对高度不高，山势圆浑，一点也不险峻。隔绝西藏与外界交通的是高原的严酷环境，那些大山倒在其次。中国东部的山地一般都比较破碎、低矮，不能形成有效的地理隔断。武夷山是一个例外。受山地的保护，福建和浙江南部是中国东部最晚接受中原文化的地区之一，长时间是百越的地盘。因为有南岭，广东和广西保留了岭南文化和粤语。但南岭有很多宽阔的南北通道，不能保护两广免于寒流或北方军队的南下。从东北到华南，中国东部几乎没有天险。

这三级阶梯在经济、文化发展上有巨大差距，但地缘政治价值却很接近，都非常巨大。其中最突出的就是第一阶梯。如果不是为了介绍第一阶梯，就没有必要提出三级阶梯的问题，因为第二和第三阶梯的界限不是那么分明，历史事件也不是那么容易以地理分割。

a. 第一级阶梯：青藏高原及其边缘

中国地形的第一级实际上也是世界的第一级，号称“世界屋脊”。它以青藏高原为核心，包括西藏、青海、甘肃西部、四川西部、新疆的帕米尔高原及其以南地区，大致处在喜马拉雅山脉、昆仑山脉、阿尔金山脉、祁连山脉、大雪山和横断山脉[1]的合围之中。如果不考虑人为的国界，可以说世界上的最高山脉都集中在这个自然区域。第一级的面积大约有230万平方公里，约占中国面积的24%，或近1/4，人口却只占全国的0.9%左右。这是因为它的平均海拔在4000米以上（拉萨地处较低的河谷，海拔高度也有3650米），许多地区不适宜居住，只有几条河谷尚称宜人。藏、蒙牧民的分布却超过了河谷。在20世纪中期修筑公路之前，从拉萨到内地的漫长旅行还被大多数人视为畏途，一路生死难测，民国时期的官员进藏大多绕道印度，需要英国的签证。[2]除了侵略者外，进入西藏的西方人大都是冒险家。吐蕃帝国在这个空气稀薄、人烟稀少、干燥寒冷的高原上建立起来，势力扩大到青藏高原之外。这确实是一项非常了不起的成就。吐蕃帝国之后的西藏非常封闭孤立。除了吐蕃的强盛时期外，第一级阶梯对外部的影响比较小。

吐蕃和唐朝大致同时崛起。松赞干布（629—649在位）稳固了他父亲统一的吐蕃，迁都逻些（今拉萨），开始向外扩张，首先是向北方。松赞干布之后，在722年及以后，吐蕃又发兵向西进攻帕米尔地区的小勃律，试图从今天的西藏阿里地区向新疆和中亚扩张——那里仍是唐朝的势力范围。小勃律是唐朝的西门，吐蕃的目标是唐朝的四镇。吐蕃兴盛的原因和近代之前的所有游牧民族一样，都是依靠优良的骑兵和先进的冶铁技术。另外，在和唐朝对抗的前线，吐蕃常常能够集中更多的兵力——这是骑兵的优势。

唐朝强大的原因是它在战争中崛起，在战争中生存下来。唐初，列强并起，群雄争霸。除了吐蕃之外，突厥、高句丽、党项、吐谷浑、薛延陀等都在某一时期成为唐朝的劲敌，只有回纥长期与唐朝保持亲密关系。日本也派兵“进入”朝鲜，唐朝将领刘仁轨大破之（663年）。在西方，受新起的伊斯兰教的鼓动，阿拉伯帝国在此时崛起，向外扩张，后来与唐朝在中亚相遇。在如此恶劣的环境中，唐朝能够生存，实在是战之功也。

---

〔1〕一说大雪山是横断山脉的一部分。但大雪山自成体系，走向是“竖”而非“横”。

〔2〕关于清朝官员前往拉萨的旅程，可参见吴丰培所辑的《川藏游踪汇编》，四川民族出版社，1985年。这些官员的进藏路线不限于川藏线。

不过，在力量有所不逮的时候，唐朝也不耻于示弱，采取和亲的政策。经玄奘介绍，唐朝与中天竺建立了外交联系。那时，中天竺的国王是戒日王[1]，强盛时有“象军六万，马军十万”以及更多的步军，[2]成为北印度诸国的霸主。贞观二十三年（648年），唐太宗派王玄策[3]出使中天竺。这时，戒日王已于上一年去世，大臣阿罗那顺自立为王。阿罗那顺贪图使团一路上接受的贡物，把使团的30个人全部抓起来，抢走贡物。王玄策趁黑夜逃脱，到吐蕃的西部边境请求支援。这时，松赞干布仍在位。吐蕃派了1200精兵，泥婆罗（今尼泊尔，当时是吐蕃的属国）派了7000骑兵。率领借来的军队，王玄策和他的副使蒋师仁向阿罗那顺发起攻击，三战三胜。他们俘虏了阿罗那顺并带回国。唐太宗说：“婆罗门不劫吾使者，宁至俘虏邪?”[4]阿罗那顺继承了印度历史上最强大的帝国之一。王玄策打败阿罗那顺之后，北印度陷入混乱。直到500多年后，在阿富汗突厥人入侵后的德里苏丹时期（1206—1526），印度的北部才又告统一。德里苏丹是穆斯林第一次入主印度。

唐朝时中印之间的交通大都绕道中亚。吐蕃与唐和亲后，双方开辟了一条新路线，从青海湖向南越喜马拉雅山脉到印度，此即唐蕃古道。中印交通的距离缩短了。据初唐时道宣记载，离开了吐蕃的南界之后，“东南入谷，经十三飞梯、十九栈道。又东南或西南，缘葛攀藤，野行四十余日，至北印度泥婆罗国。”[5]可见吐蕃南方道路的艰险超过了它的北部道路。艰险的道路限制了吐蕃向南扩张。此外，印度是佛主之国，而且非常湿热，不能为生长在干燥凉爽高原之上的吐蕃人所适应。

---

〔1〕戒日王（? īlāditya，约590—647），音译尸罗逸多。他的本名叫Harshavardhana或Harsha，音译曷利沙伐弹那、曷利沙。戒日王于606年即位为一个小国王，6年后开始征讨四方，统一了讷尔默达河以北的北印度，是印度最杰出的统治者之一。戒日王早年是个印度教徒，后来成为佛教徒。他是印度佛教的“护法名王”之一，其余两位是阿育王和迦腻色迦。戒日王会见过玄奘，向他询问了几个有关中国的问题。戒日王的首都曲女城（音译：羯若鞠阇，Kanyākubja，今印度北方邦的小镇卡瑙季，Kannauj，在坎普尔市西北80公里处）位于恒河岸边。在戒日王之后，因为曲女城象征着霸主地位，印度北方三强为争夺此城而战。

〔2〕《大唐西域记·卷五·羯若鞠阇国》。不过，出自印度的数字往往夸张。

〔3〕王玄策的其他事迹不著，其生卒年亦不详。这次出使时他的官职是右卫率长史，正七品上。从印度回国后他被提拔为朝散大夫，从五品下。

〔4〕《新唐书·西域上》。

〔5〕道宣：《释迦方志》，15页，中华书局，1983年。

否则，在泥婆罗军队的支援下，吐蕃军队能够穿越喜马拉雅山区，直下恒河腹地。土邦林立的次大陆比较容易被征服。后来，在英国统治印度时期，通往西藏南部的艰险道路有了很大改观，比北道更易行。在1901—1903年间，康有为在印度撰写《大同书》等著作的时候，女儿康同璧渡海前去看他，只身到了喜马拉雅南坡的大吉岭。女子独身远行在当时非常罕见，一时成为佳话。

在663年，吐蕃赶走了青海湖周围（鲜卑族）的吐谷浑，占领了今天的青海东北部。吐蕃军队接着进入甘肃和新疆，一度压迫唐朝从西域的大部分地区撤出军队。吐蕃又向今天的四川和云南进攻，制服了南诏国。面对吐蕃的战争压力，唐朝被迫采用和亲的办法，先后把两位公主嫁入吐蕃[1]。两位公主对佛教在吐蕃的传播贡献颇大，但没有能够带来长期的和平。太宗之后，唐蕃之间的战争期多于和平期，爆发过多次大规模的战争。双方互有胜负，但唐朝军队处于守势。730年，吐蕃战败，接受唐朝为宗主国，但和平仅维持6年。在安史之乱（755—763）期间，吐蕃的军队从青海和甘肃向东推进到甘肃境内，占据陇右[2]多年，并于763年初占领唐朝的首都长安达半个月。吐蕃占领陇右之后，向东可以威胁长安，向北可以威胁唐朝与西域的交通。因为失去了陇右的优良马场，唐朝不得不依靠回鹘的马匹和骑兵，为此付出了高昂的代价，再也没有能够在安史之乱后复苏。791年，吐蕃打败唐朝的盟友回鹘，结束了唐朝在西域的统治。但在西南，唐朝与南诏一起成功地发起了反击，减轻了西北的压力。吐蕃在一次大规模进攻之后，要求与唐朝和谈，这就是821—822年的会盟。唐蕃会盟碑一直保留在拉萨大昭寺门前。吐蕃这次没有很快破坏和平[3]，因为这时已是吐蕃倒数第二位的赞

---

〔1〕她们是641年太宗时出嫁的文成公主，707年中宗时出嫁的金城公主。初，松赞干布仿效突厥和吐谷浑，要求娶唐朝公主，被拒。松赞干布发兵攻打吐谷浑。唐朝反击，然后同意和亲。

〔2〕唐藩镇名，713年设置，辖今甘肃东南及青海省青海湖以东的地区，治所在今青海乐都县。

〔3〕游牧部落的和平倡议常常是权宜之计，唐朝廷往往“以其无信，不受”（《新唐书·吐蕃传》）。即使在这次结盟之时，两国在边境上也发生了一场战争，唐胜。更甚的一次在787年，吐蕃在侵略中屡次请盟，当双方最终在平凉（今甘肃平凉）结盟时，吐蕃设伏劫盟，大败唐军。当初，唐朝选择平凉为结盟地点，因为那里地势平旷，伏兵易被发现，但仍不免中计。同年，吐蕃再次请和。

普，他体弱多病，而且吐蕃的力量正因佛教和苯教之争而衰落。苯教是吐蕃的原始信仰。吐蕃王朝先于唐朝灭亡。

唐朝曾经与南诏夹击吐蕃，可以看出后来忽必烈经吐蕃攻打大理的意图。[1] 750 年，南诏杀唐云南太守，归附吐蕃。但是，唐朝的剑南西川节度使（方镇治所在成都，当时已属前方）韦皋向吐蕃的侧翼发起攻击，数次取胜，减轻了北方的压力。因为韦皋的胜利，西南诸蛮皆服。南诏也在 794 年与吐蕃绝交，回来与唐结盟，并攻取吐蕃十六城向唐献捷。801 年，韦皋全线进军，战线从今四川北部的松潘延续到南部的西昌、盐源，在维州（今四川理县的薛城）大破吐蕃从北方的灵州（治所在今宁夏灵武）调来的救兵，俘获内大相论莽热。四川是中国的大后方，在安史之乱时已经是这样。但四川的西部容易受到西藏方向的入侵。韦皋于 805 年去世。据记载，“皋治蜀二十一年，数出师，凡破吐蕃四十八万，禽杀节度、都督、城主、笼官千五百，斩首五万余级。”[2]可谓战功卓著。

关于吐蕃的入寇和唐朝的对策，《新唐书》中有总结：

> 唐兴，四夷有弗率者，皆利兵移之，蹷其牙，犁其廷而后已。惟吐蕃、回鹘号强雄，为中国患最久。赞普遂尽盗河、湟，薄王畿为东境，犯京师，掠近辅，残馘华人。谋夫虓帅，圜视共计，卒不得要领。晚节二姓自亡，而唐亦衰焉。夫外抚内宁，惟圣人不让。玄宗有逸德，而拓地太大，务远功，忽近虞，逆贼一奋，中原封裂，讫二百年不得复完，而至陵夷。然则内先自治，释四夷为外惧，守成之良资也。[3]

据此，吐蕃实为唐朝的第一大劲敌，其危害还在回鹘之上。吐蕃之害几乎贯穿唐朝始终。在驱赶了吐谷浑之后，吐蕃占据了昔日西戎的地

---

〔1〕南诏（649—902）、大理（937—1253）前后相继，疆域相同，中间仅相隔两位夺权的权贵（902—937），兴亡分别与唐、宋的时代大致相符。738 年，唐封南诏的皮逻阁为云南王，南诏开始扩张。最强盛时，南诏和大理占有今天云南的全部、相邻的四川及贵州部分地区，以及越南和缅甸的北部。

〔2〕《新唐书·韦皋传》。

〔3〕《新唐书·吐蕃传下》，欧阳修、宋祁。“蹷”通“蹶”，仆倒。“馘”（guó），在战斗中割所杀之敌左耳以报功。两位作者反对唐玄宗的扩张政策。

盘。那里在黄河上游。对唐都长安的威胁大多来自西北。788年，回纥与吐蕃绝交，改称回鹘，与吐蕃交战。唐朝的这个盟友“至略华人，辱太子，笞杀近臣，求索无倪”。[1] 也是一大患。宋朝接受了唐朝及五代的教训，没有军事扩张，内部一直比较安宁和富裕。但宋朝的军力薄弱，依靠向北方王朝进贡维持和平，先后受制于几个北方和西北方的王朝，最终被蒙古灭亡。宋朝之弱实是唐朝之强的反动，因矫枉过正而走向了另一个极端。战争与和平是一个难以把握的平衡。

从松赞干布开始，佛教逐渐在西藏传播开来。但由于苯教的抵制，佛教未能被彻底接受。到了朗达玛[2]在位期间（841—846），佛教遇到了更激烈的反抗。这位赞普支持苯教，毁灭佛法，于是佛教在西藏的前弘期结束。在朗达玛被一位佛教出家人暗杀之后，吐蕃王朝也结束了，藏地进入了动荡的割据时期。又过了大约100年，佛教再次在吐蕃兴盛起来，藏传佛教进入后弘期。佛教这次才被吐蕃人真正接受，驯化了好斗善战的吐蕃人。他们转而期望来世，专注灵魂。从此以后，吐蕃再也没有成为强大的军事力量，青藏高原上的权力向内坍塌，吸引着蒙古游牧民和廓尔喀进军。英国人也加入进来，极力排斥俄国和中国中央政府在西藏的影响。吐蕃（明朝时改称为西藏）成为大国地缘政治的角斗场。

到了10世纪，吐蕃、两宋的疆域及势力都比前朝收缩了。吐蕃仍在分裂之中。双方虽然有很长的共同边界，但往来不多。在元初忽必烈通过八思巴赐给西藏僧人免役的特权。现在的官方观点是，西藏在元时成为中国的一部分。西藏的权力先后为萨迦、噶举和格鲁（改革后的噶当派）三大教派所掌握。三个教派要依靠西藏之外的军事力量（蒙古骑兵）维持统治。在时间上，这三个教派的兴衰与元、明、清三朝的兴替大致相符。

---

〔1〕《新唐书·回鹘下》。“倪”，边。

〔2〕唐武宗的“会昌灭佛”发生在845年，正好是朗达玛在位期间。这两起时间上非常接近的“灭佛”事件是在佛教发展之后本土宗教的反弹。在吐蕃是苯教，在唐朝是道教。当然，唐武宗“灭佛”还有极其重要的经济原因：在王朝的财政困难时期，佛教寺庙占有了太多的财富。

元初，在西藏争权的是萨迦派和噶举派。这两个教派的领袖八思巴[1]和噶玛拔希[2]都曾跟随忽必烈，在忽必烈面前争宠。早年间，萨迦派已经与蒙古建立了联系，在西藏有更大的影响。忽必烈最终选择了严肃的学者八思巴，而不是散漫的瑜伽士噶玛拔希。此后萨迦派在西藏独大。忽必烈对西藏的兴趣始于远征大理，他的军队要经过西藏的东部。忽必烈的目的是从侧翼进攻南宋，那时由北向南的战事很不顺利。1251 年，蒙哥继蒙古大汗位。次年，蒙哥派弟弟忽必烈征云南，另一个弟弟旭烈兀西征——这是蒙古的第三次大规模西征。蒙古兵遇到南宋的顽强抵抗。1259 年，蒙哥率兵久攻合州（今重庆合川钓鱼城）不下，死于城下。1260 年，忽必烈即大汗位，封八思巴为国师，次年又把噶玛拔希逮捕入狱。噶玛拔希被关押和流放了 4 年。被释放后，他一路传教回到了西藏。

那时，蒙古只有原始的萨满巫术，没有宗教。大汗们能够对所有宗教一视同仁。成吉思汗召见全真道的教主丘处机。丘处机从山东莱州出发，经撒马尔罕，1222 年初夏（5 月）在大雪山的八鲁湾[3]见到成吉思

〔1〕 八思巴（1235—1280）是萨迦五祖的第五祖。萨迦派领袖位置在昆氏家族内传承。阔端（窝阔台和六皇后乃马真之子，贵由的同父同母弟弟）最早派军进攻吐蕃，因此了解到吐蕃教派林立的状况。1244 年，阔端召萨迦四祖萨班（八思巴伯父）前往凉州（今甘肃武威一带），10 岁的八思巴跟随前往。在萨班的促成下，西藏归附蒙古。1248 年贵由死。1251 年，阔端死。在弟弟忽必烈的支持下，蒙哥争得大汗位。自此，蒙古的大汗位从窝阔台系转入托雷系。蒙哥令忽必烈总理漠南（包括汉地和藏地）军事，其中有阔端的属地。1253 年八思巴初见忽必烈，年 19 岁。

〔2〕 噶玛拔希（1204—1283），噶举派之噶玛噶举之黑帽系的领袖，第二世噶玛巴。他以神通广大著称，首创藏传佛教中的活佛转世制度（都松钦巴是追认的第一世噶玛巴）。噶玛噶举是噶举派最大的支系。噶玛拔希与八思巴在同一年见到忽必烈，但噶玛拔希不肯长期停留。他北上传教，后来见到了蒙哥。蒙哥赐给他一顶金边黑帽。这就是黑帽系的由来。1259 年蒙哥死后，忽必烈和弟弟阿里不哥争夺大汗的位置，噶玛拔希有支持阿里不哥的嫌疑，因此被忽必烈关押在今北京的北海。噶举派支系（四大八小）繁多，却难以形成统一的强势政权。

〔3〕 在兴都库什山中、喀布尔以北。今阿富汗有帕尔万（八鲁湾，Perwan）省。蒙古灭花剌子模后，该国的王子扎阑丁（Jalalal－Din）逃到阿富汗，在八鲁湾击溃了一支蒙古军队。成吉思汗发兵征讨，1221 年 11 月，在辛头河（印度河）畔追上并歼灭了扎阑丁的军队。但扎阑丁再次逃脱，到了德里苏丹国。当年 12 月，蒙古派一小支军队进入印度河南边的木尔坦（今巴基斯坦的木尔坦），因天气炎热而很快退回。在地理上，兴都库什山脉属于世界第一级阶梯的边缘。成吉思汗绕了个弯，从另一面登上了这一级，在那里避暑，会见丘处机。

汗。在此后的11个月中，两人多次见面。成吉思汗下敕书免去全真道士的赋役。丘处机的徒弟李志常写了《长春真人西游记》，记载了这次跋涉和朝见。后来因为李志常等人与佛教高僧辩论失败，全真道失势。忽必烈继承了他爷爷对待宗教的态度。马可·波罗的父亲和叔叔第一次到中国时，在元廷受到很好的招待。忽必烈派他俩作为元朝的使臣回到意大利，要求教皇派遣100名精通基督教教义和七艺（修辞学、逻辑、文法、算术、天文学、音乐和地理）的传教士来。波罗兄弟返回意大利，见到了新当选的教皇，转达了忽必烈的愿望。他们再次回到远东时，却没有带来传教士，只带来了马可·波罗。蒙哥和忽必烈的母亲是一位基督徒。在元朝，穆斯林和基督徒（景教徒）都有很好的升迁机会。穆斯林遍布中国各地是从元朝开始的。在朝廷上，两大一神教的教徒彼此诋毁，争夺大汗的青睐。

在忽必烈之后，元朝一直保持着对西藏的统治。西藏的最高行政官员由萨迦派的国师向皇帝推荐。帝师有时非常年幼，是一个象征性的职务。伯戴克说："如此的委任，应该是限制严格的一种政治行为。"[1] 到了明朝，噶举派在西藏的影响超过了萨迦派。噶举派注重隐修和游历，《明史》称之为"游僧"。1360年，第四世噶玛巴应元顺帝之召到北京，在北京住了4年。明成祖即位后，召第五世噶玛巴得银协巴到南京。得银协巴于1406年（永乐四年）冬到达南京，次年在灵谷寺为明太祖帝后荐福。这是噶玛噶举派领袖唯一一次前往明都。1408年，声望如日中天的宗喀巴也被召进京，但他只派了大弟子前往。他创立的格鲁派有着严密而庞大的组织，将打败噶举派成为西藏最大的教派。

据记载，忽必烈曾经考虑经过西藏入侵印度，但最终被劝阻。蒙古的士兵和马匹能否在印度潮湿炎热的气候中保持战斗力是一大问题。但西藏是通往印度的道路，却是没有疑问的。在元初所封的吐蕃十三"万户"（行政单位）中，明确属于噶举派的有四个万户：帕主（帕竹）、止贡、蔡巴、雅桑，[2] 它们也都是噶举支派的名字，可见噶举派在当时势

〔1〕 伯戴克：《元代西藏史研究》，40页，云南人民出版社，2002年。

〔2〕 这十三"万户"是行政单位，数字都是虚指，实有的总户数是38963户，其中最小的两个"万户"都只有750户。由此可以大致推断出西藏当时的总人口。

力很强大。西藏的驿站系统是在元朝时建立的，一直使用到 1959 年才被废除。驿站使用的“乌拉”差役，即强制劳役，是一个蒙古语词。在完整地考察了元朝－西藏关系之后，伯戴克总结说：“元朝的行政机关总是试图保持对西藏的全面控制，总的看来是成功的。”[1]

元朝灭亡后，从长城之南退回去的蒙古政权仍然存在，即北元。他们被明人称为鞑靼。元和北元是一脉相承的成吉思汗直系后裔。在明太祖和明成祖的多次打击下，鞑靼被削弱。另一支蒙古族部落联盟瓦剌在西部的阿尔泰山一带崛起。瓦剌和明朝因进贡或贸易产生纠纷。1449 年，瓦剌部首领也先在怀来土木堡大败明军，俘获明英宗，这就是“土木之变”。早年时，也先的父亲立元皇室的后裔为可汗，自任丞相。也先杀了可汗，于 1453 年自立为汗。但也先不属于成吉思汗“黄金家族”。因此他的可汗地位不被承认，反而闹得众叛亲离。也先两年后被杀。瓦剌因此衰落，鞑靼再次兴起。鞑靼的达延汗（即“大元可汗”）是成吉思汗的第十五世孙。在打败了瓦剌之后，达延汗统一了元朝的遗民、蒙古东部的各部落，并把它们分成左翼和右翼，各三万户。达延汗的孙子俺答汗（1507－1583，一译阿勒坦汗）是土默特部的首领、漠南右翼三万户的盟主。俺答汗的营帐在库库和屯（今呼和浩特的旧城），是一个繁荣的手工业和贸易中心。俺答汗的主要打击目标仍是瓦剌。[2]

蒙古族接受黄教是在俺答汗时期。这是第二阶梯的军事力量向第一阶梯扩张，而第一阶梯的精神力量向第二阶梯扩张。三世达赖喇嘛（1543－1588）应俺答汗的邀请去青海。两人在 1578 年相见。达赖喇嘛的尊号是俺达汗所赠。他又把尊号追认给前两世。三世又去了理塘和丽江。俺达汗去世后，他前往呼和浩特参加葬礼，不久他也去世了。三世达赖喇嘛在遗嘱中说：他“与法王八思巴心续相通，而俺答汗乃是忽必烈汗的转生”，把两人的历史追溯到元朝初年。同时，他又预言“达赖喇嘛转生于成吉思汗的王族中”。后来，五世达赖喇嘛评价说：“这正是

---

〔1〕《元代西藏史研究》，148 页。

〔2〕俺答汗曾向明称臣纳贡，要求扩大贸易。因为害怕“土木之变”重演，明廷不敢答应，还杀了俺答汗的使节。明嘉靖二十九年（1550 年）秋，俺答汗率部从古北口进入长城之内，至安定门、东直门、良乡以西，大掠半个月后退回塞外。这一事件称“庚戌之变”，预演了明朝末年满清军队进入长城之南的路径。

（三世）达赖喇嘛的不可改易的金刚遗言。”[1] 于是，喇嘛们选中了俺答汗的曾孙为第四世达赖喇嘛（1589－1616）。四世是成吉思汗的直系后裔，属于“黄金家族”，也是至今仅有的蒙古族达赖喇嘛。四世在 1603 年到了西藏。

宗喀巴是一个伟大的宗教改革者，他的两个弟子分别被追认为一世达赖和一世班禅。到四世达赖时，格鲁派仍不够强大，受到掌握政权的嘎举派的迫害。格鲁派赢得与嘎举派的权力斗争完全是因为它引入了蒙古骑兵。权力转移是在五世达赖（1617－1682）时期完成的。青藏高原成为蒙古人的角斗场。漠北蒙古的却图汗信仰嘎玛嘎举。他征服并兼并了俺达汗的土默特部。五世达赖借助蒙古的骑兵打败了噶举派。顾始汗（1582－1655）是西蒙古和硕特部的首领。清朝时，西蒙古又称厄鲁特，即明朝时的瓦剌[2]。“顾始”（或“固始”）是“国师”的转音。和硕特是厄鲁特四部之一，另外三部是准噶尔、杜尔伯特、土尔扈特。由四世班禅主谋，两人商议后邀请固始汗入藏。这时，固始汗已经占领了青海和西康，至此他控制了全部藏区。固始汗去世后，西藏的权力由他的子孙继承。1652 年，五世达赖到北京见顺治帝。达赖和格鲁派的宗教和政治地位得到清朝确认。[3]

从乾隆年间开始，因为外敌入侵，西藏问题变得复杂了。廓尔喀攻入西藏，掠夺了日喀则的扎什伦布寺。1793 年，福康安领兵入藏，打退

---

〔1〕《四世达赖喇嘛传》，出自合集《一世—四世达赖喇嘛传》，261 页，五世达赖喇嘛阿旺洛桑嘉措，中国藏学出版社，2006 年。

〔2〕“瓦剌”、“厄鲁特”、“卫拉特”都是 oyirad 的音转和异译，在蒙元时称“斡亦剌惕”、“斡亦剌”，意思是“林中百姓”。在 12 世纪时，他们居住在贝加尔湖周围的森林里。在长期演变之后，到明末清初时，瓦剌各部并为四大部，以天山南北的准噶尔部最为强大，势力最盛时到塔什干和撒马尔罕。因此，在清朝时，厄鲁特又被称为准噶尔。准噶尔是最后的蒙古游牧帝国。乾隆时平定准噶尔，统一西北。参见《准噶尔史略》，《准噶尔史略》编写组，广西师范大学出版社，2007 年。宫脇淳子：《最后的游牧帝国——准噶尔部的兴亡》，内蒙古人民出版社，2005 年。

〔3〕以上有关西藏教派史的内容，除了所引书籍之外，还参考了《西藏佛教发展史略》，王森，中国社会科学出版社，1997 年。伯戴克（Luciano Petech）：《元代西藏史研究》，云南人民出版社，2002 年。措如·次朗：《藏传佛教噶举派史略》，宗教文化出版社，2002 年。牙含章：《达赖喇嘛传》，人民出版社，1984 年。尕藏加：《吐蕃佛教——宁玛派前史与密宗传承研究》，宗教文化出版社，2002 年。周良霄、顾菊英：《元史》，上海人民出版社，2003 年。

廓尔喀人并一直追击到加德满都附近。反击廓尔喀的战争是乾隆“十全武功”之一。这时，英国人已经在印度聚集了很大的势力。马嘎尔尼是到达中国的第一个英国使团。他们辩解英国没有支持廓尔喀人入侵西藏。后来在1904年，英国直接派军队从印度侵入西藏，占领了拉萨。从此英国的势力在西藏留下了。至少在当时，英国人无意吞并西藏，只是要防止俄国，保护它的殖民地皇冠印度。不过，英国人在边界上是尽可能地向外推进，留下了边界之争。在1950年代初，独立后的印度有意继承殖民宗主英国在西藏的特权，进而控制西藏。这是1962年中印边界冲突的远方源头。因为“失去”了西藏，不平的印度想在边境上多得些实惠。

青藏高原是世界上最高的区域。亚洲的大多数大河发源于此，流向四方。亚洲最长的10条河是：（1）长江；（2）黄河；（3）澜沧江（湄公河）；（4）黑龙江（阿穆尔河）；（5）勒拿河；（6）叶尼塞河；（7）额毕河；（8）怒江（萨尔温江）；（9）印度河；（10）雅鲁藏布江。额毕河的上游是额尔齐斯河，发源于新疆阿尔泰地区。三条河（勒拿、叶尼塞、额毕）流经西伯利亚，向北注入北冰洋，对人类生活的作用较小。这10条长河中有8条流经中国。除去源头在蒙古国的黑龙江，其中有7条河起源于中国，而6条的源头在青藏高原。此外，虽然恒河[1]的长度进不了前10名（在幼发拉底河之后），但它对印度的生活、人类的信仰有重大影响，而且水量充沛，不可不提。恒河也发源于青藏高原，在中印边界的中国一侧，尽管在中国境内的部分很短小。雅鲁藏布江、印度河、恒河的源头都在冈仁波齐峰（海拔6656米）周围。长江、黄河、澜沧江、怒江的源头都在唐古拉山脉南北两侧，只有黄河与另外三江的源头远一些。大江源头如此集中，青藏高原的生态价值由此可见一斑。

如青藏高原的河流源头一样，高原上的军队也可以向四面八方出击。吐蕃强盛时期就是如此。从外部攻入则不太容易。根据目前已知的条件判断，高原在经济方面意义不大。那里的自然环境严酷，矿产资源贫乏，或开采成本过高。高原的大多数居民把希望寄托在来世，对现世

---

〔1〕雅鲁藏布江（下游称普拉玛普特拉河）与恒河会合之前的长度是2900公里，而恒河全长不到2600公里。所以，恒河应该是雅鲁藏布江的支流，尽管它们会合后的长度有限。

生活的要求不高。即使在青藏铁路通车之后，青藏高原的陆地交通也不能称为便利，因为乘坐火车的时间成本和经济成本都很高。因此，青藏高原的经济发展潜力不大。这一区域在可预见的未来很难自主发展，将长期需要援助，却是国家不得不承担的责任。第一阶梯的作用主要在国家安全上。其文化价值大多体现在藏传佛教上。

b. 第二级阶梯：干旱的内陆

中国地形的第二级阶梯是在大兴安岭－燕山－太行山－巫山－雪峰山以西、第一级之外的区域。这一区域的面积大约有 470 万平方公里，占中国总面积的 49%，几乎一半。第一阶梯是一个完整的地理单元。第二阶梯则不同，它由几个地理单元组成，分布比较分散，从蒙古高原到云贵高原，从四川盆地到黄土高原，在西北是一连串的盆地和绿洲。它们互不连接，人文景观也千变万化。因此，第二阶梯是国境内许多海拔较高地方的总称，是突起的青藏高原向平原的过渡地带。

在第二级阶梯北部的许多地方，自然条件比第一级还要恶劣一些。这一区域的北部降水量极少或较少。中国的沙漠、沙地和戈壁基本上都在这一区域，其中有面积 34 万平方公里的塔克拉玛干大沙漠，以及其他一些较大的沙漠，如古尔班通古特沙漠、巴丹吉林沙漠、腾格里沙漠、乌兰布和沙漠（后三片沙漠在河套以西的内蒙古西部，几乎连成一片）。这些不毛之地加起来将近 150 万平方公里，占中国总面积的 15%。黄土高原是中国开发最久，对自然剥夺最残酷的地区。这里的水土流失非常严重。黄土高原的面积约 30 万平方公里，约占全国面积的 3.2%。各地相加，沙漠和沙漠化土地占全国总面积近 30%。这是一个骇人听闻的数字。恶劣自然环境有相当大一部分是人类活动造成的，其中又有很多是近几十年政策的结果。这种愧对列祖列宗、殃及子孙的“发展”仍在继续。

第二级阶梯还包含面积 26 万平方公里的四川盆地。盆地底部的海拔高度只有 250 米，成都也不过 500 米。四川盆地是第二阶梯中最富庶的地区。无论从海拔高度、气候条件，还是从生活方式、文化特征来看，四川盆地都更接近东部的第三阶梯。它被列入第二阶梯是因为它四周的高山，有些是壮观的雪山。四川的居民大多不是古代巴蜀人的后裔。他们的祖先是在张献忠屠川之后从东部迁移过去的。这次移民是著名的“湖广填四川”。

平均海拔高度1580米的蒙古高原也属于第二阶梯。那里是游牧民族的天然牧场。蒙古征服的土地大都与第二阶梯相似，适合骑兵驰骋。他们在印度、越南等炎热的地方没有成功，甚至没有尝试。在日本、爪哇等岛国是失败的。蒙元灭亡南宋也费了很大工夫。新疆（160万平方公里）、内蒙古（110万平方公里）与西藏（120万平方公里）相连，是中国面积最大的三个省级行政区。与它们接壤的是世界上最大的两个内陆国——哈萨克斯坦（272万平方公里）和蒙古（157万平方公里）。这些广阔的地方显示了亚洲内陆的荒凉。

c. 第三级阶梯：中部和东部

第三级阶梯在东部，包括所有沿海地区和海上岛屿，面积大约是260万平方公里，占全国总面积的27%。这里虽然是中国最富裕的区域，却被更广大的相对贫困地区所包围。

第三阶梯是中华文明的中心。今天，这里仍是经济、文化最发达的地区。但是，在防卫方面，第三阶梯完全不能自守。东部是在安全上最脆弱的区域。在大平原上，向东奔流的黄河、淮河、长江起到了阻挡北方骑兵的作用。在这三条大河的岸边曾经有过多次南北大战，比较著名的有：三国时魏与蜀、吴的赤壁之战（长江），前秦与东晋的淝水之战（淮河）、北宋与辽的澶渊之战（黄河）。长江可以容纳规模较大的水军，南方军队能够发挥习水战的优势。魏国的水军被蜀吴的联军火烧连营。南宋时期，金兵渡过长江之后，在江南水乡不能长驱直入。1130年，这支金兵北撤时，在长江的黄天荡（在今南京东北方）遭到韩世忠的伏击，大败，金兀术几乎不免。在水量较少的黄河和淮河上，水军不能抵抗骑兵南下。淝水、澶渊之战都发生在岸边。总而言之，江河的防御作用有限。

长江以北的东部地区以平原为主，从北京到长江之间没有大山，站在不高的泰山顶上就可以“一览众山小”了。从长江到珠江，虽然不是平原，军队却能够长驱直入。在20世纪，国共之间的三大战役都在淮河以北。在解放军渡过长江之前，两党就没有大的战役了。它们最激烈、最早的大战发生在东北。

有一弊就有一利。东部的开放地势使得国防很艰难，却使中国较早地形成了统一的国家。平坦的地形有利于武力扩张，权力难以均衡。所以国家统一了，其制度却是专制的。从秦始皇开始，专制制度日趋完善，对社会的控制能力一度达到了无以复加的程度。中国人逐渐丧失创造力，社会逐渐僵化。欧洲的统治者并非不想大权独揽，杀戮异己，只不过他们没有很好的条件。不过，宗教不受地理障碍的限制，可以穿越社会等级，因此，宗教领袖在中世纪的欧洲比国王们更为猖狂，这是中国所没有的现象。在独裁方面，中国的统治者远比欧洲的统治者更为成功，但这种成功却是中国的不幸。

中国东部也缺少出海口。东北的图们江出海口数十公里宽，为俄国和朝鲜所有，堵塞了中国通向日本海的航线。中、俄、朝三国在那里共同建立开发区的计划已经有很多年了，但至今没有起色。这个三国交界之处本来可以成为一个经济繁荣的地方，现在却缺少活力。只有在三个国家都有共同利益的时候，这样的合作才可能真正起步。东北地区的内蒙古、吉林、黑龙江需要一个出海口。朝鲜、俄国的远东地区都有很长的海岸线，有很多港口，已经超过了两国在该地区的贸易需要。至于共同开发区涉及的国际政治和国内政治，则更为微妙和不稳定。在这三国之中，只有中国具有必要的资金、人力，以及巨大的消费市场。对于俄国和朝鲜，图们江口都在它们国土最偏远的角落里。因此，中国在图们江口建设一个繁荣的贸易港口和工业基地可能只是一个梦想。中国只有单干才可能，但又不具备单干的地理条件。因为缺少出海口，东北内地的发展受到了很大的限制。

中国的经济重心越来越向东南沿海移动。原来非沿海地区的一些大城市，如哈尔滨、沈阳、济南、西安、南京、武汉、成都、重庆等，在经济上的重要性已经被许多沿海城市超过。以上后四个大城市有长江航运便利，但也没有改变它们的相对下滑。这种转移在沿海各省更为明显，如沈阳被大连抢去风头，济南被青岛夺走重心，南京的生产总值被更靠近大海的苏州超过，深圳的风头也曾一度直逼广州。这种向沿海过度倾斜的经济格局对国家安全与均衡发展是极其不利的。

第一阶梯的绝大部分地区高寒荒凉，生态脆弱，不适合经济发展，需要国家的补贴。在第二阶梯以及第三阶梯的西部，有许多地方的条件并不比东部沿海地区差很多。如果建立全国统一的市场，启动内需，而不是完全以出口为导向，中西部必将有很好的发展前景。中西部发展不仅使经济布局更加合理，也将大大改善中国的安全（包括经济安全）形势。

第五章

欧亚大陆与中国的地缘环境

欧亚大陆：世界最大的棋盘

中国位于欧亚大陆东端、太平洋西岸。这个简单事实是研究中国地缘政治环境的出发点。

欧亚大陆的许多国家都有过大帝国的历史，至今仍然在影响孑遗国家的思维。中国、蒙古、俄国、伊朗、土耳其、阿拉伯，等等，还有一些国家曾在短时期内建立过极不稳定的帝国体系，如拿破仑时期的法国，二次大战时期的德国和日本。这些国家曾经有过的势力范围远大于它们今天的国界。历史不会被轻易忘记。无论成功与否，帝国的历史将会影响国家的地缘战略。

随着美国在20世纪的崛起，欧亚大陆在地缘战略上的重要性似乎减少了。一个超级大国可以从另外一个遥远的大陆参与、干涉欧亚大陆的事物，并发挥决定性的作用。美国的参战改变了两次世界大战的进程，也许还有结果。美国和它的盟国获得了胜利，战后美国成为所有发达国家的保护国。此后，美国在欧亚大陆参加了冷战时期最大的两场战争：朝鲜战争和越南战争；支持阿富汗的反苏力量，最后迫使苏联撤军。在冷战之后，美国发动了两场伊拉克战争，最后占领了这个国家；空袭南斯拉夫，迫使它撤离科索沃。今天，美国仍在努力地围堵俄国和中国——它认为的潜在威胁和竞争对手——同时扶持一些国家与这两个国家抗衡。

亚洲是对中国最重要的一个大洲，因为中国就在亚洲。亚洲是世界上最大的洲，它的地理环境、人文环境也是最复杂的。亚洲的文明史最悠久，古老文明最多，也是所有世界性宗教的发源地。一些亚洲国家距离中国较远，从中国前往亚洲一些国家并不比去非洲、欧洲更方便。目前亚洲最发达的部分在东亚。因此，本书在讨论亚洲时，以中国为中心，以东亚为重点。

亚洲可分为五大区域：东北亚、东南亚、南亚、中亚和西亚。澳大利亚是赤道之南的一个大陆，也经常被当作亚洲国家。澳大利亚的多数人种和主流文化来自西方。在地理上，澳大利亚是东南亚的外围国家，距离中国比较远。亚洲有四个大国：中国、日本、印度和俄国。中国与其余三个大国为邻，但这三国却相距比较远。俄国只是小半个亚洲国家——虽然它的亚洲部分比欧洲部分大得多。东南亚和伊斯兰国家是文化比较接近的区域，在地理上连成一片。伊斯兰教诸国虽然信仰共同的宗教，却是由许多不同的民族构成的，主要民族有阿拉伯、突厥、波斯。这些民族都曾经建立过强大的帝国，进行过大规模扩张。历史必定会影响国家的政策。

在全球范围内，欧亚大陆潜藏着可能影响世界的最大变数。南北美洲和加勒比海地区已经基本上为美国所控制，成为美国的后院。在数十年内，美洲无论怎样变化，都不出美国的掌握。非洲国家比较弱小，一些国家被部落冲突撕裂，没有完全从部落走向国家。除了自然资源外，非洲很难引起外界的兴趣。如果从欧亚大陆之中看全球地缘政治格局，就不能无视美洲和非洲，尤其是美国所在的美洲。巴西正在崛起，将来可能会分享美国在南美洲的利益和主导权。

美国远比当年英国更深地卷入大陆事务。作为第二次世界大战和冷战的结果，美国具有许多优势：日本和德国是受制于美国的“半主权”国家，尤其是日本，在安全问题上唯美国马首是瞻。美国通过北大西洋公约和日美安保条约，牢牢地把北约国家和日本捆绑在它的战车上。美国的优势不仅来自它自身，还包括它的众多盟友。虽然这些盟友对美国颇有微词，但在大战略上，他们的利益是一致的。它的欧洲盟友要向东扩大欧盟和北约，以彻底解决欧洲的分裂和来自东方的威胁。虽然苏联解体了，华沙条约组织不复存在，但作为华约的对手，北约仍在东扩。许多中东欧国家在文化、宗教上更接近西欧。冷战期间，欧洲国家以同情的目光看着这些国家，认为它们被文化上更落后的俄国人绑架了。在这些国家发生的事件证明了他们的看法：1956 年的匈牙利事件，1968 年捷克斯洛伐克的“布拉格之春”，1980 年之后的波兰“团结工会”，都要求获得更多自由。1991 年苏联解体实际上开始于 1989 年的东欧剧变。东欧国家的价值观接近西欧，是西方需要解救、拉拢的对象。从根本上说，北约所要对付的是俄国的威胁。俄国仍然有能力毁灭整个世界。因此，北约的任务并没有完成。

西方主导世界文明的发展已有数百年。现在，世界正在经历着深刻的变化。东亚日益兴旺发达，与西方之间的差距正在缩小。东西方的力量对比正在出现变化。由于庞大的人口、快速的发展，特别是对外资的优惠政策导致的贸易总量（大多来自低工资、低技术、高消耗、高污染的加工工业），中国在亚洲各国的普遍崛起中最为突出，遮掩了其他国家的光芒，仿佛中国在亚洲一枝独秀。这并非事实。对于中国人来说，这个错误的影响是由宣传造成的。如果媒体在猛烈夸奖自己的时候，也不忘记介绍别人的成绩，中国人对世界的了解会可能更准确一些。其他许多亚洲国家也做得同样好——虽然是在较小的规模上。一个共同繁荣的亚洲能够和中国互相促进，互相增加竞争意识和危机意识。这是亚洲的共同利益所在。沃尔特·罗素·米德很看好亚洲（其实只是东亚和南亚。他没有提到伊斯兰教徒占多数的中亚和西亚）：

> 中国在崛起，但是印度也在崛起。越南、印度尼西亚、泰国也在崛起。在可预见的未来，日本仍将是一支强大的经济、军事和技术力量。台湾没有正在沉到海里去；澳大利亚的繁荣前所未有。孟加拉国正在开始工业化；甚至缅甸也可能沿着全球经济一体化的道路走向繁荣，东亚和南亚就是这样获得令全球嫉妒的增长速度的。[1]

米德似乎认为，世界的运势正在从西方向东方转移。他的这幅图画把亚洲描绘得一片美好，每个国家的前景都是一片光明，包括那些有麻烦的、贫穷的国家。值得一提的是，除了印度的很小一部分领土外，米德提到的所有这些国家都在中国最西点以东，也就是大约在东经 73°以东；所有这些国家都在中国最北点以南，也就是大约在北纬 53°34′以南。所以，从中国看过去，这些国家——包括日本和印度在内——都可算作“东南亚”国家。最发达、最具潜力的亚洲国家都在中国的东南方向。

〔1〕《洛杉矶时报》，2007 年 10 月 14 日。文章的标题是 China doesn't own the future（《中国并不拥有未来》），可能是报纸编辑为吸引读者而定的。根据此篇文章的内容，更准确的标题应该是《中国并不独自拥有未来》。

在中国内部，最发达的地区也在东南沿海地区。

中国地处亚洲，亚洲国家对中国的重要性远远超过它们在世界上的平均影响力，特别是一些邻国。对于中国，缅甸、巴基斯坦、朝鲜的重要性不亚于法国、英国。中国在持续的经济发展之后，已经具备了一定实力，应该与邻国一起制定长期的发展计划，实现共同繁荣。邻国的繁荣不仅能使地区和平更有保障，还可以促进中国的发展，增强中国的国际影响力。地区合作必将减少对“中国威胁”的担忧。东盟各国的经济大多已经起步，能够正常地运转，不需要特别的帮助，而缅甸、巴基斯坦和朝鲜等国的经济更落后一点，经济起步需要更多的外部力量来推动。这是中国可以作出贡献的时候。当然，援助的前提是必须有效。这些国家的繁荣对中国——尤其是与它们相邻的省区——有很大的好处，对区域稳定也将大有裨益。

一些美国人把中国看做潜在威胁，期望亚洲国家能够参与美国围堵中国的行动。在前引的同一篇文章中，米德批评说：

> 一些美国人看到这幅图景，就想到其他崛起中的亚洲大国可以帮助美国围堵中国。这是一个错误，不仅仅因为其他亚洲国家没有兴趣与中国这样一个富裕而强大的国家有着敌对关系，也因为美国好像越来越不需要围堵中国了。

再狂妄的中国人也不会幻想控制全亚洲，像美国称霸整个西半球，或德国企图称霸欧洲那样——这是典型的西方战略思想，在中国历史上从来没有出现过，也超出了现代中国人的想象。如果中国不想控制亚洲，亚洲国家就没有动机帮助美国围堵中国。所以，与其说中国想控制亚洲，倒不如说美国的一些战略家希望中国出现这种疯狂的想法，希望借此找到围堵中国的盟国。在他们看来，一个上升中的国家产生扩张的想法是很正常的。

亚洲之大无与伦比

在地理上，欧洲、亚洲与非洲是一个整体。三大洲的划分是西方的传统，与地理现实没有太大的关系。三大洲或许产生于古希腊人在地中海北部的视野——海岸的三个方向。但原因在古希腊时期已经不能确定了。希罗多德说："让我感到不解的是，为什么原本是一整块大地却取了三个名字，而且还都是妇女的名字；……我也说不出把世界划分为三大洲那些人的名字，不知道他们究竟是从哪里取的这些名号。"〔1〕

欧亚大陆包括欧洲和亚洲两个大洲，以及向南的自然延伸——非洲。地中海和红海把非洲与欧亚大陆隔开。这里暂且把非洲放在一边，它在地缘政治上较不重要。在人文上，欧洲是基督教世界，有理由自成一体；而亚洲则丰富多彩，令人眼花缭乱，甚至互相对立和冲突。很难简单描述亚洲文化的特点，不然会容易以偏概全。亚洲国家与欧洲国家有很多不同之处。其中之一是亚洲国家的面积更大、人口更多。在这两项，较小的亚洲国家也和欧洲大国差不多。在以下表格中，亚洲国家的人口和面积都是中等及以下规模的，那些地广人稀的亚洲国家（主要在中亚和西亚）没有列在里面，而所有的欧洲大国都被列入了。左边是亚洲国家，右边是人口、面积（或其一）大致对等的欧洲国家。

亚洲			欧洲		
国家	人口（万人）	面积（万 km²）	国家	人口（万人）	面积（万 km²）
越南	8700	33	德国	8200	36
泰国	6300	51	法国	6400	55（含科西嘉岛）
缅甸	4900	67	西班牙	4500	50
菲律宾	8900	30	意大利	5900	30
马来西亚	2700	33	英国	6100	24
柬埔寨	1400	18	荷兰	1600	4

〔1〕 希罗多德：《历史》，214 页，上海三联书店，2008 年。

亚洲			欧洲		
老挝	590	24	瑞典	920	45
韩国	4800	10	乌克兰	4600	60
朝鲜	2400	12	罗马尼亚	2100	24
尼泊尔	2800	15	希腊	1100	13
不丹	66	4.6	瑞士	760	4.1
塔吉克斯坦	674	14	奥地利	830	8.4

（说明：两组数字都已四舍五入。数字[1]比较接近的亚、欧国家被放在了同一行中。面积和人口都接近的亚、欧国家不多，所以只能依据其中之一的数据进行排列。欧洲国家的人口密度一般更高，但亚洲国家的出生率普遍更高。）

这些亚洲国家大都有较好的地理位置和自然环境，它们在“硬件”（人口、面积等）上可以与欧洲大国相比。如果它们能够切实提高“软件”（制度、教育、研发、环境等）的水平，那么，在40—50年的时间里，它们的实力将接近欧洲大国。到那时，亚洲国家的人均收入和“软件”虽仍然滞后，但它们的较大规模可以弥补“软件”的不足。

欧盟27个国家共有近4.97亿人口，440万平方公里土地，与东盟的数字很接近。东盟10国有5.59亿人口，450万平方公里土地。但东盟目前在各个方面的实力都远逊于欧盟，这也说明东盟的增长潜力巨大。到目前为止，东盟的人口和面积都比欧盟略多。当然，东盟已经包括所有东南亚国家，没有扩张的余地了，而欧盟还要继续东扩，但余地也不太大了。东盟的人口增长速度比欧盟更快，其人口结构更年轻。东盟各国内部的文化和经济发展差异非常大，各国彼此不太和睦，有领土、领海争端；一国之内也有文化、宗教、民族的对立和冲突，不像欧盟各国的发展和文化相对均衡一些。东盟国家在地理上散布在更大的范围。其中菲律宾、印度尼西亚是岛国，岛屿众多。他们国内的联系、交通、统一都是大问题，在东盟内发挥更大作用尚需时日。

---

〔1〕 人口数字采自维基百科 http://en.wikipedia.org/wiki/List of countries by population，统计或估算的时间在2007年前后，由各个国家或联合国做出；领土面积数字采自《最新世界地图集》，中国地图出版社，1995年。此表格以下的相关数字来源相同。伊拉克和阿富汗虽然也是重要的亚洲国家，尤其就它们的地理位置和资源而言，但因为处于美国的占领之下，暂不考虑。土耳其、俄国地跨欧亚，也没有在此列入比较。在选择亚洲国家时侧重中国的邻国。

上一表格只有亚洲的中小国家。因为没有规模接近的欧洲国家可供比较，一些较大的亚洲国家没有列入。这些国家有中国、日本、印度、伊朗、巴基斯坦、印度尼西亚，此外还有地广人稀的哈萨克斯坦、沙特阿拉伯、蒙古等国。亚洲国家人口更多，面积更大。

亚洲国家	面积（万 km^2）	大约相当于____之和	人口（万人）	大约相当于____之和
中国	960	（欧盟 27 国＋日本）×2	132400	欧盟 27 国＋美国＋东盟 10 国
日本	38	德国＋斯洛文尼亚	12700	德国＋西班牙
印度	297	（德＋法＋意＋英＋荷）×2	111300	欧盟 27 国＋东盟 10 国＋朝鲜
伊朗	165	法＋德＋西＋英	7100	法国＋瑞士
巴基斯坦	80	法＋英	16300	德＋法＋荷兰
蒙古	157	法＋德＋西＋希腊	260	拉脱维亚＋卢森堡
印度尼西尼	190	法＋英＋西＋德＋意	23200	德＋法＋西＋乌克兰
哈萨克斯坦	272	法＋西＋瑞典＋乌＋德＋英	1500	荷兰
沙特阿拉伯	215	法＋西＋瑞典＋乌克兰＋荷	2500	荷兰＋瑞典
孟加拉国	14	希腊	15900	德国＋法国＋希腊
澳大利亚	768	（欧盟 27 国－乌克兰）×2	2100	罗马尼亚

（说明：不计俄国，德国和法国是欧洲人口最多的国家，分别有 8200 万和 6400 万人。数字来源同上表。）

在这个表中，孟加拉国是人口大国，土地小国；澳大利亚是土地大国，人口小国；日本是人口大国，土地面积只是中等；其余亚洲国家既是人口大国又是土地大国，特别是在和欧洲国家比较的时候。做这个比较不是为了夸耀亚洲“地大物博、人口众多”——规模是祖先的遗产，今人没有什么可骄傲的，亦不足为恃。这两个对照表是用来说明中国所处的地缘环境。中国是有世界影响的国家，但这个影响来自规模效应，而不是来自中国在经济、技术、制度、文化诸多方面的高度发展。实际上，中国是比较落后的国家——几乎在所有方面。这是中国和西方大国的本质区别。另一方面，中国的邻国人口众多，如印度、印度尼西亚、日本等。印度人口已经接近中国。因此，中国的规模效应不得不打很大的折扣。经济的快速增长是东亚地区的常态，各国正在崛起。中国不可能长期依赖廉价劳动力和廉价的加工出口产品，今后必须保持高质量增长，勇于制度创新和技术创新。

亚洲的人口大国很多。这是因为亚洲有较好的地理和气候条件。此外，引进了高产作物品种，[1] 然后经历了农业革命以及医疗技术和医疗条件的显著改善。但是，亚洲的工业革命和城市化起步晚，长期保留了农业社会的高生育习惯。人口在这个时间差内大量繁殖。有利人口增加的因素是从欧洲传播来的，因此，亚洲人口众多不是自然发展的结果。即使如此，亚洲的人口密度也并不比欧洲大。例如，中国的人口大约是英国的 22 倍，而面积却是英国的 40 倍。即使考虑到中国有很大的沙漠和高原，不适合人类居住，那么，去掉 1/3 面积，假设那里没有一个人，中国的可居住面积仍是英国的 27 倍，人口密度仍低于英国。英国的人口密度比德国、法国、意大利都高出一截。在欧洲，人口密度较低的是相对不发达的东欧。

与发达的邻国日本相比，中国的人口密度也不算高。中国的面积是日本的 25 倍，人口是日本的 10 倍。即使减少 1/3 的面积，中国的人口密度也远远低于日本。[2] 我们必须知道，在经济起飞之前，对发展贡献

---

〔1〕 例如，中国在明末和清朝期间人口快速增长，主要是因为从南美传入了玉米、红薯、土豆等高产作物。在同一块土地上，种植这些作物可以比种植水稻、小麦养活更多的人。

〔2〕 虽然中国许多地方的自然条件更恶劣一些，但英国和日本也都有很多不适宜居住的荒原和山地，它们的人口也都相对集中在某几大块区域。此外，发达国家有较好的绿化，为此要占去大片的土地。所以，以 2/3 的中国面积与这两个国家的整个面积做比较的方法是不公平，只是为了从另外的角度证明中国的人口密度并没有大到阻碍发展的程度。

最大的是勤劳的、廉价的、受教育较少的劳动力，只有他们才能在全球分工中找到（被找到）位置。这一现象在中国最为突出。到目前为止，庞大的人口促进了——而不是阻碍了——中国的经济增长。就人口而言，妨碍中国今后发展的问题是人口素质，而非人口数量。人口素质与教育水平和财富的分配方式有着非常直接的联系。官方对教育投资的欠缺和分配不均是人口素质低下的主要原因。教育和财富分配是官方必须承担的责任，不应该推卸给百姓，百姓也无力承担。这个道理对亚洲其他人口大国也同样适用。

亚洲有很多面积很大和比较大的国家。亚洲的面积大约是欧洲的4.5倍，这是面积大国得以建立的前提。在过去300多年中，欧洲的帝国都向海外扩张。亚洲则不同，帝国都是围绕着本土建立起来的。在帝国消失之后，留下的核心国家保留了帝国时代的一部分土地，成为土地大国。另一些亚洲国家的土地上不曾出现过帝国，现在却也是大面积国家，原因是它们曾被西方帝国统治过。印度作为一个国家是英国人的遗产，印度尼西亚则是荷兰殖民地的孑遗。在欧洲人到来之前，这两个国家的领土从来没有统一在一个政权之下。越南是另外一种类型的帝国孑遗，在法国殖民者（以及日本人和美国人）被赶走之后，越南也曾经想继承法国殖民者在老挝和柬埔寨的权力，建立一个印度支那国家，但失败了。原因之一是柬埔寨有悠久而光辉的历史，不容吞并，而且当初法国殖民者也是把这三个国家分块统治的，越南也被分为三块。无论是从祖先还是从殖民者手中继承而来，占有者都不愿意放弃他们的土地遗产。

亚洲的人口大国已经具备了经济快速增长的潜力，印度和越南是最新的例证。因为面积大、人口多，亚洲国家的总体实力比较容易超过欧洲国家。庞大的躯壳掩盖了亚洲国家的许多不足，容易使它们自满，从而放松自我约束和自我激励。如果不努力奋进，亚洲将长期在质量（国家管理质量、工业产品质量）方面落后于西方，甚至可能错过一轮新的发展机会而拉大与西方的距离。亚洲国家欠缺更好的教育、科学技术、文化和制度。

在今后几十年，世界格局将出现一个新的景象：一些较贫穷、较落后的国家将凭借它们的规模（人口、面积、国民生产总值）[1] 成为世界大国；因规模较小，几个最发达的国家将下降为地区大国，失去世界性的影响。中国和印度可能是最早进入世界大国级别的落后国家，跟在它们后面的国家很多，哪些国家将占得先机取决于它们的政策和机遇。除了巴西等少数几个国家之外，这些人口和土地大国有一个地理共同点：它们集中在欧亚大陆的东半部。

亚洲今天的国际局势有些像 19 世纪到 20 世纪初的欧洲。亚洲是放大了数倍的欧洲。今天亚洲的政治发展水平也接近那个时候的欧洲，处于一个民族觉醒之后、有可能产生民族纷争的时代。与欧洲国家相比，亚洲国家之内的民族构成更为复杂。民族结构比较简单的亚洲国家不多。因此，在处理民族问题上，现在的亚洲比当初的欧洲更有经验，更有可能避免欧洲国家当年的困境，也使得区域一体化比当年的欧洲更有基础，更有希望。

“一边一国”[2]

在美国之后的大国有中国、欧盟、印度、俄国。这四个国家（权且把欧盟当作一个国家，一个形成中的国家）都在欧亚大陆之上。它们有很长的海岸线，在大陆的东、西、南、北四个方向上各占一条边。俄国是世界上面积最大的国家，几乎占有欧亚大陆的整条北边，面对正在变暖的北极。它在东、西、南另外三个方向上也有出海口。但是，这些出海口都严重地受制于人，其远东港口还远离位于欧洲的国家重心。欧盟各国与俄国相同，也独占了大陆的一条边——西边。中国和印度都不是它们所在那条边上的唯一国家，但可以看做是最有影响力和潜力的国

〔1〕 在面积、人口、GDP 这三组数据中，在没有大战的前提下，国土面积是最为稳定的；如果没有大灾（天灾和人灾），可以根据增长率对人口做出准确的中期（10—20 年）预测；经济规模的变数最大，因为经济增长率和汇率的变动很大，有时还很快。

〔2〕 这个名词是借用的，与原来的意思完全不同。

家。所以，就大国的分布而言，欧亚大陆的形势是“一边一国”。如果美国不参与大陆事务，有南下扩张传统的俄国不能独大，四个国家的竞争将不致威胁到欧亚大陆的安全。它们构成均势，有各自的势力范围，可以相安无事。美国则发挥离岸平衡作用。以上“一边一国”分析暂时忽略了日本。日本地处中国的外海，与中国有领海争端。由于日本的存在，中国难以主导东边，即使将来中日的实力对比逆转，日本仍然是一个强大的存在，仍然是美国的军事基地和军事盟友。所以，日本可以算做半个大国。另外两边的俄国和印度都与中国有很长的陆地边界线，中国是地理上的“大中国”。以接壤大国的数量看，中国最多（2.5个），俄国次之（2个）。欧盟与印度分别只与另外一个大国接壤。它们的地缘政治环境较为简单。

以这四条边为依据，欧亚大陆大致可以被划分为四大区域，每边有一个主要大国。

其一是中国以及中国的陆地、海上邻国，包括澳大利亚，但不包括俄国。本地区东部是东北亚和东南亚，有日本，有佛教、天主教、伊斯兰教国家。在西部，有巴基斯坦、阿富汗、哈萨克斯坦、吉尔吉斯斯坦、塔吉克斯坦等穆斯林国家，它们与中国接壤，除哈萨克斯坦外，其余各国已探明的石油蕴藏量都不大；居民有旁遮普人、信德人、普什图人、突厥人、波斯人等，在血缘和文化上与大中东地区的民族更接近。在南方，有以英国人后裔为多数族群的澳大利亚。因为这个地理划分完全是人为的，与地形、宗教、文化、民族等等因素都没有关系，因此在各方面都非常复杂。这一区域大约在东经60°到150°之间。这一地区有巨大的发展潜能，但缺乏能源。中国是这一地区的地理中心。[1] 中国的地缘政治优势和劣势都产生于这个中心位置，是唯一能够在地理上把所有这些亚洲国家联系在一起的国家，同时又在陆地和海洋上被这些国家所包围。所以，中国必须具有同时打破陆地和海洋包围的能力。这要求在战略上必须超越陆权和海权两分思维的禁锢。

这里是世界上地缘政治环境最复杂的地区。俄国、印度、巴基斯坦是有核国家，朝鲜和日本是核门槛国家。阿富汗是伊斯兰原教旨主义和

〔1〕 必须强调的是，这里所说的中心只是地理中心，不包含任何其他内容。

恐怖主义的温床，现在陷于战乱之中，美国等西方国家的士兵站在中国边界线之外。缅甸是世界上不多的高度集权国家，它的政权虽持久，但潜伏着不稳定因素，而且造成经济凋敝，甚至连年饥荒。日本是世界第二经济大国。印度现在是世界第二人口大国，经济在快速增长。这两个国家都对中国有很重的戒心。韩国、日本、菲律宾、文莱、印尼、马来西亚、越南，与中国都有领海纠纷。没有任何一个国家可以在这里建立完整的势力范围。任何大国都必将受到挑战——不是某个国家，就是某种局势。

其二是俄国和白俄罗斯。俄国是世界上面积最大的国家，是一个独立的地缘政治单位。在前苏联的加盟共和国中，白俄罗斯是俄国现在唯一可靠的盟友。在一般中国人的心目中，俄国是个欧洲国家。其实，俄国比中国这个“东方国家”向东延伸得更远，超过东经 180°进入西半球。俄国是世界上东西跨度最大的国家，其重心在欧洲部分。在文化上和近现代史上，俄国与欧洲更接近，它们都是上帝的宠儿。在地缘政治上，俄国摇摆于欧亚之间，经常显得无所适从。俄国在亚洲的影响现在已经缩减了很多，但仍不容忽视。虽然俄国与中国相邻，却不能把它列入第一部分。西伯利亚寒冷荒凉，缺乏活力。俄国的远东部分远离欧洲，或许将来与亚洲有更密切的关系。如果只依靠俄国西部的市场，俄罗斯远东不可能有良好的发展前景。

其三是以阿拉伯人、波斯人、突厥人等伊斯兰教徒为主的“大中东”地区。这个地区从地中海东岸到外高加索、伊朗、乌兹别克斯坦。除以色列、亚美尼亚、格鲁吉亚等几个小国家之外，基本上是穆斯林国家。这个地区盛产石油，局势动荡不安，有几处热点地区。有被美国占领的国家，如伊拉克、阿富汗；有美国的军事盟国，如以色列、土耳其；有强烈反美反以的国家，如伊朗；还有美俄正在激烈争夺的高加索地区，以及寻求加入欧盟的土耳其。这一地区不是独立的地缘政治单元，政治地理非常破碎。在埃及的影响力削弱之后，大中东的重心已经转移到亚洲部分。沙特阿拉伯、伊朗可能成为大中东地区的领导，带领该地区发挥更大的影响力。前者有石油和伊斯兰教的圣地，后者有石油和帝国记忆，将来还可能有核武器。

其四是以欧盟国家为主的欧洲。瑞士等非欧盟成员的欧洲国家当然

欧亚大陆的“一边一国”（示意图）

在欧亚大陆的东、西、南、北四个方向上，欧盟（权且把欧盟当做一个形成中的国家）与俄国各自独占了大陆的一条边，中国和印度都不是它们所在那条边上的唯一国家，但可以看做是最有影响力和潜力的国家。中国所在的这一条边上，日本是一个强大的存在。

也在其中。欧洲有优越的地理位置，有充足的资金、技术和人才，但缺乏坚定的政治意愿和统一行动的能力，在并非一帆风顺的一体化进程完成之前，不太可能以一个整体更多地参加全球地缘政治的竞争。欧洲远在欧亚大陆的西端，与中国的距离遥远，因此与中国的地缘政治利益冲突最少。但双方的价值分歧非常大。如果能够弥合价值分歧，双方能够成为很好的地缘政治合作伙伴，中国必将从中获益匪浅。

亚洲的“大国”有两种类型，其一是指人口和面积的大国，如中国、印度。它们的国际地位主要依靠人口和面积带来的规模优势，还没有进入以技术引领发展的时代，普通百姓的生活水平还比较低，甚至很低。其二是指既有人口或面积优势，又有先进科技的国家，这样的亚洲国家目前只有日本一国。与西方国家相比，日本的科学技术仍然缺少一些创造性，大多是精致的模仿和局部的改进。这是日本经济长期停滞的主要原因之一。俄国算是小半个亚洲国家，也只是军工较为先进。所以，缺少科学和技术的创造力是亚洲所有国家的致命弱点。

在这四大组成部分中没有美国——它不是欧亚大陆国家。但是，美国在俄国之外的三大部分中都有很大影响。美国在大陆上没有永久的立足之地，它将是维持欧亚大陆均势的秤砣。美国在亚洲大量驻军，在每个角落里都有军事基地。美国占领着两个亚洲国家（阿富汗、伊拉克），半占领着另外两个亚洲国家（日本、韩国）。美国还是亚洲许多国家的重要贸易伙伴。总而言之，美国在亚洲的存在比所有亚洲国家还要显著。所以，亚洲至少有五个大国在相互竞争。这种复杂的态势使得亚洲的未来存在很大的变数。米德认为：

> 亚洲的“三大”——中国、印度和日本——大致保持均势。其中任何两国都在经济和军事上强大到足以防止第三国称霸该地区。印度和日本可以取得对中国的均势。中国和日本可以取得对印度的均势。而日本称霸太平洋的梦想在1945年破灭。由于美国也准备保护亚洲的均势，中国，或其他任何国家，似乎不可能浪费时间和金钱来设法打破均势。[1]

〔1〕《洛杉矶时报》，2007年10月14日。

其实，亚洲现在不存在均势，而是美国一超独大。与其说美国“保护亚洲的均势”，倒不如说美国在亚洲实行霸权。如果亚洲有均势，美国就不会有机会入侵伊拉克。米德认为，中国现在不可能，或许永远也不可能建设一个可以战胜美国、印度和日本三国军力总和的武装力量。米德的这篇文章是对亚洲局势的一个精彩分析。共同发展的亚洲杜绝了其中任何一国独大，从而产生称霸亚洲的念头。但在另一方面，群雄并起的亚洲也未必就是安宁的。

同时，米德忽略了一个事实，即亚洲太大，地理太复杂，每个大国都可以找到自己的位置。在足够强大之后，称霸也不太可能是中国外交政策的首选。除了“称霸”之外，在中国先秦时代留下的国际关系遗产中，还有“称王”，在顺序上排在“称霸”之前。在中国古人看来，无论在道德上还是在战略上，“称霸”是较低等级的行为。亚洲不需要霸主，也难以接受霸主。

日本不是世界大国，却是亚洲大国，是中国的近邻。在讨论中国的地缘环境时不可能避开日本。从中国的角度看，俄、日、印三个亚洲大国有一个共同的特点：它们都和中国有漫长的边界线，或在陆地或在海洋。它们把中国包围在中间，使中国成为亚洲的“中国”。因此，中国面临的地缘环境在四个亚洲大国中最为局促。俄国与中国和日本相邻，俄日双方有领土争端（“北方四岛”问题）；印度在地理上相对孤立，与俄、日都不相邻——在陆地上与俄国隔着巴基斯坦和中亚国家，在海洋上与日本隔着马六甲海峡和中国以东的海域。因此，印度与俄国、日本的地缘政治利益冲突最小，与中国的冲突最大。俄国的政治、经济重心都在它的欧洲部分，即使在空中交通发达的今天，也可以说距离东亚很远。在国力变得非常强大之前，俄国不会有很多余暇东顾。俄国和中国之间已经解决了陆地边界问题，两国在海上不相邻，又都面临着类似的国内问题和国际压力，因此在短期内不会有大的利益冲突。中国与印度、日本分别有陆地和海洋争端。印度对中国有许多不满和怨恨，日本则对中国非常警惕。

在俄国、日本、印度三国中，日本的经济最为发达，军事潜力最大。而且，日本在台湾海峡有很大的利益——这是俄国和印度都没有的。更为重要的是，日本是美国的军事盟国、美国在东亚的马前卒，最有可能被美国利用来对付中国。而俄国、印度都与美国保持一定的距离。虽然日本在经济上是世界上最发达的国家之一，在文化上也曾努力脱亚入欧，在二战之后一直处在美国的掌控之中，但在地缘政治上，日本只能属于东亚。日本不能把它的岛屿沿水面线切断，装上涡轮增压发动机驶向美国。美国也不会喜欢一个离开了亚洲的日本，更不会欢迎在美洲新出现一个经济强国。对于美国，日本的地缘政治价值就体现在它的地理位置上。

即使不考虑核武器的“互相确保摧毁”，亚洲国家也不具备建立地区霸权的条件。中、日、俄、印都没有足够的实力进攻和占领其中任何一个国家的领土。甚至该地区实力次一级的国家，如朝鲜、越南、巴基斯坦等国，都能够给陆地入侵者造成难以承受的损失，这都是经由实战证明了的。即使阿富汗、伊拉克这些更弱小的国家，虽不能有效地抵抗入侵，却有坚强的意志，使强大的美国及其盟国的军队深陷其中难以自拔。另外，发起进攻者必定遭到其他国家联合起来反对。因此，不会出现一个亚洲国家对另一个亚洲国家的占领，没有一个国家有能力吞并甚至一个较小的国家。但是，从陆地上向一个国家纵深发起短暂打击的可能性是存在的，以色列已经多次这样做了；剧烈的边境冲突也有可能再次发生。对于亚洲的大国来说，将来最大可能的战争形式是局部战争，而不是总体战。至于空中和海上，仍然存在较大规模战争的可能，因为这是技术、战术和训练的对抗，优势一方的优势明显，可以大幅度削弱一个国家的实力，所冒核战争和全面战争的风险比较小。比如，美国可能在台湾海峡发起对大陆的行动。

“中国”：位于中间的国家

在本书前面，我们知道了中国是从“中国”发展起来的。现在中国又在更大范围内成为“中国”，回到了西周和西周以前的局面，面对与那时类似的挑战。然而，一个极为重要的不同是，这次中国再也没有了对自己文明和道德的自信。我们知道，这是失去了的。[1]

在一个放大了的世界中，中国仍然是一个“中国”。在中国的周围至少有三个大国，分别在中国的北方、东方和西南方。大陆强国俄国正在复苏之中；海洋强国日本正在成为正常国家之中；介于大陆和海洋之间的印度正在崛起之中。如果能解决与巴基斯坦和中国的领土纠纷，印度有可能成为一个海上强国，否则就会在海洋和陆地之间摇摆不定。在这三个国家之外，美国正在中国四周巩固军事同盟，建立军事基地。中国周围还有一些力量在第二等级的国家正处于上升时期。韩国是一个；越南有很好的潜力。这两个国家都是半岛国家。在海上则有马来西亚、印度尼西亚、新加坡，它们控制着马六甲海峡，并和越南、菲律宾一起，在地理上包围了南海，使南海成为一个有许多领海争议的地区。

所以，无论是在海上还是在陆地，中国都是名副其实的“中国”。中国已经从中国的“中国”，变成了亚洲的“中国”。当我们“放眼世界”时，中国还是世界的“中国”——夹在美国和欧洲之间。欧洲较远，而美国的海疆一直向西推进到第一岛链，兵临中国城下。

如果把地图竖起来，东边向上，就会发现，朝鲜和越南是中国在大陆上的左右两翼，台湾岛是中国的先锋，日本群岛（包括冲绳群岛）和菲律宾群岛是中国在海洋上的左右两翼。当然，这是从地理的角度看。从政治的角度，无论是陆地两翼还是海洋两翼，都不在中国的阵营中，甚至不能保证它们在关键时刻对华友好。台湾在法理上属于中国，现任“总统”马英九被许多人当作统派，但两岸关系的前景仍不十分明朗。在左翼的韩国和日本的领土上，美国驻扎了数万军队。美国可以用冲绳的海空军封锁中国通往太平洋的航道。

朝鲜半岛（朝鲜和韩国）和越南分别处在中国大陆海岸线的北、南两端，是自然地理的延伸。在古代，这两片土地属于儒家文化圈，向中国进贡。在中国强盛的时候，有相当大的土地属于中国。两国也和中国

---

〔1〕 现在有几位说大书的教授或“学者”。他（她）们不着边际地谈论历史和“国学”，夸夸其谈，大言不惭，在学术上却没有成就。有几位的道德还受到广泛质疑。在这种风气下，四川的一位职业说唱艺人也被报纸誉为“国学大师”。不奇怪，世道如此。

发生过许多场战争，因为把自己当作受害者，它们的战争记忆比中国人清楚得多。在近代，它们成为列强入侵中国的跳板。这两个地方是中国的软肋。虽然它们彼此相距较远，却有许多相似之处：（1）它们的外海就是第一岛链开始的地方，从陆地到海洋共同形成对中国大陆的地理包围；（2）人口密集，朝鲜半岛和越南各自有大约8000万人，与德国大致相当；（3）虽是大陆国家，却有漫长的海岸线，地理位置优越，但也容易遭受海上入侵；（4）在历史上都曾是中国的附庸，接受了儒家文化并使用汉字，后来才发明本国的拼音文字；（5）与中国发生过多次大的战争，互有胜负；（6）在近代史上被海外入侵者征服，成为殖民地，中国的军队和影响被驱逐出来，殖民者接着从那里出发入侵中国；（7）20世纪中后期，在中国的直接支援下，朝鲜和越南都和美国军队进行过殊死的对抗；（8）韩国是美国的军事盟国，越南曾经是苏联的军事盟国，而中国是这两个军事同盟的主要目标之一；（9）朝鲜、越南以及中国是世界上仅存的共产党统治的国家，两国共产党的早期领导者都曾流亡中国；（10）都有极大的经济潜力，半岛南部的韩国已经是一个工业化国家，越南近年来发展迅速；（11）它们的南北之间或者是分裂的，或者是曾经分裂而裂痕尚未愈合。

除非中国进一步强大，把左右两翼纳入中国主导的地区安全体系，否则它们可能再次对中国构成威胁。在地缘经济方面，越南和朝鲜半岛也对中国构成挑战。越南有着便利的海上交通和大量的廉价劳动力，可以把整个国家建成沿海开发区。一旦朝鲜实行改革，它的廉价劳动力就会和韩国的资金与技术结合。中国仅仅依靠产业升级不能应对这一挑战，中国需要长期保持一定规模的低技术加工工业。中国贫困、受教育程度低的人口实在太多，他们的就业机会在农业、加工业，以及不需要文化和技术的服务部门。

中国夹在两个有长期扩张传统的大国之间，其一是海洋大国日本，其二是陆地大国俄罗斯。中国看重的是凝聚力，不是一个扩张型的国家。沃玛克说："向心性（centricity）是中国对外关系的一个参数，而不仅仅是一个战略，因为它植根于中国地缘政治的基本特征。……在人口分布上，中国人一直没有发现他们自己的边缘地区很有吸引力，因此更不愿意在此界限之外追求生存空间（Lebensraum）。"[1] 但是，时代变了，国内的舞台已经不够大了。中国不应该侵略别的国家，却必须走出国门，到更大的空间参与竞争。

中国有复杂的陆地边界，海上的情况也同样复杂：东边被岛链所拦截；向西要穿过马六甲海峡，进入印度洋之后就会发现印度的存在；美国军队则无处不在。日本是一个海上强国，会对中国造成很大的牵制，就像20世纪上半叶英国在海上对德国的牵制。但是，与德国不同的是，中国有漫长的海岸线，而日本的大部分石油运输沿着这条海岸线北上，并穿过台湾海峡，因此受到中国的制约。反观德国，它的船舰要经过北海，穿越英吉利海峡，因此容易受到英国的控制。日本不能在海上形成对中国的完全优势，两国的地理位置互有优势。只是作为一个陆地大国和一个核武国家，中国在资源配置上不能像岛国日本那样更侧重海空军。这个问题将在中国经济规模达到日本的两至三倍之后得到解决。天空已经成为比海洋更便捷的力量投放途径。日本是一个缺乏战略纵深的岛国，除非它的空军和国家导弹防御系统获得绝对优势，否则很难承受与大陆国家的对攻。所以，只要中国在经济和技术方面不大幅度落后于日本，日本就难以取得对中国的海空优势。

在1840年之后，对中国的威胁来自所有方向：东北方是日本和俄国；东部海岸是英、美、法、德、日、意、奥等所有东西方列强；西南有法国和英国；从西北到东北的整个北方边境都曾面临俄国（苏联）的强大军事压力，并被夺走了大片的领土。世界上没有一个大国的外部威胁同时来自四面八方，这却是20世纪初中国的处境，所以有瓜分豆剖之说。在1950年代和1960年代，中国面临的威胁还来自空中，美国和苏联都曾考虑对中国使用核武器。今天中国仍然面对类似的局面，为有核国家所包围。一些邻国谈不上敌视中国，但心怀疑虑或不满，或明或暗防范中国。这些力量不属于同一个阵营，彼此之间常常缺乏信任。只要中国不过于咄咄逼人，它们不可能联合起来应对中国。在中国的所有邻国中，很少有哪个国家希望中国强大，因为没有任何一个国家愿意与

[1] *China and Vietnam: The Politics of Asymmetry*, pp41—42, Brantley Womack, Cambridge University Press, 2006.

强国为邻。如果有可能，它们更愿意自己做老大。例外是那些需要中国帮助它们抗衡另外某个强国的国家。中国招惹邻国担忧是很正常的，无论中国多么克制。大国的举动会在邻国引起强烈反应，就像现在的美国一样。全世界都在观察美国的一举一动，不停地猜测和猜疑。

中国的“中国”位置容易受到遏制。“遏制”是乔治·凯南提出的对苏政策。英语是contain，它的含义似乎没有汉语的“遏制”那么咄咄逼人。在汉语的语境中，“遏制”常常被用来描述险恶用心和武装扼杀。其实，“遏制”是积极防御的措施。Contain就是限制一个国家的势力，不让它来危害自己的利益，而不是绞杀对方。但是，遏制政策的最终结果很可能就是绞杀、扼杀。这很像围棋的对弈，高手布局是为了争夺空间，不是要吃掉对方的棋子；但是只要有好的机会，他们会毫不犹豫地吃掉对方一块棋。在国际政治层面，苏联解体就是西方遏制的结果。

美国围堵中国要比围堵苏联艰难得多。如果中国不犯重大的战略错误，这种围堵几乎不可能奏效。首先，中国的地理位置与苏联不同。苏联是一个积极寻求出海口的国家，它的港口都受制于邻国的陆地，而中国的海洋环境明显比苏联好一些。其次，由于历史和苏联政策的原因，苏联周围的国家大都对它充满了敌意，至少是戒意。第三，正如苏联突然解体所显示的，苏联严重扩张过度，内部的凝聚力和外部的影响力都下降；第四，苏联受计划体制所限，经济发展乏力，又过于重视军事工业。中国应该避免苏联的致命错误。

虽然有三个大国的环绕，中国的地缘环境没有像在地图上看到的那样局促，因为印、俄、日三大国的力量都有限。高耸的喜马拉雅山脉把印度和中国分开，中国从东到西都占有制高点；俄国的重心在它的欧洲部分，目前多处受到挤压，没有足够的力量东顾；日本受制于美国，目前是和平愿望所主导的国家，躲在美国的保护伞下。而且，中国的增长最快，有望在2010年成为世界经济规模第二大的国家。这样，单独面对其中任何一个国家，中国都不处于劣势。如果中国不犯严重的战略错误，这三个国家（或其中任意两个）也没有必要联合起来反对中国。况且，中国在本地区并非没有朋友，这些友邦可以抗衡任何潜在的反华结盟。所以，中国的最大挑战还是来自国内。凭借中国的巨大规模，只要在国内实现了自由与繁荣，任何来自国外的挑战都不足以构成重大威胁。

中国陆地和海洋上的两翼（示意图）

把地图竖起来，东边向上，就会发现：朝鲜半岛和越南是中国在大陆上的左右两翼，台湾岛是中国的先锋，日本群岛（包括冲绳群岛）和菲律宾群岛是中国在海洋上的左右两翼。

南海局部图

中国一般被泛称为东亚国家。其他东亚国家都有更精确的地理定位，如日本是东北亚国家，越南是东南亚国家。以中国之大，不可能以某一个角落来确定其地理位置。中国在地理上可以分为几个部分：东北在东北亚，新疆在中亚，内蒙古在北亚的南缘，西藏的南部在南亚，云南、两广、台湾和海南是东南亚的一部分，中国的其余部分才是东亚。这种划分不是字面游戏，中国的国土确实分别属于不同的地理和地缘政治区域。这些区域与中国有着密切的关系。为此，中国有必要建立各区域在国内的“地缘战略中心”，更好地辐射中国对各区域的影响。贫穷的边境省区和边境城市不可能对邻国产生吸引力。

中国应该通过实力增长来改变“力量平衡”或均势，使之有利于中国。在可预见的未来，中国军队不会取得对其他地区大国的明显优势。欧亚大陆各国将保持微妙而脆弱的平衡，并受到美国的操纵。一个国家的大动作将招来其他国家的反制，于是大家都小心翼翼。美国扶持的国家和打压的国家又有不同，后者的活动余地更受限制。中国比其他国家更多了一个制约因素，那就是经济增长模式。中国的经济严重依赖对外贸易和投资。对外贸易的设计、原料和市场都在外面，受外部制约自不必言。投资主要是政府投资和海外投资。政府投资的效益低，甚至完全没有效益。比如，动辄数亿元、十多亿元的政府大楼遍布全国各地。政府投资更受腐败的侵蚀，经常损失惨重。效益高的海外投资对中国的贡献较少。除了税收优惠以及避税手段之外，在中国的生产是整个价值链的底端。但外资仍是中国经济的中坚。对海外市场的依赖大大减少了中国外交政策的选择余地。

现在中国太多地关注“崛起”问题。这应该是一个自然的过程，不能刻意追求，也没有必要热烈讨论。未来不可预测。只要中国发展，影响力和势力范围自然会扩大，进而改变地区乃至全球均势。为了维持这样的自然过程，中国首先需要确保竞争力、国内的公平与正义，以此带动军力的增加。到时候，任何遏制中国的防线都会不攻自破。如果经济崩溃——苏联是一个前车之鉴——遏制就会步步紧逼。中国宛若一棵树，终将生长得根深叶茂，任何阻挡她的顽石都将被挤破。这个过程未必需要直接的暴力对抗，均势的改变可以是一方力量相对增加，不一定是一方打败另一方。这就是“不战而屈人之兵”。

台湾问题

把台湾放在本章，因为台湾既是中国的一部分，也是中国的边缘，扼守通往大洋的要道。国家的统一可以在很大程度上改变中国是“中间的国家”这样一个地缘政治困境。

大陆与台湾在地理上不可分割。对于大陆，在两岸关系紧张的时候，台湾更多是一个地缘政治问题；在两岸关系缓和的时候，台湾更多是地缘文化和地缘经济的问题。在马英九执政之后，两岸关系有良好的发展势头，但距离和平统一还比较遥远。如果两岸能够和平统一，不仅是两岸之大幸，也是世界之大幸，可以避免一场大战。统一之后的中国将拥有一个较为通畅、宽敞的出海口，而台湾的地理问题将消失。现在，台湾的价值仍然是它的地理位置。因为两岸接近的地理位置，因为相同的民族和文化根源，台湾不可能脱离大陆。台湾的正式独立将改变整个东亚的地缘政治格局，这是大陆无法接受的。

台湾位于中国大陆东南沿海的中线，在长江三角洲和珠江三角洲之间。因为长年处于备战状态，台湾对岸的福建省不能得到很好的发展。在东南沿海各省中，福建的发展比较滞后。在围绕中国大陆的第一岛链中，台湾是关键的枢纽。只要台湾对大陆怀有敌意，大陆海军驶入大洋就受到极大限制，商业航线也受制于人。在外交上，台湾问题是中国的一个流血的伤口，中国因此在国际上常常受到牵制。台湾是中国不能放弃的“官子”，别的大小国家随时可能提一下，而中国不得不牺牲别处的利益来救这个官子，因此常常处于被动，耗费大量资源。如果两岸统一，各国获得的所有这些好处都将消失。所以，布热津斯基说：一旦出现台海冲突，“美国将不得不进行干预。但那并不是为了一个分离的台湾，而是为了美国在亚太地区的地缘政治利益”。[1] 可见，无论对于美

〔1〕《大棋局》，246 页。用中国的官话说，布热津斯基应该是一位“对华友好人士”，不是对华强硬派。但即使是他也坚定地支持美国干预台海冲突。

国还是对于中国，台湾问题都远远超过了中国国家统一的范围，关乎整个亚太地区的地缘政治格局。为了这样大的利害关系，美国将不惜一战。

美国的立场取决于它的定位。在东亚，包括东北亚和东南亚，美国充当多个国家的军事保护人，并在它的国内法律（《与台湾关系法》）上承担了对台湾的安全义务。如果美国不直接或间接地出兵保护台湾，就等于默认中国的崛起，拱手把它在东亚的霸主地位转让给中国。这是美国不能容许的。如果我们认为美国干预台海冲突只是为台湾火中取栗，那就大错特错了。日本对台湾抱有强烈的殖民地前宗主国的心态，近年来一直在谋求扩大军事和政治影响力，所以也不会放过这样一个好借口，来达到它的目的。如此，世界上最大的两个经济体、最强大的军事机器、中国的主要贸易伙伴国，将在台湾问题上和中国发生严重的对立和冲突。所以，战争对中国大陆是非常不利的。

实际上，台湾已经是囊中之物，大陆可以等待最有利的时机。大陆的战略目标和战略对手都不是台湾——台湾不能承担如此大任。如果大陆为台湾消耗了过多的人力、财力和物力，即使收回了这个岛屿，也可能得不偿失。在两岸争斗中，地区和世界大国会“坐收渔人之利”，况且它们不会满足于“坐”着。大陆不应该让台湾问题过多牵制自己的发展战略。在这个世界里，每一个大国都是另外大国的“黄雀”，在条件不成熟的时候不能充作捕蝉的螳螂。中国背后大大小小的黄雀太多了。

在地理上，台湾之于大陆有似古巴之于美国。美国在古巴岛上有军事基地，可以更方便地控制加勒比地区和大西洋。加勒比地区之于美国，有似东南亚各岛国对于中国，但加勒比的岛屿和国家都小得多。对于大陆，台湾的地理位置比古巴更紧要。它位于大陆海岸线中段，两大三角洲之间。古巴只偏处于北美大陆海岸线一隅，在狭长的佛罗里达半岛之南，经济、军事又比较落后，不会直接给美国造成麻烦，在苏联解体之后，更不会对美国构成威胁。不同于古巴与美国关系的是，台湾和大陆同文同种，同属一个国家。

中国在海上的地缘政治环境要好于俄国，但也受制于一系列海上邻国的制约。台湾岛和海南岛是中国最大的两个岛屿，面积分别为 3.58 万和 3.4 万平方公里。在高速公路上驾车，只需大半天时间就可以环绕全岛一周。只不过海南岛与大陆的距离大约是台湾岛到大陆的1/3。如果与繁荣开放的大陆在军事上对立，必定决定台湾不可能保持长期的发展。2008年，以人均收入而言，台湾比大陆高13倍，但台湾的GDP只是大陆的1/5。仅从经济的角度看，台湾根本不具备和大陆进行军备竞赛的条件，更不用说它在资源、土地、人口等方面与大陆的巨大悬殊了。这种关系与美国－古巴有类似之处，如果与大陆对立，台湾承受的压力就会越来越大。而台湾是一个开放和民主的社会，承受压力的能力比古巴要弱得多，因为不可能举全力进行对抗。

相对于整个中国的发展和繁荣，台湾问题是一个次要问题。问题的解决将是一个附属的结果。在群雄环伺的环境中，中国的首要任务是国家的繁荣强盛，而中国的强盛必然以美、日的国际地位相对下降为代价。因此，这两个国家一定伺机利用台海冲突削弱中国的实力，虽然它们将为此付出高昂的代价。但当时机来临时，这两个国家很可能认为这种代价是值得的。历史上，美日向来不惮于使用武力。在过去几年，美国更以好战为其特点——这是帝国晚期的典型病症。中国统一将是中国强盛的结果，而不是相反，不是中国强盛的原因。我们不应该本末倒置。忘记这一点将延长我们达到这两个目标的时间。

台湾有2300万人口，其中大约有100万人生活在大陆。多年来，对大陆投资已经造成台湾经济的“空洞化”。经济一体化将为两岸的政治统一打下坚实基础。二战之后，欧洲战场上的敌对各国尚能够走向联合，大陆与台湾之间有更大凝聚力，一定不会长期分裂。虽然统一的方式不可预测，但可以肯定的是，台湾的前途是统一。如果两岸爆发军事冲突，那将是中华民族的悲剧。但无论台湾选择“统”或“独”，最终结果都只能是“统”，这是由两岸实力对比决定的。如果是武力统一，台湾会失去很多原来可以通过谈判得到的权利。对于台湾当局，任何推动实质性独立的行为都是疯狂的。陈水扁在任期间一再玩弄“台独”游戏，目的是赢取选票（他总是忘记他已经当选），其次才是民进党“台独”政策的惯性结果。陈水扁习惯于行走“边缘政策”，而不是政治所需要的折衷。马英九推动两岸和平交往，不完全因为国民党的大陆背景，他做出了一个理性的选择。台湾的出路在大陆。在统一之前，台湾通往世界各地的道路必须经过大陆。与马英九相比，陈水扁是一个罔顾现实的偏执狂，一味以玩火取乐。这样的领导人只能给选民带来灾难。

“台独”势力的筹码在独立。一旦这张牌被打出，宣布独立，台湾当局就会发现两手空空，再没有牌可打了，只有等着被打。所以，它不到最后一刻不会走这一步。赞同两岸和解的台湾当局也不会轻易走到统一。两岸隔绝了半个多世纪，政治制度、经济发展、教育文化水平相差太大，需要协商解决的事情太多。统一是一个渐进过程，不可能一蹴而就。

在两岸的角力中，时间在大陆一边。战争，则大陆更有军事优势；和平，则大陆更有谈判优势。这是因为大陆的实力增长速度更快。台湾是一个弹丸之地，没有战略纵深，缺乏从人力（兵力）资源到战略物质的各种资源。台湾经受不起和大陆的竞赛——军备竞赛、外交竞赛和经济竞赛，最后只能被消耗，被拖垮。美国的利益在维持两岸分裂。一旦两岸爆发战争，不排除美国可能抄大陆军队的后路，以铲除竞争对手，一劳永逸地遏制中国的崛起。但美国将付出极为高昂的代价，而且会随时间的推移越来越高昂。而如果台湾在竞争中被拖垮，则美国完全无可奈何。台湾占全国总面积的 1/267，人口大约占 1/63。从国家和民族利益来说，台湾只是整体的一小部分。台湾人生活得比大陆人富足，大陆没有任何道义上的压力必须“解放台湾”。战争是不得已的最后手段。“得民心者得天下”，大陆政权要做的是争取台湾的民心。大陆的富裕、民主、开放是大陆所能提出的最好条件和保证，是整个国家与民族的幸事。

武力统一将再次给中华民族造成严重创伤。一场现代化的战争将导致两岸人员的大量伤亡，必将造成两岸的心理隔阂，从而埋下台湾在统一后寻求独立的伏笔。为了维护统一，大陆又需长期保持高压态势，必将严重损害中国的发展，而增添未来更多分裂的可能性。“中国人不打中国人”的理想将破灭。统一战争也必将招致美国和日本的干涉，很可能是武装干涉。如果战争失利，中国崛起的梦想将被无限期拖后。即使战争取得胜利，统一也将是表面的，将留下严重的后遗症。因此，武力统一绝非上策。

最好的方式是大陆在各种竞赛中胜过台湾。在经济上、军事上对台湾占有压倒性优势，在制度上比台湾更优越。以不战之战屈人之兵，缔

中国的四个方向（示意图）

中国的国土分别属于不同的地理和地缘政治区域：东北在东北亚；新疆在中亚；内蒙古在北亚的南缘；西藏的南部在南亚；云南、两广、台湾和海南是东南亚的一部分；其余部分是东亚。这些区域与中国有着密切的关系。中国有必要建立各区域在国内的“地缘战略中心”，更好地辐射中国对各区域的影响。贫穷的边境省区和边境城市不可能对邻国产生吸引力。

结城下之盟。这样，主动权掌握在大陆手中，台湾没有多少讨价还价的余地。无论是绿营或蓝营当政，这个模式都同样有效。当然，保持压力的目的不是要压迫台湾，而是要使统一后的国家较为均质，两岸各方面的制度更加协调。为此，大陆应该主动作出一些调整，只要台湾做得好的部分，就向台湾学习。绝对不能一味地压迫台湾让步，或者过多牺牲大陆的利益而迁就台湾。实际上，这是一场隐形战争，双方在战场之外进行大规模较量。其中，大陆的军事力量必不可少。大陆军队仍需要以台湾及可能涉及台海战争的国家为假想敌。虽然大陆是胜者，但这场“和平战争”的结局是双赢：大陆得到了台湾，台湾得到了大陆；台湾不再忧虑战争，大陆不再担心分裂。统一不是两岸简单的相加，而是真正的融合。最大的胜者是全体中国人。

两岸和平竞争的结果是，大陆不必发动战争而得到战争带来的好处，减少统一后的分裂因素；可以用军工带动广泛的产业发展，其中最重要的是高技术产业。所有这些发展，当然不是全部对准台湾。先进的武器在任何地方都可以使用。在任何时候，大陆都必须有充足的使用武力的准备。但是，其中需要谨慎把握的是，在达到统一的目的之后，中国应控制住大规模扩充军备的冲动，保持地区稳定，不把强大的军事力量用于对付其他国家，除非受到直接挑衅。至于经济、文化、制度、技术等方面，大陆肯定是两岸竞争中受益更大的一方。无论台湾的执政党是争取独立还是寻求统一，都会对大陆构成挑战。前者是军事挑战，后者是制度挑战。只要大陆愿意认真应对挑战，一定会有很大的进步。同样，最大受益者将是全体中国人。

中国地图上的坐标系

如果在地图上画一条中间线，而且与东西边界的距离大致相等，那么，这条线在兰州－成都－昆明一线附近。再向北延伸到内蒙古中蒙边境上的哈日敖日布格，向南延伸到元江（红河）岸边、中越边境的云南河口县。线上的这三座省会城市经度相近，都在东经104°左右，成都比另外两城略偏东一点。在地理上，它们位于中国的中部；在经济上，它们却都是著名的“西部”大城市。中国的经济地理重心多么偏东，由此可见一斑。三城在本省的位置也是很偏东。它们所在的省，甘肃、四川、云南，都是面积大省，彼此相连，从中国北部边界一直延伸到南部边界。在这三个省以西只有三个省（自治区）：新疆、青海、西藏。西部三省（区）的面积广大，人口稀少，环境脆弱甚至恶劣，文化独特，许多人有强烈的宗教情感。中国真正的少数民族（对汉文化了解、接受较少，同时又有自己顽强文化和宗教传统的民族）大都生活在那里。因此，三省（区）需要特殊对待，对于那里的居民和环境，经济也许不是最重要的事情——这是东与西的重要区别。

这条分界线可以帮助理解哪里才是中国的“西部”，避免西部开发在开始时就陷入无益的争论。中国真正的西部并不适合“大开发”，那里首先需要的是生态保护，包括自然和人文两方面的生态保护。只要生态保护做好了，不需要额外努力，人们的生活就会得到极大改善。西部占全国面积近一半，包括新疆、西藏、青海三省区的全部，内蒙古、甘肃、四川、云南四省区的西部。但西部的人口只占全国的6%左右，还包括了兰州、成都、昆明这些位于分界线上的大城市。除四川、云南两省外，其余各省区都有严重的沙漠化、荒漠化。如果只考察新疆、西藏和青海三省区，那么，西部更是地广人稀。三省区的面积占全国的36%，人口却不到全国的2%。在那里“大开发”，在经济上是低效的，在生态上是有害的。

根据这条地理中间线，宁夏、陕西、重庆都是中部省（区、市）。它们现在被当作西部地区，是因为自元朝以来，中国的政治、经济、文化重心都在领土的东部，准确地说，在极东部，与海岸线的直线距离一般不超过200公里。只有离海大约有300公里的南京是个例外。但南京位于长江岸边，航运便利，是富饶的江南地区向内地的延伸。中国的重心严重地向东部倾斜，尤其是向东南倾斜。除了沿海地区之外，仿佛其他地方都变成了西部。

中国的山脉、河流大都是东西走向。因此，在寻找东西分界线时不容易找到自然地理的标志，因此选择了三座大城市，它们恰好大致位于

中国地图上的坐标系（示意图）

中国东西的分界线大约在兰州—成都—昆明一线附近。这三座省会城市在地理上，位于中国的中部；在经济上，却都是著名的“西部”大城市。中国的南北分界线大致在北纬35°一线附近。以西部的喀喇昆仑山口为起点到连云港以北的海州湾结束。

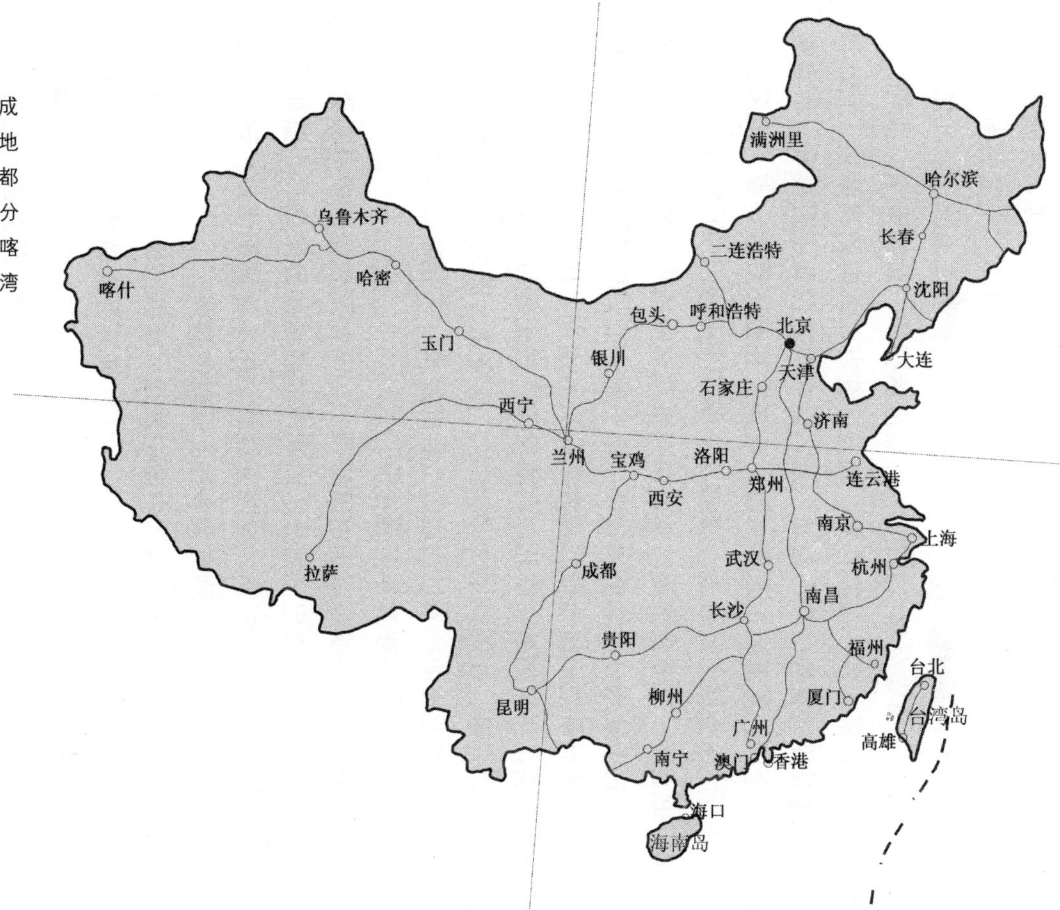

南海局部图

同一条直线上。在寻找南北分界线时，就很容易找到山脉、河流作为界限了。传统的秦岭－淮河南北分界线就是这样。其实，中国的南北分界线大致在北纬35°一线附近。以西部的喀喇昆仑山口为起点，经昆仑山（在昆仑山口与青藏公路铁路相交）、巴颜喀拉山、黄河源头、渭河、黄河的河南段，沿山东－江苏省界，到连云港以北的海州湾结束。它比传统的南北分界线秦岭－淮河偏北一点，但在地理位置上更准确，而且更长，横贯全国，不局限于东部一段。这条线甚至还更直一点。洛阳、郑州、开封三座古城正处在这一条线上，那里是历史上的"中国"地区。中国历史上另一座非常重要的城市西安也在这条线上。所以，从历史的角度看，这条地理分界线更为合理，把中国人心目中的中原放到了中间位置。其缺点是把中间地带的一大部分划入南方，比如，在风俗、方言等诸多方面，徐州都是一座北方内陆城市，却正好位于南北线以南。按这种划分，安徽、江苏两省都在南方，但皖北、苏北大部分地区的习俗、方言却是北方的。不过，这两个省的经济、文化重心都在长江流域及长江以南，可以勉强算作南方省份。

南北和东西两条线都限于中国的领土，不包括领海。领海需要用另一种方式去理解。在确定了划分东西和南北疆域的界限之后，就如同为中国地图设定了一个坐标系。这两条线就是纵坐标和横坐标。这个坐标系可以成为研究中国与地理有关各种问题时的参照。

以兰州－成都－昆明一线为中国中轴线（或纵坐标）[1]，可以看出，中国东西的连接是单薄的。在南部，滇西和川西被横断山脉（多有冰川、雪山）及江河（怒江、澜沧江、金沙江、雅砻江、大渡河、岷江）切割，山高谷深，东西向交通很不方便。再往西就是剧烈抬升的青藏高原，占了整个西部的近一半。整个西部地区地理封闭，经济落后。川藏公路、滇藏公路（较少使用）夏天经常因泥石流而中断，冬天则有大雪封山。从拉萨到成都的汽车司机更愿意向北绕行西宁、兰州。在北部，

---

〔1〕如果把这条线向北延伸，大约经过俄国的伊尔库茨克附近。伊尔库茨克位于东西伯利亚，贝加尔湖西南60多公里处。如果不算俄国在波兰和立陶宛之间的飞地，俄国的中轴线在伊尔库茨克以东、贝加尔湖东部的某一点。由此算来，伊尔库茨克是俄国的西部城市。俄国领土向东延伸到西半球。就地理中轴线和东部领土而言，俄国都比中国更是一个东方国家！

从东部到新疆要经过河西走廊，狭窄而且受沙漠的严重侵蚀——走廊以北的内蒙古已经沙漠化。现在有青藏公路和青藏铁路两条并行的交通线，一路是高寒荒凉的青藏高原，修建、使用和维护成本都极高。东西交通的主要线路在北部，兰州是通往西部三省区（新疆、青海、西藏）的交通枢纽。

中国西部的防务原来由兰州、成都、昆明三大军区负责，司令部都在中轴线城市，不在西部。现在保留有兰州和成都两个大军区，负责保卫中国的整个西部以及东部的一部分。

由于高山的阻隔，西部各省区的内部交通也不便。从新疆到西藏只有一条公路[1]，穿越阿克塞钦到阿里地区。从青海到西藏只有青藏线一条路，[2] 从青海到新疆也只有一条路，需要从青海西北的茫崖镇向北翻越阿尔金山。从甘肃到青海也只有一条大道，即兰州到西宁一线。

与改革开放时期相比，兰州在计划经济时期的重要性更大。那时，兰州是东西之间的交通枢纽，是核武器研发的基地，因此集中了来自全国的人才。现在的空中交通更加便利，人员的流动性也大了。兰州像其他西部城市一样，竞争力下降。只有在一个健全的国内市场，国民经济不再严重依赖海港，西部的发展才有可能。除了良好的制度和创业精神外，还要有良好的教育和自然环境——这四个要素都是西部缺乏的，即使只与东部比较。

这方面我们可以看看国外的情况。巴伐利亚是德国东南部的一个州，距离海港最远，即使就近向南使用意大利的海港，也要穿越阿尔卑斯山，通过奥地利或瑞士这两个邻国。但是，巴伐利亚州不仅有发达的文化、体育产业，它的制造业也是世界一流的。瑞士是内陆国家，它夹在德国、奥地利、法国和意大利之间。这些邻国都曾经非常好战，建立过大帝国。但瑞士不仅建立起联邦国家，没有被邻国分裂或吞并，而且

---

〔1〕 还有一条山道，现在只有探险价值。探险者从新疆的玉田县出发，沿崎岖陡峭的克里雅河向南，攀登昆仑山，翻越克里雅山口进入藏北无人区。

〔2〕 有些地方交通不便不完全是地理上的阻碍。西部许多地方人烟稀少，物流稀少，环境严酷，没有修建高等级公路的必要。例如，青海玉树和西藏昌都之间的山沟里有一些次要道路，行商和香客可以通行；可可西里山以南的藏北无人区和青海的无人区在地理上是一个地区，地势平坦，汽车在冬季可以通行，不需要道路。

长期维持和平，成为富裕的国家，对科学、文化的贡献也非常大。中国非沿海地区可以得到的经验是，地处内陆不是劣势，关键因素是好的制度和人的努力。

围棋的启示：金角银边草肚皮

围棋纵横各有 19 道线，这些线共有 361 个交叉点。因此，每步棋的选择是 3 的 361 次方（连书 52 个“万”字）。当然，这是理论数字，在实际博弈中不会有这么多选择，例如，没有棋手会把第一个子放在棋盘的正中间，或某一个顶角。即使如此，每一步棋的选择还是很多，棋手要经过仔细计算才会落子。地缘政治比围棋复杂得多。不仅因为变化更多，棋盘凸凹不平，有不可预测的事件，还因为玩家远远不止两个。

虽然说是“逐鹿中原”，但最后真正能够控制中原地带的，大多是边缘的、甚至外来的力量。从春秋五霸的齐桓公、晋文公，经秦始皇、汉高祖，到后来的元和清，这些力量都发迹于边缘地带，在征战胜利后入主中原。历史上，没有一支出自中原的力量能够统一全国。中原只是最后的角斗场，而非积蓄“逐鹿”力量之所在。麦金德的“心脏地带”理论似乎与“逐鹿中原”不谋而合。其实，两者的力量运作方向是相反的。根据麦金德的理论，力量从中心向边缘扩张，而“逐鹿中原”则是从边缘向中心进军。边缘地带的发展方向有限（向中心运动或沿边运动），受威胁的方向也同样有限。中心地带向四面八方开放，因此是易攻难守的四战之地。脆弱的中心地带应该是边缘国家再扩张的出发点，而不可能成为一个原始出发点。

世界的“中原”是位于亚欧大陆中心的中亚。古时，活跃于中亚的游牧部落曾对南方和西方的文明构成过极其严重的威胁。这并不违反中心地带势力难以强大的假设。从公元前 1000 年起的几百年中，气候比现在寒冷，在游牧者的北部（包括东北和西北）人烟稀少，没有敌人。因此，他们实际上处在北方边缘地带，有广阔的后方，可攻可退。在受到中原王朝的攻击时，这些牧人可以向北或西北方退却，一直退到贝加尔湖或巴尔喀什湖一带，甚至更远。而进攻者往往因补给线过长而撤兵或失败。与围棋相比，仅有中心地带如同只占了中盘，不容易找到气眼做活，看似一大片，却没有多少势，容易被包围，更难以发展。因此，心脏地带很少孕育过大国。

对于围棋盘上的361个交叉点，棋手们有一个基本判断："金角银边草肚皮"，或"金角银边草腹"。角、边、腹的重要性依次递减。棋手落子从角开始。不同于围棋的是，地球的表面既不像棋盘那样整齐划一，地形也远远不是平整的。地缘政治的"角"和"边"极不规则，与中心的距离也各不相同。"腹"（中心地带）也不止一个。在地理位置之外，还有自然资源、山川形势等的影响，地下的矿藏可以把一个不重要的角落变成争夺的中心。此外，军队和武器的机动性越来越强，可以超越角与边的限制，减少距离的限制，对敌人实施三维立体打击。棋盘的空间是两维的，而地缘政治则是多维的，包括人文的维度。人的因素对地缘政治有重大作用，有时还是决定性的，如人口、教育、科技、宗教、文化等相对的常量；经济、国内政治和国际政治、心理、外交等诸多相对不稳定的变量。还有许多不可知的潜在变化。这些因素组合之后，地缘政治博弈的结果难以预料。

欧亚大陆是世界上面积最大、人口最多、财富和资源最多的地方，也是世界各大文明的发源地。布热津斯基认为，欧亚大陆还是世界地缘政治的中心，其他大陆都受其制约。

下面就以欧亚大陆为世界棋盘，分析这张棋盘上的"角"、"边"、"腹"。需要强调的是，这张棋盘是开放的，包括了欧亚大陆之外的国家，棋盘因此更不齐整。所谓的"角"、"边"、"腹"都是比喻，其含义和价值与围棋有所不同。

在围棋中，角的位置是最优的。当然，这个角距离棋盘的几何顶点还相差两、三格。"角国"在欧亚大陆的突出部位或在大陆之外，不容易受到"边"和"腹"的进攻，易于防守，同时又可以在几个方向上向大陆进攻。据有"角"的位置的国家有英国、日本、澳大利亚、印度尼西亚、菲律宾、新加坡等岛国，以及美国、巴西等欧亚大陆之外的大陆国家。它们和欧亚大陆的距离有远有近。但距离的远近与技术和国力有关，国力越强大，技术越发达，距离就越短。比如，美国比日本更远离欧亚大陆，但它在大陆上的存在比日本更为显著。南非、巴西等国家是地区大国，军事力量薄弱，在大陆上的存在也不明显。但在中长期，这些国家的发展潜力、自然资源、地区号召力可能使它们成为大陆国家的重要盟国，互成“犄角之势”。巴西还是发展势头良好的“金砖四国”〔1〕中唯一不在欧亚大陆上的国家，有可能在南美建立以巴西为核心的区域共同体。

今天的意大利、希腊是欧亚大陆的“内角”。在北方，绵延的大山把它们与大陆分隔开，其余的三面环水。在古代，这两个半岛是欧洲大陆的外角。那里比较安全，气候条件很好，更享有地中海的航运便利。它们很适合文明的发展。如果向北方内陆进攻，那里又是适宜的出发点。“角”的位置是古希腊、古罗马能够取得辉煌成就的主要地理原因。

欧亚大陆上所有濒临海洋的国家都是“边国”。位置比较优越的“边国”有伊朗、巴基斯坦、缅甸、越南、以色列、土耳其、法国、荷兰等国家。它们或者拥有丰富的自然资源，或者地处战略要道，或者两者兼备。美国曾经把伊朗、伊拉克作为围堵苏联南下的栅栏，现在把以色列作为它打入中东的楔子。印度兼有角国和边国的位置，但扩张不易。印度的领土只有很小一部分进入亚洲腹地，在那里，它被中国和巴基斯坦的高原和大山所阻挡。因此，印度进入欧亚大陆腹地的企图遇到了重重困难。它很可能留在次大陆上。

如果欧亚大陆之外的国家要控制这个大陆，必须首先在角或边落足，然后向腹地发展。美国所走的路线正是沿边落子，然后向腹地渗透。英国、日本、澳大利亚等角国都是它的军事盟国，而且都是发达国家，有两个还是英语国家。得益于早期的扩张和第二次世界大战的胜利，美国的布局很出色，但对弈并非一帆风顺。在冷战时期，美国在朝鲜半岛、越南等边国登陆，遇到了顽强抵抗，最后在半岛上退回原来位置，又灰溜溜地撤出越南。美国最近的一着臭棋落在了伊拉克这个出产石油的边国，伊战的结果很可能与越战的大致相同。

一般而言，地处内陆、没有出海口的国家是“腹国”。腹国有蒙古、

---

〔1〕 BRIC：巴西、俄国、印度、中国。

哈萨克斯坦、阿富汗等中亚国家，格鲁吉亚等高加索国家。[1] 在欧亚大陆的西部，白俄罗斯、捷克也是腹国。腹国容易受制于邻国，除非打通海洋，像早期的俄国那样，否则不能改变被动局面。但是，海岸线国家大多是强国，而腹国都比较贫弱，不可能对强国形成威胁。腹国都不是富裕国家，它们的价值主要在资源上，以及地缘政治上。控制了腹国就可以牵制大陆上的大国，威胁它们的后方。欧亚大陆的腹地不是腹国才有。本土大国，如俄国和中国，也在内陆有广阔的土地。腹地是通往其他方向的交通要道，是整合大陆力量所依靠的途径。

俄国、中国既有海岸线，领土又都延伸到中亚。它们兼有边国与腹国的位置，都需要获得“角”，以巩固它们进入海洋的通道，并保护沿海地区。经过几百年的扩张，俄国在东西南北四个方向上都能通往海洋。俄国不仅四面滨海，在四面都有良港：东有海参崴，西有圣彼得堡，南有塞瓦斯托波尔（从乌克兰租赁），北有摩尔曼斯克。不过，所有这些海港都不能直接通往大洋，都受制于别国的陆地或岛屿。俄国要成为海权国家仍力不从心。俄国在失去了势力范围之后，腹也变成了边。高加索边境地区夹在里海和黑海之间，可算是大陆腹地。但因为车臣、格鲁吉亚等问题，这一地区成为俄国的“软下腹”[2]，俄国需要在那里打仗。腹地成了前线，恢复到沙俄刚占领高加索地区时的样子。在地缘政治版图上，角、边、腹三者的位置虽然相对固定，却远非一成不变。

中国在海洋上的情况类似俄国，比较封闭，但总体而言要好一些。台湾岛是欧亚大陆的一个角，虽然不是位置很突出的角。如果大陆和台湾统一，中国在东部海岸的困境就会缓解很多，前往太平洋的航路会更有保障，在马六甲海峡会有更大的选择余地。中国统一不会对日本构成威胁，因为日本是一个岛国，海上通道很多。一条通道被封锁只会给它

---

〔1〕 哈萨克斯坦濒临内陆海里海，因里海而多了几个邻国，地缘环境较完全为陆地所封闭的蒙古好很多。格鲁吉亚有出海口，可以经黑海到地中海到大西洋，但海运并不便利。传统上格鲁吉亚是俄国的软下腹，它的腹国地位更是针对俄国而言。

〔2〕 “心脏”和“腹”显然是两个意思不同的词，在医学上各有所指。它们在这里都是借喻，表示“中心地带”、“心脏地带”（heartland）。交叉使用“腹地”和“下腹”可能会造成一些概念混乱。腹地指内地，而软下腹（soft underbelly）则指暴露在外界威胁之中薄弱的边缘地带，如俄国的高加索地区。

造成麻烦，不会窒息，而封锁者的不便和成本可能更大。相反，中国的海上通道却比较容易被堵塞。在内陆，新疆和内蒙古西部都在欧亚大陆的腹地。中亚地区也是中国的一个软下腹，面临恐怖袭击的威胁。但目前那里的情况要比俄国高加索地区好得多。中国可以获得中亚的能源供应。此外，汉、唐朝的历史证明，中国没有必要再往西发展了。

地缘政治博弈与劫材

在最后计算胜负时，围棋的一目就是一目，不论它们在棋盘的哪一个位置，其价值是相同的。但是，地缘政治的胜负统计却没有一定之规，各个位置的价值是不同的，就如房地产业评估土地价值的行话一样："位置、位置、位置"。此外，站在不同国家的立场，会对位置的价值做出不同的判断；拥有不同的战略眼光，也会对位置价值有不同的评判。因此，地缘政治博弈的结果可以有许多不同的计算。在结局之前，人们往往莫衷一是。

与围棋不同的还有，只要国家还存在，地缘政治的博弈就会一直持续下去，不会有最后的胜负。一个国家不要指望在占了便宜之后可以轻易脱身。这是日本在发动对华战争之时最缺乏考虑的地方。日本只看到中国的贫弱与混乱，只看到西方大国对中国的侵略，却没有看到日本没有能力灭亡中国，世界大国也不允许日本灭亡中国。即使日本灭亡了中国，它也不可能在中国建立起长期有效的统治。与纳粹德国滥用地缘政治理论相反，日本的决策者则完全没有地缘战略头脑。他们不知道该从哪里开始，不知道该到哪里结束，却又被激进分子（有一些在最高层）盲目地拖着走。因此，日本的战败是注定的。在更深远的一层，他们没有想到，如果他们的武力和残忍没有灭亡中国，那么，作为一个倚在大国边上的岛国，在中国重新崛起之后将如何面对？日本人不是游牧民族，不可能举国迁移，何况也没有地方供他们迁移。在欧洲，二战的战胜国接受了一战之后巴黎和会的教训，没有向德国等战败国提出苛刻条件，甚至还帮助它们恢复经济。这等眼光和胸怀是日本人不具备的。他们反而在历史问题上不停地刺激中国人（还有韩国人、朝鲜人）。日本的行为无疑在告诉所有人，特别是健忘的中国人："你们忘记了战争，我们没有忘。""你们别想抛弃这段历史。"由于这个原因，中日不能达成法德那样的和解。无论日本人是否愿意继续，中日之间都有"一盘没有下完的棋"，非下不可，由不得日本人，也由不得中国人。这个棋局是日本的不和解态度制造出来的，可能还要再下几十年。两国不能开始新的棋局。这个棋局符合美国的利益，却不符合整个东亚的利益。

劫材是围棋术语，就是可以"打劫"的材料。战国时，齐国军师孙膑的"围魏救赵"是使用劫材的出色范例。孙膑攻敌之所必救。敌人必救的那个目标就是劫材。关于劫材的判断不容易做出。如果魏国的边境有足够的防守，就不存在劫材。如果魏国国都大梁能够抵御齐军的进攻，也不存在劫材。魏国没有必救的劫材，魏国占领赵国的军队就不必匆匆回撤，不会进入齐军的埋伏圈。魏军将领反而可以从长计议，算计齐国，比如挥军直指齐国国都临淄。劫材的判断需要经验。

就其成因而言，劫材有数种。有些劫材是历史上形成的；有些是本国的错误造成的；有些则是中了其他国家设下的圈套。一个劫材有可能包括两到三个成因：天然的缺陷因本国的错误而加重，又被别国特别加以扩大。比如，落后的政治制度是一个大家都喜爱提的劫材。一国的劫材多了，就会在博弈中顾此失彼。所以，在国际竞争中应该减少自己的劫材，增加对手的劫材。唯此，才有可能增加胜算。减少劫材首先从国内做起。苏联解体就因为它的劫材太多。不仅仅是帝国在地理上的过度扩张（在东欧和阿富汗），也有经济的（援助竞赛）、军事的（军备竞赛）、意识形态的（镇压持不同政见者）、统治基础太窄（既得利益者仅限于少数权贵）。这些无一不成为对手的"劫材"。

无论如何减少劫材，被对方"打劫"都不可避免。国家之间都有劫材可打劫。因此，国家需要仔细计算各个劫材的价值和交换价值，同时确定自己的劫材中有哪些是能够在关键时刻放弃的。劫材并不是在棋局最后才发挥作用。国家间的博弈虽然有"轮"，一轮又一轮的博弈，但只要有国家存在，博弈就不会结束。无论是第几轮，国家间下的都是相同的一盘棋。它们没有重新开局的机会。所以，劫材的使用是在棋局之中，而不在之末。国家犯下的任何一个错误，都有可能在现在，或未来某个时候（也许几百年之后），结出苦果，被别的国家利用。使局面更为复杂的是，恐怖组织以及其他各种非政府组织已经加入到国家间的博弈。它们有自己不同的游戏规则，记忆力更好，也更专注于目标——打劫。总之，国家犯下的错误和罪行适用于一句民间俗语："不是不报，时候未到"。

如果一个国家有大的劫材可以被对手利用，就会严重限制它的战略选择，包括对战争的选择。一个不受此限制的国家就会在最后的对抗中占上风。许多劫材是人为的，比如严重的社会危机。在第一次世界大战中，俄国的后方非常不稳定。德国支持列宁发动革命。沙皇俄国被推翻之后，陷入内乱的俄国退出战争。不过，俄国革命也波及德国，基尔港的水兵哗变，最后德国因内部问题而战败。长远来看，苏联取代沙皇俄国，德国给自己树立了一个更强大的敌人，对共产主义的仇恨限制了纳粹德国在二战期间的选择，导致了德国再次战败——这是德国在帮助俄共革命时所未料及的。历史在这里又显示了无常。

战争是国家间较量的最后手段。在和平时期，国家间的许多对抗方式是经济的。一国经济受制于他国越多，在对抗中就越被动。在1970年代，石油输出国组织曾经把持石油，在发达国家造成了普遍的恐慌；在1980年代，美国把粮食出口作为一个手段，要求得到苏联的回报；在1997年的亚洲金融危机中，西方投机者打劫了东南亚国家多年积聚的财富。西方国家的政府显然从危机中得到了很多好处，迫使东南亚国家接受它们制定的国际货币基金组织的援助条件。中国、日本等国政府持有的美国国债也曾被当作美国的劫材，但美元在危机中贬值。这些国债更像是人质，而非劫材——持有者亏损已经不可避免。

经济的劫材在近期内曾经有过：汇率、贸易顺差、倾销问题、劳工问题、出口产品质量。出口产品（如玩具）的质量成为劫材，并不是说具体的生产者和监督者没有过错和失误。对于中国来说，仅仅改进质量、纠正错误是不够的，政府还必须对国内消费者担负责任。除了经济之外，中国可以被对手用作劫材的还有很多：台湾、西藏、新疆、政治制度。中国为了保护这些劫材，就不得不在其他方面付出代价，比如在贸易上做出让步。台湾问题是大陆的一个劫材，反过来，大陆也是台湾的劫材。海峡两岸曾经为争夺“友邦”而大打外交战。国家利益的范围及规模，与国家的大小有很大关系。与台湾建交的，以及在大陆和台湾之间摇摆的，都是面积、人口和经济规模很小的国家。它们的利益很小，受打击面也就相应很小，它们不担心大陆的报复。这些小国与海峡一方建交得到的好处，可以超过另一方报复带来的损失。

使用劫材有“对等原则”。如果一方不想使对抗升级，在报复时就不会触及对方更大的利益，而是“提”对方对等的劫材。这与战争的“有限目标”是一致的，即战争规模必须和政治目的一致。如果一方可能升级，另一方在决定是否打劫时就会更加小心，不会轻举妄动。打劫与应对打劫的能力与国内状况有很大关系。如果一国在国内有足够“气眼”，遇到外国打劫时就会应付裕如。如果一国政府本来在国内的“气眼”就不够长，那么，在国际政治中就容易处处被动，对各处“打劫”应接不暇，还要抱怨敌对势力太猖狂。

第六章

日本及冲绳：东边之外

日本的地理和心理位置

日本不是欧亚大陆上的国家，也不太可能是潜在的世界大国。日本列岛游离于欧亚大陆的东端之外。列岛相对于中国的位置，类似英国之于欧洲。但东亚的力量分布不像二战前的欧洲大陆那样分散，缺少彼此竞争的大国。日本在大陆海岸线上所面对的国家是俄国、朝鲜、韩国和中国。俄国现在无暇东顾，它的太平洋舰队的舰只大多已锈迹斑斑，而且容易受到封锁，变成日本海舰队（或按照韩国所声称的，成为“朝鲜海”舰队）。如果与日本、美国发生冲突，俄国太平洋舰队的活动范围很难超过100万平方公里（日本海总面积106万平方公里）。日本的海军实力排在世界第二位，对被地理分割为难以相顾的四大块（北方、波罗的海、黑海、太平洋）的俄海军具有明显优势。在1904—1905年的日俄战争中，日本分别打败了俄国的远东舰队和劳师远来（3万多公里）的波罗的海舰队。尽管如此，俄国仍然是一支牵制力量，与日本的领土争端也没有解决。朝鲜半岛上的民族主义情绪激烈，其中最大部分对准了日本，其余则指向中国和美国。朝鲜在发展核武器；韩国的经济规模排在世界第11位。两者都有能力在本地区制造麻烦。不过，即使朝鲜半岛统一，整合将需要很长时期，而且人口、经济、资源、军事都不足以对日本构成威胁。当然，日本会从不同的角度看待这个问题，日本已经把朝鲜当作威胁了。

在日本的邻国中，中国是可能性最大的竞争对手。日本把海空军主力摆在它的西南部、面向中国的一侧；在2009年又计划向钓鱼岛附近派兵。日本最担心的就是中国。在19世纪，日本扩张的首要目标就是打败中国，先是在朝鲜打败中国，然后在中国本土打败中国，把整个东亚大陆变成它的殖民地。近年来，日本牵制中国有两条途径，第一是紧跟美国，通过加强日美军事同盟来制约中国。但这个同盟对日本也是很大的约束，妨碍日本放手争夺地区领导权。第二是促进“台独”，如果台湾从中国彻底分离出去，中国在海上与日本竞争的潜力会被大大削弱。一个独立的台湾会被纳入日本的势力范围，这将是日本扩张的第一步。在1895年的《马关条约》中，日本要求中国承认朝鲜独立，割让辽东半岛和台湾。朝鲜半岛和辽东半岛是日本进一步入侵东亚大陆的跳板，而占领台湾岛则是日本作为岛国的本能，日本的扩张就是从海洋开始的。日本在台湾的殖民统治维持了半个世纪。目前看来，第二条路不太容易走。

日本是东亚国家，但属于美国阵营，是美国在东亚的一个棋子。自从福泽谕吉（1834—1901）提出“脱亚入欧”论（1885年）以后，日本一直在积极走向这个目标。不过，日本唯一脱离亚洲的是它的地缘政治：侵占亚洲国家，攫取领土和资源，以赢得和欧洲大国对等的地位。这种态势把日本与东亚隔离开来。日本的盟友都在西方：英国、德国，后来又加上美国。从19世纪末期到20世纪中期，日本一直学着欧洲国家的样子发动侵略，最后却被欧美国家和苏联联合起来打败了。显然，这个学生太出格了，还没毕业就开始攻击老师和校长。二战之后，日本退回到大陆之外的几个岛上。除了占领了琉球群岛和虾夷人的北海道之外，半个多世纪的扩张大多白费了。主要原因是日本向西方学习的方法不得体，“脱亚入欧”的战略指导有错误，对地缘政治缺乏最基本的了解。战后，日本又出现了“脱欧返亚”论。在欧（美）、亚之间的两难选择清楚地显示出日本缺乏文化根基。其实，“脱亚入欧”从最开始就是一个伪命题，既不可能，也没必要。日本的最大价值在于日本自己。在东西方摇摆、不能确定自己的位置使这个国家具有潜在的危险性。这种潜在的危险已经爆发过一次，对东西方都造成了极大危害。

在二战战败之后，日本和琉球成为美国的占领区。虽然美、日两国早已签订了和平条约，但日本的地位一直没有大的改变。作为亚洲最早完成工业化的国家，它对本地区的后起工业国（尤其是人口最多、面积最大的中国）心存疑虑，担心力量对比的改变。这就决定了它只能维持和美国的结盟，继续依赖美国的保护。但是，日本在西方阵营中并不自在。它的领导人在七国首脑会议上缺少自信。另一方面，日本无法在亚洲找到适当的位置。它对过去的战争暴行采取粉饰的态度，中国、韩国、朝鲜等国都不能接受。日本既不能领导亚洲，又不能被亚洲领导

（因为它已经是美国的附庸了），也难以与中国合作，共同促进亚洲一体化（因为美国不能接受一个独立发挥作用的日本）。中日两国彼此的疑心和敌意太重。这是美国愿意看到的。美国鼓励日本进一步承担军事责任。这样，日本在和中国打交道时才更有资本、更有信心，而中国更难接受日本的和平意图。如果日本重新武装，邻国必定增加对日本的警惕，东亚的分裂将更大。然而，日本的活动余地不会很大，因为美国对日本的疑虑并不比东亚国家小很多。一个强大而独立的日本不符合美国的利益。美国在必要时可以放松套在日本脖子上的锁链，却绝不会放手。美国不会忘记日本偷袭珍珠港，也不会忘记日本经济在 1980 年代“入侵”美国。美国在 1985 年用《广场协议》发起进攻，再次打败了日本。在“脱亚入欧”之后，日本只能继续“脱亚入美”，在亚洲为美国充当英国角色，却缺少英国的自主权。

长期以来，英国的最大安全隐忧是在欧洲大陆上形成一个庞大的国家。为了避免出现这样一个大国，英国总是在战争中加入到较弱的一方，防止它们被兼并。日本没有这样的选择。在和日本隔海相望的东亚大陆上，中国的领土占据了大部分，而且中国的统一已经有 3000 多年的历史。对于日本，中国已经足够大，但还没有足够强。冷战之后，英国仍然借重美国抗衡欧陆国家，对欧盟也是三心二意，但现在也不得不考虑严酷的地缘政治现实：英国只是欧洲大陆的一个离岛，英吉利海峡两岸的利益更加密切，而美国则远在美洲，尽管它们有着同样的盎格鲁一萨克逊文化。在多年的抗拒之后，英国已经在向欧洲大陆漂移了，虽然还在半推半就。从中长期来看，日本的选择余地不会比英国的更大。或许它将接受一个并不是由它主导的区域一体化，同时不损害与美国的密切关系。

不过，日本对它在亚洲大陆的作用还抱有希望。李登辉提出过“七块论”，设想中国分成 7 个独立的国家。他得到了一些日本人的赞赏。日本如果想模仿当年的英国人，在亚洲大陆上纵横捭阖，只能先制造一个分裂的中国，然后才能上下其手。除非中国犯下大错，这种期望没有牢固的现实基础。而且，美国前驻日本大使阿马科斯特认为，日本还存在着一个问题：

日本因地理上的限制和资源匮乏而不大可能成为一个战略意义上的超级大国——一个能够并愿意保护它国的国家。这样，日本军事力量的任何快速扩张都将可能被邻国视为一个威胁，而非一道再保险。[1]

鉴于阿马科斯特的职业，可以推论他的判断基础是政策多于学术。他的话暗示日本难以取代美国成为东亚的霸主，因此劝它不要再打这个主意。不过，这两句话对中日关系同样有效。日本重新走上扩张之路的可能性很小，因为武力入侵和殖民统治目前已经不再时髦，在有“趋同”心态的日本人中间，这个事实增加了对和平的期望，减少了扩张的内部动力。更重要的是，大陆国家（主要是中国和韩国）已经不再积贫积弱，日本扩张的外部诱因不复存在。如果日本再次试图扩张，必将遇到强大的制约，反弹力之强可能会使日本损失惨重。但是，这并不意味日本将来不再扩张军力，不再寻求地区领导权。

当日本强大且又缺少对手的时候，它的地理形状是一个优势，便于向海洋和大陆两个方向出击。但是，当日本挑起战争，而它的海空军不能在更远的地方阻挡敌人时，日本各岛便很难防守。二战就是一例。日本是一个狭长的岛国，在环绕东亚大陆的第一岛链的北部。它由两大群岛组成：日本群岛和琉球群岛。琉球的岛屿比日本四个大岛更小、彼此距离更远，且向南一直延伸到台湾岛。两个群岛是中国东部外海的一道屏障。中国与日本有争议的钓鱼岛在琉球和台湾之间。钓鱼岛问题实际上由琉球群岛的地位而来。从明太祖洪武五年（1372年）起，琉球就是中国的朝贡国，与安南、占城、高丽等最密切的朝贡国有相同的地位。1609年，日本九州岛南部的萨摩藩[2]打败了琉球，占据了琉球群岛的北端，南端仍归琉球国王管辖。在这一段时间，萨摩藩主避免让中国知道琉球的变化。1875年，日本勒令琉球停止向中国朝贡、请封，并废除大清的年号。1879年，日本灭琉球国，设冲绳县。第二年，李鸿章与日本谈判琉球事件，又创办海军。日本提出与中国瓜分琉球，南部的先岛

---

〔1〕迈克尔·H·阿马科斯特：《朋友还是对手——前美驻日大使说日本》，219页，新华出版社，1998年。

〔2〕今鹿儿岛县。

群岛归中国。清廷没有批准已经草签的分界协议。琉球问题暂时搁置下来。二战之后，美国托管了琉球群岛，设立了军事基地。1970 年，美国把托管琉球的“施政权”转移给日本。所以，日本在法律上并不对琉球群岛拥有主权。

同样作为一个岛国，即使在它国势最强盛之时，英国也没有在欧洲大陆寻求领导权。历史经验告诉它，那样做的风险太大，胜算太低。拓展海外殖民地给了英国巨大的发展空间。当德国在欧洲大陆崛起，殖民地纷纷独立之时，大英帝国就分崩离析了。它不能同时应对来自欧洲和殖民地的挑战。

在拥有足够资源和军力的前提下，日本的地理位置能够使它（或掌握它的大国）封锁中国在台湾以北的进入太平洋的通道。但是，与英国之于德国的地理位置不同的是，日本的位置有些偏北。在拥有足够资源和军力的前提下，中国也能够封锁日本南下通向马六甲海峡的航线——这条航线对日本非常重要。因此，两国的地理各有优劣，取胜的关键在于哪个国家拥有更多的军力和资源：经济、军事和外交资源，以及对抗的意志和决心。

日本和东北亚的所有邻国都有领土纠纷，包括俄罗斯，并和中国、韩国和朝鲜有历史纠纷。这些国家对日本抱有很大的戒心。在二战期间，东南亚遭受的日本暴行相对较少，时间也较短。那时，东南亚国家大多处在西方的殖民统治之下，日本入侵只是给它们换了一个统治者。它们没有切肤的亡国之痛、之耻、之恨，甚至还有感激之情——两败俱伤的殖民地之争给了它们独立的机会。现在，它们愿意借助日本保持本地区的均势。因此，如果日本要扩大势力范围，唯有向东南亚发展。它的石油进口的 80％以上都经过东南亚而来。这种战略选择和 1940 年前后很相似。其南下通道必须首先经过台湾附近海域，日本已经在这一地区增加军事存在，在阿富汗战争期间，还向印度洋派遣了军舰。

二战时期，为了获得足够的资源，保护本土和已经在中国获得的土地，日本从中国一直打到东南亚。这个事实已经证明了日本不适宜扩张——不仅在战略文化上不适宜，在地缘政治上更不适宜。日本发起如此大规模的军事行动，军队遍布东亚和东南亚，一步一步与当时世界上最强大的国家为敌，目的却只是为了保住最初的扩张成果（朝鲜和中国的东北、华北）。所以，这个扩张从一开始就是非常脆弱的，难以持久，在某个时刻一定会出现激烈的反弹，伤及日本本土。如果日本再次出现扩张的态势，它仍将必须一路扩张下去，直到灭亡，否则就保不住最初的成果。这是由它的地理位置和资源决定的。

在台湾岛以北的海域有许多小岛，这些岛屿现在为日本所有。以这些岛屿和礁石为中心，日本声称的专属经济区连绵不断，完全把中国和太平洋隔离开了。在海上石油运输线上，中国对日本占有优势，因为通往日本的航线需要从中国海岸之外经过。中日之间的竞争还体现在对原油的争夺。中、日、韩是世界上最大的石油消费区。中日在俄国的输油管线走向上有过激烈的竞争。如果有一天日本从美国阵营独立出来，而俄国对中国的防范之心继续加重，将出现日俄联手应对中国的可能。那时，中美会找到更多的共同利益。不过，日俄之间有一个大的争端，即日本的北方四岛问题。因为这四个小岛，日俄在二战后还没有签署和平协议。朝鲜是第二个技术上仍与日本处在战争状态的国家。因为有俄国和朝鲜，与中国关系闹得太僵不符合日本的利益。日本对华政策仍将以牵制为主。

一般而言，大陆国家倾向领土扩张，岛国注重扩张商业利益。这是因为岛国有航运之便，却不容易守住扩张之后的领土。但日本是一个例外。它以一个岛国倾力在大陆扩张，真是“贪心不足蛇吞象”。对中国造成的巨大伤害现在成为日本担心中国的主要原因之一。即使在20世纪上半叶，领土扩张也应该适可而止。占领或瓜分一个人口较多、有明确历史和文化认同的国家是一件危险的事情。如果不能彻底消灭受到伤害的国民的意志，或者与他们达成和解，施害国以后就一定会吃到苦果。沙俄时期就开始建立的苏联帝国瓦解了。现在，俄国的周围有许多警惕的眼睛。德意志第三帝国灭亡后，不仅失去了它侵占的领土，还失去了大片原来属于德意志人的土地，领土反而缩小了许多。日本是一个岛国，战败后只被打回原形，几乎没有领土损失，甚至还能继续据有琉球。原因是日本只来了一支占领军，没有分割它的土地，同时也得益于岛国土地很难再被分割的事实。

日本是典型的边缘国家，在地理和文化上都是如此。在地理上是欧亚大陆和太平洋的边缘。地理位置决定了日本的文化边缘地位。它原来是中国文化的边缘，现在是西方文化的边缘。日本位于边缘位置的原因是它愿意把外来文化作为主流文化。这个说法不否认日本很好地保留了本土文化。在保护本土文化方面，日本做得比中国好得多。甚至可以说，东亚古代文明的根现在在日本。这个事实表明，在全面接受西方文化的时候，如果没有毁灭本土文化的强硬政治决心，本土文化、乡土文化完全可以生存下去，枝繁叶茂。

岛国的地理位置是日本的优势，也是日本不可弥补的劣势。日本不可能保持英国式的“光辉孤立”，因为美国不允许。日本也不可能成功地玩弄英国式的均势，因为东亚大陆没有太多的空隙供它上下其手。况且日本也不是玩弄均势的高手。中国统一而又繁荣的时候，欧亚大陆东端只有一个大的国家，几乎是铁板一块，无隙可乘。分裂的朝鲜半岛不能成为一支独立的力量，也不可能倒向日本，因为日本不能得到半岛南北的信任。因此，在东亚大陆上不存在均势——这是一个基本事实。日本只是美国维持东亚不平衡“均势”的一个棋子。孤立的日本只能依附某个大国。在可预见的未来，日本仍将是美国的附庸。

挥之不去的上岸情结

日本是一个多地震、缺乏资源的岛国，那里的人们有强烈的危机感。岛屿不能带给他们安全感。在过去 200 多年，英国对欧洲大陆的事务一向冷眼旁观，保持它的离岸平衡手的地位，直到大陆上的均势可能被打破。日本不同于英国。只要具有一定实力，它总想登陆，有很强的“上岸情结”。一个在地理上处在亚洲边缘的岛国，如果想主导亚洲大陆的事务，而不是起离岸平衡手的作用，只能像美国那样建立众多的军事基地，与众多国家结成军事同盟。在目前，日本不具备这样的经济和军事实力，也不会得到美国的批准。

岛国是孤立的，而大陆国家拥挤在一起，会产生很多争执。当大陆上的纷争闹得不可开交的时候，常常需要外部力量来解决。强大的岛国扮演离岸平衡手的角色，以保持大陆的均势，也为自己带来安全。但岛国直接入侵大陆往往会遭遇失败。比如，1453年英法“百年战争”结束后，法国统一，英军退出法国（暂不包括法国于1558年收复的加莱港）。此后，英国对欧洲大陆不再有领土要求（1704年占领至今的直布罗陀是个例外）。日本在1945年战败，几乎丧失了1895—1945半个世纪的全部侵略成果。美国在朝鲜和越南也都没有获胜，在越南没有站稳。

日本一直有强烈的“上岸”冲动。朝鲜半岛是它登陆的第一站、通向中国的跳板。日本向朝鲜半岛的扩张始于公元4世纪末。那时，它在半岛南部建立了殖民地，支持百济对抗新罗。唐朝时，新罗是唐朝的盟友。唐高宗龙朔三年（663年），唐朝海军和日本海军在半岛西南的锦江（白江）口开战。唐检校带方州刺史刘仁轨“遇倭人白江口，四战皆克，焚四百艘，海水为丹”。[1] 这次战败后，日本开始向大唐学习，开启了中国官方媒体和教科书中歌颂的中日友好史。日本至今仍然保留了许多唐朝文化的特点。

这是中日两国第一次交战。此后900多年，日本不敢北上登陆。直到丰臣秀吉（1536—1598）统一日本，日本才又一次向大陆扩张。明朝末年（1592—1598），中、日两国的军队再次在朝鲜半岛交战。这场战争是万历皇帝晚期的“三大征”之一。那时，明朝已经不可挽回地衰败了。按照中国王朝的兴衰周期，它也到了彻底衰败的时候。国内当然已经动荡不安；在边境，努尔哈赤正在东北积聚力量。但明军仍然有一定的战斗力。实际上，进入朝鲜半岛的明军是一支多国部队，不仅有大量的朝鲜士兵，还有来自暹罗和琉球的军人。盟军的人数（7.5万）大约只有日军的一半。他们阻挡了日军向中国方向的推进。[2]

丰臣秀吉被认为是日本“大陆政策”的鼻祖。他明确提出先占领朝鲜半岛，进而侵占中国的战略。他的想法成为日本的战略文化遗产。从

[1] 《新唐书·列传·刘仁轨》，4083页。“带方州”，在今平壤以南，汉时称带方郡。

[2] 中国正统史学界一般认为日本两战皆输。黄仁宇认为两场战争（1592—1593，1597—1598）实为一场，中间隔了一个奇特的议和期。那时，明朝已到了末年，非常腐败，无力获胜，当它再次准备议和时，丰臣秀吉病死，战争不了了之。见《剑桥中国明代史》第九章“龙庆和万历时期”，614—621页。

19 世纪末到 1945 年，日本一直试图完成这个古老的方案。在欧洲，拿破仑和希特勒都试图通过“封锁”政策，压迫岛国英国屈服，但都没有成功。在日本，丰臣秀吉的政策路径截然相反，从岛国向大陆进攻。在二战期间，日本形成了一个从朝鲜半岛到中南半岛的封锁线，来封锁中国。岛国长期占领大陆国家是一个艰巨的任务。虽然当时的中国贫穷和腐败，但日本仍没有足够的资源来完成这个任务。

19 世纪末是西方帝国殖民扩张的最后时代。日本从明治维新之初就走上了军事扩张之路，首先在太平洋，1875 年，日本占领琉球群岛和千岛群岛，1876 年，占领位于日本东南 1300 多公里处的小笠原群岛。然后，日本在 19 世纪末提出“大陆政策”，把炮口转向亚洲大陆。1894 年，中日打了第三次战争。中国在甲午战争中惨败，此后备受日本的侵略和压迫，直到 1945 年日本战败为止。这段历史为大多数受过中等以上教育的中国人所熟知，不必细说。所以，第三场战争持续的时间最长久，对中国的危害最大。

在唐、明、清三朝，中国和日本在朝鲜半岛打了三场战争，前后跨度 1300 多年。这三场战争有几个共同特点：（1）日本都想以朝鲜半岛为登陆跳板，进而攻击中国；（2）日本都利用了半岛上的内乱作为出兵的理由，中国都是被动应战；（3）双方同时展开海战和陆战，这种作战方式在中国战争史上并不多见。又，日本发动三场战争的时机都很类似：在剧烈的社会变动之后，日本开始走向强大。第一场战争是在大化改新（645 年）之后，日本学习唐朝的典章文物，仿照建立了一整套律令和官僚制度，国势初盛。第二场战争是在日本首次统一之后，实施自由贸易，崇尚武士文化，国势再盛。第三场战争是在明治维新之后，日本学习西方的文化技术，建立了现代工业和军队，国势三盛。可以说，日本强大后必定会向大陆扩张。只有第三次大陆没有力量反击日本，遂酿成大患。

三场战争的结果不同。第一场以中国的绝对优势获胜，此后是长期和平。第二场是双方互有胜负，最后不了了之。第三场以日本的绝对优势获胜，中国本土岌岌可危。三场战争反应了两国力量的消长。有这三场战争为先例，中国必然会在 1950 年再次出兵朝鲜半岛，与世界上最强大的国家集团对抗。那时，中国刚刚结束半个多世纪的内战和抗战，民不聊生，没有任何理由和任何一个国家打仗，但中国仍毅然派兵跨过了鸭绿江。这个决定是否明智，是否建立在对敌人充分了解的基础上，今天有很多争论。但仅仅从历史的角度看，中国无法回避这场战争，即使是在国家极其贫穷的时候。其实，国家越是贫穷，就越不能回避。一个强大的国家选择余地更大，可以决定在什么时候、什么地方反击，或者是否反击。而贫弱的国家只能在最初的时候就做出决定，否则一切就会太晚了。

易走极端的国家

因为缺乏战略，日本的政策容易被事件拖着走，或被极端分子制造的事件拖着走。这种情形和中国相反。中国一般不缺少战略眼光，但往往被强大的惰性拖住，不能下决心做出选择，敏于思考而惰于行动。每到朝代末期，朝廷就会失去弹性，应变能力变得很差。清末是一个例证。同样受到西方的冲击，日本很快做出反应，开始明治维新，走上了强国之路。清朝却陷入了“体用”的形而上学之争，错失良机，成为日本扩张的首要目标。

明治维新是成功的极端：急剧、彻底地抛弃传统。虽然这次极端的行为非常成功，但也很快表现出它灾难性的一面：侵略，而且是不顾实力、缺少战略的侵略。军国主义者坚信，“精神性”可以弥补实力的不足。在一定程度上，他们做到了。日本军人的坚韧、无畏和残忍，给对手和平民带来了极大的牺牲。但是这种弥补远远不够，既不能缩小它和美国的工业差距，更不能屈服邻国的抵抗的意志。最终，日本仍没有逃脱战败的命运。

武士道是战败前日本军队的精神支柱，有很大的激进与不服从因素。日本军队的跋扈不仅在中国，也在日本本土表现出来。1930 年 4 月，日本签署了伦敦海军裁军条约。日本右翼反对该条约，当年 11 月，刺客开枪打死了首相滨口雄幸。这次暗杀和军队没有直接关系，却是出于军事的原因。1932 年 5 月，海军军官在官邸谋杀了首相犬养毅。陆海军的另一伙军官发动恐怖袭击，向政友会（犬养毅的政治派别）总部、日本银行、警视厅和内大臣官邸投放炸弹，要求废除伦敦海军条约。实际上，犬养毅是反对这个条约的。1936 年 2 月 26 日，22 名陆军下级军官率领 1400 多名士官和士兵发起叛乱。叛军攻占了陆军省和警视厅，杀害了内大臣、财政大臣、新教育总监。首相冈田启介仅以身免，他的秘书却被杀害了。

战后，日本的文官政府一直有效地控制着军队。但右翼的政治暗杀行为并没有终止。1960 年，社会党委员长浅沼稻次郎被右翼分子刺杀。著名作家三岛由纪夫鼓动军队发动 1930 年代那样的叛乱，然后切腹自杀。1978 年，靖国神社开始秘密供奉二战甲级战犯的灵位。

如今，在进入发达国家的圈子以后，日本丧失了前进的目标。有论者指出，日本民族可能在两种情况下走向极端：其一是国民丧失了共同目标，其二是在寻找新的共同目标的时候方向出现偏差。埃兹拉蒂在 2000 年写到：

> 像目前这样的过渡期对日本文化来说要比对其他民族的文化更具扰乱作用。当日本人缺乏作为团体行动基础的国民目标时，他们可能变得近乎绝望。在这种时候，他们迫不及待地寻找新的行动计划，就可能导致不幸的甚至自我毁灭的转折，就如同在 20 世纪 30 年代日本选择军国主义道路时那样。[1]

在这本书中，埃兹拉蒂多次做出类似的评论。他还说过：

> 当旧的模式失灵，日本人失去了他们所亟需的共同事业感，他们为了重新获得那种自己所珍视的感受，哪怕那种新的模式丧失理智或具有毁灭性，他们都可能迫不及待地抓住当时最有吸引力的事业不放。因为日本文化中极少有人能够独立于团体之外来反对团体的指导，所以，一

〔1〕 米尔顿·埃兹拉蒂：《变——日本变局将如何改变世界均势》，235－236 页，新华出版社，2003 年。

旦人们转向新的事业，就可能走向极端。

日本的历史说明，当围绕某一积极的事业形成共识时，日本文化的天赋就使日本能够实现伟大的目标。但日本历史也暴露了一些日本文化由于丧失了共同目标而迫使它丧心病狂地寻找解决办法时，它就会走向极端并导致自己的毁灭。[1]

日本现在失去了目标，还没有找到新的目标。这是一段危险的时期，而且将持续数十年。

2005年，在教科书和领土问题上，日本和中国、韩国、朝鲜、俄国都发生了纠纷。这时，日本正在谋求联合国安理会常任理事国的位置，还想把朝鲜拉回到有关核武器的六方会谈中，它的经济复苏也需要扩大出口——特别是对中国的出口。这些努力都需要别国的支持。但是，日本因为自己的言行在东亚陷入孤立。4月，在北京、上海等大城市，发生了群众游行，示威者抗议日本篡改历史，并号召抵制日货。美国也不信任日本，它对日本"入常"的支持是虚晃一枪。美国需要维持日本的附庸国地位。日本是世界上第二大经济体，又扼守在欧亚大陆东部之外，这个附庸国是极为珍贵的。美国把它的战略重心从欧洲转向东亚，不仅仅是为了压制中国，也有牵制日本的意思。日本修改教科书不符合美国的利益。日本否定它的战争暴行，批判东京审判，美国用原子弹轰炸日本就失去了道义根据。中日之争，最大的受益者是美国。中日都不可能从争执中获益，但日本受到的损失更多。在民众高涨的反日情绪中，中国政府的政策选择必然受到限制。日本民主党前代表鸠山由纪夫批评时任首相小泉纯一郎。鸠山说：

小泉外交的困境，源于他不以长期战略而凭一时高兴来对待外交。我认为，小泉首相最缺乏的就是仁爱，这给日本外交造成了很大损失。[2]

---

〔1〕《变——日本变局将如何改变世界均势》，252—253页。

〔2〕日本《每日新闻》晚版，2005年4月4日，转引自4月7日《参考消息》。

日本是一个民主国家，作为反对党，民主党一直在批评执政的自民党。即使在一个成熟的民主政体中，党派之间的攻讦也不总是公正的。但是，以上对小泉的批评却是可以从日本的历史中得到证明。小泉所缺乏的“仁爱”，是日本从中国学习儒学过程中丢失的重要内容，非小泉一人之过。哲学史表明，中日儒学的一个重要差别在“仁”之有无。缺少仁爱之心，这可能是日本易走极端的一个原因。其次则是通常所说的岛民心态。

在文化方面，日本入侵中国还源于强烈的“弑父情结”。日本以弑“父”这一行为，来达到大和民族的文化转向，从东方转向西方。中国是日本的文化之源和长期的模仿对象。但是到了19世纪中期，日本发现中国已经完全落后了，中国人被视为“低等民族”。在日本人的潜意识中，彻底打败中国就能了断过去的缘分，转而模仿西方，完成“脱亚入欧”。在日本帝国的等级制度中，为中国安排一个低的位置，日本就能够从过去的模仿者变成领导者，成为东亚的霸主。日本占领了东亚，西方国家被当作下一个“弑父”的对象。因为只有如此，日本才会认为自己进入了更高的文化等级。

每一个后发工业国都面临如何对待“西化”的问题。不仅日本如此，俄国、中国都面临同样的问题，并造成社会分裂。甚至在欧洲，今天也要应对全球化（或美国化）的挑战。但是，只有日本才成功地做到了激进地否定传统，其范围之广，程度之深，应当超过了彼得大帝（1682－1721在位）时期的俄国。从福泽谕吉到白鸟库吉，日本的一流学者多有提倡“脱亚”者。具有讽刺意味的是，倒是日本这个激进的向西方学习者，现在保留了更多的东方传统。而中国经历了19世纪后半叶的“体用”之争，屡遭入侵，在不到100年的时间里，几乎把自己的文化传统毁灭殆尽。似乎中国更擅长以渐进的手段，完成激进的目的。东亚文化之“父”能否涅槃再生，目前仍是一个很大的疑问。如果中国传统文化不能复活，东亚的古老文明将难以为继。

日本仍在“脱亚入欧”和“脱欧返亚”之间徘徊，似乎成了弃儿。[1] 这说明在不太成功的弑“父”尝试之后，日本仍然没有成年，没

〔1〕 当然，日本有保存很好的本土文化，完全可以作为立国之本。

有找到归宿。日本能否成功地“脱欧返亚”，在一定程度上取决于中国的现代化进程。中日之争的深层原因是地区领导权。现在，日本在政治、经济、文化、技术等诸多方面都领先于中国，它无法接受跟随中国。一旦中国在这些领域取得和日本同样的成就，日本就别无选择。它无力摆脱地理和传统的制约。

无论中国人是否愿意承认，日本都是中国目前最发达、最强大的邻国，实力在中国之上。中国人必须认真研究和对待这个国家，不可意气用事。如果有可能，应该像对待其他国家一样维持双边友好关系。但是，日本将可能成为一个威胁。在美国的支持下，日本正在重新武装，军队再次走向海外，并建立军事基地。此举必将改变东亚的地缘政治格局，中国将受到更大牵制。布热津斯基清楚地看到了这个前景。他在2007年说：

> 几乎可以断定，日本在不久的将来将放弃和平主义立场……如此，则日本必然会成为一个举足轻重的军事强国。〔1〕

日本在军事上是美国的跟班，它或者继续作为美国在东亚军事存在的一部分，或者逐渐获得独立。布热津斯基认为，这两种前景都对中国构成严重威胁。他提议，应该让日本在扩大了的北约中扮演一个特殊的角色，把日本纳入北约的安全框架内。同时，他要求美国促进中日妥协，以减少中日对抗的风险。布热津斯基认为，也不太可能出现以下情况：“中日妥协将导致日本被一个由中国实际主导该大陆、美国逐渐被排斥的东亚共同体概念所吸引。”〔2〕不过，2007年春，历史学家入江昭在芝加哥家中接受采访时说，日本的未来就在中国主导的东亚。所以，日本未来地位未定，而不确定中可能潜伏着危险。

如果有必要，和平主义占上风的日本将会毫不犹豫地诉诸武力。对于这一点，东亚人比西方人少了许多美好幻想。1965年初，日本首相佐

---

〔1〕兹比格纽·布热津斯基：《第二次机遇》，169页，上海人民出版社，2008年。原著于2007年首版。

〔2〕《第二次机遇》，169页。

藤荣作上任后第一次访美，先会见美国总统约翰逊，要求美国提供核保护伞，得到约翰逊的承诺。次日，1月13日，佐藤会见美国国防部长罗伯特·麦克纳马拉。他提出，如果日本与中国爆发战争，美国应该从海上对中国发动核打击，"从海上的话或许可以立刻使用"。佐藤在1964—1972年担任日本首相，任期之长为日本罕见，可见其政治地位之巩固。他于1968年提出的"无核三原则"（不制造、不拥有核武器、也不允许核武器进入日本领土）成为日本核政策的指导原则。但美国可以将载核舰只停靠在日本港口。佐藤认为，如果美国从海上（日本领海）对中国发起核攻击，就会不违反三原则。[1] 佐藤的公众形象是一个强烈的反核者。在他任内，日本于1971年加入了《不扩散核武器条约》。他本人在1974年获诺贝尔和平奖。反核者、和平爱好者佐藤荣作，实际上是一个狂热的核战争贩子。在一个民主国家，政治领导人的价值选择在言行之间有如此极端的反差，极其罕见，因此特别值得世人警醒。

在佐藤访美之前不到3个月，中国于1964年10月16日进行了第一次核试验，可能加深了佐藤对中国的担忧和不信任。但是，佐藤要求美国对中国的常规武器进攻也要尽早报复以核打击。那时的中国既没有力量对日本发起核攻击，更没有力量发动跨海的常规进攻。在21世纪，如果有日本首相鼓动美国对朝鲜实施核打击，也应该是情理之中的事情。2008年10月，日本航空幕僚长（空军参谋长）田母神俊雄发表文章《日本曾是侵略国家吗?》，否认日本对朝鲜、中国、美国的战争是侵略。他因此被解职。同年12月23日，在熊本县的演讲中，田母神声称，自卫队99%的军官都会支持他的观点，并提出要"与美国商谈给予日本核弹发射权事宜"。这就是世界上唯一遭受核打击、表面上最反对核武器的国家。其实，"热爱和平"、"反对核武"是它的趋同文化、掩饰文化要求国民在战败后必须这样做。"爱好"、"反对"不是出自独立人格和良心呼唤，因此根基很浅，如同时尚潮流一般，很容易风飘云散。从日本大众对待侵略和大屠杀的态度就可以看出来，他们没有痛彻入骨的反省，没有排斥暴行。一旦局势有变，日本政坛出现一位强势人

---

〔1〕 以上内容出自日本外务省的常规解密文件。美联社2008年12月21日电，共同社12月22日电。转引自《参考消息》2008年12月23日。

物或一位煽动家，大概不难一呼百应，改变日本国民目前对和平的爱好。

如果日本不能获得邻国的谅解，它就难以在本地区发挥与它实力相应的作用。如果不能首先成为一个地区大国，日本就不可能成为它希望的世界大国。如果不能纳入东亚，而美国又将减少在东亚的军事存在，那么，重新军事化、获得核武器是日本成为大国的唯一出路。在这个过程中，日本可能会寻求打败中国。日本人的性格是极端的，并且常常从一个极端摆向另一个极端。外人很难了解摆动会在什么时候开始。本尼迪克特描述：

> 日本人生性极其好斗而又非常温和；黩武而又爱美；倨傲自尊而又彬彬有礼，顽梗不化而又柔弱善变；驯服而又不愿受人摆布；忠贞而又易于叛变，勇敢而又怯懦；保守而又十分欢迎新的生活方式。[1]

从 19 世纪末到 20 世纪上半叶，东亚饱受日本穷兵黩武之害；在 20 世纪后半叶，我们看到了一个恪守和平宪法的日本。在 21 世纪，日本将重新摆向另一个极端吗？也许。已经出现了一些迹象，尽管还不是显著的迹象。在一定程度上脱离和平宪法可能是日本成为“正常国家”的必要步骤。但我们不知道日本是否将在适当的位置停下来，不知道它是否有能力让自己在到达极端之前停下来，真正成为一个“正常国家”。日本的历史证明它经常走向极端。民族主义正在日本兴起，我们必须对此保持足够警惕。马修斯说：

> 过去几年，美国把重点几乎完全集中在阿富汗、伊拉克和反恐战争上。这时，另一个可怕的挑战——崛起的民族主义——已经在美国最密切的盟国之一扎下根来。这个新情况可能产生骇人的结果，即，兴起一个军事化的、咄咄逼人的、拥有核武器的日本，这对它的邻国将是一场噩梦。[2]

---

〔1〕 鲁斯・本尼迪克特：《菊与刀》，2 页，商务印书馆，1994 年。
〔2〕《日本的新民族主义》，尤金・A・马修斯，《外交》2003 年 11/12 双月刊。

因为存在着极端主义者和民族主义者，如果日本真的重新转向军国主义，中国即使足够强大，也未必能够阻止日本冒险。看一看二战史就知道了。那时，美国对日本有极大的优势，日本的决策者也很了解这一点，但仍然决定冒险开战，以偷袭开始了战争，企图一举毕其功。2002年2月，美国总统乔治·布什对日本国会发表演讲。他提到美国将在两岸冲突中协防台湾。日本议员热烈鼓掌，表现出日本政治界精英的反华情绪在上升。

公开的"反华情绪"日益成为日本政客中的主流。日本领导人正更加可能支持台湾，参拜靖国神社，呼吁采取更强硬的对华政策，包括进一步削减援助。[1]

新一代的日本人忘记了二战和暴行。日本政界的"反华情绪"有增无减，与中国大众的"反日情绪"遥相呼应，彼此促进。据报道，日本一位防务政策高级官员说："在日本，我们应该与中国对抗的情绪逐渐高涨。"[2] 在2004年底颁布的日本5年《防卫计划大纲》中，中国和朝鲜被指为潜在的威胁，这是日本首次明确指出威胁的来源，向中国和朝鲜发出了非常强硬的信号。不过，在另一方面，虽然预想了和中国的对抗，日本的军费开支却在减少。从2005年起的5年中，军费开支将下降到2330亿美元，比此前5年的平均开支下降3.7%。这反映了日本的预算紧张，也反应日本在军事上对美国的严重依赖。

美国通过改革战败国的政治制度，化敌为友，由此长期控制着战败国。1951年，两国签订了第一个《日美安保条约》。从那时起，日本不再是一个正常的战败国，而是在军事、外交等方面受美国控制的盟友。这种关系随两国实力差距的缩小而有改变。在911之前，美国已经在考虑把日本推向东亚政治的前台。在今后某个时期，这个议题还会重新提出。日本参加朝鲜核问题的六方会谈是一个突破。制约日本重新军事化

[1] 《中国和日本：友谊的幌子》，本杰明·塞尔夫，《华盛顿季刊》2002—03冬季号。
[2] 英国《金融时报》2004年12月11日。

的两大阻碍，国内的和平主义情绪和美国的迟疑态度，都在消退中。日本国内对向海外派兵的支持率已经接近50%，日本为美国在阿富汗、伊拉克的战争提供后勤支持，并加入了在伊拉克的占领军。美国多年来一直敦促日本承担更多的防卫责任，以此作为对中国的制约。

日本已经把“周边有事”扩展到美国受到攻击，实际上走上了行使“集体自卫权”的道路。在未来的冲突中，日本已经在法律上保证了与美国一起作战，而不是仅仅提供后勤支援。在美国减少在东亚的军事存在之前，日本一定会再武装。中日彼此猜疑很深，有可能出现军备竞赛。美军驻扎在日本可以推迟中日的军备竞赛。鉴于目前日本的经济和科技实力都高于中国，因此这个推迟对中国是有利的。

俄国仍是一个虚弱的国家，它的最大资本就是核武器和能源，它会利用这些资本来维持国家地位。绕开中国的纳－霍输油管道就是一例。日、俄已经开始接近，为100多年来所罕见。在过去一个多世纪中，俄日关系大多数时候都处在紧张甚至敌对状态。在第二次世界大战将要结束的时候，苏联废除了与日本的中立条约，捅了日本“背后一刀”，并占领了北海道以北的四个岛。因为“北方领土”的争端，两国没有签署和平条约以结束战争状态。在冷战期间，日本是美国的伙伴，完全站在美国一边。日本世界第一的扫雷和反潜作战能力，是为配合美国封锁苏联太平洋海岸而发展起来的，现在仍然有用。

有史以来，东亚第一次同时出现了一个强大的中国和一个强大的日本。两强并存，又彼此猜疑，对抗难以避免。对抗难以避免的另一原因，如前所述，几百年来，日本一直把中国作为对手。现在，日本从中国的崛起中感到了威胁。即使不采取强硬的对外政策，一个国家实力增强也会对邻国构成威胁，因为它改变了均势，也就是改变了原有的利益和安全格局。均势的调整就是利益的再分配，有得之者就有失之者。失之者必不甘心。

缺少战略传统的日本

日本是一个缺乏战略传统的国家。这一事实为许多研究日本的学者所接受，也在一定程度上为日本政界的一些人士所承认。在中国，李宗仁是较早指出这一点的人之一。他与侵华日军打了多年的仗。他总结道，从明治维新起，日本就在基本国策上犯了致命错误：

> 日本侵华战争的基本错误便是“企图征服中国”，本身便是一个不可补救的错误。日本自明治维新以后，侵华一直是它的基本国策。此种国策的奠定，可能有两种因素：（一）是受西方帝国主义的影响。日本目击西方列强由于侵略小民族而致富强，所以它要踵起效尤。（二）是日本对中国的错觉。日本人一向把中国看成一个无可救药的古老国家，他们认为中国传统是重文轻武，是教育落后，统治者用愚民政策，以愚黔首，以致长期贫弱，不可与西化了的日本抗衡；再者，中国被国内的少数民族征服已不止一次，往者有蒙古，近者有满洲。满、蒙二族尚且统治中国，况日本乎？[1]

李宗仁的这个评论是一针见血的。他提出了日本侵华的两大原因，对于日本来说，这两个因素是一对矛盾。日本本来接受的是中国文明，后来在美国的炮击之下，转而学习西方文明。在明治维新成功之后，就用它后来习得的文明果实进攻它早期文明的母体。除了地缘政治的追求外，当时日本入侵中国，还有两种文明没有调和的因素。因此，日本不可避免地患上了文明的“精神分裂症”，结果在中西文明的联合打击之下遭到惨败。至今，日本仍在“脱亚入欧”和“脱欧返亚”之间摇摆，这是文明的精神分裂症仍然存在的症状之一。此病症表明，至少在东亚

〔1〕《李宗仁回忆录》（下），615页，李宗仁口述，唐德刚撰写，广西人民出版社，1980年。

地区，日本还不具备文明或文化的号召力。

中国能被北方游牧的少数民族征服，却不可能被日本征服，首先是因为时代不同了。早期的时候，中国自成一个世界，征服了中国就是征服了世界，不再可能有外界的干涉。而到了日本侵华时期，中国只是世界的一小部分，而且是贫弱的一部分。许多强国在中国都有利益，其中包括比日本强大得多的美国。螳螂捕蝉，黄雀在后。它们不可能袖手旁观，让日本在远东坐大。另外，古代中国人一般并不太关心哪里的人来当皇帝。而20世纪是民族主义盛行的时代，一个民族统治另一个民族，如果没有历史渊源，是一件代价极为昂贵的事情，很难持久。日本大大低估了中国人的抵抗意志，以至打了胜仗，占领了领土，却难以进行有效的统治。这些都是日本战略上的失误。李宗仁接着写道：

> 但是日本究系岛国，民族眼光短浅，胸襟狭隘，政治、军事领袖皆有志大才疏之弊，徒有成吉思汗的野心，而无成吉思汗的才能和魄力。[1]

李宗仁所说的“志大才疏”，专指制定战略的领袖。在战术上，他承认日本将官“一丝不乱”、“令人生敬生畏”。作为战地指挥官，李宗仁对此深有体会。虽然如此，他认为日本的战术优点是“小瑜不足以掩大瑕”。在回忆录中，李宗仁站在日本的立场，替他们设想了另一场侵华战争。他认为，那样的结果将对日本有利得多。但日本的战争没有战略。

战术失败有时会挽救战略失误。例如，在1930年代，日本关东军试探进攻苏联，和苏联远东部队时有小规模的冲突。1939年9月，在外蒙古与内蒙古交界的诺门坎，苏军在朱可夫少将的指挥下，迎战比他们人数略多的关东军（双方都不足6万人）。岛国的日军在装备、战术上都远落后于陆地大国苏联的军队。在得到空中火力支援的苏联机械化部队的打击下，一个师团、近两万日军被消灭。1941年4月13日，按照苏联提出的条件，苏、日在莫斯科签署了为期5年的中立条约。这时距

〔1〕《李宗仁回忆录》（下），616页。

德国入侵苏联只有两个多月。

中立条约到底在多大程度上使苏联避免了两线作战，还是个疑问。在苏德战争爆发之前，日本就得到了德国将要入侵苏联的情报，并立即开始制定新的作战计划，准备和德国一起夹击苏联。赞同进攻苏联的人，不仅有陆军将领，还有外相松冈洋右——他刚刚在莫斯科与苏联签订了中立条约。日本计划在 1941 年 9 月初对苏联发动进攻，但最终没有实行这个计划。诺门坎一战显示了两国陆军的巨大差距，使得日本对苏联心存顾虑。况且，日本也不想帮助它的盟友德国。苏联同样没有打算遵守中立条约。1945 年 8 月 8 日，苏联宣布废除该条约，对日宣战，很快就出兵中国东北。日本关东军几乎不堪一击。

日本没有进攻苏联，因为它似乎找到了一个更好的目标，转而南下东南亚，提出建立“大东亚共荣圈”。日本决心去挑战另一个强国美国。日、美之间的战略冲突激化。为了弥补自己在军事、工业和资源方面的巨大劣势，1941 年 12 月 8 日，日本偷袭珍珠港，想先下手为强，消灭美国有生力量，迫使美国讲和。这是一个灾难性的战略错误。当时，美国在太平洋的海军力量弱于日本。但是两国工业的巨大差距是无法弥补的。[1] 虽然美国把作战重点放在大西洋，但仅在半年之间，太平洋海战就出现了不利于日本的逆转。

优秀的军事指挥官可以弥补国家战略的不足，同时也会加深战略欠缺带来的灾难，因为他们的能力可以使有缺陷的“战略”走得更远。对日本来说，偷袭珍珠港是一场出色的战役。如果日本偷袭失败，美国人一定会很满意，不再过多追究。日本也许不会失去整个战争，至少不会遭受原子弹轰炸，可能还会保留在此前半个世纪获得的某些侵略成果。

---

〔1〕 在 1941 年夏天美国对日本实施全面贸易禁运之前，日本 80%的石油进口依靠美国，参见《剑桥插图战争史》，300 页。1937 年，美国的机动车产量是日本的 481 倍。1940 年，美国的钢产量是日本的 8.9 倍，电力是 19.8 倍。从 1941 到 1944 年，美国的军火生产增加了 9.1 倍，日本只增加了 3.1 倍（见《战略缔造》，474－477 页）。日本的工业基础不仅比美国差很多，也比它原来要攻击的苏联差很多。例如，1937 年日本的机动车产量只有苏联的 1/20。至少同样重要的是，美国是一个资源大国，而日本的战略资源都依赖进口。1940 年，美国在日本的进口中占有 36%的份额。其中，石油为总进口的 3/4（或 75%，与上引《剑桥插图战争史》的数字略有出入），铁为 80%，棉花 35%，机械 2/3，铜占 90%（大江志乃夫：《统帅权》，日本评论社，1983 年，转引自《真相》278 页）。由此可见，没有来自美国的物资，日本根本不可能维持战争。

李宗仁对日本决策者“志大才疏”的批评在一些学者那里得到了印证。他们通过研究得出了相似的结论。赫伯特·比克斯揭示，裕仁天皇对日本发动战争负有直接的、重大的责任，虽然他逃脱了惩罚，却是第一号战犯。在多年爬梳整理第一手资料后，比克斯把战争的责任归给裕仁天皇。他发现裕仁有一个“根深蒂固的习惯，即，往往只追求程序或战术细节，有时却忽略了重大的问题，对于最高统帅来说，这是一个危险的习惯”。[1]

在二战后期，受美国政府委派，人类学家鲁思·本尼迪克特研究日本，帮助美国了解敌人的性格，制定对日政策。她的《菊与刀》受到广泛推崇。她从“孝”的角度分析说：

> 日本的孝道和中国的不一样，其范围不包括几百年前的祖先世系，也不包括所衍生的庞大宗族……日本所重视的孝道对象，只限于（现存后代）记忆中的祖先；他们注重的是现时现地。许多专著都论述到，日本人缺乏抽象思辨和构想非现实形象的兴趣。与中国相比，日本人的孝道观恰好印证了这种论点。他们这种观点的最大、最重要的现实意义就在于，孝道义务限于现存者之间。[2]

如果战略眼光只盯在当前的现实，就不可能投射很远。没有战略，国家就没有目标。在快速变化的、动荡的时代，没有目标的国家是危险的。国家不应该永远摸着石头过河。

本尼迪克特说的“许多专著”，应该包括日本人自己的著作。思想家中江兆民在《一年有余》（1901 年）中写道：日本“至今没有哲学”。“没有哲学的人民，不论做什么事情，都没有深沉和远大的抱负，而不免流于浅薄；没有独创的哲学就降低一个国家的品格和地位。”《一年有余》畅销了 20 多万册，“没有哲学”的命题在当时的日本引起很大争论。“哲学”[3] 是一个新概念，同时，日本还没有走出因西方文化冲击

---

〔1〕 赫伯特·比克斯：《真相：裕仁天皇与侵华战争》，304 页，新华出版社，2004 年。

〔2〕《菊与刀》，85—86 页。

〔3〕 西周（1829—1897）首先把 philosophy 翻译为“哲学”，中国也沿用了他的翻译。

所产生的自卑。因此，中江的话未免有些偏激。诋毁传统的强劲潮流很快抵达中国，似乎非除旧不能布新。1911年，西田几多郎发表《善的研究》，试图把佛教哲学和西方哲学联系起来。日本学界通常把这一年当作本土哲学的肇始之年。西田的方法是在两个不同哲学传统之间做加减法，他似乎不能在一个源流中创新。儒、释、道等思想传入日本之后，日本学者更侧重发展其世俗作用，而不是抽象思维。这种不足阻碍战略文化的形成，很难在短期内弥补。

虽然不能确定西田是一个极端民族主义者，不幸的是，在1920年代之后，他的哲学被当作日本军事扩张的理论依据。同时，德国历史哲学中受到纳粹赞赏的部分也被介绍到日本。一般说来，极端专制国家很难产生理论创新，专制者却一定会利用前人或他人的成果来为自己服务。西田的理论有浓重的形而上学。他的书发行量很大，但还不足于动摇日本人的思维定式。只有武士道而缺少抽象思维能力，正合“有勇无谋”一词。国家战略属于“抽象思辨”的范畴，以对历史教训和未来趋势及目标的把握为特征。如果目光只限于“现时现地”和“现存者”，那就既不能善待历史，不能展望未来，也不能理解其他人民。这是日本漠视它对邻国所犯罪行的深层原因，不利于日本拓展战略空间。

日本缺乏战略，从制度层面上说，是因为没有能够制定战略的政治家。一位经济学家说：

在日本人中，可以说找不到合乎条件的政治家，那些被认为是政治家者不外乎围绕政治活动应付日常事务的政客之流，战前的日本可以勉强地充作政治家的是一些辅佐天皇政治的政治技术员。因为他们在政治活动中的决策意识来自天皇。……现在许多国家认为日本的政治家不足以称为政治家，这种评价已经形成共识。[1]

在1980年代，日本经济如日中天，美国深感威胁。因此，美国对日本的研究进入了一个新的阶段，出现了关于对日关系的激烈辩论。那一段时间美国表现出的绝望和痛苦，超过了美国今天对中国的警惕。虽

〔1〕 森岛通夫：《透视日本：兴与衰的怪圈》，245—246页，中国财政经济出版社，2000年。

然那时苏联还没有解体，但日本更让美国人担心他们的霸主地位。这场辩论产生了一批从新角度审视日本的著作，它们的作者被称为日本学的"修正主义者"。美国人发现，在战后经他们一手塑造的日本政体，和他们想象的大不相同。卡尔·凡·沃尔福兰有言："（日本）通产省、大藏省、日本民主、日本'私营部门'都是与这些标签向美国人所显示的完全不同的制度。"[1] 沃尔福兰是长期生活在日本的荷兰人。他把日本称为"a stateless nation"——无国家的民族。[2] 沃尔福兰并不是说，日本人是一个失去了故国的民族，像以色列复国之前的犹太人。State 指政体。他是说，"没有个人或集团得到授权，可以做出对日本所有机构都有约束力的决定，形成全国努力的一部分"。[3] 沃尔福兰是较早提出日本欠缺国家战略的学者之一，也是很有影响的研究日本的学者。中曾根康弘接受了他的观点，在自己的书中开宗明义地写道：

> 日本是传统上就不善于制定国家战略的国家，现在仍然如此。[4]

由于缺乏战略，日本总是在不断重复为应付局面所采取的临时性政策。这导致了它的战败。中曾根说：

> 关于大东亚战争后的日本状况，我只能说，日本过分受战败和美国占领政策的影响，缺乏自主性，制定国策时大国依赖性和功利性强。直到今天，日本依然在延续这种状况，国家战略的脆弱性丝毫没有改变……外国批评日本长期缺乏自己的国家战略。[5]

作为日本前首相和实力派政客，中曾根康弘试图在此书中弥补这一缺憾，但似乎并不成功。他仍在就事论事，没有国家战略所应有的历史

---

〔1〕《可调和的分歧?》，卡尔·凡·沃尔福兰，《国家利益》1993 年秋季号。

〔2〕这是他的一本书的副标题。自 1989 年出版以来，《日本权力之谜：无国家民族中的人民和政治》已经成为西方日本学的一本经典著作。

〔3〕《再论日本难题》，沃尔福兰，《外交》1990 秋季号。

〔4〕中曾根康弘：《日本二十一世纪的国家战略》，1 页，海南出版社、三环出版社，2004 年。

〔5〕《日本二十一世纪的国家战略》，3 页。

厚重感和深远目光。在这本书中，中曾根康弘在多处提到他和西方领导人的会谈，但忽略了他在1985年签署的《广场协议》。这个协议导致了日本经济泡沫破裂，陷入10多年不景气。中曾根在逃避不愉快的历史。

按照沃尔福兰的观点，日本国没有真正的中央政府，可以对经济和政治决策承担最终责任。日本的体制是不同等级的集合体，没有一个中心。日本不是一个自由市场的资本主义经济体，它的特点是中央官僚们和企业家的伙伴关系。[1] 在经济起飞之后，这种官商合一的关系必然导致腐败和低效。这个特点不是在战后才形成的。小约瑟夫·奈写到：

> 在德国，虽然希特勒得到了军方和工业巨头的支持，但是他基本上是独断专行的。而在日本，决策层的权力相对分散，政策更多地是通过政治和军事精英的协商而制定的。[2]

这是裕仁天皇逃脱战后惩罚的原因之一。一个人的独裁可以给国家带来灾难，一小群人的专制同样可以是灾难性的。虽说日本“决策层的权力相对分散”，但这个决策层相当封闭，利益取向比较一致，各人的性格也多是从众的。[3] 即使在民主体制下，他们也很容易操纵民意，或忽视民意。日本是一个非常注重权威和一致的国家，民众需要领导者替他们思考、决定，“官意”在很大程度上就代表了民意。在这种制度下，只要有家族背景，能在小集团内获得庇荫，就能打开权力之门，根本就不需要政治家的远见和魄力。

不仅“外国批评日本长期缺乏自己的国家战略”，一些日本学者也深有同感。不过，深刻的反省不一定能产生足够的行动能力。日本《外交论坛》杂志社在2000年举办了一次圆桌会议，主题是“回顾20世纪：现代日本的兴衰周期”。牛尾治朗在会议上批评说：

---

〔1〕《论日本难题》，沃尔福兰，《外交》1986/87冬季号。

〔2〕小约瑟夫·奈：《理解国际冲突：理论和历史》，157页，上海世纪出版集团，2002年。

〔3〕沃尔福兰注意到，“美国有时被半开玩笑地称为日本唯一真正的政治反对党”。见《再论日本难题》，《外交》1990秋季号。由此可见美国对日本国内政治介入之深，影响力之大，同时也可见日本官僚机构倾向于内部达成“共识”。

日本尤其不习惯于大处着眼，所以它的全景观一般都不可靠，甚至战后的日本也还是这样。当要求我们做的所有事情就是通过《日美安保条约》的眼镜看世界时，我们没有犯过错误。但是在冷战之后，每个人都开始用他们自己的方式看世界，独立行动。这对日本来说是一个危险的阶段。[1]

美国并不信任它的这个盟国。《日美安保条约》既是日本的保护伞，也是美国拴住日本、不使它妄动的锁链。即使有这条锁链，日本也面临着“一个危险的阶段”，因为它没有外交政策。战略的缺失增加了走向极端的可能性，而锁链的强度有限。有日本学者指出：

一些观察家认为，第二次世界大战结束以来，日本没有一个可以被恰当地称作外交政策的东西。如果把战后日本外交政策和在异时异地所执行的，比如这样一些领导人，帕默斯顿子爵、奥托·冯·俾斯麦、温斯顿·丘吉尔，或甚至日本自己的陆奥宗光（外相1892—1996）的政策做一个比较，这个评论一点也不令人惊异。[2]

作者把陆奥宗光看做日本外交第一人。当年，陆奥宗光和首相伊藤博文一起，胁迫李鸿章签署了《马关条约》。在天皇拥有绝对权威的日本，处在一位强势首相之下，外相陆奥能有多大的制定政策的空间？《马关条约》是日本近代史上的一个里程碑。这个条约过于贪婪、过于咄咄逼人，导致了俄、德、法三国干涉要求日本归还辽东半岛，日俄因此交恶。从此，日本一步一步地走向战争，先赢后输，在1945年战败后失去了在《马关条约》前后获得的大部分侵略成果。《马关条约》埋下了日本今后过度扩张和失败的种子。有鉴于此，很难说陆奥宗光是一位杰出的外交家。

日本与纳粹德国结盟，是因为它“错误地认为希特勒德国是世界的正统，具有统治世界的军事实力，而没有能制订真正意义上的战略，只

[1] http://www.gaikoforum.com/essay/roundtable01.html.

[2]《日本外交改革：早该进行的政策检讨》，《外交论坛》2002年秋季号。

是在不断重复为应付局面所采取的临时性政策，最终遭到失败”。〔1〕不过，没有战略不代表没有想法。这个想法就是占领中国，做东亚的霸主。为此目的，日本最终选择了跟随纳粹德国。

如今，在美国的“忠实的男仆”这一点上，日本比英国有过之而无不及。中曾根说：“外国批评日本长期缺乏自己的国家战略……原因之一就是，对美国的过分依赖已成为日本举国上下的社会风潮。”〔2〕把因果关系掉过来可能更接近实际：因为日本缺乏战略，所以对美国过分依赖。在国际政治上，中曾根仍然表现出战败国、小国的心态。比如，在里根访问日本时，日本出于民族自尊心，拒绝了美国“按照国际惯例”、让美国的警卫车跟在总统的座车后面的要求。为了让美国驻日大使放心美国总统的安全，中曾根表示，在必要时，“我将以自己的身体保卫里根总统”。在参加八国峰会时，中曾根自比为日本的冠军，决心不输给里根和撒切尔。各国首脑合影时的位置本来无一定之规，中曾根却炫耀他和里根站在一起，“甚至比撒切尔夫人离里根还近”，〔3〕以此作为向日本国民邀宠的资本。中曾根在日本政界属于实力派，也算是一位有头脑的政客。他任首相时（1982－1987），日本经济力量正处于顶峰时期，连美国都感到惧怕。但这种小国心态只能让日本继续追随强国，以及美国之后的强国。当然，大国领导人炫耀与美国政要乃至媒体记者的交道，这种小心眼不是日本一国独有。但中曾根的表现似乎更接近日本政界的普遍状态，即缺少领导人的信心和战略眼光，而在其他国家更可能是一个特例，只是某一个不自信的领导人的失态。如果日本再次试图充当亚洲的领导者，过程和结果可能仍然是灾难性的。因此，东亚的和平在于给日本指定一个它可以追随的目标，供它消遣。

---

〔1〕《日本二十一世纪的国家战略》，3页。

〔2〕《日本二十一世纪的国家战略》，3页。

〔3〕《日本二十一世纪的国家战略》，80－81页。

模仿和追随强国

缺乏国家战略的一个很自然的结果就是模仿、追随强国。这是日本历史的一个显著特征。日本文化中有两种特别的人物：武士和艺伎。这两种人都不是独立的，都需要依附他人。他们（她们）把自己的技艺磨练得很精湛，是为了给主人（或客人）服务。艺伎逢场作戏，比武士还少了一份忠诚。因此，日本总是模仿强国，寻求与世界最强大的国家结盟。

从古至今的大部分时间里，日本是一个追随者，不是一个领导者。唯一的半个例外是从明治维新成功到二战战败的数十年间，日本企图做东亚的霸主，建立以它为核心的大东亚共荣圈。日本企图以霸道实现王道，依靠侵略和屠杀来建立"王道乐土"，与中国传统中的"王道"理想相去甚远。日本野心的来源则是西方国家的殖民扩张和殖民战争。

明治维新以后，日本的宪法和陆军模仿德国，海军模仿英国。不过，德日两国关系在二次大战前并不好。1894 年甲午战争后，中日签订了《马关条约》，中国承认朝鲜独立，割让辽东半岛、台湾和澎湖诸岛给日本。割让辽东半岛侵犯了其他列强的利益，德国与俄国、法国干涉，最后日本不得不忍痛把辽东半岛归还给中国。这让日本一直耿耿于怀，埋下了两国交恶的种子。德国在第一次世界大战战败后，日本攫取了德国的在华利益，以及德国在太平洋上的殖民地。这又让德国愤恨不已。此外，两国的经济结构相似，都需要进口原材料，出口制成品。它们的经济利益也是冲突的。〔1〕

日本在 20 世纪初与英国结盟，在二次大战前与德国结盟，在二次大战后与美国结盟。它的盟国总是世界上最强大的国家。1902 年，日本和英国结盟。它们的共同目标是抑制俄国的扩张。由于日本的侵华战

〔1〕 参见陈仁霞：《中德日三角关系研究 1936—1938》，89 页，三联书店，2003 年。

争，在1921年的华盛顿会议上，英日同盟被废止。日本失去了盟友，也失去了目标，开始受到极端分子的影响。日本转而与法西斯德国结盟，因此走向与美英的对抗，加速了它的失败。“正如第一次世界大战后英日同盟的结束使日本放任自流一样，《美日共同合作和安全条约》的终结也将动摇日本当前外交和安全政策的支柱。”[1] 如果现在日本成为正常国家，摆脱美国的控制并拥有一支强大的军队，它仍有可能滥用武力。在前面提到的《外交论坛》圆桌会上，东京大学的山内教授说：

> 如果我们考察明治维新以后的历史，就会看到一个事实：当日本和英国或美国——盎格鲁－撒克逊海洋大国——在一起时，日本的表现就很好。但是，在和非海洋大国——如德国和意大利——结盟时，日本就衰败了。

山内只说对了一半。问题的要害并不在于日本是否跟随海洋大国，而在于它所跟随国家在当时的地位。英国和美国当时都是世界第一强国，是现有国际秩序的受益者和维护者，日本与这两个国家结盟就是成为最强大国家的小伙伴，从它们的利益中分一杯羹，同时也受它们制约。德国和意大利受到现有秩序的压抑，是挑战者。它们的挑战方式不是和平的，它们的地位都是未定的。由于日本缺乏制定国家战略的能力，很容易因盲目而走向极端。另外，希特勒和墨索里尼都是战争狂人。他们对日本不断发起战争的影响很大。

在德国似乎蒸蒸日上的时候，1936年11月25日，两国在柏林正式签署了《德日防共协定》(《反共产国际协定》)。这个协议主要是针对苏联的，对苏联形成了东西两面夹击的态势。此后，德日关系日趋密切，而中德关系急转直下。德国撤走了在中国的军事顾问，停止销售武器——有点像1950年代末对中国“背信弃义”的苏联。1940年6月，德国占领巴黎。在日本，“欧洲战争，以及德国1940年春夏展开的闪电战所引起的国际狂乱改变了一切。一股非常明显的趋炎附势的情绪开始

[1] 《朋友还是对手？前美驻日大使说日本》，219页。

蔓延。”[1] 因为德国取得了胜利，在三年的协商之后，1940 年 9 月 27 日，日本与德国和意大利在柏林签署了三国协定。三国约定，在受到非欧洲战争或日中冲突参加国的攻击时，他们彼此之间应该运用政治、经济以及军事手段互相援助。因为签署了这个条约，日本耗费巨资举行了盛大的庆祝活动。

1946 年，本尼迪克特在《菊与刀》的最后写道：

> 现在日本人认识到军国主义已经失败。他们还将注视，军国主义在世界其他国家是否也在失败。如果没有失败，日本会再次燃起自己的好战热情，并显示其对战争如何能作出贡献。如果军国主义在其他国家也失败了，日本将证明，它汲取了一项教训，即帝国主义的侵略企图绝不是到达荣誉之路。[2]

日本走向和平或战争，取决于它可资模仿的对象，目前就是美国。美国作为唯一的超级大国，它的最大优势就体现在军事上。因此，如果今后日本在外交中更多地倚重军事力量，将不会令人惊讶。但是，中国和韩国都不再像过去那样积贫积弱；甚至朝鲜，在军事上都不再是可以任意欺辱的。从这一点看，亚洲大陆不会再次诱惑日本发动侵略。

东亚的历史问题

日本的“脱亚”有一个过程。在戊戌年（1898 年），日本首相大隈重信发表“保支论”。他声称，为了报答儒汉化之恩，日本有义务抵挡西方的入侵，以便让支那（中国）有充分的时间自强。这些话是在甲午战争之后，日本仍然站在亚洲的立场上。在 10 多年后，可能是日本对

〔1〕《真相：裕仁天皇与侵华战争》，267 页。
〔2〕《菊与刀》，218 页。

中国丧失了信心，同时也对自己的信心增强了，大限重信于1914年第二次出任首相后，向袁世凯政府提出了“二十一条”。这些要求被认为是企图吞并中国。

同样在1898年1月，日本贵族院议长近卫笃麿发表了关于全球爆发种族战争的预想。他敦促日本与同种结成联盟，为黄白人种的大对决做好准备。他的长子近卫文麿继任为贵族院议长，后来在1937—1941年间三次出任日本首相，积极推动对华作战。日本加入欧洲、企图征服亚洲的转变是在20世纪初完成的。侵略者的理论根据是种族冲突，这个理论在今天看当然是错误的，在当时却是对西方政策的合理反应。白种人严重歧视有色人种，这种歧视在1960年代的美国仍是合法的。20世纪初日本面临一个选择：与中国一起对抗西方，或与西方一起瓜分中国。日本选择了后者，最后，企图独吞中国。在日本看来，中国实在提不起来，没有资格成为日本的伙伴。

日本有占领中国的框架政策，在学校和军队中为侵略做准备，但没有明确的战略和日程表。在1938年以前，日本侵华一般是由军队中的激进派推动的，在事成之后得到军部和天皇的默许。这种鼓励的态度又刺激他们采取下一步激进行动。和德国不同，日本没有一个像希特勒那样对发动战争承担最后责任的人。战争期间内阁多次换届，内阁总理中有因不赞同侵略方案而下台者，但战争仍继续进行。战后，最高权威天皇逃脱了惩罚。

如果不了解“南京大屠杀”[1]，就不可能理解中日关系。日军侵略中国的战争伴随着大量针对平民的暴行。他们在华北实行“烧光、杀光、抢光”的“三光”政策，“731”部队在东北进行残酷的人体实验，日军轰炸重庆开了全世界空袭平民的先河——日本遭受核打击就是一个后果。“南京大屠杀”已经远远超出了南京的范围，成为日军在华所有

〔1〕对于南京大屠杀，日本人的观点可以分为三派：虚构派、中间派和大屠杀派。其中虚构派的人数最多，他们认为受害者总数从0到40或50不等。但他们大都不是专业的历史学者。无论是在英语学界还是在汉语学界，都没有人支持虚构派；中间派承认有杀戮，但他们接受的被害者总数只有数千到两万不等，大卫·阿斯纠把他们大都归入虚构派；大屠杀派人数最少，他们认为被害者总数在10万到20万之间，大多数人接受的数字是12万。见 http：//www.japanesestudies.org.uk/articles/Askew.html.

暴行的象征。日军在南京屠杀的具体人数是一个可以辩论的问题，虽然统计数据非常重要，但战乱中的屠杀永远也不会有准确的统计，更何况被害者已经不再说话，杀人者也很少有人认罪。我们必须记住，大屠杀不属于统计学的范畴，它已经远远超过了人类的道德底线。把大屠杀简化为统计学的争论，是对人类尊严的侮辱，是对未来暴行的放纵。任何否认南京大屠杀的企图一旦在日本得势，必将对中日两国的未来构成极其严重的威胁。

日本人否认南京大屠杀，这与他们掩盖谋杀张作霖是一样的。1928年6月4日，在河本大作陆军大佐的带领下，日本关东军的一些军官炸死了军阀张作霖，然后嫁祸于中国军人。在了解了真相之后，日本内阁决定隐瞒事实，“断言公开真相将伤害皇室，恶化中日关系，侵害日本在中国的特权。此外，内阁也不愿意在议会上对事件承担责任”[1]。这是日本“耻感文化”的特点。他们在意的是别人的观感，而不是罪恶本身。因此，犯罪之后最重要的是掩饰罪恶。恢复名誉的体面手段是否认罪行，而不是真诚地反省忏悔。如果掩饰不成，他们会恼羞成怒，迁怒于受害者。现在，我们正看到这一幕在日本重演。

日本政治领导人参拜靖国神社远远不仅仅是宗教信仰的问题，它已经成为日本否认战争暴行的象征。日本军人把中国人当作“低等民族”而大量屠杀。侵略与屠杀不仅是一个“历史问题”，可以因宽容而被放置一边，或在“学术”争论中被中立化。它更多地是一个“良心问题”、“责任问题”。一个民族可以暂时回避历史，但永远不能回避良心，永远不能回避责任。良心和责任对所有人、所有民族都有约束力，不仅仅对日本人。

神道教相信死者平等，也就抹杀了是非、善恶的区别。这与佛教教义是不一样的。佛教提倡人人可以成佛，因此人人都是平等的。但是，这种平等是有条件的，赎罪需要忏悔、行善，并不能一死了之，否则会堕入地狱，来世也不得好报。在日本文化中，“忏悔”很少。如果相信死亡可以抹去所有善恶，那么作恶时就不会畏惧。“羞耻”感是现世道德对恶行的约束，是容易抵挡的，最好的办法就是否认罪恶。这正是日

〔1〕《真相：裕仁天皇与侵华战争》，146页。

本采取的手段。

中国反对日本政府高官参拜靖国神社，并不是干涉日本内政。而是因为它所崇奉的国家神道、所供奉的战犯，曾给中国带来过巨大的灾难。明治维新以后，为了天皇实行独裁，政府“废佛毁释”，独尊神道教。它将国家作为唯一的神来供奉，政教一体。靖国神社始建于1869年，与日本传统相违背，靖国神社并没有体现“死者平等”，它是有选择的，只有为天皇战死者才能进入靖国神社。死于战争的日本平民没有资格进入靖国神社。那些被日本军人杀害的其他国家的人更不在靖国神社祭奠之列。国家神道是和日本扩张同步开始的，从建立起到今天，靖国神社一直是日本军国主义的象征和精神寄托。尽管天皇在战后公开否认了自己的神性，靖国神社仍然以诸天皇为中心，为他们的战死者招魂。[1]

二战后期，德国首都柏林被盟军攻占，国土被美、苏、英、法四个国家划区占领。挑起战争的希特勒已经自杀，代表德国投降的人并不对战争负有重大责任，盟国对德国的清算是彻底的、无情的。但日本与德国完全不同。它在盟军踏上领土之前投降，政府机构被完整地保存下来；天皇及以下官员因投降而受到善待；占领军只有美国一家，司令道格拉斯·麦克阿瑟需要日本作为反共前沿阵地。因此，日本的战争责任和战争暴行没有受到认真的追究。

从慰安妇问题上可以看出，日本人服膺的仍是“强权”，而非“公理”。日本首相安倍晋三在上任之后说，慰安妇都是自愿的，不存在日本政府强征的事实。中国和韩国对此都非常生气，但安倍坚持他的观点，不为所动——直到美国国会有可能通过一项决议，要求日本就此问题道歉。2007年3月11日，安倍再次重申了日本在1993年对慰安妇的道歉。路透社报道，“中国的严厉批评可能会使日本选民感到生气。但是让日本的亲密安全盟国——美国生气可能会损害安倍的形象”。这里说的“日本”是日本的全体选民，而非某些政客。安倍迫于美国以及可能随之而来的本国选民的压力，对日本在亚洲强征慰安妇之事道歉，并

〔1〕《不能用生死观为小泉参拜开脱》，中国现代国际关系研究院日本所，霍建岗，《参考消息》2004年11月30日第15版。

非由于他承认这一事实。路透社的这条新闻引用一位分析人士的话说："当亚洲各国政府批评日本时，没有人在意，但是当《纽约时报》报道此事时，他们就得作出反应。他们担心美国精英生气。"[1] 日本人只服从强者，不服从事实。慰安妇事件再明确不过地证明了这一点。日本否认南京大屠杀，以及济南大屠杀……等诸多暴行，其中的原因都是一样的。

至今日本不能直面战争暴行，无力摆脱靖国神社的阴影，无法和邻国达成彻底的谅解。且不论道德上的得失，在战略上，这显然不是一个明智的选择。和韩国不同，日本并无强敌压境，而且拥有先进的海、空军，却把外交建立在美日军事同盟的基础之上。虽然德国同为战败国，同样有美国的驻军，却可以采取与美国完全不同的政策，能够反对美国入侵伊拉克，在重大的外交问题上采取和美国不同的政策。这在日本是不可想象的。

在 1840 年到 1945 年的 105 年间，中国的历史是落后挨打的历史。究其原因，中国的愚昧、腐败和内乱固然是罪魁祸首。但是，外来干涉也对中国的发展起到了巨大的破坏作用。在这 105 年中，中国的内乱与外患是相辅相成的，两次现代化努力都毁于日本侵略。晚清持续 50 余年的洋务运动毁于甲午战争。在北洋时期，日本提出"二十一条"（1915 年），继承德国在华的殖民利益（1919 年）；在国民党统一中国前后，日本先后发动济南事变（1928 年）、九一八事变（1931 年）、上海事件（1932 年）、卢沟桥事变（1937 年）、八一三事变（1937 年），先是制造事端，步步紧逼，然后大举进攻，再次打断了中国的现代化进程。在开始接受西方文化时，中国晚了一步，此后步伐缓慢，于是步步落后于日本，处处受制于日本。因落后而挨打，因挨打而落后，形成了一个恶性循环。

日本在 1945 年投降后很快就投入建设，而中国则陷入内战。内战是因日本入侵而中断的早期国共内战的继续。国民党被赶到台湾岛后，大陆经历了"大跃进"和"文化大革命"的近 20 年内乱和灾难，在 1979 年重新开始现代化建设，至今进展还算顺利。中日力量对比已今非

[1] 路透社东京 2007 年 3 月 11 日电。转引自《参考消息》3 月 12 日第一版。

昔比，但中国仍远远落后于日本。中国落后的起点在 19 世纪后半叶的改革迟缓。

东亚的和解道路

日本学习太快也并非没有坏处，因为它没有睁开眼看清自己的道路。到了 19 世纪末，在近 400 年世界殖民扩张快要走到尽头的时候，日本急匆匆地跳上了这辆将要倾覆的彩车，且一发而不可收，结果为世界带来了灾难。至今日本仍不能正视这场灾难。

日本的侵略战争持续了 10 多年，夺去了大约 2000 万亚洲人民的生命和 6 万多西方盟军的生命。其中中国人超过一半，还不包括此前死在日本人手中的中国人。日本人也因战争死亡了 310 万。[1] 在付出如此巨大的生命代价和其他许多重大的代价之后，世人并不知道是谁发起了这场战争，谁是战争的元凶。这和阿道夫·希特勒受到彻底清算不同。在日本，没有一个人是元凶，每一个人都是在执行命令，却不知道是谁的命令。他们都可以声称不承担责任，而日本的最高权力所有者裕仁天皇则被塑造成一个和平爱好者。

既然日本人都是爱好和平的，而战争又的确爆发了，那只能说明日本被迫应战。日本人认为，美国对日本的石油禁运是日本对美开战的原因之一；东南亚的大多数国家那时都是西方的殖民地，因此日本还有解放殖民地的使命。这些都是借口。1990 年代末开始的日本经济不景气持续了 10 多年，这与日本官方极力掩饰政治、经济、金融结构中的重大缺陷有密切关系。这些只是内部问题。日本在对外政策中掩饰就更正常了，尤其在侵略、残杀这样的问题上。这种鸵鸟政策大概就是所谓的“耻感文化”吧。

对付这个问题有一些办法。在儒家的道德体系中是“慎独”的修

〔1〕《真相：裕仁天皇和侵华战争》，3 页。

养，在法家则是严刑重罚，在民间信仰中是“头上三尺有神明”，佛教、基督教则为恶人准备了地狱。在现代政治文明中是增加透明度和监督力度。对于日本人，大概是现代国际政治文明更有用处。

日本是否接受战败的历史，不再向战犯致敬，还与中国是否强大，能否赢得日本的尊重有很大关系。鉴于这一点，中日的最终和解不可能在近期完成。它牵涉到两国实力对比的变化。中国仅仅在经济总量上超过日本是不够的。即使到了那时，中国的人均收入也只有日本的1/10，因为中国的人口是日本的10倍。仅此一项就不足以改变中国人的“低等”形象，更不用说两国在教育、文化和科技上的差距了。如果日本不能改变轻视中国的态度，中国人就不可能改变反日情绪。

在争执的背后还有中国对现状的不满和日本对未来的担心。中国有可能在今后数年内超过日本成为世界第二大经济体。日本人对中国的心态有点像1980年代美国人对日本的心态。日本人的性格决定了他们不可能明确说出他们的担心。历史与现实的交织使得问题更复杂，更难解决。美国《时代》有过一篇封面文章：《中国和日本：我们能交谈吗?》[1]，副题是《在多年的不信任和误解之后，亚洲大国仍在挣扎着把过去留在身后》。文章说：

> 在第二次世界大战结束近60年后，日本青年正目睹一场他们认为是剧烈的权力转移，亚洲的政治和经济动力（更不用提军事实力）正在不可阻挡地从东京转向北京。然而，尽管他们承认中国是21世纪的上升力量，许多人讨厌他们所说的中国坚持让他们对问题做出交代，他们相信这些问题很早以前就应该被放进历史之中。

一个事件是否被放进历史，取决于它对“现在”有没有直接的作用。从这一点来看，日本的侵略和暴行还没有成为历史。中国人的历史纵深感要比日本人强一些，不仅存于“现存者”之间。何况这段历史还是一个现实的政治问题：日本领导人仍在参拜靖国神社，向战犯致敬。如果日本人把他们的战犯“放进历史之中”，他们就能够很好地理解历

〔1〕《时代》杂志2004年11月29日。

史。出于国际政治的考虑，中国曾经给予日本太多的宽容，错过了让日本认真道歉的最好机会。中国开始认真追究日本的战争责任，已经是在二战结束半个世纪之后的事了。南京大屠杀等日军在华暴行已经过去了60余年，受害者和目击者都在急剧减少。由于以前缺乏第一手资料的收集，许多真相可能永远无法再现，给否认者留下了机会。

日本总是要摆脱不利的事实。1932年12月犬养毅担任日本首相，他公开拒绝国际联盟就日本占领满洲提出的劝告，宣称日本将“摆脱辩解外交”。比克斯注意到，“其后成为整个20世纪日本外交史上不断重提的说法”。[1] 现在日本坚持的“摆脱道歉外交”和战前是一脉相承的。问题是，日本在“摆脱”之后的走向也将一致吗？1978年，靖国神社开始供奉东条英机等14名甲级战犯的灵位。中曾根康弘在1986年参拜靖国神社。此后陆续有首相向战犯致意。他们不能不引起怀疑和愤怒。在另一方面，日本总会有一些学者和老兵反对否认暴行的观点。有些人采取“工具理性”的治学态度，不偏不倚，有些还站在理解中国的立场上。如大屠杀派学者井上清，老兵东史郎。对日本的走向极端，他们是一个有力的牵制。他们的存在表明了日本是一个宽容的社会，可以容纳不同的声音，即使他们受到威胁。虽然右翼势力在上升，但良心与和平的力量也不可忽视。

在2002年，中国有人提出了在历史问题上妥协的“对日新思维”，终于在众人喊打之下无疾而终。两国需要突破目前僵局，但民心不可违，中国无法绕过历史问题处理中日关系。如果日本领导人继续否认历史，参拜靖国神社，那么，中日就像是两辆重载卡车，在一条线路上相向行驶，总有一天会发生撞击。

因为历史的缘故，以及日本官方对待历史的态度的缘故，大多数中国人厌恶甚至仇视日本。这些厌恶和仇视确有扎实的事实根据，中国人难以摆脱。但是，仇恨不应该是我们的目的，我们不应该让仇恨蒙蔽我们的双眼。在厌恶和仇恨之中生活只能伤害自己。我们的目标是生活得更美好，而这个“生活”不仅仅是个人的日常生活，还包括国家的富强，文明的昌盛，以及对世界和平与发展的贡献。所以，中国需要在一

---

〔1〕《真相：裕仁天皇和侵华战争》，171页。

个新的层面上审视日本，并考虑把日本纳入中国的地缘政治和地缘文化的体系之内，而不是一味排斥它。

无论是在种族还是在文化上，日本无疑是和中国最接近的少数几个国家之一。这个事实本来可以拉近中日之间的距离，双方的交流应该相对容易一些。但日本的侵略破坏了“中日亲善”。如果日本能够改善和中国的关系，甚至更多地帮助中国发展，日本在将来东亚的地位会更加巩固。日本只能依附于一个大国。在中国强大之前，日本将继续依附美国。中日关系的实质性改善将出现在中国整体实力明显超过日本之后。那时，中国民众可能会宽容一些，较少受到现实的干扰。他们对日本过去的侵略暴行会心平气和一些，能够接受一个折衷的解决方案。在既成事实面前，日本也可能放弃它在看中国时的紧张和轻视，考虑重新回归亚洲，接受一个强大的中国，就像它在 19 世纪中期之前的大部分时间那样。只有在日本成为本地区第二位的国家之后，日本才有可能认真反省它的暴行和错误。

2007 年有过一次和解事件。巴布亚新几内亚的食人族的后代向斐济政府道歉。报道说：

8 月 15 日，巴布亚新几内亚食人族的后代为祖辈吃掉斐济传教士的行为道歉。和解仪式在巴布亚新几内亚东部新不列颠岛的拉包尔市举行，巴布亚新几内亚总督保莱阿斯·马塔内、斐济政府代表和数百名民众出席了和解仪式。

1878 年 4 月，斐济一名官员和 3 名传教士在巴布亚新几内亚加泽尔半岛被当地部落杀死并吃掉。此后，英国传教士乔治·布朗指挥并参与了“惩罚”行动，杀死多人并烧毁了几个部落村庄，他的行为引起澳大利亚等地宗教组织的强烈抗议。[1]

从吃人事件发生到道歉与和解仪式，中间相隔了 129 年。可见人道的力量是不受时间限制的。在炎热潮湿的巴布亚新几内亚，估计没有任何一人的寿命超过 129 岁。所以，“日本人口中的大多数都在战后出生”

〔1〕 澳大利亚联合新闻社 2007 年 8 月 16 日报道，新华社次日转发。

不能成为日本回避残忍历史、逃避战争责任的借口。如果日本能够与东亚国家举行这样一次和解仪式，对日本、对东亚都将是非常有意义的。

中国可以有条件地支持日本成为一个正常国家，这符合中国的利益。在正常化的过程中，日本获得的权力大多以美国的损失为代价，因为美国在操纵、控制着日本的外交和军事。此外，这样做也许还可以削弱日本右翼的号召力。毕竟，改变战败国地位是右翼的一大主题。

中日需要和解。在中国一方，和解依赖一个多元社会的建立。中国人对日本的愤怒和不满必须得到宣泄，受害者（尽管在世者已经很少了）必须得到补偿。和解之前需要理解和谅解，使愤怒得到缓解。任何以压制民众情绪为前提而达成的和解是没有根基的，因而不可能持久。从长远来看，日本比中国更需要和解，因为它是施害者，将来还可能是弱者。日本一再挑起中国人的痛苦记忆的做法非常不明智，它的行为和解释都是以自我为中心。在战争及暴行的分歧问题上，西方在中日之争中保持中立，甚至站在日本一边。原因不大说得出口，不过是蔑视中国的政治制度而已。这对西方（主要是英美）来说是非常短视的，英美有一天或许会纠正这个错误，或者可能自食其果，因为在二战中，它们也是日本的敌人。这和它们为了给苏联难堪而对纳粹德国的暴行视而不见没有区别。

日本应该是东亚经济、安全合作体系中的一个重要成员国。它在历史上就是这一体系的一部分。日本的前途有三：第一是继续依附美国，依靠美国提供的安全保障。在日本获得更多的外交和军事自主权之后，显然会有自己的选择和目标，不会完全追随美国。它会成为美国更平等的伙伴，在两国利益不一致的时候更多地坚持自己的立场。第二是争取成为东亚地区的领导者。这将和中国形成竞争的态势。当美国不再有实力控制东亚之后，最好的结果就是制造鹬蚌相争的局面，以坐收渔人之利。然而，作为一个偏于一隅的岛国，日本很难承担起地区的领导责任。日本在1895—1945年之间50年的尝试彻底失败，给本地区带来了巨大的灾难。第三是融入以中国为龙头的地区一体化之中。从中日1000多年来的关系和两国人口、面积的差距来看，这种结果的可能性很大。它将是历史模式的再现，但前提是中国稳定地发展，走向自由、民主和繁荣，有能力团结本地区各国集体走向自由、民主和繁荣。如果中国做不到这一点，东亚就仍将是散乱的。日本还有第四个选择，即孤立。这将使日本边缘化，丧失影响力。所以这不是一个明智的选择。

对一些人来说，数落别人的缺点是一件愉快的事情，但这个行为并不能解决问题，有时甚至是有害的，因为它引开了对自己的批评。作为一个和日本有许多相似之处的国家，我们应该从日本看到许多引以为戒的东西。和一个世纪前的日本类似，中国也正在经历国家的崛起，面临与当初日本类似的选择。不同的是，中国的崛起只是一次复兴，是以深厚而长久的历史为基础的。历史纵深感有助于中国把握未来的方向，减少国家战略的可能失误。这种失误曾把日本和德国带入了灾难性的战争——当时它们都在崛起之中。

在工业化方面，日本也有许多中国可资借鉴的经验。从1950年代初到1980年代初，中国一直倾力发展重工业，在补“洋务运动”开始的、因为战乱一直没有完成的一课。这一课日本在20世纪初已经大致完成了（1904—1905年日本战胜俄国，标志着它成为新兴工业国）。正是这一课的缺失，使中国成为日本军事扩张的最大受害者。此后，在整个冷战期间，中国先后与两个超级大国对抗，其中有10年左右同时与它们对抗。从经济的角度来看，中国是失大于得；而日本则是冷战（包括朝鲜战争）的受益者，可能是最大受益者。因此有人感叹：“冷战结束了，日本赢了。”这个有利因素是中国所不具备的。但是，在此期间，中国仍打下了重工业基础。即使以1950年代初作为起点（1951年日本结束美军占领，1953年中国结束战争状态），中国的工业化进程也比日本晚。如果以1951年作为日本战后工业复兴的起点，中国以1978年的改革开放为起点（当然，双方在此之前都有些基础），中国现代工业的起步时间至少比日本落后25—30年。如果不考虑这个时间差距，中国的发展速度和轨迹和日本多有相似之处。现在，日本“失去的10年”已经有20年了。作为后起工业国，中国可以汲取日本的很多教训——特别是在政府与企业的关系上——以避免陷入长期不景气的覆辙。这个覆辙是中国无法承受的。

简而言之，日本不具备地区领导能力。如果处理得当，日本不太可能对这一地区造成大的危害。一个富裕、安详和正常的日本符合所有国家的利益。日本可以做另一个欧洲：富裕、文明、自我陶醉；或者选择发展军事力量，与周围国家抗衡。日本将处在又一个“战略”选择的十字路口上，确定它下一个要跟随的国家，或者自己争取做地区领导者。在中期内，日本仍将跟随美国，因为美国仍将是世界唯一的超级大国。亚洲也没有做好接受它的准备，而且由于难以调和的历史问题和它的长期不景气，日本的地区影响力在持续下降。中国的“强大”目前还只是体现在潜力和活力上，但经济的规模和质量还落后于日本，在文化和政治上不能再次成为诸国效法的对象。中日之间目前的纠纷是在这种背景下产生的。

第七章

欧洲和俄国：西与北

在本书中，欧亚大陆西边的欧洲和北边的俄国共同组成一章。另外两边，东边和南边，却几乎占了六章，显得非常厚此薄彼，与这些国家的实力对比不相称。其中有四个原因：第一，欧洲与俄国紧密相连，中间的过渡地带是波兰和乌克兰，它们与东西两边都不容易分开；第二，欧洲和俄国在各方面都较为稳定，变化的可预测性较高，尤其是它们与中国的关系，而欧亚大陆东和南两个方向的变数很大，南边还是破碎地带，不得不多加注意；第三，东和南在地理上距离中国最近，对中国利益的影响也最大，同样，中国可以施加的影响也比较大，不可不多费心思；第四，中国在欧亚大陆的东边，而本书的出发点就是中国，当然有许多话要说。因此中国单独占了两章半的内容。虽然西与北较为简略，却不表示这两个方向不重要。

比起德国和法国这些“老欧洲”，那些新加入欧盟的东欧国家需要密切关注。这不是因为它们实力强大，而在于它们可能带来的变数——给欧盟增添的变数，以及给欧盟对外关系增添的变数。这些变数可能需要数十年才能渐渐稳定下来。东欧人的视角已经对整个欧盟产生作用：如果德国总理默克尔不是前东德人，如果法国总统萨科奇不是东欧移民的儿子，他（她）们在处理对华关系时或许会更圆滑老练一些，更多地遵循地缘政治分析，而较少受价值观的左右。2008 年金融危机之后，他（她）们态度的转变已经证明了这点。类似的作用对欧盟－俄国关系的影响更大，因为俄国与东欧的历史恩怨多，与西欧的传统价值冲突大。

欧洲是今天世界主流文明的发源地。不论人们生活在哪一个国家，属于哪一个民族，都直接受惠于欧洲文明，从物质到文化。当然，这些好处不是欧洲的恩赐。好处是欧洲的战争带来的，是一个副产品。无论借口是什么，欧洲发动战争的目的是为了牟取私利。这些战争和扩张塑造了今天的世界格局。在扩张之前，欧洲受益于它的地形。欧洲地处欧亚大陆的西端，与大陆的其他地方相对隔绝，内部多山地，不容易被入侵者征服。在过去 2000 多年中，外部入侵只有波斯人、布匿人、阿拉伯人、蒙古人、突厥人等为数不多的几次，都不算很深入，而且败多胜少。俄罗斯向西方的扩张被成功地阻挡，而法国和德国还曾对俄国有过失败的入侵。

欧洲人之间频繁开战。却又因为复杂的地形和均势操作，他们不能彼此征服，形成统一的国家。因此战争能够长期继续下去。在千年的杀戮中，他们磨练了战争艺术，发展了战争技术，保持了原始的尚武精神。在适当的时候，他们开始走向世界，征服全球。战争是欧洲的灵魂。

侵略——武力掠夺——在“西方的崛起”中扮演了主要角色。在过去 2500 年的绝大部分时期，不是更为丰富的资源或更崇高的道德价值观，也不是无可匹敌的军事天才或直到 19 世纪才出现的发达的经济结构，不是这一切，而是陆海军的绝对军事优势为西方的扩张奠定了根基。[1]

欧洲为当今的世界政治确定了基调：权力和暴力。但是，欧洲自己现在在走向和平和统一。

欧亚大陆的西边：欧洲或欧盟

a. 仍在形成之中的欧洲

在第一次世界大战之后，欧洲大陆的地缘政治关系大为简化：奥匈

〔1〕《剑桥插图战争史》，8 页。

帝国解体，法国一蹶不振，苏联树起铁幕。在魏玛共和国结束之后，德国在欧洲坐大，唯一可以和它抗衡的是英、法联合。在经历了一战的血腥之后，法国和英国丧失了斗志，和平主义占了上风，再加上经济危机，绥靖政策有了基础。在二战之后，欧洲国家失去了殖民地，失去世界强权地位，接受美国的保护。从苏伊士运河战争到马尔维纳斯战争，这是欧洲国家为挽救昔日帝国荣光所做的最后努力。英国不能摆脱帝国情结，把外交政策和美国紧紧地捆绑在一起，借此重温帝国旧梦，减缓其影响力的下滑速度。一个能够在外交和军事上采取一致行动的欧洲还遥遥无期。

老的欧洲时代已经结束了。新的欧洲时代还没有开始。欧洲的新时代有待于欧洲统一的完成。其实，即使它们现在有心参与全球政治，也会心有余而力不足。这些国家富裕，但它们的政府掌握的资源有限，又受到民意的制约。所以，在第二次世界大战之后，欧洲殖民国家就开始收缩，从亚洲、非洲撤回到国内。除了殖民地人民的反抗之外，还有一个原因，就是在过去几十年中间，地缘政治角逐已经跨过了民族国家的阶段，开始进入到大型国家时期。当时的主角是美国和苏联，欧洲国家的力量有所不逮，只好撤退。与欧洲国家相比，美国、俄国、中国、印度、巴西都是面积广大的国家，而且人口众多。日本大概是唯一的例外，虽然土地不广，但人口却远远多于欧洲的任何一个国家。在这些大型国家中，真正能够在全球每一个地方保护它的利益，具有全球力量投放能力的国家，目前只有美国。其他的国家都是后备国家，有人口和土地等要素，但在经济、文化上仍很落后。欧洲也是一个后备国家。欧洲的经济和文化都很发达，政治昌明，有足够的人口和土地，但一体化进程还远没有完成。

与以往的帝国形成过程不同，欧洲国家统一为欧盟是通过和平的、自愿的方式达成的，为其他地区的一体化树立了榜样。截止到 2008 年，欧盟共有 27 个成员国。在欧洲大陆上的“西方”国家中，不算袖珍国，只有瑞士和挪威不是欧盟成员国。这样复杂的跨国机构是难以运作的，需要长时期的整合。也许，历史对于欧洲国家来说真的已经结束了。他们在享受几个世纪以来积累的财富与文化，不太那么关心欧洲以外的事物，同时也没有足够的实力去干涉。

欧洲相对于世界其他国家的实力已经大大衰落。但欧洲国家的影响力与它们的实力严重不符。英国、法国是经济大国、核武大国，有三位一体的核打击力量，有航空母舰，有海外军事基地。德国的经济实力排名世界第三，英国、法国、意大利紧随其后。欧洲的文化，尤其是西欧各国的文化，仍然受到世界各地许多人的敬仰。法国、德国是哲学思潮的倡导者，法国、意大利是时尚的领导者，英国有世界上最好的大学，还有世界金融中心，德国有世界上最受尊重的公司。数百年来，欧洲各国（葡萄牙、西班牙、荷兰、法国、英国）轮番登场，曾经是世界的霸主，到处开拓殖民地。德国曾经是本届世界霸主最有力的竞争者，两次功败垂成。然而，由所有这些国家组成的欧盟，一个联合的欧洲，除了曾经在美国雄赳赳的带领下，对南斯拉夫联盟大发雌威之外，似乎没有别的作为。原因是欧洲的一体化还没有完成。

欧洲一体化显然不利于美国的利益。在对待 2003 年美国入侵伊拉克的战争中，欧洲显现了裂痕，出现了当时美国国防部长拉姆斯菲尔德所说的“新欧洲”和“老欧洲”之分。今后美国将利用欧洲的裂痕来制约欧洲一体化。

在组建欧洲快速反应部队、欧盟宪法等问题上，Benelux（比利时、荷兰、卢森堡）国家与法、德两国合作最紧密，在地理位置上这三个国家正好位于法、德之间。在文化和语言上，这三国与法、德非常接近。有了 Benelux 在地理和文化上的黏合，法、德的联系会更加密切。虽然国家政策会随着政府的变更而改变，但地理和文化不会让它们彼此离得太远。在美国、俄国、中国、印度、巴西这样的大国面前，单独一个欧洲国家都显得面积太小，人口太少。欧盟还是一个松散的邦联。欧盟将来会更加稳固，从各个国家收取更多的主权。但由于历史、语言的差异，欧盟不可能形成一个强有力的中央政权，就像瑞士联邦一样。英国也将继续漂泊在欧洲大陆之外。

另一个关键是，欧洲的大多数人已经没有了争夺世界霸权的雄心。在两次世界大战、一次冷战的打击下，他们已经“文明化”了，陶醉于自己创造的文明，享受物质的舒适。在世界文明中领先数百年之后，欧洲人第一次在精神上“文明化”，不再把战争、杀戮、奴役作为光荣的事情。这对世界来说是一件大好事。在现代史上，欧洲是目前唯一进入

"文明"阶段的地区，其他国家或许也将步其后尘。也许将来有一天，当欧洲国家再次发现他们需要借重武力，需要一场战争的时候，再次返回"野蛮"状态，也可能从此力不从心。历史是不可预测的。除了在本地区，欧洲国家不再是世界地缘政治的大玩家。19 世纪中后期和 20 世纪初英国在阿富汗与俄国的"大角逐"已经成为遥远的帝国回忆。大英帝国已经退回到英伦三岛，而且还有可能不保。继承英国遗志的是美国——另一个英语国家，英国殖民者创造的国家。

现在的欧洲如同一个饱经风霜的老者，有足够的智慧，身体也很健康，但失去了许多精力和勇气。在夕阳残照中，欧洲坐在自己修剪整齐的花园中，享受着宁静的生活，自足而幸福。它偶尔回忆起往日的辉煌，也许还暗自忏悔过去的罪孽。对于打闹的孩子、喧嚣的青年、醉酒的中年人，老欧洲们还要倚老卖老，发泄一通不满，认为自己有资格、有义务教导他们一番。如果对方没有反抗能力，老欧洲甚至还要举起拐杖威胁一通。这样的做法对于欧洲，对于世界都不太坏。欧洲的现在很可能是世界许多国家的未来，日本也许已经开始进入这个阶段。

在经济方面，欧洲受到两面夹击。在高科技产品方面，欧盟受到美国、日本的挑战，已经在许多部门落后于这两个国家。在低技术、高品质的商品方面，欧洲又受到众多发展中国家的挑战。这些国家不仅向欧洲出口产品，它们的廉价劳动力已经进入欧盟境内。在意大利的时尚产品加工业中，中国的合法移民正在取代意大利的本土工人，有些人还建立了自己的工厂和品牌。但尽管竞争激烈，在可预见的未来，欧盟仍将是全球先进技术、时尚理念、学术文化的产地。

在世界争霸赛方面，欧洲还没有从两次世界大战的精神重创中完全复苏。欧洲还因为战争失去了殖民地，同样大伤元气。在冷战中，欧洲大陆是前沿阵地。东西欧分别成为美苏两个超级大国的附属国。西欧在冷战时期严重依赖美国保证它的安全。这与德国的缺席有很大关系。二战之后，德国被一分为二，东西德国分属两个对立的阵营。属于西方阵营的西德是一个经济大国，但它是二战的战败国（东德当然也是），是政治和军事的侏儒。由于德国的分裂和缺席，欧洲大陆没有一个强有力的国家。法国在二战中被德国占领，战后失去海外殖民地，对美国的领导权又很不服气，企图在西方世界内自立一摊。因为有美国，法国不能在欧洲大陆上发挥领导作用。随着德国的正常化，德国与法国的密切合作，欧洲将来能够依靠自己的力量站立起来。现在欧洲的军事力量是防卫有余、进攻不足，因此对外干涉的意愿不强。

反对美国入侵伊拉克的声音主要来自美国的两个盟友：法国和德国。它们反对的理由更多是地缘文化的。另一个强烈反对的国家是俄国，其反对的原因是地缘政治的。欧洲大陆国家的对美政策出现了强烈的离心倾向，与岛国英国形成强烈对比。在萨科奇、默克尔执政之后，法国、德国与美国的关系有所好转，但这更多的是执政者的个人倾向，不会改变欧洲大陆的自立趋势。况且，法德已经试图在2008年的金融危机中加强欧洲的全球地位，并得到了英国的支持。长此以往，英国不会找到更好的选择，只能在欧盟框架内增强与大陆国家的合作。

对于美国，欧洲恰到好处的位置在似统非统之间，或“不独不统”：各国不能完全独立，欧洲也不能完全统一。只有一个统一的欧洲才能够遏制俄国再次西进，这是冷战后西方的紧要任务。同时，只有一个分裂的欧洲才能够给美国留下插足之处，才不会成为美国的强劲竞争对手。欧洲已经走上了一体化之路，不会回头。但由于一个组织的规模越大，其内部裂痕就越深，其运作就越难，其效率就越低，而美国就一直在鼓励欧盟东扩。此招实在是一箭双雕。

欧盟内部的三巨头是德国、英国和法国。它们对欧盟政策走向起着主导作用。这三个国家不仅仅是欧盟的一部分，也是主权独立的国家，彼此之间有所不同。以下对它们分别略加分析。

b. 德国：东山再起

德国地处中欧，夹在法国和俄国两个大国之间。当时这两个国家比现在更强大。因此之故，德国是第二次世界大战结束之前最重视地缘政治学的国家。但是，政治和地缘政治在德国走上了斜路。地缘政治被简化成军事战略，从复杂的政治问题变成了单纯的军事问题，为德国和欧洲带来了灾难。这条错误的路线是在俾斯麦之后开始的。俾斯麦统一德国的努力经常在民意反对下进行。他需要对抗帝国议会的压力，在成功之后，他又受到民众的狂热欢呼。俾斯麦惯于操纵民意，也是鄙视民意的，他认为他更知道他的国家需要什么。然而，在俾斯麦离任之后，德国的统治者常常讨好和屈从民意，煽动民意以在国际上达到某个目的，结果却往往把自己也欺骗了。日本是不知道制定战略，而德国则开始忽视战略。他们的错误异曲同工。

在俾斯麦之后的德国出现了一种危险的倾向：德国的高层军事领导人已不再需要克劳塞维茨。那种把战略看得高于一切的信仰，对新(20)世纪的德国人来说，重要的只是必须进行战争，必须采取行动。[1]

基辛格也有类似的评价。他说：

帝制时代的德国始终没有一个清晰的国家利益概念。随着一时情绪摇摆，且对外交气氛极度缺乏敏感度，使俾斯麦之后的德国领袖既野蛮又优柔寡断，将国家先是带向孤立，继而走向战争。[2]

在19世纪和20世纪，这种抛弃战略的政治方面的倾向并非德国所特有，例如，二战时的美国和英国都要求敌国无条件投降。只不过，“在所有欧洲人中间，德国人展示了这方面最强烈的偏向——偏向于将政治认作战争的铁骰子，一旦抛出就得收场的某种把戏。”[3] 一战前，德国军官明确宣称，德国参谋部认为克劳塞维茨的《战争论》只是学者们的读物。[4] 他们只要行动，不要战略。这个错误与德国人注重抽象思维的传统相距甚远，但仍比二战前的日本好一些。德军毕竟还有战役的目标，没有被前线军官的阴谋拖着走。德国的军事脱离了政治。因此毫不奇怪，这个具有强大战争能力的国家在20世纪两次走向战争，且不知如何收场。

---

〔1〕《剑桥插图战争史》，230页。

〔2〕《大外交》，149页。

〔3〕威廉森·默里、麦格雷戈·诺克斯、阿尔文·伯恩斯坦编《缔造战略：统治者、国家与战争》，3页，世界知识出版社，2004年。引文所出的第一章的作者是威廉森·默里、马克·格利姆斯利。

〔4〕《缔造战略：统治者、国家与战争》，4页。

孤立的大国容易走向战争。俾斯麦不是一个不知收敛的扩张主义者。他的失误在于他的外交技巧太过高明，过于复杂，在他之后的德国无人能理解，更无人能操作。于是德国的外交政策左支右绌，最后把自己孤立起来，埋下了战争的祸患。德国在一战中战败，经济萧条，民族情绪很容易被引向极端，最终出现了战争狂人希特勒。不发动新的战争不符合希特勒的性格。所以战争不停地扩大，一直到德国不能维持为止。从防守出发的德国完全走向了进攻。

德国受到包围是地理事实，也是德国人的心态，是在历史过程中形成的心态。德意志民族长期分裂，部分是法国战略目标的结果。德国又地处中欧，是欧洲各国往来征伐的主要战场。历史地理的事实形成了被包围的心态。这个心态要求奋力向外出击，以打破包围圈。

在两次世界大战中，德国都同时在东西两线作战。东线的敌人是俄国（苏联），西线的敌人是法国，还有英国，最后还要加上美国。在国内，德国的统治者也在两线作战，既要对敌国作战，又要清理国内的各种敌人。德国不能像英国、美国那样动员全体国民，同仇敌忾，与斯大林的苏联也不同。在战争爆发前，斯大林的“大清洗”已经把他个人在国内的敌人消灭殆尽。消灭敌人的过程也是制造敌人的过程。德国对第一次大战失败的总结是：德国没有在战场上失败，而是受了“背后一刀”。这是后来希特勒煽动民众的主要论点之一。在经济长期低迷、国内矛盾激化的时候，政治容易走向极端，因为只有极端的言论能够吸引大批追随者。温和派没有市场。这是1930年代德国的情形。极端者一旦发动战争，就不会轻易考虑收场。

德国历史给出的教训是，一个在地理上被包围的国家不应该追求绝对安全，不可以完全仰仗军事行动打破包围。这样做的后果必定是更大的不安全。外交斡旋、战略设计与军事行动同样重要。即使超级大国美国也不可能维持绝对安全。911袭击就是证明之一。除了恐怖主义之外，导弹和空间技术也给在空间上相对隔离的国家带来威胁。在当今世界，没有任何一个国家能够享有绝对安全，都有可能遭受报复。因此，大国在海外采取军事行动时需要更加谨慎。

在历史上，德国与俄国都是大陆国家，出海口受到限制。两国曾经互为仇敌，有时又是亲密盟友，在瓜分波兰、迫害犹太人、对付法国等问题上曾经有过共同语言。俄国女皇叶卡捷琳娜二世（1762－1796 在位）是德意志人。她为俄国向西拓展了 60 余万平方公里的疆土。虽然在 18－19 世纪，法语是俄国上层人的语言，但由于地理上的接近，德国对俄国的影响也很大。在现在的欧盟国家中，德国是对俄国最为友好的国家之一，其中既有历史渊源，更有现实政治的需要。在国土的另一侧，德国与法国合作，一起领导欧洲的一体化。但德国西面还有英国的掣肘，东面有波兰、捷克等国的愤愤不平，[1] 它在欧盟的领导地位还需要时间的磨练。两次世界大战已经证明，德国难以突破地缘环境的限制。德国强大的陆军不能打破限制，海军更是没有可能。所以，在欧盟和北约的框架内，德国应该感到安心，不会觉得委屈。它可以通过和平的手段，渐渐在欧盟内获得更多发言权。

在这个注重经济实力的时代，德国是欧洲最大的经济体。德国的制造业等实体经济非常发达，而股票、衍生品等虚拟经济不如在美国、英国那样受重视。与美国相比，德国更接近北欧的平等的福利国家。德国的出口型经济在 2008 年开始的危机中受到重创。

在欧盟国家使用的各种语言中，以德语为母语的人口最多，有 19％的人母语是德语。他们主要分布在德国、奥地利和瑞士。英语是使用最广的语言，欧盟中有近一半（49％）的人能够用英语交流。[2] 除了英国人之外，很少人的母语是英语。从这个事实可以看出美国和英国对欧洲大陆的影响。人口最多的语言也只有 19％，可见欧盟的语言、文化还需要很长时间才能更好的协调。说德语的人不会满足于现状，他们会推广德语。语言是欧盟内部的竞争方式。

德国可以成为中国很好的伙伴。或许，与欧美其他发达国家相比，德国的经济发展道路更值得中国参考。国人在清朝末期就已经认识到这一点。李鸿章、蒋介石都对德国有强烈的兴趣，并有所借鉴和模仿。李鸿章在德国访问时还专程拜访俾斯麦，讨教强国之术。在 1936 年德国与日本结成反共同盟之前，中国和德国有着良好的关系。德国帮助中国训练军队，建立军事工业；中国向德国出口战略原材料。1937 年下半

---

〔1〕 这是欧盟内部政治层面上的矛盾，与二次大战之前潜在的军事对立完全不同。
〔2〕 两个数字来自 CIA The World Factbook，统计日期在 2007 年。

年，日本发动全面侵华战争。1938年初，纳粹德国为了日本而抛弃中国，并承认日本扶植的伪满洲国。中国的近代化努力多次被战争打断，没有能够走下去。李鸿章与蒋介石的时运不济，他们面对外国入侵不能组织有效的抵抗，国内贫弱不能全面改革。这不全是他们的错。中国当时在国际上可打的牌又少又差，不是今天所能比较的。今天中国向外国学习可以更从容，更自信，对于背叛有更多的应对手段。

c. 英国：日落西山

英国在地理上是欧亚大陆西部之外的一个岛国，在第四纪冰川期消退后，因海平面上升才与大陆分离，距今不过8000年左右。多佛尔海峡最窄处不到30公里，即使在古代，跨海也不难。因此，10世纪之前的英格兰岛屡遭来自大陆的入侵。自地理大发现而产生全球霸主以来，所有霸主都与英国隔海相"望"，葡萄牙、西班牙、荷兰、法国都是位于欧亚大陆西端、濒临大西洋的国家。欧洲陆地上的强国法国与德国，也只与英国隔着一条海峡。英国依靠海军，在弱小时足以自守，强大时可以登陆作战，维持欧洲大陆的均势，使各国不能独大而对英国构成威胁。在以上各国（除争霸不成的德国）之后，英国是产自欧洲的最后一个世界霸主，现在的世界霸主美国位于英国的另一侧，在英国的后方。英国则成为美国面对欧洲的前沿。

数百年来，英国与欧洲大陆若即若离，时而保持"光辉孤立"。英国的实力在第一次世界大战之前就已经日薄西山了。在一战中，它的海军优势来自军舰数量和单舰的大吨位，以及英国的地理位置，海军的士兵素质、战术、军舰质量都已落后于德国海军。在1919年的巴黎和会上，英国首相劳合·乔治努力取悦美国总统伍德罗·威尔逊，"和美国搞好关系以弥补英国的弱点"[1]。在二战前，英国经济萧条，没有能力阻止德国的扩张，只有采取绥靖政策。直到丘吉尔在1940年5月担任首相，勇敢地对抗德国。在远东，日本陆军不能与苏联和美国的陆军相提并论。但在东南亚，英国陆军被同样来自岛国的日本陆军轻易打败，

〔1〕 玛格丽特·麦克米兰：《大国的博弈》，29页，重庆出版社，2006年。

英国驻东南亚的海军也在日本的打击之下灰飞烟灭，与英国在欧洲战场上的节节败退遥相呼应。英国现在尾随美国的政策，在温斯顿·丘吉尔时期已经确立。在英国遭受德国沉重打击的时候，丘吉尔把世界霸主的一些利益转让给美国，与西奥多·罗斯福总统建立了密切的关系，通过罗斯福把美国拖入欧洲战场，共同对付德国，后来共同对付苏联。1946年3月5日，落选首相丘吉尔在美国发表演说《和平砥柱》，提出英美应该联合对抗苏联的“铁幕”。丘吉尔选择的听众是美国人，不是女王的臣民。他需要的是美国与苏联的对立。丘吉尔的演讲仅仅比乔治·凯南在2月22日发出的“长电报”晚10多天。[1] 美国对苏联采取遏制政策有多方面原因，其中就有丘吉尔的贡献。如果没有冷战，没有美国站在同一边，英国在战后的地位将更加不堪。

二战之后，英国失去了帝国，但英国的国际地位没有彻底垮掉。英国老辣的外交政策暂时减缓了英国的自由落体。在外交政策上，英国是美国的跟班、美国牵制欧盟的工具。第二次海湾战争再次显示，德国、法国等“老欧洲”对美国有离心企图，因为它们已经再次积累起了一些资本。在历史上、文化上，老欧洲看美国有些居高临下，类似东欧人对俄国的态度。唯有新欧洲和英国支持美国的伊拉克战争。与东欧国家相比，英国是美国更坚定、更持久的盟国。英国挟洋自重，拉住美国以壮大它在欧洲和世界的声色，勉强维护它的二流大国地位。美国和英国同是英语国家，有相同的文化，这样的两个国家合作起来更容易一些。更重要的是，它们都有对方想要的东西。美国位于北美，虽然在欧洲和全球都有驻军，但与欧洲大陆的国家相比，不会对英国造成大的妨碍或威胁。英国今后仍将执行跟随美国的政策。这是它的地理位置和文化所决定的。

当巴拉克·奥巴马当选美国总统的局势已经明朗的时候，英国《经济学家》在2008年10月30日宣称，“美国应该冒一次险，使奥巴马成为自由世界的下一个领袖”（《正是时候》），还说，如果《经济学家》有一票，它将全心全意地投给奥巴马。而在此之前半个月的10月16日，该报仍在为麦凯恩出谋划策。它在《麦凯恩的最后机会》一文中指出，

[1] 2月是一年中最短的一个月。

“首先，麦凯恩先生应该指出，他的对手是一代人当中对商业（生意）最不友好的（the least business—friendly）民主党候选人之一。”这家倡导经济自由主义的报纸引用了美国总统加尔文·柯立芝的名言“美国的营生就是生意”（The business of America is business.），向麦凯恩暗示，奥巴马是非美国的。（不过，柯立芝是一位贸易保护主义者。）尽管它对奥巴马不满意（“我们承认是一场赌博”），《经济学家》还是期待美国的领导，与欧洲大陆国家的想法不同。

英国与美国在地缘政治上的位置很相似，都是一个大陆之外的边缘“岛国”。美国所面对的大陆更大，与大陆的距离更远。同时，美国比英国更大，也有它自己的“苏格兰”（加拿大）、“威尔士”（拉美）和“爱尔兰”（加勒比）。所以，英国人对美国人的心态把握得比较准。美国继承了英国的边缘位置。那么，紧跟美国，在大陆制造问题和麻烦，两国的利益是一致的。根据“报酬递减率”，英国“紧跟美国”的政策带来的回报将减少，它在美国眼中的地位将下降。今后英国为了在美国的餐桌上捞取更多的残余利益，或许会对它的外交政策做出一些调整。

英国曾经是殖民大国，善于在世界各地制造种族分裂、政治分裂、土地分裂，以便英国操控。现在世界上的一些冲突就是英国留下的遗产，包括中印领土纠纷和西藏问题。可以说，西藏问题是英国一手造成的。2008 年 10 月 29 日，英国外交大臣米利班德在英国外交部网站上发表声明，承认西藏是中国的一部分。他说，英国原来的立场是“时代错误”，是“基于那个时代的地缘政治”——确实是大实话。在这一天之前，“英国是世界上唯一既不承认中国对于西藏的主权，也不承认西藏独立的国家”。[1] 英国保持模棱两可的态度。西藏主权这张牌，英国打了 100 多年，直到 2008 年的金融危机期间才低调放弃。谁也不能保证它在哪一天再捡起来。与英国大致同时，德国和法国（暂时）放下了西藏人权这张牌。欧盟大国的外交政策是彼此协调的，它们需要中国支持欧盟的一个企图是：取代美国成为世界经济和金融霸主。

岛的面积是有限的，在岛内的扩张也是有限的。为了平衡，在大陆

〔1〕 2000 年英国外交和联邦事务部的年度人权报告。转引自《国际先驱导报》2008 年 11 月 7 日。

上制造分裂成为岛国的本能。从本能发展出高超的技巧。不过，制造分裂的愿望和努力都要实力的支撑。很小的岛国会安于现实。英国的实力已经不足，却又不甘心被边缘化。这是英国必须借重美国的原因。

在群岛之内，英格兰人却坚持吞并别的国家，镇压爱尔兰、苏格兰等地凯尔特原住民的独立运动，残酷杀害自由斗士，至今已有数百年的历史。即使如此，不列颠内部仍不稳定，苏格兰独立运动保持着旺盛的势头。无论是否成功，独立运动都会削弱英国的外交实力。或许有那么一天，英国将受到它在别国制造分裂的报应。某个国家也会打着正义、民主、自由的旗号，分裂英国以便从中渔利，就像美国独立战争时期的法国。不过，这个国家大概不会以自由贸易的名义向英国走私毒品，并以英国反毒为借口入侵英国。因为这个做法实在太无耻了。

d. 法国：不甘寂寞

自从拿破仑最后战败之后，法国多次卷入大战。在普法战争和第二次世界大战中，首都巴黎都被普鲁士（德国）轻易占领。虽然法国在两次世界大战中都忝列战胜国，却从来没有打过胜仗。在第二次世界大战之后，法国彻底丧失了大国的实力与地位，却完好地保留了大国的傲慢心态，只不过多了一些弱者的敏感。从戴高乐时期起，法国就刻意与美国保持一点距离，以显示自己的独立性，保持尊严。这与英国向美国紧密靠拢的政策正好相反。这是因为法国是一个大陆国家、一个法语国家，不能接受一个说英语的岛国（美国）控制欧洲大陆和法国。

在第二次世界大战之后，战败国德国、日本、意大利丢失了它们的殖民统治权。英国、美国在殖民地的独立压力之下，明智地撤出殖民地，但保留了海外驻军。法国是最后顽抗的殖民国家。虽然在二战中一败涂地，为了维持殖民统治，法国 1954 年在印度支那、1962 年在阿尔及利亚引起战争，却被打败。此外，法国在 1956 年与英国一起入侵埃及，阻止埃及收回苏伊士运河，也灰溜溜收场。在这些惨败之后，法国才接受了它已力不从心的现实，变得收敛了一些。

法国是一个六边形的国家。边界的六条边，三边是陆地，三边是海洋。陆地的三边中，一边是西班牙，一边是德国和低地国家，一边是瑞士和意大利。西班牙和德国曾经都是大国，但从来没有同时成为大国，法国因此避免了两面受敌。在海洋的三边中，有两条濒临大西洋，一条濒临地中海，中间被伊比利亚半岛和直布罗陀海峡隔开。这种地理条件分散了法国海军，使之不能彼此呼应。在拿破仑时期，法国海军于 1798 年和 1805 年两次被英国击败，战绩比陆军差很多。法国向非洲和英国的扩张受到限制。在远东，因侵略越南的战事不顺，法国军舰在 1884 年突然袭击大清的南洋舰队，是为马尾海战。法国总算是获得一场胜利。总的说来，法国是一个大陆国家，海军战绩不佳。现在，法国的扩张已经走到了尽头，在陆地和海洋上都不再有优势。即使有核武器的保护，如果没有北约，法国不会感到安全。法国唯有紧紧抓住德国，把德国限制在欧盟框架之内，才是它的出路。不过，法国在欧盟内部的领导地位并不是牢固的。与德国相比，法国需要更多的外交表现和外交表演来巩固自己的地位。

法国很少掩饰它对美国的轻视态度。一有机会，高卢公鸡就要表现出不同于美国的样子，甚至有意取代美国。在 2008 年的金融危机时期，萨科奇趁机推介欧洲模式。如果欧盟与美国分道扬镳，法国将是最大的推动力量。这个作用是战败国德国不能达到的。不过，法国的叛逆多少有些故作姿态的嫌疑，像是法国的时装表演。法国有它的国际政治思路，却有些好高骛远，雄心大于实力。对于法国的扭捏作态，它的邻居们看得最清楚。一位德国人说："法国人对国际威信的追求与其说改变了国际政治格局，还不如说是用以满足民族虚荣心的。"[1] 国际政治中的虚荣心与法国虚荣产业的心理基础是一致的。对于追求严肃事业的人，这样的虚荣最多是一个调剂。今后，除了美国之外，中国也将遇到更多法国式的叛逆，不必太当真。

反叛与革命是法国的传统，在大革命之前就已经树立起来了。在 20 世纪的欧洲文艺界和思想界，法国是左翼思想的大本营。其路数也是特立独行，反其道而行之。在 1960 年代，亲苏联的让・保罗・萨特等人的风头最健。这些知识分子向往平等和正义，同时也是在追求时尚。前些年，法国的解构主义哲学风行一时，迷倒许多教授，走的也是反叛

〔1〕 赫尔弗里德・明克勒：《统治世界的逻辑》，32 页。

路线。

法国在总体上已经落败。不过，这主要是因为它的领土较小，人口较少，失去殖民地之后，在美国、苏联这样规模的超级大国之前显得单薄，现在与中国、印度这样的人口大国相比也缺乏影响力。但是，法国在科学、技术上仍是世界最有竞争力的国家之一，在文化、艺术上仍是最有吸引力的国家之一，在政治上有较为健全的民主制度和公民自由，在军事上有战略核武器、航空母舰、核潜艇。这些优势没有因为法国屡遭败绩而消失，而且还将维持相当长的时间。法国仍然有许多好东西值得学习。尤其是后起国家，无论如何都不可小觑法国。

以上德、英、法这三个欧洲大国都已不再具备单独在全球争霸的能力，但它们仍然有争霸的雄心，因为它们在历史上从霸主地位获得的利益实在太大。它们的雄心只有通过欧洲一体化才能实现。唯有欧洲一体化，欧盟才有抗衡美国的能力。如果不能统一，欧洲仍将陷入内部的地缘政治争斗中去。三大国都各有弱点，可以被对方和外部所利用。但是，在统一的道路上，欧盟能走多远？需要多长时间？现在还不明确。欧盟的前途不是这三个大国能够决定的，那些相对落后的东欧国家的作用也许同等重要。东欧的政治、经济、社会不那么稳定，潜在的变数更大，而且还更多地受到俄国的影响，它们有自己的利益，不会甘心被“老欧洲”牵着走。

e. 中东欧：过渡地带或“中国”

欧洲最富裕、最发达的部分在西欧。它们是德国、法国、英国、意大利以及西班牙。这些国家的经济总量大，面积较大，人口也较多。它们是所谓的老牌帝国主义国家，曾经在世界各地拥有过殖民地。规模较小一些的北欧国家更加富裕，社会福利也更为发达。在世界地缘政治中，北欧国家似乎都不重要。在欧洲的地缘政治中，更能发挥作用的是“新欧洲”——那些新加入北约与欧盟的中东欧国家。它们以前被迫留在苏联阵营，冷战之后“弃暗投明”，投入到原来的敌对阵营。新的阵营因它们的加入出现了很大的变化。以前的欧洲是分裂的，在欧盟东扩之后，当前的欧洲已经很完整了。只有俄国（及白俄罗斯）被孤零零地抛在东边。

中东欧地处西欧和俄国之间，位于俄国向西扩张的前沿，一向是双方争夺的要地。在这里，双方随着实力对比的升降而进退。现在，西方已经在中东欧建立起完整的缓冲区。这个缓冲区不是独立的，它被纳入西方的军事和经济框架，即北约和欧盟。但这并不表明中东欧已经融入西方。中东欧国家在经济上落后于西欧，这是比较容易缩小的差距；在语言、文化、宗教上与西欧也都不一样，这些问题则难以解决。中东欧的加入，加大了欧盟的复杂程度和整合难度。欧盟在很长时期内不可能成为一个有效率的政治实体，甚至可能出现倒退，因此无法与美国抗衡。这正是美国希望看到的。美国还在支持伊斯兰教国家土耳其加入欧盟。

由于地势开阔平坦，历史上各强势民族或帝国往来驰骋，又是东西方对抗的前沿，中东欧成为地缘政治上的破碎地带。对于中东欧国家的地理，历史学家艾伦·帕尔默有一段精当评说：

> 欧洲各族人民截然不同的命运是地图预先注定的。……把德国和意大利两国同俄国分隔开来的那些国家缺少天然疆界，它们好像是一些只有脊椎而没有外壳的生物体，不多的几条山脉都被河流切断，便不能阻绝游牧部落，也抵挡不了一支所向披靡、攻无不克的军队；唯有那一望无垠的灰绿色波涛起伏似的草原构成的海洋，延绵不断地伸入欧亚大平原。这一辽阔的地区，既对东方游牧民族敞开门户，又吸引着西方人前来殖民。于是，尽管其面积不到欧洲总面积的三分之一，却成为至少十五个不同民族的家园。[1]

民族家园多了，民族冲突和民族战争也会随之增多。东欧的交通便利，有着海洋一般的草原——帕尔默也把草原比作海洋。东方的游牧民族可以推进到中东欧，但再向前推进就很难了。前方不再是骑兵可以恣

〔1〕 艾伦·帕尔默：《夹缝中的六国——维也纳会议以来的中东欧历史》，3页，商务印书馆，1997年。

意纵横的大草原，山地和森林阻挡了他们前进。由于国家间缺少天然界限，在过去数百年中，边界经常有大幅度的变动，有些国家（如波兰）甚至长时间消失了。

俾斯麦曾经坚定地宣称，“谁是波希米亚的主人，谁就也是欧洲的主人”；他这一警语的涵义已多次证实为捷克各民族的凶信。[1]

波希米亚是今天的捷克，以布拉格为中心。俾斯麦的这句话与麦金德对心脏地带的判断类同。帕尔默讨论的六国是保加利亚、捷克斯洛伐克、匈牙利、波兰、罗马尼亚和南斯拉夫。当时是1969年。冷战之后，这6个国家变成了更多的国家。捷克与斯洛伐克分家，南斯拉夫至少分裂成5个国家，北约为了第6个国家的独立轰炸南联盟。科索沃的地位现在还没有得到广泛承认。乌克兰也从苏联独立出来。在它倾向西方之后，欧盟的势力向东推进到乌克兰的第聂伯河沿岸，在那里与俄国分庭抗礼。与历史上多次发生过的一样，中东欧边界剧烈变动，各个国家地位也发生了大幅度变化。现在那里的两个大国是乌克兰和波兰。下面分别予以简介。

f. 乌克兰：在欧、俄之间

乌克兰是欧洲的一个大国，在俄国的西南方。它有60万平方公里，比法国的55万平方公里还要大一些。乌克兰有肥沃的土地，是西方人祖先的主要发源地之一。乌克兰还是斯拉夫文化的摇篮，基辅罗斯是俄国的源头。但这个国家的独立史很短。乌克兰以前从属于波兰。在17世纪中后期，俄国打败了波兰，吞并了乌克兰。在苏联时期，乌克兰是一个加盟共和国。现在它是一个独立的国家，在东西方之间摇摆。乌克兰的地缘政治重要性主要体现在与俄国的关系上。布热津斯基认为，在冷战结束的时候——

〔1〕《夹缝中的六国——维也纳会议以来的中东欧历史》，9页。

> （俄国）最麻烦的是丢掉了乌克兰。一个独立的乌克兰国家的出现不仅迫使所有俄国人重新思考他们自己的政治和民族特性的性质，而且也是俄国在地缘政治上遭受的重大挫折。乌克兰从300多年的俄罗斯帝国历史脱离出去，意味着俄国失去了一大块潜在富裕的工农业经济和在种族与宗教上同俄国人极为接近的5200多万人。……从地缘政治上看，丢掉乌克兰有举足轻重的影响，因为这使俄国的地缘战略选择受到极大限制。即使失去了波罗的海诸国和波兰，一个仍然控制着乌克兰的俄罗斯仍可争取充当一个自信的欧亚帝国的领袖，主宰前苏联境内南部和东南部的非斯拉夫人。……任何没有乌克兰而仅建立在俄国力量之上的新欧亚帝国，随着时间的推移，其欧洲色彩将不可避免地减弱，而日趋更加亚洲化。[1]

一点都不奇怪，作为来自东欧的移民，布热津斯基对俄国充满了疑虑和戒心。[2] 这不是冷战思维，因为俄国的扩张史比冷战史长得多。布热津斯基写下以上这番话的时间是1997年。此后，很多俄罗斯人离开了独立的乌克兰。据2008年初的官方估算，乌克兰的人口已经下降到4600多万，其中乌克兰人占70%多，俄罗斯人约占20%。大多数俄罗斯人居住在乌克兰东部、靠近俄国的地区。因此，乌克兰的东部亲俄国，西部亲西方。布热津斯基期望乌克兰更多地倒向西方，这个期望在2004年底得到某种程度的实现。在那年的11月，乌克兰爆发了“橙色革命”。亲俄的总统候选人亚努科维奇被认为在选举中舞弊，引发了大规模抗议，而普京过早地祝贺他“当选”。乌克兰宪法法院要求重新选举，结果是得到西方支持的尤先科上台，使这个国家更远地脱离俄国。

---

〔1〕《大棋局——美国的首要地位及其地缘战略》，121—122页。

〔2〕布热津斯基是波兰人，在1938年10岁时随外交官父亲去了加拿大，后来在哈佛研究苏联问题。美国负责外交的高级官员多有东欧移民或其后裔。玛德琳·奥尔布赖特的父亲是捷克斯洛伐克的外交官，1948年到美国政治避难。康多莉扎·赖斯是奥尔布莱特父亲的学生，以苏联军事为研究方向。美国最早的两位女国务卿出自同一位老师的门下。这些美国高官都是苏联（俄国）扩张政策制造出来的敌人，对俄国的内政外交有切身体会，警惕性特别高。他们都作为苏联问题专家崭露头角，德国犹太人亨利·基辛格也可算是一位。苏联（俄国）凭借武力，在人才济济的东欧树敌过多，后遗症至今仍在妨碍双方和解。

因此，这场革命也可以看做是俄国的失败、西方的胜利，但它更是乌克兰民众的胜利。民意变化无常，选民在革命之后也许会感到失望，但这是一次非暴力的革命，保证了民主选举的公正性。由于国内有近1000万的俄罗斯族人，一位明智的乌克兰领导人不可能彻底抛弃俄国，完全倒向西方。“橙色革命”后的事实也是这样。

“橙色革命”表明乌克兰脱离俄国的运动仍在继续中。俄国在“橙色革命”中一直很被动，选择余地很小。在“橙色革命”前一年，在另一个前苏联加盟共和国格鲁吉亚，有过一场“玫瑰革命”，获得选举胜利的一方也是亲西方的。但西方要彻底赢得乌克兰还需要较长时间。

基辅、敖德萨与圣彼得堡大致在同一条经线上。乌克兰最东部国土比莫斯科还要靠东一些。所有东欧国家都在乌克兰的西部，如果乌克兰加入北约，欧洲的东方边界就可以稳定下来，其他东欧国家也就吃了定心丸：有一个军事盟国在前方，把它们和俄国隔离开来。这个富庶的国家是俄国与西方之间的桥梁，特别是它在黑海的港口。失去了乌克兰，俄国不再与斯洛伐克、匈牙利、罗马尼亚、摩尔多瓦接壤，与波兰的陆地接触也仅能通过它在波罗的海南岸的一小块飞地，或间接地通过白俄罗斯。失去了乌克兰，俄国在黑海的行动受到极大的影响。黑海沿岸最重要的港口——敖德萨、塞瓦斯托波尔（苏联黑海舰队司令部所在地）——都在乌克兰的领土上。塞瓦斯托波尔的地理位置非常重要，英国、法国、土耳其、白军、德国都曾在这里和俄国（红军、苏联）有过激烈的战争。乌克兰还曾经是苏联最主要的粮食、煤、铁的出产地。它的制造业也很重要，苏联最大的造船（舰）基地在乌克兰的尼古拉耶夫。在21世纪初，中国的新型军舰还需要使用从乌克兰进口的发动机。

在失去乌克兰之后，俄国丧失了大部分的黑海海岸，它的西南边界向后收缩了1000多公里。失去乌克兰，俄国就失去了南方的农产品和能源供应基地。俄国不仅在黑海的主要立足点被拔除，甚至在蕴藏着丰富石油的里海地区，俄国的影响也将被削弱。在里海，俄国同时受到来自乌克兰、哈萨克斯坦和高加索诸国三方面的挤压，这些国家的背后都有美国的身影。在高加索地区，格鲁吉亚亲西方的“玫瑰革命”已经成功；车臣人甚至曾向俄国内地发动恐怖袭击，包括首都莫斯科。虽然近两年来车臣局势比较安静，但高加索向来动荡不止，叛乱屡仆屡起。车臣已经成为俄国一个流血不止的伤口。但是，放弃车臣将在高加索地区引起连锁反应，将导致更多的穆斯林地区要求独立。

在乌克兰更多地转向西方之后，在东欧和南欧，也就是在前苏联的加盟共和国和势力范围内，仍然与俄国保持密切关系的只有白俄罗斯和塞尔维亚。除了白俄罗斯之外，俄国在东欧再也没有亲密的邻国，它不得不转向东方。所以，布热津斯基判断，失去乌克兰的俄国将日趋“亚洲化”。他实际上把俄国列为异己，把俄国归入了“异类”的亚洲。在西方，许多人把俄国看成是蒙古游牧帝国的继承人、一个东方国家。让西方接受俄国是不可能的任务。它足够庞大，西方无法接受它为一员；但它又不够强大，难以再次与西方相抗衡。虽然普京在他执政后期对美国、英国做出了强硬姿态，但俄国并没有足够的力量对抗西方。在科索沃战争中，以及之后的科索沃独立运动中，俄国都不能保护塞尔维亚。

乌克兰是一个“在种族和宗教上同俄国人极为接近的”的国家。在并入俄罗斯帝国300年之后，乌克兰成为导致苏联解体的急先锋。原因只能归结于苏联是一个缺乏凝聚力的国家，而俄罗斯是一个缺乏同化能力的民族。由于今天的俄国仍然是一个地域辽阔、民族众多的国家，不排除这个国家进一步解体的可能。下一次的断裂带也许会出现在东方。维持这样一个庞大的、向心力弱的国家，需要有强势的中央集权，以控制地方政府。专制在短期内是有效的。但从长远的角度来看，这种制度必定伤害俄国的经济和文化的发展，也妨碍它改善与西方的关系。与西方关系紧张又会制约俄国的发展。俄国的土地妨碍了民族的发展。俄罗斯人占有的土地实在太多。这是他们数百年来过度扩张的结果。乔治·凯南说过，苏联如果不能成功地扩张领土，就会分崩离析。尽管在凯南说这话之后，苏联已经经历了一次大解体，这句话可能仍然没有过时。俄国的领土很难以一个较为稳定的状态存在，不是扩张，就是收缩。

g. 波兰：从东转向西

在失去了东欧、南欧的大部分斯拉夫国家之后，特别是失去乌克兰后，俄国的欧洲色彩更少了。欧洲的边界就是波罗的海三国、波兰、乌克兰与俄国的边界。除了俄国加里宁州的一块飞地之外，波兰不再与俄国接壤。脱离与俄国的接触让波兰享有几个世纪来从未有过的安全感。

波兰曾经是欧洲最大的国家，当时的领土包括今天的乌克兰和立陶宛。波兰地势平旷，没有天险可守，却又夹在德国和俄国两强之间。在早期历史上，波兰的北方还有一个大国瑞典。瑞典在17世纪中期占领过波兰。在波兰的南方则有神圣罗马帝国和后来的奥匈帝国。因此，波兰是一个典型的中间国家，强敌环伺。波兰曾经的强大以左邻右舍为代价，而俄国和德国扩张的首要目标就是波兰。有句老话说，波兰是块踏脚垫，伊万和汉斯出门都要踩上一脚。波兰今天的实力仍远不能与这两个邻国相比，所以必须寻求另外的保护。布热津斯基是波兰移民，但在《大棋局》中，他很少提到波兰，大概是因为波兰不同于乌克兰，必然站在美国一边，因而不构成一个值得讨论的问题。不过，波兰对俄国、德国的作用还是值得探讨的。

波兰在10世纪形成国家，在1410年打败条顿骑士团。17世纪初，波兰向东方扩张，一度占领过莫斯科，在1612年被赶了回来。1654—1667年，波兰在与俄国争夺乌克兰的战争中失败。俄国夺得乌克兰东部（第聂伯河以东）的土地，其影响一直持续到今天。在这场战争之后，波兰一蹶不振，从此受制于俄国并多次亡国。俄国则逐渐扩张为一个欧亚大国。可以说波兰的衰落是俄国强大的基础。在女皇叶卡捷琳娜二世统治时期，1772、1793和1795年，俄国与普鲁士、奥地利三次瓜分波兰，在23年之内把波兰（包括今天的立陶宛，以及拉脱维亚、白俄罗斯、乌克兰的一部分领土）瓜分殆尽。在维也纳会议之后，波兰并入俄国的那一部分成为沙皇之下享有自治权的王国。在1830年和1863年，波兰人两次起义都失败了。俄国在第一次起义之后废除了那部分波兰的自治，在第二次起义之后把波兰变成了俄国的一个省。

第一次世界大战末，俄国因苏维埃革命而自顾不暇，波兰获得独立，这时距离亡国已有123年。在巴黎和会上，中国要求收回德国在山东的权益，大小国家都对中国持同情态度，唯一公开反对中国立场的国家是波兰，他们的代表支持日本获取山东。为什么？原来刚刚独立的波兰又要扩张。波兰于1919年向苏联发起进攻，夺取了西乌克兰和西白俄罗斯等地方。至于波兰要求得到德国领土，据报道，英国首相劳合·乔治说过，他不能把上西里西亚给波兰，就如同不能把一块表给猴子。

自 17 世纪以后，波兰人似乎不能建立一个运作良好的国家。

1939 年，德国和俄国（苏联）再次合作，第四次瓜分波兰，德国得到大头。波兰又一次亡国。在二战后期，苏联军队进入华沙，波兰成为苏联的卫星国。在这个共产主义国家，工人的抗议活动此起彼伏。1956 年波兹南抗议，1970 年格但斯克工人罢工，1980－1981 年全国罢工，这些流血冲突的起因都是工资和物价，与意识形态无关。这些抗议表明苏联模式的失败。而苏联阵营垮台，一个重要的先兆是波兰团结工会在 1980 年代后期的壮大，领导工人罢工。1989 年 7 月，美国总统老布什访问了波兰和匈牙利。当时的美国国家安全顾问布伦特·斯考克罗夫特说："我想波兰最可能成为通向自由的领头羊。1981 年危机后，那儿的情况从未稳定过，结果导致颁布戒严令。"〔1〕但在这个时候，前景还不明朗，老布什总统遵守冷战时的美苏势力范围，小心翼翼地不触动苏联的利益，以免激起苏联的警觉。他回忆说：

> 戈尔巴乔夫的新的改革举措使我们有机会影响东欧的局势，不过我希望小心。……我不想去鼓励这类事变：它可能会转向暴力而失去控制，然后我们不能、也不可能去支援，而把那里的人民搁在危险境地。〔2〕

波兰在 1999 年加入北约，是前社会主义国家中的第一批。它在 2004 年加入欧盟，现在与美国一起支持乌克兰加入北约，遭到德国的反对。波罗的海三国曾经是苏联的加盟共和国。它们于 2004 年加入了北约，成为西方军事同盟的成员国。这三个国家位于波兰的北部，彼此相连，和波兰一起把德国和俄国隔开，降低了德俄结盟的可能性和必要性。德国和俄国是两个大陆国家，有可能为了共同目标而走到一起。这正是美国和法国所担心的。波兰和乌克兰在陆地上相连，南北两端又临海。2006 年，俄国和德国达成协议，俄国到德国的天然气管道从波罗的

〔1〕乔治·布什、布伦特·斯考克罗夫特：《重组的世界》，40 页，江苏人民出版社，2000 年。

〔2〕《重组的世界》，41 页。

海海底通过，避免了经过波兰。这笔交易让波兰非常气愤。波兰外交部长甚至提起了1939年莫洛托夫和李宾特洛甫签署的瓜分条约，可见波兰对德、俄接近的敏感。

在多次亡国的惨痛记忆中，波兰人必定对德国和俄国有极深的戒意。二战之后，在苏联的坚持下，波兰的东部边境线向后退缩（领土被划入苏联的白俄罗斯），苏联得到了波兰约1/3的土地；波兰的西部边境线推进到德国境内，德国割让了奥德河一尼斯河以东的大片领土，大约1000万德意志人被从故土上驱逐到德国。与1945年之前相比，波兰的整个版图向西平移了200多公里。在美国的压力下，德国在1990年代正式承认了新的德波边界。但领土问题不会轻易消失。自2006年以来，德国的侵略和被驱逐者等“历史问题”变得突出起来，两国龃龉不断。两国延续着传统的敌视，从官方到民间都弥漫着对邻国的不满情绪。

北约和欧盟东扩的主要目标是防止俄国再次崛起，另一个目标是稀释德国在这两个组织中的作用。因此，东扩是一箭双雕。波兰是北约抗衡俄国的前沿，还要牵制它的西方邻国德国，后一个任务有时更重要。波兰很有些左支右绌。暂不提俄国，波兰与德国相比就有些单薄。波兰领土面积是31万多平方公里，比德国的近36万平方公里略小（两国间的领土有过多次大幅度变动）。波兰有3800万人口，是德国8200万人口的46%。按照世界银行的统计，2006年，波兰的国内生产总值不到德国的12%。两国实力对比悬殊。所以，美国需要对波兰大力支持，以增加波兰的分量。波兰是美国在欧洲利益的最积极的促进者，而且或多或少以欧洲其他国家的利益为代价。只有坚定地站在美国一边，波兰才能提升它在欧洲的地位。

在冷战期间，波兰、乌克兰等东欧各国没有真正独立过。它们是苏联的卫星国或加盟共和国，当然也是华约的一部分。在冷战之后，大多数中东欧国家转换了阵营。波兰和乌克兰已经是欧盟成员国。波兰是北约成员国，美国在波兰部署反导系统，并将帮助波兰军队现代化。乌克兰已经申请加入北约。中东欧的大部分国家已经脱离俄国，它们加入西方世界是自愿的，是为了寻求军事保护和经济合作，因而将是持久的。这些国家加入西方阵营是俄国在过去几百年扩张战略和帝国政策的反弹。俄国强烈反对北约和欧盟东扩。但由于俄国衰落太甚，欧洲和美国不太在意俄国的反应。波兰和乌克兰在地缘政治上不可能独立，必须加入一个强大的阵营。从黑海到波罗的海，这两个国家在陆地上连成一体。俄国将很难穿过这道封锁线。这正是两国对欧盟的战略价值之所在。

h. 中国与欧洲的关系

因为现在的实力有些不济，欧洲有时表现得比美国略微通情达理一些。不过，一旦欧洲得势，一定会像他们当年的殖民者前辈一样蛮横。在 2008 年奥运会之前，法国和德国很想在民主、人权问题上教训中国一下，以展示他们站在道德制高点上的曼妙身姿。几个欧洲国家声称要抵制北京奥运会。到了 2008 年后半年，美国次贷危机引发的金融危机延伸到实体经济。在 10 月 24 日—25 日的第七届亚欧首脑会议上，英、法、德的领导人又齐声夸耀中国，同时施加压力，要求中国承担责任，拿出钱来。但对于他们国家的责任，这些人却模棱两可。欧洲想从美国那里夺得金融霸主地位，建立以欧洲为中心的新的“国际经济秩序”。他们看中了中国 2 万亿美元的巨额外汇储备，因此软硬兼施拉拢中国充当他们的小卒子。最活跃的是欧盟轮值主席国法国的总统萨科奇。对此，新加坡报纸的一篇评论说：“‘萨科奇们’所定义的‘新秩序’，既无自由与平等的精神，更无博爱的情怀。法国人历来认为自己是欧洲的中心，欧洲又是世界的中心，所以未来新秩序就必须围绕欧洲来建立。”[1] 在取代美国的经济霸主地位问题上，法国表现得过于急迫和超前。很多时候，伪善者比恶棍更令人生厌。2008 年，中国经历了欧洲的两次“变脸”。欧洲在 20 世纪中期之前的历史已经证明，欧洲或美国掌握世界军事和经济霸权没有大的区别。各种迹象表明，一个强大的欧洲必定是故态复萌的欧洲。

中国仍然是一个地区大国，在欧洲的利益不是特别大。欧洲向中国出口高技术、管理知识、（高档）商品。东扩的北约与欧洲把俄国的精

---

〔1〕《中国也要警惕欧洲中心主义》，《联合早报》，2008 年 10 月 31 日。作者杜平是该报评论员。

力牵制在西方，团结的欧洲将成为美国的挑战者，世界力量的平衡，符合中国的利益。反过来，中国的强大对欧洲的利益冲击也不大。因此，双方存在着很好的合作基础。中国与欧洲分处欧亚大陆的东西两端，相距较远，而双方的全球利益都还没有发展到对方一侧。在今后较长时间内，欧洲与中国不会有大的地缘政治冲突。除了北美之外，欧亚大陆两端是世界经济最活跃、最强大的地区。随着欧元的使用，欧盟各国已经成为一个经济体。中国所在的东亚则仍然四分五裂。东亚的面积和人口远大于欧洲，但经济发展非常不平衡，总体上要落后欧洲很多。欧盟是东亚可以借鉴的地区一体化模式。

在短期内，一个更加活跃的欧盟对中国有利。在美国之外增加一个力量将加强均势的稳定性。虽然欧盟各国之间的协调有所进展，欧盟在短期内不会成为一个统一而高效的组织。在长期，一个力量分散在各国的欧盟更符合中国的利益。这种局势增加了中国的选择以及与欧盟各国讨价还价的能力，也限制了欧盟的对外扩张。所以，长期而言，中国和美国在对待欧盟方面上的利益是接近的，特别是在美国力量出现较大幅度衰退的情况下。另一方面，美国的衰退又符合中国与欧盟的利益，将给这两者留下更大的发展空间，同时减少了它们与美国对抗的成本。

目前，中国与欧洲没有大的利益冲突。双方的主要矛盾是价值冲突。这个冲突将因中国的政治改革而有所改变。政治改革既能改善国内的民权和民生，缓解社会矛盾，建立公平与正义，促进国家的长期繁荣和发展，同时又能减少与发达国家的价值冲突，减少握在别人手中的把柄，减少被敲诈的成本，获得更多的先进技术，提高中国的国际地位。如此一举多得，利人利己，何乐而不为呢？

欧亚大陆的北边：俄国

俄国几乎占据了欧亚大陆的北段。除了斯堪的纳维亚半岛北端的一小部分属于挪威之外，欧亚大陆的北部海岸线都属于俄国领土。这条海岸线面对北冰洋，可以通航，在冬天需要破冰船。在二战时期，美国就是通过北冰洋向苏联运送物质，以避开德国飞机和潜艇的攻击。在冷战期间，北冰洋上的冰是苏联战略核潜艇的理想掩盖物。在当前全球变暖的时期，冰盖正在消失，北冰洋海岸线的价值越来越大，沿岸国家（俄国、美国、加拿大、挪威）争相在北极划分势力范围。不过，作为贸易港口，俄国仍更多地依靠它在另外三个方向的出海港口。

俄国是世界上最大的国家，却是欧洲、亚洲之间的过渡地带，既不在西方，也不在东方。经过欧盟和北约的东扩之后，西欧已经把东欧纳入怀抱，进抵俄国边境。两者彼此用猜疑的目光打量对方。现在，欧盟和欧洲这两个词几乎可以互换。东欧原来是欧洲的破碎地带，宗教、文化和语言都与西欧有较大的差别。现在，欧盟仍处在内部整合时期，这个时期的完成看来似乎还很遥远。俄国感受的压力将随着欧盟的巩固而增加。它向西方扩张的可能已经很小了。

a. 俄国的扩张方式

从立国之初起，俄国就是一个扩张型国家，准确地说，是一个大陆领土扩张型国家。它继承了蒙古游牧民的传统，从一个内陆小邦扩张成横跨欧亚大陆北部的大帝国。俄国走的是陆地扩张的路径，到了中国边界之后，成为侵占中国领土最多的国家。俄国和美国一样，也是一个濒临大西洋和太平洋的两洋国家。其实，它们都是三洋国家，还有一面朝向北冰洋。北冰洋也是两国竞争的场所。与美国相比，俄国在海洋上的地缘环境差得多，从它的海港到大洋还有一段距离，要经过其他国家的门口。俄国曾试图向南打通波斯，从那里通往温暖的印度洋，成为一个四洋国家，但没有成功。俄国的海洋野心以陆地为基础，不能脱离与陆地的接触。

中国有学者把俄国列入参加地理大发现的国家之列，专门讨论“俄罗斯的地理发现能否成立”。[1] 虽然俄国（以及其他北极圈国家）有探

〔1〕 张箭：《地理大发现研究》，360—361页，商务印书馆，2002年。我的观点是，俄国向远东扩张与环球航行的努力不同，在重要性上略次一等。它更接近于欧洲人在地理大发现之后对美洲、非洲等大陆内部的探险、杀戮和征服。

险者经北冰洋向东航行，希望到达东方，但大多数人走的是陆路。他们与欧洲的探险家一样，了解新的地理知识，相信地球是圆的。俄国人越过乌拉尔山的时间与西南欧人跨越大西洋的时间大致相同，甚至还略早一些，虽然其历史意义不能与后者相比。探险对这些国家有一点是相同的，都是（新）一轮扩张的开始。1483 年，俄国的一支军事远征队从彼尔姆地区（那时刚被并入俄国不久）出发，向东翻越乌拉尔山，第一次进入西西伯利亚，用武力迫使一些土著部落归顺莫斯科。1598 年，俄国军队最后打败失必尔汗国（西伯利亚汗国，中心大致在今天的秋明东北一带。西伯利亚因此得名），为东进扫清了一个大障碍。1618 年（明万历四十六年），俄国使团从托木斯克出发，在得到西蒙古阿勒坦汗的允许后穿过他的领地，经过今天的呼和浩特、张家口、南口，到达北京。四天之后，他们拿着万历帝的回信返回俄国。这时，葡萄牙的传教士已经从海路而来，在明廷里立稳足了。1643 年，即清兵入关的前一年，俄国的远征队到达黑龙江流域。清初，中俄在打了几场仗之后，于 1689 年（康熙二十八年）签订《尼布楚条约》，[1] 划定两国边界。俄国在远东的扩张暂时停了下来，直到鸦片战争之后。这时的俄国人并没有停止土地扩张。他们继续向东，越过了白令海峡。1784 年，俄国商人在北美洲建立了他们的第一个殖民点。

虽然前期的成绩显赫，但还有探险的因素，俄国真正致力于向东方扩张是在克里米亚战争之后。因为在战争中挫败，向土耳其方向扩张已经不可能，俄国掉头向东，兼并了中亚的三个汗国和土库曼，开始与中国西北地区接壤。在沙俄时期，俄国把乌拉尔山以东的地方都称为西伯利亚，由三个地区组成：西西伯利亚、东西伯利亚和远东。苏联时期，远东从西伯利亚分出来，两者并称。西伯利亚有 655 万平方公里，远东有近 622 万平方公里。俄国远东地区的北部开始于北冰洋海岸，其东南部就是 1858 年的《中俄瑷珲条约》、1860 年的《中俄北京条约》割去的共 100 多万平方公里土地。俄国东扩威胁到英国占领下的印度，两国开始了在中亚的大角逐。

俄国的地缘优势是面积辽阔和冬季严寒。拿破仑和希特勒这两位欧

〔1〕 尼布楚即今天的俄国涅尔琴斯克。

洲强人都入侵过俄国，都因为这两点而遭受惨败。他们在战争初期的进展都很顺利，俄国似乎不堪一击——直到他们兵力分散、补给线过长，然后遭遇严寒。在很大程度上，入侵者是被地理和气候打败的。俄国有极大的战略纵深，正如孙武所说的“常山之蛇”，“击其首则尾至，击其尾则首至，击其中则首尾俱至。”〔1〕 俄国仅在乌拉尔山以西的欧洲地区就已足够广阔——在失去乌克兰以前。

美国赢得冷战，原因是美国没有入侵苏联，而是对苏联实施围堵，限制它的扩张，在阿富汗给苏联放血。苏联的扩张受到限制，不能维护内部（有苏联及华沙条约集团两个层次）的凝聚力。像苏联这样的大帝国，如同以前所有使用武力拼凑的大帝国一样，遇到强劲挑战就可能崩溃、解体。在历史上有很多这样的例证。东晋军队在淝水打败前秦的大军（公元 383 年，晋太元八年）是一次；20 多年后，西哥特人攻陷罗马城是另外一次（公元 410 年）。胜利者都有效地利用了帝国内部的矛盾。帝国阵营中有许多人盼望着己方的失败，其程度甚至超过了帝国的直接敌人，因为他们受到直接的压迫。在这种时候，政治制度是战争胜负的决定因素，因为只有好的政治制度才能使国家和国家集团具有凝聚力，团结一致对外。俄国的学者指出：

> 俄国南部边界地区经济发展的缓慢性受以下条件制约：首先，17—19 世纪农奴制控制着国家经济，市场关系欠发达。其次，俄国与美国不同的是，在美国，移民从一开始就有经济目的；而在俄国，占领新领土的初衷是为了战略考虑，只有在停止军事行动后才开始经济开发。另外，由于人口少，俄国移民潮要比美国小很多。〔2〕

基辛格说：“俄罗斯向外扩张很少知道节制。一旦受阻它便满怀悲愤，暂时隐忍，伺机报复。”〔3〕 俄国在东部的扩张局势比南部好得多，但仍然面临着同样的问题。这并不奇怪，因为俄国的扩张是在同一个制

---

〔1〕《孙子兵法·九地》。

〔2〕《俄国社会史》上卷，33 页。

〔3〕《大外交》，152 页。

度下进行的。军事占领一定是不稳定的，不可能长久。经济和文化的发展与融合才是立国的基础。民族压迫在俄国很常见，车臣的反叛就是历史遗留问题的爆发。另一方面，在专制制度下，利益为特权阶层所独占。阶级的不平等和剥削转化为民族不满情绪和仇恨。即，阶级仇变成了民族恨。俄国的扩张因此走到了尽头。

b. 易受围堵的国家

乌拉尔山脉像是一条虫子，横亘在大草原上。这条被作为欧洲与亚洲分界线的山脉西侧是东欧平原，东侧是西西伯利亚平原。乌拉尔地区原来是海，山是东方和西方两大地质板块挤压隆起而产生的。乌拉尔山脉还蜿蜒探入北冰洋，这就是新地岛。苏联在岛上进行过热核爆炸实验。因为长期风化，乌拉尔山脉的中部低矮、平坦，已经接近平原了。俄国的平坦大草原从来不是实施防御的好地方，即使乌拉尔山脉也不能形成一道良好的防线。不过，自从俄罗斯人推翻蒙古人的统治、建立国家以来，只有俄国的侵略军越过了乌拉尔山脉，方向是东。

俄国有过长期的、大规模的扩张；俄国容易遭受围堵。这两条似乎是一个悖论。的确，俄国是世界上面积最大的国家，同时又是一个易受围堵的国家。俄国扩张的主要原因之一是地理上的。俄罗斯大平原无险可守，俄国没有优良的不冻港。英国、美国前后两大世界帝国都对俄国实施过围堵。两国的围堵都是从海岸线开始，有条件时就向内陆推进。当然，围堵这样一个大帝国不是一个国家能够做到的。它需要一个有效的军事同盟，而且以发达国家间的军事同盟为核心。在苏联解体之后，西方国家仍然对俄国采取压制、包围的战略，并不仅仅是因为冷战思维。40 多年的冷战只是它们 300 多年双边关系的一个插曲。冷战只是多了一层意识形态的包装，除此之外与以前的对抗没有大的区别。围堵的关键原因是俄国是一个扩张性的国家。

俄国的北方海岸都面向北冰洋，终年寒冷，没有不冻港也没有大城市。北约和欧盟的东扩，使俄国失去了再次向西扩张的可能。在南方，俄国面对“不稳定的弧”，从土耳其（俄国的夙敌、北约成员）到高加索地区（车臣也属于这一地区）、从伊朗到哈萨克斯坦，都是伊斯兰国家。它的东南就是远东。俄国一直担心中国移民增加将把这一地区逐渐变成中国的势力范围。毕竟，它在远东人烟稀少，距离俄罗斯的中心地带过于遥远。最后，在正东，俄国与日本仍然有领土纠纷，双方甚至还没有签订结束二战的和平条约。再往东，俄国就遇到美国了，两国其实是邻国。即使俄国的国力变得很强大，也很难再次把这些地区变成它的势力范围。所有这些国家都有能力和俄国抗衡，一些小国——如格鲁吉亚——的能力来自美国的支持。它们中的每一个都需要俄国认真对付，却没有多少机会可趁。因此，除非国际局势出现大的变动，俄国的扩张余地（无论是领土扩张还是势力范围的扩张）都非常有限。除非气候急剧变暖，否则困扰它几个世纪的出海口问题仍将得不到解决，它走向海洋的任何一个通道都受制于人。

英国当时的战略目标是防止沙俄海军从黑海进入地中海，为此联合法国在克里米亚与俄国大打一场，击退了俄国（1855 年）；为了防止俄国从中东和南亚南下获得暖水港口，英俄两国在波斯明争暗斗，在阿富汗展开“大角逐”（英国第一次入侵阿富汗在 1838 年），这时俄国刚扩张到中亚，而英国也刚吞并旁加普、拉达克，巩固在次大陆的殖民统治；在东亚，英国与日本结盟共同对付俄国，所以日本在日俄战争（1904 年）中取胜。日本与俄国（苏联）的地缘政治关系一直紧张。20 世纪中，日本四次结盟（1902 年英日同盟、1937 年反共产国际同盟、1940 年德意日三国同盟、1952 年的美日同盟），目标都是针对俄国或苏联的。这是因为俄（苏）和日本互为在东亚扩张的最大竞争者，而且俄（苏）是东亚最强大的大陆国家。

在二战之前，俄国（苏联）有很多机会参与欧洲的均势。它在欧洲有盟友，也有敌人。所以，虽然它的地理位置偏了一些，却不很孤独。在冷战期间，苏联把中东欧纳入了它的势力范围。西方承认这个势力范围，不予干涉。除了地理位置独特的西柏林之外，双方在欧洲基本上相安无事。冷战时期的阵营是固定的，而对抗是明确的。所以，那时的欧洲外交比较简单，只要站稳立场就可以了。当冷战结束后，中东欧国家投奔了西方阵营，俄国只剩下一个盟友白俄罗斯。这个时候，俄国在欧洲方向上是非常孤独的。欧洲已经团结起来，没有给它留下操纵的余地。

在第二次世界大战之前，苏联最担心的是东西两线作战（这和德国有很大的相似之处）。在东方是日本，在西方是德国。这一局势在苏联于诺门罕打败日本之后才改变，从此日本转向南面发展，把攻势对准国民党和在亚洲的西方殖民者。今天，俄国仍然担心受到包围。在西方是北约（美国是其最主要成员），南面是美国（占领了阿富汗和伊拉克）和伊斯兰国家，东面是日本（美国的军事盟国）和中国。与以往不同的是，这些国家并没有形成一个针对俄国的同盟，其中一些国家，如中国和伊朗，还和俄国保持一定程度的军事合作。但是，它们都无一例外地对俄国产生了压力。这是因为俄国在历史上扩张太甚，树敌太多，有太多的受害者。它的边境线太长，而且在地缘政治和地缘文化上与所有邻国都不协调，彼此冲突不断。现在，实力对比出现了变化，俄国向内塌陷，固然要担心所有这些邻国以及美国的反扑，却找不到一个可靠的盟友，加强了它的防范心理。俄国人向来崇尚武力，经济不是他们的长项。他们能够建立一个军事帝国，却无力建设一个经济强国。因此，俄国不扩张领土就难以维持。目前看来，不能排除它继续解体的可能。实际上，俄国的势力范围一再收缩，影响力几乎被瓜分殆尽。大部分邻国可能都乐见俄国的进一步衰落，在它的衰落中有很大的利益，唯有伊朗和中国希望其衰落的速度不要太快，可以在近期内抵挡一下美国的锋芒。即，它们愿意暂时躲在俄国的背后。如果没有俄国这么一个大标靶，美国就有余力对其他一些国家更加嚣张。

美国围堵以苏联为首的共产主义阵营获得成功有一个简单的原因：这个庞大的集团几乎没有可以直达大洋的出海口，它的任何一条航道都受制于美国和它的盟友。在欧亚大陆的边缘，美国建立了几个反共条约组织（Seanto，Nato，Cento），可以有效地把苏联集团堵在大陆内部的心脏地带，从而防止共产主义在全球蔓延。因此，俄国有学者认为冷战是海权与陆权的对抗。虽然美国在朝鲜没有打赢，在越南打败了，但从保守的角度看，遏制政策是成功的。苏联留在了大陆。两大集团对抗持续到1990年代初，以苏联解体、西方阵营的胜利而告终。

苏联入侵阿富汗，目的是企图打破边缘地带的封锁，获得暖水港湾。它最终以败退撤军而告终。这场战争不仅消耗了苏联的大量资源，而且被认为在很大程度上导致了苏联的解体。在2003年，美国不顾欧洲的盟国及俄国的反对，占领了阿富汗和伊拉克，继续从边缘地带向心脏地带挺进。美国现在仍在和一个衰落的俄国争夺势力范围，进一步挤压俄国的战略空间。

高加索地区盛产石油，在地理上更接近俄国的腹地，也是北约向东发展的第一个落脚点，已经有了格鲁吉亚作为北约成员的候选国。俄国必须将更多的精力放在那里，中亚五国次之。高加索地区可能是俄国的又一个阿富汗。当然，在制造损失的能力方面，高加索地区不能与阿富汗相比。但两地有很大的相似之处：穆斯林、山地、独立运动、游击战，当然还有美国的支持。这里的人还有能力进入俄国发动恐怖袭击，比如在别斯兰的学校里。这是阿富汗游击队做不到的。在高加索地区，俄国的麻烦不限于车臣一地。在颜色革命之后，格鲁吉亚与俄国的矛盾激化。格鲁吉亚试图以武力解决领土问题，但挑衅失败了，俄国予以猛烈反击。这件事情说明，由外部势力操纵的"民主"可能像极权一样坏，因为当选者长期生活在国外，不对他的选民负责。他只是那些外部操纵者的利益代言人，可能还急于报答他的主人。本国选民对"民主"的过程和结果都无法控制。这种事情多发生在容易受到外部操控的小国。

格鲁吉亚正在谋求加入北约，并得到美国的支持。高加索地区曾经是奥斯曼帝国的土地。土耳其现在是北约的成员国，与高加索地区有着语言、文化和种族上的紧密联系，又有建立大土耳其的设想。因此，西方会保持在这一地区对俄国的挤压。格鲁吉亚的潘基西山谷是车臣叛军的基地。俄国今后在这一地区的影响将继续缩小，而土耳其及其背后的北约的影响将继续扩大。土耳其最终没有允许美国从它的国土进攻伊拉克，但在战后多次进入伊拉克的领土打击库尔德人。它对主导整个突厥语世界的兴趣很大，尽管它的国力比较弱。这一片土地从土耳其开始，经南高加索，到中亚（除塔吉克斯坦，该国大多数居民说波斯语的一个方言），并到中国的新疆。这个地区也是布热津斯基所说的"世界巴尔干"的一部分。如果这一带出现机会，土耳其可能不会放弃加入干涉的机会。近年来，土耳其的伊斯兰宗教势力在上升。

在过去 100 多年中，自亚洲远东国家逐渐强盛之后，俄（苏）就经常面临东西两线作战（或备战）的困境。俄国决定修建安加尔斯克－纳霍德卡输油管道，向日本提供原油，而不是通往中国。这条管道沿着中苏边界走了上千公里，最后通向日本。另一方面，日本将沿着这条管道从俄国上岸。这正是俄国的目的，为中国引进一个竞争对手。俄国游刃于两国之间，以免中国在东北亚坐大。俄国的远东地区是孤立的。俄国这条常山之蛇的中段在哈萨克斯坦和蒙古国以北，如果它的势力被进一步从这两个国家排挤出，俄国国土东西两端的联系就会受到威胁。由于在西和西南方向遭到北约的侵蚀，人口下降，俄国已经没有太多的精力东顾。

美国、欧洲和邻国都不希望看到俄国再次称霸，俄国继续衰落符合几乎所有这些国家的利益。俄国三面受到挤压，只有北方的北冰洋暂时还算平静。其实，北约的战略是积极防御，不可能侵入到俄国的领土之内。市场比土地更重要，争土地只能是两败俱伤。这是两次世界大战带来的教训。俄国有核武器，有大纵深。现在不会有任何一个国家愚蠢到用武力侵犯俄国领土。

当柏林墙倒塌，苏联解体，冷战结束的时候，俄国领导人欢呼意识形态冲突的终结，盼望俄国和西方融为一体。西方世界的决策者却清醒得多。他们知道，地缘政治的竞争将取代意识形态的争斗。因此，在苏联解体、华约解散之后，以华约为对手的北约却持续东扩。为了防范俄国，欧洲沿着俄国的边界筑起了一道“铁幕”、一面无形的“柏林墙”，从波罗的海到黑海，把俄国隔在了另一边，并尽力把这道“幕墙”向俄国边界推进。这个时候，俄国正陷入严重的政治和经济危机，根本不可能对西方构成威胁。构建幕墙的行为表明了西方基于历史的对未来的远见：俄国不会成为西方的一部分；当它再次强大的时候，还会对西方形成威胁。

因为这道幕墙，在可预见的未来，俄国在它的西方很难有所作为。但是，俄国是一个大帝国的孑遗，世界上国土面积最大的国家，并仍然保有一定的军事和经济实力，它不可能满足于偏安一隅。在众多充满戒意乃至敌意国家的环伺之中，如果俄国不能重新振兴，就有可能继续分裂。俄国已经渡过了苏联解体后的最困难时期，它必须表现出某种强硬，也有了这样做的一些能力。2007 年，俄国的战略轰炸机恢复了冷战时期在太平洋和大西洋的例行巡航，主要目标是美国的关岛军事基地和英国。这样，俄国以挑战（或应战，取决于观察者的方位）西方来确立自己的特性和地位。这种行为看似主动，却是完全被动的。美英不为之所动。

在西方碰上了幕墙之后，俄国只有转向其他方向。它可以在两个方向上一展手脚：南方和东方。南方是破碎的边缘地带，有阿富汗、车臣等地的穆斯林战友。南方也是美国在冷战时期围堵苏联的防线。无论在南方发展如何，当俄国行有余力之时，必将更多地向东方用力。不过，俄国在东方也不容易。首先是距离太遥远，俄国发展远东地区的计划不太容易奏效，尤其在不与东亚其他国家合作的时候。而东亚其他国家在俄国远东地区的影响，正是莫斯科想要避免的。东方有中国和日本两个大国。日本还是美国的军事盟国。如果俄国试图拉拢日本，必将引起中国的猜疑，增加与中国的摩擦。两个欧亚大国彼此消耗是西方所乐见的，却是中俄都应该避免的。“祸水东引”的政策在二战前已经有了先例，今后几十年未必不会重演。

俄国注定是一个孤独的国家。以俄国之大，俄国只能成为一个单独力量。当初，普京上台不久，曾向欧洲示好，表示愿意加入欧盟。德国总理格哈德·施罗德评价说：这就像一头熊跳进浴缸，不仅洗不成澡，而且还会把洗澡水都排挤出来。欧洲这个浴缸再大也容不下俄国，普京后来还提议让俄国加入北约。而北约正是为了遏制苏联而建立的军事同盟。这些提议很可能是权宜之计，或者是示好的姿态，没有实质内容。总的趋势是，双方的关系越来越不友好了。北约东扩、颜色革命、乌克兰加入北约的计划都是为了制约俄国。2008 年 8 月，俄国与格鲁吉亚的短暂冲突，结束了俄国与西方之间发展亲密关系的可能。

强大的军事力量对于一个国家极其重要，中国在近代史上饱受侵略和欺凌，尤其需要建设强大的军事力量。但是，仅有强大的军队还不足以赢得世人的尊重，也不足以给本国国民带来幸福——沙皇俄国和苏联就是一例。俄罗斯文化中最杰出的人物大都受到当权者的迫害，或者是制度的反对者。可以说，俄国的当权者总是和自己的文明相对立。在俄罗斯文明开始昌盛以来的 200 年间，这种情形没有改变。俄罗斯文明的精华是在与专制制度对抗中产生的。俄罗斯的统治者以坐牢、流放和死刑为对付手段，却从来没有驯服过知识分子，这与中国的情况完全不同。因为在民众的蒙昧中反对强大的专制制度，俄罗斯的知识分子生活在理想或梦想之中，他们没有现实生活。所以，尼古拉·别尔嘉耶夫在1946年写道："知识分子在我们这里不可能生活在现在，他们是生活于未来，有时则生活于过去。"〔1〕 因为没有辉煌的俄罗斯文明的支撑，沙皇和苏联拥有庞大的军队，却只能算是第二流国家。

俄国缺少地缘文化优势，阻碍它再次成为超级大国。俄国早失去了它在冷战时期的号召力。那时，苏联作为东方阵营的老大哥，打着共产主义的意识形态旗帜，有一批国家跟随在它的后面，使它有可能与美国抗衡。在共产主义之后，俄国无法找到在国际上凝聚人心的替代品。虽然有一些斯拉夫人倾向俄国，但在俄罗斯人之外，并没有一个俄罗斯传统文化圈，俄国也无令人仰慕的传统。俄罗斯的文学、音乐、绘画都有顶峰之作，尤其是文学。但那大多是苦难的文化。音乐和绘画多悲伤和痛苦，如果说这多少反映了北方民族的忧郁气质，那么，从陀思妥耶夫斯基（1821—1881）到索尔仁尼琴（1918—2008），文学的灿烂却直接或间接反映了政治的黑暗、民族的苦难。而且，在这100多年的时间里，这种黑暗和灾难并没有减少。因此，俄罗斯文化令人赞叹不已，却不具备凝聚力。东欧人认为他们的文化高于俄罗斯文化，对之并不倾心仰慕。而西欧人更把俄国看做是野蛮落后的东方，总是用疑惑的眼光打量它。

除了缺少地缘文化优势之外，俄国还有一个与日本类似的困境：文化归属。在东方人看来，俄罗斯是典型的西方人和西方文化：他们是白种人，较早地拥有坚船利炮，信仰上帝和耶稣基督，吃饭时使用刀叉、碟子；而西方人则认为俄国有浓重的东方色彩，继承了蒙古（鞑靼）文化，信仰基督教的异端——东正教。如果说日本人是自我放逐到西方文化圈内，而俄罗斯人则是受到两方面的排斥。其实，不管其源头来自何方，这两个国家都有自己的灿烂文化，但似乎还不足以使它们拥有明确的身份和足够的自信。布热津斯基断言，俄国的"欧洲色彩将不可避免地减弱，而日趋更加亚洲化"。这不仅是地缘政治预言，更含有文化的

〔1〕 尼·别尔嘉耶夫：《俄罗斯思想》，25页，三联书店，1996年。

判断。俄国或许离欧洲越来越远。欧洲也不会费力去接受它。亚洲会接受一个日趋亚洲化的俄国吗？大概不会，甚至不会相信俄国能够亚洲化。俄国太大，以至没有一方能够放心地接受它，或有能力容纳它。俄国人的自尊心也不允许他们投靠到任何一方。那么，俄国只能依靠自身力量重新崛起——这是一个极为艰巨的任务。在此之前，俄国将继续被边缘化。

如果把一个多民族国家比作跨国公司，那么，它们最明显的相似之处是（或应该是），在不景气的时候出售非主营业务，甩掉亏损的子公司，重组剩下的主业。在事业发达的时候向外扩张，兼并。这一点，在俄国表现得最为明显，尤其是在中东欧。但俄国还有扩张的机会吗？

地缘政治环境窘迫，地缘文化优势缺失——这些因素决定了俄国在相当长的一段时间内不可能再次成为超级大国。

c. 俄国的人口问题

俄国面临的最大挑战之一是人口下降。冷战之后，俄国人口一直在下降，在 2008 年不到 1.42 亿。虽然在政府鼓励下出现了一个生育高峰，但据俄罗斯科学院的预测，这可能只是暂时的回升，到 2050 年，俄国人口可能会减少到 1.1 亿或更少。这样的人口规模很难在那时的世界体系中维持一个大国的地位，也不足以在它的广袤国土上保持适当的人口密度。经济发展以适当的人口密度为基础，人口稀少将造成劳动力不足和消费者不足。劳动力不足将抬高生产成本，消费者不足将导致经济建设成本过高，尤其在俄国这样大的国家中。俄国的人口问题包括两个方面，一是总人口数量的下降，二是俄罗斯族的生育率较低，俄罗斯人在全国总人口中比例的下降。人口减少的影响是长远的，将在半个世纪或更长时期中逐步显现出来。在 21 世纪，人口将是地缘政治博弈中的一大要素。俄国将是效果最为显著的地方之一。〔1〕

---

〔1〕 另一个是穆斯林的人口。在以色列、欧洲、印度等地，穆斯林人口的增长速度超过了多数民族。由于军事力量处于劣势，人口增长将成为伊斯兰世界的重要武器。另外，如果中国不停止压制生育，必将导致社会问题。

在俄国之外还有 2000 多万俄罗斯人。他们是侨民，在苏联解体之后留在了原来的加盟共和国里，许多人仍然持有俄国护照。在那些敌视俄国的国家里，他们受到歧视。他们的存在增加了俄国干预这些国家政策的机会，同时也可能激起当地的反俄情绪。对俄国侨民的态度在很大程度上取决于俄国的对外政策。在格鲁吉亚，莫斯科已经利用了这些俄国护照持有者。从长期来看，俄罗斯人的存在有助于维护这些国家与俄国的关系。他们将是俄国的一笔财富。

俄国人口集中在它的欧洲部分。现在，俄国的远东地区只有 700 万人。俄国的远东与它的欧洲本土之间隔着西伯利亚和乌拉尔山。即使俄国的经济复兴能够长期维持（非常不易），也很难保持东西两端的平衡。它的“东部大开发”将因路途遥远、气候寒冷、俄罗斯人西迁等问题而难以实现。俄国的远东地区有几座稀疏的城市，但它们经济辐射能力差，而且也没有足够的劳动力市场和消费市场。石油、天然气是俄国东部的主要资源，但开采和运输成本高，不足以维持本地区的长期繁荣。况且，虽然中俄签订条约，解决了边界问题，但俄国人知道中国人没有忘记被夺走的 100 多万平方公里土地。在它 700 万人的远东地区对面，是中国东北的 3 亿多人。这样大的人口差异使俄国人寝食难安。维护帝国的成本是高昂的，仅仅为了克服地理阻碍就需要付出巨大的经济代价。苏联解体没有解决俄国在数百年间过度扩张造成的问题。俄国或许有必要进一步收缩。否则为了维护国家的统一，俄国只能过于依赖武力，从而伤害它的发展前景。一个富裕的、没有扩张野心的俄国对所有国家都是一件好事情。

d. 以军事为先的复兴

1991 年 7 月，苏联应邀参加在伦敦举行的七国首脑峰会。这时，美国刚刚赢得两场战争：冷战和第一次海湾战争。苏联的目的是争取经济援助。在会上，戈尔巴乔夫质问老布什：“美国到底希望苏联成为什么样子的国家？只有得到了这个问题的答案，我们双边关系的许多问题才能明了。然而剩下的时间不多了。”[1] 这句话表现出，5 个多月后即将解体的苏联已经失去了自我，需要“他者”来给俄国定位。在这个危急关头，戈尔巴乔夫不知道苏联该走向何方，但肯定不是美国希望的样子。直到现在，俄国仍然没有摆脱原来的道路。它的复兴仍以炫耀武力为标志。俄国想要威慑的美英两国同样崇尚武力，了解这个游戏的手段和目的，不会被现在的俄国吓倒。从冷战期间的朝鲜战争、柏林危机、古巴危机，到冷战后的科索沃战争，每一次与西方军事对峙，俄国（苏联）都是严厉威胁在先，然后急速退却。朝鲜战争与其他几次危机不同：有一个中国几乎独自顶上去了。

俄国的现代化的努力并不很成功。它的工业以重工、军工为主，而轻工业、民用工业欠缺，工业结构畸形。现在，俄国军工产品的竞争力也在下降。维持俄国经济增长的是能源出口。事实证明，在变化无常的市场中，这个模式是脆弱的，不能长期维持。在过去 10 年中，俄国的地位一直在回升。不过，这种回升是世界能源价格上涨的结果。既然俄国不能赢得友谊，那就设法获得敬畏，最好能让别人害怕，不敢对俄国的利益轻举妄动。别人的尊重和害怕取决于俄国的力量，俄国把军事放在优先的位置。在另一方面，炫耀武力的策略势必加重俄国的孤立，从而使它更加依赖武力。

根据布热津斯基的介绍，在 1990 年代中后期，许多人认为俄国“只不过是第三世界的一个地区性大国而已”。[2] 经过 10 多年的恢复，俄国试图再次证明它是一个不可忽视的大国。由于能源价格上涨等原因，俄国的状况比布热津斯基写这本书的时候好了许多，成为一个上升

---

〔1〕 小杰克·F·马特洛克：《苏联解体亲历记》下，646 页，世界知识出版社，1996 年。作者是当时美国驻苏联大使，但不在 17 日的会谈现场。这句话引自阿纳托利·谢尔盖耶维奇·切尔尼亚耶夫的 *Shest'lets Gorbachevym*。切尔尼亚耶夫当时是戈尔巴乔夫总统的外交事务助理。在《重组的世界》（江苏人民出版社，2000 年）中，老布什对这场会谈的回忆比较简短，没有记载他的不愉快。他写道：七国首脑“会议对戈尔巴乔夫的计划反应谨慎”（537 页）。在会谈期间，两国在削减战略武器会谈中取得一致。然后，“我听着戈尔巴乔夫那天的苏联国内形势介绍，我越来越感到他的问题多迫切，他实施与加盟共和国的安排多么重要”。（538 页）到这个时候，苏联已经失去了与西方国家平等会谈的地位，而戈尔巴乔夫已经对苏联失去了控制。

〔2〕 《大棋局》，118 页。这是在西方被普遍接受的判断，是欧盟和北约东扩的前提。那时，中国媒体把苏联解体后的状况描写得格外凄惨，连地区大国的地位都没有。

中的新兴经济实体。但是，这个大国已经今非昔比，俄国再也不可能得到冷战时期那样好的地缘政治环境了。它的周边环境大不相同了，俄国的外部环境显得很局促，仿佛被套上了紧身衣。实际上，美国和英国已经向俄国发起了一轮新的冷战[1]。尽管美国官方否认围堵的企图，但俄国官方是这样认为的。之所以没有发展成为真正的冷战，不过是因为俄国无力应战罢了。今后一旦有实力和机会，俄国一定会报复的。俄国在努力恢复国力，恢复信心，也恢复从前超级大国的希望和姿态。

俄国海军要重返大洋。它的军事演习以美国为假想敌，演练进攻航母。但俄国的问题是：军舰能离开基地多远？太平洋舰队会遭到日本及美国在日本驻军的截击；黑海舰队会遭到土耳其的阻拦；波罗的海舰队和北方舰队会遭到英国的打击。这些国家都是美国的军事盟友，有集体防御条约。如果与美国及其盟国发生战争，除了北冰洋的北方舰队外，俄国的其余三个舰队很难离开它们所在的海。虽然有一些大吨位的军舰，俄国舰队还是缺乏攻击力。2008年底，俄国派军舰到南美，与委内瑞拉举行联合军事演习。这是冷战之后俄国军舰第一次经过巴拿巴运河，有向美国示威的意思，报复美国支持格鲁吉亚。美国根本不在乎，而且不是故作轻松的外交姿态。远离基地的俄国海军实在不值得担忧——只要它不准备发射核导弹。

e. 俄国外交与中俄关系

俄国在外交中一向虚虚实实，真真假假，不在意假动作被戳穿后带来的尴尬。它动辄发出使用武力的威胁，把别的国家推到前方。弗里德里希·恩格斯对俄国外交技巧的评价很高。他认为，在与英国或法国的外交交锋中，俄国总是占上风。恩格斯还发现：

> 俄国只愿意进行这样的战争：由俄国的盟国担任主要的担子，由它们的变成了战场的领土承受破坏，由它们提供最多的兵士，而俄国军队则担任后备军这种在大多数战斗中都备受珍惜但在所有的大战役中却能

[1] 或可以称为“凉战”（cool war），比“冷战”（cold war）略微暖和、和缓一些吧——虽然冷战是相对于动用武器的热战（hot war）而言。

以较少牺牲换得决定战局的荣誉的角色。[1]

中国人会非常同意恩格斯的判断，因为他们有过教训。在朝鲜战争中，苏联就是这样做的。朝鲜战争奠定了冷战时期的格局，也埋下了中苏翻脸的种子。后来，美苏两国采用了相似的技巧，在非洲大打“代理人战争”。俄国新近使用这个策略是在科索沃战争中。叶利钦警告北约空袭南联盟将引发第三次世界大战，宣布将派军舰（经北约控制的博斯普鲁斯海峡）到地中海。但最后只去了一艘破旧的侦察船。在南联盟宣布从科索沃撤军后，俄国派兵抢先进驻科索沃，确保本国在巴尔干的影响和利益。至于它先前的立场和南联盟的感受都不重要了。

从1860年代到1960年代的100多年中，俄国不仅抢占中国领土，还成功地向中国输送了意识形态。因此，俄国对中国这段历史进程的影响最大。在清朝末期，俄国是入侵、瓜分中国的豪强之一。在1895年的《马关条约》中，台湾、澎湖列岛、辽东半岛被割让给日本。俄、法、德三国不容日本坐大，发起干涉，迫使日本把辽东半岛还给中国。在原定清朝给日本的2亿两银子战争赔款中，又增加了3000万两的赎辽东款。因此，清廷对俄国多有好感。早在1878—1881年的伊犁事件中，李鸿章已经倾向俄国。马士认为，自从1876年文祥去世后，

（李鸿章）就是中国仅有的一位具有健全国际知识的政治家了。……在一八九六年他（李鸿章）曾经得出这样一个结论，认为除俄国而外，没有一个西方国家能够贻中国以大患，或是给中国以有效的帮助，因此为了争取俄国，他情愿付出对方要求的代价。[2]

在得出以上结论的这一年（1896），李鸿章出使西方列强。当时，日本在各国中对中国的危害最大。李鸿章抛给俄国的诱饵是东北的利益，试图借用俄国抵挡日本的逼迫。俄国要侵占中国的领土（而且已经

〔1〕《马克思恩格斯全集》第22卷，19页，人民出版社，1965年。转引自杜正艾《俄罗斯外交传统研究》，198页，上海人民出版社，2007年。

〔2〕马士：《中华帝国对外关系史》第三卷，388页，上海书店出版社，2006年。

占去了大片领土)，而日本则企图灭亡整个中国。在圣彼得堡，李鸿章与俄国订立密约，规定中国划出土地由俄国在东北修筑铁路；面对日本进攻，中俄应该互助。李鸿章期望中俄密约能保中国 20 年和平。中国用巨资从日本那里赎回辽东半岛不到两年，就被俄国人抢走了。在李鸿章与各国议和之后，列强为避免它们之间卷入争夺中国的大战，于是维持均势，没有最后瓜分中国。清廷“付出对方要求的代价”，但俄国从来没有满足过。

李鸿章的判断在长周期中有效，在短周期内有误。李鸿章在 1901 年去世。俄国的扩张力量很快遭遇挫折，它在 1905 年被日本打败。这是东方国家第一次打败西方国家。此后，俄国陷入一次大战和苏维埃革命，暂时无力东顾。日本在中国领土上横行无阻，野心越来越大，并与纳粹德国遥相呼应，企图北侵苏联。1939 年 5 月，在中蒙边界上的诺门罕，日本关东军被苏联机械化部队打得惨败。在第二次世界大战末期，俄国(这时叫苏联)再次出兵中国东北，歼灭了关东军，报了当年的一箭之仇。日本彻底退出中国，而苏联则前进了一步。4 年后，新成立的中华人民共和国认苏联为“老大哥”，倒向了斯大林一边。

俄国经济发展的动力基本上是能源和军火，中国是重要的出口市场。国际能源的价格起伏不定，而且俄国的能源出口往往要经过第三国，甚至为此和白俄罗斯——它最密切的盟国——发生争执，这是发生在 2007 年的事情。虽然在停顿多年之后，传闻中俄在重型直升机和航母舰载机上开展合作。中国的技术仍然很落后。不过，对于中国，俄国的军工优势不会维持很久了。能源和武器都掌握在俄国政府手中，因此非常不稳定。俄国向中国供应能源的意愿反复无常。俄国政府必定会毁坏它的市场信誉。

在冷战之后，中俄关系一直不错。这在很大程度上是因为两国都承受了美国围堵的压力。它们手持武器，背靠背站在一起。俄国面对西部，中国面对东部，形成一个防御的态势。但是，它们也不时回过头来打量，警惕背后的那个国家，尤其以俄国为甚。俄国感受到的压力比中国更大。国际关系现状是对中国有利，俄国可以分散美国一部分的注意力，使美国不能集中更多的力量来对付中国；同时，在与西方关系处于低潮的时候，俄国需要中国的友好，不能多方出击。因为这两个原因，中国也有必要在一定程度上与俄国合作，使目前的状态维持下去。由于美国实力出现下降趋势，中俄共同负担美国压力的时代将要过去。但俄国对中国疑心很重，在两国的合作中多有保留。

中国人现在最羡慕俄罗斯的地方大概是它的丰富能源和美丽女子。俄罗斯文学和苏联武器基本上都是昔日荣光了。虽然西方常常把俄国当作东方国家，却不能引起东方人的共鸣。在共产主义理想破灭之后，俄国丧失了对东方国家的道德号召力。中俄合作是深深猜疑中的合作，冷战后，两国合作的动力大部分来自美国的威胁，此外还有某些中国人对苏联帝国的怀念。

在几乎整个 1990 年代，中、俄两国都在一起努力，试图建立一个“多极世界”，反抗美国的独霸地位。从长期来看，当美国放弃在欧亚大陆称霸野心的时候，美国可以成为中国的盟友。因为到那个时候，美国已经虚弱到退出全球军事霸权，但又强大到在欧亚大陆上保有切实的利益，因此必须更多地与大陆国家合作。这里所说的“盟友”，不一定是由条约规定的正式盟友，更多的时候是出于权宜之计的互相支持。作为欧亚大陆的客人，美国对这一地区没有领土要求，虽然有时会为了石油或其他利益占领一个国家，如阿富汗、伊拉克，但显然不是为了永久占领，把这个国家并入美国，如俄国、日本在中国做过的那样。另外，虽然美国在当地扶植了一个亲美的政权，但它不能保证其领导人的绝对忠诚。而且，美国自己是一个民主国家，它所扶植的政权也会在一定程度上是民选的（在冷战时期不是这样，也证明了民主制度的影响力在扩大）。这个政权一旦建立起来，就有可能演变为不是美国希望它成为的那个样子。没有任何国家有力量在一个充满敌意的国家里长期维持驻军。赢得一个国家比打败一个国家困难得多。美国为它在德国和日本的成功所鼓舞，正在重蹈苏联在阿富汗的覆辙。

f. 俄国历史对中国的教训

在过去 100 多年，俄国的国家发展轨迹与中国有很大相似之处，曾经给中国以很大的影响。在相当大的程度上，俄国对中国的影响是以两国的相似为基础的。两国的相似性最早可以追溯到蒙古征服时期，它们曾经都是蒙古大帝国的一部分。从1237年开始，蒙古骑兵征服了罗斯的几个公国，统治了200多年。在摆脱蒙古统治之后，俄国开始了快速的向外扩张。

在蒙古征服时期，俄罗斯文化失去的较少，因为那时它还不发达，能够失去的也相应较少。中国则不同。自从蒙古征服之后，中华文明再也没有恢复元气，反而遭受一次又一次的打击。清兵入关之后，专制统治达到顶点，中国社会丧失了活力。在蒙古之后，俄国是向外扩张，而中国则是向内塌陷。总的趋势就是这样。俄国得到的多，中国失去的多。元朝之后，明朝一度在陆地和海洋同时向外发展（还算不上扩张），似乎继承了蒙古人的遗风，但持续时间不长，基本上限于成祖朱棣一朝。中俄两国另一个不同之处是中国与欧洲远隔重洋，不了解世界的发展，因此落后得一日千里。而俄国在地理上靠近欧洲，从彼得大帝（1682—1725在位）时开始向西方学习，掌握了现代武器和船舰的制作技术。但在政治制度上，俄国一直是专制的。正是在这个意义上，俄国被西方认为是“东方”国家。由于俄国没有远离欧洲，长期是欧洲的均势与战争的主要游戏者。虽然制度落后，但还不至于导致技术落后数百年。

在20世纪初的时候，与欧美相比，俄国的制度并不比中国先进很多。其下层民众尤其备受压迫，灾难深重。俄国和中国也都受到西方的歧视和压迫。正是因为这些原因，俄国革命在中国知识分子当中赢得相当普遍的同情。同时，中国文人被俄国文豪们的作品所吸引，唤起了他们对俄国的尊崇、对俄国的亲切感。但是，许多人似乎忽视了这些文豪是在怎样的环境下写作的。中国的亲苏首先是在知识分子中开始的，他们了解一点俄国的皮毛而心向往之。李大钊、陈独秀、鲁迅这些左翼人士都仰慕苏联。他们以为俄国是中国的榜样。这种错觉，其他国家的知识分子也有，特别是欧洲，以法国为甚。他们似乎都是首先被俄国文豪征服的。

中国是在国外干涉较少的情况下取得无产阶级革命胜利的国家。在1950年代，中国全面倒向苏联集团，在政治和社会的各个方面模仿苏联，以马克思主义、列宁主义、斯大林主义为指导思想。这个时候，中国与苏联的早期相似：两国都在一个农业社会中强制工业化，优先发展重工业，也都面对发达国家的敌视和制裁。因此，模仿有过几年的成功，重工业得以很快地发展。但权力过度集中的危害不久就非常明显了。中国出现了和苏联一样的大饥荒。在饥荒之后是长期的“文革”动乱。直到改革开放，中国的建设才又开始。

农奴问题是俄罗斯知识分子心中的痛，也成了俄罗斯文学中的一个重要主题。解放农奴的呼声在俄国已经有很长时间，但直到 1861 年，俄国才正式宣布废除农奴制。有趣的是，美国林肯总统发布《解放宣言》，解放黑奴是在 1863 年，比俄国废奴还晚了一年多。但是，在这两个国家，农奴（或黑人农奴）获得真正的解放都用了很多年的时间。当然，中国的农民问题不能和俄国及美国的相比。比如，中国的农民享有更多的自由，他们受侵犯的程度没有那么严重，也比较容易解决。但有一点这三个国家是相同的，那就是社会的某一阶级的自由和权利受到制度性的侵犯。这不仅是经济结构的问题，更是一个拷问社会良知的道德问题。

在 1990 年代初的变局之后，今天的俄国仍在集权和民主之间摇摆。但普京的铁腕领导的光环已经褪色了。也许，俄国确实需要一个强权人物来统治，在困境中的俄国人期盼着英雄挺身而出。但在强权之下，俄国的长远发展肯定会受到制约。为了保证一个人施展能力，必将限制许许多多的人发挥他们的聪明才智，结果是得不偿失。相比之下，中国人也要问：我们需要什么样的英雄？我们真的需要英雄吗？人们一定要牢记，他们一定会为英雄的出现付出高昂的、甚至惨重的代价。伊索寓言中有一个故事：一群自由自在的青蛙看到别的动物都有了王，于是请求上帝也给它们立一个王。上帝给了它们一根木桩，一个虚拟的王。青蛙们很不满意。于是上帝派了一只鹰当它们的王。这只鹰王把青蛙都吃掉了。在很多时候，尤其在苦难、虚弱的时候，俄国人和中国人把自己当作青蛙，期望有一只鹰做他们的国王。如果他们都能变作鹰，而不是鹰的恭顺臣民，一定会有一个更强大，同时也更文明、更富裕的国家。

因为这些相似之处，俄国（苏联）更应该成为中国的一面镜子、前车之鉴，而不是效法的榜样。

第八章

破碎地带：南边

破碎地带的范围和成因

发明“破碎地带”概念的是英国地理学家、地缘政治学家詹姆斯·菲尔格里夫（1870－1953）。他在1915年出版的《地理与世界大国》中，把破碎地带定义为海权与陆权之间的国家。实际上，破碎地带就是没有权力的地方，既没有海权，也没有陆权。因为没有权力，这一地带在内部纷争和外力撕扯的共同作用下四分五裂。破碎地带以中东为中心，向东沿着欧亚大陆南岸延伸到巴基斯坦和印度，在那里分为两岔。北线经过阿富汗到中亚五国，南线经东南亚、台湾海峡到朝鲜半岛。以中东为中心，向西也分为两岔。南线沿着非洲大陆北部向西，包括撒哈拉沙漠以北的所有国家；北线经土耳其到巴尔干半岛。欧亚大陆的南边是破碎的地缘政治地带。

这一条海岸线上有一个天然的分界点，这就是马六甲海峡。马六甲海峡以东是东南亚，是中国的邻国，距离中国较以西的各国为近。在马六甲海峡以西基本上都是穆斯林国家，以阿拉伯人、突厥人和波斯人为主。它们都自成一体，彼此联系不很密切。在本章的论述中，欧亚大陆南边到马六甲海峡为止，也不包括海峡以西的缅甸。这样的划分只是为了论述的连贯性。

在21世纪之前，人们常说，从中东到中亚的欧亚大陆南侧有一个“不稳定的弧”，组成这个弧的都是伊斯兰国家，被西方认为是动荡区域。在苏联解体之后，以车臣为首的北高加索地区的确是俄国流血的伤口，也是西方关注的热点。在美国入侵阿富汗和伊拉克之后，“不稳定的弧”这个说法就消失了，似乎美国给这个地区带来了和平。美国人不提这个“弧”，其他人也就忘记了。但这个地区的不稳定因素一点都没有减少，甚至变得更加复杂了。在弧内的其他地方，阿以冲突没有解决，中东和平一如既往遥遥无期；伊拉克库尔德人要求独立的呼声更高，与土耳其的库尔德人遥相呼应，土耳其军队跨过边境实施打击；美国怀疑伊朗支持伊拉克游击队，而伊朗又坚持它的核计划；在沉寂了几年之后，阿富汗的塔利班组织从美军的打击中逐渐恢复过来并发起新的攻击；美国试图在中亚复制它在东欧导演的颜色革命，但进展似乎并不顺利，中亚逐鹿正在暗中进行，除了老的游戏者之外，印度也越过巴基斯坦在中亚设立了军事基地；目前倒是车臣的局势暂时比较安静，但不知道什么时候会再次爆发。

这个不稳定的弧固然有它不稳定的内部原因，比如民族的压迫、专制政权的压迫、青年人口比例高而经济却不景气，等等。如果放长眼光看，可以看出它是历史延续，是大国角逐的后遗症和并发症，是基督教和伊斯兰教1000多年信仰冲突在近代的激化。美国人是踏着英国人的脚印进入中东的——从以色列到伊拉克，莫不如此。当初英国在中东乃至中亚的一个重要任务就是阻止俄国南下，美国则沿着阿拉伯海的北岸遏制苏联。冷战之后，美国没有完全取消这一目标，反而因此向北推进，其战略目的也从俄国扩大到中国和伊斯兰教国家。美国入侵伊拉克，不仅仅是为了霸占那里的石油资源，卡住石油消费国的脖子，还试图在中东的伊斯兰国家中建立一个民主样板。在美国的国际政治词汇中，“民主”只是美国政治模式的代名词。

不稳定的弧是破碎地带的缩小版，主要在中东两侧的穆斯林国家地带。但破碎地带的范围更大，向东延伸得更远，断断续续到东北亚。破碎地带上大部分仍然是穆斯林国家。它们是阿拉伯帝国和奥斯曼帝国灭亡之后留下的碎片。苏联帝国解体之后的碎片中包括中亚国家——也是以穆斯林为主要居民的国家。东南亚在伊斯兰教主要分布区的东部。那里有一些宗教冲突，但破碎的主要原因是地理上的。热带、亚热带的崇山峻岭以及大洋中的岛屿，造成了地理和心理的分裂状态。朝鲜半岛的分裂与对立是二战和冷战的产物，暂时看不到统一的前景。

破碎地带的成因有强大的宗教因素。印度次大陆北部和地中海东岸是世界宗教的两大发源地，两地之间的伊朗高原则产生过祆教、摩尼教。现在，这一带仍是世界上宗教情感最强烈的地区之一，宗教冲突、教派冲突是许多地方日常生活的一部分。伊斯兰教内部也是分歧众多，不能团结。破碎地带还是帝国灭亡后的产物。早在数千年前，北方的入侵者就源源不断地南下征服了。近2000多年，那里不仅有过本土的波斯帝国、阿拉伯帝国和奥斯曼土耳其帝国，还曾是葡萄牙、西班牙、荷兰、法国、英国等西方帝国的殖民地。帝国的记忆不会轻易消退，富饶的石油必然引起争端。温暖的南方海岸还是俄国南下和英国、美国北上的着力点。所以，那里还因为受到两个方向的挤压而破碎：俄国或苏联由北向南，英国和美国由南向北。

中东是世界上最著名的热点地区。自1948年以色列建国以来，以色列和巴勒斯坦、阿拉伯世界的冲突从来没有中断过。整个地区常年处于战争或战乱状态。犹太一基督教文明与伊斯兰文明的冲突最明显地体现在中东。在政治上，一些中东伊斯兰国家是美国的盟友，但在文化上则是对立的。2009年，美国总统奥巴马试图开创与伊斯兰世界的新时代，这个计划是一个很好的起点，但要见到效果，恐怕需要数十年的不断努力。如果中东没有和平，就不能平息极端主义、恐怖主义的源头，受它影响的地区就难以稳定。

在破碎地带上有几个较大的国家：印度、伊朗和巴基斯坦。伊朗是波斯帝国的故土。它现在有野心成为地区大国和伊斯兰世界领袖，正因核开发计划与美国对抗。巴基斯坦以对抗印度的军事压力为立国之本，这是在1947年印巴分治时形成的特点，在两国取得实质性和解之前不会改变。印度虽然较大，却难以成为独霸一方的大国。印度的扩张一定会遭到邻国的抵抗。它可以在远处建立军事基地，却很难影响本地区。此外，伊朗和巴基斯坦还不是地区的稳定力量。它们分别是美国和恐怖主义的打击目标。两国的现状更增添了地区的不稳定性。

破碎地带一直向欧亚大陆的中心延伸。在破碎地带的这一部分是中亚五国，过去是苏联的加盟共和国。美国、俄国和印度在那里驻扎军队。不过，五国都是内陆国，现在受海外的影响较小，因此相对稳定一些。中亚最繁华的地区在费尔干纳盆地——东西陆地交通的中间点。

南边的破碎地带经过土耳其，延伸到欧洲的地中海北岸，到达著名的“火药桶”巴尔干地区。20世纪初的第一次世界大战在那里引爆。20世纪末最后的战争也在那里，即美国和欧洲轰炸南联盟。北约企图窒息今后可能引爆炸药的火种，减少俄国的影响。它们目前是成功的。

地中海北岸（北非）也是破碎地带的自然延伸，位于撒哈拉大沙漠的北部，气候干旱。北非被阿拉伯帝国征服，居民大多是阿拉伯人。他们曾长期占领伊比利亚半岛，直到17世纪才被赶走。尼罗河三角洲的古埃及长期是世界文明的领先者，也曾经是一个大帝国。突尼斯曾经有过一个强大的国家迦太基。迦太基的居民是从地中海东岸航海而来的殖民者，几乎毁灭了罗马共和国。在现在的北非，埃及是实力最雄厚的国家，但发展缓慢，在失去中东战争之后对以色列无可奈何。利比亚的领导人卡扎菲曾经向美国挑战，受到过暗杀轰炸。在美国除掉伊拉克的萨达姆之后，他向美国示好，近年来比较安静。北非现在不具备形成大国的条件。

东南亚属于欧亚大陆的南部边缘，也是“破碎地带”。虽然东南亚十国组成了联盟，但各国之间、各国之内的差异非常大。国内有宗教、民族、阶级冲突，国际有领土、历史、宗教之争，都不是短时期内可以解决的。不过，东南亚的破碎程度与南亚、西亚的有所不同，总体上较后两个地区好一些。首先，东南亚各国建立了联盟，互相协调，一体化的前景比较光明；其次，宗教冲突没有在南亚、西亚那样强烈；第三，东南亚的经济增长速度较快，在一定条件下，增长可以缓解社会和国际矛盾；第四，东南亚没有中东那样丰富的石油资源，大国干涉的意愿较小；第五，东南亚各国目前都比较弱小，不具备寻求地区霸权的条件，因而不会挑起地区冲突；第六，由于弱小和较少石油资源，即使某个东南亚国家发生动荡，一般也不会波及更大范围。这些因素把东南亚与西亚、南亚分开。这里有必要记住：整个欧亚大陆的南边都是破碎的；在地理、宗教、民族等方面，较大一些的东南亚国家都潜藏有动荡和分裂的因素。

东南亚的人种与破碎地带的其他地方不同，主要是黄种人和小黑人。那里的气候特点不再是干旱，而是潮湿，在地理上与西段的破碎地带隔开。东南亚历史上出现过强大的国家，而且创造了令人赞叹不已的文明，从柬埔寨到印尼都有文物。东南亚滨海或是岛屿，是欧亚大陆南方的交流通道。这一地区接受了儒家和佛教文化，以及后来的伊斯兰教，现代又接受了西方文明。

破碎地带上有阿拉伯半岛、印度次大陆、中南半岛三个大半岛。它们仿佛是从大陆上垂下来的挂件，向南深入海洋。三个半岛的地缘地位非常高。阿拉伯半岛上有石油，有伊斯兰教圣地，其东部有波斯湾，西部有苏伊士运河；次大陆上有印度，一个被很多人看好的国家；中南半岛上有东盟的几个国家，前端突出的马来半岛与印尼的苏门答腊岛形成了马六甲海峡。

再回到欧亚大陆上来。在这四条边之中，以印度为中心的南边是最短的一段，限于阿拉伯海沿岸到孟加拉湾沿岸，西不过波斯湾，东不过马六甲海峡。但是，也可以把南边看做是最长的一条边，一直延伸到非洲。问题只是今天的非洲还不很重要，而印度的力量投射能力很有限。将来非洲变得更加重要的时候，印度将占有有利的地理位置。非洲东海岸长期受到亚洲的影响。马达加斯加岛的绝大多数居民是马来移民的后裔，属于马来语系。

殖民统治是统一的力量，也是分裂的力量。世界上有许多国家是因为西方的殖民统治才产生的，比如印度、印度尼西亚，以及撒哈拉以南非洲的许多国家。它们是西方帝国的遗产。同时，外来的力量为了保持统治的稳定，必然会在当地制造分裂，埋下日后纷争的种子。这些国家的独立时间还不长，还没有作为现代国家稳定下来，各方力量还没有形成比较稳定的比例。

在 20 世纪上半叶，中国也属于破碎的南边。中国至今没有完成统一，台湾海峡一度是可能爆发战争的世界热点之一。冷战期间最大的两场热战——朝鲜战争和越南战争——在这个地带上。今天，中国在西北和东北两个方向上与破碎地带接触。这两个地方都是大国的角力场。

破碎地带当然不是一个完整的地缘政治区域，各国的地位是不稳定的。中亚、东南亚、朝鲜半岛都在破碎地带上，因为与中国相邻，它们都放在本书的下一章来讲。

印度：破碎地带上的破碎国家

a. 一块前殖民地

在欧亚大陆上，中国、印度、欧盟和俄国形成了一边一个大国的局势。在这四个方向大国中，最弱的是印度。印度不仅面积最小、经济最落后，而且在它那条边上所占的面积比例也很有限。不过，印度在本地区的竞争对手也比较弱，最大的竞争对手是巴基斯坦和伊朗。如果能够走向团结，阿拉伯世界将是印度最强的竞争对手。波斯和阿拉伯曾经都是庞大的帝国。帝国的历史是今天伊朗人和阿拉伯人的骄傲，只要有机会，他们不会容忍另一个国家控制他们的世界，他们曾经顽强抵抗英国和美国的入侵。现在的波斯（伊朗）站在反美的前沿，有宗教的因素，也有国家的因素。在这种情况下，印度将来不会有大的扩张余地。

印度面临的威胁主要来自西北方。历史上从来如此，今后很可能也将如此。印度次大陆从来都是一个被征服的地区。在雅利安人入侵之后，波斯帝国、亚历山大帝国、贵霜帝国、阿拉伯帝国、蒙古帝国、帖木儿帝国、莫卧尔帝国、大英帝国、俄罗斯帝国，都在印度的西北部。当然，西北方的英国人是在次大陆的南方登陆的，他们是航海者。这些帝国或对次大陆构成威胁，或长期占领。次大陆最有效的抵抗是炎热、潮湿的气候，如同中亚的严寒和干旱是入侵者的最大敌人一样。中亚和印度西北都位于民族迁徙的路线上，两地受到侵略的经历相似。不过，中亚是一个中间点，不容易防守，容易接受外来影响。那些强大的力量有停留在中亚的，也有路过的。印度次大陆则是一条岔道、一个终点。征服者进入次大陆之后就是进入了一个新的世界，他们停留之后只能定居下来。先后到来的民族赋予次大陆文明五彩斑斓之色。实际上，印度的历史就是被征服的历史，并由此产生了种姓制度。

印度不仅位于欧亚大陆南边的破碎地带，印度内部的政治地理也是破碎的。印度历史上只有三次统一。第一次是孔雀王朝。亚历山大的入侵给北印度造成了混乱，旃陀罗笈多趁乱而起，在公元前 323 年建立了孔雀王朝。他赶走马其顿军队，获得了今天阿富汗一带的土地。旃陀罗笈多的孙子、孔雀王朝的第三位国王阿育王（约公元前 273－约前 232 在位）统一了次大陆的大部分地方，除了最南端。在完成了血腥的征服之后，阿育王皈依佛教。但是，和平信念没有挽救他的帝国。阿育王死后，他的帝国迅速分裂。在此后 1700 多年中，印度出现过面积较大的王朝，如控制松散的笈多王朝[1]（320—540）、阿富汗突厥人的德里苏丹（1206—1526），但它们的势力限于西部和北部，没有向南越过中部的德干高原。到了1526年，蒙古－突厥人自中亚入侵次大陆，建立了莫卧尔帝国，渐次扩张。到帝国的第六位统治者、皇帝奥郎则布（1658—1707在位）时，基本上统一了印度，但也不包括次大陆的南端。这是印度的第二次统一。奥郎则布推行激进的伊斯兰宗教政策，迫害印度教徒，激起了强烈反抗。他在世时就已经硝烟四起，去世后帝国更是分崩离析。此后，莫卧尔帝国名存实亡，皇帝成为入侵的波斯人、阿富汗人的傀儡。在1764年，莫卧尔皇帝投降了英国东印度公司。到19世纪中期，英国东印度公司第三次统一印度，并从印度向中国走私鸦片，发动鸦片战争。可以说，现代印度是由一家英国公司创造的国家。1858年，在镇压了印度士兵起义之后，英国撤销东印度公司，取消了早已没有任何实力的莫卧尔王朝，对印度实行直接统治，直到1947年印度获得独立。在20世纪初，印度共有700多个大小土邦。在1950年宪法中废除土邦之后，印度才真正成为一个现代国家。但种姓、宗教、民族和阶级的对立与冲突仍在撕裂这个国家。

印度次大陆曾经是英国在东方的扩张基地。中国饱受其害。英国人向中国走私印度的鸦片，在中国抢夺势力范围，都是因为它占有了印度。此外，英国人向东殖民缅甸，觊觎云南；向北侵略西藏，控制喜马拉雅山区的小国；向西北方占领阿富汗，与俄国展开“大角逐”（The Great Game）——这些还只是陆地上的行动。作为一个统一的现代国家，印度的国际政治遗产是从大英帝国那里继承下来的。征服者给印度现在的外交政策留下了很深的强权印记。独立之后，在历史上第一次，印度人开始用征服者的目光打量外部世界。美国学者科亨说：

> 大英帝国的殖民统治给印度留下了许多重要的地理政治惯例。……“在南亚次大陆形成一个核心区和一个周边地区，核心区即独立后的印度，周边区即环绕印度四周的小国。”……印度付出了半个世纪的努力

---

〔1〕 笈多王朝扶植婆罗门教。婆罗门教因佛教、耆那教的兴起而衰落。在笈多王朝时期，婆罗门教演化为印度教，种姓制度在印度最后确立。

缩小从英国继承下来的方略与其资源基础的差距，但是由于社会和经济发展的需求，其资源基础大为削弱。[1]

印度继承了英国留下的各种土地遗产，也包括强权政治。但印度对许多地方的控制并不顺利，尤其在东北地区，武装反抗从来没有停止过。科亨说："在南亚，英国人看到什么都想要。"[2] 于是，印度在独立之初也是看到什么都想要，包括英国在西藏的特权。印度试图以殖民地继承一个大殖民帝国的传统，却缺乏大英帝国那样的物质资源，也缺乏英国那样的外交人才和军事人才，更缺乏英国当年扩张时有利的地缘环境。印度因力不从心而愤愤不平。

印度作为一个国家，是英国殖民地的遗产，国内的"断层线"既多且深，历史悠久。印度在强硬的和坚硬的对外政策中消耗资源，对国内矛盾束手无策。不过，如果不能对外保持强硬和坚硬，印度就难以保证国家特征和内部认同，中央政府将处于更加弱势的地位。这是一个两难选择。印度这个国家像是一颗鸡蛋，表面上似乎有坚硬的外壳，但外壳却很薄，内部是不稳定的流质。印度也可能像鸡蛋一样脆弱。目前，印度的各种冲突还没有遭到西方倾力批评和攻击。也许，印度的（家族）民主制把官方的不当行为"合法化"了。西方批评的缺失也从一个侧面说明，印度还没有成为一个让西方担心的东方大国，还不足以撩起西方的兴趣，在适当的时候发挥一通正义感。不管怎样，印度的内部冲突可能被外界利用。如果印度和一个大国发生较大规模的战争，这个大国又有足够的智慧和力量，那么，印度这枚鸡蛋就可能被打破，造成内部的动荡，就像次大陆在历史上绝大多数的时期一样；即使核武器也不能挽救印度，因为裂缝产生在内部。

印度是冲突类型的标本地区。世界上的各种冲突都能在印度找到相应版本：阶级冲突、民族冲突、宗教冲突，以及印度独有的宗教内部的种姓冲突。在当今世界上，只有少数几个国家仍然存在着因阶级冲突而导致的武装斗争，印度是其中之一。印度东北部有民族游击队，反抗印

〔1〕 斯蒂芬·科亨：《大象和孔雀——解读印度大战略》，10—11页，新华出版社，2002年。

〔2〕《大象和孔雀——解读印度大战略》，10页。

度兼并他们的土地。低种姓人举行大规模示威游行，抗议减少给予他们的福利。

印度和巴基斯坦的紧张关系是当年印度教徒和伊斯兰教徒之间冲突的继续，又增加了在克什米尔的领土纠纷。印巴分治没有解决宗教冲突的问题，反而使冲突上升到国家的层面上，成为两个有核国家的对立。两国为克什米尔争端打了三场战争。克什米尔是穆斯林占大多数的地区。所以，克什米尔战争不仅是两国间的战争。巴基斯坦国内有穆斯林在为克什米尔而战。2008 年 11 月孟买发生恐怖袭击，袭击者来自巴基斯坦。除了豪华酒店里的美国人和英国人之外，被袭击目标还有孟买犹太文化中心。这是穆斯林－犹太教徒冲突在印度的再现。在这之前，2001 年，同一个组织（虔诚军）袭击了印度国会大厦，2006 年袭击了一列火车。印度国内的宗教冲突与印巴间的国际对立相互纠缠着，使得其中任何一组矛盾都更加难以解决。

印度东北地区与印度本土之间被孟加拉国和尼泊尔隔开，在那里长期存在着武装抵抗，特别是在适合游击战的山区。那里的人们过去被英国人屠杀，但从来没有放弃对自由的渴望。英国把这个地区移交给印度后，他们也不屈服于印度的统治。印度政府对当地人的要求作出了一些让步，但仍实行严密的军事管制。武装反抗仍在继续。印度在那里驻扎重兵并不是完全为了对付中国。

在宗教方面，印度的主要问题之一是印度教的好斗分子，不能发挥足够的和解与稳定作用。印度教徒的数量占印度总人口的 82%。印度教有和平和好斗两个方面，圣雄甘地代表了其和平的一面，但他被另一位印度教徒暗杀了。接下来 1984 年，印度政府军攻占锡克教金殿之后，总理英迪拉·甘地被她的锡克教徒卫兵杀害。印度教的圣经《薄伽梵歌》是好战的，宣扬武力。在过去数十年中，印度教的好斗群体正在上升，挑起宗教冲突。印度人民党（BJP）是一个印度教的政党，在它的执政期内，印度于 1998 年爆炸了原子弹，期间又出现了激烈的印度教－伊斯兰教冲突。印度的宗教冲突不仅存在于印度教与锡克教、印度教与伊斯兰教之间，印度教与基督教的冲突近年来也激化了。宗教冲突出现全面化趋势。2008 年，印度教徒烧毁基督教堂，指责基督教强行把他们的信徒改宗为基督徒。数个邦发生流血冲突，造成数十人死亡。基督教相信自己是唯一正确的信仰，又运用发达的“直销”传教手法，难免会引起其他信仰追随者的反感和反抗，使得彼此难以和平相处。不过，印度现在的情形比1900年中国的义和团运动时好一些。在今天的印度，外国的基督教传教士不能高高地立于法律和官府之上。没有外国的蛮横干涉，大众对基督教的反感会少许多。

印度境内有1.5亿穆斯林，这是一个非常大的数字。在所有国家中，印度穆斯林人口的数量仅次于印度尼西亚和巴基斯坦[1]，大大超过了许多穆斯林为主体的国家的人口。在1947年印巴分治时，印度教徒和伊斯兰教徒冲突不断，死亡人数估计在50万到150万之间。大约有1500万人为了他们的信仰和安全，从一个新国家迁移到另一个新国家，形成了世界上最大的难民潮。在分治之后，印巴发生过三次大的战争。1971年的印巴战争造成了东巴基斯坦（今孟加拉国）与西巴基斯坦的分裂。印度境内的恐怖袭击也往往与克什米尔有关，并直接导致印巴关系紧张。所以，印巴战争和印巴对峙既是国家冲突，也是宗教冲突。虽然两国政府做过巨大的和平努力，但对立仍在继续。

综上所述，印度是破碎地带上的破碎国家。即使将来能够幸免于分裂，印度国内的和解还有很长的路要走。在这个过程中，还会有很多人在流血冲突和恐怖袭击中伤亡。内部的分裂必将制约印度在国际社会发挥更大的作用。在国外，破碎地带也没有给印度带来更多的机会。其他国家或者与它有难以调和的矛盾，或者有自己的野心，不容印度在本地区撒欢。

b. 古老的文明

印度和中东是世界上两大宗教发源地。今天世界上最大、最有影响力的宗教都起源于这两个地方。也正是这个原因，印度和中东是当今世界上宗教冲突最激烈的地方。当地国家的外交政策也容易受到宗教的影响。产生于印度（及尼泊尔）的佛教改变、丰富了整个东方世界。印度与这些地方的交往占有先天优势。不过，悠久的历史、灿烂的文明、道

[1] 穆斯林人口占印度总人口的13.4%。有些印度穆斯林认为实际数字比官方公布的高，大约占总人口的20%左右。如此，印度拥有世界第二大穆斯林人口，超过巴基斯坦。

德的自负，对地位、级别的敏感，以及对自己智力的高估，使得印度人在对外交往中采取傲慢的态度。外国官员与他们打交道不是很容易。

印度的古老文明不止一个。种姓制度割裂人群，宗教冲突严重。所以，印度文明有内在的紧张。因为缺乏融合的传统，这种内部紧张很难调和。实际上，在印度古文明区，分裂在制造不同的宗教，创立各个地方政权。这种特征必将影响印度作为一个统一国家的存在。

在地缘政治上，中国和印度是竞争对手。在地缘文化上，两国享有相近的文化。佛教起源于印度次大陆，早期在恒河流域一带发展，然后从次大陆向西北和东南两个方向传播，分别形成大乘佛教和小乘佛教。今天，佛教徒不到印度总人口的1%。许多印度教徒把佛教看做是印度教的分支，对佛教徒较为宽容。印度教是早期婆罗门教消亡后的再生，而佛教从婆罗门教中吸收了某些思想。两者有共同源头。不过，两个宗教在教理上有很大差别，在人与人的关系问题上简直是对立的。佛教徒相信众生平等（更不必提人与人之间的平等了），而印度教实行种姓制度，把人划分成高低不同的等级，代代相传，不可改变。虽然有很大的不同，中印人的思维方式还是因佛教有了很多相通之处，可以成为两国对话的一个基础。

在印度文明的源流中，相当大一部分可以上溯到英国——它曾经的宗主国。英语是印度的通用语言。在这个有数十个较大语种流行的国家中，英语是上层社会必不可少的语言硬通货。印度的政治制度有很深的英国痕迹，它的外交政策也一样。1962年的中印边界冲突是英国与俄国“大角逐”的继续。印度继承了英国向西藏方向扩张势力范围的传统，导致了与中国的争端。现在，印度丝毫不想放弃英国原有的利益，以及英国试图得到的利益。2009年，印度高调宣布向中印边界东端增兵6万的计划，企图以武力压迫中国在边界问题上让步。

但由于受到中国和巴基斯坦的地理位置的阻挡，印度很难在欧亚大陆腹地发挥作用。它的北面是高耸的喜马拉雅山脉，山的那边是中国。在青藏铁路通车之后，山脉两边力量对比的天平倒向了中国。而在西边，从巴基斯坦开始，是伊斯兰国家的世界。这一陆地局势迫使印度“向东看”，它也只能“向东看”。

东面的第一个国家是缅甸。在殖民时代，缅甸一度属于印度殖民地。这段历史可能给印度带来一些方便。但是，缅甸北部与中国的关系非常密切，这是印度不具备的条件。实际上，从印度的东北部各邦（在殖民时期英国人从缅甸划给印度的）开始，大陆东南亚的人种、语言、文化与中国更为接近——虽然印度古代文明（佛教与文字）一直向东传播到今天的越南南部和柬埔寨。在东南亚，虽然华人在一些国家一直遭受排斥，在总人口中的比例有高有低，却从来都是最为富裕的族群。在大陆东南亚各国，华人和当地原住民的杂居，可以看做是华人和其他族群之间的过渡地带。在过去数百年中，华人以他们的方式改变了东南亚。随着中国日益富强，他们的存在可能会越来越明显。

c. 潜在的海洋大国

由上所述可见，印度在陆地上受到很大的拘束。印度潜在的优势在海上。印度的东面有孟加拉湾，西面有阿拉伯海，这两个海域是印度洋向北的延伸。在地质上，印度是一个次大陆。在地理上，可以把印度看做是欧亚大陆向印度洋伸出的半岛。因为北方有难以逾越的山脉、沙漠和丛林，这个半岛相对孤立。马六甲海峡是东亚的海上咽喉，海峡狭窄，交通繁忙。在马六甲海峡以西的国家中，印度的经济实力最强，其海空军也最强，距离海峡比较近。在英国殖民者为印度人留下的遗产中，安达曼群岛和尼科巴群岛是最为宝贵的财富之一，对印度的价值可能超过了麦克马洪线以北的土地。当人们把注意力集中在马六甲海峡时，往往忽略了一个事实：即使没有马六甲海峡，印度也有可能依靠这两个群岛控制东亚与西亚及欧洲的海上交通。任何需要经过马六甲海峡的船只都要从这两个群岛（主要是尼科巴群岛）以南通过。马六甲海峡周边至少有三个国家：印度尼西亚、马来西亚和新加坡，而安达曼群岛和尼科巴群岛只为印度一国所有。即使在泰国的克拉地峡修建运河，通往东亚的航线避开了马六甲海峡，但仍避不开安达曼群岛和尼科巴群岛。而且，前往波斯湾和苏伊士运河的航线不仅要经过马六甲海峡，还要在很近的距离上经过印度的南端，通过它的克拉沙群岛和马尔代夫之间的八度海峡或九度海峡。所以，对于东亚国家，除非与印度保持和平，否则，即使马六甲海峡平安无事，经过马六甲海峡的航线也不会有绝对安全。

安达曼群岛和尼科巴群岛与印度本土形成犄角之势，保护着印度的左翼。除了可以威胁经由马六甲海峡的航运之外，它们还能被用来控制东南亚的西侧，尤其是缅甸的海岸，和泰国、马来西亚的西海岸，充当印度“向东看”的前哨阵地。不过，无论是向东看还是向北看，印度首先看到的国家必然都是中国，然后才是本地区的其他国家。这是由中国的总体实力所决定的。同样，中国“向西看”的时候也绕不开印度。这也是由印度的总体实力决定的。

印度基本上是一个半岛国家，有优越的地理条件成为海上大国。印度次大陆深入印度洋1500多公里。印度面对着宽阔的印度洋，安达曼群岛和尼科巴群岛扼守在马六甲海峡的西部出口。从波斯湾到马六甲海峡的石油运输线经过印度以南的海域。也是在这片海域，东方与西方（以及反方向）的航线与石油运输线是重叠的。在整个环印度洋地区，包括东南的澳大利亚和西南的南非这两个地区大国，没有一个国家有潜力在海洋上与印度争雄。印尼是另一个地区大国，又是一个岛国，在海洋上有很好的前景，但目前还不能成为强劲的竞争对手。现在控制印度洋的是美国海军，它在印度洋中部的迭戈加西亚岛有一个基地。在很长时期以内，印度都不会把美国当作对手。但美国在海外的军事存在将逐渐减少，给其他国家的发展留下机会。

印度向海洋发展的一个障碍是它的经济力量和技术水平。海军的建设成本很高，对技术的要求也很高。仅有一个强大的海军还不够，还需要强大的空军、很强的太空能力，才能保证海军的指挥、通讯、侦察等任务，以及海军最基本的安全。海军的攻击力主要在空中。印度早已拥有航空母舰，表明它对海洋的野心（雄心）由来已久，比中国早得多。不过，现在的印度在安全上处于两难境地：陆地发展受地缘政治的限制，海洋发展受资金和技术的限制。在北方，印度的地理位置显然很不利。在成为海上强国之前，印度需要解决它与巴基斯坦和中国的领土问题。只有解决了陆地问题，印度才能够放手向海洋发展。否则，它只能在陆地和海洋之中做出选择。印度的实力还不允许它同时在两个方向上大规模发展。

在马六甲海峡或波斯湾，周边的一些国家可能制造麻烦。不过，它们这样做的可能性不大，针对中国的可能性更小。如果美国对某一个国家实施禁运，它可以选择的点不止一个马六甲海峡，那里繁忙的交通使检查和拦截变得不容易。美国有能力在全航线上阻拦别国的航运，还可以登陆，禁止货物（如石油）出口。对于需要保障海上航运畅通的一方，确保某一个点的安全还远远不够。它需要保证整条航线的安全，这条线上的任何一点都是一样的，甚至在货物的源头、航线还没有开始的地方。所以，保护方比攻击方的任务重得多。一旦出现禁运，或需要保护海上航线的情况，离全面战争就不远了。美国在两次世界大战中，就是因货船受到德国的攻击而参战。日本因不堪美国禁运，才决定偷袭珍珠港。

如果某国针对中国封锁马六甲海峡或航线，中国就必须打破封锁。中国将根据双方的力量对比采取对策，选择有利的战场。有能力在马六甲海峡打就在那个地方打。但中国不是非要在自己不占优势的地方作战不可。如果作战条件还不成熟，就应该采取“你打你的，我打我的”战略，在自己占优势的地方还击，攻敌所必救，攻敌所必交换。这个策略不妨碍和平时期在弱势的地方布局，以图有所改变。但是，除非国家间的整体实力对比出现大的变化，布局不容易从根本上改变双方的强弱对比，反而可能在战时成为对方的便宜目标。

d. 中印关系

在中国与每一个邻国的双边关系中，中国可能都多占一点分量。这是由中国的总体实力和地缘位置决定的。但是，美国是欧亚大陆的一个重要玩家，在所有地区都有驻军；邻国们也往来密切，经常有彼此借重的时候。这些因素在中国周围造就了一个复杂系统，牵一发而动全身。不存在单纯的双边关系，任何两国都不可能与其他国家分割开来。双边关系是复杂系统，牵涉的国家越大、越多，系统的复杂程度就越高。中印双边关系就是复杂程度较高的系统。

印度继承了英国人对锡金的宗主权，并最终吞并了这个喜马拉雅山南麓的小国，而锡金在历史上是附属于西藏的。在与俄国的想象的竞争中，英国把西藏变成了它的势力范围，在西藏享有一系列特权，并在江孜驻有军队。1947 年印度获得独立之后，也想把这个势力范围当成英国人的遗产继承下来，它继承的是一个帝国的地缘战略。当中国人民解放军于1951年进军西藏之后，印度认为中国侵犯了它的利益，导致它“失去”西藏。这是1959年印度收留达赖喇嘛、中印在1962年爆发冲突的一个重要原因。不过，在西藏问题爆发之前，中印两国是“兄弟”关系，在那些偏远的地方，本来不至于因对方哨所向前推进了几公里而爆发战争。两国领导人也曾这样说过。印度在1959年接受达赖喇嘛的流亡集团，总理尼赫鲁亲自前去拜访。这时，事情起了变化。印度在边界问题上持强硬态度，中国也不相让。中印之争是中英在西藏问题上对立的继续，是过去地缘政治冲突的延续。边界战争是政治的继续。

1962年的边境战争是今天中印关系的基础，在印度尤为明显。印度人不能忘记惨败，而中国当时不过是想“教训”它一下。在1949年以后，中国有过三场较大的边境战争：1962的中印冲突、1969的中苏冲突、1979年的中越战争。只要看一看战争的年代，就知道它们都在巨大的国内动荡之后：所谓的三年“自然灾害”或困难时期、“无产阶级文化大革命”的高潮、“无产阶级文化大革命”的结束。显然，这些边境战争不仅与边境局势有关，更与国内政治密切相关。在国界没有最后划定的时候，双方都很有可能尽量地向前挤占一点，甚至在国内媒体制造一点紧张气氛，以便在今后的谈判中占据主动。这就是当年尼赫鲁的策略。毕竟，印度是不结盟运动的领袖，是美国和苏联之外“第三势力”的中坚；印度是中国少数几个朋友之一，中国在联合国需要印度的支持。这些是尼赫鲁的底气所在。

中印之间有悬而未决的领土问题，在可预见的未来不可能解决。印度必须保持庞大的军队对付巴基斯坦，而巴基斯坦是与中国关系最密切的国家之一，中国不可能放弃支持。印度也不可能驱逐达赖喇嘛和流亡印度的西藏人。中印有争议的土地面积大约有12万平方公里，包括两方认为被对方“占领”的领土。在藏东南，有9万多平方公里被印度占领，印度的法律依据是中国视为非法的麦克马洪线〔1〕——英国殖民者的遗产。另外印度声称对新疆的阿克塞钦地区拥有主权。新藏公路通过这

〔1〕 缅甸也曾经是英国殖民地，一度还是英国的印度殖民地的一部分。麦克马洪线一直延伸到缅甸。中国与缅甸划定的边界大致以麦克马洪线为标准，把一些原来臣服中国、隶属云南的土司土地划归缅甸。这给印度发出了一个信号，使他们在中印东段领土问题上特别强硬。一般认为，中国的想法是用东段换西端。

一块大约3万平方公里的高寒地区[1]。印度甚至对中国和巴基斯坦的边界提出异议，要求得到中巴边界中国一侧的部分领土。在领土争端中，中印两国政府的立场都很坚定，因此很难以实际控制线为基础决定边界线。自从1962年边境冲突之后，两国在边境上都驻扎了重兵，尤其是印度，它要报复当年的失败。青藏铁路通车后，中国西藏驻军的后勤大大改善，必要时后方支援将更快到达。两国边界力量对比失衡的情况有所改变。

印度改善中印关系的努力总是在大国政策变化之后。1986年，苏联总统米哈伊尔·戈尔巴乔夫发表海参崴讲话，把中国的重要性放在印度之上。1988年，印度总理拉吉夫·甘地访华。1998年印度进行核试验，把矛头直接指向中国。2001年的纽约、华盛顿的恐怖袭击之后，美国为了进攻阿富汗，迅速改善与巴基斯坦的关系。2003年印度总理瓦杰帕伊访华。在2008年开始的世界金融危机中，因为拥有巨额外汇储备（其中有大笔的美国政府债券），中国在世界经济中的地位上升，美国向中国表现出了亲善的样子，姿态很是诱人。这个倾向让印度非常不安。在两年之内，中印关系或许会有所改善。由此可见，中印双边关系缺少自我推进的动力，总是受到国际大环境的影响，尤其在印度一方。

独立以后，印度是一个民主国家，其经济政策却是社会主义的。印度在1991年开始为经济松绑，比中国晚了12年。此后，印度的增长逐渐加快。它比较和赶超的第一个目标就是中国，而且经常有乐观的预测，比如，因较少依赖出口，印度在2010年以后的增长速度将超过中国。印度的崛起对中国不是一件坏事。一个强劲对手的出现可以使中国认真反省自己发展战略的不足之处，也许能够刺激中国改善教育和科技——这两个领域是增加国家长期竞争力的关键所在，却一直是中国的薄弱环节。说到底，今后国家间的竞争主要就是体制的竞争。创新能力对每一个国家来说都是严峻的考验。可以用很多办法来掩盖腐败，但无法掩盖创新能力的匮乏。此外，在企业竞争力方面，印度也是中国的榜

---

〔1〕这一地区荒无人烟。当初，印度是在中国庆祝新藏公路通车的新闻报道中发现中国“占领”了阿克塞钦。新藏公路原来是一条古老的商道。中国用了17个月的时间翻修了这条道路。

样，印度有多家具有国际地位的商业公司，而中国的大公司都是国营垄断企业，此外就是为外国公司打工。中国必须拥有具有国际竞争力的企业，否则不会有前途。

多年来，印度一直把中国作为追赶的目标，而中国对印度的重视程度显然要低一些。印度近年来的发展很快，其经济发展潜力可能比中国还大一些。在边境地区，印度的兵力对中国具有优势，在 2009 年又向东北部增兵 6 万。印度在核武器方面获得了对中国的威慑力。如果印度经济继续高速增长，而双方的关系没有明显改善，那么中国必将更多地感受到印度的威胁。今后，在印度大声叫嚷“中国威胁论”多年之后，中国也可能会出现“印度威胁论”。

因为有喜马拉雅山脉和马六甲海峡的阻隔，而两国都还处在崛起的初期，目前，中印之间还不会出现非常激烈的地缘政治争斗。它们可以建立各自的利益范围，同时避免侵犯对方的利益。两国都面对着非常具有挑战性的内部发展和稳定的问题，减少彼此间的争端对国家的发展是有利的。其实，目前的争端不涉及两国的核心利益，或至少能够与核心利益剥离——只要双方有政治决心和勇气。中国和印度应该以现状为基础，在争端上达成妥协。在解决目前的问题之后，两国就可以和睦相处。另一方面，如果印度坚持对中国持强硬立场，中国有许多对付印度的手段，比印度能够拿来应对中国的办法多得多。最后必定是印度受到更大伤害。

美国等国正在试图把印度培植成一个大国。对印度影响的评估有很大一部分来自预测，其结果很是可疑。美国的扶持效果必将非常有限。首先，任何大国都是依靠自身的努力而繁荣强大的。没有一个国家有足够的能力帮助印度这样的人口大国走向强大。其次，这种扶持必定是三心二意的。这样做的主要目的是用印度来制衡中国。但印度也是一个潜在大国，印度的崛起同样对美国没有好处。其次，中国未必就是美国的敌人。中国不是一个扩张型的帝国，两国的共同利益远大于利益冲突。就现状而言，中国是一个比印度更有用的朋友。再次，美国的帮助从来都不是无条件的。印度人的自尊心大概很难长期容忍一个发号施令的朋友。退一步说，如果印度决定与美国结为军事同盟，而美国利用印度把中国挤垮或击垮，那么，美国的下一个目标必定是印度。那时，取得胜利的印度将是令人担心的。作为大英帝国的学生，印度不会看不到这一步。所以，印度在与美国合作的时候不会全心全意。

次大陆的其他国家

在印度次大陆上，除了印度之外，还有尼泊尔、不丹、孟加拉国等国家，历史上还有过锡金。在19世纪，英国的东印度公司和印度殖民政府控制了不丹和锡金，割占它们的领土。独立之后，印度继承了英国在不丹和锡金的特权，以宗主国自居。1973年，印度派军队占领了锡金，两年后正式吞并，把这个国家变成了印度的一个邦。锡金与孟加拉国之间隔着一条西里古里走廊，是印度和它的东北地区（以及印度占领的、与中国有争议的地区）之间的狭长连接线。印度吞并锡金之后，走廊的宽度增加了，但它仍是脆弱的，甚至更加脆弱。如果中国真的接受了印度吞并锡金，那么，在中国和西里古里走廊之间就不再隔着另外一个国家。印度的东北是封闭的。不过，印度在西里古里和锡金一带驻扎了一个军，在爆发冲突的时候能够与东北方向的印军夹击中国。另外，东北地区足够大，地势很复杂，与孟加拉国之间有无数通道，因此很难被封锁。

在地理上，尼泊尔位于次大陆和欧亚大陆碰撞之处。它是一个内陆国，在印度吞并锡金之后，尼泊尔只有两个邻国：中国和印度。在中国周边，与尼泊尔地缘政治位置相似的还有蒙古，差别是尼泊尔离中国政治中心更远。尼泊尔主要在喜马拉雅山南坡，它原来的平原地区被英国夺走了。中、尼之间是喜马拉雅山脉，虽然边界线长达1400多公里，却只有很少几个艰险的山口相通，口岸只有聂拉木。中国这边的西藏仍是地广人稀。尼泊尔与印度的边界非常开放，对外交通基本上都要通过印度。所以，印度很容易维持对尼泊尔的影响，并在1989年因为尼泊尔接近中国而实行经济封锁。尼泊尔是佛祖释迦牟尼的故乡，现在90%的人口是印度教徒，其余大多数是佛教徒。2001年，在尼泊尔王室发生血腥事件之后，旧制度难以维持下去。2008 年 8 月，在 11 年的武装斗争之后，尼泊尔共产党（毛主义者）赢得全国大选，组建联合政府。尼泊尔从君主国变成民主联邦共和国。2009 年 5 月，在政治上亲华的毛主义者普拉昌达辞去总理一职。英国和印度在尼泊尔经营了很久，在那里有盘根错节的利益关系。尼泊尔在中印关系中是一个举足轻重的国家。如果尼泊尔今后寻求平衡战略，那将符合中国的利益。

孟加拉国是一个“民族国家”，人口 98%是孟加拉人，近 90%是穆斯林，是世界上人口最多的伊斯兰国家之一，同时还是世界上人口密度最大的国家之一。在比山西省还略小的土地上生活着 1.5 亿人。现在的人口仍在快速增加，在 2009 年，出生数是死亡数的 3 倍多。它的国土大部分在雅鲁藏布江（布拉马普特拉河）与印度河的三角洲，地势低洼，只有很少地方超过海拔 10 米，几乎可算是一个河口国家。因此，季风和海平面上涨是重大威胁。在殖民时代，孟加拉是德里苏丹之下的一个半独立国家。他们有自己的语言和文化，诗人泰戈尔就是孟加拉人。1947 年，建立独立的孟加拉国的愿望没有能够实现。不同的宗教信仰割裂了这个地区。西孟加拉归属印度，现在，西部的印度教徒约占 72.5%，穆斯林占 25%。东孟加拉即东巴基斯坦。1971 年，东巴基斯坦独立，为孟加拉国。印度的西孟加拉邦与孟加拉国接壤。在印度，孟加拉族是一个大民族，有 8000 多万人口，占全国的 8%左右。毫不奇怪，印度的孟加拉人也有独立的愿望，而孟加拉国有伊斯兰极端主义势力。虽然两国关系友好，但在经济上、宗教上，孟加拉国可能对印度构成破坏性挑战，两国将在一定程度上共享繁荣与贫困。

斯里兰卡是印度的海上邻国，在自然地理上是印度次大陆的一部分。2009 年，斯里兰卡政府军最终击败了泰米尔猛虎组织，平息了数十年来威胁国家统一的分裂和恐怖组织。印度当年派往斯里兰卡的维和部队以失败和伤亡而告终。这次斯里兰卡政府的胜利有中国的贡献。

中印两国的竞争主要还是在经济和制度方面。印度在经济起飞阶段没有中国当时的便利。中国开放早期的海外投资主要来自东亚邻国和港台两个经济体，近邻从日本到新加坡都是富裕的发达国家。而印度是一个穷国，它的邻国则更穷，增长速度比印度更慢。

伊朗：潜在的地区大国

a. 帝国的记忆

伊朗有悠久的历史和文化，在 1935 年以前，伊朗一直被称作波斯。波斯最早在波斯湾北岸的一片地方，在今伊朗的法尔斯省和布什尔省。波斯人本来臣服于北方的米底帝国[1]。公元前 550 年，波斯的国王居鲁士二世灭米底，开始扩张。公元前 546 年，居鲁士二世征服了小亚细亚的吕底亚和希腊城邦。希腊在小亚细亚的地中海东岸有一些殖民城邦，这时也臣服于波斯，向波斯纳税和服役。公元前 529 年，居鲁士在锡尔河一带与马萨格泰人作战时阵亡。他的儿子冈比西斯二世即位，在公元前 525 年灭埃及。这时，从小亚细亚到印度河之间的领土都在波斯帝国的范围之内。北方没有能够深入大草原，南方没有进入阿拉伯半岛的大沙漠。

公元前 522 年，冈比西斯死后，波斯王权落入王族的旁支、万人不死军的总指挥大流士手中。大流士把新的征服目标放在了欧洲，波希战争爆发。波希战争的起因是希腊城邦的反叛。米利都[2]是希腊殖民城邦之一，在小亚细亚的西部、地中海东岸。这是一个繁华的商业城市，与埃及和两河流域有密切的贸易往来，吸收了两地的科学和文化。所以，古希腊哲学最早是在米利都开始的。在米利都的带领下，各城邦反对波斯的统治。雅典等本土城邦派军舰支持它们，也是为了与波斯争夺海上的贸易权力。公元前 494 年，波斯攻占米利都，接着入侵希腊。这就是波希战争，波斯与欧洲强国的第一次战争。公元前 492 年，大流士派出的舰队遭遇风暴，损失惨重，不战而返。他再接再厉，于前 490 年又派

〔1〕 其核心区域在扎格罗斯山以东、里海南岸，都城在今伊朗哈马丹。

〔2〕 在今土耳其大门德雷斯河口处。

兵出征，渡海在雅典北部的马拉松登陆。在那里，波斯军队被雅典的一万名重装步兵（以及普拉提亚的一千名重装步兵）打败。大流士于前486年去世，他的儿子薛西斯一世继续进攻希腊。前480年，波斯大军水路并进。希腊的31个城邦组成同盟，共同抵抗。在萨拉米斯，希腊海军打败波斯海军。第二年，希腊陆军又战胜了波斯陆军。此后雅典转入反攻，战场转移到小亚细亚。陆权的斯巴达没有跟进。公元前449年，希腊与波斯签订和约。雅典的民主制度和文化艺术从此更加繁荣，进入顶峰时期。

波希战争失败之后，波斯帝国走向衰落。在雅典与斯巴达两大同盟之间的伯罗奔尼撒战争（前431—前404）期间，波斯玩弄平衡，没有趁机出击。之后希腊北部的马其顿崛起。公元前334年，马其顿国王亚历山大开始扩张，于4年后灭掉了腐朽的波斯帝国。亚历山大的大帝国基本上就是波斯帝国的原领域。公元前323年，亚历山大大帝去世后，帝国分裂了。东方的那一部分是塞琉西王朝，仍然继续着希腊化的努力。在今天伊朗东北的呼罗珊兴起了帕提亚帝国（前247—后224）。前129年，帕提亚打败叙利亚，占据了幼发拉底河以东的土地，恢复了波斯帝国版图的大半。帕提亚即中国史书中的安息，是康居和大月氏的西邻。张骞第三次出使西域时，曾派副使到安息，在前115年到达。两国遂有了交往。安世高据说是安息的王子，让位于叔父。他于147年到了洛阳，不久就精通汉语。安世高是把佛经翻译成汉语的第一个人。

帕提亚与罗马的战争断断续续，在3个多世纪中没有停止。公元前53年，罗马统帅克拉苏率领大军越过幼发拉底河，入侵帕提亚。在今土耳其乌尔法附近，罗马人遇到劲敌。克拉苏的儿子战败自杀。两天后克拉苏被杀。罗马七万步兵和四千骑兵几乎全被消灭。在这期间，恺撒征服了高卢，正忙着入侵日耳曼和不列颠。帕提亚长期阻止着罗马向东扩张。最后一个帕提亚国王打退了入侵的罗马人，还反攻到罗马境内。但他最终在与萨珊家族作战时阵亡。萨珊家族也是发源于法尔斯（波斯帝国兴起之处）。战后，萨珊王朝（224—651）取代了帕提亚帝国。

这是伊朗内部的改朝换代。萨珊王朝的第二个王沙普尔一世（241—272在位）3次打败罗马大军，在260年的那场战争中俘获了罗马皇帝瓦勒里安。337年，罗马帝国皇帝君士坦丁一世在临去世前受洗为基督徒。他死后，萨珊王朝与罗马帝国的战争（337—350）启动。起因是罗马帝国停止迫害基督徒，接着以基督教的保护者自居，为此与萨珊王朝发生冲突。在西方接受基督教之初，宗教就成为战争的诱因和工具。395年，罗马帝国分裂为东西两个部分。东罗马又称拜占庭。萨珊与拜占庭的战争连续不断，双方的战争一直持续到萨珊王朝被阿拉伯人灭亡。在阿拉伯人之后，伊朗或者被外族（塞尔柱突厥人、蒙古人、帖木儿）占领，或者陷入分裂与内战。然后，欧洲人和俄国人从不同的方向来了。

1801年，俄国兼并臣服于伊朗的格鲁吉亚。俄伊双方在1804—1813和1826—1828年间爆发了两次战争。最终伊朗骑兵不敌俄国炮兵，俄国占领了高加索地区。赫拉特（在今阿富汗）也曾隶属伊朗，1837年，在俄国的支持下，伊朗包围了谋求独立的赫拉特，但因为英国出兵干涉而撤围。1856年，伊朗趁克里米亚战争之机占领了赫拉特。但最终英国打败了伊朗，伊朗失去了在阿富汗的影响力。1907年，俄国与英国划定它们在伊朗的势力范围。俄国控制北部，英国控制东南部，中间有一个缓冲区。1941年，苏联和英国分别出兵占领了伊朗。1943年11月28日到12月1日的德黑兰会议，罗斯福、斯大林和丘吉尔出席。德黑兰是伊朗的首都，这个会址是斯大林选定的，这时的伊朗北部在苏联占领之下。战后，英苏军队撤出。1951年，伊朗首相穆罕默德·摩萨台（1951—1953在位）开始石油公司国有化的时候，遭到有巨大利益的英国激烈反对。但这时的英国已经力不从心。丘吉尔告诉美国人，如果不推翻摩萨台政权，伊朗就可能倒向苏联。于是，美国中央情报局策动了政变。早前与摩萨台斗争失败而逃走的巴列维国王夺回了权力。与独裁的国王相比，摩萨台首相是议会选举的，他也是亲近民主的。民主不敌石油，这不是最后一次。1979年，在各地的抗议中，伊朗发生了伊斯兰革命。国王再次出逃。伊朗扣留了美国使馆人员，美国派特种部队援救，中途失败。1980年，伊拉克的萨达姆趁伊朗革命之机，出兵进攻。两伊战争打了8年。美国一直向萨达姆提供援助。

现在，美国军队已经从三个方向包围了伊朗：东方在阿富汗，西方在伊拉克，南方在印度洋和波斯湾。仅此一个态势，美国就需要抗拒很大的诱惑才能够不去进攻伊朗。伊朗受到很大的威胁。在历史上，伊朗和伊拉克总是连接在一起。美国在伊拉克的占领是不稳定的，撤军之后局势将更动荡。伊拉克什叶派教徒占总人口的60%，阿富汗的塔吉克族占总人口的30%。伊朗在这两大人群中很有影响。这两个国家的部分领土都曾长期在伊朗的统治之下。伊朗现在没有利用它的地缘政治优势，没有支持两国游击队员[1]。这是因为伊朗面对的威胁太大，不能轻举妄动。一旦威胁有所减轻，就不能保证伊朗不会这样做。现在两边处在微妙的平衡状态。

伊朗与西方的对立至少有三重原因。其一是伊斯兰教与基督教持续1000多年的怨恨。伊斯兰革命以后的伊朗是一个宗教国家，加重了对立情绪。其二是伊朗与西方世界有2000多年的战争史，近100多年来有很长时间受到英国和美国的操纵。其三是地缘政治的。伊朗是一个石油生产大国，霍尔木兹海峡边上的国家。它有能力挑战美国在该地区的势力，并被美国视为主要敌人。伊朗位于波斯湾以北，里海以南。美国在波斯湾有舰队，俄国在里海占主导地位。争夺伊朗是英国（美国）与俄国（苏联）在欧亚大陆南部的地缘政治竞争的一个主要方面。

在苏联解体后，俄国已经不再和伊朗接壤，三个高加索国家隔开了它们。俄国向南寻求出海口和暖水港口的路上又多了障碍。但伊朗在俄国的战略棋局中仍是一个非常重要的棋子。俄国不会放弃伊朗，伊朗也需要俄国的支持以加强它面对美国时的力量。虽然在陆地上被隔开，但俄国和伊朗可以通过里海的船运往来。一旦伊朗与美国处于战争边缘，俄国可以很便捷、很安全地向伊朗输送物资。所以，美国和以色列如果要对伊朗动手，恐怕没有打击和入侵伊拉克那么容易。

b. 复兴的可能

伊朗是中东最大的国家。其重要性不仅表现在石油产量上，伊朗还是抗拒美国扩张的中坚力量。未来的伊朗将是与印度抗衡的主要力量，这是由它的地理和历史所决定的。伊朗和印度同处在欧亚大陆的南边，印度洋的北岸。如果印度向这一地区扩张势力，必然会损害伊朗的利

[1] 如果这些游击队员愿意向美国学习，他们也许会自称为“自由斗士”。

益。当然，欧亚大陆南边的较大国家不止印度和伊朗，还有巴基斯坦、沙特阿拉伯，但印度和伊朗成为强国的潜力最大。原因是多方面的综合：人口、资源、历史、文化、地理位置，等等。在这些方面，伊朗有丰富的资源。虽然受到美国军队的包围，伊朗的复兴有一个优势：它在本地区的国家中缺少强劲的竞争对手。伊拉克曾经是伊朗的主要敌人，但已经被美国占领和削弱。西北的土耳其已经投身到欧洲，即使返回伊斯兰世界也将需要一个较长的过程。伊朗有能力成为一个地区大国。伊朗的雄心还不止于此，它还要做整个伊斯兰世界的代言人。

美国占领了阿富汗和伊拉克。这两个国家正好分别是伊朗的东邻和西邻，小布什政府一再有打击或入侵伊朗的意图。这不是偶然的。这个事实反映了美国控制欧亚大陆南端的企图。如果美国控制住了这三个绵延相连的国家，它不仅可以主宰中东的石油生产和石油供应，打击最强硬反美、反西方的伊斯兰势力，还能够斜刺插入欧亚大陆的心脏地带，对中国和俄国的后方构成威胁。但这个任务实在太巨大了。所以，当初白宫和五角大楼一再对伊朗发出威胁，却迟迟不能下定采取军事行动的决心。今后美国很难再有这样的机会和气焰。美国的相对实力在下降，处在战略收缩期，不会急于向别国动手。其实，即使美国占领了伊朗，与伊拉克、阿富汗的美军占领区连成一体，美国在欧亚大陆的地缘环境也未必得到改善。相反，它可能陷入更大的泥潭，更快地耗费国力。在现代，征服三个异教徒的国家是一件不可完成的任务。

如果伊朗企图主导破碎地带的中段，它在本地区内不会遇到竞争对手。印度是破碎地带上最大的国家，经济规模、军队实力都最大，还是有核国家。但印度是一个印度教徒占绝对多数的国家，而且它的地理位置偏东，巴基斯坦阻挡了它与其他伊斯兰国家交往的陆上通道。所以，印度成为破碎地带中坚力量的可能性微乎其微。在20世纪中期，埃及一度是呼声较高的伊斯兰的领袖。但在以色列的打击下，以及它与以色列媾和，都影响了埃及在伊斯兰世界的声誉。萨达姆想做伊斯兰世界的代言人，伊拉克以强硬反以、反美的姿态出现。但美国占领了伊拉克，把他消灭了。萨达姆的消失为伊朗的崛起扫除了一大障碍，这大概是美国没有预料到的。随着双方力量的消长，今后伊拉克和阿富汗的各一部分可能被纳入伊朗的势力范围。

伊朗的面积只略大于印度的一半，人口还不到印度的7%。这是伊朗的不足之处。但伊朗在本地区建立伙伴关系的潜力比印度大得多。伊朗现在因核武器和选举问题遇到了很多麻烦。不过，从一个较长时期看，如果能够改善国内的发展条件，以较快的速度增强国力（这才是最重要的），伊朗仍然有很好的机会成为地区大国。如此，在欧亚大陆的南端，在中东石油向东方的运输线上，将出现两个互相竞争的地区大国。这样的局势符合中国的利益。要成为伊斯兰世界利益的代言人，伊朗也有不利的一面。首先，伊斯兰世界是分裂的。其次，伊朗的人口以什叶派和波斯民族为主，不是伊斯兰教的主流教派逊尼派和先知最早传教的阿拉伯人。但这不是很大的不利条件。代言人总是对外的，内部的差异不那么重要。伊朗强硬的反美和反以立场已经赢得了许多穆斯林的支持。在伊斯兰世界内部，代言国家仍需要较长的时期才能出现。伊朗第一步是建设成为地区大国。伊朗必须以经济实力为基础，核武倒在其次。

伊朗有自己的核计划，自称是为了和平利用能源，它正在发展核武器所需要的技术，制造核材料。显然，伊朗也和印度一样，把核武器当作大国的门槛。现在已经没有任何国家能够阻止伊朗拥有核武器，但另一方面，伊朗必须明白，要成为地区大国，仅有核武器以及反美和反以的立场还不够，它还需要发达的经济和技术，以及有吸引力的文化。与本地区其他国家相比，伊朗的社会较为开放。伊朗也许可以成为一个较发达的伊斯兰国家。

支持伊朗复兴的有古帝国的记忆，还有古老的文明，尽管这个古文明因伊斯兰教的传播而中断。古代波斯的文明有很强大的生命力和竞争力，传播到很远地方。中国古史中的大食[1]就是今天的伊朗。起源于波斯的拜火教（祆教、琐罗亚斯特教）渐次向东传播到中亚、中国，流行于中亚，到达中国内地的时间大约是6世纪初北魏时期，盛行于隋唐，后渐渐消失。祆教的光明与黑暗、善与恶的二元对立，在西方文化中留

〔1〕大食的藏文对音是“Stag gzig”，即Tajiks（塔吉克），“指信奉伊斯兰教的阿拉伯帝国，同时也指被阿拉伯人征服以前的波斯”。唐朝人也以“大食”称灭亡波斯萨珊王朝的阿拉伯帝国。波斯在汉朝被称为安息。见张云：《上古西藏与波斯文明》，116页，中国藏学出版社，2005年。

下了很深的印记。现在的祆教徒大多生活在印度，善于经商。塔塔集团就是祆教徒的公司。摩尼教也起源于伊朗，曾经传播到中国。西藏原始的苯教起源于象雄，[1] 有很浓重的波斯文化痕迹，比如天葬、一妻多夫等习俗。苯教现在流行于藏东和川西一带，已被藏传佛教所接受，称为黑教，与藏传佛教的四大教派并列。塔吉克人是波斯人的分支，占塔吉克斯坦人口的 60%，阿富汗人口的 30%。在美国入侵阿富汗之前，与塔利班作战的北方联盟就是以塔吉克人为主。中国有 4 万多塔吉克族人，主要分布在帕米尔高原上的塔什库尔干县。中巴边界上的红其拉甫口岸就在这个县的境内。

伊朗目前的政体不是一个人的独裁，比萨达姆时期的伊拉克多了不少合法性和灵活性。在有限范围内，伊朗民众可以表达不同意见，高层人物之间也有对抗。有了这个基础，伊朗走向封闭的可能性减小了，而有可能实行政治和经济改革，成为一定程度上的世俗化社会。这大概只是一个时间问题。世俗化不会影响伊朗成为伊斯兰世界代言人，比如俄国是一个世俗国家，却长期要（在）做东正教的保护国。伊斯兰世界现在还没有这样一个国家，伊朗是一个候选国。

在 2009 年 6 月的伊朗大选中，西方国家力图在信息传递等方面帮助伊朗的民主进程，揭露不公正的选举，把反西方的内贾德赶下台。伊朗选举过程中的抗议和动乱加剧了它与西方国家的对抗。与专制国家相比，伊朗有一定的民主，多种力量可以公开竞争。当然，选举后的暴力抗议和镇压是一个污点，但西方政府的干涉是它们数百年传统的延续，与正义无关，却与伊朗的核武器计划关系密切。如果不是美国在 1953 年的伊朗民主进程中策动政变，扶植独裁政权，也许它们这次能够有所收获。伊朗不会不从历史中汲取教训而保持警惕。在另一方面，当伊朗拥有更加公正的民主时，将采取较为温和的外交政策，这一点大概没有疑问。同时可以肯定，自由与民主将促使伊朗更快地发展，为伊朗的复兴提供更雄厚的基础。不过，这样的前景却未必符合西方的利益。到那时它们就会设法进行另外的干涉了。

---

[1] 象雄在今天西藏西部阿里地区的扎达县、普兰县，以及印占克什米尔东部的拉达克。这一带在狮泉河（印度河上游）流域。在松赞干布统一吐蕃之前，象雄是一个独立的王国。

巴基斯坦：中国全天候的朋友

巴基斯坦与中国有着很多共同利益。两国的友好关系经常被称为“全天候”的。不过，双边合作受到地理限制。巴基斯坦是中国的陆上邻国。中国的一侧是新疆的西南部，巴基斯坦一侧是克什米尔。两国的边境地区是喀喇昆仑山区，有许多大雪山和荒凉的山谷。中国－巴基斯坦公路（喀喇昆仑公路）是两国之间的唯一陆路通道。公路经过的红其拉甫山口，海拔高度有4800米，现在已较少使用的明铁盖山口也有4700多米。公路所经地区高寒荒凉，人烟稀少，而且漫长。从新疆喀什（一个边境小城，离乌鲁木齐很远）出发，经红其拉甫山口到巴基斯坦首都伊斯兰堡，共有1300公里。从伊斯兰堡到港口城市卡拉奇还有1000多公里。这条公路的运输成本非常高。

巴基斯坦对中国的作用，首先是保证中国西北边疆的安定，其次是与中亚的陆路联系。至于印度人一直担心的事情——中国借助巴基斯坦牵制印度——倒在其次，中国与印度的关系还没有恶化到那一步。在国土面积、人口、经济发展诸多方面，巴基斯坦与印度相比明显处于劣势，国内的政局也不如印度稳定。一个动荡混乱的巴基斯坦不符合中国的利益，也不符合印度的利益。那时，东突必将利用巴基斯坦国土作为袭击中国的基地，印度也必将发生更多的恐怖袭击，印控克什米尔也必将难以控制。巴基斯坦是阻挡伊斯兰激进分子进入中国和印度的防火墙。所以，中印两国在巴基斯坦问题上有共同的利益。这个利益大于它们之间的分歧。

巴基斯坦有世界上最古老的文明之一。古印度文明实际上在今天的巴基斯坦境内，在印度河流域。印度次大陆插入欧亚大陆之下，地质断层线大致在巴基斯坦靠近阿富汗一线。在巴基斯坦与阿富汗接壤的西北部是部落民的居住点，较少受到政府的控制，非常独立。这些部落民同情塔利班，据说还保护了本·拉登。巴基斯坦与阿富汗的边界也是南亚和中亚的界限。自古以来，经陆地而来的入侵者大都通过巴阿边界上的开伯尔山口进入次大陆。巴基斯坦与阿富汗有密切的关系，塔利班的骨干有许多是从巴基斯坦的宗教学校毕业的。这段边界很容易渗透，而且渗透的不仅是塔利班成员，也包括从阿富汗起飞的美国无人机，它在巴基斯坦一侧杀死了许多平民。由此产生的仇恨在数十年内都不会消失，并动摇了巴基斯坦现政府的基础。

2008年以来，巴基斯坦更多地倒向美国，美国也更加支持巴基斯坦，这种情形已经引起了印度的担心。实际上，由于巴基斯坦国内存在着强大的反美力量，与美国的更密切合作将削弱巴基斯坦的力量。在与印度的力量对比中，巴基斯坦将进一步下降。当美国和它的军事盟友们撤离阿富汗时，这个地区将更加混乱。自独立以来，巴基斯坦一直被当作地缘政治的一个棋子，没有成为一个“自在”的权力。在冷战期间，巴基斯坦是美国围堵苏联的一个盟国，特别是在苏联入侵阿富汗之后。巴基斯坦是目前世界上唯一拥有核武器的伊斯兰国家，但从经济和政治的角度看，巴基斯坦不是一个成功的国家，国内的伊斯兰极端势力也很强大。如果巴基斯坦出现大的混乱，必将打破该地区的战略均势。因此，各大国有责任帮助维持它的国内稳定。如果巴基斯坦国内局势动荡，中国可能会失去一个重要的盟友，而且动荡可能波及新疆甚至更多的省区。伊朗将能够从动乱中渔利。因为有相似的宗教和民族背景以及历史渊源，在巴基斯坦和阿富汗，伊朗的影响力不会遭到太激烈的反抗。印度不会得到好处，它将面对更多的敌人。阿富汗有可能重新成为极端势力的大本营。而美国及其盟友将面临更强大的抵抗。

巴基斯坦是中国与中东之间海洋航线的中继点。但由于前面提到过的地理的限制，巴基斯坦不太可能成为中国西北的出海口。新疆的发展仍将受到大山和沙漠的限制，短期内没有克服的可能。中巴贸易将仍然以海运为主。中国修建的瓜达尔港靠近伊朗，距离霍尔木兹海峡已不遥远。这个港口位于巴基斯坦偏远的西南角，可以是一个很好的补给站，却距离巴国内的市场很远。

巴基斯坦和中国有相同的地缘政治利益。但巴基斯坦的国内政治决定了这是一个不稳定的友邦。巴基斯坦安全政策的首要目标是制约印度。巴基斯坦国内的宗教极端势力使它难以在克什米尔问题上妥协，而且时刻威胁着政局的稳定。总统多次遭遇暗杀，总统候选人被暗杀。巴基斯坦的正常权力更迭不会对中巴关系产生大的影响。非极端势力的政变也不会改变中巴关系。但不能排除巴基斯坦陷入阿富汗在1990年代的那种混乱局面。如果巴基斯坦出现大的动荡，印度的安全局势将更加严峻。巴基斯坦的核武器与核技术可能扩散，特别是向伊斯兰国家扩散。美国可能不得不进行军事干涉，而美国与印度的关系就会更加密切。现在美国已经在拉拢印度，开展针对中国的军事合作。中国的西部边疆面临伊斯兰极端势力和美印军事的双重压力。现在这个压力已经存在，将来会更大。不过，无论中国、美国、印度，都不会从巴基斯坦的动荡中得到好处。各国目前有必要为维持巴基斯坦的稳定而合作。中国将从巴基斯坦的长期稳定中获得很多好处，因此应该帮助巴基斯坦找到一条通往长期稳定与繁荣的道路。这是中国国家利益之所在。

虽然海外投资能力有限，而且盈利能力更有限，中国仍可以多尝试与邻国实现共同繁荣。应该找到一条路，扭转一些国家的困境。这些国家有巴基斯坦、缅甸和朝鲜。它们的经济不景气，但它们对中国有着至关重要的地缘政治价值，中国不可能看着它们的相对落后。合作应该走中国长期坚持的外交路线，即不附带政治条件。但是，合作也不应该是中国单方面的援助，而是这些国家一揽子经济改革中的一部分。只有在这种时候，援助才是有效的。邻国的稳定和繁荣是对中国最好的回报。当巴基斯坦的经济好转之后，不仅有助于它国内的稳定，还能够把繁荣传给阿富汗，从而减少阿富汗的暴力冲突，进而给中国的西北地区带来安全。在另一个方向，繁荣将减少好斗分子对印度的挑斗，也将减少印度对巴基斯坦动武的诱惑力。

西亚：石油与宗教

破碎地带上大多是伊斯兰国家，而西亚则是阿拉伯国家，伊斯兰教的发源地。在创立后不久，伊斯兰教就进入了迅速扩张期。在信仰的支持下，阿拉伯人从阿拉伯半岛出发，征服了众多的民族，使他们改信了伊斯兰教。欧洲也受到穆斯林的攻击。进入上一个千年之后，欧洲开始反击。1095 年，在教皇的召集下，基督教徒们着手组织第一次十字军东征。他们向圣地耶路撒冷进攻。现在，基督教在宗教冲突中占了上风。从一开始，这场千年冲突夹杂了许多因素，现在既是宗教战争，也是地缘政治之争；既是意识形态冲突，也是赤裸裸的能源之争。

伊斯兰地区以大中东为中心，包括北非、南欧的巴尔干部分地区、中亚，向南方海岛延伸到印度尼西亚，以及撒哈拉以南非洲的许多国家。一些基督教国家也有了相当可观的穆斯林人口，如在法国有近 10%的人信仰伊斯兰教。各个伊斯兰恐怖组织没有形成一个严密的全球网络，但它们在意识形态上是一致的，就像冷战时期遍布世界各地的共产主义游击队一样，主要向基督教的西方传统价值发起挑战，也有地方自治或独立的诉求。恐怖主义袭击表明了伊斯兰世界的愤怒和无力感。可以说，破碎地带主要是阿拉伯国家和伊斯兰世界的分裂造成的，并将随着它们的发展而弥合。

伊斯兰世界从来都不是统一的。这一地区常常被描述为一个“不稳定的弧”，丰富的石油资源更加深了该地区的不稳定。虽然有人观察到许多伊斯兰国家正在经历着深刻的社会变化，正在走向世俗的、现代的社会。在可预见的将来，破碎地带仍将是分裂的、动荡的，在经济和技术上与西方的差距不会很快缩小，与西方 1000 多年的对立也不会立即消失。在一些不公平，或疑似不公平现象的刺激下，双方的对立还可能被激化。今后仍然会有“圣战”和“十字军东征”。虽然“十字军东征”一词有强烈的宗教和历史含义，小布什也许并不了解其本源，他在 911 之后使用这个词描述对恐怖主义的战争，揭示了这场冲突的历史渊源。

西亚实际上介于亚洲和欧洲之间。当年地理大发现的促因是南欧人寻找通往东方的航线，避开西亚的阿拉伯人对东西方贸易的控制。在文化地理上，西亚与北非连为一体。这两个地区的国家大都信奉伊斯兰教，只有少数例外，如以色列（犹太教）和亚美尼亚（基督教）。西亚的主体居民有阿拉伯人、突厥人和波斯人。西亚的一个特点是盛产石油，大油田一直向东延伸到中亚。在西亚和中亚，石油蕴藏和伊斯兰教的范围似乎是重叠的：产油国都是伊斯兰教国家，伊斯兰教国家大都盛产石油。伊斯兰教和石油是目前国际政治中最热点的问题。这两个问题在西亚的重叠使它们变得更为复杂。比如，沙特阿拉伯是伊斯兰教的圣地，有麦加和麦地那，也有大油田。沙特王室是美国的盟友，但许多沙特人是反对西方的，他们是虔诚的穆斯林。一些最重要的恐怖主义领导人是沙特阿拉伯人。因此，美国更要扶持沙特的王室。

里海地区和中东地区同是破碎地带的一部分。它们有相似之处：丰富的石油储藏、穆斯林国家、干旱的气候。但里海地区从前是苏联的一部分，没有以色列，也不靠近大洋，再加上强烈反美的伊朗，新近出现在该地区的中国，缺少坚定盟友的美国想在这里扩张，要比在中东困难得多。

美国与奥萨玛·本·拉登之间的冲突是他们对沙特阿拉伯——伊斯兰圣地和大油田——的争夺。在第二次世界大战中，欧洲战场和亚洲战场都经常围绕着对油田控制权的争夺，德国和日本都是缺乏能源的国家。克莱尔说："美国战略家认为掌握石油特别重要，因为它是盟军战胜轴心国的一个关键因素。"[1] 在战争期间，美国和美洲的石油足够盟军使用。那时，美国的分析家已经知道，在战后将需要更多的石油，需要开发新的油田，而这个地方就是中东。1938 年，阿拉伯—美国石油公司（阿美石油公司，ARAMCO，美国各大石油公司组成的联盟）在沙特的第一口油井喷油。到 1939 年，这家公司已经获得了沙特阿拉伯 2/3 土地的租让权。1945 年 2 月，美国总统西奥多·罗斯福在雅尔塔会议之后，在苏伊士运河上的一艘美国军舰上会见了沙特阿拉伯王国的国王伊本·沙特（1932—1953 在位）。伊本·沙特统一了阿拉伯半岛，他是瓦哈比派（伊斯兰原教旨主义）的沙特阿拉伯国家的创始人。那时，沙特还是英国的受保护国。这次会见之后，沙特接受了美国的军事保护，同时向美国提供石油开采特权。到了 1979 年，在破碎地带发生了三件事情：苏联入侵阿富汗、伊朗的亲美政权被推翻、在圣地麦加出现了一次叛乱。美国从这三个事件中感到了威胁。美国总统吉米·卡特宣称，任何敌对势力控制波斯湾地区的企图都"是对美国核心利益的攻击"，而

[1] *The Geopolitics of War*, by Michael T. Klare, from the November 5, 2001 *Isssue of The Nation.*

美国将使用任何必要的手段——包括军事力量——予以反击。这个宣言是“卡特主义”，它加深了美国在沙特阿拉伯的军事卷入，并激起了反抗。苏联入侵阿富汗之后，美国支持伊斯兰的游击队员，向他们提供了价值 30 亿美元的武器。沙特人本·拉登也在援助名单上。1990 年 8 月，伊拉克入侵科威特。1993 年，美国在阿富汗的盟友拉登第一次袭击纽约世贸大厦，开始了他的新的战争。此后他发动多次袭击。关于美国的反恐战争，克莱尔说：“这场战争，就像此前的大多数战争一样，坚定地植根于地缘政治竞争。”〔1〕

在南高加索地区和巴基斯坦，伊斯兰好战者分别和俄国、印度有直接的军事冲突。他们是国家之外的力量，却常常把国家（他们的国家和被袭国家）牵涉进他们的袭击中。恐怖事件是恐怖分子的手段，不是他们的目的，他们都有政治诉求。除了恐怖手段之外，他们无足轻重，这是他们从事恐怖活动的原因。丘吉尔是地缘政治赛台上的老练的拳击手，他把高加索地区称作俄国的“软下腹”。实际上，这个动荡不安的新月地区不仅是俄国的软下腹，也是整个欧亚大陆的软下腹。数百年来，俄国在这里和英国及美国争夺势力范围，一直持续到今天。这里距离中国比较远。中国在这一地区的利益不比其他大国更少，同样依赖中东的石油供应。

在这一大片伊斯兰世界里，犹太教的国家以色列是一个异类。以色列造成的战争与难民问题导致了阿拉伯国家的利益冲突激化。一个分裂的阿拉伯世界符合西方世界的利益，这是西方支持以色列的重要原因，也是以色列在依赖西方（主要是美国）支持的同时，敢于坚持自己的利益和立场的原因。以色列对西方世界的最大回报就是它在伊斯兰世界的顽强存在。以色列地处伊斯兰世界的中心，把北非与西亚的伊斯兰国家分割开来。以色列有两线作战的困境，但可以通过地中海和红海与外界联系，得到支持。地中海东岸平缓、光秃的地貌大大突出了现代化武器的优势。阿拉伯国家较为原始的社会结构，殖民地独立后漫长的过渡阶段，又给了以色列各个击破的机会。在西方的支持下，以色列仍将长期保持对邻国的军事和经济优势。

---

〔1〕 *The Geopolitics of War*, by Michael T. Klare.

伊拉克地处两河流域，是世界文明最早的发源地，比埃及略早。在阿拉伯帝国时期，伊拉克是黑衣大食（750—1258，或阿巴斯王朝）的地盘。751年，帝国的军队打败了唐朝高仙芝的军队，把势力扩张到中亚。762年，阿巴斯王朝从大马士革迁都到巴格达。在此后的时间里，巴格达是阿拉伯世界的贸易与文化中心。从1055年起，塞尔柱突厥人控制了阿巴斯王朝。在1258年，受同父同母哥哥、大汗蒙哥的派遣，成吉思汗的孙子旭烈兀开始西征，他灭掉了早已衰败的阿巴斯王朝。因为哈里发投降太晚，旭烈兀在占领报达（今巴格达）后屠城。接着他派遣军队向叙利亚和埃及进发，攻占了阿勒颇（今叙利亚西北的阿勒颇）。1260年，在得知蒙哥的死讯后，旭烈兀赶回蒙古，把军事大权委任给他的先锋怯的不花。埃及在耶路撒冷以北的加利利打败了怯的不花，阻止了蒙古人继续扩张。旭烈兀的伊利汗国包括今天的伊朗和伊拉克。他的远征证明，经陆路通过中亚，从蒙古草原出发的骑兵可以远出到伊拉克。20世纪以来，英国和美国先后占领伊拉克以及附近的国家，它们都是通过海路到达中东的。

美国入侵伊拉克的借口先后有两个。起初是禁止伊拉克拥有“大规模杀伤武器”。因为没有找到这样的武器，白宫又改口为“建立民主”。新的借口显示，“民主”确实是国际政治中的一张牌。美国入侵伊拉克是为了改变中东的地缘政治格局，是为了控制伊拉克的石油。即使伊拉克因此有了民主制度，那也不是美国的初衷。小布什政府的前任财政部长保罗·奥尼尔说，早在911之前，小布什总统就一心想把萨达姆赶下台。[1] 在布什于2001年1月开始执政后的三个月里，美国官员已经在研究推翻萨达姆的军事行动方案了。沃尔福威茨是当时小布什的国防部副部长，1990年代初他在老布什政府内任职，制定过入侵伊拉克的战略。可见美国占领伊拉克是小布什政府的一个战略目标，不仅是911之后反恐战争中的一个行动。

在美军占领伊拉克之后，中东的地缘政治格局出现了很大的变化。初期是有利于美国的。在美国的进攻态势之下，利比亚的卡扎菲作出了

---

〔1〕奥尼尔是在哥伦比亚广播公司“60分钟”节目中说的这些话，播出时间是2004年1月11日。

很大的让步，中东其他国家也更多地支持美国。但随着伊朗坚持发展核计划，以色列出师黎巴嫩不利，美军在伊拉克陷入泥潭，美国在中东的影响力已在下降。但对于美国，战争仍然有利可图。在新技术找到可替代能源之前，或者在石油储藏消耗殆尽之前，西亚仍将是地缘政治争夺的热点，西亚的局势不可能获得稳定。

美国还借反恐之机，在欧亚大陆的南侧高加索到中亚一线取得了很大进展，而这一带是俄国的传统势力范围。美国出兵占领了阿富汗。这是过去 100 多年中，任何世界帝国都要占领的国家。在阿富汗，英国和苏联都有过失败的经历，美国可能正在经历。美国占领了伊拉克，就在中东取得一个牢靠的支撑点，把它在这一地区的前进成果稳定下来。伊拉克不同于美国在盟国的基地，它完全听从美国的摆布。在伊拉克的驻军向东可以威胁伊朗；向西可以震慑叙利亚，与以色列遥相呼应；向北可以与盟国土耳其一起声援高加索地区，挖俄国的墙角；向南可以巩固与盟国沙特阿拉伯的关系，同时美国海军在波斯湾也有了可靠的基地。当然，也控制了世界最大的石油产地。但美国在这一线也面临不利的局面：它的军队都是孤军深入，彼此分离。入侵伊朗的计划很可能是改变这种局势的一个方案。占领伊朗将使得这些地方连在一起。

在第一次海湾战争中，当盟军停止向伊拉克进军的时候，很多人遗憾他们没有推翻独裁的、好战的萨达姆。此后，美国和英国耗费了 10 年的时间，企图削弱萨达姆。它们的空军在伊拉克上空的禁飞区巡逻，向地面目标扔炸弹；它们的军舰在波斯湾拦截、检查伊拉克船只。但萨达姆的统治依然牢固，还有余力屠杀北部的库尔德人。盟军在“误杀”伊拉克的妇女和儿童，他们的制裁造成更多的死亡。可见，制空权和制海权在地面上作用是有限的。萨达姆没有想到美国人在 10 多年之后又卷土重来。坐镇白宫和五角大楼的居然是同一批人——小布什总统是老布什总统的儿子，小布什的副总统、国务卿、国防部长都是老布什政府的旧人，是第一次海湾战争的主要决策者。在第二次海湾战争中，美国为侵略编造借口，仍遭到盟国（如德、法）的强烈反对。在老布什时期，美国本来可以有一场彻底的胜利，却因一时的犹豫而导致后来毫无道义可言的侵略和占领。在第一次海湾战争时，冷战刚结束，美国没有来得及重新评估它在世界上的地位。它只想打一场有限战争，不愿意像在朝鲜、越南那样冒进。第二次时美国的信心却过于爆满，并且对世界的道义估计不足。那时的美国适应了唯一超级大国地位，有些得意忘形了。同时美国对第一次的克制有些耿耿于怀，况且伊拉克的石油总是很大的诱惑。因为缺少道义，美国的占领激起了更多的反抗，而美国不能大张旗鼓地按照自己的意愿改造伊拉克。两场伊拉克战争的教训是：战略目标的完成应该一气呵成；如果不能一气呵成完成一个目标，除非局势的变迁已经使它构成全新的战略目标，否则不应该重新开始原来的执行过程。

以色列和阿拉伯国家

犹太人是一个多灾多难的民族，也是极其杰出的民族。按人口比例计算，犹太人也许是自古希腊以来对人类文明贡献最大的民族。如果没有犹太人的贡献，我们今天的生活可能会有很大的不同。毫无疑问，犹太人有权建立他们的国家，生活在自己军队的保护中，不再遭受基督教狂热分子的宗教迫害和种族屠杀。犹太复国主义由来已久。在建国之前，已经有犹太人前往巴勒斯坦定居。但就其本质而言，在巴勒斯坦故土上建立犹太人的国家是近千年来十字军东征的继续，是西方——主要是英国——在殖民地时代结束之前所做的地缘政治安排。以色列国是西方打入阿拉伯世界的一个楔子。一个奇特的现象是，自从以色列建国之后，犹太教与基督教的对立大大缓和，而犹太教与伊斯兰教的冲突被大大激化了。

二战之后，美国继承了英国在中东的遗产。由于以色列和阿拉伯的对立，美国在中东游刃有余，控制了这个盛产石油的地区。不过，在美国占领伊拉克以后，以色列对美国的地缘政治重要性有所下降。原因是美国在中东获取了一个更坚实的落脚点，同时减少了伊拉克这个需要盟国共同对付的敌人。因为美国转移重心的缘故，近年来以色列成为新闻热点的机会减少了许多。破碎地带之所以破碎，主要原因是它有保持破碎的必要，以便为大国干涉留下空间。

因为美国支持以色列，在伊斯兰圣地沙特阿拉伯驻军，以及其他一些原因，导致了许多穆斯林的敌视。在整个欧亚大陆，最敌视美国存在的是伊斯兰世界。“基地”组织的目标之一就是把美军从沙特阿拉伯赶出去。沙特是伊斯兰世界两大圣地麦加和麦地那所在地，因此在伊斯兰中有特别的号召力。虽然美国已经把在沙特的军事基地迁往迪拜，但对立早已经形成了。

犹太人有权利返回他们祖先的土地，他们也有权力。巴勒斯坦阿拉伯人更有权利生活在他们的故土上，但可悲的是，他们没有权力，只能四处流落。这两个血缘相近的民族不能相容。巴以冲突是地区性的，有领土争端，也有一神教的千年冲突。在历史上，那个地区与中国一直没有关系。中国没有过向宗教圣地进军，没有经营过殖民地，没有派军队保护石油开采和运输，而且与双方都保持友好关系。因此，中国很难插手中东冲突。因为巴以冲突与中国无关，才成为媒体大事。报道既便宜（抄用西方通讯社的稿件和影像），又安全（离中国很远）。巴以冲突经常掩盖了国内的大事，似乎成了中国人日常最关心的一件事。这是很不正常的。

非洲：欧亚大陆向南的延伸

本书把非洲放在了亚洲这一章，没有单独列为一章。其中有几个原因。首先，在地理上，非洲是欧亚大陆的一部分。在苏伊士运河开通之前，非洲与亚洲、欧洲的土地是连在一起的，人们可以经陆地往来，不必像摩西那样穿越红海。一条运河的开凿并不足以切割大陆。其二，北非（撒哈拉以北非洲）与西亚的大部分地区同属于阿拉伯文化圈。北非的古埃及更是西方文明的源头之一，在历史的早期哺育过希腊文明和犹太文明。其三，非洲的大部分地方曾经是欧洲国家的殖民地，许多非洲国家仍然通用法语、英语等欧洲语言，法、英等前宗主国家仍在非洲保持着很大的影响力。其四，目前，非洲国家在经济、军事、科技等诸多方面仍很虚弱，而且缺少核心国家，难以结合成一个独立的地缘政治板块。在可预见的未来，非洲仍将是国际政治中被争夺的目标，而非主导者。由此可见，无论在自然地理上还是在政治地理方面，非洲与欧亚大陆都是一体的。非洲与澳大利亚一样，是欧亚大陆向外的延伸部分。

隔开非洲和亚洲的红海是一个狭长的裂谷。苏伊士运河是红海的延长线，把红海连向地中海。在郑和最后一次下西洋之后，中国海军正式出海执行作战任务是在 2009 年到索马里外海驱逐海盗，保护往来商船，地点在红海之外的亚丁湾一带。东非是郑和船队曾经到达的地方。在欧洲人绕过好望角到来之前，阿拉伯人、印度人、马来人和中国人就是东非海岸的常客。除了中国相隔较远之外，其余这些人都在印度洋沿岸的国家，经营着繁忙的海上商路。其中一部分商品，如东南亚的香料、中国的瓷器等，就是越过印度洋，由阿拉伯人运往欧洲市场。

自古以来，中国对国际关系的看法就像一张蜘蛛网，一圈又一圈，越在内部的圈就越重要。非洲距离中国比较远，对中国的重要性差一些，但绝对不可忽视。这个世界毕竟越来越小了，而中国的影响力越来越大。因此，中非之间的距离将被不断拉近。在 1960 年代和 1970 年代争夺世界革命的领袖地位时，中国曾经向非洲国家提供过大量的经济援助。这些援助既不考虑经济效益，更不考虑经济回报。因此，在花费了贫穷的中国大笔资金之后，非洲和中国都没有得到明显好处。不过，把中国塑造成第三世界代言人的努力没有完全白费，今天的中国继承了这笔遗产。中国在北京成功组织非洲峰会，证明了中国在非洲被广泛接受。日本和韩国都学习中国举办非洲峰会。作为工业大国，日本和韩国对非洲的自然资源都有很大的需求。东亚对非洲国家的争取已经开始。竞争使非洲有了选择的余地，能够为非洲带来好处。

非洲是世界第二大洲，赤道在这块大陆的地理南北中间线附近经过。非洲也像欧亚、南北美洲大陆一样，北宽而南窄。撒哈拉沙漠在北部，有 960 万平方公里，相当于非洲面积的 1/3，或中国的总面积。沙漠把非洲分割成两部分：一个是撒哈拉以北的区域，主要居民是阿拉伯人。沙漠在东、西、北三面抵达海岸，以北地区只有绿洲和尼罗河沿岸有稠密的人口。另一个是撒哈拉以南的区域，主要居民是黑人，分布着从热带雨林到沙漠两个极端的多种气候带。沙漠南北两部分的地理和文化截然不同。北非历史与欧洲历史搀杂在一起。麦金德说：

> 欧洲的南界过去和现在都是撒哈拉，而不是地中海；因为正是沙漠才把黑人与白人分开的。[1]

从迦太基和罗马时代开始，地中海南北两岸就争斗不已，互有胜负。它们都曾经长期占领过对岸。现在的北非已经远远落在了对岸的后面。撒哈拉以南的黑非洲才是一般所说的非洲。与它和地中海北岸的关系相比，北非与黑非洲的互动在历史上比较少。由于大沙漠的隔绝、不适合农业发展的气候、可驯化动物的缺乏、瘟疫的泛滥等原因，撒哈拉以南地区长期落后于北非和欧亚大陆，其文明和国家形态的发展程度也不如欧洲人到达之前的中南美洲。在殖民时代，撒哈拉以南是受剥削和压迫最深重的地区。那里的国家完全是殖民者划分势力范围的产物。今天非洲的一体化努力包括整个非洲大陆。主要倡导者有利比亚领导人卡扎菲。由于非洲各地的种族、文化、地理环境、经济发展有巨大的差异，一体化是一个早熟的、过于庞大的计划。北非相近的阿拉伯国家尚不能团结，遑论整个非洲？所以，非洲的一体化应该从区域化开始。非洲各部分都有自己的区域性大国，如埃及、南非、尼日利亚等。它们或许可以成为区域化的倡导者。区域化进程只有区域内的国家才有权力做出安排，也只有较为民主的国家才会积极响应，因为区域化必然要求国家交出部分权力，而独裁者很少主动放弃权力。非洲的民主进程还有待进一步的发展。所以，在可预见的将来，非洲不会出现有竞争力的区域组织或大国。同时，法国、英国等前宗主国在非洲的干涉意愿和干涉能力将继续下降。

在冷战期间，美苏在争夺势力范围，而中国想成为第三世界的领袖。因此，非洲的地位远远超过了它的实力。非洲接受了大量的援助，也目睹了许多外来干涉导致的战乱。冷战结束后，非洲恢复了与经济和军事实力相对应的地位，世界其他地方几乎把它遗忘了。即使大国元首

[1] 《历史的地理枢纽》，59页。

偶尔到访，也是姿态大于实质。战乱、屠杀、饥荒、瘟疫、贫困、犯罪，人类遭遇的这些灾难在非洲最为密集，甚至那些表现较好的国家也难以幸免。这里有自然条件的原因，也有政治的原因。民族国家本来并不适合非洲大部分地区。在撒哈拉以南非洲，众多的部落和部族远远没有形成民族，在它们成为现代国家的过程中充满了血腥，并至今仍在为这一过程付出代价。在进入较为稳定的发展和融合阶段之前，非洲可能先要有一段"沉寂期"：没有很多坏消息。

现在，非洲最重要的出口物质是自然资源，最有影响的媒体事件则是灾难。在今后很长一段时间内，非洲仍将是世界的原材料供应地，很难在国际政治中发挥更大的作用。如果没有灾难，非洲就会被人们忽略，这不是那些人道主义者所愿意看到的。当自然资源与灾难联系在一起时，总是能激起人们的愤怒和抵制，如西非带血的钻石。中国在苏丹的达富尔是另外一个例子。中国在达富尔是为了获得石油，没有必要涉及当地的种族矛盾。因为达富尔出现的种族冲突，西方世界对中国在苏丹的存在产生了喧嚣。当然有一些政客在推波助澜，借此排挤中国。中国有十足的理由可以反驳说，西方世界在非洲做得更恶劣。但是，这场对中国的诋毁并不是坏事，可以促使中国发展出一种新的获取资源的模式，不同于西方殖民时期的侵略和掠夺，也不同于当代西方对内政的干涉。在经济互利的基础之上，加强政治的互动和相互理解，使中国在非洲的存在更加牢固。没有任何人可以对人道主义灾难视而不见，尤其是在当地获取利益的人们。如果中国能够帮助解决冲突，就能赢得世界的尊重，也能在未来赢得更多的实际利益。对达富尔的灾难以及国际上的批评，中国回应得迟缓些，却是正确的。

在非洲的一些国家，人们的平均生活水平比中国的穷人还要好一些。而这样的穷人占中国总人口的 1/4 以上。韩国总理李明博相信，朝鲜半岛统一后，韩国能够在短时间内帮助朝鲜超过中国。如果考虑到中国穷人的数量，他的话并不是特别大的夸张。国内的贫穷是中国在提供对外援助时必须时时牢记的，不然就会陷入援助过度的陷阱。慈善事业最好从国内开始。

第九章
中国的其他周边国家

今天的亚洲堪比作 19 世纪的欧洲，国家林立，大国不少。许多国家彼此长期对立、猜疑。亚洲的大多数国家都不是单一民族国家。东南亚多山，热带、亚热带森林密布，那里的民族种类最多。比如，老挝是人口小国，却有 60 多个民族。在缅甸、印度尼西亚等国，少数民族的军队曾与政府军长期作战。在巴基斯坦等国的一些地方，人群的分类根据不是民族，而是部落（民族之前的人群），中央政府在部落地区的影响力有限。在印度、泰国、菲律宾、印尼等国家，宗教矛盾时常引发恐怖袭击和流血冲突。这些事实说明，亚洲的国家没有进入到“民族国家”行列，今后也不太可能，因为如此众多的民族不可能都获得独立，而宗教、部落的分割因素也不会在短期内消失。所以，亚洲仍处在“前民族国家”时期，许多“民族”还正处在“觉醒”的过程之中。“民族国家”时代在亚洲不会到来，各国将不会分裂。亚洲更好的前途是区域一体化，淡化国家的民族色彩，与民族国家的方向相反。一体化将绕开民族独立过程中的血腥屠杀。在这方面，欧洲已经给了我们足够的教训和许多的经验。

亚洲是放大版的欧洲。除了中国、印度、日本，以及半个亚洲国家俄国，亚洲还有一些较大的国家。在不远的将来，当地缘政治和经济的中心从欧亚大陆西端向东端转移之后，国际政治角逐的规模将升级。即使亚洲国家在发展水平上仍长期落后于欧美，人口、土地和经济的巨大规模也足以弥补这个差距，使它们在国际舞台上获得远远超过它们发展水平的影响力。这种影响力我们已经在中国、印度两国看到了。当亚洲国家的发展水平接近欧美的时候，欧美很可能被边缘化，虽然这一天什么时候到来还是个未知数。中国有人口老化、环境恶化、技术创新和制度创新能力低下等问题。在大国林立的亚洲，中国如果不实行大变革，影响力将很快达到峰值。但其他国家也有自己的麻烦，不会轻易向中国发起挑战。

与一个世纪以前相比，当前在东亚有利益的大国数量减少了。当年的老大帝国英国，以及德国、法国都陆续退出了东亚。除了留下来的美国之外，东亚已经基本上是东亚国家的东亚。不过，东亚的基本格局100年来大致维持下来，只不过更换了玩家。美国取代了英国，成为东亚利益的攫取者和平衡者。美日军事同盟取代了英日军事同盟，他们假想的对手从当年的俄国变成了中国。日本还是日本。日本的经济实力和技术实力超过了它在上个世纪初的扩张时期，却比那时收敛了许多，和平思维在民间占了上风。俄国在东亚收获（主要是土地收获）最大的时期在1850－1860年代。后来在1900年代，俄国对远东有些鞭长莫及，还吃了一个大败仗。现在俄国全面采取守势，不被逼到角落里不会反击，在东亚也很低调。这从它在朝鲜核问题六方会谈中的态度可以看出来。东亚地区变化最大的是中国。一个原来被列强瓜分的国家已成为本地区的一个强大国家，不再有一个面积广阔的国家作为大国政治的牺牲品。中国成为东亚稳定的中坚力量，使本地区因大国干涉和扩张而爆发战争的风险减少了。

这一章讨论的国家都是中国的邻居，但不是全部的邻国。有专章论述的日本和俄国不在此列——它们自成一体。巴基斯坦、尼泊尔是中国的重要邻国，它们被放在了上一章，与印度、伊朗等南亚、大中东国家在一起。虽然这里论述的是地缘政治，但国家出现的章节主要取决于它们的自然地理的位置。

蒙古：夹在两个大国之间

蒙古的国土面积很大，有156万平方公里。一般中国人对蒙古了解最多的，是天气预报中来自蒙古国的冷空气或沙尘暴。因为寒冷和干燥，蒙古的草原并不丰美，难以承载更多的牲口和人口。蒙古国只有260多万人，平均每平方公里不到两人。在游牧民族鼎盛的时期，这些人口足以建立一支强大的骑兵，称霸欧亚大陆。据《史集》记载，在成吉思汗去世的时候，蒙古的兵力总共只有 12.9 万人。以此推算，那时刚刚形成的蒙古族，其总数大概不会超过 50 万，比今天少得多。在今天的世界上，不到 300 万人口的国家是很小的国家，不可能掀起风暴。中国和俄国是蒙古仅有的两个邻国。这个边缘小国的价值主要是地缘政治方面的。

蒙古国不能成为一个独立的地缘政治板块，也不容易加入到一个国家联盟中。当初，苏联策动蒙古从中国独立出去，并强迫中国接受。斯大林的目的是在苏中之间建立一个缓冲国，保护苏联本土与远东地区的联系。当时主要由西伯利亚大铁路来维持这种联系。在蒙古北部边境之外不远的地方，这条铁路与漫长的边境线并行。如果没有蒙古作为缓冲区，西伯利亚铁路可能被来自中国的敌人（当时是日本）切断。其实，在战争时期，从南面切断西伯利亚铁路的点有很多，不限于从蒙古境内。中国也担心来自蒙古的威胁。自古以来，入侵中国的多是北方草原上的骑兵，最近的例子就是苏联驻扎在蒙古的机械化部队。北京距离中蒙边界不远，在八达岭以北是荒原和草原，无险可守。从 1960 年代到 1980 年代，苏联在蒙古国驻扎大军。在 1969 年，苏联的威胁已经非常现实，中共的高级官员一度不得不从北京疏散到全国各地。后来，在中国提出的中苏关系缓和的“三大障碍”中，第一条就是苏联在中苏边境和蒙古驻有大量部队。当苏联的威胁在 1990 年代初消退的时候，蒙古国的地位也一落千丈。

在任何一张完整的中国地图中，都会有完整的蒙古国。[1] 可以说，蒙古国是嵌在中国之内的。在蒙古独立之前，中国的版图被比喻为一片秋海棠叶子。后来，这片叶子像是被虫子吃掉了一块，失去了外蒙古的中国地图看上去像是一只公鸡。蒙古国把中国的东北和西北分割开，使它们之间的交通比地图上的直线距离要大得多。中国内地与东北、西北的陆地交通线（即辽东走廊和河西走廊）暴露在北方的威胁之下。即使

---

〔1〕 地图上还会出现其他一些国家：尼泊尔、不丹、朝鲜和韩国，以及并不和中国接壤的孟加拉国。这是陆图。如果是包括整个南海的中国地图，出现的国家就更多了，还要加上越南、老挝、柬埔寨、缅甸，以及岛国文莱。菲律宾、马来西亚和新加坡通常也会完整地出现在中国地图上。但在地理上，这些国家是位于（有些甚至可以说是“附在”）中国的边界上，没有一个是“嵌”在中国领土之内的。

没有来自蒙古的大规模军事入侵的危险，也存在特种作战和空中打击的危险，因为中国面对蒙古的防御纵深很小，防范渗透、突袭的难度很大。所以，蒙古国的友好对中国比对俄国更为重要。一个敌对的、有强大势力存在的蒙古对俄国只是肘腋之患，对于中国则是心腹大患。

今天的中国和俄国都满足于蒙古的缓冲国位置。除非两国关系出现大的变化，否则谁也不会冒险改变与蒙古的关系而惊动另一方。没有这两个国家之一的同意，任何其他国家的势力都无法进入蒙古。但是，蒙古的外交政策并不是中立的。近年来，蒙古在认真寻找“第三邻国”，以美国、印度和日本为重点。它与美国进行联合军事演习，印度要在蒙古建立监测站，收集中国北方的情报。虽然蒙古可以从这些合作中换回些经济援助，但与外国的军事和情报合作对蒙古不是一个明智的选择，一定会得不偿失。因为它是一个封闭的内陆国，必须通过中国或俄国才能与其他国家交通，必须依靠这两个国家的善意。所以，中立是蒙古国的最佳选择。

朝鲜“独立”是在中国于甲午海战战败之后，在 1895 年的中日《马关条约》中规定的。外蒙古独立也是在中国最虚弱的时候，却常常被人们忽视。与西藏一样，外蒙古独立和自治也有强权的直接插手和干涉。在西藏为英国，在外蒙古则为俄国。外蒙古的独立始于 1911 年的辛亥革命之后，后来又改为自治，被纳入了俄国的势力范围。其实，如果没有俄国的鼓动，蒙古都不会有明确的独立愿望。俄国在革命之后，暂时无暇继续控制外蒙古，而俄国战乱产生的土匪横行外蒙古，造成威胁。因此外蒙古地方政府向北洋政府寻求支持，请求取消自治。但是，当时的外蒙古也与西藏一样，权力掌握在喇嘛手中。外蒙古地位最高的活佛哲布尊丹巴不愿意放弃权力，喇嘛们也不愿失去特权。因为喇嘛的干扰，中央驻库伦的代表与外蒙古官府谈了半年多，最终谈判破裂。北洋政府的徐树铮将军带一旅兵力开进库伦（今乌兰巴托）。在徐树铮到达之前，驻扎在当地的 120 名日军受到震撼，已经主动缴械。徐树铮同时还派兵收复了买卖城〔1〕、科布多、乌里雅苏台，还有唐努乌梁海。在

---

〔1〕今蒙古的阿勒坦布拉格，在今乌兰巴托以北蒙俄边界南。在 1727 年（雍正五年）签订中俄《恰克图条约》之后，恰克图老城归俄国。中国在中俄边界以南另外筑了一条新街，为两国通商要地，此即买卖城。

库伦，徐树铮恩威并用，对权贵各个击破。半个多月后，活佛和王公同意取消自治。1919 年 11 月 17 日，外蒙古自治官府上书中央，“情愿取消自治，仍复前清旧制”。22 日，民国大总统徐世昌发布命令，接受外蒙古的请求。但在苏联政权立住脚跟之后，蒙古在 1921 年发生了革命。中国还是失去了外蒙古。

现在，外蒙古独立已久。前些年有报道说，蒙古国家大呼拉尔（国会）有成员提出回归中国，建立联邦国家。对中国来说，蒙古国最好的出路是保持现状，享受一个主权国家的所有权益，承担其全部责任。真正独立后的蒙古国缩短了中苏边界的长度。像哈萨克斯坦从苏联独立出来之后，中国在西北只有很短的一段与俄国接壤。这样，中俄之间就有了两个缓冲国。中国农民在哈萨克斯坦租种农田，中国工人在哈萨克斯坦开采油田。与哈萨克斯坦不同，蒙古国缺乏石油和天然气等资源，工业基础也较差。同为内陆国，蒙古的发展前景没有哈萨克斯坦那样乐观。

资源的匮乏大大减少了蒙古在地缘政治中的重要性。这片土地本身没有太大的吸引力。蒙古国的价值在它的地理位置。不仅对中国、俄国如此，对美国、印度和日本也是如此。如果外蒙古回归中国，就会加大中国在俄国远东的影响力；如果俄国像苏联时期那样控制蒙古，就会再次对中国首都乃至整个北方（包括东北和西北）构成威胁。外蒙古东部是成吉思汗发迹的地方，他和他的子孙曾征服了大半个欧亚大陆。这段历史不断地激起现代蒙古人的民族主义情感，却不能改变它的困境。这个国家被外界所忽视。地缘政治争夺的重点在它的边界以西。

蒙古国夹在两个大国之间的地理位置决定了它难以获得完全的自主。广袤、平坦的国土甚至决定了它很难有足够的兵力守卫边界。蒙古国或者倒向中国，或者倒向俄国，或者在两国之间保持微妙的平衡，满足于缓冲国的地位。第三点对蒙古国是最理想的，也是最艰难的。保持平衡不仅要求蒙古领导人有高超的技巧，同时也取决于中、俄两国的友好和互信的关系。在欧洲有过成功的先例，这就是瑞士的永久中立，瑞士因此成为一个和平富裕的国家。

自 2004 年以来，蒙古和印度每年都举行联合军事演习。蒙古是一个沙漠和草原的国家，却在向印度学习丛林作战。印度已经在蒙古国建立了监听站，还要设立预警雷达站，用来监听、监视中国的北方地区。蒙古出让它的地理位置，换取一点援助和支持。由于蒙古国只有两个邻国，它决心要对付中国，就必须和俄国维持良好的关系。反过来也一样。除了俄国之外，没有任何国家能够通过它威胁中国。如果蒙古国罔顾中国利益，引入外部力量，并对中国形成威胁，中国就不能不有所回应。蒙古国的任何冒险行动必将对它自己构成威胁。一旦冲突激化，无论美国还是印度，都没有能力直接帮助蒙古。2008 年夏，中国因为奥运会禁止外国军用飞机飞越领空，蒙古国就不得不推迟与美国等的年度军事演习。它的这个困境没有突破的可能。“地理决定命运”的说法对蒙古国同样适用。没有实力作后盾，在一个封闭的空间里，像蒙古这样纵横捭阖，怎么可能游刃有余？怎么可能不伤到自己呢？

小国游戏大国政治，企图把大国玩弄于股掌之间，确实像玩火一样危险。国际政治是实力者的游戏。蒙古，一个夹在中国和俄国之间的内陆国家，人口 200 多万，却要充当一个地区中枢，把美国、印度和日本拉进去，为自己取得对抗邻国的均势。这几个大国和较大国也愿意给中国和俄国添点麻烦，以后可以借此讨价还价。这些国家只是把蒙古作为牵制中国和俄国的一个棋子，不需要时随时可以抛弃。那时，蒙古何以立足？何以面对它的邻国？

朝鲜半岛：通往大陆的跳板

中国地图的形状像是一只公鸡，而朝鲜半岛像是这只公鸡脖子下的肉垂。这个肉垂对中国安全极为重要。任何一个对中国持有敌意的大国占领半岛，都会对中国的安全构成极大的威胁。半岛与中国东北相邻，经过辽西走廊，就到了首都北京的门前。在海上，朝鲜半岛是渤海和黄海的屏障。当朝鲜半岛被控制在一个强国手中，中国在近海会面临更多的挑战，渤海和黄海有被封锁的可能。以半岛为基地的海军可以威胁到长江以北的沿岸，甚至到长江三角洲。

东亚局势最不可测的地方是朝鲜半岛。100多年前，朝鲜半岛丧失了独立，成为日本的殖民地、日本侵略中国的跳板。现在，半岛南部是一个较为富裕的国家、美国的军事基地；半岛北部是一个贫穷而封闭的国家，但是有庞大的军队，在发展了核武器之后，立场更加强硬。半岛是大国利益交织的地方，有重大利益的国家不会坐视其他大国在此坐大。半岛上的对立（不仅是朝鲜南北对立）是一个死结。虽然不排除可能出现有利于和平的变化，但总的说来，那是一个潜在的热点地区，即使不爆发战争并把其他一些国家拖下水，也会大量消耗各有关国家的资源。无论怎样，朝鲜半岛的无核化符合中国利益，中国不应该在核问题上无所作为。

东北与关内的交通主要通过辽西走廊。辽西走廊从锦州到山海关，长180公里，宽20公里。山海关是长城的东部起点，也是抵御北方入侵的最后一道防线。在过去300多年中，辽西走廊是多次决定性大战的战场。明军与满军在这一带打了几十年。1626年，努尔哈赤在宁远（今辽宁兴城）之战中受伤而死。在1640－1642年的松（山）锦（州）之战，清军消灭了关外的明军。1644年，清军经过山海关入主中原。日本入侵中国从朝鲜半岛登陆开始。后来日本又在东北与俄国大打出手，双方共投入200多万军队。日本占领东北后向中国内地进攻。1948年，共产党与国民党之间的一场决定性大战——辽沈战役——也是在这一带。元、明、清三朝的首都设在北京——在山海关以南不远——目的是抵御北方入侵（明），或保持与北方的联系（元、清）。东北方来的清朝也不免来自东北的威胁，当然不是他们留在故乡的同族，而是俄国人和日本人。中国的全球化是从被入侵开始的。外战和内战都反复证明，一旦东北失陷，整个华北无险可守。失去了华北，整个中国也就岌岌可危了。朝鲜半岛是东北的门户。

所以，朝鲜半岛这个肉垂虽然不属于中国这只鸡，其地位却远远超过了可有可无的雄性装饰。它是一个战略要地。在肉垂的后面，是中国公鸡的喉咙。当朝鲜半岛掌握在敌对国家手中时，这个肉垂就有可能变成坚硬的鸟喙，反啄公鸡的身体。好在朝鲜半岛自身现在不具备这样的实力。受面积和人口所限，在可预见的未来，半岛不能仅凭自己的力量对中国构成重大威胁。

朝鲜半岛上现在有两个国家：朝鲜和韩国。两国的军队在三八线两侧对峙，韩国一侧还有美国军队。在过去半个多世纪里，因为朝鲜的存在，美国的军队被拒斥在中国的边境线以外。这也是中国参加朝鲜战争的结果。南北朝鲜属于同一个民族，将来有可能统一。不过，在统一之前，两侧还将继续把对方视为敌人，或主要敌人的走狗。100多年以来，朝鲜半岛从来没有获得过完全的独立，韩国至今仍依靠美国的驻军。压抑的民族情绪总是要通过某种途径发泄出来。近年来，韩国的总统竞选人总是要摆出反对某个大国的姿态来争夺选票，并在上台后在一定程度上维持反对的姿态。美国、中国、日本都是被攻击的候选国家。好在这些国家对受到的攻击都没有表现出太在意。

以上所说都是在中国较弱的时候可能出现的情况。现在的论者多以此为前提。在"中国威胁论"盛行的时期，中国仍然在担心外来的威胁，似乎有点不合时宜。客观地看（即不考虑意图），中国更多是一个潜在的威胁者，而非被威胁者。虽然官方竭力洗刷"威胁"的污渍，无法否认的是，威胁与实力是一致的，而与意图的关系较少。这个道理在国内政治中也同样有效。数百年来对中国的威胁路径仍然存在。但中国应该从一个相反的方向去看这些路径，它们也是中国"打出去"的可能。当外部威胁来临时，中国必定能够打出去，给敌人造成更大威胁。与1950年代相比，中国已经有了更多的力量。决策者在思考国际局势，尤其是周边问题的时候，不必再拘泥于过去的防守思维。中国在行动时可以更主动，在谈判中更坚持自己的利益。

地缘政治的现实与韩国排斥大国的心态相反。朝鲜半岛上的战争与和平不可能由它们自身决定。半岛是一个热点地区，也是大国在东北亚的利益交汇之处。关于朝鲜核问题的六方会谈反映了这种交错的利益，除了朝鲜、韩国外，还有四个国家参加了会谈。对半岛局势最有影响的国家是美国，它在韩国驻扎了三万多军队，在日本的驻军也随时可以提供援助。其次是中国、俄国和日本。这三个国家都是半岛的邻国，其中日本是海上邻国。中国与半岛的边境线最长，一旦半岛上出现大的动荡，中国所受的影响必然最大。所以，中国在半岛上的安全利益比俄国和日本都更大，所负的责任也更大。到目前为止，中国向朝鲜提供的援助最多。

朝鲜半岛的统一将大幅度减少美国在半岛的影响力。在朝鲜民族主义的压力下，美国也许将被迫撤出在半岛南部的军队。中国也是一个有待统一的国家，台湾海峡两岸保持分裂状态符合美国和其他许多国家的利益。中国唯有分裂，一些小国才能在台海两岸不停地“吃了原告吃被告”。中国大陆能够运用它的实力，挤压或争取那些小国。但朝鲜和韩国只能接受对它们双方的外交承认。不过，这个无奈也有好处，它们不必为争夺外交承认而花费金钱和外交资源。朝鲜半岛维持分裂状况，同样符合许多国家的利益：美国军队可以继续留在韩国，日本不必面对一个民族主义也许更激烈的半岛。自朝鲜核危机爆发以来，日本对朝鲜半岛越来越感到不安。日本相信，半岛上发生的事情可能直接涉及日本，日本的一位主要防务专家说，“追溯历史，我们发现……威胁日本独立和安全的所有战火都是从朝鲜半岛点燃的。”〔1〕 这句显然有些夸大。除了蒙古从朝鲜出兵侵略日本以外，半岛上的战火都没有对日本构成直接威胁，没有蔓延到日本。这位专家的话表明，日本将再次开始深深卷入半岛和大陆的事务。

俄国的远东地区也受制于朝鲜半岛，尤其是海上交通和主要军港。朝鲜半岛和日本群岛一起堵塞了俄国军舰南下的通道，使俄国海军在远东面临它在波罗的海和黑海的同样困境。俄海军更加倚重在堪察加半岛东南端的基地，在海参崴东北 2000 多公里处。那里受暖流的影响，不比海参崴更寒冷，但离腹地更远，不过向大洋的航行更畅通。自冷战结束以来，因能源价格上涨，俄国的国力已经恢复了很多，但它在远东的力量仍然有限，它的远东城市也不如西部城市繁荣。至少在今后数年内，俄国的主要精力仍将放在它的欧洲部分，那里的挑战更大。俄国很难同时照顾到相距遥远的东西两翼。所以，它不会在朝鲜半岛事务上扮演积极的角色。

朝鲜历史开始于周初的箕子朝鲜、秦末的卫满朝鲜。箕子和卫满都是中国人。长期以来，朝鲜一直是中国的藩属。这个历史事实是许多韩

---

〔1〕 竹贞秀司：《韩国和日本的防务合作：前景和问题》，太平洋网站，1999 年 11 月。转引自扎勒米・哈利勒扎德：《美国与亚洲——美国新战略和兵力态势》，99 页，新华出版社，2001 年。

国人对中国不满的原因，他们甚至要抹去中国对朝鲜文化的影响，抹去汉字的痕迹，改变首都的汉名，等等。在朝鲜努力塑造本民族文化形象的时候，中国人可以表示一定程度的理解。另外一个原因就是朝鲜战争。许多韩国人相信，如果没有中国的加入，南方已经统一了半岛。他们忽视了，如果没有美国军队参战，朝鲜在此之前已经统一了半岛。虽然朝鲜人驾驶苏联坦克，但在那时，他们还没有像南方那样依靠外国军队。中国不是朝鲜战争的始作俑者。中国加入战争，是因为美国占领半岛之后将对中国构成极大的威胁。日本历次侵华都是从朝鲜半岛上岸。如果说有一方对战争的扩大负有主要责任，那就是美国。一个对中国持有敌意的国家把军队推进到边境上，中国不可能不做出反应——即便它是世界上最强大的国家。可以说，朝鲜战争的扩大是美国的傲慢造成的。中美两国都没有从战争中得到好处，半岛上的人民更没有得到好处。得利的是苏联。

由于中国威胁论和美国的围堵，中国有时候甚至不能像一个较弱小的国家那样维护自己的利益。其一不想牵一发而动全身，引起别的国家的警惕；其二不愿把邻国推向敌对方面。所以，中国隐忍的时候比坚持利益的时候更多。中国应该更多地借助民间的力量，但是，只有开放的社会中才会有真正的民间组织。中国有许多打着民间组织旗号的政府组织，其行为方式与政府是一样的，受到同样的限制。开放的社会将给中国带来更多的外交选择。

美国在韩国的驻军是为了对抗朝鲜，防止可能出现的战争。美军的存在还有别的目的。正如它在中亚的军事基地一样，有围堵该地区大国的意图。虽然使用的是军队，美国的主要目的不是对俄国或中国形成军事威胁，而是向基地所在的地区显示美国的存在，使它们不倒向别的国家，从而牵制该地区的所有国家。基地有军事目的，却是对付本地区的较小国家。虽然两种方式都依靠强大的军事力量的支持，这种围堵方式的地缘政治色彩更浓，有别于冷战时期的军事围堵。中国也可以使用地缘政治的手段来破解围堵，不战而屈人之兵，逼退围堵者。

朝鲜半岛的核问题是目前国际社会关注的焦点之一。在一个矛盾错综复杂的地区出现核武器是十分危险的事情。这样巨大的危险是不可容忍的。现在各大国都在推卸责任，不想出头。按照常规，它们尽量先把别的国家推向前台，给自己留下更多的主动。现在，大国在等待时机，同时也在等待朝鲜政策的变化。但是，等待不表明它们不会行动。在朝鲜核问题上，大国的利益是比较一致的。

在 1950 年，美国军队向中朝边境推进，对中国构成重大威胁，中国不得不做出反应。美国当时的决策者忽略了一个事实：从 19 世纪末到 20 世纪初，日本一直把半岛作为进攻中国的跳板；在唐、明两朝，中国都曾在半岛上打击入侵的日本人。今天的国内论者没有忘记历史。但是，他们也忽视了一个事实：中国不再是一个多世纪前的中国，中国已经强大起来，至少在东北亚地区没有强劲对手。如果朝鲜半岛仍然是一块跳板，那也是中国的跳板，不是美国或日本的跳板。中国完全应该，而且必须在半岛局势中更加主动地行动，必要时放手一搏。

东南亚：华人曾经的目的地

在东南亚的 10 个国家中，5.5 个在中南半岛，4.5 个在半岛以南或以东的岛屿上。马来西亚在大陆和岛屿上各有一部分领土，两地最近的直线距离大约有 600 多公里。这些国家都在中国的南方，是中国的陆地或海上邻国。这 10 个国家组织了东南亚国家联盟（东盟）。但是，东南亚仍然是“破碎地带”向东的延续。这里仍然缺少权力，是美国争夺的重点区域之一，只不过没有战争，没有核武器，恐怖袭击也较少，因此破碎程度表现得不如大中东那么明显。

东盟是一个松散的地区组织，其内部矛盾往往很大。比如，泰国和缅甸几个世纪以来互不信任；泰国与柬埔寨因领土纠纷而爆发了武装冲突；新加坡与马来西亚之间经常吵吵嚷嚷。各国贫富差距大，有富裕国家，也有世界级的穷国。有几个国家的内部还不稳定，地区合作尚不能被排在显要位置。而且，这 10 个国家没有一个有足够的实力和威望充当领导者。印尼虽大，但实力较弱；新加坡虽富，但太小；越南虽强硬，但受到政治制度的很大限制。在 1998 年金融危机打击之后，该地

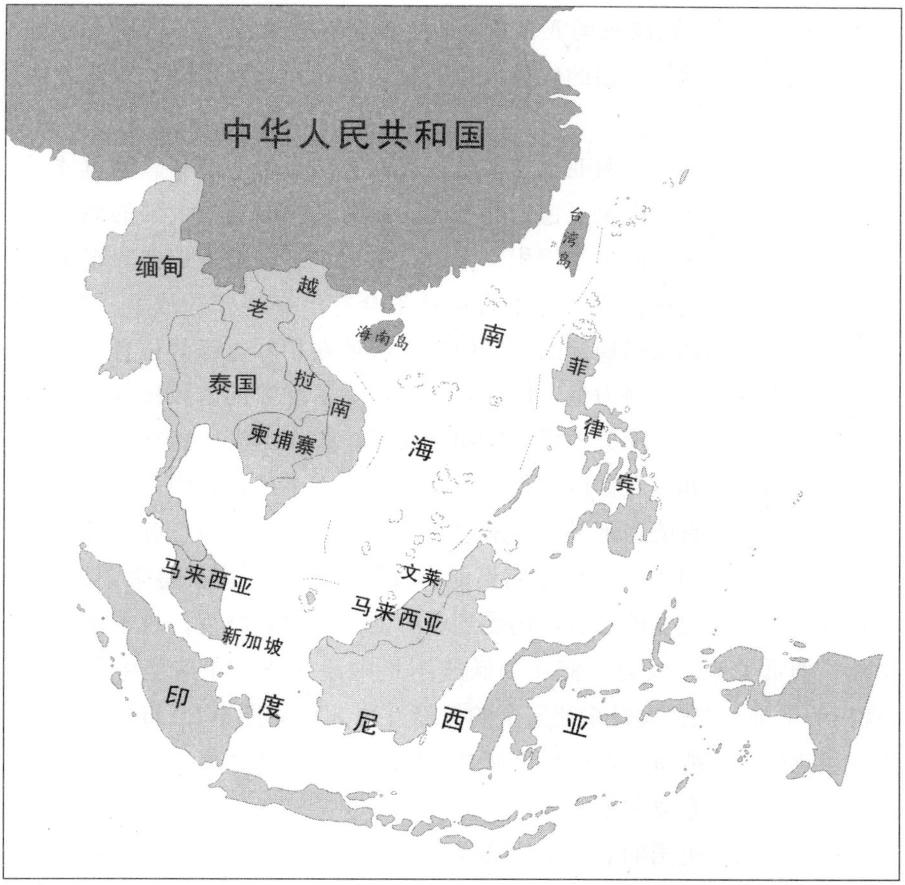

南海国家联盟(示意图)

南海可以成为东南亚的“地中海”。在东南亚的10个国家中，有8个分布在南海周围。南海合作组织不会排斥任何一个东南亚国家，也没有必要排除日本和韩国的参与，所有国家都可以从南海合作中得到利益。中国的海南岛位于南海的北端，博鳌亚洲论坛可以成为南海合作的平台。

区的活力还没有完全恢复。东盟还不是一个有效的区域组织，不过在与其他国家对话时，东盟作为一个平等伙伴，可以减少单个国家势单力薄的缺陷。与东北亚相比，东南亚的力量显然不足。在10＋3的对话中，3个国家中的中国距离东南亚最近，日、韩都在东北亚。中国有大片国土位于东南亚，这是中国的优势。必须有外力的介入和推动，东盟才能活跃起来。

和东北亚一样，东南亚也是中国古代朝贡体系的一部分。朝贡体系之所以能成为东亚国际关系稳定的基础，原因是中国唯一大国的地位不可取代。这是由中国的国土面积、人口、文化水平、地理位置、军事力量等诸多因素决定的。没有竞争者也就不会有争夺霸权的战争。因此，东亚过去的国际体系是稳定的。其他国家都处在相对边缘的位置，各国都不能获得强大的军事力量，挑战宗主国，除了北方的游牧民族外。南宋曾向金称臣上贡，形成了反向的朝贡关系。强大的汉、唐在初期也一度向北方的匈奴和突厥称臣。北方王朝先是尾大不掉，和中原王朝形成割据态势，如果有能力则进一步南侵，以图彻底取代中原王朝。不论这些部落联盟多么强大，如果它们不能占领中原，就不能获得宗主地位。清朝入关成为正统王朝之后，仍受到朝鲜的（暗中）歧视，日本则完全中断了朝贡关系，因为它们认为满族不是中原文化的正统。中原王朝（现在的中国）之强大是东亚安全的保障。19世纪中期至20世纪中期发生在东亚的多次战争，都可以看做是中国积贫积弱的结果。中国的再次强大与富裕将是东亚和平的保障。

东盟国家对美国的态度差别很大。新加坡和菲律宾的盟友是美国，而缅甸则被美国视为敌国，穆斯林人口占大多数的马来西亚、印度尼西亚不太喜欢美国，越南等国对美国也很警惕。因此，东盟作为一个整体，难以和美国结为亲密盟友。另外，东盟内部各国彼此也有很大的历史和现实矛盾，不能形成一个团结的地区。由于国内不稳定和经济不发达，东盟最大的国家印尼不能承担起领导的责任。所以，如果仅仅依靠东盟，东南亚地区一体化的未来并不明朗。

东南亚是亚洲民族组成最复杂的地区。与中国在陆地接壤的缅甸、老挝、越南都是多民族国家，都有数十个民族。与东南亚相邻的云南是中国民族最多的一个省。虽然有不同的名称，东南亚的主要民族与中国西南的云南、广西等省区的少数民族多是同一个民族，如傣族、景颇族、苗族、瑶族，等等。他们的语言也多属于汉藏语系的藏缅语族。这是因为中南半岛北部的许多民族都是从中国迁移过去的，原住民更向南移动。所以，在血缘上，中国与东南亚不可分割。在过去数百年，中国土地上有更多的人向东南亚移民。与远古不同，这些新移民大多是汉人，或者说，他们是在汉民族和汉文化形成之后的移民。他们与远古移民也许有相同的祖先。新移民的分布更广泛，在东南亚各地都有华人，他们使中国与东南亚的血缘联系更加密切了。

华人在东南亚发展的过程是艰辛的，在国内的遭遇也很不好。明、清时期，海外华人受到国人的歧视。在清末，他们支持革命者。在日本入侵时期，他们支持抗战。从 1950 年代开始，他们所有人都有特务嫌疑，他们在大陆的亲属饱受迫害。在改革开放之初，海外华人格外受欢迎。当时大陆实在是太穷了（许多人深有感触），文明水平太低了（不少人承认这一点有困难），任何一个海外华人以及外国人都被想当然地当成是有教养的富翁。现在，大陆人能够用比较平和的心态看海外华人。无论华人的国籍是什么，他们在血统上都无可更改地是华人。只要他们认同华人身份，对故国有亲切感，中国就应该让他们能够以自己为华人而骄傲。

南海：东南亚的地中海

这里所说的南海是广义的南海。它是一个地理概念，不限于中国的海疆。广义的南海指马六甲海峡以东包括泰国湾以南的海域。这样，在东南亚的 10 个国家中，有 8 个分布在南海周围。其中，越南、马来西亚、菲律宾、印度尼西亚和文莱五国是中国的海上邻国，与中国有领海主张冲突。泰国、新加坡和柬埔寨在南海的西南边缘，不与中国在海上相邻，与中国没有领海主张冲突。与南海不直接相邻的东南亚国家仅有两个——缅甸和老挝。缅甸的领土完全在马六甲海峡以西，须经过马六甲海峡才进入南海。老挝是一个内陆国家，却可以通过湄公河经柬埔寨和越南进入南海海域。这是大湄公河次区域合作的目的之一。

南海可以成为东南亚的地中海。地中海的文明进程比南海早很多，在它的周围分布着许多灿烂的古文明。相对而言，南海的文明进程比较迟缓。近代之前有一些灿烂的文明，比如以吴哥窟为首都的古王国。南海开发的滞后与中国有关。中国不是一个鼓励贸易的国家，岭南地区的开发较晚。此外还有气候的原因。南海多台风，对贸易很不利。5 世纪的时候，晋朝的高僧法显去印度取经。他于 399 年从长安出发，在 402 年翻越葱岭（帕米尔高原）进入今天的巴基斯坦，又渡过新头河（印度河）到达今天的印度。409 年，法显南渡到了师子国（今斯里兰卡）。411 年秋，他搭乘一条商船启程回国，船在途中遇大风，漂流了 90 天后抵达南海的耶婆提〔1〕。412 年夏，法显从耶婆提出发。本来预计 50 天后可到达广州，但又遇到暴风雨，船在两个多月后被吹到今天的山东即墨。法显把他 15 年的游历记在了《佛国记》里，我们可以了解到那时的印度历史和南海航行的情况。当时，虽然海上的行进速度要快一些，但危险似乎比穿越高山沙漠还要大。在 1292—1293 年，元世祖忽必烈派兵攻打爪哇（耶婆提所在的岛屿）。元军初战告捷，然后受到当地盟军的袭击，大败而归。当年元军从泉州出发，到爪哇的单向航行需要 60 多天〔2〕。对比法显的记录，可以看出晋、元到爪哇的航行时间没有变化。

南海的风暴远比地中海暴烈。在海上冒险的是商人、出家人，以及受到派遣的军人。这一点与欧洲在地理大发现之后的情况没有区别。但在规模、进取心（或贪婪）和尚武精神等方面则远不如欧洲。这是在过去 500 年造成东西方历史差异的主要原因之一。南海的风暴频繁，却没有阻挡商人的进取。日本学者三上次男研究了各国出土的中国瓷器，发现了一条新的商路，从中国到东南亚，再到印度、埃及和欧洲。中国瓷器是通过海路运出去的，沿岸都可以找到大量瓷器的碎片。三上把这条

〔1〕 耶婆提（Yāva—dvīpa）是一个古国，在今天的爪哇岛上，是当时的南海交通要地，与中国和印度之间有定期商船。

〔2〕 在第一次鸦片战争时期，从英国到广州的单程航行时间大约是 4 个月，往返需要 8 个月。对于英国人，距离和时间都不是问题，只要有利益。

贸易通道称为“陶瓷之路”，三上说：唐朝末年，“在南海出入口的广州就居住着超过十万人的伊斯兰教徒、基督教徒、波斯人和犹太人，这一事实有力地说明了当时海运通航的盛况。”[1] 在宋、元，这些泛海而来的商人还聚集到泉州，那里至今仍有这些人所信奉的宗教的遗址。“陶瓷之路”在汉朝就已经开通了，时间大概比丝绸之路略晚。在比较了陶瓷之路与丝绸之路后，三上说：

> 文献上的记载和考古学的资料均表明：早在公元前后开始，海上通路就被频繁地使用着，它同丝绸之路一样，早就成为重要的贸易通路了。[2]

在丝绸之路因中亚的战争、国际关系恶化等原因而衰落之后，海上交通变得更为重要。马可·波罗沿着丝绸之路到中国，沿着陶瓷之路回威尼斯。他从刺桐（今福建泉州）出发，在霍尔木兹（在今伊朗）登陆。今天，在人们研究、赞叹丝绸之路的时候，却忽视了陶瓷之路。陶瓷之路是华人开拓东南亚的起点。中国过去把东南亚称为“南洋”，华人向海外的移民大多到了南洋。这些华人、华侨至今仍是当地的商业精英。他们保留了一些中国传统和习俗。华侨在南洋的经历，与希腊殖民时期希腊文化和希腊移民经过地中海迁移的情景有相似之处。

台风现在仍在年复一年地袭击南海及沿岸地区。但卫星和巨型计算机可以提前预报台风的到来。船只也更大、更牢固了。在南海航行的风险已经大大减少。因此，南海现在有了成为另一个地中海的可能。地中海为欧亚大陆及非洲大陆包围，只有一条海峡通往大洋。南海不同，除了北部和西部是大陆之外，东部和南部都是群岛。从台湾岛开始，经菲律宾群岛到加里曼丹岛，苏门答腊岛与大陆上的马来半岛隔马六甲海峡相望。南海在东、南两个方向上的地形破碎，有无数条通道可以通往大洋。马六甲海峡是最重要的出口，但不是唯一的出口，与直布罗陀海峡的地位不同。台湾海峡是从北方进出南海的一条重要航线，但也不是唯一的通道。因此，南海的地理比地中海更开放。地中海的面积为 251 万

[1] 三上次男：《陶瓷之路》，154 页，文物出版社，1984 年。

[2] 《陶瓷之路》，154 页。

平方公里，南海比它大了100万平方公里。地中海有许多大的岛屿和半岛；南海内没有半岛和岛屿，而岛礁几乎没有人烟，除了少量驻军之外。这是南海的不利之处。但在现代技术条件下，这些不利是可以克服的。

在过去半个多世纪中，能够控制南海的是日本和美国的海军。美国在二战中打败了日本，夺取了控制权。一直到冷战后美国才撤出在菲律宾的海军和空军基地，但仍然经常回去。2009年6月，美国军舰的拖曳声纳在菲律宾的苏比克湾之外碰撞上了中国潜艇。双方都低调处理。美国还在加强关岛的军事基地。这个500平方公里的小岛位于北马里亚纳群岛的南端，在菲律宾首都马尼拉以东大约2700公里处，比美国在夏威夷岛上的基地向西靠近了6000多公里。2008年5月31日，美国国防部长罗伯特·盖茨宣布，美国将投资150亿美元在关岛上修建大型军事基地。关岛已经成为美国在西太平洋上的军事支撑点，可以支持航空母舰、隐形轰炸机、攻击核潜艇的作战和维护。把如此强大的军事力量部署在东亚的外缘，唯一可能的打击目标就是中国。此外，美国与南海附近的东南亚国家常年举行至少四场军事演习。“金色眼镜蛇”是多边联合军事演习，也是东南亚地区规模最大的军事演习；“卡拉特”主要是为了增强美军与其他军队在海上的联合作战能力；“对抗虎”是美国与泰国和新加坡之间的演习；“肩并肩”是美国和菲律宾的双边联合军事演习。这些演习包括了陆海空三军的作战演练。因此，美国虽然不是南海周边国家，却是南海的最大玩家。

邻近南海的菲律宾和新加坡是美国的盟国。美国军队使用它们的基地，进行联合军事演习。冲绳、关岛和日本的美国军事基地能够提供远程支持。美国在南海的军事存在利用了周边国家对中国的担忧，并在冲突发生时扩大美国在这一地区的影响。中国的选择因此受到限制。如果美国不在南海挑起或挑唆冲突，它的存在不是坏事。各国将通过合作来解决领海争端。

中国对南海的大部分海域都提出了主权要求。但是，大陆及台湾所占据的岛礁数量很少。在南海与中国有领海争议的各国中，越南占据的岛礁最多，与中国的利益冲突最大。1974年，中国与南越在西沙群岛发生武装冲突；1988年，中国和越南在南沙群岛发生武装冲突。这是中国在南海仅有的两次军事行动。中国与邻国的领土、领海纠纷难以解决，而在南海的情况最为复杂，因为对同一片水域、同一个岛屿提出要求的往往有两个以上国家。中国提出了“搁置争议，共同开发”的主张。2002年，中国与东盟签署了《南海各方行为宣言》，规定各方不得采取单方面行动。2007年底，中国宣布南海岛屿归海南省管辖，引起了越南人走上街头抗议。在中国管理之下的南海岛礁只有很少几个。如果中国不打算通过武力一一夺得这些岛礁，唯一的解决办法就是采用和平方式，与这些国家共同开发周边海域。中国也正在朝着这个方向走。但是，一些国家已经占有了更多的岛礁，它们肯定不愿意与中国分享。

在广泛的区域合作中，中国必须掌握南海的主导权，也不应该放松主权要求。在南海沿岸各国中，中国的经济和军事实力最强，其他各国对中国的主导地位大概不会有异议，虽然它们不愿意损失利益。最不情愿的国家是美国——距离南海很遥远的一个国家。美国正在加大在南海的军事活动。中国目前正在加强海军建设，这是为了保护中国对领海的主权要求，而不是针对美国的。中国海军的活动范围是在南海，在中国认定的自己的领海之内，不会到加勒比海炫耀。目前，中美海军在南海的竞争主要是为了争夺在本地区的影响力，在气势上、技术上压倒对方，把周边国家的注意力吸引到自己这边来。国际影响力有点像演戏，当一个演员在舞台上面对观众欢呼的时候，他的感觉一定会非常好。如果另外有别的演员登场，无论新来者声称他的愿望是多么的善良，是多么愿意充当配角，也一定会给原来的那个演员造成压力，减少观众对他的注意力。演员需要道具。在国际舞台上，道具就是经济实力、武力和文化影响力。在战争开始之前，国家间的争夺就是这些力量在较量。在娱乐界，“抢戏”大概是最不能容忍的冒犯了，抢戏的矛盾激化后就会引起台上打斗。

南海有丰富的石油储藏。在沿海各国中，中国有海上石油勘探、开发的技术优势，有石油、天然气的巨大消费市场。南海合作只限于有关临海国家。所以，南海合作会给中国带来好处。南海有复杂的利益冲突，在一定程度上反映了东亚地缘政治格局的重叠。在东亚倡导部分重叠的国际合作，可以提升在不同方面的中国国家利益，使中国成为多种合作的核心。现在已经有了东盟10国与中国、日本及韩国3国（10＋3）的合作。日本与韩国都是东北亚国家，距离东南亚较远，缺少中国在南海的地缘优势。10＋3不应该妨碍“南海合作组织”的发展，也没有必要排除这两个国家的参与。它们可以提供资金，得到市场供应。其实，在南海边上有两个金融中心：北部有香港，西南有新加坡。只要能创造利润，南海合作不会缺乏资金。

“大湄公河次区域”合作是中国与东南亚国家在陆地上的合作。湄公河（澜沧江）的源头在中国，这条河的上游只能承载数百吨级的船只。从云南出发，要跋涉经过四个国家才能出海。作为出海通道，湄公河对中国没有多大的实际意义。河运对内陆国家老挝的益处最大，可以降低商品的成本运输。从中国通往东南亚的公路、铁路在修建中，或者已经建成。这是中国作为东南亚大陆邻国的优势，区域外的任何国家都不具备这个条件。现在中国应该发挥海上优势了。在东南亚国家中，缅甸与老挝不在南海的岸边，它们是中国的陆地邻国。由于中国的地理位置，南海合作组织不会排斥任何一个东南亚国家。这两个国家可以从南海合作中得到利益。

近年来，沿岸国家在北冰洋的争夺也日趋激烈，原因之一是全球气温上升使得在北冰洋开采石油变得可行了。北冰洋沿岸国家的实力远在南海沿岸国家之上。2007 年 8 月，俄国在北极海底插上了国旗，接着就是炫耀武力。加拿大也加强了军备。在 2008 年，美国、俄国、加拿大、丹麦（代行格陵兰的外交）、挪威 5 个北冰洋国家举行高峰会议，同意以科学研究得出的证据来决定在北冰洋的主权归属。加拿大宣称要成为北冰洋的“超级大国”。如果北冰洋问题能够得到和平和妥善的解决，必将为其他地区的领海纠纷树立良好的榜样。把南海建成开放的“内陆海”的可行性很大。法国在 2007 年倡议建立“地中海联盟”，在沿海国家中得到积极反响。倡议还得到了德国的谅解，德国曾担心地中海联盟将影响欧盟的一体化进程。海南岛位于南海的北端，在这里举办的博鳌亚洲论坛可以成为南海合作的平台。台湾位于南海东北角，控制着南沙的“大岛”太平岛。在与大陆达成某种协议之后，大陆应该能够接受台湾以特殊身份加入“南海联盟”（姑且名之）。[1] 两岸合作将增加把南海建成和平之海的可能。

---

〔1〕 本书作者在完成这一章之后才了解到法国总统萨科奇的“地中海同盟”建议。“南海联盟”想法的基础是南海地区的局势，不是对法国倡议的模仿。另外，萨科奇也不是原创者。在欧洲北部的波罗的海有一个类似的国家间的合作组织。

从黄海、东海到南海，中国提出拥有主权的海域都受到邻国的侵占。在这中间还夹着台湾问题，现在因国民党重新执政而得到缓解，给大陆留下了更多选择余地。这些领海冲突为外部大国在本地区上下其手留下了很大的空间。中国不能胶滞于所有争端，也不可能同时应对所有这些国家。中国必须首先释放出一部分力量，才能争取到战略主动。必要时，哪怕在某个方向上小有损失，也在所不惜。民族主义和海底石油是最大的障碍，使得任何让步都非常艰难。最大的问题是，中国对海洋的重视实在太晚了，落在了其他国家的后面，以至于在所有地方都非常被动。由于有领海争端的国家数量太多，中国不能轻易使用武力，否则必定会牵一发而动全身，陷入更大的被动。所以，在战略方向上必须有所选择，决定在哪里坚持，在哪里稍作让步。海洋划界可以效仿陆地划界的经验，有予有取。即使让步也不能是一味地让步。

越南：狭长的国家

越南是一个细长的国家，南北长达 1600 多公里，东西最窄处只有 50 公里，约等于北京市的长安街及其延长线的长度。只有在北方的红河三角洲和南方的湄公河三角洲，地形才比较宽阔一些。这两个三角洲也是越南最发达、人口最集中的地区。狭长的国土形状对于防守非常不利，尤其是在面对来自海上的威胁时。因此，越南的战略纵深在南北方向，而东西两翼则非常容易受到威胁。越南中部最细的部分，对着中国的海南岛。在陆地上，当发生较大规模战争时，细长的越南只能把西方的老挝作为它的战略纵深。在反法和反美战争中，越南就是这样做的。无论是奠边府战役还是胡志明小道，都与老挝密不可分。老挝和越南都是中国的南方邻国。在过去 100 多年反抗西方殖民者的战争中，越南经常把中国作为大后方。这一点与朝鲜有相似之处。

越南中、北部曾经长期是中国的一部分。秦始皇在公元前 214 年平定南越，设置南海（约相当于今天的广东）、桂林（约相当于今天的广西)、象（在今天越南的中、北部）三郡。秦朝时，今河北正定人赵佗是戍守南越的一名军官，任南海郡的县令。秦亡之后，赵佗据岭南以自保。他自立为南越王，都城在番禺（今广州）。根据越南正史，越南历史开始于赵佗，他被当作越南的开国之君。汉朝建立后，不能容忍南越的地方割据。公元前 181 年，吕后发兵攻赵佗，“会暑湿，士卒大疫，兵不能隃领”。[1] 暑湿、瘟疫、山地是在南方作战的不利因素。在整个南方战线上，中原军队都长期面临同样的挑战，常常因此而失败。汉武帝时再发兵击南越。公元前 111 年，南越灭亡。武帝在其故地设立了九个郡。唐朝时，今天越南中、北部属于安南都护府管辖的一部分。此后，那个地方被称为安南。

越南在唐末和五代十国的地方割据时期走向独立，968 年，丁部领在花闾（在今河内以南 90 多公里的大山中）称帝，国号大瞿越。越南独立从丁朝时期开始。这时宋太祖赵匡胤称帝已经有 8 年，但五代十国的分裂局面还没有结束。北宋军队攻取了后蜀，但南唐、吴越、南汉等偏安的地方王朝仍然是独立的。在宋的北方有强大的辽国（983 年改国号为契丹），后来则有金国。北宋的形势很局促。因干涉越南不能取胜，北宋于 973 年封丁部领为交趾郡王，确立了越南对中国的藩属和进贡关系。此后越南一直是相对独立的藩属国。明成祖时，中国曾短期占领越南，把越南再次纳入中国版图，但明军最后失败了。1802 年，安南的阮福映得到法国和暹罗的帮助，打败对手，建立了阮朝（1802—1945）。他上书请求清朝皇帝分封，以获得正统地位，并请求改国名为“南越”。第二年，嘉庆帝把南越两个字的顺序颠倒了，封阮福映为“越南”国王。两国之间宗主与藩属的关系一直延续到 1884 年越南沦为法国殖民地。

与朝鲜半岛相似，今天的越南是由三个古国合并而成的。越南的扩张从北向南。在今天越南的中部的国家是占城（或占婆，此前称林邑），与柬埔寨同属于一个文化圈，受印度教的影响很深，与北方的儒家文化圈不同。在数百年的战争之后，占城在 1471 年（明成化七年）被北方

---

[1] 《汉书·西南夷两粤朝鲜列传》，班固。这句话的意思是：当时酷暑和潮湿，士兵染上了严重的瘟疫，不能翻越南岭。“隃”通“逾”，“领”同“岭”，南岭。瘟疫当是瘴疠。

的越南占领。这是明朝退出越南之后的事情了。越南从高棉人那里占领湄公河三角洲则晚至1759年（清乾隆二十四年）。所以，越南获得今日狭长之国土，是很晚近的事情，是越南沿海岸向南扩张的结果。此后，当越南向老挝、柬埔寨方向扩张时，法国人来了。法国人把越南、老挝、柬埔寨合并为印度支那，但在殖民地之内仍把越南分为北、中、南三块。北方再次统一南方是在1975年。如其他一些前殖民地国家一样，越南也要继承殖民者的遗产，把另外两个国家纳入版图。越南对南海岛礁的领土要求，也只是以法国人的可疑活动为基础。

中越之间时常发生战争，最近的一次是在1979年。边界冲突持续到1980年代后期。中国的每一个朝代都曾经打进过今天越南的土地，越南对中国积怨甚深。因为相对弱小，在与中原王朝的历次战争中，越南即使取得胜利，也都会主动采取和解的态度，称臣纳贡。中国也从来没有举全国之力与越南作战。帮助越南取胜的，除了越南的民心之外，还有地形、气候、疾病等因素。这些因素对外来者非常不利。在不对等双方的战争中，对于大国是局部战争，对于小国则是全面战争。因为这种实力的不对等，沃玛克把中越关系看做是“非对称”的。他说：“在历史和地缘政治的影响下，越南的安全特征是防备中国。虽然关系正常化了，越南在睡觉时也会睁着一只眼看着中国。”[1] 在可预见的未来，越南对中国的防备不会减少。

1974年，在北越打败南越之前不久，中国海军把南越军队赶出了西沙群岛。虽然中国认为是南越挑起的事端，目的是想把美国拉下水，维持它摇摇欲坠的统治。但是，北越对这场冲突的解读是，中国想在越南统一之前制造既成事实，迫使越南接受。1988年，中国又把统一后的越南赶出了南沙的赤瓜礁。越南是对老挝和柬埔寨有重大影响的国家。因为越南对这两个国家的企图，中国曾经称它为“地区小霸”，在1979年发动了对越作战，攻取了它的一些边界城镇，并在短时间内撤出。此后，中越边界冲突持续了10年。现在，虽然中越两国已经解决了陆地边界问题，但两国的海上争端并没有结束。越南无力单独与中国抗衡，

---

〔1〕 *China and Vietnam*: *The Politics of Asymmetry*，p229，Brantley Womack，Cambridge University Press，2006.

因此它积极发展与美国、印度乃至日本的军事关系。一旦受到中国的强大压力，它就可能倒向这些国家寻求保护，成为它们牵制中国的一个棋子。这些国家也在试图把越南变成这样一个棋子。

越南正在购买俄国的武器：基洛潜艇、苏－30战斗机和护卫舰，还有欧洲的直升机。其防卫或打击目标显然是中国。在中国之外的南海各国中，越南的态度最强硬，抢占岛礁和勘探海底石油的动作最大，获得的利益也是最大。

越南是一个滨海国家，国土面积将近33万平方公里（比三个浙江省还大一点），海岸线很长，达3260公里。越南处在控制南海的良好地理位置，整条海岸线形成了南海的西部侧翼，可以从陆地对南海上的目标构成威胁。金兰湾位于越南南方，在向东最突出的那一段海岸线上。南海的东西宽度有限，基本上都在越南战斗机的作战半径之内。法国、美国和苏联等大国都曾把金兰湾作为海军基地。现在越南的海空军力量有限（正在加强军购），尚不能很好地利用它的地理位置。一旦一个强大的力量掌握了金兰湾，就能控制南海的航线和石油。

越南是一个大陆国家，却有岛国的航海之利，能够成为寻找廉价劳动力的国际制造业的目标。越南是东南亚最具发展潜力的国家之一。它的经济改革开始于1986年，从1999年到2008年的10年中，越南的平均经济增长速度达到7.5%，是东南亚国家中的优等生。越南有8500万人口，因为没有实行严格的计划生育，在今后数十年中将有足够的廉价劳动力。越南可以取得类似中国经济改革的成就，获得经济起飞的基础。良好的经济将增加这个好斗国家的军力。

历史上越南是一个扩张型的国家。它的扩张往往受到中国的遏制。在法属印度支那三国中，越南最大、最强，在殖民地时期是印度支那地区的统治中心。在法国人和美国人之后，越南起了吞并其他两国的野心，又引起了与中国的边境冲突。越南作为中国的邻国不会很舒服。

在越美战争时期，中国是越南的后方，并派了数十万军队参加战争。因为中国的缘故，美国地面部队没有能越过北纬17°线。南北越南的这条分界线就位于中部最狭窄的地方。1965年3月，美国3500名海军陆战队员在岘港（在北纬16°）登陆。与朝鲜的仁川登陆不同，这次只是战争的升级。岘港位于当时的南越[1]境内，而美国控制着南越，有一万多名军事顾问。选择中部的岘港为登陆地点体现了美国的作战意图。那里距离前线很近，可以在狭窄地带切断北方越共和南方游击队的联系。中部狭窄地带是越南很大的一个弱点。2009 年，越南禁止中国公司在那里采矿就是基于这个考虑。但无论多么小心，越南恐怕也难以避免地理宿命。

老挝：东南亚的“中国”

老挝是一个内陆国家，被 5 个国家所包围：中国、越南、柬埔寨、泰国、缅甸。以各种标准衡量，老挝目前都很落后。它的人口少，大约 590 万人口，分布在 23.7 万平方公里的土地上，是东南亚人口密度最稀的国家。因为山地的分割，老挝的民族众多，大约有 60 多个。老挝对于中国的重要性在于两国有共同边界，以及老挝各民族与中国西南少数民族的血缘关系。

老挝最早形成国家在 1353 年，都城在北部城市琅勃拉邦，称为澜沧王国（1353—1707）。澜沧王国开国之君法昂（1316—1373）是流亡者的儿子，在吉蔑（高棉、真腊，今柬埔寨）宫廷中长大，娶的是吉蔑公主。他的军队也是吉蔑国王帮助建立的。1707 年之后，澜沧王国分裂为四个小王国。北方的王国是琅勃拉邦，清朝称为南掌国。历史上，老挝与中原王朝保持一般的使节来往和朝贡关系，与另外四个邻国有长期的互动关系。它们的国力呈此消彼长的态势，在中南半岛上形成一个小的国际关系区域。1350 年，暹罗（泰国）建立起强大的阿瑜陀耶王国，在 1353 年占领了吉蔑帝国的首都吴哥。吉蔑从此一蹶不振。吉蔑帝国的衰落使得越南能够向南扩张，攻打湄公河三角洲的占城。越南还多次大规模入侵澜沧王国。越南在 1471 年事实上吞并占城国之后，又于

[1]“南越”是南部越南的简称，不是历史上的南越。

1479年发兵15万人攻占琅勃拉邦。老挝在16和17世纪分别沦为缅甸和暹罗的藩属，首都也曾被这两个国家占领过。为了离缅甸远一些，老挝于1560年迁都到万象。到18世纪末，老挝的大部分土地被暹罗占去，越南也占去了一角，只剩下琅勃拉邦一个小邦。19世纪末，中南半岛又添了新的势力。法国殖民者从越南登陆入侵印度支那。法国人于1893年打败暹罗，抢走了老挝。1940年，法国正是国难当头，泰国（以前的暹罗）开始报复，向法国不宣而战，于次年割走了湄公河以西的土地。然后，日本人又来了。赶走法国人，占领了老挝，宣布老挝加入“大东亚共荣圈”。5个月之后，日本就无条件投降了。在600多年频繁的兼并战争中，中南半岛仍有5个国家〔1〕，只减少了占城，即今天的越南南方。各国的力量对比有过剧烈的消长，却都没有能力吞并别的国家。

越南、老挝、柬埔寨曾经同是法国的殖民地。三个国家的共产党原来是一个党：印度支那共产党。但意识形态没有能够完全超越国界，1951年，大党分裂，三国分别建立共产党。它们有共同的目标：抵抗美国入侵。美军撤走之后，越南统一了南北方，并企图进一步统一印度支那，于是出兵占领了柬埔寨。中越冲突开始后，老挝官方一再宣称：“任何时候老挝都将站在越南一边”。〔2〕当时在中老边界也出现了武装冲突。1979年4月，越南承认在老挝驻有军队。后来，随着中越关系的改善，中老关系也有所改善。老挝现在仍处在越南的影响之下。

在地缘政治上，老挝对越南最为重要。越南是一个形状狭长的国家，面向大海，背靠老挝。两国有很长的陆地边界。越南要获得战略纵深只能向老挝发展。1954年的奠边府战役发生在越南西北靠近老挝的地方。在这次战役中，老共〔3〕的军队歼灭了从老挝赶去的一支法国援军，并阻断了被围法军向老挝的突围。如果老挝处在不太友好的势力手中，就等于在越南纤细的后背上顶了一把刀。越南已经表明了它的企图。在

〔1〕这里不包括中南半岛南端马来半岛的马来西亚。信仰伊斯兰教的马来亚地区属于不同的文化圈，距离也较远，与中南半岛其余各国的互动较少。

〔2〕王民同主编《东南亚史纲》，476页，云南大学出版社，1994年。

〔3〕老挝的共产党叫做人民党。1951年决定印度支那共产党中的三国党员分别建党。老挝人民党在1955年才正式成立。

1970年代末，越南刚完成统一后就试图继承法国遗产，建立一个印度支那国家。那时，越南在柬埔寨和老挝都驻扎有军队。中越的边界战争则证明了中国绝不可能接受越南吞并柬埔寨和老挝，或其中任何一个。

由以上介绍可以看出，自从第一次建国600多年来，老挝一直饱受侵略，甚至亡国。原因有很大一部分是地理的：老挝地处中南半岛的中央，是中南半岛上的“中央王国”，保持独立非常不易。除了北方的中国之外，任何一个邻国强大了都会侵略它，占领它。老挝与邻国关系发展得不是很顺利。但是，滨海的占城消失了，柬埔寨的面积大大缩小了，内陆的山国老挝却延续到了今天，而且基本保持了它初次建国时的版图。这大约得益于高山阻碍了入侵者的长期占领和同化。但是，历史上中南半岛各国彼此攻伐，是今后地区统一的前奏。与交往一样，频繁的战争也可以减少国家间的差异。在交通不发达时期，频繁的战争还表明了交战各国在地理上是相通的，有可能组成更大的政治共同体。与温带相比，热带、亚热带地区的发展一向比较缓慢。[1] 中南半岛是一个复杂的民族基因库，有众多民族，多种语言，证明了这里处在较原始的发展时期，民族融合和政治统一刚开始不久，还缺乏主导力量（越南有过尝试）。假以时日，中南半岛将会有更紧密的合作与融合。中国，特别是南部的广东、广西、云南三省，应该积极参与这个进程。在东南亚十国中，大陆国家和岛屿国家有一大区别：大陆国家间的彼此联系更为密切，而一个岛国内部各岛往往都少有往来。这是由地理决定的。

作为内陆国，老挝经济发展的主要障碍之一是没有自己的出海口。有一条七号公路从老挝的琅勃拉邦通向越南的演州（在北纬19°附近）。演州以南就是越南最狭窄的地段了。老挝与缅甸的边界是湄公河，这条河也划定了老挝与泰国的一半以上的边界。大湄公河次区域的开发将把这一地区更密切地联系到一起，通过湄公河为老挝提供了一条出海通道。如果与老挝相邻的云南边境地区变得更加繁荣，老挝北部一定能从中受益不浅。但目前云南（以及中国几乎所有的陆地边境地区）还比较贫穷，缺少经济的热辐射能力，而且在中短期内很难改变。

---

[1] 关于地理、气候对人类历史进程的影响，参见戴维·S·兰德斯：《国富国穷》；贾雷德·戴蒙德：《枪炮、病菌与钢铁》。

泰国：东南亚曾经唯一的独立国家

泰国是东南亚唯一没有受到西方殖民统治的国家，原因是地处法国和英国的殖民地之间。1896 年，英法签订条约，承认暹罗（泰国）独立，规定暹罗为英属缅甸和法属印度支那之间的“缓冲国”。1904 年，两强又签订条约，划定湄公河以西为英国的势力范围，湄公河以东为法国的势力范围。这个条约是解决利益冲突，为它们共同对付德国做准备的。该条约是走向第一次世界大战的一步。泰国领土在湄公河以西，因此被划入了英国的势力范围。1908 年，泰国加入英镑集团，仍不免英国的掠夺。1909 年，泰国割让南部的吉兰丹等地给英国殖民地马来亚（吉兰丹现为马来西亚的一个州）。在 1941－1945 年间，泰国被日本占领，战后恢复独立。

泰国的主体民族是泰族（傣族），约占总人口的 40％。由于领土变迁等原因，泰国有 35％的人口是老挝的主体民族老族。因此，泰国与老挝的关系有些微妙。虽然泰国与柬埔寨有领土纠纷，但它与缅甸的关系更紧张。这几个国家的居民多信奉佛教，只有南端的马来西亚是穆斯林占大多数（占马来西亚人口 34％的华人大多信仰佛教）。泰国处在过渡地带，90％的泰国人信仰佛教，在南部靠近马来西亚的地区，伊斯兰教盛行。近年来，穆斯林的袭击事件在泰国南部时有发生，但不至于构成大的挑战。亚洲金融危机始发于泰国的汇率变动。在金融危机之前，泰国的发展势头一直很好。此后，泰国、马来西亚、印度尼西亚这些亚洲的第二批“小虎”一直没有完全复苏。近年来，泰国的政坛动荡不安，民主制度还在健全的过程中。

泰国在海上和陆地上都不与中国交界，在这方面，两国没有利益冲突。泰国和马来西亚一样，在马来半岛的东西两岸都有领土，因此今后可能会受到印度更多的影响。越南入侵柬埔寨对泰国构成重大威胁，那时中泰有很关键的共同利益。1989 年越南从柬埔寨撤军后，中泰两国加强合作的动力有所减弱，但友好关系没有改变。泰国是当年英国与法国之间的缓冲国，在缅甸和印度独立之后，缓冲国的位置向西移动到缅甸。印度把缅甸当作是与中国争夺影响力的一个重要国家。在缅甸以东的国家中，印度的影响力暂时还不大，只有越南是一个例外。

缅甸：前方还是后方？

在战争时期，缅甸至少两次成为中国的后方。在17世纪，南明在清军的追击下一路退到云南，然后又退到缅甸。永历帝在缅甸被俘。在20世纪，在日本侵略军的压力下，南京中央政府退到重庆。日本占据了中国整个海岸线，一直到越南。中国只能从缅甸的海港获得补给和援助。接着，日本从缅甸登陆，轻松击败英国军队，切断中国的运输线，然后进攻云南，对中国的大后方形成两面夹击之势。中国两次派军队进入缅甸，与英国军队并肩作战。这时，缅甸对于中国的战略地位非常突出。缅甸与中国西南接壤，而西南是中国的战略大后方。缅甸可以成为中国西南的出海口，在危急时刻是重要的石油进口通道，以避开拥挤的马六甲海峡。

元、明、清三朝都曾经对缅甸用兵，都没有收获。在人种和文化上，缅甸和云南的少数民族是近亲，民众大多信奉佛教。缅甸曾是中国的朝贡国，后来是英国的殖民地。1793年，当马嘎尔尼率英国使团前往承德觐见康熙皇帝时，有两个藩属代表团在那里为康熙拜寿，一个来自蒙古，另一个来自缅甸。[1] 在乾隆帝的时候，缅甸成为一个强悍的国家，不仅战胜了清朝的入侵，还攻入了暹罗（泰国）。作为一个现代的多民族国家，缅甸还不稳固，联邦政府的影响力有限。边疆地区有能力与联邦政府抗衡。缅甸华人（果敢人、桂人）有自己的地方政权，还有

---

〔1〕 参见何伟亚：《怀柔远人：马嘎尔尼使华的中英礼仪冲突》，社会科学文献出版社，2002年。蒙古早已被正式纳入清帝国的版图。蒙古和进贡国不一样，蒙古王公因追随满族打天下而在清廷享有特殊地位。

地方武装。他们生活在靠近中国边界的地方。所以他们不会像东南亚其他国家的华人那样受到歧视、迫害和屠杀。由于缅甸受到大国的干涉和制裁，它的未来很不确定。

从中国西部出海，一个通过西南的云南，经缅甸；另一个通过西北的新疆，经巴基斯坦。出境之后还要穿过整个缅甸或巴基斯坦才能到达海洋，而这两个国家的地理对交通都很不便利。缅甸的主要河流是伊洛瓦底江，巴基斯坦的主要河流是印度河，其源头都在中国，但不可能从中国乘船。中国的云南、新疆和缅甸、巴基斯坦都不算发达。从这两个省区到中国内地山高水远，因此不会形成大的市场。此外，缅甸和巴基斯坦的政局都潜伏着动荡因素，有强大的外部或内部势力试图推翻现政权。现在的中缅、中巴关系主要的基础是为了对付共同的外部挑战。只有在缅甸和巴基斯坦繁荣之后，中国与它们相邻的西南、西北边境地区才会获得更多的活力。

缅甸有两个大的邻国：北方的中国和西方的印度。在东方，缅甸与泰国的关系一直不很好。此外，美国一直试图插手缅甸事务，可利用的借口有昂山素季和毒品等问题。在缅甸和印度还是英国殖民地的时候，暹罗（泰国）是英国和法国之间的缓冲区。印度是大英帝国在南亚的继承者，其势力从泰国境内后移到了缅甸西部边界。因此，缅甸成为亚洲两个大国势力的交汇之处。现在，缅甸能够保持平衡。当缅甸更多地对外开放的时候，经济更有实力和活力的国家将占得先机，获得更多的市场份额。不论怎样，只要不过度开放，缅甸都将是赢家。

菲律宾：在台湾以南

菲律宾在中国的东南方。中国与菲律宾之间的地理位置有点像美国与古巴的关系。两个岛国都位于大陆的东南角之外。有意思的是，美国走向海外扩张之路，起点就是古巴和菲律宾。美国打败西班牙殖民者，把这两个岛国变成了它的殖民地。这也许不是巧合，刚崛起的美国需要先把自家门前清理干净，然后在东南亚确定它的第一个远方落脚点。已经衰落的西班牙帝国是最容易的靶子。直到冷战结束之后，美国才从菲律宾撤走它的空军和海军基地，但现在仍与菲律宾保持密切的军事合作，每年在海上进行联合军事演习。2008 年的演习选择在苏比克湾——美国以前在菲律宾的海军基地——和巴拉望海域。苏比克湾在吕宋岛，面对南海，在冷战后期与苏联在越南金兰湾的海军基地隔着南海对峙。中沙群岛的黄岩岛距离苏比克湾只有 260 公里。美国的地面部队也曾进入菲律宾，帮助打击霍洛岛上的伊斯兰游击队。

大约从 10 世纪开始，组成今天菲律宾国家的吕宋岛、巴拉望岛、苏禄群岛逐渐与中国有了贸易往来。当时，各个岛屿之间没有统一的政权。明穆宗隆庆帝（1566－1572 在位）继位之后，部分地解除嘉靖（1521—1566）时期的海禁（明朝时禁时弛），允许私人出海。这一年是隆庆元年（1567 年），史称“隆庆开放”。四年后，西班牙占领马尼拉。在中国开放后的几年，马尼拉的华人迅速多了起来，其中大多是福建人，原因是“吕宋居南海中，去漳州甚近”[1]。福建巡抚徐学聚说：“吕宋本一荒岛，魑魅龙蛇之区，徒以我海邦小民，行货转贩，外通各洋，市易诸夷，十数年来，致成大会。”[2] 其实，马尼拉能够在十多年间成为都市，首先是西班牙人开通了全球航线，东南亚的香料、中国的丝绸和瓷器、墨西哥的银子都汇集在马尼拉。中国“海邦小民”的贡献是其次的，所得利润也有限。他们大多处在生产和贸易链条的下端，除了一些商人外，大多数海外华人靠出卖廉价劳动力谋生。这种状况一直延续到今天，可见 4 个半世纪前中国落后的那一步是多么关键。究其原因，隆庆帝只有开放，没有改革，腐败不堪，没有进取精神。到下一届皇帝万历的时候，明朝完全陷入停滞，灭亡已经难以避免。

1570 年，西班牙人进攻吕宋岛。当他们占领马尼拉的时候，那里已经居住着一小批华人，他们是当地的长期居民，在隆庆开放前到达的。1574 年，由于接受招安的提议被朝廷拒绝，福建的海盗头目林凤带领

---

〔1〕《明史·吕宋传》。

〔2〕《明经世文编》卷四百三十三《取回吕宋囚商疏》，徐学聚。转引自晁中辰：《明代海禁与海外贸易》，283 页，人民出版社，2005 年。

62只船到达吕宋岛。他们带着女人和农具，准备在那里从善定居。福建巡抚派了两艘战船追击他们，并约西班牙一同进击。[1] 次年，自居围剿林凤有功，西班牙殖民当局要求回报，派遣传教士罗达（Martin Rada）带了一个使团到福州，提出通商和传教。但使团没有达到目的。于是，驻扎在马尼拉的西班牙总督和传教士强烈要求他们的国王腓力二世（1556—1598在位）派兵征服中国，也没有结果。当时西班牙仍是欧洲的第一强国。这次征服中国的设想比鸦片战争早了200多年。之后，1626年，西班牙占领了台湾北部的基隆和淡水，又在1642年被占据台湾南部的荷兰人赶走。这时是明朝末年。

吕宋的一些华人生意兴旺，引起了嫉妒，又有谣传说明朝将入侵吕宋岛（实因万历帝听信谗言，贪图吕宋矿产，但并无入侵计划）。1603年（万历三十一年）10月，西班牙军队采取先发制人的手段，大规模屠杀华人，从马尼拉一路追杀到八打雁。据《明史·吕宋传》记载，被杀华人多达2.5万人，按西班牙的估计也有1.5万人之多。西班牙人写信给福建官府，"言华人将谋乱，不得已先之，请令死者家属往取其孥与帑。"[2] 然后万历帝才知道惨案。两年后（郑和首次下西洋200周年），福建巡抚徐学聚向西班牙人递交照会，"数以擅杀罪"，要求对方送回华人的寡妇和孤儿，把皮球又踢了回去，"竟不能讨也"。[3] 后来，华人又逐渐前往吕宋岛。1639年，因为反抗重税，菲律宾华人再次遭到西班牙人的屠杀，被杀者达2.2万人。这时的明朝已经摇摇欲坠，更无力顾及东南了。从郑和下西洋，到华人在南洋被大批屠杀，都发生在一个朝代之内。王朝的收缩政策产生了如此悲惨后果，海外华人都不能幸免！

西班牙两次大规模屠杀华人，明朝廷却无所作为。它没有能力，也没有意愿，应付来自东南亚的挑战。也很显然，明廷把菲律宾放在一个次要的地缘战略位置上，因为它在1598年（万历二十六年）还援助朝

---

[1] 可比较当年英国对于西班牙优势舰队的做法：鼓励英国海盗袭击西班牙商船。林凤在吕宋岛的林加延湾修建了一个要塞，被西班牙军队包围。他后来逃脱。

[2] 《明史·吕宋传》。

[3] 《明史·吕宋传》。"讨"，讨伐。明时，葡萄牙人和西班牙人都被称为"佛郎机"。据《吕宋传》，佛郎机在吕宋屠杀华人之后，又占据了广东的香山澳，显然混淆了西班牙人和葡萄牙人。另外，明朝使用的佛郎机大炮是葡萄牙人制造的。

鲜，打退了日本的入侵。从16世纪末到17世纪初，西班牙由盛转衰。它的无敌舰队在1588年被英国打败，又在1607年被荷兰歼灭。菲律宾对中国的威胁消失了。

几经屠杀，屡遭迫害，华人或死亡或迁出，现在只占菲律宾人口的2%。另外，大约20%的菲律宾人有华人血统。在2008年，菲律宾有8860万人，是下一个人口可能超过一亿的国家（再下一个是越南）。菲律宾人口中90%属于马来族系，其中又分为许多民族。在殖民时代之前，菲律宾群岛还很原始，各岛上都没有形成国家。与北部的吕宋岛相比，南部的棉兰老岛、苏禄群岛更先进一些。那里的人们在14世纪后期接受了伊斯兰教，苏禄群岛有了政教合一的权力。西班牙征服菲律宾的过程是由北向南，在南部的战争更艰难，也更血腥。直到19世纪后期，西班牙才征服菲律宾全境，但不久就被美国夺走。在300多年的殖民统治和战争中，西班牙传教士和西班牙军队同时推进，强行传播基督教。现在菲律宾80%以上的人口是天主教徒，穆斯林多居住在南部各岛。在棉兰老等岛屿上有强大的伊斯兰分裂力量。

在第二次世界大战期间，美国和日本在菲律宾发生过激烈的战争。它们不仅在海岛上进行陆战，而且在海上激战。苏里高、莱特岛海战是二战时最著名的海战。海战大都发生在菲律宾的东侧，即太平洋的那一侧。美军从硫磺岛、塞班岛推进过来，扫清外围，为最后攻占日本本土做准备。日本的海军主力最后在菲律宾近海被消灭。美国在菲律宾击败过两个海上大国：西班牙和日本。这是一个很好的记录，虽然当时的西班牙已经衰落，而日本刚开始崛起不久，实力都远不能和美国相比。现在，菲律宾与新加坡是与美国军事合作最密切的东南亚国家。

在地理上扼守在中国大陆南北两侧的是朝鲜半岛和越南。日本和菲律宾扼守在中国海洋的南北两侧，构成第一岛链的一部分。两国都与中国有领土纠纷。菲律宾与越南在东西两个方向夹峙南海，南边由文莱和马来西亚的沙捞越和沙巴两个地区（即加里曼丹岛的北岸）兜底。

美国在太平洋上有关岛，在印度洋上有迭戈加西亚岛。这两个军事基地把东南亚夹在中间。在南方则有澳大利亚，一个英语国家、东南亚的邻国。此外，在东南亚内部，新加坡和菲律宾向美国提供基地和支援。一旦有变，美国可以方便地军事干涉包括印尼在内的整个东南亚。

印度尼西亚：未来的海洋大国？

印度尼西亚是世界上人口最多的伊斯兰国家。这个群岛国家在欧亚大陆东南角的外海。第一岛链和第二岛链在印度尼西亚诸岛交汇。这个因荷兰人殖民而产生的国家具有地区大国的潜力，印尼的土地面积 190 万平方公里，在世界各国中位居第 16 位。在 2008 年，印尼有 2.3 亿人口，居世界第四。在面积和人口方面，印尼是东南亚最大的国家。在 2007 年，它在世界排位第 20 或 21 位[1]的经济规模也是东南亚最大的。因此，印度尼西亚有成为大国的潜力。

印尼由 13000 多个岛屿组成，东西长 5000 多公里，拦截了西太平洋的南北航线。印尼群岛易受热带风暴和台风的袭击，各岛之间的联系受到很大影响。这个前殖民地国家还需要弥合专制统治制造的伤痕，应对几个地方的分离势力，近期内不太可能形成强大的国家权力中心。因此，在短时期内，印尼不能担负东南亚的领导责任。今后，后殖民地国家的结构也不太可能很快稳定，特别是遇到大国干预的时候。因此，印尼在今后很长时间之内不会成为大国。

荷兰对印尼的殖民统治长达 350 多年。先是英国与荷兰共同对西班牙作战，在 1648 年的《威斯特伐利亚和约》中，西班牙正式承认尼德兰各省（荷兰）独立。西班牙沦为二流国家，荷兰进入了所谓的“黄金世纪”（17 世纪）。实际上，黄金世纪只持续了半个多世纪。在 1652—1674 年间，英国与荷兰打了三场战争，荷兰战败，英国崛起。占据菲律宾的西班牙、占据印尼的荷兰都已衰落，对中国的威胁减少了。在此后 100 多年中，上升中的英国在北美、印度开拓殖民地，与法国作战，与北美殖民地作战，长期无暇东顾。等到英国打败法国，在印度完成殖民

---

〔1〕 国际货币基金组织把印尼 GDP 排在第 20 位，在瑞士之前。世界银行把印尼 GDP 排在第 21 位，在瑞士之后。

征服，从那里运来了鸦片，中国的大门才被“打”开。[1] 如果不是欧洲大国之间的内斗，东南亚对中国的海上威胁会到来得更早。

在殖民时代，印尼群岛是荷兰前往中国、日本的基地。在英国人发动鸦片战争之前200多年，占据爪哇岛的荷兰人已经骚扰中国海疆。侵占台湾的荷兰人最终被郑成功的军队打败。与中国不同，日本得益于荷兰的扩张。那时日本处在割据时代，政权不统一，为多样性留下了空间。“兰学”（即荷兰学）在日本南部发展起来。兰学引进、研究西方学术，为以后日本的明治维新减少了思想障碍。可见任何重大改革的成功都不是一蹴而就的，需要长时间的准备。

印尼是世界上华人华侨最多的国家[2]。在3000万海外华人中，大约有800多万生活在印尼，占印尼总人口的3.5%左右。在许多中国人的记忆中，印尼与种族屠杀密不可分。这是印尼的一大笔负资产。印度尼西亚屠杀华人的历史不始于20世纪，不从苏哈托开始。早年，荷兰殖民当局诱骗和拐卖中国人到印尼做劳工，后来又因华人的成功而排斥华人，激起华人的反抗。1740年，荷兰士兵和土著人在巴达维亚（今雅加达）城内屠杀了近万华人，只有150人逃脱。加上城外的华人，被杀者共超过一万人。许多华人在流经雅加达的红溪（Angke）岸边被杀，因此这次屠杀被称为“红溪惨案”。这个惨案只是华人在印度尼西亚厄运的开始。

在苏哈托的统治下，印尼一共屠杀了50多万华人。大规模的屠杀有两次。第一次是在1965年，印尼遭遇共产主义扩张的威胁，而当地华人受到中国的很大影响；最近的一次是在1998年，印尼遭遇亚洲金融危机，六个城市里近1200名华人在骚乱中死亡。这两次屠杀，一次出现在苏哈托夺取政权的时候，一次出现在苏哈托失去政权的时候。华人总被当作替罪羊。苏哈托统治印尼32年，他的家族贪污数百亿美元。专制与残暴、腐败总是密不可分。大屠杀超过了印尼内政的范围，超过了印尼主权的权限。一个国家的主权是全体公民权利的总和，不是某一

---

〔1〕马来半岛比印度距离中国更近。但在鸦片战争时，英国对马来半岛的征服还没有完成，那里不可能支持英国的扩张。当时的马来半岛上有9个土邦。与大部分东南亚、南亚国家一样，马来西亚也是由殖民地形成的国家。

〔2〕泰国的华人总数在东南亚排名第二，有600多万，占总人口的12%。

个“主子”的权力。只有在政权合法的时候，主权才是合法的。如果一个国家屠杀它的公民，这个国家的主权就彻底丧失了存在的合法性。人类永远都不应该容忍种族屠杀。

华人在东南亚的悲惨遭遇类似犹太人在欧洲遇到的迫害。与犹太人一样，华人不仅是自己成功的牺牲品，也是地方政治的牺牲品。地方政治又包括两个方面，一是欧洲种族迫害和种族屠杀的传统在东南亚的传播，二是人类普遍具有的暴行倾向在印尼出现。海外华人的遭遇与中国的国力和政策密切相关。数百年来，在海外华人遭到迫害和屠杀的时候，中国官府不能向他们提供直接的经济支援，更不用说军事后盾了，甚至人道的和道义的支持都很少提供。其实，“不干涉内政”在中国是一个比较近才出现的政策。在1949年后的30年中，中国的外交政策是鼓动全球共产主义革命，解救世界上三分之二受苦者，批判美帝国和苏修的各种行为。

印尼是东南亚成长潜力最大的国家。它成为海上大国的障碍在周边国家。在印度洋方向有印度，在南海有中国，在南方还有澳大利亚。在所有这些地方都有美国，特别是在印尼东北方的西太平洋上。在这个意义上，印尼是海洋上的“中国”。在历史上，印尼受到的外来影响来自西方。早期是佛教，然后是伊斯兰教，最后是基督教的荷兰人，都是从西方而来。但荷兰人传播基督教的努力收效不大，印尼今天仍然是一个东方国家。伊斯兰极端主义也是从西方而来。

由以上几个东南亚国家的历史可知，东南亚岛屿是西方帝国的殖民地，它们在东方的第一个落脚点。现在的岛屿国家（菲律宾和印尼）都是殖民地的产物，仍有强大的分裂力量。西方帝国都试图从东南亚入侵中国，西班牙与荷兰是从岛上，英国和法国是从陆地上。日本占领中国大片领土后，下一步就是入侵东南亚。可见，东南亚的命运与中国的国势强弱不可分割。

阿富汗：枢纽之国

阿富汗（加上周边国家的相邻地区）是欧亚大陆中部的地理枢纽，甚至可以说是整个亚洲的地缘政治枢纽。阿富汗地处中亚和南亚的交接处，丝绸之路曾经经过这里。在历史上，阿富汗是各种文化的交汇处，也是各种力量冲突的热点。亚历山大大帝和成吉思汗都曾在那里征战。阿富汗的崎岖山地是叛乱分子的天堂，那里的居民一向桀骜不驯。如果一个大国占领了阿富汗，向北可以牵制俄国，向东可以钳制中国，向南则可干扰巴基斯坦——一个拥有核武器的穆斯林国家。北方侵略者进入印度次大陆通常都经过开伯尔山口，它就在阿富汗－巴基斯坦的边界上。阿富汗以北的中亚是世界主要的石油产地之一。在 19 世纪，英国和俄国的“大角逐”以阿富汗为主要舞台，兼及中国的新疆和西藏。英国和苏联先后入侵过阿富汗，对这个国家的争夺今天还没有停止。美国现在占领着阿富汗并与盟国持续增兵，意图显然是长期霸占。

阿富汗是中国的邻国，在狭长的瓦罕走廊东段与中国接壤。瓦罕走廊长 400 多公里，大约有 300 公里在阿富汗，其东部是帕米尔高原（葱岭）的一部分。5 世纪时，法显经过瓦罕走廊到印度取经，7 世纪时，玄奘从印度回国时也经过瓦罕走廊[1]。在 19 世纪末和 20 世纪初，瓦罕走廊是俄国与英国势力范围的分界线。两个扩张中的大帝国以阿富汗为

〔1〕 玄奘去印度时走丝绸之路的北线，经铁门（在今乌兹别克斯坦南部）到活国（今阿富汗北部昆都士）。500 多年后，长春真人丘处机去兴都库什山见成吉思汗时，也途经铁门（那时称铁门关）。回国时，玄奘从活国向东，经葱岭，从丝绸之路的南线（今塔克拉玛干沙漠以南）回大唐。到长安时为贞观十九年（645 年），唐朝的势力还没有扩张到西域。玄奘说：“活国，睹货罗国故地也……役属突厥……多信三宝。”睹货罗即吐火罗。玄奘经过活国前不久，今伊朗、阿富汗一带开始了巨变。642 年，西突厥灭吐火罗，也在这一年，阿拉伯侵波斯，伊斯兰教开始向东扩张。活国一带的佛教徒后来逐渐变为穆斯林。参见《大唐西域记校注》，963－964 页，玄奘、辩机原著，季羡林等校注，中华书局，1985 年。

缓冲区，但英国在那里的势力更强大。1873 年，俄国承认巴达赫尚[1]和瓦罕属于阿富汗，而阿富汗属于英国的势力范围。1895 年 3 月 11 日，英、俄在《关于帕米尔地区势力范围的协议》[2]中确定了这条界限——沿着喷赤河（阿姆河上游）及其支流帕米尔河，现在是阿富汗与塔吉克斯坦的东段边界。协议把相当一部分塔吉克人划入阿富汗。现在，塔吉克族占阿富汗总人口的 30%。阿富汗的南北两条边界沿着细长的瓦罕走廊延伸到中国，目的是把两个大帝国隔开。中国与阿富汗有 92 公里共同边界。帕米尔高原（葱岭）现在分属中国、塔吉克斯坦和阿富汗三国。

1889 年，英国的印度殖民政府派遣年轻军官荣赫鹏[3]率队考察罕萨河谷（在今巴基斯坦的克什米尔北部）和红其拉甫山口。在罕萨扎营时，荣赫鹏遇见了俄国的布罗尼斯拉夫·格罗姆切夫斯基上尉，应邀到他的营帐做客。这是一个小插曲。两位军人的会谈和畅饮没有缓和两国多年的大角逐。大角逐的中心舞台在阿富汗，也冲击到阿富汗的两翼：西方的波斯，东方的西藏和新疆。当时的清朝已经非常虚弱，西藏和新疆岌岌可危，左宗棠从俄国手里收复新疆。在第一次世界大战到来之前，俄国和英国因对德国的共同担心而站在了一起，抵制德国向伊拉克和伊朗扩张影响。1907 年，英、俄两大帝国签订协议，结束了它们在亚洲的对立。它们瓜分了在波斯的势力范围，俄国在北，英国在南，把中部作为缓冲区。它们还约定把西藏作为缓冲区，双方在与拉萨打交道时只通过中国。但这一切都是暂时的。1917 年，布尔什维克夺取了俄国的政权，英、苏大角逐又重新开始。这次又添加了意识形态的因素。

阿富汗不仅是一片被争夺的土地，也是一块激烈反抗的土地。为了占领这片土地，英国发动三次侵略战争。1839 年，英国从信德入侵阿富汗，1942 年从喀布尔撤出。4500 名英国正规军、1.2 万名印度士兵以及

---

[1] 今阿富汗东部一省。瓦罕属于巴达赫尚省。在 19 世纪，巴达赫尚人曾在喀什一带做生意。

[2] Agreement on the Sphere of Influence between Russia and Great Britain，1895.

[3] 这位荣赫鹏（Francis Younghusband，1863—1942）在边境探险中成长起来。那时的英国在全球有些像汉朝在西域，有一些个人英雄冲在最前面。荣赫鹏是 1903—1904 年英国入侵西藏时“使团”的头目，他刚刚被提升为上校。英国“使团”有 1000 多名士兵，携带机枪和大炮，还有一万多名苦力。指挥军队的是陆军准将麦克唐纳。

军队的支持人员被消灭殆尽，只留下一个医生和他的随从回去报信。这个时候正是英国发动的第一次鸦片战争期间。阿富汗人的战绩显然比清朝官兵的好得多。此后一些年，英国人记住了这个教训，留在了印度；俄国在中亚大肆兼并，占领布哈拉、浩罕、希瓦三国，抵达阿姆河沿岸。1878 年，俄国向阿富汗派出了一个外交代表团，企图说服阿富汗与之结盟。英国听说了之后也要派团来，但被拒绝了。于是英国派出 4 万人的军队，挑起第二次阿富汗战争。在挑起英国人的敌意之后，俄国拒绝了阿富汗国王的求援，英国人又占领了喀布尔。阿富汗人在次年掀起反英起义。到 1881 年，英军死伤惨重，狼狈地撤出喀布尔，但英国通过条约控制了阿富汗的对外关系。1919 年，阿富汗宣布独立，英国发动第三次对阿富汗战争。但是这时印度局势动荡，印度人又在反抗英国的殖民统治，这次是非暴力的。英国眼看在阿富汗取胜无望，只好与对方签订协议，承认阿富汗独立。

阿富汗的边界是 19 世纪末地缘政治“大角逐”的产物。阿富汗是一个类似暹罗（今泰国）的缓冲国。瓦罕走廊的南部是阿富汗与巴基斯坦的边界。在前两场对阿富汗战争不利之后，1893 年 11 月，英国强迫阿富汗接受 2640 公里长的“杜兰线”，作为阿富汗和它的印度殖民地的边界。这条线就是现在阿富汗和巴基斯坦的边界。但阿富汗至今不承认这条边界的合法性。阿富汗的多数民族是普什图人（占全国人口的 40%）。杜兰线把普什图人一分为二，更多的普什图人被划入当时的印度，而不是留在阿富汗。在今天的巴基斯坦，他们是与阿富汗接壤地区的部落民。在白沙瓦、奎达、卡拉奇这样的大城市，也有众多的普什图人。他们大约占巴基斯坦总人口的 15%，约 2500 万人，超过阿富汗的 1300 万普什图人。[1] 许多普什图人是虔诚的穆斯林、塔利班的同情者。由于普什图人的传统（效忠部族胜过效忠国家）、信仰（忠诚宗教胜过忠诚国家），这两个国家在边境地区很难被截然分开。美国军队从阿富汗进入巴基斯坦打击他们的目标，也公然蔑视这条国界线。

英国三次垂涎阿富汗，不顾惨败而重复错误，无非看中了阿富汗的

〔1〕 关于普什图人口，没有权威和准确的统计数字。这里取多种估计的中间数。普什图总人口大约为 4200 万。

地理位置：既可觊觎中亚，抗拒俄国南下，控制整个南亚次大陆，又可向两旁渗透，侵略中国（新疆和西藏）和波斯（及中东）。阿富汗的位置对外是进可攻，退可守。但英国没有想到，阿富汗人使这个国家的侵略者守不住。从1840年代以来，阿富汗四次打败超级大国，三次是英国，一次是苏联。现在，又一个超级大国率领它的盟国占领了阿富汗，并且在持续增兵。美国军队能否长期占领阿富汗，完成前宗主国大英帝国的未了心愿？

阿富汗是一个战乱中的国家，战乱中的双方都对中国构成威胁。其一是伊斯兰原教旨主义，它是恐怖分子的精神支柱；其二是美国在阿富汗的驻军。美国入侵阿富汗的主要目标是打击伊斯兰原教旨主义者，但现在已经有了明显的围堵中国和俄国的意图。除非中国陷入很深的困境，一般来讲，美国的军队和情报机构不会直接实施围堵，他们可以通过代理人来制造混乱。美国在阿富汗的势力和某些恐怖分子可能为了对付中国而走到一起——这不是奇谈。在1980年代，他们曾经联合起来对抗苏联。况且，与美国合作的恐怖分子不再是恐怖分子，他们将变为“自由斗士”。

混乱的阿富汗不符合中国利益。在战乱、贫困的土地上容易孳生更多的宗教极端分子，从而威胁到中国西北的安全。被大国控制的阿富汗也不符合中国利益，因为外国驻军同样会威胁到中国。在美国计划从伊拉克撤军之时，却在向阿富汗增兵。华盛顿显然认为，阿富汗的地缘政治重要性甚至超过了石油大国伊拉克。阿富汗人的祖先曾建立起帝国。这些反美斗士（以前被美国称为自由斗士）不是孤立无援的，他们得到了伊斯兰世界的同情和支持。另外，无论是外国驻军还是内乱，阿富汗局势都会伤及巴基斯坦，并可能把它也拖入混乱。巴基斯坦是伊斯兰世界里的第一个有核国家，在混乱中，它的核技术可能泄露到其他伊斯兰国家，从而使更多的国家掌握核武器。

1950年代初的朝鲜战争设定了一个先例：中国不能容忍一个有敌意的、外来的大国把军队推进到中国的边界。后来，美国在越南战争中遵循了这个禁例。美军没有从陆地入侵越南北方，中国也没有派兵与美国直接面对面作战，派去的大多是防空兵和工程兵。现在，美国在阿富汗打破了这个惯例，并在吉尔吉斯斯坦获得了空军基地。在战争之初，美国有充足的道义根据。它的开战理由——打击恐怖主义——得到全球绝大多数国家的支持，与苏联入侵阿富汗受到广泛谴责不同。中国也采取了与对待苏联入侵阿富汗时完全不同的态度。但这个理由正在开始变成借口。美国和它的盟国要长期留在阿富汗，控制欧亚大陆的中枢地带之一部分。

在过去 100 多年中，在阿富汗一带有影响力的国家没有大的变化，只不过英国的角色分裂成两个：美国（大英帝国的继承人），印度（也是大英帝国的继承人）。印度还比较弱。所以，入侵阿富汗的是美国，不是印度。英国跟在美国后面又来了，帮着美国打下手。俄国还是当年的俄国。不过，俄国在与英国的大角逐之后已经完成了一轮大扩张和大收缩，而收缩（解体）与它在阿富汗战败有很大关系。像当年的清朝一样，中国仍然是本地区的一个游戏者，但现在的角色变了。中国不再那么被动，不再挨打——虽然基本上还是处于守势。

在 1980 年代初，中国提出了改善中苏关系的“三大障碍”：苏联在蒙古和中苏边界部署大量军队；苏军武装干涉阿富汗；苏联支持越南侵略柬埔寨。蒙古、阿富汗、柬埔寨都是中国周边的国家。苏联军队在这些国家出现被认为是对中国的重大威胁。“三大障碍”的提出，显示中国对大国占领邻国的警惕和不安。在苏联之后，美国的军队又大量驻扎在阿富汗。无论美国及其盟国的借口是什么，中国肯定会感到不安。但中国也没有必要为阿富汗与美国和西方撕破脸皮。加强防备、静观其变也许是一个很好的政策选择。

中亚五国：欧亚大陆的中心

中亚现在一般指中亚五国：哈萨克斯坦、吉尔吉斯斯坦、塔吉克斯坦、乌兹别克斯坦和土库曼斯坦。这 5 个国家在 19 世纪中期被俄国吞并，是苏联时期的加盟共和国。它们在苏联解体时获得独立。在苏联之前，这里的各种人杂居，没有明确的民族意识。民族主义是苏维埃意识形态的产物，造成了当地的分裂。这5个国家位于亚洲内陆，干旱少雨，多沙漠，因此地广人稀。大多数人生活在绿洲里，有发达的农业。5国共有面积399万多平方公里，人口近5000万。其中乌兹别克斯坦的人口占了5国全部的一多半；哈萨克斯坦则占去了面积的一多半。中国与三个国家（哈萨克、吉尔吉斯和塔吉克）有共同边界。在自然地理和人文地理上，新疆大部分地区与中亚的关系非常密切，多信仰伊斯兰教。所以，中国的一部分也在中亚。

中亚是亚洲的中心地带，在历史上是各种文化和力量的交汇处，尤其是草原力量的交汇处。费尔干纳盆地是中亚的核心地带，也是丝绸之路的主要站点、游牧部落迁徙的必经之路。一般而言，中亚人民是温和的，不以侵略扩张著称。中亚地处欧亚大陆的深处，南方的水汽为高山所阻隔，适合居住的地方是阿姆河和锡尔河流域，尤其以锡尔河上的费尔干纳盆地最为著名。阿姆河与锡尔河是中亚的两河流域，美丽富饶，文化昌盛。

中亚的历史大多是被征服的历史，由中亚开始的向外扩张较少。扩张一般限于中亚内部，最多到印度次大陆。征服者来自波斯、希腊、匈奴、大月氏、突厥、阿富汗、西辽、蒙古、阿拉伯半岛、俄罗斯，等等。如果没有俄国人抢先一步，英国军队在19世纪也会推进到中亚。从中亚的宗教信仰上也可以看出外界的影响。几乎所有较大的宗教都曾经在中亚（包括阿富汗）传播：佛教、袄教、摩尼教、景教（基督教的一支）、伊斯兰教，以及沙俄的东正教和苏联的意识形态。中亚人的信仰经常随着占领者或者优势文化而发生变化。当苏联解体，共产主义信仰消退的时候，中亚人又恢复了原来的信仰——伊斯兰教。共产主义则踪迹全无。虽然中亚有过辉煌的文化，独具特色，但基本上是文化的接受者、发扬者、传播者，较少是创造者。所以，虽然中亚地处亚洲的腹地，却是一个边缘地带，不是一个独立的地缘政治实体。

在汉、唐的全盛时期，中原势力曾经到达过中亚地区的东部和中部。在金和宋的联合进攻之下，辽国于1125年灭亡。契丹族西迁中亚，为西辽（又称喀喇契丹）[1]。1133年，西辽德宗耶律大石（1130－1142

---

〔1〕 勒尼·格鲁塞认为，契丹人是自行汉化了的蒙古人，耶律大石被认为是“一个博学的中国儒人”。《草原帝国》，186－188页。

在位）在虎思斡耳朵（在今吉尔吉斯斯坦北部城市托克马克以东的楚河南岸）建都。西辽成为中亚最有势力的国家。1141 年以后，花剌子模[1]成为西辽的属国，其都城乌尔根奇在虎思斡耳朵以西约 1300 公里（直线距离），可见西辽的势力范围之广。西辽不是唯一在中国被打败逃走，又在中亚建立起庞大帝国的，此前有匈奴、大月氏、突厥，此后有西蒙古。契丹人是佛教徒和儒者。西辽是中原文化和契丹文化第一次突入到信仰伊斯兰教的突厥人之中。契丹人被穆斯林称为“异教徒”。在他们之后，蒙古人又来了。

西辽在数十年中就衰败下去。花剌子模国王摩诃末（Muhammad）崛起，占有从伊拉克、波斯到阿富汗及其以北的大片领土。为了表示友好，成吉思汗组织了一个庞大的商队，前往花剌子模，却被摩诃末下令全部杀死。商队只有一名驮夫逃走。成吉思汗发誓报仇。摩诃末率领大军，抢先向一支在边境地区活动的蒙古军队发起攻击，却几乎被俘。蒙古军安然撤离。摩诃末从此方寸大乱，到处要求他的臣民自谋活命。1220 年末，摩诃末在里海的一个小岛上病死，传位于儿子扎阑丁。扎阑丁智慧、勇猛、坚毅，打了几个胜仗。蒙古于 1219 年开始西征，到 1222 年才初步征服了花剌子模。因为战况酷烈，蒙古军在乌尔根奇等几座城市大肆屠城。在摩诃末屠杀蒙古的商队之前，成吉思汗尚无意西进。这次战争的起因是摩诃末的贪婪。与其说他使中亚对东方形成威胁，倒不如说给了蒙古草原的力量一个向西发展的机会。

此后，蒙古军队继续向西进攻，一直打到叙利亚、地中海东岸。哈里发的首都报达（巴格达）被蒙古人屠城。伊斯兰文化从此一蹶不振，再也没有达到过昔日的辉煌。欧洲能够崛起，在一定程度上是因为他们的夙敌穆斯林被蒙古人大大削弱了。这正是当年基督教徒一直盼望的事情。波斯和阿拉伯的图书馆与大学被毁，宫殿和清真寺遭到破坏。伊斯兰文明在科学和实验方面领先于当时世界。欧洲人从穆斯林那里继承了古希腊传统，并凭借科学与试验的成果一度统治了世界。东方的发明创

---

〔1〕花剌子模（Khorazm），中亚古国，都城长期在乌尔根奇（Urgenj），当时的译音为玉龙杰赤。乌尔根奇在阿姆河下游，今天仍是乌兹别克斯坦花剌子模州的首府。花剌子模在毁灭前不久把都城迁到了撒麻耳干（今乌兹别克斯坦的撒马尔罕）。

造也是通过中亚和阿拉伯人传到欧洲。火药改写了欧洲中世纪史。可见，中亚是东方影响西方的触媒。蒙古西征是东方力量改变欧洲的历史进程。这是经由陆地的间接改变。欧洲改变东方是经由海洋的直接改变，改变得更有力，也更彻底。

中亚的几个国家有丰富的石油、天然气，特别是在里海一带。俄国与美国在这里的争斗非常激烈。里海边的伊朗也是一个重要的玩家。在明确要求美国军队撤出之后，2009 年 6 月，吉尔吉斯斯坦又同意继续接受美国的驻军。这是俄美两国在玛纳斯空军基地问题上的博弈，这一轮美国又赢了。美国付出了更高的代价，获准继续使用基地一年。与俄国不同，中国对于美国军队的包围更能够安然接受，不当作威胁。对于中国，中亚并不通往别的地方。中亚的价值就在中亚。虽然有欧亚大陆桥的计划，但陆地交通的成本高，容量小，不如海上运输快捷、便宜。

澳大利亚：在东西方之间

澳大利亚在南半球，位于太平洋和印度洋之间。这是一块独立的大陆，也可以看做是一个超级大岛。现在，这个国家经常被看做是亚洲的南端。澳大利亚和新西兰是东南亚的半岛和群岛向东南方向的延续。如此，澳大利亚是一个发达的、以欧洲人后裔为主体居民的亚洲国家。

除了后来被排斥的土著人之外，澳大利亚的早期历史是英国人开创的。1770 年，英国的詹姆斯·库克船长到达这块大陆东海岸，宣布它为英国的殖民地。不过，库克不是第一个登上澳大利亚的欧洲人，荷兰人在他之前 100 多年就来到了这里，甚至他也不是第一个英国人。但库克开启了澳大利亚的殖民时代。1901 年，澳大利亚的 6 个殖民地联合，成立联邦。1931 年，澳大利亚正式独立，但至今仍然是英联邦成员国。澳大利亚周围没有强国。尽管地理位置比较偏僻，不容易受到外界的威胁，但在历次战争中，这个英语国家都加入到英、美的一边，与英语国家的敌人作战。它在独立之前就参加了英国在南非的布尔战争。独立之后，澳大利亚派兵参加了英美卷入的所有大战：一次大战，二次大战，朝鲜战争，海湾战争，把自己的利益与英美的利益紧紧地捆绑在一起，而这些战争的战火都不太可能烧到澳大利亚的国土。不过，澳大利亚参加这些战争的强度似乎是在下降。虽然随着亚洲经济的发展和亚洲移民的增加，澳大利亚与亚洲其他国家的关系将更加密切，会在它的外交政策中更多地考虑亚洲。但是，在可预见的将来，它仍将站在美、英一边，并在必要时加入到美国或英国的军事行动中去。当亚洲国家出现与英美对抗的危机的时候，澳大利亚的传统、价值、地缘政治利益都将使它更倾向选择美国和英国。它与美国、日本的军事合作已经为此选择打下了基础。

澳大利亚是一个干旱的大陆，大部分地方是沙漠和半沙漠，人口稀少，到 2008 年时只有 2100 多万，比台湾还少 100 多万人。这样稀少的人口决定了澳大利亚不能成为地缘政治的大玩家，需要加入军事联盟来保护国家的安全。美国是澳大利亚最重要的盟友，此外就是日本。澳大利亚是一个英语国家，英格兰和爱尔兰人的后裔占全国人口的 80%以上。另一方面，它又是一个准亚洲国家，在地理上距离亚洲最近，亚洲移民增长最快。2007 年 11 月，陆克文（Kevin Rudd）当选为澳大利亚总理，成为西方国家中第一个会说流利汉语的总理。会说汉语的总理在澳大利亚出现不完全是偶然的。与其他西方国家相比，澳大利亚在地理上、文化上与亚洲的联系最为紧密。随着亚洲的发展和当地亚裔人口的增加，澳大利亚可能成为一个摇摆于东西方之间的国家，如俄国、日本一样。

澳大利亚在印度尼西亚的南部，两地相距较近。澳大利亚与新几内亚岛（该岛分属印尼和巴布亚新几内亚两个国家）在一万多年前还连在一起，现在则隔着一条托雷斯海峡，海峡中布满了热带珊瑚礁。在地缘政治中，印尼与澳大利亚紧密相连。在第二次世界大战时，日本军队曾占领新几内亚岛，对澳大利亚本土构成威胁。这是对澳大利亚最大的一次入侵威胁。因此，澳大利亚的防卫始于印尼诸岛。至少在印尼诸岛的东南，澳大利亚有相当大的影响。在东帝汶独立和维持和平活动中，在印尼海啸救援中，澳大利亚都有过非常积极的作用。在爪哇岛针对外国人的恐怖爆炸事件中，澳大利亚人伤亡最重。但是，印尼不是澳大利亚的势力范围，因为澳大利亚是一个人口小国，不足以对两亿多人口的国家放射和施加巨大影响力，而且印尼众多的穆斯林也不会允许信仰基督徒的白人（澳大利亚目前的主要人口和宗教构成）来主导他们的生活。如果澳大利亚试图在印尼建立起更大的影响力，可能会引起更多的恐怖袭击。

澳大利亚是一个资源大国，它的铁矿石、天然气是中国急需的。2009 年，中澳关系因为力拓商业间谍案而冷淡。把中国和澳大利亚的距离拉大的不是文化的差异，政治制度的差异才是两国交往的障碍。在这一点上，澳大利亚的第一代华人移民更倾向于选择澳大利亚。许多人在澳大利亚依靠自己的勤劳过上了殷实而稳定的生活，他们感激澳大利亚给他们提供了机会。

由于所处的地理位置，澳大利亚将来会更多地融入亚洲。这个融入过程没有妨碍澳大利亚把中国当作一个威胁。澳洲为防备中国加大了国防开支，陆克文因为与中国有过较多的交往而受到国内政敌的攻击。由于中澳之间相距甚远，中间还横亘着一个大国印尼，而且中国的海空军都还很弱，缺少远程投放能力。所以，中国威胁更多产生于想象和意识形态，即使未雨绸缪也似乎太早了点。这些澳大利亚人对中国发展前景的看法实在太乐观了。反过来，他们在提醒中国人：澳大利亚是一个西方国家。许多人会对不同文化的国家多一些戒心，而国家更容易和文化相同的国家站在一起。这确实是偏见和歧视。

第十章

美国与美洲人的美洲

美　国

在文化血统和外交政策等方面，美国都是英国衣钵的继承者。英国的世界霸权是从海盗行动开始的；美国比英国多了一些理想主义，是早期清教徒们从英国带过来的。因此，美国较少像当年的英国那样赤裸裸地诉诸武力，而且在动武前总要准备似乎充足的借口。当然，也可以把这一点看做是整个世界的进步，这个进步显然有美国的很大贡献。由于美国的这个优点，以及东方世界的崛起，世界权力的转移或许可以有一个新模式，将不再那么血腥。本书没有忽视美国的优点，但对美国的政策仍然多持批评态度，出发点是为了一个更好的世界。如果把美国看做是一个“邪恶帝国”，其邪恶也是来自国家的本性，并不比别的国家更恶。

讨论美国地缘政治的起点是美洲。美国在全球制造事端，而美国在北美以及整个美洲的存在反而被论者忽视。正像美国的军事基地遍布世界各地一样，本书关于美国的内容散落在许多章节。因此，关于美国的这一部分可以简略一些。

a. 美国的地理位置

这个问题本来是一个非常简单明了的常识，不应该是一个问题。不过在此仍有必要澄清一下。

美国是唯一的全球霸主，在世界各个角落几乎都可以看到它的身影。其作用是好是坏，每个人、每个国家都会有不同评价，也会因具体事件而变化。人们有时会忽略美国的原产地是美洲。它从那里来，也将回到那里去。在英语中，美国与美洲经常是一个词：America。一个国家和两个大洲被混为一谈，让美洲其他国家的人很不满。美国是美利坚（美洲）合众国的简称。有些人仿照这个国名，以“欧洲合众国”称呼欧盟。但“美利坚”本来只表明合众国所在的地理位置，没有以国家冒充大陆的意思，虽然这个国家控制着美洲大陆。在美国之外，加拿大是整个南北美洲唯一的发达国家，拥有世界上第二大的国土面积，但加拿大的人口（3330 万）稀少，只略多于美国的 1/9，而且大多数人说英语，集中在加美边境。因此，加拿大一直被笼罩在美国庞大身躯的阴影之下，不足以彰显美洲是许多国家的美洲。

美国的另一个邻国墨西哥是一个弱国，美国西南部的大片土地是从墨西哥夺取的。墨西哥一直无力与美国抗衡。墨西哥及其以南被称为拉丁美洲。狭窄的中美洲和加勒比地区有一些热带小国。再往南是南美。直到上个世纪末，除了足球和魔幻现实主义文学之外，南美国家没有很多值得炫耀的东西。军事政变、通货膨胀、贫富分化曾是拉美留给人们的一般印象，而这些问题的产生都有美国的贡献。直到十多年前的 200 年中，美国是在国际上最活跃的美洲国家。现在有所不同，南方国家已经形成较好的发展势头。除了古巴之外，委内瑞拉等国家也敢于挑战美国的霸权。委内瑞拉有丰富的石油资源，不惧怕美国的封锁与制裁。墨西哥人口只有一亿多一点，是美国的 1/3，却在向美国扩散人口。美国住着许多拉美族裔，特别是在以前从墨西哥掠夺的大片土地上。巴西面积和人口都名列世界第五，2007 年的名义 GDP 居世界第 10，位于加拿大和俄国之间，是几个潜在的大国之一。假以时日，巴西将能够与美国分庭抗礼，并会得到南美国家的拥护——南美一体化有很好的共同文化根基，目前进展良好。另一方面，任何军事扩张和金融扩张都有限度，美国今后必将收缩。美国或许将被打回原形，再次成为一个美洲国家，一个位于北美的世界大国。

对于欧亚大陆，美国是一个游离的岛国，一个在北美大岛上的国家。美国夹在加拿大和墨西哥两国之间。这两个国家对美国没有敌意，更没有构成威胁的实力。因此，美国在本土不需要维持强大的陆军，这一事实使美国更加具备岛国的特点。现在，美国的军费开支几乎是世界总量的一半。在军事技术上，美国更是遥遥领先，世界的另外两个技术中心欧洲和日本都瞠乎其后。军事技术优势是长期发展的结果，不是仅仅靠金钱就可以在短期内获得的。在鼎盛时期，大英帝国的海军政策是不允许任何其他两国的海军吨位相加超过英国，而它的陆军显然不具备优势。今天的美国已经大大超过了当年的英国，在军事的各个方面都占有明显优势。美国没有对手，只能退而求其次，转而搜寻“潜在的对手”，而且很“看好”中国。美国把它的军事战略重点从大西洋转向西太平洋，扩建关岛海空军基地，声称准备把它60%的潜艇用来对付中国。美国还不惜把日本从牢笼中一点一点放出来，支持印度的军事发展，操纵台湾问题，加强与南海各国的军事同盟和准军事同盟，长期占领阿富汗，在中亚驻军，与蒙古国举行联合军事演习。美国对中国构成的最大挑战不是美国这个国家，而是它环绕中国制造的“均势”。在很大程度上，美国在针对中国复制它对苏联的“遏制”政策，施展蟒蛇的绞杀技。如果能够挑起地区争端，美国将乐于“坐山观虎斗”，不必亲自出马。这也是“不战而屈人之兵”之一种。这些是小布什总统的政策，也是西方国际政治的正统做法。奥巴马总统对待外部世界较为温和。但是，奥巴马是否能够真的有所改变？能在多大程度上改变？在美国走出金融、经济危机之后，改变能否维持和继续？改变能否得到下一任总统的认可和继承？美国的决策者们在多大程度上认同奥巴马的世界观？现在仍然是大问题。愿望是一部分原因，最后起决定作用的还是力量，即，美国今后是否更加温和取决于美国相对于其他大国的力量。

“遏制”可以给中国制造很大的麻烦，但未必能如美国所愿。首先，寻找和制造敌人的做法可以简化政治，团结内部，却不是明智的战略。中国不是美国看得到的唯一潜在对手，俄国、欧盟也榜上有名。它们在许多方面比中国更有竞争力：俄国的能源和军事技术，欧盟的经济实力、政治制度和社会发展。如果美国为遏制中国而消耗太多的资源，俄国、欧盟就会乘虚而入。同样，因为中国的存在，美国也不能放手对付俄国和欧盟。实际上，美国对俄国的遏制似乎更有成效。其次，中国1000多年来在东亚的中心位置不能够被轻易动摇，不仅有军事的和经济的，还有文化的、地理的和心理的等诸多因素。这在美国的遏制政策中造成一个漏洞。再次，中美之间有共同利益。共同利益不能避免冲突和战争，但可以减少发生的几率和强度。最后，美国的确很强大，但与冷战时期相比，它的软硬实力都下降了。雄心大于实力——这是衰落中帝国的尴尬，却经常不能被认清，也难以被接受。因此，在许多时候，中国完全可以“以静制动”，按照自己的战略做好自己的事情，不必亦步亦趋，“拿香跟着拜”。

b. 崇尚竞争和暴力的国家

美国是一个崇尚竞争的国家。在竞争与合作之间，美国人更倾向于竞争。美国的竞争与好斗不仅表现在国际政治和军事上，在管理上，美国同样强调竞争。竞争与美国的个人主义风气密不可分，也与暴力（竞争的较为极端形式）密不可分。新保守主义者罗伯特·卡根写道，在美国建国之初，欧洲人就已经认识到它是一个“危险的国家”，[1] 这与美国人后来的自我期许差异很大。在对待暴力的态度上，美国与它的文化母体欧洲已经出现很大的不同，以致有了双方分别来自火星和金星的说法。欧洲人汲取了历史的教训，学会了享受他们几个世纪以来积累的文化与财富。另外，欧盟还处在整合阶段，没有足够的力量和意愿对外侵略。美国是一个年轻的国家，还处在崇尚竞争与暴力的阶段。美国人的暴力倾向让欧洲人吃惊。在 2005 年出版的一本书里，荷兰人德·瓦尔回忆了他刚到美国时的感受：

> 20 多年前，我第一次离开欧洲到美国来，被美国媒体中的大量暴力吓住了：并不单指每日的新闻，从电视连续剧、戏剧、舞台剧到电影都是这样的。到处都有斯瓦辛格和史泰龙的身影，所有的美国电影都要拍到暴力。因此人不可避免就变得麻木了。例如，如果你说《与狼共舞》很暴力，那么别人就会像看疯子一样看你。他们只记得这是一个田园牧歌般的伤感片，里面有美丽的风景，是关于一个优秀的白人男人如何尊重美国的印第安人的故事。看电影的人忽视了这部片子里的血和伤口。[2]

德·瓦尔是动物学家，专业是猿类学。他在工作中见惯了黑猩猩的暴力，但仍难以接受在电视上看到人类被打掉脑袋，被撕落手臂，因此

---

〔1〕 *Dangerous Nation*，Robert Kagan，Alfred A. Knopf，New York，2006.

〔2〕 弗朗斯·德·瓦尔：《人类的猿性——一位权威的灵长类动物学家对人类的解读》，94页，上海科学技术文献出版社，2007 年。

怀疑他的国家荷兰是“胆小鬼的土地”。不过，他认为动物性还有非暴力的一面，“和谐共处”和“竞争”都是人类的天性，是从猿类祖先那里继承来的。不同的是，每个社会在这两者之间的平衡点不同。美国的那个点更靠近竞争和暴力。在文化上，美国是欧洲的直系后裔。在以暴力与色情为主的大众媒体文化上，美国在暴力上比欧洲开放，在色情上比欧洲保守。美国的电视充斥着暴力，让欧洲人很不习惯。

对暴力的麻木其实就是对暴力的宽容和鼓励。美国的印第安人就是在“田园牧歌般的伤感”（美国文学和影视再现西部时的基调）中被几乎完全消灭。数十万（如果不是数百万）伊拉克人因为美国的入侵而死去，他们的“血和伤口”也被忽视了。美国军方公布美军的伤亡数字时精确到每一个人，但没有人在乎伊拉克人的死亡。《现代启示录》、《野战排》、《兄弟连》、《黑鹰坠落》等美国电影和电视剧都是大作，受到全球观众的追捧，有些已经成为经典。虽然充满了血腥暴力，但它们的主题却似乎是反战的。以宣扬暴力的方式反对战争，两者表面上是一对矛盾，实际上各有服务的目标：以暴力吸引观众，以反战给予他们慰藉。人们从反战的主题中获得道德的安慰。但在潜意识中，暴力具有特别的吸引力，尤其是当暴力安全地发生在一定空间距离之外，并以虚拟的形式再现在眼前的时候。技术正在把战争推向这一阶段，如无人机。战争是技术运用范围的一小部分，技术总有一天将超过人类的控制能力。

本书在许多地方都批评了美国。这不是因为美国比别的国家更为邪恶，而是因为它是世界上最强大的国家。强大给了美国更多的能力和机会去行善或行恶。美国追求自身利益必然会损害别国的利益，因此，美国的贪婪本性暴露得比别的国家更多。毫无疑问，美国在很多时候滥用了它的力量，直接和间接地屠杀了大批无辜平民。但是，与前几任世界霸主国家相比，美国追求自身利益的行动还算是比较克制的。个中原因固然有国际关系道德的进步（有美国的很大贡献），形成了一个牵制大国的氛围，也与美国的国际行为受国内诸多因素制约而比较检点有关。一个世界大国犯下错误或罪行，可能对它自身的损害不是很大（也许还有利益），却能够给其他地方的人们带来极大的灾难。无论在国际政治中还是在国内政治中，道理都是相通的：权力必须受到制约，仅仅依靠权力者的觉悟还远远不够。美国的权力在它的国内、在世界上都不缺乏批评者和制约者，但仍不足以制止它行恶。在中国逐渐强大的过程中，制约霸主权力应该是中国可以对世界有所贡献的一个地方。“国际民主”一直是中国的口号。

c. 美国的地缘环境和扩张路径

北美只有两个国家：美国和加拿大。在全球地缘政治中，北美并不重要。原因不是美国的弱小，而是它的强大。美国强大到能够把地缘政治竞赛场设在欧亚大陆和其他地方。200 多年来，美国一直在客场作战，本场非常安静，少有战乱，没有大国竞争。不多的例外是 1814 年英国军队占领并焚烧首都华盛顿，1941 年日本偷袭珍珠港，2001 年恐怖组织对纽约、华盛顿的袭击。珍珠港不在美国本土，袭击范围限于停泊在港口的军舰。911 恐怖袭击对心理的冲击远远大于实际的损害。对比二战期间美国对德国城市的大轰炸，德国对英国城市的轰炸，就知道 911 袭击造成的人员和物质损害是很有限的。除了这三次袭击之外，美国凭借大西洋和太平洋的保护，一直成功地把战争拒在本土之外，同时坚持不懈地在别国领土上大打出手。

当初，13 个北美殖民地赢得独立时，合众国只是一个普通的、位于大陆东缘的小国。它能够打败英国，是因为英国本土距离遥远（那还是木帆船时代），而且英国深深地卷入了在欧洲大陆的竞争。甚至到了 1885 年，美国还认为它无力抵御“欧洲四流国家”舰队的进攻。[1] 但是，与它周边的国家或殖民地相比，美国还是有相当的优势，尤其是制度的优势——鼓励创造、拓殖和扩张的制度。美国的本土扩张解决了它对陆地防御的担忧，而海外扩张则解决了它对海岸防御的忧虑。但是，即使在 19 世纪上半叶，当美国还无力防守本土的海岸之时，它的军队

---

〔1〕 沃尔特·拉塞尔·米德：《美国外交政策及其如何影响了世界》，20 页，中信出版社，2003 年。发表这个评论的是美国第 18 任总统（1869—1877）尤利西斯·格兰特，他曾在内战时担任北方的联邦军总司令。按此说法，美国的海军最多相当于那时欧洲的“五流国家”，也许有些夸张。不过，这与美国有很长的海岸线，大城市多在沿海地区有关。在这一年（1885 年、光绪十一年），因强敌压境，左宗棠奏请开铁矿、造大炮以固海防；李鸿章奏请立武备学堂以培植将才。同年，欧洲列强召开瓜分非洲的“柏林会议”，保证在瓜分时遵守“法律、秩序与条约权利”。参见《中外历史年表》（翦伯赞主编，中华书局，1961 年）该年词条。

已经四处出击，全球各地都可以看到美国军舰。米德介绍说：

美国海军保持全球存在的时间超过了多数美国人的估计。历史悠久的地中海舰队建立于1815年，目的是遏制北非海盗。1822年，美国建立了西印度洋和太平洋舰队，后者负责保护美国在南美洲和南海群岛的捕鲸者和其商业利益。之后，1826年建立了巴西或南大西洋舰队，1835年建立了东印度舰队，1843年在非洲西海岸建立了非洲舰队。[1]

所以，美国的霸权思想是存在于它的基因之中的。这是由美国的历史和价值观决定的。美国在建国之初就有了帝国思维，那时它的国力还很弱，即使在美洲国家中也没有明显的优势，却试图把整个美洲纳入自己的势力范围，提出了现在著名的门罗宣言。其实，在很长时期内，门罗宣言被遗忘了。马汉写道："对于门罗主义，只是在上月份（1911年5月）英国外交大臣才明确表示接受。在整个这一期间，我们的海军同英国相比，处于毫无希望的劣势；有时甚至是荒唐可笑的劣势。"[2] 就是以这样一种"荒唐可笑的劣势"，美国向欧洲列强提出了自己的霸权主张。英国与美国围绕着门罗宣言一直有争执。直到一次大战前面对德国的强大挑战，穷于应付的时候，英国才接受了美国的霸权主张。此时距离门罗主义的提出（1823年）已经有88年了。

美国的欧洲殖民者最早在北美洲的东海岸落足，此后一直向西推进，消灭了印第安人，直到被太平洋阻挡才结束陆地上的扩张，转向海洋扩张。在19世纪，美国的西进运动带动了经济的起飞。在北方，美国与在加拿大的英国人作战；在南方，美国夺得了墨西哥的大片领土。开始时，美国移民与墨西哥发生争执，得到本国政府的支持，美国于1845年正式吞并德克萨斯。为了获得新墨西哥，即今天美国西南部的大片领土，美国再接再厉，发动了美墨战争，于1847年占领墨西哥城。两国于次年签订城下之盟，美国获得新墨西哥和加利福尼亚。在经营多年之后，美国推翻夏威夷女王，于1894年成立夏威夷共和国，1899年

[1] 《美国外交政策及其如何影响了世界》，27页。
[2] 艾·塞·马汉：《海军战略》，19页，商务印书馆，2003年。

正式兼并这个群岛。就在这同一年，美国打败西班牙，获得古巴、波多黎各、关岛和菲律宾为殖民地。

托克维尔历数欧洲人强加给印第安人的苦难。在欧洲人从东向西在太平洋海岸立足之前，他已经断言："我认为这些苦难是无法挽救的。我相信，北美的印第安人注定要灭亡。"[1] 托克维尔总结说："美国用十分巧妙的手段，不慌不忙，通过合法手续，以慈悲为怀，不流血，不被世人认为是违反伟大的道德原则，就达到了双重目的。**以尊重人道的法律的办法消灭人，可谓美国人之一绝。"**[2] 这种慈悲和道德的消灭人的办法，美国在今天仍在国际关系中使用。

美国是这个世界上一个国家在大陆扩张完成之后走向海洋扩张的最典型案例，也许是唯一的成功案例。其成功的一个要点是，美国善于把它的扩张涂上一层厚厚的道德油彩，并说这是"天定命运"。在外人看来，这未免太虚伪，但美国人却在侵略扩张中充满了由高尚道德带来的勇气。另一方面，在高尚道德这一信念的明示或暗示下，美国的对外政策有时也会有一些善良的愿望。不过，这些愿望在最后大都屈服于现实政治的压力，于是显得更加虚伪。美国扩张成功的原因实在是由于实力运用和道德信念的交错使用。此外，孤立主义情绪为美国预留了极大的回旋和后退余地，适可而止，不像 20 世纪前半期的德国和日本那样，只能一直向前扩张，直到彻底失败。

美国现存的最大优势是军事。它的军费开支比排名在它之后的 10 国总和还多。它的军事力量比任何其他国家都强大得多。而且，除了美国之外，其余几个最发达国家（同时也是强国）都是美国的军事盟国。在这种情况下，美国要压倒潜在的竞争对手，最有可能使用的手段就是武力。武力是它最得手的工具。所以，保持军事优势是美国的首要任务。在 2008 年 5 月，出现了中国在海南岛扩建海军基地的报道。对此，美国太平洋司令部司令提摩西·基廷说："我们希望中国不要花费大量时间和精力来建设这种高端的军事力量，他们应该致力于和美国以及我们的盟友一起协作以确保太平洋地区的和平与稳定。我们希望他们不要

[1] 托克维尔：《论美国的民主》上卷，380 页，商务印书馆，1988 年。

[2] 《论美国的民主》上卷，395 页。黑体着重号为引者所加。

浪费时间精力，别添麻烦。”他警告说，美国绝对不会放弃它的优势地位，中国的挑战一定会“遭遇挫折”。

美国是国际秩序的制定者、维护者和受益者。由美国在海上维持现有的秩序，别的国家是要付出代价的。而且，美国不能容忍别的国家发展自我保护的能力。美国认为，它完全有资格“代表”这些国家，并因此取代其他国家保护自己利益的权利。以上所引基廷的话就是这种思维的表现。未经授权的代表资格，不能收回的代表资格，都是极其有害的。

美国围堵俄国要比围堵中国更有效。一个重要的原因是，围堵俄国的条件比较成熟。在欧洲有北约和欧盟这两个现成的工具可以利用，而且欧洲国家对俄国的戒心很重，特别是那些10多年前刚摆脱俄国控制的中东欧国家。在东亚，美国并没有这样便利的工具，它打造亚洲北约的努力将会遇到很大阻力。首先，中国是一个有用的国家，带来的利益大于潜在的威胁。其次，亚洲不是欧洲，各国的文化背景与美国不同，在民族主义高涨时期，不可能与美国走得太近。其实，美国在亚洲并不很受欢迎。再次，中国的历史记录比俄国好一些，在本地区遇到的敌意不是那么强烈。逐个看一看中国的邻国：俄国本身就受到美国的挤压，它需要中国的支持；东盟内部的差异太大，不能作为一个军事同盟发挥作用，而东盟10＋3则拉近了东盟与中国；在东盟之内，印度尼西亚、马来西亚等国是伊斯兰国家，即使政府领导人非常愿意，国内的民意也使得他们难以与美国结盟；印度是一个有强烈自尊心和自信心的国家，不可能步步紧随美国；日本虽然对美国亦步亦趋，但也有自己的打算，在对华问题上非常谨慎；韩国在朝鲜问题上需要中国的合作；最后，中国在本地区并非没有朋友，这使得任何围堵中国的企图都将漏洞百出。中国的睦邻政策是必要的。对于一个正在上升的国家，东亚各国可能持有戒心，也抱有希望，只要中国不咄咄逼人，它们就不会明显表现出来并采取行动。

虽然美国在亚洲布局，为中国编织一张网，它也同样担心受到中国的排挤，把它排挤出东亚。

伊拉克战争的三个主要参战国是美国、英国和澳大利亚。这三个都是英语国家。可以预测这三个同文同种的国家今后仍会在国际事务中采取协调一致的政策。在一张以中国为中心的世界地图上，这三个国家分别位于世界的东端、西端和南端，形成一个稳定的三角，把中国以及整个欧亚大陆兜住。这就是 Anglo—sphere（盎格鲁圈）。三国的密切关系很容易使人想起文明冲突的预言，文明冲突论隐含的一层意思是文明内部的团结，一致对外。从长远的角度看，日本不是美国非常可靠的盟友。毕竟，两国关系是由战争塑造的，是美国的军力决定的。只有在美国强大之时，才能维持住对日本的控制。

美国的国土在欧亚大陆之外，它在欧亚大陆上有明显的“客人”心态。至少在今后 30 年中，这里没有任何一个国家能够对美国构成军事威胁。美国现在担心的是，它在某一地区或某一国家成为一个不受欢迎的客人而不得不离开，从而失去对该国或该地区施加影响的着力点。非战争时期的影响力，天上和海上的军队不如陆上的军队。除了因为战线过长主动收缩之外，美军的离开可能在两种情况下出现：其一，驻在国的人民认为他们不再需要美军的保护，民族主义高涨，要求美军撤离；其二，驻在国受到另一个强大国家的压力，在权衡利弊之后要求美军撤离。后一种情况在近年内不会出现。美军在日、韩经常遭到抗议，尤其是在演习或美军犯罪的时候。美国已经在 1990 年代撤走了它在菲律宾的海空军基地，现在依靠一个《美菲军队互访协议》保证美国军队不定期地回到该国。2002—2003 年，美国派出小股部队，帮助菲军围剿阿布沙耶夫的叛军，在当地引起了激烈的抗议。除非安全形势发生重大变化，美国很难在菲律宾再次建立永久性的军事基地。菲律宾是一个岛国，邻边国家的数量有限，且大都比较弱小，安全隐患较少。但是，菲律宾与中国有领海纠纷。如果中国姿态强硬，菲律宾就可能倒向美国寻求保护，虽然这对它来说是一个艰难的国内政治选择。美国在亚洲的军事存在仍然受欢迎，有很多原因。

其一，与第二次世界大战和冷战有关。美国在亚洲的主导地位是在战争中赢得的，并一直延续至今。日本是亚洲第一大经济体，但作为一个战败国，其命运至今仍在美国手中捏着。在冷战时期，一些国家倒向美国，获取保护和援助，镇压国内游击队；美国也需要这些国家作为反共基地和防火墙。韩国就是在冷战时期的热战中成为美国的受保护国的，至今也不能离开美国。

其二，与亚洲的历史有关。许多国家还处在现代国家的早期阶段。东北亚、南亚、东南亚的大部分国家都是前殖民地，直到1940和1950年代才获得独立，有些国家（如新加坡、孟加拉国）立国更晚。在殖民时期之前，它们没有与现在一脉相承的国家。国家是从殖民者手中继承来的。疆界是殖民者按照自己的势力范围和意愿划定的，与历史沿革、民族分布和实际状况没有关系。殖民者的势力范围和现代国家之间有很大的区别，这种区别导致了今天仍在发生的冲突。在这一点上，亚洲和非洲很相似，在非洲可能更突出。另外，早期阶段的国家需要确立自己的独立身份，就像进入青春期的少年一样，因此难免有些焦躁不安。这两个因素是亚洲民族主义情绪高涨的根源。因为国家形成得晚，而且多是外力造成，这些国家之间存在许多问题，使它们之间不能彼此信任。所以，亚洲缺少一个公认的领导国家，而又需要一个强有力的国家来维持国与国之间的现状。美国正好有利益、实力和意愿来填补这个空白。

其三，与亚洲的发展状况有关。亚洲的经济，尤其是东南亚、东北亚和中国，都以出口为导向，对美国市场的依赖很重。中、日、韩彼此之间的贸易量虽然很大，但相当大一部分是日韩的产品在中国加工后再出口到发达国家。到目前为止，亚洲没有一个有出头能力的国家。日本是亚洲最大的经济体，但严重依附美国，因历史问题，其领导地位不可能被中国、韩国等邻国接受；中国虽然经济发展迅速，但仍是一个穷国，在投资、技术、软力量等方面严重欠缺，又与邻国有领土、领海纠纷。印度、韩国也不具备实力和号召力。没有一个公认的领导国家，几个主要国家又彼此戒备。这就是亚洲的现状。解决这个问题需要时间。从国家潜力来看，中国最有可能成为领导国家。

其四，与美国的地理位置有关。美国远离亚洲大陆，中间隔着浩瀚的太平洋，与任何一个亚洲国家都不相邻，没有领土、领海争端，也少有不良的历史问题。对于亚洲国家，一个相邻的强国比一个远方的强国更可怕。远离亚洲大陆，既是美国的不方便之处，也是美国的优势。

即使发生了金融和经济危机，美国仍将一超独大。在今后很长时间内，欧盟将因内部整合而无暇他顾。“新”“老”欧洲之间的政治分歧、经济差距、军事合作等诸多问题将消耗欧盟的大部分精力，在此之前不可能对美国发起挑战。单个的欧洲国家更没有足够的资源称雄国际舞台。此外，美欧之间有共同的历史和宗教，相近的语言和政体，在裂痕出现后也容易弥补。

除了核武器之外，俄国已经不对美国和欧洲构成威胁。美国仍从高加索到中亚一线向北压进，如果在20年之内，俄国经济没有大的起色，人口继续下降，它将彻底丧失在这一地区的势力范围，并不排除再次解体的可能。这也是美国针对俄国的目标之一。俄国从来都是靠武力维持帝国的统一的，不是靠向心力。它的国土面积过于庞大，两端又分别面对两个不同于俄国的强势文化——西方和东方，南方又有穆斯林的挑战和美国的进逼，只有北极方向是平静的。如果没有一个强大的中央政府，这个国家很难聚合在一起。但是，另一方面，如果俄国保持中央强权，又将严重妨碍地方的发展，加速边缘地区的人口流失。这是俄国的两难选择。

美国把中国当成"对手"就是在这样一个背景下出现的。美国需要对手。虽然"恐怖主义"暂时取代中国成为美国的首要目标，但不会很长。"反恐"的号召力在下降，无论新保守主义者是否在位，华盛顿都需要敌人，西方文化也需要对立面。中国仍是一个穷国，却是一个发展很快的穷国，它的人口基数很大，可以产生总量很大的国民生产总值。中国不属于美国主导的世界体系的核心圈子，但它有广袤的国土、众多的人口、悠久的历史、迥异的文化。

美国目前在这个世界上的强大对手是恐怖主义，不是因为恐怖主义强大，而是因为它不可见。恐怖主义不可见的原因是它弱小，是弱小产生了强大。这个矛盾的载体是任何一个大国都必须小心对待的。恐怖行动不足以毁灭一个国家，却能够沉重打击国民的士气，干扰正常的生活。

美国是目前世界上唯一的超级大国。它在工业、商业、金融、教育、文化、科学、技术乃至政治制度等诸多方面都堪称是世界的楷模。邓小平1979年出访美国，使得中国人在30年中第一次真正"放眼世界"，于是不再期盼解救"水深火热"之中的美国人民，转而努力把自己从无知和贫困中解脱出来。中国的改革开放实在得力于美国很多。美国在伊拉克和阿富汗的军事占领不能稳定，又引发了全球金融和经济危机，使人们以为它的优势减少了。其实，美国的优势仍然显著存在。只不过，美国对世界的吸引力减少了，人们对美国的评价降低了，他们在寻找一条新的路径。这才是对美国的最沉重的打击。优势的吸引力往往比优势的实际作用更大。

d. 美国的价值观和利益观

2008年，小布什第二任期内的国务卿康多莉扎·赖斯总结过去8年的经验教训。她首先问道："什么是国家利益?"她的结论是："一个反映我们价值的国际秩序是我们永久国家利益的最好保障，美国继续拥有一个独特的机会来塑造这个结果。"[1] 国家利益与国家价值有密切联系，但是，把利益与价值等同起来是一个危险的倾向——价值有了价格。价值需要认真核算，只有在带来利益的时候才有价值，这必定损害这些价值的价值。而且，它必将导致一个荒谬的结论：凡是美国的利益都（应该）是其他国家的价值；凡不符合美国利益的，其他国家都不能视为价值。虽然赖斯这篇文章的题目是《重新思考国家利益》，这样的思路却不是她首创，她只是以当前的国际局势为背景重新叙述了一遍。赖斯是一个很好的学者。但是，在写这篇文章的时候，她的身份是国务卿，不是学者，比学者带有更多的意识形态属性。[2] 赖斯在为小布什8年的外交做总结，做辩护。所以，她的话冠冕堂皇，不可太当真。作者在下文中多次引用她的话，原因就在于这些话没有新意，反映了美国外交政策的一般思路。长期以来，类似的想法指导着美国的外交政策，以利益为

---

[1] *Rethinking the National Interest — American Realism for a New World*, Condoleezza Rice, *Foreign Affairs*, July/August 2008.

[2] 伊多·奥伦考察了美国最有影响的政治学者中的一些，发现他们深陷意识形态和民族主义之中，这些学者对其他国家政治制度评价的高低与美国和这些国家的关系好坏是一致的，并且随着关系的波动而变化。奥伦认为，美国的政治学者善于把敌对国家描绘成专制的，而在此前他们还在赞美这个国家的民主。这些学者中包括后来担任美国总统的伍德罗·威尔逊（1913—1921在位）。在1880年代，威尔逊"把德意志帝国看做宪政国家，认为它卓有成效的政府是美国政府的改革样板"。（见伊多·奥伦：《美国和美国的敌人——美国的对手与美国政治学的形成》9页，上海人民出版社，2004年。）后来，威尔逊领导的美国与德国在第一次世界大战中交战。在美国政治学者那里，法西斯意大利、纳粹德国、斯大林的苏联成为邪恶的极权国家是在和美国交恶之后，日本的形象也有同样的经历。奥伦的结论是："社会科学知识即便置身于学术自由的制度下，也带有政治和意识形态属性。"（见前引之书，27页。）

出发点，调和理想主义与现实主义，理想为现实服务。这是世人诟病美国政策虚伪的缘由。赖斯称之为“这个美国所独有的现实主义”（this uniquely American realism），并认为此种主义今后也必须指导美国的外交。

美国要“塑造结果”，这要求按照美国设想的模式改变世界。赖斯所举的成功例子是阿富汗和伊拉克。且不论入侵成功与否，这两个国家的原政权是美国用武力推翻的，现政权是美国的傀儡，而且，入侵伊拉克的借口是捏造的，目的是为了控制中东的石油。以暴力推行民主，本身就是反民主的行为。除去价值，剩下的只有美国的利益了。价值变成了赤裸裸的利益——美国的利益。美国独有的现实主义外交是传教士文化的一个变种。进入中国的传教士中有不少善人和圣徒，也有许多恶棍和暴徒。在政治的传教士中，很可能是后者的数量更多一些。

不要以为，有了赖斯陈述的原则，当世界都实现自由与民主之后，就天下太平了。其实，同在自由民主的旗帜之下，各国的价值也是不同的。由于这个原因，当利益冲突大到一定程度时，美国一定会找到——甚至会制造——价值冲突。日本人一定还记得 1980 年代美日之间的紧张关系和价值对立。虽然欧、美的价值的血缘更近，它们也有价值冲突。当欧盟成为一个强大的地缘政治实体之后，这种冲突就会激化。在 2001 年前后，这种迹象在德、法等国反对美国入侵伊拉克的时候已经凸显出来了。所以，按照赖斯的思路，价值一定会随着利益或意见的分歧而冲突，最后也就无所谓共同价值了。赖斯反对帕默斯顿“只有永恒利益”的陈述，但她对利益的解释只不过是帕默斯顿原意的另一个版本，仅仅多了一层虚饰而已。

广义的自由、民主是普世价值，和平、宽容、互利也是普世价值。不能为了一项而牺牲另一项。优先顺序的标准是什么？显然不应该是某一国家的利益。为了在别国建立民主而入侵这个国家，即使没有以谎言为借口，这种行为至少也是值得商榷的。所谓“普世”，就是为各国官府和各国百姓普遍认可和接受。在这个前提下，一国官府不可以垄断任何一项普世价值的定义权和认证权。如果我们对暴力和性的看法也是价值的组成，而且是极其重要的部分（性繁衍人类，暴力毁灭人类），那么，美国有权因为欧洲人不像美国人那样欣赏暴力而入侵欧洲吗？或，在有利可图之时，性解放之后的欧洲人可以为了给穆斯林送去更多的自由而发动战争吗？[1]

美国高谈阔论政治制度，也表明这时候它的经济已经不那么强劲，不那么吸引人了。在1990年代，美国向日本和其他国家兜售它的经济模式，要求它们向美国看齐；在1998年的亚洲金融危机期间，美国更是挥舞着貌似胡萝卜的大棒，企图把亚洲纳入美国的轨道。2000年以后，美国的强项不再是经济，于是改弦更张，转而更多地谈论民主了。为了推广民主，小布什政府在中东小试锋芒，收获甚微。从贸易自由化、金融自由化到民主，美国推销其价值的方式是机会主义的，其目的都是在变化中制造和寻找漏洞，使美国的利益有机可乘。可笑的是，在美国推销经济和金融自由化的时候，它的贸易保守主义抬头；在美国的历届总统中，小布什的两次当选过程都不太民主。不论赖斯如何高调谈论民主，在美国国内和在国际上，小布什政府对民主制度的伤害可能都比贡献大。不过，这一点可能要在多年之后才会有共识。

当赖斯在谈论如何促进美国的利益时，她谈到了一些大国。当然不是这些大国的利益，而是它们的责任。如果每个国家都承担与它们力量和利益对应的责任，世界必将受益很多。不过，赖斯试图用"责任"捆绑潜在对手的发展。她说，"我们一再向北京强调，随着中国在国际社会中的完全成员地位而来的是责任"，[2]美国努力攫取更多的利益，同时要求别国承担更多责任，非常不愿意分享它的利益。这种办法是军事围堵的补充，虽然出于自私的目的，对于世界和平却是有益的。任何国家都必须承担对整个世界的责任。但是，把责任变成套住竞争对手的枷锁，由竞争对手承担责任，美国做得最好。对付美国的这一招，最糟糕的办法是推卸责任。各国应该尽可能承担责任，同时也监督其他国家履行职责，比如减缓全球变暖，减少残忍武器的使用，等等。只有各尽其责，互相监督，这个世界才有可能一点一点好起来。

---

〔1〕美国相对欧洲的性不自由主要是在公共场合和媒体。这个说法不是为了抬杠。在较重要的自由得到一定保障之后，较不重要的自由就提到日程上来了。在这里，所谓的重要或不重要是相对的。每个人对价值重要性的高低都有自己的看法。

〔2〕*Rethinking the National Interest — American Realism for a New World*, Condoleezza Rice, *Foreign Affairs*, July/August 2008.

对于美国来说，操控某一个国家，或在某一个具体问题上使这个国家站在美国一边，由容易到困难的顺序是：（1）支持美国的专制国家，（2）支持美国的民主国家，（3）反对美国的民主国家，（4）反对美国的专制国家。最容易和最难以操控的都是专制国家，因为在专制国家中，决定由一个人或一小批人做出，只要说服、买通、压服一个人或一小批人就可以了。这是容易之处。但如果这一个人或一小批人坚决反美，美国就很难在这个国家内做手脚。所以，美国要在第四种国家推广美国价值。对第一种国家，美国政府一向坚决支持，不过不那么大张旗鼓罢了。第一种国家对美国的支持等于购买了“赎罪券”，可以进入美国的自由民主天堂。那些反对美国的民主国家，以美国的力量是比较容易操控的，尤其是人口较少、经济较不发达的国家，操纵政局的成本并不高，而地缘政治的回报却非常丰厚。“颜色革命”都发生在这样的国家。南美许多国家长期遭受美国的干涉，民选政府被推翻。赖斯不是一个出色的国务卿，却也清楚知道这一点。她说：“尽管美国影响强大国家的能力是有限的，我们有巨大的能力提高弱小和管理不善国家的和平的政治和经济发展。”[1] 必须承认，民主国家一般不会全盘反美，原因是民主国家民众的意见不可能一致；其次是美国是世界上势力最大的国家，掌控全球的很大一部分利益分配。因此，许多人选择站在美国一边，尽管他们未必赞同美国的政策和行为。

我们可以把上两段中的“美国”换成另外的大国，原理同样适用。美国是现在唯一的超级大国，控制别国的能力最强，所以在这里以它为代表讨论国家间的操控问题。其他国家也同样试图影响别国的外交政策，使之对己有利。中国通常的方式是影响在华投资的大型跨国公司，以大合同和优惠条件为诱饵。但是，这种以大公司为代理人的做法代价高，收益的时效短。

美国经常以价值换取利益。价值为利益服务，最终必然会损害价值。与这种做法非常类似的事情有两件：其一是教会和传教士以上帝的名义胡作非为，谋求私利，作为一个主要诱因，在欧洲激起了宗教改

---

〔1〕 *Rethinking the National Interest — American Realism for a New World*, Condoleezza Rice, *Foreign Affairs*, July/August 2008.

革，在中国则激起了义和团；其二是在“文革”期间，中国官方要求文学艺术为政治服务。这个要求被彻底贯彻了，结果是中国彻底失去了文学艺术。

e. 美国的战争理由和学术传承

日本的外交和战争通常避免承担责任。日本在战争问题上倾向于贼喊捉贼，或者发动偷袭，然后把责任推到对方。与日本不同，美国发动战争需要一个酝酿过程，一个明确的理由，尽管有时是牵强的理由。有一个笑话说：

一个美国人与几名外国人一同去荒野探险，被强盗抓住了。强盗要杀死他们，但可以满足每人一个临终愿望。其他国家的人提出了最后请求，法国人求美食，意大利人求美色，不一而足。唯有美国人请求强盗狠狠踢他的屁股。强盗哈哈大笑，满足了美国人的要求。然后，美国人拔出枪来打死了强盗。大家都很奇怪，问美国人：既然你有枪，为什么不早点用呢？美国人答道：如果他没有侵犯我，我有什么理由杀死他？

有人问古巴领导人卡斯特罗，为什么他能够在美国的家门前，和这个超级大国对抗达数十年之久？卡斯特罗回答说：“我们没有给它入侵的借口。”猪湾事件是美国中央情报局组织的，但登陆的都是古巴流亡者，美国情报人员没有直接参与。在 1962 年的导弹危机中，苏联把核导弹运到了古巴，对准美国。这时，美国也许有了充足的借口入侵古巴，然而风险太大。冲突可能引发同苏联的核战争，至少肯尼迪总统和他的班子这样认为。美国施加了外交、军事压力，迫使苏联从古巴撤走导弹。除了这一次，卡斯特罗再也没有踢过美国人的屁股。所以，中央情报局策划了数百次谋杀，企图杀害卡斯特罗，美国军方却没有对古巴发动战争。

其实，即使强盗不踢美国人的屁股，在他准备杀死美国人之前，美国人也会拔枪自卫。但一般说来，美国总是寻求把冲突的责任推给别人，无论它的借口是真实的还是虚拟的，并愿意为此付出很高的代价。

寻求战争借口要求美国把屁股放在显眼的地方，往往还要等待很长时间。在两次世界大战中，美国都是在战争的中期参战的，那时双方已经打得不可开交，遍体鳞伤。美国政府需要参战，但德国的潜艇战是美国参战的直接诱因。虽然是为了赢得胜利，美国也付出了沉重的代价，不算是坐收渔人之利，却比它一开始就卷入战争减少了很多损失，保存了更多的实力，因此拉大了与战争双方的力量对比。这是美国成为超级大国的一个要诀。

美国是一个注重法律和道义的国家，因此，战争借口对美国来说非常重要。亨利·基辛格说过："就算一场新的冷战不可避免，我个人并不同意这种假设，一项明智的美国政策应当是寻求把冲突的责任推给北京，以避免美国的孤立。"[1] 这是典型的美国想法。与基辛格的建议相对应，一项明智的中国政策应当是避免承担冲突责任；在冲突不可避免的时候，把责任推给华盛顿。在这一点上，中国的决策者应该向卡斯特罗学习。是否参战取决于对利益和实力的判断，而卷入的方式与冷战或热战无关。如果美国认为一场新的冷战（或热战）是必要的，它一定会积极制造借口。因此，应该特别警惕美国撅起来、伸过来的屁股。那未必是示弱。

虽然在经历了千余年残酷的宗教战争和宗教迫害之后，西方的基督教国家大都进入了宗教宽容时代。但是，一神教对"异教徒"的排斥、基督教的善与恶的二元对立、世界末日的善恶大决斗等思想却在美国政界得到很好保存，对美国的外交政策有着重大的影响，只不过披上了一件世俗的罩袍。从殖民地时期开始，美国人就谋求改变世界。他们要改变欧洲的旧世界，希望铲除异教文明，希望消灭德意志帝国、苏联帝国。立场都是把美国作为上帝选择的国家。

上帝选民和善恶大决斗的观念起源于宗教，已经融入基督徒的思维之中，并向外传播。作为基督教最后一个情绪昂扬的大国，美国必然和伊斯兰教徒——尤其是激进者——发生冲突。他们的目标都是消灭对方。在小布什领导下的美国政府、受新保守主义主导的美国外交，在思想上与穆斯林恐怖分子没有本质的差别。他们的最大差别在技术上，一

[1] 《美国需要外交政策吗?》，169 页。

方掌握了最先进的武器，另一方只能依靠他们最原始的自杀袭击。但是，他们的冲突根源却可以上溯到两个宗教的共同源头。在这一点上，基督教、伊斯兰教、东正教三者的冲突是难以调和的，原因就在于它们有共同的起源。此外，它们也都建立过统治大量异教徒的大帝国，这样辉煌的集体记忆是难以消退的。因此，无论是在地缘政治，还是在地缘文化，它们都是对立的。

在殖民地时期，美国的居民是来自欧洲的移民。从非洲捕获的黑人是他们的奴隶，土著的印第安人是他们的敌人。从美国建国之初到1960年代黑人民权运动兴起，近200年间，美国完全由欧洲移民及其后裔掌控，他们歧视和迫害其他族裔。但是，美国与欧洲有很大的不同。美国的早期移民多是受到迫害的清教徒，北美的土地上没有国王和贵族，教会的世俗势力也不大。在争取独立时，美国革命追求当时欧洲尚为稀缺的自由、平等、民主，以洛克和孟德斯鸠的学说为理论基础。另一方面，由于墨西哥移民的大量涌入，美国现在正在成为一个西班牙语和英语并行的双语国家，特别是在与墨西哥接壤的各州。以至塞缪尔·亨廷顿发出了“我们是谁?”[1]的提问，他要求保护美国的民族特性。但是，新移民给美国带来多元化的趋势不能停止。2004年，小布什为了竞选连任（私利），宣布大赦200多万来自拉美的非法移民。不过，美国的上层精英仍然是欧洲思想家的信徒。这与美国社会的文化多样性形成了对照。

沃尔特·拉塞尔·米德把美国的外交传统分为四个流派，分别代表商人、律师、军人和传教士的价值观，并分别以一位美国总统命名。其中传教士一派被称为威尔逊派，即人们通常理解的美国的理想主义外交传统。在这个理想中，基督教的色彩很浓，但不是基督教的基本教义，而是传教、消灭异教、拯救世界的热忱。基督教对美国的影响远远大于其他西方国家。美国和欧洲有相同的文明和历史源头，它们之间有很多相似之处，但也有一个差异：美国仍是一个宗教国家，而欧洲基本上是一个世俗社会了。而且，美国的宗教色彩还在变得浓厚。在宗教影响之下，美国还是一个民族主义情绪高涨的国家。这是美国在国际上可资利

---

〔1〕 塞缪尔·亨廷顿：《我们是谁？——美国国家特性面临的挑战》。

用的意识形态资源，也是美国可能给世界带来危险的因素。

国际政治的实践在人类各大文明中已经存在了数千年，积累了许多经验；作为一个学科，国际政治是在第一次世界大战之后才在欧洲发展起来的，以那些经验为建立学科的基础。在第二次世界大战前后，由于欧洲的动荡和战争，许多学者和科学家（特别是德意志人）移民到美国。欧洲文明第二次传入美国，其规模非常之大，以致汤普森感慨道："在整个人类知识发展史上，如此规模的人才智力迁徙是罕见的。"他认为："从这次移民浪潮中收益最大的莫如国际研究了，甚至难以历数这方面的一流思想家。"[1] 不过，汤普森还是给出了一个很长的名单。欧洲传统完全进入美国。在国际关系理论与实践的思想背景方面，艾伦·布鲁姆说：

> 我们几乎要完全靠德国的传教士或中间人，才能获取有关希腊、罗马、犹太教和基督教的知识；无论这些知识何等深奥，他们的解释是唯一的解释；我们所能学到的仅限于他们认为我们需要了解的。[2]

布鲁姆是德国第一代移民列奥·斯特劳斯的弟子。斯特劳斯、汉斯·摩根索、亨利·基辛格都是德国移民，也都是在德国受到迫害的犹太人。他们奠定了美国现在政治思想和外交思想的基本框架。在很大程度上，我们可以说，美国战后的国际政治是欧洲的、德意志的模式，至少是受到德国的极大影响。像莱茵霍尔德·尼布尔、沃尔特·李普曼是德国移民的后裔，其中尼布尔是第二代移民。这些塑造二战之后美国外交思想的人，都有深厚的德意志知识储备。虽然美国早期的建国之父们非常蔑视欧洲的国家间政治之术，他们的国家最后还是向欧洲看齐了。

世界上最好的大学大都集中在美国。大学不仅提供高等教育，还制造思想与科学。美国有发达的科技以及与之相应的制造业。在制造业中，反映美国竞争力的不是鞋子、服装等产品，也不是汽车这一类许多国家都可以生产的产品，而是波音飞机、航天飞船。飞机的买主是航空

---

[1] 肯尼斯·W·汤普森：《国际思想大师》，74、73页，北京大学出版社，2003年。
[2] 艾伦·布鲁姆：《美国精神的封闭》，110页，译林出版社，2007年。

公司，航天飞船不供出口。这些生产商同时也制造世界上最有威力的武器。可口可乐、麦当劳等日常消费品不需要现代技术，却能够畅销全世界，它们实际上是美国的营销和软力量的产物。这些产品广告与美国的体育和流行文化密不可分，虽然现在多了一些本土化的明星。

尽管有许多优势，美国硬力量的两大支柱是军队和金融。生产线需要的劳动力较多，而技术较低，因此更适合欠发达的国家。在生产线上，发达国家受过良好教育、收入较高的劳动力是一个负担。即使更好的管理、更高的效率也不能弥补其劣势，因为贫富国家的差距太大了。欠发达国家则能够轻易地通过更低的工资、更长时间的劳动来弥补较低的效率。这是生产线与瑞士手表、意大利皮鞋、法国香水之类的制造业不同的地方，发达国家很难保持竞争力优势。

美国的这个制度与英国当年的类似。英国殖民扩张以商人和传教士为先导，以军队为后盾。因为前两者中有很多流氓恶棍，所以英国的战争借口也常常是讹诈式的，显得非常流氓与恶棍。总而言之，英国是为了获取利益，而不太在乎它得到的利益是否符合一般道德。英国国内确实总有道德的呼声，真诚的，却经常是微弱的，不足以阻止无赖行为和强盗行为，却可以显出英国是多么的讲究道德。这就使得国家作为一个整体出现伪善化。美国也在走这条路。

由于发达国家的比较劣势，制造业商人不能成为扩张的先锋。如果把美国的金融业比作农业，层出不穷的金融衍生品就是鸦片——有一些用处，但风险很高，很少受到监控。这些衍生品侵入到世界各个地方，美国自己也不能幸免。2008 年的金融危机始于美国，扩展到全世界。美国损失的不仅是美元，还有金融业的信誉——这是致命的伤害。当扩张先锋受到抵制的时候，就该军队出场了。鸦片战争时的英国就是这个路子。美国大概不会进攻出售美元的国家，它会选择一个又软又少争议的柿子。战争不能振兴美元，却可能敲山震虎，向全世界展示美国的力量，恢复人们对美元的信心。战争总是能够带动经济的发展，提供产品需求和就业机会。

在 2003 年之后的两三年内，关于帝国的讨论在美国甚嚣尘上。在 2003 年，美国的一家期刊写到："仅仅在几年前，使用这个词（帝国）来描述美国将会自动给你贴上左翼成员的标签。今天，政治色谱从左到右的作者们都在用这个词。”[1] 而右翼作家更是肆无忌惮，如《华尔街日报》。不到一年，另一家美国期刊做出了回应。2004 年 4 月 20 日，《时代》周刊出版了一期特刊，列出了它评选出的全球 100 位最有影响的人物，从政界、娱乐界到学术界都有。其中一位叫尼尔·弗格森，入选的理由是他的一本书：《帝国》（2003）。这位年轻的教授是英国人，当时在纽约大学商学院教授金融史，名气大涨后去了哈佛大学。弗格森写《帝国》是为了配合英国的一部电视系列片，为大英帝国的“自由帝国主义”辩护，并声称美国已经是一个帝国。正如《时代》周刊所说，“时机就是一切。”这本书生逢其时，立即在英国成为畅销书。当《帝国》出版时，帝国主义已经在美国知识界回潮。这本书在书店上架时，正赶上美军进入巴格达，于是立刻获得成功。此后，有影响力的弗格森怂恿美国成为一个帝国——他的祖国英国已经不再有这个希望了。911袭击之后的美国气壮如牛，很有希望成为帝国，国内的许多学者也支持这个目标。在《外交》2004 年 3—4 月刊的一篇书评中，约翰·艾肯伯里说：“美国现在正处在自由传统和帝国传统的斗争之中，两种冲动都深深植根于美国人民之中。”他在这篇评论中提到了六本论述美帝国的书，全部在 2003—2004 年之间出版。这六本书不包括弗格森的《帝国》，但有他的一本新书：《巨人：美国的帝国代价》。财政是美国这个巨人的一只泥足，军事入侵和虐待囚犯引发的道德危机可以算作是另外一只泥足。

世事无常。仅仅两三年后，喧嚣一时的“帝国”热就消退了。主要原因是小布什政府的好战政策遭遇挫折。美国的财政状况也不佳，这一点在 2008 年开始的金融危机中得到证明。随着形势的变化，哈佛教授弗格森也为之一变。他提出了“中美国”（Chinamerica）的概念，这个提法以中美两国的互补性为前提：中国生产，美国消费；中国储蓄，美国消费。这个前提是不牢靠的，他也认识到这一点。弗格森呼吁召开 G2 首脑会议，比布热津斯基提出的中美 G2 还要早一些。但是，两国的软、硬力量相差实在太大。2009 年，弗格森又有一变。他的新研究项目

[1] *The Nation*, by Anatol Lieven, July, 07, 2003.

是“探讨西方文明在21世纪的衰落”。[1] 与其说西方文明衰落，倒不如说是传播得更广泛了。因为广泛，所以特征和优势都不突出了。金融危机初期，中美两国此长彼消的态势比较明显。但中国面临的挑战还在后面，真正启动国内消费必须涉及经济以外的改革。

f. 美洲之外的美国

美国军队在太平洋上的经营重点是日本、冲绳和韩国，现在出现了向瓦胡岛和关岛转移的趋势。保持和加大空间距离可以增加军事技术先进国家的相对优势。现在，武器平台的运动速度更快，武器的打击精度很高，信息传送早已经实时。美军基地所在的小岛只是大洋上的点，却已经足敷使用。即使在两三千公里之外，美军也能够实行实时监控，实施远程打击。以岛屿为基地的军队将继续加大控制范围，其打击火力和军力足以投射到内陆。相对于快速运动的军队及其武器平台，地球越来越娇小；处在高技术武器的瞄准之下，人类越来越弱小。今后，当一国的技术足够领先（这是最难的部分），在地球和太空的几个点上就能够控制全球。

由于美国的海空军具有更大优势，海空军在战争中伤亡更小，美国更倾向于使用海空军封锁和打击敌人。但是，这种封锁和打击的效果是有限的。在第二次世界大战中，希特勒依靠空袭使英国屈服的希望破灭了。古巴在美国的门前与之对抗了近半个世纪，卡斯特罗政权至今仍很强硬。在第一次海湾战争之后，美国和英国连续12年在海上封锁，在空中轰炸，但伊拉克的萨达姆仍然坚持下来，并有余力屠杀库尔德人。以致美国需要编造借口发动第二次海湾战争，派陆军占领这个产油大国。在阿富汗，如果没有北方联盟的地面进攻，美军的空中打击不可能推翻塔利班政权。南斯拉夫是一个例外。北约的空袭迫使南联盟的军队撤离科索沃。盟军得手的一个原因是南斯拉夫有强大的反对派，他们把米洛舍维奇送上了海牙国际法庭。

在911之后，美国第一次有机会进入欧亚大陆的深处。美国在中亚

---

[1] 德国《世界报》2009年6月26日。转引自《参考消息》6月30日。

驻军的政治意义远大于军事意义。中亚美军的数量不足以对中国或俄国构成实质性威胁，更何况还要在阿富汗和塔利班苦斗。这种方式是地缘政治的围堵，不是军事力量的围堵。两者有很大区别。与欧亚大陆国家相比，美国有一个天然劣势：它必须依靠欧亚大陆上的国家才能在大陆上获得落脚点。设立在关岛的军事基地可以使美国获得打击的力量，但仅有军事能力是不够的。隐形轰炸机、核潜艇在地缘政治方面所代表的力量是有限的，不能够向大陆的普通居民展示其日常存在和威慑力，不能争取民心。所以，美国必须经常在大陆上有所行动，才能证明它的存在。

在军事方面，威慑力至少具有三个范畴：第一个是可见的，如陆军、海军陆战队和航母舰队。第二个是不可见的，如战术导弹、隐形轰炸机和攻击潜艇。前两层属于常规战争的范畴。最后一层是不可见的战略武器及其运载工具，是战争的终极阶段使用的武器，将导致战争双方的毁灭。所谓“可见的”，就是军队和武器能够直接出现在热点和冲突地区，向人们显示力量。“不可见的”就是打击力量不直接出现在冲突地区。展示力量是最基本的军事需要，美国有 12 个航母舰队在各大洋巡弋。它在中亚的空军基地属于第一层范畴，类似于在陆地上部署了一个航母战斗群。美军飞机除了用于阿富汗方面之外，同时还向驻在国，以及中国和俄国显示力量。美国在吉尔吉斯斯坦租用的玛纳斯机场，到中国边界的直线距离不超过 300 公里。不过，这种立足点的成本高，未来不确定，所在国可能收回。当年，大英帝国有遍布全球的殖民地维持它的全球霸权。殖民地是帝国的财源，不是财政负担。除了那些由驻在国负担费用的基地，以及在二战期间夺取的基地之外，美国要向驻在国支付基地使用费，在经济上是个负担。在与地区大国发生战争时，这些基地可能会成为打击目标，而不是进攻基地。

g. 近 20 年来的中美关系

中国是一个非常贫穷的国家，但人口众多，是世界上最有可能最接近美国实力的国家。所以，美国最有可能把中国当作它的敌人。这与中国的意图无关，与中国的政治制度无关，与中国能否真正成为一个富裕国家也无关。这将是美国单方面的选择。中国能做的很有限。

中美两国的官方价值观是不同的，但是两国之间并没有严重的意识形态冲突，至少中国一方并不再想改变美国的政治制度。虽然中国官方没有正式放弃冷战时共产主义阵营的意识形态，却已经不再要把它推行到世界其他国家。

对于本节，一个好的起点也许是《即将到来的美中冲突》[1]（1997年）。这本书也许已经被大多数人遗忘了。当年，在英文原版出版3个月后，这本书立即被翻译成汉语，“内部发行”。接着，像历次国内政治运动一样，中国一些小有名气的“学者”被组织起来，义愤填膺地揭批两位作者的错误和偏见，诚恳地保证中国不会与美国发生冲突。

其实，这只不过是两位前驻华（港）记者写的一本书。他们收罗堆积了繁芜的事件报道、任何国家都可能出现的社会丑闻，没有系统分析和理论架构。这是记者的路数。两人不是美国重要智库的成员，更不在决策圈子。他们服务过的《时代》周刊虽很有影响，但他们早已离职，不代表杂志的立场。这本书反映了美国当时寻找敌人的怀旧情绪。中国反应如此过度，当然有官方运动的特点，但主要还是官方太注重美国的态度了。在那一段时间，中国确实不太容易。冷战之后，美国的政客们突然发现他们失去了敌人。他们“拔剑四顾心茫然”，一心一意要找出一个新敌人，而且许多人特别看好中国。政治制度、国土面积、人口规模、GDP数字的增长速度，使得中国适合充当一个貌似强大的敌人。同时，现实中的中国又虚弱到适合美国欺辱打击的程度。于是，美国的冷战斗士们挟胜利之余威，把利剑指向中国。“中国威胁论”甚嚣尘上，至今不息。《即将到来的美中冲突》实际上是向美国大众推荐敌人。作者说：“人们看到，中国，一个幅员辽阔、终将变得十分强大的国家，而且是这个星球上尚存的一个共产党大国，正在以有违于美国利益，有悖于美国价值观的方式行事。”[2]——这是美国寻找敌人的标准、中国的罪状。这句话不是一家之言，大致反映了美国当时的普遍观点。

在1990年代，除了大量仿制的AK47、T59、Mig19、少量进口的

---

〔1〕理查德·伯恩斯坦、罗斯·芒罗：《即将到来的美中冲突》，新华出版社，1997年。

〔2〕《即将到来的美中冲突》，6页。

俄制武器、几十枚核弹头之外，中国没有别的利器。作为经济支柱的加工业严重依赖对外贸易。因此，中国实在不愿意扮演美国的对手。缺了这个角色，对抗的大戏就演不起来。面对美国人反复、盛情的邀请，中国一再谦恭谢绝，只在台湾问题上表现得很强硬。面对国外的各种指责，中国只是极力否认和辩解。美国炸使馆、撞飞机，中国都低调回应。在亚洲金融危机期间，多考虑邻国的利益。美国政界强烈的反华、反共情绪始终没有能够上升到国家战略层面。美国总统比尔·克林顿在他执政后期已经把中国当作战略伙伴了。但中国仍是美国政治圈和媒体圈内许多人选择敌人时的主要候选国。这些人从左到右，横跨政治光谱的两端。

2001 年初，好斗的小布什政府上台。美国政府的一位辞职官员说，美国本来打算挑起对中国的战争。从白宫和五角大楼主事者的信仰及后来的行为看，这并非没有可能。当年的 911 事件替中国解了围。华盛顿猛然发现，这个世界上不按美国利益行事的人和国家实在太多了，不是非选中国为敌不可。真正的敌人不请自来。决策者和智囊们终于摆脱了迷茫。他们没有必要再另费心思寻找敌人。虽然美国仍在军事上占有明显优势，但在阿富汗战争、伊拉克战争、金融危机之后，再向中国挑衅已经有些费力。在主动塑造敌人的时候，可供选择的目标有限：既不能太强大，导致对抗成本高昂；也不能太弱小，不能让美国人同仇敌忾。在小布什当政的 8 年中，中国已经发展到不太适合供美国选做敌人了。这是中国的运气，也是美国的运气。即便美国一再挑逗，中国仍主动向美国示好。在 2008 年的金融危机中，中国没有像法国那样试图挑战美国的金融霸主地位，反而增持美国政府债券，帮助美国稳定货币市场。

美国决定向阿富汗增兵，将达到 6 万人。美国在中国周围的多个邻国中驻扎重兵，几乎形成一个包围圈。虽然美国可以提出理由，但这无论如何都不是一个友好的姿态。不过，让美国停止塑造敌人似乎不太可能。这是权力的傲慢，也是文化差异。在西方流行的政治文化中，“我”在对立中存在。如果没有敌人，“我”也就不能存在。敌人与“我”同等重要——实在是太抬高敌人了。在“阶级斗争”狂热的时候，中国人也曾经到处挖掘敌人。这是西化的结果。在中国传统文化中，“我”是一个自在之物，不依赖敌人而存在。中国现在对美政策的要点是：不接受挑衅，不挑战利益。其中关键之处在于抵制美国的诱惑，谢绝为敌的邀请。

美国对中国的警惕心并非全无道理。每当大国的利益出现冲突，扩张遇到阻碍之时，就可能产生战争。对于利益，既得利益国不肯放弃，新崛起国却志在必得。国际关系与人际关系的道理其实相差不远。如果不使用武力，旧的利益格局很难改变，或根本无法改变。从中国历史来看，这种刚性结构在中国每次都是被武力所打破。到目前为止，在国际政治中也是如此，尚无例外。大国实力的消长应该是一个“自然的”过程，拔苗助长反而欲速则不达，武力促进更不可取。中国的和平崛起或许将为今后的国际关系树立起一种模式。如果大国都能够致力于此，权力转移过程中不再有暴力和战争，那将是全世界的福音。

在欧洲国家之后，美国承担起“白人的责任”。欧洲人放弃了海外殖民地，美国人在海外大建军事基地。美国是欧亚大陆的客人，没有殖民权力。因此，美国对欧亚大陆的影响主要依靠驻军、贸易、投资和盟国。其中军队是最大的因素。如果美国失去在一个国家驻扎军队的机会，它对该国的影响就会削弱。所以它要首先保证海外军事基地的存在，同时加大力量投放能力，即军队的远程机动性，以弥补军事基地的不足。技术的进步不能完全弥补客座帝国的劣势。在这一点上，中国的存在就能够在相当大的范围内产生影响，特别是在欧亚大陆东部。为在大陆同等范围之内获取影响，中国对军事技术和军事基地的依赖没有美国那样大。

在911恐怖袭击之前，中国的大国地位在相当大的程度上是美国造就的，就像美国在冷战中把苏联塑造成一个超级大国一样。美国需要这样一个对手。虽然苏联对美国构成现实的威胁，但它的实力被夸大了很多倍，以至在苏联解体的时候，所有人都目瞪口呆。冷战结束之后，美国才承认美苏双方的差距其实很大。在另一方面，中国也需要被塑造成美国的对手，这样可以满足中国人的虚荣心。中国和当年的苏联的遭遇有相似之处。中国的军事、经济和文化实力远不能和美国相比。在军事上，双方的实力相差悬殊，美国没有必要把中国作为可以和它一争高下的对手。中国在传统上不是一个扩张型帝国，如今与世界其他国家的经济联系也更紧密。中国的实力更透明，在意识形态上也没有当年苏联的僵硬。但所有这一切并不妨碍美国把中国作为对手。因为有了 911 袭击，恐怖主义才取代中国成为布什政府的头号敌人。

表现好的经济将制造敌人。竞争弱势、嫉妒都能变成愤怒和敌视。在 1980 年代，日本经济一枝独秀。那也是日美关系紧张的年代，且不仅表现在政府之间。美国民众对日本的反感日益上升。在日本经济已经下滑之后，“1993 年，只有 50%的美国人表示喜欢日本，几乎三分之二的人说他们避免购买日本产品。”〔1〕这种反日情绪是美国的民族主义带来的。现在，中国还远远不能像 20—30 年前的日本那样制造有竞争力的产品。如果不大幅度改进教育和科技体系，改进经济竞争体制，中国可以凭经济总量成为大国，但永远也不可能成为一流国家。

一些中国人发现美国很讨厌，与中国作对。但在过去 100 多年中，美国是大国中对中国伤害最少的，俄国、日本、英国、法国都曾在中国作恶多端。美国没有觊觎过中国的领土，也没有羞辱过中国。〔2〕因此，两国发展友好的基础更坚实一些。基辛格和布热津斯基都曾指出过这一事实。在二战中，美国是中国最重要的盟国，虽然美国加入对日战争的时间很晚，对中国的支持却非常巨大，中国成为战胜国和联合国常任理事国，美国的贡献不可抹杀。美国的可恶之处主要因为它是一个超级大国，任何一个超级大国的存在都必将妨碍其他国家的利益，即使它小心使用自己的力量，其他国家也会感受到强大冲击。在朝鲜战争中，双方打成平局，美国起初没有想到以中国为敌人，疏忽了中国对任何逼近国土的国家不得不防的心理。如果美国了解一点朝鲜半岛的历史，它应该能够想到中国出兵的可能。虽然美国劣迹斑斑，但在西方列强中却可能是最好的。这也得益于美国的理想。如果其他西方国家拥有美国在冷战之后 20 年这段时期的地位，很可能更为恶劣，这种可能不会减少对美国的批评。中国正在成为一个世界大国。美国给中国的教训是：要小心

---

〔1〕塞缪尔·亨廷顿：《文明的冲突和世界秩序的重建》，247 页，新华出版社，1998 年。

〔2〕美国轰炸中国驻南联盟大使馆改变了这个事实。轰炸是冷战结束之后美国对中国的一系列挑衅之一，但其程度仍不能与以上四国的侵略相比。而且，现在我们还不知道其原因——如美国声称的失误，中央情报局的阴谋，军队的手腕，或白宫的指令。最后一种的可能性不大。另外，在侵害中国的国家中没有列入德国，因为德国的崛起较晚，海军较弱，来到远东的时间在西方列强中最晚。德国在一战战败之后，没有机会再次不远万里而来。德国在八国联军时的表现最为恶劣，并推广了“黄祸”论，但它只有这一次机会。

地使用自己的力量，不能以强凌弱，但是，一个大国不可能让所有国家都满意，这时要坚持自己的利益，不惮于使用力量。

加拿大

加拿大是北美仅有的两个国家之一（墨西哥在自然地理上属于北美，在人文地理上属于拉美）。加拿大曾经是英国殖民地，现在是英联邦成员。全国大多数人说英语。在魁北克等地，法语人口居多，大约占总人口的30%。加拿大是美国最主要的盟友。美国前几届总统上任后访问的第一个国家都是加拿大。加拿大的人口密集带在靠近美国的边境地区。两国已经在一体化的道路上走了很远。虽然加拿大经常对美国发出怨言，但那只是受到忽视后的不满。在经济上，这个世界第九大经济体已经与美国合为一体了。2003 年 8 月 14 日下午 4 点 10 分到 15 日晚，北美出现了历史上最大规模的停电。从美国的纽约、克利夫兰、底特律，到加拿大的多伦多、渥太华等地，5000 万人口失去了电力供应近30 个小时。在排除了恐怖袭击的可能之后，美国与加拿大开始互相指责。纽约市长彭博声称，停电源自加拿大。加拿大总理克雷蒂安的办公室则放风说，停电可能是闪电击中美国纽约州北部的输电线路引起的。美加电网通过 37 个节点连接，已经连为一体，因此才会在刚停电时找不到问题出在哪里。

电网事件反映了美国和加拿大的融合程度。两国无论在安全还是在经济上，利益都是一致的。在 911 袭击之后，加拿大加紧了边境控制，防止恐怖分子越境袭击美国。在军事上，美国的北美防空体系覆盖了加拿大，为加拿大提供了一把保护伞。共同的利益和文化总是使加拿大在战争中选择站在美国一边。两次世界大战和冷战都是如此，在阿富汗也是如此。加拿大不像美国那样好战，但这个温和的国家不会在战争中离弃美国。从 2001 年到 2008 年 12 月 20 日，美国及其盟友共有 1030 名军人在阿富汗阵亡。排在前三名的是美国（629 名）、英国（134 名）、加拿大（103 名）。三国人数占全部西方阵营在阿富汗阵亡者的 84%。这些死亡数字很能说明三个英语国家之间的紧密关系。在分析和评估国际关系时，不能把英语国家完全分开。

拉丁美洲的一体化

美国以南的美洲各国都很相似。那里的大部分土地以前都是西班牙和葡萄牙的殖民地，现在的居民大都说西班牙语。巴西人说的葡萄牙语和西班牙语很接近，都属于拉丁语系。这片土地因此被称为拉丁美洲。除了西班牙人和葡萄牙人的后裔之外，南美还有大量的印第安人。与北美不同，这里的印第安人没有被消灭。他们与欧洲移民、非洲奴隶的后裔产生了许多混血儿，种族融合的情况比北美好得多。南美和北美的重大区别之一就是印第安人在南美生存下来了，并且繁衍得很兴旺，而北美印第安人几乎灭绝。西班牙殖民者很残暴，却没有英国人那么工于计划。欧洲人带来的病毒杀死了许多印第安人，但南美印第安人并没有灭绝。可见天花等病毒不足以在广阔的大陆上消灭一个种族，就像美洲的梅毒没有消灭欧洲人一样。

在自然地理上，拉丁美洲可以被划为几个部分。墨西哥在北美大陆上，与美国相邻。狭长的中美洲分布着几个从前的“香蕉共和国”，在加勒比海上有一些岛国。在南美大陆上，亚马逊热带雨林和安第斯山脉隔开了几个国家。在 3.5 万—1.4 万年前，印第安人从欧亚大陆的东部，跨白令海峡到达美洲，是这片大陆的最早居民。安第斯山脉的印第安人会使人联想到青藏高原上的藏人，他们的外貌、生活习惯等很接近。在欧洲殖民者到来之前，拉丁美洲有过印第安人建立的帝国。安第斯山脉上有印加帝国，尤卡坦半岛的热带雨林中有玛雅帝国，墨西哥南部有阿兹特克帝国。这些帝国也是独立的文明，与欧亚大陆上的古老文明并列，与东亚文明有共同点。拉美人大多是印第安人和南欧人的后裔，还有黑人和混血儿。在适当的时候，帝国和古文明的记忆会在这些国家的政治中复活，就像在文学中一样。

到目前为止，拉丁美洲最突出的成就是文学。“魔幻现实主义”以及杰出的诗歌是整个拉美的成就，而不仅是作者所在国家的成就。这个文学创举与保留下来的印第安人传统有直接关系，它不可能出现在北美。文学是心灵和文化交流的先行者，为拉美强化了同一个文化背景。各国有相同和相似的语言：西班牙语和葡萄牙语。也有相同的宗教：天主教。它们的历史不可分割，有相同的殖民地和反殖民运动的历史。拉美正在更多的方面走向一体化。近年来，巴西的表现最为出色。巴西是拉美繁荣的开始，将带动其他国家的发展。拉美不会再被长期忽视。如此，美国不仅将在欧亚大陆失去霸权的锋芒，即使在拉美大概也难以长期横行霸道。

拉丁美洲曾经是西班牙和葡萄牙的殖民地。在寻求独立的过程中，西班牙殖民地有过统一的趋势。西蒙·玻利瓦尔（1783－1830）是委内瑞拉人，参与了1811年的委内瑞拉第一共和国的建立。他也是西班牙殖民地的解放者、多个南美国家的创立者。这个地区在独立之后，没有像北美前殖民地那样组成联邦，各国的共和制没有得到很好地维持，因此远远地落在了美国后面。在欧洲，西班牙和葡萄牙是近邻，文化相通，一直有统一的呼声。在没有外来干涉的情况下，拉美也将延续以往的统一趋势。拉美一体化的最大障碍是美国。美国一向视拉美为它的后院，一个动荡、相对落后的拉丁美洲符合美国的利益，也是美国对外政策的目标。事实证明，到目前为止，美国成功地达到了这个目标。虽然拉美的相对落后有非常大的自身原因，但是，美国充分利用和扩大了这些弱点，保证一个分裂的、落后的拉丁美洲为己所用。

在19世纪，美国仅有的两项外交政策是“门罗宣言”（1823年）和“门户开放”（1899年）。这两扇“门”的内容是互相抵触的。前者要求美洲对外关闭大门，由美国控制；后者要求列强向美国开放中国。中国只是美国向外扩张的一个地方。巴拿马运河区长期被美国占领，这条运河是沟通美国两洋利益的便捷之路，是美国的核心利益。巴拿马运河是在1904年开始开凿，此前一年，巴拿马从哥伦比亚独立出来，原因是美国制造的政变——美国需要建立一个易于控制的运河国家，然后再开凿运河。在没有强大对手存在的情况下，美国可以允许运河对所有人开放，允许巴拿马保持国家独立，但绝对不会允许运河落入一个敌意的政府手中。

自19世纪以来，拉丁美洲长期处在美国的控制之下，被当作它的后院。虽然委内瑞拉的查韦斯、古巴的卡斯特罗等人敢于向美国挑战，却不能改变这个局面。如果有必要，美国能够比较容易地推翻他们两人的政权。在拉美策动政变、组织暗杀是中央情报局的长项，美国的海外驻军也是政治和情报力量。美国一直是拉美动荡的幕后黑手，在最近的两次政变中也不能摆脱干系。2002年4月委内瑞拉发生未遂军事政变，总统查韦斯指责美国是策动者。2009年6月洪都拉斯政变有美国在当地驻军的身影，被迫离职的总统塞拉亚对美国提出质疑。美国没有直接入侵委内瑞拉和古巴（有过多起对卡斯特罗和查韦斯的未遂政变和暗杀），原因是这两个国家不足以构成威胁，入侵这两个国家不会增进美国的利益。

除了一般商品之外，美国与拉美之间还有特殊的进出口项目。在冷战期间，美国向拉美输出武器、暗杀和政变，支持独裁政权。冷战后，美国改换了产品，向拉美输出新自由主义和民主。拉美则一如既往地向美国输出人口——合法移民和偷渡者。拉美一些国家的政治、经济受到美国制约，而美国在人种和语言、文化上日益趋同于拉美。所以，影响是双向的。在国家间、文明间的竞争中，武力强弱、文明高下是最主要的条件，但人口多寡也是一个非常重要的因素，其影响更有持久性。在长时期内，美洲南北方竞争和对抗的胜者很可能是拉美。

在2006年的大选中，巴西、阿根廷、秘鲁、智利等十多个国家选择了左翼政府。这些"左倾"的国家占拉美及加勒比地区总人口的70%，国土面积的80%。委内瑞拉、厄瓜多尔两国更是由激进的左派总统当政。他们与美国对抗。前者威胁停止对美国出口石油，后者则宣布在2009年到期之后不再允许美国使用在该国的军事基地。拉丁美洲的政治向左转是对长期贫富分化的反动，是对以权力谋取利益的反动，不同于中国人理解的"左倾"。在一些国家，左倾人士有些矫枉过正。但总的说来，纠正社会的严重不平等有利于经济的长期发展。

与北美相比，拉美的许多地方有丰富的资源和良好的气候条件。在19世纪的时候，拉美有过很好的发展势头。但政治制度的缺陷终于使它们停滞下来，远远落在了美国和加拿大的后面。现在，拉美有了一些真正的民主，权贵把持经济的状况有所缓解。拉美有可能走出专制制度与寡头经济造成的恶性循环。民主制度的建立将减少美国干涉和破坏的机会，全体国民不会像军官、寡头和权贵那样被收买。拉美的持续发展将使美洲成为全体美洲人的美洲，而不再是美国人的美洲。同时，“后院着火”将吸引美国更多的注意力，减少美国对欧亚大陆的干涉力度。这样一来，世界各国的力量分布和对比将更加均衡。世界的和平与繁荣将更有保障。

南美的大国巴西

在 2008 年快要结束的时候，33 个拉丁美洲国家的领导人聚集到巴西城市萨尔瓦多。这是全体拉美国家首脑第一次在没有美国人或欧洲人在场的时候汇聚一堂。巴西是拉美高峰会议最具有号召力的东道国。高峰会议必将推动拉美一体化。巴西及南美的发展对北美是有利的，可以形成南北美洲之间的良性互动。美洲将不再是欧亚大陆的外缘，美洲将自成一个系统。

多年来，巴西就是南美洲的各国中表现最好的。现在成了世界的明星。巴西拥有成为全球大国的主要潜质。它有 851 万平方公里土地和 1.9 亿人口，土地和人口都大约占整个南美（巴拿马运河以南）的一半。巴西的人口比俄国的多，面积比印度的大。在 2007 年世界银行及 IMF 的各国 GDP 排序上，巴西、俄国和印度的排名都一致，分别是第 10，第 11 和第 12。巴西是“金砖四国”之一，经济实力仅次于中国，是四国中唯一没有核武器的国家。如果能够保持目前的发展势头，巴西能够促成南美一体化。在巴西发展到一定水平之后，可能会发生“金融危机”。金融开放是国家发展过程中的一个门槛，也是国家最脆弱的时候之一。这个时机会被国际炒家利用，也会被不希望看到竞争对手崛起的国家所利用。前者以获取暴利为目的，后者以削弱对手为目的。但他们的手段是一致的。这在东南亚金融危机、俄罗斯金融危机中表现得很清楚。中国也将面临这样的挑战。

中国人一般只能看到中国位于世界中心的地图。如果换一个角度，观看以大西洋为中心的地图，就会发现欧洲到美洲的距离比到东亚的距离更近。当年，哥伦布向东航行前往亚洲，首先到达的是美洲（加勒比地区）。更早的时候，维京人到过格林兰岛，甚至北美大陆的东北角。大西洋的面积只有太平洋的一半，大西洋两岸之间的运输更加便捷。南美、欧洲、西非、南非，以及北美洲的东海岸，可以形成一个紧密的市场，有资金、能源、技术和劳动力。巴西的领土向东突入大西洋。最东端的大城市累西腓，到纽约、里斯本、开普敦和南美最南的合恩角的距离相近，约等于纽约到里斯本和英国西南的距离。巴西虽然地处南美，也有很好的地理优势。在拉美经济起飞之后，环大西洋地区的发展前景不亚于环太平洋地区（亚太地区）。

在巴西获得良好发展势头的时候，最大的挑战是如何保护好亚马逊雨林，这对全人类富有意义。巴西的发展不是以疯狂破坏环境为前提。雨林虽然受到威胁，却还有很好的生存前景。

在深厚潜力的基础之上，巴西有成为全球大国的明确愿望。2008 年 12 月 23 日，巴西与法国签订了一笔价值 120 亿美元的防务订单。内容有法国为巴西建造一艘核潜艇和 4 艘常规潜艇。这将是拉美国家的第一艘核潜艇。巴西还将获得法国转让的核技术。有了核潜艇之后，核武器大概就不会很遥远了。巴西有良好的工业基础，现在决心建立独立的国防工业。与其他大国一样，巴西也在寻求与它新获得的实力相对应的国际地位。巴西的崛起必将改变美洲北重南轻的局面，大幅度增加拉美的重量。拉美一体化符合中国和世界上大部分国家的利益。

巴西走到今天经历了许多磨难，是拉丁美洲 500 多年历史的一个缩影。1500 年，葡萄牙人第一次在巴西登陆。葡萄牙在巴西的殖民是由王室主导的，巴西变成了封建世袭贵族的领地。这是巴西社会结构在此后数百年间的基调。殖民者经营大农场。他们到处搜捕印第安人，收购黑人到农场为奴。巴西出产咖啡、棉花和甘蔗，还有储藏丰富的金矿和钻石矿。丰富的物产、廉价的劳动力可以让权贵们过上惬意的生活。拉美是富饶的土地，却不是自由的土地。这是巴西（以及拉美）长期落后于北美的原因。在王室和庄园主的压迫下，印第安人、黑人和白人的暴动不断。1822年，葡萄牙王子佩德罗宣布巴西独立，自任巴西帝国皇帝。三年后，佩德罗的父亲、葡萄牙国王若昂承认巴西的独立，还兼任巴西的名誉皇帝。1888年，帝国宣布废除奴隶制。第二年，帝国被推翻。在20世纪的大部分时间里，拉美的权力分配问题仍没有解决，依然是革命与政变迭起，独裁专制横行。经济政策在国有化和对外开放之间摇摆。获利的是掌握政府权力的人或外国资本家。在此期间，经济虽然有所增长，但阶级对立却没有明显的缓和，叛乱仍在继续。巴西也不例外。1979年，巴西实行“民主开放”，逐渐恢复民主制度，经济也在衰退后开始增长。2003年当选为巴西总统的“卢拉”是工会领导人。巴西及拉美必然经历一段左倾时期，纾解数百年来的阶级对立，才会有正常的发展道路。

拉美过去500多年的历史开始于宗主国。它们的政治、经济体制与宗主国相似，在与英国前殖民地美国的竞争中处于明显劣势。美国最初是自由移民建立的殖民地，不是英国王室扩张的产物。美国人在独立战争中打败了英国，在南北战争中破坏了农奴制和大庄园。所以，美国是更为平等和自由的国家，也因此比英国更有活力。

如果巴西的快速发展能够持续较长时间，将预示着慢性拉美病的基本治愈，而拉美数百年来的苦难和动乱将结束。这种由权贵传播的、加剧贫富分化、导致社会动荡的疾病不是拉美所独有。中国历代王朝大多毁于这种疾病，但拉美却能够长期在痛苦中苟延残喘，虽然总是有叛乱，却没有急剧的大动荡。其中原因是中国的自然环境和人口压力不能使疾病拖延很久，阶级对立的爆发方式比在拉美更猛烈。

古 巴

古巴是加勒比海上的一个岛国，在美国的南方。它不是拉美大国，也没有这种前景。它的面积、人口和经济都不堪当此大任。不过，在拉美各地广泛存在的反美运动和反美情绪中，古巴是一面高高飘扬的旗帜，从冷战到现在都不曾降下来。但这面旗帜以古巴的社会发展为代价。

古巴是一个岛国，在美国的地缘政治中很重要。1823 年门罗宣言之后，古巴逐渐被纳入美国的势力范围。从 1898 年美西战争到 1959 年古巴革命，美国一直控制着古巴，并租借了关塔那摩和翁达湾为海军基地。关塔那摩监狱关押恐怖活动嫌疑人，因虐囚丑闻而闻名于世。美国中央情报局策划了 1961 年 4 月对古巴的猪湾入侵，以失败告终。同年夏天，美苏在柏林又一次发生对立。苏联威胁切断西柏林的对外交通；美国做出强硬反应，苏联退缩，改为修筑后来著名的柏林墙。接着，对抗又转到古巴。美国在西德和土耳其部署核武器，对准苏联。苏联把核导弹运往古巴作为抗衡手段。美国对古巴实行封锁。苏联不顾古巴人的反对，灰溜溜地撤走了导弹。这就是 1962 年 10 月的古巴导弹危机。直到今天，美国仍对经济凋敝的古巴实行封锁。在极端情况下，一个小岛国有可能对一个大陆强国造成相当大的威胁，即使这个大国已经占有了可以作为登陆跳板的半岛。

今天的古巴是冷战的遗产。卡斯特罗正在把国家大权移交给他的弟弟——后者曾与他一起革命。当初，古巴革命不属于社会主义阵营，美国的敌视迫使古巴选择了苏联为老大哥。现在，古巴又像革命初期时一样成为拉美左翼运动的一部分。从长期时段看，左翼运动没有能力改进社会。尽管都有火红的年代，各国在革命之后都进入停滞状态。国家有能力做一些大项目，但回报很少，民生没有进展。但左倾是对右倾的必然反动。这是拉美和拉美化的教训。